经以济也

社稷尚事

贺教方印

色大方向项目

成王文牒

李路林
啊山方八

教育部哲学社会科学研究重大课题攻关项目

教育投入、资源配置与人力资本收益
——中国教育与人力资源问题研究

EDUCATIONAL INPUT, RESOURCE ALLOCATION AND RETURNS TO HUMAN CAPITAL:
STUDIES ON THE ISSUES OF CHINESE EDUCATION AND HUMAN RESOURCES

闵维方
等著

经济科学出版社
Economic Science Press

图书在版编目（CIP）数据

教育投入、资源配置与人力资本收益：中国教育与人力资源问题研究／闵维方等著 . —北京：经济科学出版社，2009.9

（教育部哲学社会科学研究重大课题攻关项目）
ISBN 978 – 7 – 5058 – 8196 – 9

Ⅰ. 教…　Ⅱ. 闵…　Ⅲ. 教育经费 – 社会文教支出 – 关系 – 劳动力资源 – 研究 – 中国　Ⅳ. G52　F249.21

中国版本图书馆 CIP 数据核字（2009）第 072915 号

责任编辑：吕　萍　唐俊南　于海汛
责任校对：徐领弟　张长松
版式设计：代小卫
技术编辑：邱　天

教育投入、资源配置与人力资本收益
——中国教育与人力资源问题研究
闵维方　等著
经济科学出版社出版、发行　新华书店经销
社址：北京市海淀区阜成路甲 28 号　邮编：100142
总编部电话：88191217　发行部电话：88191540
网址：www.esp.com.cn
电子邮件：esp@ esp.com.cn
北京中科印刷有限公司印装
787×1092　16 开　35.25 印张　670000 字
2009 年 9 月第 1 版　2009 年 9 月第 1 次印刷
印数：0001—8000 册
ISBN 978 – 7 – 5058 – 8196 – 9　定价：77.00 元

课题组主要成员

（按姓氏笔画为序）

丁小浩　丁延庆　文东茅　王　蓉　李文利
陈晓宇　岳昌君　郭建如　阎凤桥

编审委员会成员

总　序

哲学社会科学是人们认识世界、改造世界的重要工具，是推动历史发展和社会进步的重要力量。哲学社会科学的研究能力和成果，是综合国力的重要组成部分，哲学社会科学的发展水平，体现着一个国家和民族的思维能力、精神状态和文明素质。一个民族要屹立于世界民族之林，不能没有哲学社会科学的熏陶和滋养；一个国家要在国际综合国力竞争中赢得优势，不能没有包括哲学社会科学在内的"软实力"的强大和支撑。

近年来，党和国家高度重视哲学社会科学的繁荣发展。江泽民同志多次强调哲学社会科学在建设中国特色社会主义事业中的重要作用，提出哲学社会科学与自然科学"四个同样重要"、"五个高度重视"、"两个不可替代"等重要思想论断。党的十六大以来，以胡锦涛同志为总书记的党中央始终坚持把哲学社会科学放在十分重要的战略位置，就繁荣发展哲学社会科学做出了一系列重大部署，采取了一系列重大举措。2004 年，中共中央下发《关于进一步繁荣发展哲学社会科学的意见》，明确了新世纪繁荣发展哲学社会科学的指导方针、总体目标和主要任务。党的十七大报告明确指出："繁荣发展哲学社会科学，推进学科体系、学术观点、科研方法创新，鼓励哲学社会科学界为党和人民事业发挥思想库作用，推动我国哲学社会科学优秀成果和优秀人才走向世界。"这是党中央在新的历史时期、新的历史阶段为全面建设小康社会，加快推进社会主义现代化建设，实现中华民族伟大复兴提出的重大战略目标和任务，为进一步繁荣发展哲学社会科学指明了方向，提供了根本保证和强大动力。

高校是我国哲学社会科学事业的主力军。改革开放以来，在党中央的坚强领导下，高校哲学社会科学抓住前所未有的发展机遇，紧紧围绕党和国家工作大局，坚持正确的政治方向，贯彻"双百"方针，以发展为主题，以改革为动力，以理论创新为主导，以方法创新为突破口，发扬理论联系实际学风，弘扬求真务实精神，立足创新、提高质量，高校哲学社会科学事业实现了跨越式发展，呈现空前繁荣的发展局面。广大高校哲学社会科学工作者以饱满的热情积极参与马克思主义理论研究和建设工程，大力推进具有中国特色、中国风格、中国气派的哲学社会科学学科体系和教材体系建设，为推进马克思主义中国化，推动理论创新，服务党和国家的政策决策，为弘扬优秀传统文化，培育民族精神，为培养社会主义合格建设者和可靠接班人，做出了不可磨灭的重要贡献。

自 2003 年始，教育部正式启动了哲学社会科学研究重大课题攻关项目计划。这是教育部促进高校哲学社会科学繁荣发展的一项重大举措，也是教育部实施"高校哲学社会科学繁荣计划"的一项重要内容。重大攻关项目采取招投标的组织方式，按照"公平竞争，择优立项，严格管理，铸造精品"的要求进行，每年评审立项约 40 个项目，每个项目资助 30 万～80 万元。项目研究实行首席专家负责制，鼓励跨学科、跨学校、跨地区的联合研究，鼓励吸收国内外专家共同参加课题组研究工作。几年来，重大攻关项目以解决国家经济建设和社会发展过程中具有前瞻性、战略性、全局性的重大理论和实际问题为主攻方向，以提升为党和政府咨询决策服务能力和推动哲学社会科学发展为战略目标，集合高校优秀研究团队和顶尖人才，团结协作，联合攻关，产出了一批标志性研究成果，壮大了科研人才队伍，有效提升了高校哲学社会科学整体实力。国务委员刘延东同志为此做出重要批示，指出重大攻关项目有效调动各方面的积极性，产生了一批重要成果，影响广泛，成效显著；要总结经验，再接再厉，紧密服务国家需求，更好地优化资源，突出重点，多出精品，多出人才，为经济社会发展做出新的贡献。这个重要批示，既充分肯定了重大攻关项目取得的优异成绩，又对重大攻关项目提出了明确的指导意见和殷切希望。

作为教育部社科研究项目的重中之重，我们始终秉持以管理创新服务学术创新的理念，坚持科学管理、民主管理、依法管理，切实增强服务意识，不断创新管理模式，健全管理制度，加强对重大攻关项目的选题遴选、评审立项、组织开题、中期检查到最终成果鉴定的全过程管理，逐渐探索并形成一套成熟的、符合学术研究规律的管理办法，努力将重大攻关项目打造成学术精品工程。我们将项目最终成果汇编成"教育部哲学社会科学研究重大课题攻关项目成果文库"统一组织出版。经济科学出版社倾全社之力，精心组织编辑力量，努力铸造出版精品。国学大师季羡林先生欣然题词："经时济世　继往开来——贺教育部重大攻关项目成果出版"；欧阳中石先生题写了"教育部哲学社会科学研究重大课题攻关项目"的书名，充分体现了他们对繁荣发展高校哲学社会科学的深切勉励和由衷期望。

　　创新是哲学社会科学研究的灵魂，是推动高校哲学社会科学研究不断深化的不竭动力。我们正处在一个伟大的时代，建设有中国特色的哲学社会科学是历史的呼唤，时代的强音，是推进中国特色社会主义事业的迫切要求。我们要不断增强使命感和责任感，立足新实践，适应新要求，始终坚持以马克思主义为指导，深入贯彻落实科学发展观，以构建具有中国特色社会主义哲学社会科学为己任，振奋精神，开拓进取，以改革创新精神，大力推进高校哲学社会科学繁荣发展，为全面建设小康社会，构建社会主义和谐社会，促进社会主义文化大发展大繁荣贡献更大的力量。

教育部社会科学司

前　言

党的十六大为我国进入全面建设小康社会，加快推进现代化提出了新的宏伟目标。实现这一宏伟目标，迫切要求我们重新审视和谋划我国的教育发展与人力资源开发战略，全面开发世界最大、最丰富、最宝贵的人力资源，为全面建设小康社会提供源源不断的人才保证和智力支持。为了进一步深入研究中国教育与人力资源问题，继《从人口大国迈向人力资源强国》发表之后，教育部将"中国教育与人力资源问题研究"（项目批准号：03JZD0034）设立为哲学社会科学研究重大课题攻关项目。以闵维方教授为课题负责人、以北京大学研究人员为主体的课题组承担该项目的研究。

课题组的研究分为两个阶段：从 2004 年 1 月到 2005 年 6 月为研究的第一阶段，重点为理论研究和国际比较，同时以国家和省份为分析单位的宏观数据作基础进行实证研究。第一阶段的研究成果汇集在《中国教育与人力资源发展报告（2005—2006）》一书中。从 2005 年 7 月到 2007 年 1 月为研究的第二阶段，重点为以家庭和个人为分析单位的微观数据作基础进行实证研究，同时也进行一些理论研究和相关的国际比较。

课题组将第一阶段关注的重点放在中国教育本身的问题上，关注教育发展观、教育需求和供给、教育和培训体系和机制、教育发展指数等。第二阶段侧重于人力资源与教育的关系上，关注教育成本和投入、教育和培训的收益、教育的公平和效率等。两个阶段的研究紧紧围绕着中国教育与人力资源的核心问题，既各有侧重，又紧密联系，前后呼应，形成完整的研究体系。

　　本书是在课题第二部分研究成果的基础上形成的。全书由闵维方教授、丁小浩教授、岳昌君副教授、郭建如副教授负责策划、组织和统稿。参与各章编写的主要人员如下：导论，闵维方、岳昌君、郭建如；第一章，丁小浩、薛海平；第二章，何峰、阎凤桥；第三章，阎凤桥、卓晓辉、余舰；第四章，鲍威；第五章，岳昌君；第六章，丁延庆、曾满超；第七章，郭建如；第八章，何征、王蓉；第九章，文东茅；第十章，丁小浩；第十一章，沈祖超、阎凤桥；第十二章，李文利；第十三章，祝晨、陈晓宇；第十四章，李莹、丁小浩；第十五章，范皑皑、丁小浩；第十六章，洪小莹、李文利；第十七章，刘晓燕、陈晓宇；第十八章，陈晓宇；第十九章，李锋亮、丁小浩；第二十章，李湘萍、丁小浩；第二十一章，魏巍、岳昌君；第二十二章，岳昌君；第二十三章，郭丛斌、闵维方。

　　在课题的研究过程中，我们还专门就此课题召开了国际研讨会。来自美国哥伦比亚大学、加拿大多伦多大学、德国卡塞尔大学、日本东京大学、以色列 BarIlan 大学、香港中文大学、印度国家教育计划与管理研究院、世界银行、福特基金会、中国教育部、中国教育电视台、国家教育发展研究中心、上海教科院、中国社会科学院、中国科学院、北京大学、清华大学、北京师范大学、华中科技大学、西安交通大学、西南师范大学等的多位国内外专家学者参加了会议。此外，我们还先后邀请了十几位国内外学者来北京大学进行系列讲座。在此向所有给予我们指导和建议的专家学者们表示深深的谢意。

　　北京大学教育学院教育经济与管理系的许多博士研究生和硕士研究生也参与了课题的部分研究工作。

　　由于本书是大型课题多项研究成果的结晶，各章写作体例风格不尽相同，也由于水平有限，撰写过程中错误和疏漏在所难免，敬请读者批评指正。

摘　要

　　本书紧紧围绕着我国教育与人力资源开发这一重大课题，对从教育投入到教育收益的整个过程开展研究，主要集中在这一过程中的四个主要环节上，分别是：教育成本与资源筹措、教育机会与资源配置、教育与人力资源配置、教育和人力资本收益等。本书把理论探讨、实证研究和政策实践紧密结合，围绕教育与经济增长和和谐社会的建设问题，以教育降低收入差距、促进就业增长、有效减少贫困为出发点，以趋向公平的教育发展战略为重点，进行了深入的理论探讨和实证分析。主要内容和结论如下：

　　1. 对教育系统资源的充足性、配置的公平性进行了分析。主要研究发现有：小学和初中的生均教育经费不均等的程度很高；弱势群体在获得各类优质教育资源方面处于不利地位；在城镇义务教育阶段，择校对弱势群体造成了不利影响；弱势群体所接受的高等教育质量较低。

　　2. 对劳动力市场上人力资源的配置和人力资本的收益进行了多视角的分析。主要研究发现有：教育显著促进了工作流动率和劳动生产率的提高；我国城镇居民收入代际之间存在较为明显的传递效应；教育能缩短毕业生在劳动力市场上的工作找寻时间；教育层次越高的群体其收入不平等程度越小。

Abstract

This book focuses on a major research topic, namely education and development of human resources in China. It studies the whole process of education, from education input to benefits of education, with emphases on four crucial links: education costs and resource mobilization; educational opportunity and resource allocation; education and human resource allocation; education and returns to human capital.

The book combines theoretical discussion with empirical analyses and policy practices in a seamless manner. It centers on topics such as education, economic growth, as well as the development of a harmonious society. The research starts out with analyses of how to use education to narrow down the income gap, to promote employment, and to effectively alleviate poverty. Based on an equity-driven strategy for education development, this report launches in-depth theoretical discussions and empirical analyses.

The major contents and findings are described as follows:

The first, this report analyzes adequacy and equity in resource allocation in Chinese education system. The major findings are as follows: (1) there is a high degree of inequity in educational expenditure at elementary and secondary school levels; (2) disadvantaged groups are in relatively weak positions to access to various kinds of high quality education resources; (3) school choice have negative impacts on urban disadvantaged groups at compulsory education stage; (4) the quality of postsecondary education is relatively lower for disadvantaged groups compared with that for others.

The second, the report also includes multi-dimensional analyses of human resource allocation and returns to human capital in labor market. The major findings are as follows: (1) education have significantly improved job mobility rate and labor productivity; (2) there is obvious intergenerational income transfer of Chinese urban residents; (3) education could shorten the job-hunting time for graduates in labor market; (4) the degree of income inequity is lower among the people with higher level of education.

1

目　录

Contents

Contents

Part II
Educational Opportunity and Resource
Alloation   117

3

5

导　论

本书是根据教育部哲学社会科学研究重大课题攻关项目《中国教育与人力资源问题研究》结题报告编写而成。课题组第一阶段的研究成果已经汇集在《中国教育与人力资源发展报告（2005—2006)》中。该书以国际视野分析了中国教育发展的现状：教育需求状态、教育发展观、教育提供机制、教育财政体系、义务教育后培训体系等，并利用省级教育发展数据构建了教育发展指数。在研究的第二阶段，课题组利用问卷调查获得的数据，从多个方面对中国教育与人力资源的相关问题进行更加深入细致的实证研究，并在此基础上提出行之有效的政策建议。

第一节　我国教育与人力资源开发现状与面临的挑战

一、教育与人力资源开发现时代的意义

21 世纪是知识经济时代，人力资本成为经济增长最重要的源泉；21 世纪也是全球化的时代，国家之间的竞争日趋激烈。当前，我国日益融入全球化经济体系（2006 年我国进出口贸易总额达到 17 607 亿美元，直接利用外资达到 630 亿美元，外汇储备达到 10 663 亿美元），在激烈的国际竞争中我国能否长久保持强劲的增长势头，能否实现综合国力的增强客观上取决于我国能否实现从依靠投资和出口拉动的增长方式向以知识和技术为基础的增长方式转变，取决于我国丰富的人力资源能否转变为强大的人力资本，在根本上取决于我国教育发展的水平。教育水平的提升既能提高个体劳动生产率，促进国家经济增长，又可增加个人收入，因此教育被许多国家和国际机构视为缩减社会贫富差距的重要工具。可以说，随着知识经济和全

球化趋势的发展，教育的凸显期已经来临。对我国而言，教育的贡献不仅在于它是经济增长的源泉，还在于它以此为基础构成了和谐社会的基石。

（一）教育是经济增长的源泉

在新经济增长理论中，人力资本被看作一种比物质资本和自然资源更重要的生产要素；教育则是人力资本投资的最主要形式，对知识扩散、技术进步以及对国家经济的发展起着至关重要的作用。教育对经济增长的作用主要在于教育通过生产人力资本提高劳动者的生产效率，作为投入品影响经济增长。经合组织国家的经验表明，人力资本存量的增长提高了劳动生产率，同时发挥了技术进步推动者的作用。劳动生产率上升对大多数经合组织国家 1990 ~ 2000 年的人均国民生产总值增长至少做出了一半的贡献（OECD，2004）；另一项利用 24 个 OECD 国家 1950 ~ 1990 年数据的研究发现，除个别国家外，正规教育程度与生产率的提高存在着显著的正向关系（Wolff，2000）。

教育与经济发展之间的密切关系在我国以省为单位的区域发展中得到印证。2006 年我国 31 个省区市中，上海人均 GDP 最高，为 51 474 元；贵州人均 GDP 最低，为 5 052 元，两者相差 9.2 倍。用 2005 年各地区人均 GDP 作因变量，用各地区就业人员人均受教育年限作解释变量，进行简单线性回归分析，结果显示人均受教育程度与人均 GDP 之间呈显著正相关关系。回归方程的拟合优度达到 0.5062，这意味着人力资本解释了各地区人均 GDP 差异的 50.62%。回归结果显示，就业人口的人均受教育年限每增加 1 年，人均 GDP 可以增加大约 5 463 元（见图 0 - 1）。尽管要精确计量教育对人均 GDP 的边际影响需要更加复杂的模型，但是上述简单线性回归模型足以表明教育程度与经济增长之间存在着显著的正相关关系。

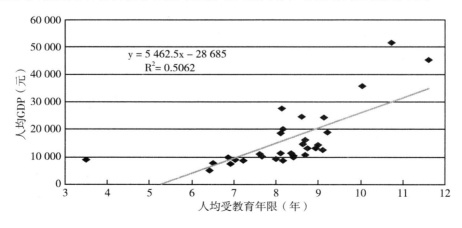

$$y = 5\,462.5x - 28\,685$$
$$R^2 = 0.5062$$

图 0 - 1 2005 年各地区人均 GDP 与就业人员人均受教育年限

(二) 教育是构建和谐社会的基石

20多年来，我国是世界上经济发展速度最快的国家之一。根据国家统计局公布的数据计算，在 1978～2004 年间，我国实际 GDP 总量的年平均增长率高达 9.4%，即平均每 7.7 年就翻一番；人均实际 GDP 的年平均增长速度为 8.1%，即平均每 8.9 年就翻一番。随着经济的快速发展，一些社会问题日益凸显，影响到了我国实现小康社会与构建和谐社会的宏伟战略目标。其中，最突出的问题是收入差距与不平等，主要表现为城乡居民之间的差距和城镇居民内部的差距。在居民收入水平的差异中，行业收入差异尤为突出。在 2006 年，信息传输、计算机服务和软件业的行业职工平均工资最高，为 40 588 元，农林牧渔业的职工平均工资最低，为 8 309 元，两者之间相差 3.9 倍。

造成行业收入差异的原因很多，其中人力资本分布的不均衡是关键因素。用 2005 年各行业职工平均工资作因变量，用各行业就业人员人均受教育年限作解释变量，进行简单线性回归分析，结果显示人均受教育程度与职工平均工资之间呈显著的正相关关系。回归方程的拟合优度达到 0.4853，意味着人力资本解释了各行业职工平均工资差异的 48.53%。回归结果显示，就业人口的人均受教育年限每增加 1 年，行业职工平均工资可以增加大约 2 523 元（见图 0－2）。既然教育对收入有如此大的影响，那么普遍地提高受教育程度将会对改善弱势群体的收入状况、改变社会的不公平程度产生重大意义。因此，教育已经成为我国构建和谐社会的基石。

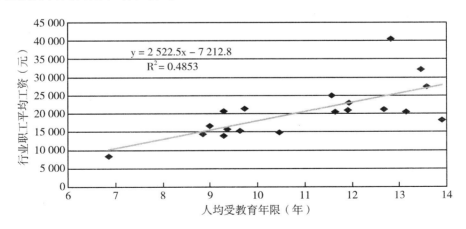

图 0－2　2005 年各行业职工平均工资与就业人员人均受教育年限

二、我国教育与人力资源的开发现状与面临的挑战

　　尽管在总量上我国是世界人力资源大国，但我国教育与人力资源开发的基础非常薄弱，居民受教育程度总体水平仍很低；不同地区、不同行业的就业者受教育程度差异很大，这种差异又进一步导致就业者收入差异。这种总体上的低水平和不均衡状况既严重影响到我国经济的持续增长，也严重影响着我国和谐社会的建立。

　　以国家统计局 2005 年全国 1% 人口抽样调查数据为基础进行分析，发现我国就业人员受教育程度普遍很低。2005 年全国就业人员年末人数为 75 825 万人，其中初中受教育程度的比例最高，为 44.1%；其次为小学，比例为 29.2%；而高中和大学以上受教育程度的比例分别只有 12.1% 和 6.8%，平均受教育年限为 8.2 年。[①] 就全国而言，4/5 以上的就业人员为初中以下受教育程度。相比之下，城镇就业人群的教育程度稍好一些。同年，我国城镇就业人员规模为 27 331 万人，占全部就业人员的比例为 36%。其中教育程度为初中的占 43.3%；教育程度为高中的占 21.1%；大学以上受教育程度的比例达到 15.3%，平均受教育年限为 9.6 年。

　　从各地区的情况看（国家统计局 2005 年全国 1% 人口抽样数据），我国就业人员受教育程度的地区差异十分显著。北京、上海、天津的人力资本水平最高，平均受教育年限分别为 11.6 年、10.7 年和 10.0 年，大学以上受教育程度的比例分别为 30.9%、21.9% 和 14.8%。西藏、贵州、云南的人力资本水平最低，平均受教育年限分别为 3.5 年、6.4 年和 6.5 年，大学以上受教育程度的比例分别为 0.9%、4.5% 和 3.9%。人均受教育年限的极差（即最大值减最小值）为 8.1 年，大学以上受教育程度比例的极差为 30%。

　　从各行业的情况来看（国家统计局 2005 年全国 1% 人口抽样数据），就业人员受教育程度的行业差异十分显著。在 20 个行业中，教育、科技、金融业的人力资本水平最高，平均受教育年限分别为 13.9 年、13.6 年和 13.4 年，大学以上受教育程度的比例分别为 64.9%、57.7% 和 55.1%。农林牧渔业的人力资本水平最低，平均受教育年限仅为 6.9 年，大学以上受教育程度的比例为 0.2%。人均受教育年限的极差为 7.0 年，大学以上受教育程度的极差为 64.7%。全国平均受教育年限为 8.2 年，在 20 个行业中只有农林牧渔业低于这一水平。这种

----

　　① 在计算平均受教育年限时，未上过学、小学、初中、高中、大学专科、大学本科、研究生以上等受教育程度分别按 0 年、6 年、9 年、12 年、15 年、16 年和 19 年计算。

情况也体现在城镇就业人群中：在 20 个行业中，教育、科技、金融业的人力资本水平最高，平均受教育年限分别为 14.2 年、13.7 年和 13.6 年，大学以上受教育程度的比例分别为 71.0%、59.7% 和 57.6%。农林牧渔业的人力资本水平最低，平均受教育年限仅为 7.3 年，大学以上受教育程度的比例为 0.7%。人均受教育年限的极差为 6.9 年，大学以上受教育程度比例的极差为 70.3%。

目前影响我国和谐社会构建最为突出的问题是农村居民的收入提高缓慢以及城市中弱势群体的存在，而要解决农村贫困和城市弱势群体的问题，从教育上入手是最根本的。就农村而言，由于我国人均可耕种土地面积非常少，即使有再高的农业科技水平、有再好的农业生产组织形式、有再优惠的税费政策，只要农村人口不减少，农民收入就不可能达到很高的水平。要想减少农业人口就必须通过教育与培训，使更多的农民脱离农业生产。目前我国从事农林牧渔业的人员受教育程度极低，2005 年，这一行业就业人员中高中以上受教育程度的比重只有 4.9%，平均受教育年限只有 6.9 年，如此低的人力资本水平成为我国城镇化、提高农村劳动者和进城务工人员收入的严重障碍。据统计，"十五"期间，我国城镇就业人员占全国就业人员的比重由 2001 年的 32.8% 上升到 2005 年的 36.0%，每年只增加了 0.8 个百分点（见表 0-1）。按照这样的速度，即使再过 40 年，我国仍然有大约 1/4 的人口在乡村就业。因此，要加快城镇化的进程，就必须一方面继续加大农村劳动力的教育与培训，另一方面保障农村孩子完成义务教育，鼓励更多的农村孩子接受中高等职业教育和普通高等教育。

表 0-1　　　　全国城乡就业人员年末人数（2001~2005）

年份	就业人口（万人）	占人口比重（%）	城镇就业人员（万人）	城镇占总就业人员比重（%）	乡村就业人员（万人）	乡村占总就业人员比重（%）
2001	73 025	57.2	23 940	32.8	49 085	67.2
2002	73 740	57.4	24 780	33.6	48 960	66.4
2003	74 432	57.6	25 639	34.4	48 793	65.6
2004	75 200	57.9	26 476	35.2	48 724	64.8
2005	75 825	58.0	27 331	36.0	48 494	64.0

从上面的简要分析可以看出，宏观层面，教育与人力资源开发已成为我国经济增长与构建和谐社会的关键；个体层面，教育又同个人所能找到的工作和职业，进而同工作收入有着内在的一致性。通常情况是，受教育程度越高，劳动生产率越高，能够找到好的工作和职业的可能性越大，获得的收入也会相应比较

高。可以说，个体所受教育的程度与所受教育的公平性不仅会直接影响到经济层面上的收入与国民经济的增长，还会直接影响到社会的公平。为探究我国教育与人力资源问题的复杂性，课题组将沿着效益与公平这两个维度深入考察从教育投入到人力资本收益的整个过程。

第二节　研究问题与研究框架

一、研究问题

教育与人力资源开发的全过程包括教育投入、教育资源配置与教育机会获得、劳动力市场人力资源的配置以及人力资源转化为人力资本获得的收益等。下面针对这些基本过程，探讨各环节存在的公平和效益问题。

（一）教育成本与资源投入

教育资源的投入直接影响着教育的发展，进入新时期，我国的教育投入面临着新的问题。义务教育阶段：随着 2006 年春农村义务教育新机制在西部地区实施和 2007 年春新机制推广到中东部农村地区，农民家庭教育负担和农村义务教育经费保障问题得到了有效解决，城镇家庭义务教育负担问题逐渐引起关注，如城镇家庭的义务教育负担怎样，家庭的义务教育支出结构如何，公私立教育对家庭义务教育阶段支出的影响有多大差异等。高等教育阶段：随着高等教育大众化的发展，我国的高等教育系统出现了分化，不同类型的高校在教育资源投入渠道和资源筹措方式上会有什么样的不同以因应高等教育大众化的冲击。面对我国教育发展的新情况，政府在解决家庭义务教育负担、在高等教育大众化的过程中应该承担什么样的投入责任？从国际经验、国家财力基础和教育发展的需求来看，政府的公共教育开支达到什么样的水平是比较合理的？这些问题都需要进行认真分析和探讨。

（二）资源配置与教育机会公平

在追求和谐平等的社会，教育机会的公平性体现在个体接受基本教育的机会不应受到其家庭的社会经济条件的显著影响，这要求公共教育资源在配置上首先应考虑公平性，保持教育财政的中立性。近年来，随着我国义务教育基本普及，高中和中等职业教育快速发展，高等教育进入大众化阶段，各教育阶段所提供的教育机会大大增多，但优质教育资源分配的公平性、教育过程和教育结果方面的公平性却日益为社会所关注。

义务教育阶段，教育资源配置的公平性主要表现为均衡化。长期以来，我国经济与社会发展存在着因地区不平衡和城乡二元结构导致的不公平问题，教育资源配置的公平性同样体现在地区间与同一地区城乡间，然而地区间、城乡间的教育资源差距究竟有多大？义务教育阶段资源配置的不公平主要是来自地区间（以省为单位）的不均衡，还是来自同一地区城乡的不均衡尚需细致考察。农村义务教育阶段中小学布局直接影响着教育资源配置效率，最近几年为解决 20 世纪 90 年代中期以来在普及义务教育过程中出现的"村村办学"现象，提升教育资源使用效率，全国许多地方大力推行中小学布局调整。但农村中小学布局调整不仅仅涉及资源配置的效益，还涉及成本分担、教育公平等问题，如何全面把握和理解农村中小学布局调整过程引起普遍关注。教育资源的不均衡在城市发展成为社会热议的择校现象，在择校过程中究竟有哪些群体受益，哪些群体的利益受损，如何保障弱势群体的利益等这些问题都需要深入考察。

高等教育阶段，教育资源配置的公平性主要体现在高等教育入学机会方面：不同社会阶层子女在高等教育入学机会、就读专业以及毕业后就业行业和单位有什么样的差异，社会阶层对教育过程的公平性产生什么样的影响，这种影响产生的机制如何？政府高等教育财政政策是否能降低高等教育入学机会不公平，应该如何设计我国的高等教育财政政策？这些问题也都需要进一步探讨。

（三）教育与人力资源配置

劳动力市场状况取决于劳动力供给与需求相互匹配的过程。我国虽已进入高等教育大众化阶段，但仍有相当多的高中毕业生面临着高考失败后的就业问题。为减弱高等教育大众化的冲击，国家采取种种扶持政策大力发展中等职业教育，使中等职业教育的入学率和在校生人数有了较大幅度的提升，但在劳动力市场上，中等职业毕业生相对于高中毕业生是否就具有较强的竞争力还需要进行研究。

人力资源配置的过程是动态的，已就业的劳动者仍会在其职业生涯中进行各种流动，如地区间流动、行业间流动、部门间流动、职业间流动、职位间流动等，教育程度是否会影响职业流动，职业流动是否会影响劳动者的收入改善？同时，在现代社会中，绝大多数的工作岗位处在科层组织中，相对自主性的工作成为许多求职者追求的目标，教育程度在求职者获得更有自主性的工作中能起到多大作用也为人们所关注。

（四）教育与人力资本收益

　　教育收益不仅体现在毕业生在劳动力市场上对工作的找寻、就业者对更有吸引力的工作的找寻方面，还体现在劳动者劳动率的提升以及收入增加方面。增加收入是大多数人接受教育的强大动力。我国无论是基础教育，或是高等教育，最近十多年来都有快速的发展，其支撑力量很大程度上就是来自于教育的收益。这种收益究竟有多高，收益率变化的趋势如何，未来有没有进一步提升的空间，这些问题直接关涉到我国教育的可持续发展。

　　企业愿意雇佣受过较多教育的劳动者、愿意对员工进行培训的主要原因在于相信教育和培训能够提高劳动生产率，但人力资本的神话在现实中也不时地受到检验。在我国，教育在提高劳动生产率、个人收益方面究竟有多大作用；影响培训的因素有哪些，培训又能够在多大程度上提高员工的收入也需要进行实证检验。

　　我国劳动力市场既存在着性别差异、不同个体的能力差异，还存在着社会阶层在收入上的差异，教育在改善弱势群体的不利地位，提高这些群体的收入方面的作用正是社会和普通大众对教育寄予的期望所在，本课题组也对此进行了专门分析。

二、研究框图

　　根据对教育与人力资源开发过程相关问题的上述讨论，形成分析框图，如图0-3所示。

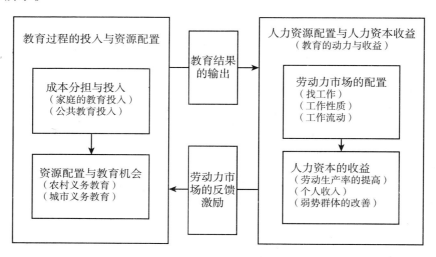

图0-3　"教育投入、资源配置与人力资本收益"的基本分析框图

图 0-3 的左边是教育过程，左上角为教育成本分担与教育投入部分。教育是有成本的，要保障教育健康可持续的发展，保证教育既满足公民个人需要，又能满足政府和社会需要；既满足公民一般需要，又满足公民个人特殊需要或额外需要，教育体系就要有不同的类型和层次。不同类型和不同层次的教育因对个人和社会的意义不一样而在教育成本的分担形式上出现差异。大体上，教育投入包括两部分：一是家庭教育投入，表现为家庭提供给子女的教育支出；二是公共教育投入。教育投入责任在这两部分的划分既涉及效率问题，又涉及公平问题。

图 0-3 的右下角是教育资源的配置与教育机会的分配。这同样涉及效率与公平问题，如果教育资源配置不合理，则既可能会影响教育资源效益又会影响教育公平。如农村义务教育阶段学校布局如果过于分散，不但浪费资源，而且还可能会导致农村的小学校无法享受与城镇学校一样的教育设施和条件，造成不公平。

图 0-3 的右边是劳动力市场上人力资源的配置与人力资本的收益。教育过程完成后，各类毕业生就会涌向劳动力市场。教育在劳动力市场配置中能否发挥作用体现在受较多教育的人群能否在相对短的时间内找到工作、获得的工作是否有更多的自主性、是否会因寻求更高的收益而有较多的职业流动。

图 0-3 的右下角集中探讨了人力资本的收益问题。这是教育过程的最终结果，也是教育需求的动力源泉。个体对教育的投资是看教育能否带来个人收入的增长，政府投资于教育则是看教育能否带来劳动生产率的增长和社会福利的增加。因此，这部分集中讨论了教育（包括培训）的收益问题。

第三节　研究过程与方法

一、研究过程和思路

从 2004 年 1 月到 2007 年 1 月的 3 年时间内，课题组的研究可以分为两个阶段：从 2004 年 1 月到 2005 年 6 月为研究的第一阶段，重点为理论研究和国际比较，同时基于以国家和省份为分析单位的宏观数据进行实证研究。第一阶段的研究成果汇集在《中国教育与人力资源发展报告（2005—2006）》一书中，其核心观点是："为了建设和谐社会的目标，未来的教育发展应该将'以人为本'的教育发展观作为指导思想和行动圭臬，以人民的学习需求为教育发展战略的根本依据，以全体人民的能力建设为目的，以满足弱势群体的教育需求为重点，解放思

9

想、鼓励创新,加速完善与改革教育和培训体系,办好让人民满意的教育。"①

从 2005 年 7 月到 2007 年 1 月为研究的第二阶段,重点为以基于家庭和个人为分析单位的微观数据进行实证研究。这一阶段侧重于人力资源问题以及与教育的联系,关注教育和培训的收益、教育成本和投入、教育的公平和效率等。这两个阶段的研究紧紧围绕着中国教育与人力资源的核心问题,既各有侧重,又紧密联系,前后呼应,形成完整的研究体系;在研究方法上注重理论与实践相结合、规范研究与实证研究相结合、国际比较与中国特色相结合、宏观数据与微观调查相结合、静态分析与动态比较相结合。

二、抽样调查数据说明

为全面了解我国城镇居民受教育和培训情况,以及受教育程度对居民工作和经济状况产生的影响,为教育以及相关部门决策提供依据,北京大学教育经济研究所"中国教育与人力资源问题研究"课题组与国家统计局城市经济调查队合作,于 2005 年 4 月开始,在北京、山西、辽宁、黑龙江、浙江、安徽、湖北、广东、四川、贵州、陕西和甘肃等 12 个省市选取了 10 000 户城镇居民,对 2004 年城镇居民教育与就业情况进行了调查。调查内容主要涉及城镇居民家庭及个人基本情况、受教育和培训情况、家庭教育支出以及家庭主要成员工作经历和收入情况等。调查采用入户访问方式进行。

本次调查问题被组织为家庭基本情况、家庭成员及不同户父母的基本情况、本人、配偶及子女受教育情况、本人及配偶工作经历四部分。家庭基本情况部分包含 2004 年家庭人口数、家庭总收入和支出、家庭住房状况、家庭金融资产、家庭拥有计算机、汽车等信息;家庭成员及不同户父母的基本情况部分包括了家庭成员以及户主夫妻双方父母的性别年龄民族、受教育程度、户口类型及变迁情况、就业情况及变迁、收入情况等信息;家庭成员受教育情况包含户主本人及配偶、家庭子女的受教育经历、类型、时间、成绩等信息和家庭供养的在校生的教育花费、所受资助以及学习成绩、时间花费等信息;本人及配偶工作经历部分包括了户主本人及配偶的工作单位情况、工作量、工薪收入、工作满意程度和工作变动情况,以及接受培训的情况等方面的信息。问卷共采集变量 752 个。

本次调查涉及 10 000 个样本户中的家庭成员及其不同户的子女和户主及配偶的父母共 67 000 余人的基本情况(户主及配偶/子女),家庭成员详细的受教育信息,6 000 余名在校生受教育状况和教育支出信息,户主及配偶的工作经历

---

① 闵维方主编:《中国教育与人力资源发展报告(2005—2006)》,北京大学出版社 2006 年版。

信息，以及 2 000 余名在职人员的培训信息。调查还提取了国家统计局城镇入户调查在 12 个样本省的全部 68 000 余名成员的收入、就业和教育等有关信息。

另外，除上面提到的调查数据外，本书还使用了 2004 年国家统计局城市经济调查队的住户调查数据以及其他调查数据。有关这些数据的来源，本书相关章节给予了详细说明。

第四节　研究内容与主要结论

本书强调实证研究，课题组以理论作指导，以抽样调查数据为基础，得到了许多有价值的研究结论和发现。依据图 0 - 3 的四个部分，课题组的研究结论和发现依次如下：

一、教育成本与收益

在基础教育阶段，丁小浩等在城镇家庭调查中发现，有义务教育阶段在校生的家庭是城镇中经济条件相对弱势的群体，一方面这些家庭人口抚养压力较大，人均可支配收入和人均支出水平偏低；另一方面这类家庭还要在本已偏低的人均收入中拿出相当一部分用于教育支出（第一章 "城镇居民家庭的义务教育支出"）。何峰等的研究表明，无论是义务教育、高中教育还是高等教育阶段，就读学校类型的不同对教育支出水平和支出结构都有显著影响，民办学校学生的总教育支出显著地高于公办学校的学生；民办学校学生的必需性支出显著地高于公办学校的学生（第二章 "公私立教育选择与家庭教育支出"）。

高等教育的大众化对我国高等教育系统产生了重要影响，阎凤桥等人对高校教育经费支出结构的研究指出，这种影响体现在央属高校与地方高校的不同发展路径与发展方式选择上：央属高校大力发展研究生教育，走精英教育的路线，生均占有资源要高于地方高校；地方高校承受了高校扩招的压力，这些高校的本专科在校生规模大大增多，成为高等教育大众化的主体，但这些高校的生均占有资源较少（第三章 "高教系统的分化与高校资源差异"）。鲍威进一步指出，面对高等教育大众化，央属院校与地方院校在经费投入与资金筹措方面存在着显著差异：地方高校在科研能力和社会集资能力方面欠缺，其资金筹措战略大多局限于扩大招生规模、增加学杂费收入；通过银行贷款的方式，填补资金，尤其是基建资金的缺口（第四章 "大众化时代高校的经费筹措"）。

对我国政府承担的公共教育经费支出的责任与能力问题，岳昌君从国际比较角度从供给和需求两方面预测了"十一五"期间我国教育事业发展经费状况，发现：从供给角度看，如果只考虑经济发展水平，则与 2010 年我国经济发展水平相应的公共教育投资比例的国际平均值为 4.37%；如果还考虑财政收入能力和财政配置结构，则相应的公共教育投资比例的国际平均值为 4.11%。从需求角度看，如果只考虑我国教育现状和未来的发展目标，则 2010 年财政性教育经费总需求占 GDP 的比例为 3.99%；如果考虑国际比较，则与 2010 年我国教育发展目标相应的财政性教育经费总需求占 GDP 比例的国际平均值为 4.49%（第五章"公共教育经费投入的国际比较"）。

二、教育资源配置与教育机会的公平性

丁延庆、曾满超使用教育部县级教育财政统计报表数据，研究了 1997 ～ 2000 年我国农村义务教育资源配置的不均衡状况，结果显示：（1）2000 年小学生均教育经费支出的调整极值比为 5.64 倍，初中为 7.51 倍；（2）生均教育支出的不平等主要是省内不平等；（3）省内不平等主要是县间不平等，县内城乡差别所占份额较小；（4）省间不平等虽然占总体不平等的比重相对较小，但有扩大的趋势（第六章"义务教育资源配置不均衡状况"）。农村中小学的布局结构直接影响着教育资源分配的公平与效率，郭建如从社会学角度出发，从布局调整涉及的主要内容入手，提出初步的分析框架，用于理解我国农村中小学布局调整过程（第七章"农村中小学布局结构调整分析"）。

针对择校这一热点问题，何征等的研究发现，在我国城镇地区的义务教育阶段，经济资本、社会资本和文化资本都较丰富的家庭最倾向于利用择校机会（第八章"择校行为的影响因素"）；文东茅的研究表明，在以付费作为择校基本方式的情况下，不论是公办学校内部择校、公私立学校之间的择校还是对课外辅导班和家教的选择，弱势群体都处于明显不利的地位；在就近入学和电脑派位的情况下，弱势群体就读优质学校的概率也明显较低（第九章"择校对弱势群体的影响"）。

随着高等教育大众化的发展，人们接受高等教育愿望的增强，对高等教育入学机会公平性的关注也在提高。丁小浩的研究发现，当反映数量状况的高等教育整体的参与率的不均等程度减少的时候，质量的不均等程度正在持续甚至增加（第十章"高等教育入学机会均等化研究"）。沈祖超、阎凤桥以社会分层对教育影响的理论为基础，以西安 5 所民办高校 3 624 份学生调查问卷数据和其他数据为依据，分析了学生家庭背景对他们接受高等教育机会和毕业去向意愿的影响

（第十一章"社会分层与民办高校入学机会分析"）。李文利则探讨了高等教育财政政策与入学机会和资源分配的公平性问题（第十二章"财政政策与高校入学机会公平性研究"）。祝晨、陈晓宇关于"工资结构压缩对培训参与率影响的实证研究"从不同单位所有制类型以及不同产业的工资结构入手，探讨了企业参与培训的机会问题（第十三章"工资结构的压缩与培训参与"）。

三、教育与人力资源配置

李莹、丁小浩对我国城镇初中以上文化青年群体待业时间的整体水平进行了研究，采用寿命表法给出了不同受教育程度群体在不同时点的待业率，结果显示，受教育程度显著地影响青年待业时间，进行教育等人力资本投资有助于青年就业，可以缩短毕业生在劳动市场上的工作找寻时间（第十四章"待业时间与受教育程度的生存分析"）。范皑皑和丁小浩对"教育与工作自主性"的探索发现，受教育程度越高，其工作的自主性越大（第十五章"教育与工作自主性"）。洪小莹、李文利（第十六章"教育、工作流动与收入"）；刘晓燕、陈晓宇（第十七章"教育与区域流动"）等分别探讨了教育、工作流动与收入的关系，认为受教育程度越高，工作流动性越大；伴随着这种工作的流动，收入也会相应增加。

四、教育与人力资本收益

（一）人力资本收益

陈晓宇对我国各级教育的收益率进行了计量估计，并给出了动态变化趋势，研究表明，自1990年以来，我国教育收益率呈上升趋势，2004年达到11.7%；我国教育的边际收益水平已达到甚至超过了国际平均水平，我国进入了教育高收益阶段。但是同时我国教育的私人成本水平也相当高，因此结合教育成本计算的教育私人内部收益率水平仍相当低下。随着政府和社会对教育收费问题的关注，预计我国教育私人成本快速增加的势头应能得到遏制，加之教育私人收益水平的提高，预计我国教育的私人内部收益率在未来一段时间也将持续提高（第十八章"城镇居民教育收益率研究"）。李峰亮、丁小浩对教育促进劳动生产率作用进行了检验，指出中国劳动力市场中教育和收入之间的正相关关系除反映了教育的信号作用外，也反映了在经济单位中教育对提高劳动生产率的功能越来越受到重视，并在工资收入中得以体现（第十九章"教育促进劳动生产率的作用"）。

李湘萍、丁小浩从劳动力市场分割理论的视角，运用2004年中国企业员工培训的调查数据，对企业在职培训的私人投资收益进行了实证研究，指出在职培训对收入的提高有积极作用（第二十章"企业在职培训的私人投资收益"）。

（二）教育在改善性别歧视、低收入能力者境况及社会分层的作用

魏巍、岳昌君通过对奥克萨克歧视系数的计算，发现我国劳动力市场上存在着男女性别歧视，提高受教育水平对缩小男女性别工资的相对差异具有显著的影响（第二十一章"性别工资差异研究"）。岳昌君关于教育对不同群体收入影响的研究发现，对"低收入能力群体"而言，教育的个人收益率相对更大，对这一群体进行教育投资的效率相对更高（第二十二章"教育对不同群体收入的影响"）。郭丛斌等的研究发现，中国城镇居民收入代际之间存在较为明显的传递效应，多数子女依然滞留在与父亲相同的收入组群；随着市场化水平的提高，教育促进收入的代际流动，削弱收入分配不公平在代际之间传递的程度，改善整个社会收入公平状况的功能日益增强（第二十三章"城镇居民教育与收入的代际流动"）。

第一篇

教育成本与资源筹措

本篇由五章组成，重点研究了我国居民家庭的教育支出状况和我国公共教育经费的供给与需求。第一章"城镇居民家庭的义务教育支出"利用 1997～2000 年国家统计局"城市居民住户调查"数据对城镇居民家庭的教育支出状况进行了实证分析。第二章"公私立教育选择与家庭教育支出"针对义务教育、高中教育以及高等教育阶段就读学校类型对学生的教育支出水平和支出结构的影响进行了实证分析。第三章"高教系统的分化与高校资源差异"从高等教育经费支出结构入手对高等教育大众化过程中不同高校的发展方式与资源情况进行了研究。第四章"大众化时代高校的经费筹措"进一步考察了央属高校和地方高校在经费筹措方面的差异。第五章"公共教育经费投入的国际比较"从供给和需求两个方面，使用统计和计量回归的方法，对我国"十一五"期间教育事业发展经费进行了预测。

第一章

城镇居民家庭的义务教育支出

我国自经济改革以来不同群体之间的收入分配差距明显拉大（李实，2000），导致了教育需求的分化，尤其是中高收入阶层产生了对于优质教育的旺盛需求。如何建设一个公平的义务教育体系，同时又满足个性化的教育需求将是我国未来城镇义务教育财政研究所必须面对的问题。本章将从分析家庭教育负担的角度探讨城镇居民家庭义务教育支出的状况和变化特征，为更加深入地认识我国城镇居民的教育负担情况，进而为城镇义务教育财政改革提供一些可借鉴的思路。

第一节　已有义务教育财政研究

在过去的研究中，义务教育资源配置的不均衡问题受到了许多学者的关注。王善迈等学者认为我国义务教育财政资源分布严重不均等，主要体现为地区之间、城乡之间和居民之间的不均等（王善迈等，2003）。王蓉的研究用多水平的回归分析方法，以学校组群为分析单位，再次对我国义务教育资金分配不均衡问题进行了分析。她发现一县之内的各种类型学校之间存在严重的资源分配差异（王蓉，2003）。袁连生指出，即使在同一城市或同一财政负担区内，重点学校与非重点学校在办学条件方面也存在着巨大的差距（袁连生，2001）。杜育红以省为分析单位，系统地分析了各级教育经费的地区性差异如何随时间而变化。这一研究指出，在1988～1996年期间，小学和初中的生均经费省区间的差距都在不断扩大（杜育红，2000）。为解决义务教育资源配置的不均衡问题，王善迈提出了我国义务教育财政转移支付的可行模式是义务教育经费预算单列，建立县级义务教育财政转移支付模型，确定转移需求，并提供了具体的转移支付模型（王善迈，2002）。其他研究者如钟宇平和雷万鹏、曾满超和丁延庆等也都将建立规范的义务教育财政转移支付制度作为解决我国义务教育资源配置不均衡问题的主要对策（钟宇平、雷万鹏，2002；曾满超、丁延庆，2003）。对已有的研究分析表明，我国学者对义务教育资源配置不均衡问题的研究主要集中于分析城乡之间、区域之间和学校之间的教育财政分配的不均衡，而很少有学者采用大样本的数据对我国城镇居民不同收入阶层家庭之间义务教育负担的状况进行实证研究。

实际上，在过去，无论是国家政策还是理论研究的重心都在农村义务教育财政，而城镇义务教育财政问题则较少得到关注。不同于农村义务教育财政问题以总量不足为核心，城镇义务教育财政的核心问题在于教育资源配置的不均衡。我国城镇义务教育财政状况具有以下特征：第一，1985 年基础教育管理体制改革后，城镇义务教育财政主要由地方政府（主要是县、市政府）负担，因此我国城镇义务教育财政状况与地方政府财力高度相关。第二，为弥补政府教育经费投入不足，我国城镇实行多渠道筹集教育资金的义务教育投资管理体制，家庭负担成为我国城镇义务教育经费来源的重要组成部分。我国城镇居民家庭对义务教育阶段的子女的教育负担主要包括三个部分：（1）学杂费、书本费等各种接受义务教育所必需的费用；（2）为了接受更高质量的义务教育而投资的择校费等；（3）家庭为了接受更高质量的教育而投入的兴趣班、家教等课外辅导费用。以上这些特征，一方面导致了我国义务教育阶段教育资源分配存在着较大程度的不均衡，主要体现在以下三个方面：（1）城乡之间义务教育资源配置的不均衡；（2）不同区域之间以及同一区域内的不同学校之间义务教育资源配置的不均衡；（3）不同经济和社会阶层之间占有的义务教育资源的不均衡。另外，这种义务教育资源配置的不均衡又反过来加剧了我国不同阶层家庭教育支出的更大差异。

第二节　我国城镇居民家庭义务教育负担分析

一、数据来源和描述

本章使用的样本来自 1997 年、1998 年、1999 年和 2000 年国家统计局对"城市住户基本情况的调查"，样本量为四年 7 个省市的城镇家庭，其数据项涉及家庭户的人口数量、职业、行业、受教育程度等背景信息以及详细的家庭收入和支出情况。数据分析中，1997 年、1998 年、1999 年的各项收入和支出数据分别以 2000 年为基准进行了价格调整。样本中各类在校生家庭的分布状况如表 1 - 1 所示。

表 1 - 1 每年各类家庭所占比例 单位：%

年份	家庭户数	无在校生家庭	只有义务教育在校生家庭	只有高中在校生家庭	只有中专在校生家庭	只有高等教育在校生家庭	其他家庭
1997	4 600	44.3	38.7	10.5	2.2	2.5	1.9
1998	4 598	45.7	37.4	10.3	2.0	3.2	1.5
1999	4 897	45.4	35.8	11.4	2.4	3.9	1.2
2000	4 894	48.8	32.3	10.7	2.3	4.9	1.0

二、各类城镇居民家庭收入和支出的比较

每年各类城镇居民家庭的收入和支出如表 1 - 2 所示。

表 1 - 2 各类家庭的人均可支配收入、实际支出和教育支出 单位：元

年份		无在校生家庭	只有义务教育在校生家庭	只有高中在校生家庭	只有中专在校生家庭	只有高等教育在校生家庭
1997	人均可支配收入	2 338.1	1 799.8	1 859.8	1 831.8	2 191.8
	人均实际支出	2 221.2	1 770.6	1 870.3	1 700.7	2 241.5
	人均教育支出	42.3	105.7	146.0	123.7	165.7
1998	人均可支配收入	2 593.0	1 963.8	2 050.2	1 925.2	2 551.1
	人均实际支出	2 528.7	1 974.1	2 191.3	2 061.6	2 620.2
	人均教育支出	55.4	132.7	200.5	130.1	180.2
1999	人均可支配收入	2 905.9	2 225.6	2 226.4	2 195.3	2 599.2
	人均实际支出	2 843.4	2 262.1	2 357.9	2 110.5	2 591.3
	人均教育支出	67.4	148.7	254.4	142.3	211.0
2000	人均可支配收入	3 202.2	2 404.8	2 547.1	2 399.3	2 915.6
	人均实际支出	3 115.9	2 410.4	2 742.4	2 405.7	2 935.1
	人均教育支出	78.2	167.1	298.3	195.3	316.7

表 1-2 给我们的重要启示是：在我国城镇家庭中，有在校生的家庭比没有在校生的家庭人均可支配收入和人均实际支出明显偏低。以只有义务教育在校生的家庭为例，其人均可支配收入和人均实际支出分别比没有在校生的家庭平均每年要低 661 元（大约占到没有在校生家庭平均收入的 24%）和 573 元（大约占到没有在校生家庭平均支出的 21%）。原因之一：有在校生的家庭抚养指数（家庭抚养指数＝家庭没有收入来源的人数/家庭有收入来源的人数）显著高于没有在校生的家庭抚养指数，如表 1-3 所示。

表 1-3　　　　　　　各类家庭的家庭抚养指数

年份	无在校生家庭	只有义务教育在校生家庭	只有高中在校生家庭	只有中专在校生家庭	只有高等教育在校生家庭	其他家庭
1997	0.19	0.57	0.56	0.58	0.51	1.13
1998	0.19	0.60	0.57	0.57	0.54	1.26
1999	0.19	0.62	0.57	0.62	0.52	1.28
2000	0.23	0.65	0.61	0.60	0.54	1.40

而且，只有义务教育在校生家庭的人均可支配收入和人均实际支出一般都比有其他类型在校生的家庭的同类指标略低，原因可能是只有义务教育在校生家庭的家长的年龄普遍偏低（见表 1-4），工作资历也都较短（见表 1-5），这导致了收入水平较低，进而造成支出水平较低。

表 1-4　　　　　　　各类家庭的户主年龄　　　　　　单位：岁

年份	只有义务教育在校生家庭	只有高中在校生家庭	只有中专在校生家庭	只有高等教育在校生家庭
1997	39.52	46.56	46.89	50.40
1998	39.72	46.51	46.79	49.67
1999	39.71	46.06	46.95	49.85
2000	39.76	45.73	46.65	49.38

表 1-5　　　　　　　各类家庭的户主工龄　　　　　　单位：年

年份	只有义务教育在校生家庭	只有高中在校生家庭	只有中专在校生家庭	只有高等教育在校生家庭
1997	19.52	25.01	25.69	24.25
1998	19.56	25.12	24.00	22.74
1999	19.38	24.85	24.71	24.47
2000	18.94	24.08	23.27	25.30

三、各类城镇居民家庭教育负担状况

我国城镇各类居民家庭教育负担，如表 1-6 所示。

表 1-6　各类城镇居民家庭人均教育支出占人均可支配收入比例

年份	无在校生家庭	只有义务教育在校生家庭	只有高中在校生家庭	只有中专在校生家庭	只有高等教育在校生家庭
1997	0.019	0.060	0.078	0.073	0.074
1998	0.022	0.067	0.092	0.063	0.069
1999	0.024	0.066	0.108	0.067	0.081
2000	0.025	0.069	0.109	0.081	0.108

表 1-6 也可以用图 1-1 表示。

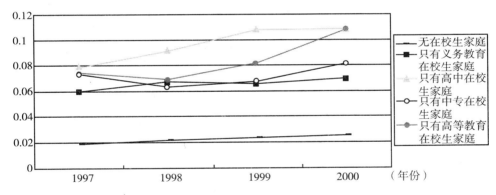

图 1-1　各类城镇居民家庭人均教育支出占人均可支配收入比例

从图 1-1 可知，各类型家庭的教育负担都呈现出随时间增长的态势，以义务教育在校生为例，从 1997 年的 5.97% 上升到 2000 年的 6.93%，其增量为 0.96%，平均年增长率为 5.28%。

四、只有义务教育在校生家庭义务教育负担状况

按照家庭人均可支配收入状况将只有义务教育阶段在校生的城镇家庭分为 10 组，每年各组的人均教育支出占人均可支配收入的比例均值如表 1-7 所示。

21

表1-7　　　不同收入组城镇居民家庭人均教育支出占人均
可支配收入比例

年份	1	2	3	4	5	6	7	8	9	10
1997	0.082	0.063	0.078	0.080	0.070	0.059	0.060	0.063	0.056	0.042
1998	0.084	0.085	0.090	0.073	0.081	0.082	0.071	0.065	0.062	0.053
1999	0.090	0.079	0.081	0.088	0.079	0.081	0.074	0.067	0.060	0.047
2000	0.091	0.081	0.082	0.074	0.087	0.082	0.076	0.068	0.070	0.052

表1-7也可以用图1-2表示。

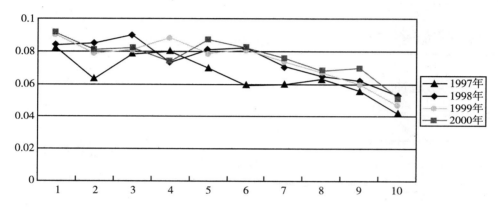

图1-2　不同收入组城镇居民家庭人均教育支出占
人均可支配收入比例

从图1-2可以看到，（1）尽管每年的曲线都是波动起伏的，但总的趋势均在下降，且最低可支配收入组的人均教育支出占人均可支配收入的比例基本都是最高的，最高可支配收入组的人均教育支出占人均可支配收入的比例都是最低的。以2000年为例，2000年最低收入组家庭的人均教育支出占人均可支配收入的比例是最高的，为9.1%，而最高收入组的人均教育支出占人均可支配收入的比例是最低的，为5.2%，两者相差近4个百分点。这表明随着人均可支配收入的增加，城镇义务教育在校生家庭人均教育支出占人均可支配收入的比例是下降的，最低人均可支配收入组家庭的教育负担是最重的，而最高人均可支配收入组家庭的教育负担反而是最轻的。（2）从时间趋势来看，最低可支配收入组家庭的人均教育支出占人均可支配收入的比例从1997年到2000年间平均每年增加0.3个百分点，这表明城镇最低人均可支配收入组家庭的义务教育负担在逐年增加。

五、各类家庭的收入和教育支出的均衡性比较

各类城镇居民家庭人均可支配收入和人均教育支出的基尼系数如表 1 – 8 所示。

表 1 – 8   各类家庭人均可支配收入和人均教育支出的基尼系数

各类家庭	基尼系数	1997 年	1998 年	1999 年	2000 年
全体家庭	人均可支配收入基尼系数	0.35	0.36	0.35	0.36
	人均教育支出基尼系数	0.65	0.66	0.65	0.68
只有义务教育在校生家庭	人均可支配收入基尼系数	0.32	0.32	0.32	0.33
	人均教育支出基尼系数	0.49	0.50	0.49	0.51
只有高中在校生家庭	人均可支配收入基尼系数	0.32	0.52	0.29	0.31
	人均教育支出基尼系数	0.54	0.54	0.55	0.55
只有中专在校生家庭	人均可支配收入基尼系数	0.32	0.25	0.32	0.33
	人均教育支出基尼系数	0.60	0.59	0.61	0.60
只有高等教育在校生家庭	人均可支配收入基尼系数	0.34	0.34	0.32	0.32
	人均教育支出基尼系数	0.57	0.55	0.56	0.58

以上分析表明，对各类家庭而言，人均教育支出的基尼系数普遍大于人均可支配收入的基尼系数。数据表明，与人均收入水平相比，家庭教育支出的不均衡水平更高。

六、只有义务教育在校生家庭教育支出结构分析

由于原有数据中教育支出只含有教材及参考书支出、学杂费支出、托幼费支出、成人教育支出和其他教育支出五部分，因此我们对家庭教育支出的分析只集中在与义务教育相关的教材及参考书支出、学杂费支出和其他教育支出三部分。

为了衡量只有义务教育在校生家庭各类教育支出的差异程度，我们计算出了只有义务教育在校生家庭各类教育支出的变异系数（见表 1 – 9）。

表1-9　　　　　只有义务教育在校生家庭各类教育支出的变异系数

年份	教育支出	家庭学杂费支出	家庭教材及参考书支出	其他教育支出
1997	0.122	0.148	0.148	0.312
1998	0.129	0.154	0.146	0.416
1999	0.109	0.119	0.146	0.346
2000	0.122	0.144	0.151	0.361

　　以上分析表明，其他教育支出的变异系数远大于学杂费支出、教材及参考书支出的变异系数，这表明其他教育支出的差异是导致城镇只有义务教育在校生家庭教育支出不均衡的一个重要原因。由于原有数据统计口径不清晰，因此不能确切知道家庭其他教育支出包含哪些支出，但可以猜测"其他教育支出"可能包括课外补习班费用、聘请家教费用等，这些费用的差异构成了家庭教育支出差异的重要部分。

　　按照人均可支配收入将只有义务教育在校生家庭分为10组，每年各组家庭其他教育支出占总教育支出的比例均值如表1-10所示。

表1-10　　　　各组家庭其他教育支出占总教育支出的比例均值

年份	1	2	3	4	5	6	7	8	9	10
1997	0.094	0.097	0.113	0.096	0.124	0.167	0.157	0.165	0.157	0.137
1998	0.066	0.119	0.163	0.122	0.173	0.169	0.161	0.179	0.247	0.114
1999	0.103	0.101	0.139	0.217	0.160	0.243	0.156	0.176	0.192	0.125
2000	0.074	0.082	0.132	0.143	0.138	0.167	0.228	0.218	0.304	0.219

　　表1-10可以用图1-3表示。

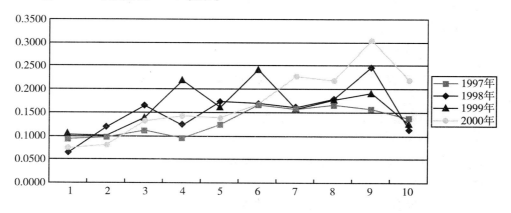

图1-3　各组家庭其他教育支出占总教育支出的比例均值

从表 1 - 10 可以看出，"其他教育支出"在教育支出中的比例随家庭人均可支配收入的增加有增加的趋势，尤以 2000 年为显著。这进一步说明了家庭经济状况在一定程度上决定了教育投资结构，也就是说，除书本费和学杂费以外的其他教育支出受到了家庭经济状况的影响，并且成为家庭之间教育开支差异的重要组成部分。

第三节　家庭义务教育负担的影响因素分析

家庭教育负担可能受到人均可支配收入、父母的文化程度、父母的职业、行业、孩子的就读学校层次、时间等因素的影响，因此本章建立这些因素与家庭教育负担之间的回归方程。由于数据中户主通常是在校生的父亲或者母亲，以下分析将用户主的变量代替父母的变量。回归分析的样本为只有义务教育阶段在校生的城镇居民家庭。

$$Y = \beta_0 + \beta_1 X_1 + \beta_2 X_2 + \beta_3 X_3 + \sum \lambda_j z_j + \sum \lambda_k h_k + \sum r_i t_i + \mu$$

其中，Y——人均教育支出占人均可支配收入比例。

X_1——人均可支配收入。

X_2——户主的文化程度。户主的受教育程度在原始数据中有 7 种，分别是本科（及以上）、大专、中专、高中、初中、小学以及其他。在计算受教育年限时上述类别的受教育程度分别按 16 年、15 年、12 年、12 年、9 年、5.5 年和 2 年计算。

X_3——子女受教育层级的虚拟变量。本章以只有小学在校生子女的家庭为基准，只有初中在校生子女的家庭与只有小学在校生子女的家庭进行比较，系数 β_3 表示只有初中在校生子女的家庭与只有小学在校生子女的家庭相比人均教育支出的差异，正（负）的回归系数表示该家庭人均教育支出或人均教育支出占人均实际支出比例高（低）于只有小学在校生子女的家庭。

z_j——职业虚拟变量（j 职业为 1，其他为 0）。户主的职业有 8 种，分别是各类专业技术人员；国家机关、党群组织和企事业负责人、办事人员和有关人员；商业工作人员；服务性工作人员；农林牧渔劳动者；生产工人、运输工人和有关人员（简称为"工人"）；其他劳动者。本章以"工人"作为参照的基准职业，其他各职业分别与"工人"职业进行比较。

h_k——行业虚拟变量（k 行业为 1，其他为 0）。户主的行业有 16 种，按照行业收益指数将这 16 个行业划分为"高收益行业"、"中收益行业"及"低收益行业"三种行业（岳昌君，2004）。"高收益行业"包括 4 个行业，分别为：电力煤气及水的生产和供应业，科学研究和综合技术服务业，金融保险业，房地产业。"中收益行业"包括 4 个行业，分别为：交通运输仓储和邮电通信业，卫生体育和社会福利业，教育文化艺术及广播电影电视业，国家机关、政党机关和社会团体。"低收益行业"包括 8 个行业，分别为：农林牧渔业（城镇），建筑业，地质勘察水利管理业，社会服务业，采掘业，批发零售贸易和餐饮业，制造业和其他行业。本章以"低收益行业"作为参照的基准行业。

t_i——年份虚拟变量（i 年为 1，其他为 0），以 1997 年为参照的基准年份，其他各年份分别与 1997 年比较。

计量结果表明方程的共线性检验值都小于 10，这表明方程中自变量之间共线性问题不严重。调整过的方程 R^2 为 0.05。方程总体显著性水平为 0.000，通过了 0.01 的显著性水平检验。方程中系数通过了显著性水平检验的自变量如表 1–11 所示。

表 1–11　　　　　系数通过显著性水平检验的自变量

自变量名	自变量的系数	系数的显著性
1998 年	0.010	0.000
1999 年	0.012	0.000
2000 年	0.016	0.000
人均可支配收入	− 0.000007	0.000
服务性工作人员	− 0.01	0.031
不便分类的其他劳动者	0.042	0.000
中收益行业	− 0.008	0.001
只有初中在校生子女的家庭	0.029	0.000

以上分析表明，在控制住其他变量后：（1）1998 年、1999 年、2000 年的人均教育支出占人均可支配收入的比例分别比 1997 年高 0.01、0.012 和 0.016，这说明只有义务教育阶段在校生城镇居民家庭的教育负担在逐年快速增加。（2）人均可支配收入每增加 1 元，人均教育支出占人均可支配收入的比例就略微下降 0.000007，表明随着家庭收入的提高，只有义务教育阶段在校生城镇居民家庭的教

育负担在下降。（3）与户主职业为"工人"的家庭相比，户主职业为"服务性工作人员"的家庭教育负担要低 0.01，户主职业为"不便分类的其他劳动者"的家庭教育负担要高 0.042。（4）与低收益行业家庭相比，中收益行业的家庭人均教育支出占人均可支配收入的比例要低 0.008。上述分析表明低收益行业家庭的义务教育负担均高于中收益和高收益行业的家庭。（5）与只有小学在校生子女家庭相比，只有初中在校生子女家庭的人均教育支出占可支配收入比例要高 0.029，表明只有初中在校生子女家庭的教育负担高于只有小学在校生子女家庭。

第四节　结论与政策性含义

本章前一部分探讨了我国城镇居民家庭义务教育支出的状况和变化特征，研究的主要结论是：

1. 平均而言，占到城镇家庭一半以上的有在校生的家庭，特别是有义务教育阶段在校生的家庭是一类经济相对弱势的群体，一方面这些家庭由于人口抚养压力较大，人均可支配收入和人均支出水平偏低；另一方面这类家庭还要在本已偏低的人均支出水平中拿出相当一部分开支用于教育支出。虽然这类家庭会因就读子女最终从学校毕业并进入劳动力市场而改变这种经济相对弱势的状况，但是这个高负担时期少则持续 9 年，多则持续 16 年甚至更长。因此重视这一城镇居民家庭经济负担的特征，对于制定城镇教育财政政策，减少贫困，提高广大居民的福祉是非常有意义的。

2. 城镇只有义务教育阶段在校生的家庭的教育负担在逐年增加，且低收入阶层家庭的教育负担远高于高收入阶层家庭的教育负担。

3. 城镇只有义务教育阶段在校生家庭的教育支出之间的差距较大，并且这种差距随着时间的推移有拉大的趋势。

4. 导致城镇只有义务教育阶段在校生家庭的教育支出差异的一个可能的重要原因是高收入阶层家庭投入择校、课外兴趣班、聘请家教等方面的费用远高于低收入阶层家庭。由于现有统计口径的局限，本章难以很好地对家庭教育支出的结构，特别是对以上提到的带有自愿性质的家庭教育支出进行清晰的分析，但是经验告诉我们，这类支出越来越成为家庭教育支出的一个重要的甚至是主要的部分。作者将在今后的研究中使用更加适宜的数据对此进行深入分析。

5. 对家庭义务教育负担影响因素的回归分析表明影响我国城镇家庭义务教育负担的因素包括家庭收入、子女受教育的层级、父母的行业和职业。具体来说，城镇居民家庭的义务教育负担随着家庭收入的上升而下降，户主行业为低收益行业的家庭义务教育负担高于中收益行业和高收益行业的家庭，初中在校生子女的家庭义务教育负担高于小学在校生子女的家庭。

以上结论的政策含义是：

1. 只有义务教育阶段在校生子女的家庭收入偏低并具有较高的教育负担，且这种教育负担在逐年增加。因此这一部分家庭的经济利益是政府应该给予充分考虑的。对于基本的公立义务教育，政府在现阶段可以考虑给予更加充分的财政支持。学杂费是我国城镇居民家庭义务教育支出的主要部分，这是造成我国城镇居民家庭特别是低收入阶层家庭义务教育负担较重的主要原因。因此，随着我国经济的发展和财政条件的改善，政府应该逐步降低直至取消义务教育阶段的学杂费，实行真正意义上的义务教育，这对于减轻城镇居民义务教育的经济负担将起到巨大作用。

2. 城镇居民家庭的义务教育负担随着家庭收入的上升而下降且低收入阶层家庭的教育负担远高于高收入阶层的教育负担。为了减轻低收入阶层家庭的义务教育负担，针对贫困家庭的义务教育资助制度应该得到切实的完善和实施。实际上，由于城镇政府财政能力相对较强，因此政府可以考虑在全面取消学杂费之前先减免低收入阶层家庭子女义务教育阶段的学杂费和书本费，甚至对于非常困难的家庭还应考虑提供学生上学所必需的财政补贴。

3. 导致城镇居民家庭义务教育支出不均衡的一个可能的重要原因是随着家庭经济水平的提高，家庭投入择校、课外补习班、聘请家教等方面的费用上升显著，部分地反映出现有的公立义务教育尚难满足城镇居民对优质教育的旺盛需求。义务教育阶段教育支出的过大差异会导致不同收入阶层家庭的子女在接受义务教育的数量和质量方面产生较大的差异，而义务教育作为一种基础性的国民教育，政府应坚持公平的理念，努力保证在起点阶段为每个公民提供尽可能公平的教育资源。因此，政府应该努力采取措施，减少薄弱校，缩小校际之间在办学质量上的差异，进而减少家长的择校动力。

第二章

公私立教育选择与家庭教育支出

改革开放 30 年，我国经济和社会发展取得了举世瞩目的成就，国家综合国力和人民生活水平不断提高。在从温饱型社会向小康型社会转变的过程中，居民的消费支出结构发生了巨大的变化，用于食品的消费在减少，而对教育、文化、娱乐等有了更高的需求。

以下分别从需求、供给和价格机制三个方面讨论本研究的现实背景。随着收入的增加，父母对子女接受教育的数量和质量有了更高的需求，因此用于教育的支出不断增长。与此同时，教育供给机制也发生了显著的变化，从办学格局来说，由于政府采取了鼓励社会力量办学的政策，社会办学资源得到了一定程度的动员，逐步形成了一定的教育供给市场。教育市场中的供给方包括民办学校、各种文化补习班和特长班、公办学校和其他机构开设的各种收费性质的课外教育活动。

由于政府在义务教育和非义务教育阶段所承担的责任不同，所以这两个阶段的公立教育、教育市场以及个人付费情况也各不相同，需要进行区别分析。义务教育具有公共产品的属性，国家承担着主要的财政责任，因此公办教育在义务教育供给中占据着主体地位。但由于不同学校之间存在着非均衡发展的问题，人们对优质教育资源的需求在公办学校难以得到完全满足，于是出现了各种民办教育机构或活动，以满足人们的"差异教育需求"。高中以上的教育属于非义务教育范围。对于非义务教育而言，公立学校可以有限度地招收择校生，民办教育发展的余地也相对较大。

在教育市场中，价格机制发挥一定的作用。公立和民办学校具有不同的办学经费筹措机制及其经费来源结构，这将导致公办学校学生和民办学校学生在教育支出和教育选择上存在一定的差异。

本章的关注点主要在于探讨教育选择对教育支出的影响。"教育选择"是指对教育服务及其提供机构的选择，既包括对学校类型（公办学校或民办学校）的选择，也包括在学校以外接受的其他类型教育服务，比如校外的学习和培训活动、家教等。教育选择带来了学生教育支出及其结构的差异，研究这些差异及其影响因素，可以更好地认识家庭的教育选择行为及其成本，进一步认识我国目前的公办、民办学校的办学特征和学校行为差异，讨论业已形成的教育市场的一些特征。

以上分析，可以用图 2 - 1 表示。

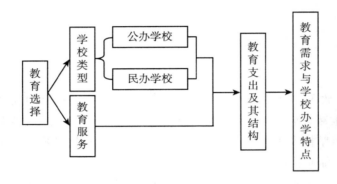

图 2 - 1　研究问题的逻辑框架

本章将采用北京大学教育经济研究所《中国城镇居民教育与就业情况调查（2005）》的数据，讨论公办、民办学校学生教育支出的差异。这种差异不仅体现在教育支出水平上，也体现在教育支出结构上。本章的主要思路是以学生个体及其家庭作为分析单元，区分义务教育、高中教育和高等教育三个不同的教育层次，探讨学校类型选择对学生教育支出及其结构的影响，在此基础上讨论目前我国公办、民办学校的办学现状、办学特征和办学定位。

具体的研究过程分为以下三个步骤：

1. 比较就读于公办学校与民办学校的学生的家庭对其接受教育所支付的教育支出及其结构、影响因素的异同。

2. 合理选择自变量，建立双对数回归模型，对学生教育支出的影响因素做出差异比较和统计分析，重点关注就读的学校类型对教育支出及其结构是否有显著影响及其影响程度。

3. 通过对公办、民办两类学校学生教育支出的影响因素和支出结构的比较分析，概括两类学校学生的来源特征和对教育资源不同的需求特征，并在此基础上结合我国国情，探讨两类学校在办学方向和发展定位上的不同特点。

第一节　文献综述与理论框架

一、已有实证研究述评

（一）国外有关私人直接教育支出的实证研究述评

国外教育经济学领域的研究者对该问题的研究，主要关注父母对子女的人力资本投资问题，时间上主要集中在 20 世纪 70 年代后期到 80 年代后期，贝克尔（Becker）和陶布曼（Taubman）的相关研究最有代表性。

1. 父母收入与子女受教育程度的关系。

罗伯特·豪瑟（Robert Hauser）和托马斯·迪蒙特（Thomas Daymont）1977年的研究以美国高中生为样本，建立单对数回归模型，因变量为子女的受教育年限，自变量包括父母收入、受教育程度、父亲的职业和是否为农业家庭背景的虚拟变量，结果显示父母收入的回归系数为 0.0056，也即父母收入增加 1 个单位，将带来子女教育年限增加 2%（豪瑟和迪蒙特，1977）。

贝尔曼（Behrman）在 1982 年关于家庭分配模型的研究中，假设父母的效用函数取决于他们自身的消费和对子女的期望收入，子女的赚钱能力取决于他们自身的禀赋条件和人力资本投资。选择的家庭背景方面的变量包括受访人的年龄、父母的年龄和受教育程度、家庭收入和宗教。结果发现，家庭收入与子女的受教育年限在 5% 显著性水平上相关，而与子女的收入在 10% 显著性水平上相关。

在陶布曼和贝尔曼两人 1986 年的研究中，在控制子女排行、子女出生时父母亲年龄及其平方、父母受教育程度、父亲的宗教、子女数量等因素的基础上，父母收入对儿子的受教育年限的系数为 0.013，女儿则为 0.017，子女性别差异的影响并不显著（陶布曼和贝尔曼，1986）。

2. 家庭规模与子女受教育机会的关系。

在贝尔曼、波拉克（Pollak）和陶布曼（1989）关于家庭资源、家庭规模与子女接受高等教育的研究中，研究者从入学机会均等的角度切入，结论是家庭规模的大小可能造成教育机会的不均等。因为父母对每个子女的教育支出与子女的数量成反比例关系，与孩子数量较少的家庭相比，孩子数量较多的家庭，其子女平均受教育机会较少，孩子未来的经济收入较少。研究者认为孩子少的父母是用质量替代了数量，而质量则是根据对子女的人均教育支出来衡量。

3. 对国外已有研究的简评。

国外学者在研究中多侧重人力资本投资与收益的关系，通过多元线性回归模型、单对数模型、双对数模型等分析工具，把子女的受教育程度、子女通过受教育得到的收入等作为父母对子女人力资本投资的操作性替代变量，而把家庭经济背景、父母职业、父母年龄、父母收入、家庭规模、子女排行等作为影响人力资本投资的解释变量，研究各有侧重，但都证实了家庭经济背景、父母职业和收入等因素对子女的人力资本投资有显著影响。

（二）国内有关私人直接教育支出的实证研究述评

在国内教育经济学研究领域，研究者根据研究需要，选择不同教育层次，侧重考察家庭教育支出问题，这方面的实证研究多集中在 2000 年以后，主要探讨教育支出的影响因素及其影响程度。有代表性的研究主要有：

叶文振在 1999 年的研究中，利用厦门市中小学生教育费用的调查数据，采用多元回归模型的方法，对孩子的教育费用及其决定因素做出了实证分析，并涉及了教育支出的内部结构分析。在研究中列出了三组影响孩子教育费用的决定因素：与孩子相关的解释变量，包括性别、年龄和是否独生子女，三个因素均和教育费用成正比例关系；与家庭资源相关的解释变量，包括家庭收入、家庭人口规模和母亲的初婚年龄，其中家庭年收入和初婚年龄对孩子的教育费用有正的影响；与父母亲个人背景相关的解释变量，包括文化水平和职业地位，对教育费用会产生不同影响（叶文振，1999）。

李红伟利用 1999 年国家统计局城市社会经济调查总队在我国 30 个省、区、市进行的 15 万户城镇居民家庭抽样调查的数据，分析了我国城镇居民家庭投资的现状及特点，研究发现家庭教育支出与收入、子女接受教育层次的高低成正比关系（李红伟，2000）。

雷万鹏对高中生的教育补习支出做了专门研究，以家庭年收入水平、学生所在地区、城乡背景、家庭人力资本存量等为自变量，运用一般线性回归统计方法探讨教育补习支出差异的影响因素，采用 Logistic 回归方法分析影响教育补习可能性的因素。研究发现，家庭收入和母亲的教育程度是影响高中生是否参加补习的显著影响因素，家庭年收入和城乡背景是补习支出的显著影响因素（雷万鹏，2005）。

沈祖超和阎凤桥分析了家庭经济和社会背景对于民办高校学生教育选择和发展意愿的影响，得到有趣但不一致的结论。父亲的职业水平和家庭收入对于子女进入民办高校计划内（相对高层次的学习类型）学习有负向作用，但对于子女继续升学（相对高水平的发展意愿）有正向作用（见本书第十一章）。

上述研究在分析子女教育支出水平时，选择家庭背景特别是经济收入特征为主要的考察因素，得到的共同结论是家庭经济收入对子女的教育支出有显著的正影响。

在上述国内外已有研究中，都没有将学校类型（公立或民办）作为主要的影响因素进行专门考察，也基本没有涉及对教育支出结构的分析。本章将借鉴这些研究中采用的模型、选取的变量等，对教育支出的影响因素做进一步的分析，重点将考察不同学校类型对教育支出的影响，并比较分析公办、民办两类学校学生的教育支出及其结构的差异。

（三）关于教育责任在公、私立部门之间划分的相关研究

目前国外研究者关于公、私立部门教育责任和教育需求方面的研究，主要着眼于从私立学校兴起和发展的原因来探讨教育责任在公私之间的划分问题。以詹姆斯（James）为代表，她对发达国家和发展中国家中等教育阶段的私立教育发展规模进行了比较研究（詹姆斯，1993），发现发展中国家私立中等教育规模较大的主要原因是政府财力有限，发达国家的私立中等教育主要是因为文化特别是宗教的原因造成对教育的有差异需求。她在研究中建立了父母对子女教育选择的效用函数：在公立教育和私立教育可完全相互替代时，如果公立学校容量有限，而私立教育带来的收益高于投入的成本，则人们会把私立学校作为一种次优的选择；如果公立学校和私立学校因为不同宗教、语言和民族的原因不具有完全互换性，人们偏好于私立学校提供的教育产品和服务，产生了对私立教育的"有差异需求"；对教育质量的不同偏好对私立教育的产生和发展也产生了影响，公立学校教育质量低下为高质量私立学校的发展提供了空间，满足了有支付能力的家庭对教育质量的追求。

现有的研究一般以国家为分析单位，从宏观角度讨论一个国家或地区私立教育产生的原因和影响因素。没有发现相关的文献从微观的教育服务的价格角度入手，通过比较公、私立学校学生教育支出及其结构的差异，来分析两类学校的办学现状和办学特征。

二、理论框架和研究假设

（一）理论框架和研究设计

本章的理论基础，主要是家庭人力资本投资和教育责任在公、私之间划分的相关理论和实证研究。

家庭人力资本投资的理论和模型源于人力资本投资理论，关注的主要问题是

家庭背景对子女的人力资本投资的影响，包括父母的人力资本存量、家庭经济特征等因素，父母对子女的教育投资决策还受到学校类型的选择、学校教学质量、子女数量和性别等因素的影响。

关于教育责任在公、私立部门之间的划分，是在分析教育需求类型的基础上，探讨私立教育兴起和发展的原因以及公立、私立两种学校所面对的教育需求类型和所提供的不同教育服务。社会对不同阶段教育存在不同的需求，不同社会群体的教育需求表现出不同特征，政府对民办教育、对不同的教育层次有不同的政策导向和财政责任，可从这些角度来探讨民办教育产生与发展的内在机制，特别是来自社会需求方面的驱动因素。

因此，本章将结合以上两方面理论，考察家庭收入和学校类型选择对学生教育支出及其结构的影响，并进而结合对不同类型的教育需求的分析，讨论公办、民办两类学校在办学特征和提供教育服务的定位等方面的异同。

（二）研究假设及其推论

在现有理论和已有研究的基础上，结合我国教育发展的现实情况，本章提出下列研究假设：

1. 义务教育阶段。

研究假设 1：在义务教育阶段，学校类型的选择对学生的教育支出及其结构有显著影响。

推论 1.1：学校类型的选择对学生的总教育支出有显著影响，民办学校学生的总教育支出显著地大于公办学校学生。

推论 1.2：学校类型的选择对学生总教育支出的结构有显著影响，民办学校学生的必需性支出显著大于公办学校学生的必需性支出，民办学校学生的扩展性支出显著小于公办学校学生的扩展性支出。[1]

2. 高中教育阶段。

研究假设 2：在高中阶段，学校类型的选择对学生的教育支出及其结构有显著影响。

推论 2.1：学校类型的选择对学生的总教育支出有显著影响，民办高中学生的总教育支出显著地大于公办高中的学生。

推论 2.2：学校类型的选择对学生总教育支出的结构有显著影响，民办高中学生的必需性支出显著大于公办高中学生的必需性支出，而两类学校学生的扩展性支出无显著影响。

---

① 关于必需性支出和扩展性支出，下面给出了操作性定义。

3. 高等教育阶段。

研究假设 3：在高等教育阶段，学校类型的选择对学生的总教育支出及其结构有显著影响，民办高校学生的总教育支出显著大于公办高校的学生，在教育性支出和生活性支出上也存在显著差异。

三、相关概念的操作性定义

本章中涉及的主要概念主要有以下几组，为使研究更具有针对性，需要对这些概念做出操作性的界定。

（一）学校类型

学校类型分为公办学校和民办学校两类。其中，公办学校就是一般意义上的公办学校；民办学校包括社会力量办学的民办学校和混合类型的"民办公助"和"公办民助"学校。

（二）教育支出的分类

为方便分析，结合问卷内容和研究需要，本章将义务教育阶段和高中阶段学生的教育支出分为必需性支出和扩展性支出两类。其中，必需性支出是指为获得入学机会和在校学习期间必须付出的教育支出，扩展性支出则是指必需性支出之外为提高子女学业表现或满足多样化教育需求而额外付出的教育支出。具体地：

必需性支出 = 学杂费 + 住宿费 + 书本、文具、学习资料(含复印、打印)等 + 在校花费的生活费(伙食费) + 校服费 + 为上学而花费的交通费 + 赞助费(择校费)

扩展性支出 = 课外学习班(各类兴趣班、培训班等)学费及所需书本、文具或工具费 + 家教支出 + 其他费用

而在高等教育阶段，考虑学生消费行为和支出结构的实际情况，高校学生个人支出的自主权相对较大，对住宿费、生活费、交通费等都有较大的选择权，支出行为与基础教育阶段差别较大，因此，本章将高校学生的教育支出分为教育性支出和生活性支出两类。具体地：

教育性支出 = 学杂费 + 书本、文具、学习资料（含复印、打印）等 + 课外学习班（各类兴趣班、培训班等）学费及所需书本、文具或工具费 + 家教支出

生活性支出 = 住宿费 + 在校花费的生活费（伙食费）+ 校服费 + 为上学而花费的交通费 + 其他费用

（三）教育需求类型

本章将教育需求划分为过度需求和差异需求两类。

过度需求：是指由于国家教育财政能力有限，现有的公办学校体系难以满足社会的全部教育需求，一部分人想进入公办学校而被排除在外，这部分人的教育需求就是过度需求。这与詹姆斯对"过度需求"的定义（詹姆斯，1987）是一致的。

差异需求：本章中的差异需求主要是指公办教育系统无法满足社会对于高质量和多样化教育的需求，因此一部分人在公办教育系统之外寻求接受教育，这部分人的教育需求就是差异需求。与詹姆斯对"有差异的需求"的定义中"对质量的不同要求派生出来的不同需求"（詹姆斯，1987）较为一致。

第二节　义务教育阶段公办、民办学校学生教育支出比较分析

一、义务教育阶段学生家庭背景

家庭背景包括家庭总收入、家庭总支出、父母受教育程度、子女数量等，这些背景因素特别是家庭总收入对子女教育支出及其结构产生一定影响。本章选取的义务教育阶段的样本总计为 2 456 人，其中公办学校学生 2 329 人，民办学校学生 127 人，均来自城镇居民家庭。通过描述统计，学生家庭基本背景相关指标的统计情况如表 2－1 所示。

表 2－1　　城镇居民抽样义务教育阶段学生家庭背景（2005 年）

	公办学校		民办学校	
	均值	标准差	均值	标准差
家庭年收入（元）	29 976.28	24 454.86	38 629.37	25 925.98
家庭年支出（元）	23 869.49	24 446.60	28 228.94	20 847.03
现购住房按市场现价估计（元）	137 465.43	145 565.96	159 333.33	136 476.85
家庭拥有计算机数（台）	0.68	0.56	0.76	0.54
家庭拥有私有汽车数（辆）	0.14	0.35	0.16	0.37
子女数量（个）	1.13	0.66	1.09	0.36
父亲平均接受学校教育年数（年）	11.76	3.07	12.17	3.10
母亲平均接受学校教育年数（年）	11.22	2.91	11.31	2.89

从表 2－1 中可知，在义务教育阶段，就家庭经济背景的几个指标而言，民

办学校学生家庭年收入高于公办学校学生家庭年收入，民办学校学生家庭的平均年收入为 38 629.37 元，而公办学校学生家庭的平均年收入为 29 976.28 元，两者相差为 8 653.09 元，前者比后者要高出近 30%。通过独立样本均值 T 检验，两类学校学生的家庭年收入、家庭年支出在 5% 显著性水平上通过了统计检验，表明民办学校学生的家庭经济条件显著地好于公办学校的学生。这说明城镇地区义务教育阶段的民办学校所接纳的学生，平均而言，更多来自经济条件较好的家庭。因为民办学校办学体制的原因，就读民办学校的学生在教育支出上要高于公办学校，需要学生家庭有较强的经济支付能力。同时，义务教育阶段的民办学校在办学方向和办学质量方面有一定特色和优势，吸引了家庭经济条件相对较好的学生，并满足了这些家庭的特殊教育需求。同时需要指出，民办学校学生家庭经济收入比公立学校学生家庭经济收入有较大的离散性（比较表 2－1 中两个标准差的值）。

学校类型的选择对学生的教育支出是否存在显著影响，将在后面几节中做出检验。

二、义务教育阶段公办、民办学校学生教育支出及其结构的基本状况

按照第二节中对教育支出的分类及其操作性定义，本章将义务教育阶段学生的教育支出分为必需性支出和扩展性支出两类。关于这两类教育支出及其各分项支出以及总教育支出的基本情况，如表 2－2 所示。

表 2－2　　　　城镇居民抽样义务教育阶段学生教育支出
及其结构基本状况（2005 年）

		公办学校			民办学校		
		均值（元）	标准差（元）	占总支出比例（%）	均值（元）	标准差（元）	占总支出比例（%）
必需性支出	学杂费	583.99	952.16	21.78	2 226.13	2 885.07	36.24
	住宿费	32.96	249.77	1.23	130.39	377.51	2.12
	书本、文具、学习资料费	280.61	334.56	10.47	354.84	366.96	5.78
	在校生活费（伙食费）	282.80	630.85	10.55	690.12	1 135.01	11.23
	校服费	73.92	112.03	2.76	98.61	139.86	1.61
	上学交通费	80.61	193.94	3.01	150.91	278.08	2.46
	赞助费（择校费）	388.36	1 995.87	14.49	1 644.57	3 865.47	26.77
	以上总计	1 723.24	2 710.53	64.28	5 295.57	5 134.46	86.20

续表

		公办学校			民办学校		
		均值（元）	标准差（元）	占总支出比例（%）	均值（元）	标准差（元）	占总支出比例（%）
扩展性支出	课外学习费用*	650.80	1 032.46	24.28	554.68	917.83	9.03
	家教支出	157.15	675.72	5.86	118.68	471.61	1.93
	其他费用	149.57	501.81	5.58	174.13	380.7	2.83
	以上总计	957.52	1 411.89	35.72	847.49	1 106.42	13.80
总教育支出		2 680.76	3 207.17	100	6 143.06	8 036.3	100

　* 调查问卷中该分项的全称为"课外学习班（各类兴趣班/培训班等）学费及所需书本、文具或工具费"。

　　由表 2 - 2 可以看出，在义务教育阶段，就总教育支出而言，民办学校学生的平均总教育支出为 6 143.06 元，公办学校学生则为 2 680.76 元，两者相差 3 462.3 元，前者是后者的 2.3 倍，民办学校学生的总教育支出高于公办学校学生。从教育支出的结构来看，主要是必需性支出上的差距。民办学校学生的平均必需性支出为 5 295.57 元，公办学校学生则为 1 723.24 元，两者相差达 3 572.33 元，前者是后者的 3.07 倍。必需性支出的各个分项，包括学杂费、住宿费，书本、文具、学习资料（含复印、打印）费，在校生活费（伙食费），校服费，上学交通费，赞助费（择校费）等，平均来说，民办学校学生都要高于公办学校学生。其中在学杂费分项上，民办学校学生需要支付 2 226.13 元，公办学校学生需要支付 583.99 元，两者相差 1 642.14 元，前者是后者的 3.81 倍，占两类学校学生必需性支出差异的 46%；在赞助费（择校费）分项上，民办学校学生需要支付 1 644.57 元，公办学校学生需要支付 388.36 元，两者相差 1 256.21 元，前者是后者的 4.23 倍，占两类学校学生必需性支出差异的 35.2%。

　　在扩展性支出方面，从表 2 - 2 中的数据可以看出，民办学校学生的平均扩展性支出要低于公办学校学生，其平均扩展性支出为 847.49 元，公办学校学生则为 957.52 元，前者比后者低 110 元，是后者的 88.5%。其中在课外学习班（各类兴趣班/培训班等）学费及所需书本、文具或工具费分项上，民办学校学生平均为 554.68 元，公办学校学生则为 650.80 元，前者比后者低 96.12 元，是后者的 85.23%；在家教支出分项上，民办学校学生平均为 118.68 元，公办学校学生则为 157.15 元，前者比后者低 38.47 元，是后者的 75.52%；在其他费用分项上，则是民办学校学生的支出要略高于公办学校学生的支出。

从教育支出的结构来看，义务教育阶段公办学校学生的必需性支出和扩展性支出占总教育支出的比例分别为 64.3% 和 35.7%，而民办学校学生的相应比例分别为 86.2% 和 13.8%，显示出不同类型学校学生在教育支出结构上存在一定差异，从中也可以看出，公办学校对于学生家庭多样化教育需求的满足程度要低于民办学校。通过计算还可以得到，在家庭的教育负担率方面，公办学校学生的教育支出占家庭年收入的比例为 8.9%，占家庭年支出的比例为 11.2%，而民办学校学生的相应比例分别为 15.9% 和 21.8%，子女教育支出占城镇居民家庭年收入的比例并不低，特别是民办学校的学生，虽然来自经济条件相对较好的家庭，但家庭的教育负担率高于公办学校学生的家庭。

由表 2-2 中数据和上述统计描述分析可知：

1. 在总教育支出方面，民办学校学生高于公办学校学生；

2. 在必需性支出方面，民办学校学生高于公办学校学生；

3. 在扩展性支出方面，民办学校学生低于公办学校学生。

学校类型的选择是否对学生的教育支出存在显著影响，上述三个结论是否成立，下面将分别做出检验。

三、义务教育阶段公办、民办学校学生总教育支出差异分析

在义务教育阶段，学校类型的选择是否对学生的总教育支出产生显著影响，家庭总收入是否对学生的总教育支出产生显著影响，下面将通过建立双对数回归模型来加以分析。

选取总教育支出为被解释变量，家庭总收入、学校类型为解释变量，父亲受教育程度、母亲受教育程度、有无兄弟姐妹、性别、所在学校是否为第一选择、父母对子女学习成绩的评价、父母对子女所在学校总体质量的评价和父母对子女所在学校总体满意度等为控制变量，建立双对数回归模型。在以上变量中，家庭总收入、父亲受教育程度、母亲受教育程度等变量为定比变量；父母对子女学习成绩的评价、父母对子女所在学校总体质量的评价和父母对子女所在学校总体满意度在本研究采用的调查问卷中是 5 点的定序变量，可以近似地作为定距变量处理①；学校类型、有无兄弟姐妹、性别、所就读学校是否为第一选择等变量为二

---

① 父母对子女所在学校总体质量的评价在问卷中为 4 点的定序变量，从 1~4 对学校总体质量的评价从好到差依次递减，但本章中把父母对子女学习成绩的评价作为样本学生禀赋条件的替代变量，主要关注这一变量对教育支出是否有正的或负的显著影响，因此近似地作为定比数据来处理对研究结果并无影响，所以在回归模型中依然近似地作为定比数据来处理。下面涉及该问题时将不再专门注释——笔者注。

分变量，将通过虚拟变量来处理。

具体地，建立双对数回归模型的表达式为：

$$\ln E_1 = \alpha_1 + \beta_{11} \ln X_{11} + \beta_{12} X_{12} + \beta_{13} X_{13} + \beta_{14} X_{14} + \beta_{15} X_{15} + \beta_{16} X_{16} + \beta_{17} X_{17}$$
$$+ \beta_{18} X_{18} + \beta_{19} X_{19} + \beta_{110} X_{110} + \varepsilon_1 \tag{1}$$

其中，E_1——学生的总教育支出；

　　　　X_{11}——学生的家庭年收入；

　　　　X_{12}——学校类型，虚拟变量，当就读学校是公办学校时取值为 0，当就读学校是民办学校时取值为 1；

　　　　X_{13}——父亲的受教育年限；

　　　　X_{14}——母亲的受教育年限；

　　　　X_{15}——父母对子女学习成绩的评价，取值为 1～5，成绩依次递减；

　　　　X_{16}——父母对子女所在学校总体质量的评价，取值为 1～4，总体质量的评价依次递减；

　　　　X_{17}——父母对子女所在学校总体满意度，取值为 1～5，满意程度依次递减；

　　　　X_{18}——所就读学校是否为第一选择，虚拟变量，当所就读学校不是第一选择时取值为 0，是第一选择时取值为 1；

　　　　X_{19}——有无兄弟姐妹，虚拟变量，无兄弟姐妹时取值为 0，有兄弟姐妹时取值为 1；

　　　　X_{110}——性别，虚拟变量，女生取值为 0，男生取值为 1；

　　　　ε_1——未考虑的其他可能影响学生总教育支出的因素。

在本章中，主要考察的教育支出影响因素是家庭的经济条件（以家庭年收入为衡量指标）和学校类型的选择。家庭的经济条件对子女的教育支出会有正的影响，在选择就读的学校类型时，选择民办学校会对总教育支出有正的影响。

用 SPSS 12.0 统计分析软件对模型（1）进行回归，得到回归结果如表 2-3 所示。

表 2-3　　　　　城镇居民抽样义务教育阶段总教育支出
双对数模型回归结果（2005 年）

变　量	非标准化系数		标准化系数	t 值	显著性概率
	B	标准差	Beta		
常数项	3.259	0.279		11.662	0.000
家庭年收入取自然对数	0.434	0.027	0.328	15.888	0.000
学校类型	0.744	0.075	0.187	9.962	0.000

变量	非标准化系数		标准化系数	t 值	显著性概率
	B	标准差	Beta		
父亲受教育年限	−0.009	0.007	−0.031	−1.303	0.193
母亲受教育年限	0.030	0.007	0.098	4.055	0.000
学习成绩	0.000	0.023	0.000	−0.013	0.990
学校质量	−0.138	0.024	−0.126	−5.662	0.000
学校满意度	0.028	0.026	0.023	1.054	0.292
是否第一选择	−0.085	0.042	−0.040	−2.035	0.042
有无兄弟姐妹	−0.143	0.058	−0.047	−2.462	0.014
性别	−0.094	0.033	−0.053	−2.831	0.005

注：回归模型中拟合系数 $R = 0.463^a$，$R^2 = 0.214$，调整后的 $R^2 = 0.211$。

从回归结果中可以得到回归方程：

$$\ln E_1 = 3.259 + 0.434\ln X_{11} + 0.744X_{12} + 0.03X_{14} - 0.138X_{16} - 0.085X_{18}$$
$$- 0.143X_{19} - 0.094X_{110} \tag{2}$$

一般认为，家庭的经济条件是父母在子女身上的人力资本投资的主要影响因素，家庭总收入越高，家庭经济条件就越好，父母对子女就会有更大的教育投资，直接体现就是子女的教育支出会更高。模型中对总教育支出和家庭年收入都取了自然对数，因此回归系数 0.434 的经济学意义是总教育支出的收入弹性为 0.434，即家庭年收入每增加 1%，父母对子女的教育支出就可能增加 0.434%。对就读学校类型的选择会影响子女接受教育实际所需的经济支持，就读民办学校的总教育支出要高于公办学校。

四、义务教育阶段公办、民办学校学生教育支出结构的差异分析

（一）义务教育阶段公办、民办学校学生必需性支出的差异分析

选取必需性支出为被解释变量，选择家庭年收入、学校类型为解释变量，控制其他变量，建立双对数回归模型，表达式如下：

$$\ln E_{b1} = \alpha_{b1} + \beta_{b11}\ln X_{11} + \beta_{b12}X_{12} + \beta_{b13}X_{13} + \beta_{b14}X_{14} + \beta_{b15}X_{15} + \beta_{b16}X_{16}$$
$$+ \beta_{b17}X_{17} + \beta_{b18}X_{18} + \beta_{b19}X_{19} + \beta_{b110}X_{110} + \varepsilon_{b1} \tag{3}$$

41

其中，E_{b1}——学生的必需性教育支出；

$X_{11} \sim X_{110}$——与模型（1）中的变量相同，含义也相同；

ε_{b1}——未考虑的其他可能影响学生必需性支出的因素。

用 SPSS 12.0 统计分析软件对模型（3）进行回归，得到的回归结果如表 2 - 4 所示。

表 2 - 4　　　　　城镇居民抽样义务教育阶段必需性支出
双对数模型回归结果（2005 年）

变　量	非标准化系数		标准化系数	t 值	显著性概率
	B	标准差	Beta		
常数项	1.959	0.990		1.980	0.049
家庭年收入取自然对数	0.569	0.097	0.385	5.857	0.000
学校类型	0.708	0.198	0.216	3.583	0.000
父亲受教育年限	-0.045	0.025	-0.126	-1.749	0.082
母亲受教育年限	0.023	0.025	0.065	0.884	0.077
学习成绩	0.032	0.077	0.026	0.413	0.680
学校质量	-0.040	0.088	-0.034	-0.454	0.650
学校满意度	-0.129	0.090	-0.104	-1.439	0.152
是否第一选择	-0.086	0.137	-0.041	-0.629	0.530
有无兄弟姐妹	-0.014	0.207	-0.004	-0.066	0.948
性别	-0.147	0.114	-0.077	-1.289	0.199

注：回归模型中拟合系数 $R = 0.421^a$，$R^2 = 0.177$，调整后的 $R^2 = 0.174$。

从回归结果可以得到的回归方程是：

$$\ln E_{b1} = 1.959 + 0.569\ln X_{11} + 0.708X_{12} - 0.045X_{13} + 0.023X_{14} \qquad (4)$$

从模型（4）中可以看出，家庭经济条件依然有显著影响，家庭年收入越高，经济条件越好，则父母倾向于在子女的必需性教育支出上做更多的支付。学校类型的选择是另一个对学生的必需性支出有显著影响的因素，选择就读民办学校，则在必需性支出方面的花费会显著地高于就读公办学校，为获得在一所民办学校的就学机会，学生家长需要为此付出比就读公办学校更高的费用。

（二）义务教育阶段公办、民办学校学生扩展性支出的差异分析

选取扩展性支出为被解释变量，选择家庭总收入和学校类型为解释变量，控

制其他变量，建立双对数回归模型：

$$\ln E_{k1} = \alpha_{b1} + \beta_{k11}\ln X_{11} + \beta_{k12}X_{12} + \beta_{k13}X_{13} + \beta_{k14}X_{14} + \beta_{k15}X_{15} + \beta_{k16}X_{16}$$
$$+ \beta_{k17}X_{17} + \beta_{k18}X_{18} + \beta_{k19}X_{19} + \beta_{k110}X_{110} + \varepsilon_{k1} \qquad (5)$$

其中，E_{k1}——学生的扩展性教育支出；

$X_{11} \sim X_{110}$——与模型（1）、模型（3）中的变量相同，含义也相同；

ε_{k1}——未考虑的其他可能影响学生扩展性支出的因素。

用 SPSS 12.0 统计分析软件对模型（5）进行回归，得到的回归结果如表 2 – 5 所示。

表 2 – 5 　　　　城镇居民抽样义务教育阶段扩展性支出双对数
模型回归结果（2005 年）

变　量	非标准化系数		标准化系数 Beta	t 值	显著性概率
	B	标准差			
常数项	– 1.917	1.228		– 1.560	0.120
家庭年收入取自然对数	0.764	0.120	0.388	6.362	0.000
学校类型	– 0.623	0.300	– 0.119	– 2.079	0.039
父亲受教育年限	– 0.011	0.030	– 0.025	– 0.361	0.718
母亲受教育年限	0.058	0.033	0.118	1.737	0.084
学习成绩	0.042	0.098	0.025	0.424	0.672
学校质量	– 0.045	0.106	– 0.029	– 0.421	0.674
学校满意度	0.076	0.115	0.044	0.664	0.507
是否第一选择	0.081	0.180	0.028	0.450	0.653
有无兄弟姐妹	– 0.201	0.243	– 0.047	– 0.828	0.408
性别	– 0.035	0.145	– 0.014	– 0.240	0.810

注：回归模型中拟合系数 $R = 0.459^a$，$R^2 = 0.210$，调整后的 $R^2 = 0.179$。

于是得到的回归方程是：

$$\ln E_{k1} = 0.764\ln X_{11} - 0.623X_{12} + 0.058X_{14} \qquad (6)$$

家庭年收入对学生的扩展性支出有正的显著影响，扩展性支出的收入弹性为 0.764。学校类型的选择是另一个对学生的扩展支出存在显著影响的因素，统计结果显示，公办学校的学生在扩展性支出方面的花费会显著地高于民办学校的学生，在子女就读一所公办学校以后，家长会在子女的扩展性支出方面做更多的花费，在课外学习班（各类兴趣班/培训班等）学费及所需书本、文具或工具费，家教支出以及其他费用等分项上比民办学校的学生花费更多的教育支出。

同时，从方程（4）和方程（6）比较看出，扩展性支出对于收入的弹性大于必需性支出对于收入的弹性（0.764 > 0.569），说明扩展性支出的变化在更大程度上受家庭经济状况的影响，而必需性支出则在较小程度上受家庭经济状况的影响。这是由这两类教育支出的不同组成及其特点所决定的。因为义务教育的公共物品属性较强，为保证公平性，必需性支出的各项收费标准受到国家政策的约束以及教育行政部门和社会的监督。而家长和学生对扩展性的教育服务的支出，可以根据自己的经济条件和支付能力做出自由选择。

此外，对于学校类型这一虚拟变量，在方程（4）中的回归系数绝对值为0.708，大于方程（6）中的回归系数绝对值0.623，说明选择就读民办学校带来的必需性支出的增加要高于由此带来的扩展性支出的减少，这从支出结构的角度说明了民办学校的学生在总教育支出上高于公办学校的学生。

五、义务教育阶段公办、民办学校的教育需求类型分析

由上面对学生教育支出及其结构的影响因素差异分析可以看出，学校类型的选择是影响教育支出及其结构的显著因素，选择公办学校还是民办学校，会造成两类学校的学生在教育支出及其结构上的差异。上述分析以及结论为研究假设1提供了实证支持，即在义务教育阶段，学校类型的选择对学生的教育支出及其结构有显著影响。民办学校的学生，在总教育支出上要显著地高于公办学校的学生；在教育支出结构上，民办学校的学生在必需性支出上要显著地高于公办学校的学生的必需性支出；而在扩展性支出上，则是民办学校的学生要显著地低于公办学校的学生。因此，研究假设1和推论1.1、推论1.2都得到了实证结果的支持。

义务教育阶段公办学校和民办学校学生在教育支出结构方面存在显著差异，而通过对这些差异的进一步分析，则可以反映出目前我国城镇地区义务教育阶段公办、民办两类学校的办学特征及其所提供的教育服务的特点和类型，揭示城镇地区居民对义务教育需求的特点。目前我国实行九年制义务教育，并且已基本建立起以公办学校为主体的国民教育体系。义务教育的公共属性，使得由政府来承担义务教育的财政责任已经成为共识并付诸实施。与此同时，社会上还存在公办教育无法全部满足的对优质教育资源和多样化教育服务的需求，这种需求随着社会经济发展和生活水平提高而日益旺盛。义务教育阶段部分民办学校的发展，正是对这种教育需求的积极反应，因为适应了社会的多样化教育选择需求而得以迅速发展，在满足部分家长、学生的教育选择需求，缓解优质教育资源和多样化教育服务的供求矛盾等方面，发挥了积极作用，并获得了自身的发展。本章所采用

的问卷中有一项是关于父母对子女所在学校的总体质量评价的调查,通过独立样本均值 T 检验发现,家长对民办学校总体质量的评价高于对公办学校的评价,说明前者的总体质量显著地好于后者①,这也反映出城镇地区义务教育阶段民办学校的质量优势。

实证研究发现,在城镇地区,民办学校的学生在必需性支出方面显著地高于公办学校的学生,也即为了获得在民办学校的入学机会和学校提供的各项教育服务,父母需要花费的支出高于就读公办学校在这些方面的支出;而另一方面,民办学校学生在扩展性支出方面的花费则显著地低于公办学校的学生,即公办学校的学生在获得就学机会以后,其父母出于提高子女学业表现或接受更多样化的教育服务内容的目的,额外付出的校外教育支出要高于就读民办学校的学生在这些方面的支出。就读民办学校的学生,在入学前选择学校类型时,已经选择了不同于公办学校的教育资源和教育服务,而公办学校的学生则在使用公办学校的教育资源、接受学校提供的教育服务以外,在提高教育质量和教育服务多样性方面付出更高的花费,选择学校类型的行为带来了教育支出结构的差异。

这里从分析城镇居民家庭对子女的教育支出结构入手,通过对义务教育阶段公办、民办学校学生教育支出结构差异的实证分析,得到下面的结论:就目前而言,我国城镇地区义务教育阶段的民办学校,在办学特点和办学定位方面,更多的是满足了居民对优质教育资源和教育服务多样化的需求,即民办学校满足了社会对教育的有差异的需求,这一结论的逻辑推理关系如图 2 - 2 所示。

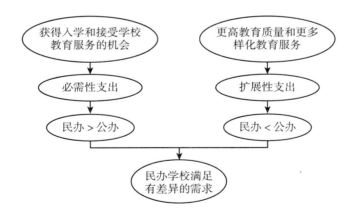

图 2 - 2　义务教育阶段民办学校与社会教育需求类型的关系

---

① 父母对子女所在学校总体质量的评价在问卷中为 4 点的定序变量,从 1 ~ 4 为家长对学校总体质量的评价从好到差依次递减,通过独立样本 T 检验发现,在 0.1 的显著性水平上,家长对民办学校总体质量的评价好于对公办学校的评价。

第三节　公办、民办高中学生教育支出比较分析

一、高中阶段学生家庭基本背景

本章选取的我国城镇地区高中教育阶段的样本总计为 1 035 人，其中公办高中学生 964 人，民办高中学生 71 人。通过描述统计，学生家庭基本背景的相关指标统计情况如表 2 - 6 所示。在高中阶段，就家庭经济背景而言，民办高中学生家庭略好于公办高中学生家庭。而通过独立样本均值 T 检验，则并未发现两者在家庭经济条件上有显著差异，也即民办高中学生的家庭经济条件并不显著地好于公办高中学生的家庭。同时需要注意，民办学校学生家庭经济收入比公立学校学生家庭经济收入有较小的离散性（比较表 2 - 6 中两个标准差的值）。

表 2 - 6 　　城镇居民抽样高中阶段学生家庭基本背景（2005 年）

	公办学校		民办学校	
	均值	标准差	均值	标准差
家庭年收入（元）	31 287.85	41 388.77	33 339.96	22 739.81
家庭年支出（元）	24 648.38	27 149.40	27 014.51	16 389.90
现购住房按市场现价估计（元）	151 416.41	162 974.58	179 735.85	147 569.56
家庭拥有计算机数（台）	0.72	0.51	0.79	0.47
家庭拥有私有汽车数（辆）	0.10	0.31	0.12	0.33
子女数量（个）	1.17	0.54	1.20	0.44
父亲平均接受学校教育年数（年）	11.02	2.69	10.83	2.70
母亲平均接受学校教育年数（年）	10.60	2.56	10.25	2.91

高中教育在我国属于选择性教育，公办高中就目前的发展规模来说尚不足以容纳社会对高中阶段教育的全部需求，同时公办高中在师资力量、教学质量等方面具有民办高中短期内无法相比的品牌优势。在这种情况下，人们为接受高中教育而选择民办学校，需要为此花费更多的教育支出。

那么，就读不同类型的学校将产生不同的支出水平和结构，学校类型的选择对学生的教育支出是否存在显著影响，影响的程度有多大，在后面将对此做出检验。

二、 公办、民办高中学生教育支出及其结构的基本状况

按照前面对教育支出相关概念的划分及其操作性定义，这里将高中阶段学生的教育支出分为必需性支出和扩展性支出两类。关于这两类教育支出及其各分项支出以及总教育支出的基本情况，如表 2 - 7 所示。

表 2 - 7   城镇居民抽样高中学生教育支出及其结构基本状况（2005 年）

		公办学校			民办学校		
		均值（元）	标准差（元）	占总支出比例（%）	均值（元）	标准差（元）	占总支出比例（%）
必需性支出	学杂费	1 774.22	1 582.61	30.96	3 351.76	2 822.57	36.73
	住宿费	172.19	425.61	3.00	329.86	489.77	3.61
	书本、文具、学习资料费	528.77	548.83	9.23	523.89	661.14	5.74
	在校生活费（伙食费）	939.65	2 268.65	16.40	1 694.65	1 905.02	18.57
	校服费	108.94	231.93	1.90	105.59	169.95	1.16
	上学交通费	181.95	346.69	3.17	166.11	242.88	1.82
	赞助费（择校费）	1 139.69	4 060.90	19.89	1 918.31	5 369.18	21.02
	以上总计	4 845.41	5 360.61	84.54	8 090.17	6 763.92	88.65
扩展性支出	课外学习费用*	416.19	1 287.67	7.26	416.39	869.01	4.56
	家教支出	261.66	833.20	4.57	247.46	720.72	2.71
	其他费用	208.03	594.32	3.63	371.63	824.64	4.07
	以上总计	885.89	1 685.31	15.46	1 035.49	1 375.43	11.35
总教育支出		5 731.30	5 718.02	100	9 125.66	7 225.47	100

* 调查问卷中该分项的全称为"课外学习班（各类兴趣班/培训班等）学费及所需书本、文具或工具费"。

由表 2 - 7 中可以看出，就总教育支出而言，民办高中学生的平均总教育支出为 9 125.66 元，公办高中学生则为 5 731.30 元，民办高中学生的总教育支出高于公办高中学生，两者相差 3 394.36 元，前者是后者的 1.59 倍。民办高中学生的平均必需性支出为 8 090.17 元，公办高中学生则为 4 845.41 元，两者相差达 3 244.76 元，前者是后者的 1.67 倍。其中在学杂费分项上，民办高中的学生

需要支付 3 351.76 元，公办高中的学生需要支付 1 774.22 元，两者相差
1 577.54 元，前者是后者的 1.89 倍；在校生活费（伙食费）分项上，民办学校
学生需要支付 1 694.65 元，公办学校学生需要支付 939.65 元，两者相差 755 元，
前者是后者的 1.92 倍，而在书本、文具、学习资料（含复印、打印）费，校服
费和上学交通费等分项上，两类学校学生的支出则比较接近。

在扩展性支出方面，从表 2-7 中的数据可以看出，民办高中学生的平均扩
展性支出与公办高中学生相比差异并不明显，特别是扩展性支出中如果除去其他
费用分项，仅计算课外学习班（各类兴趣班/培训班等）学费及所需书本、文具
或工具费，家教支出两分项的支出，两者基本处于同一水平上。

从教育支出的结构来看，公办高中学生的必需性支出和扩展性支出分别占总
教育支出的 84.5% 和 15.5%，相应地，民办高中学生的这两个比例分别为
88.6% 和 11.4%，民办高中学生必需性支出的绝对数和比例均高于公办高中的
学生。从家庭的教育负担率来看，通过计算可知，公办学校学生的教育支出占家
庭年收入的比例为 18.3%，而民办学校学生为 27.4%，家庭的教育负担率都比
较高，但民办学校学生家庭的教育负担率高出公办学校学生家庭 9.1 个百分点。

由表 2-7 中数据和上述统计描述分析可知：

1. 民办高中学生的总教育支出高于公办高中学生的总教育支出；

2. 民办高中学生的必需性支出高于公办高中学生的必需性支出；

3. 民办高中学生的扩展性支出与公办高中学生的扩展性支出无明显差异。

以上三个结论是否成立，学校类型的选择是否对学生的教育支出存在显著影
响，下面将做出检验和分析。

三、公办、民办高中学生总教育支出的差异分析

下面将通过建立双对数回归模型来分析高中学生的总教育支出情况，讨论学
生总教育支出的影响因素及其影响程度。

首先，选取总教育支出为被解释变量，家庭总收入、学校类型为解释变量，
父亲受教育程度、母亲受教育程度、有无兄弟姐妹、性别、所在学校是否为第一
选择、父母对子女学习成绩的评价、父母对子女所在学校总体质量的评价和父母
对子女所在学校总体满意度等为控制变量，建立双对数回归模型，具体表达
式为：

$$\ln E_2 = \alpha_2 + \beta_{21}\ln X_{21} + \beta_{22}X_{22} + \beta_{23}X_{23} + \beta_{24}X_{24} + \beta_{25}X_{25} + \beta_{26}X_{26}$$
$$+ \beta_{27}X_{27} + \beta_{28}X_{28} + \beta_{29}X_{29} + \beta_{210}X_{210} + \varepsilon_2 \tag{7}$$

其中，E_2——学生的总教育支出；

    X_{21}——学生的家庭年收入；

    X_{22}——学校类型，虚拟变量，当就读学校是公办学校时取值为0，当就读学校是民办学校时取值为1；

    X_{23}——父亲的受教育年限；

    X_{24}——母亲的受教育年限；

    X_{25}——父母对子女学习成绩的评价，取值为1~5，成绩依次递减；

    X_{26}——父母对子女所在学校总体质量的评价，取值为1~4，总体质量的评价依次递减；

    X_{27}——父母对子女所在学校总体满意度，取值为1~5，满意程度依次递减；

    X_{28}——所就读学校是否为第一选择，虚拟变量，当所就读学校不是第一选择时取值为0，是第一选择时取值为1；

    X_{29}——有无兄弟姐妹，虚拟变量，无兄弟姐妹时取值为0，有兄弟姐妹时取值为1；

    X_{210}——性别，虚拟变量，女生取值为0，男生取值为1；

    ε_2——未考虑的其他可能影响学生总教育支出的因素。

用SPSS 12.0统计分析软件对模型（7）进行回归，得到的回归结果如表2-8所示。

表2-8   **城镇居民抽样高中学生总教育支出双对数模型回归结果（2005年）**

变量	非标准化系数		标准化系数	t值	显著性概率
	B	标准差	Beta		
常数项	4.927	0.404		12.197	0.000
家庭年收入取自然对数	0.350	0.040	0.287	8.778	0.000
学校类型	0.478	0.088	0.161	5.413	0.000
父亲受教育年限	-0.001	0.010	-0.005	-0.128	0.898
母亲受教育年限	0.013	0.010	0.045	1.287	0.198
学习成绩	0.038	0.031	0.038	1.226	0.221
学校质量	-0.135	0.032	-0.159	-4.201	0.000
学校满意度	0.027	0.035	0.028	0.776	0.438
是否第一选择	-0.121	0.053	-0.073	-2.302	0.022
有无兄弟姐妹	-0.164	0.064	-0.077	-2.559	0.011
性别	-0.052	0.044	-0.035	-1.170	0.242

注：回归模型中拟合系数$R = 0.396^a$，$R^2 = 0.157$，调整后的$R^2 = 0.149$。

从表 2 - 8 回归结果可得到回归方程：

$$\ln E_2 = 4.927 + 0.35 \ln X_{21} + 0.478 X_{22} - 0.135 X_{26}$$
$$- 0.121 X_{28} - 0.164 X_{29} \qquad (8)$$

观察方程（8）中各解释变量的系数，家庭经济条件对高中生的总教育支出有正的显著影响，家庭年收入越高，父母倾向在子女的教育上做更多的投入，教育支出的收入弹性为 0.35。学校类型的选择是另一个有显著影响的因素，选择就读民办学校会带来比就读公办学校更高的费用。

四、公办、民办高中学生教育支出结构的差异分析

（一）公办、民办高中学生必需性支出的差异分析

对高中学生必需性支出的分析，与前面采用的模型相同，选取必需性支出为被解释变量，家庭年收入、学校类型为解释变量，控制其他变量，建立双对数回归模型，表达式为：

$$\ln E_{b2} = \alpha_{b2} + \beta_{b21} \ln X_{21} + \beta_{b22} X_{22} + \beta_{b23} X_{23} + \beta_{b24} X_{24} + \beta_{b25} X_{25} + \beta_{b26} X_{26}$$
$$+ \beta_{b27} X_{27} + \beta_{b28} X_{28} + \beta_{b29} X_{29} + \beta_{b210} X_{210} + \varepsilon_{b2} \qquad (9)$$

其中，E_{b2}——高中生的必需性教育支出；

$X_{21} \sim X_{210}$——与模型（7）中的变量相同，含义也相同；

ε_{b2}——未考虑的其他可能影响学生必需性支出的因素。

用 SPSS 12.0 统计分析软件对模型（9）进行回归，得到的回归结果如表 2 - 9 所示，得到回归方程：

$$\ln E_{b2} = 5.184 + 0.31 \ln X_{21} + 0.542 X_{22} + 0.06625 X_{25}$$
$$- 0.125 X_{26} - 0.122 X_{28} \qquad (10)$$

从方程（10）可以看出，家庭经济条件对高中生的必需性支出有正的显著影响。学校类型是另一个显著的影响因素，选择就读不同类型的高中对学生的必需性教育支出有显著影响，要获得民办高中的就学机会及其所提供的教育服务，学生及其家长需要支付的费用要高于就读公办学校的相关费用。

表 2 - 9　　　　城镇居民抽样高中学生必需性支出双对数
模型回归结果（2005 年）

| 变　量 | 非标准化系数 | | 标准化系数 | t 值 | 显著性 |
	B	标准差	Beta		概率
常数项	5.184	0.447		11.585	0.000
家庭年收入取自然对数	0.310	0.044	0.235	7.016	0.000
学校类型	0.542	0.098	0.169	5.544	0.000
父亲受教育年限	0.000	0.011	0.001	0.027	0.978
母亲受教育年限	0.005	0.011	0.015	0.427	0.669
学习成绩	0.066	0.034	0.062	1.944	0.052
学校质量	-0.125	0.036	-0.136	-3.510	0.000
学校满意度	-0.017	0.038	-0.017	-0.449	0.653
是否第一选择	-0.122	0.058	-0.068	-2.087	0.037
有无兄弟姐妹	-0.080	0.071	-0.035	-1.135	0.257
性别	-0.005	0.049	-0.003	-0.096	0.924

注：回归模型中拟合系数 $R = 0.340^a$，$R^2 = 0.116$，调整后的 $R^2 = 0.107$。

（二）公办、民办高中学生扩展性支出的差异分析

对高中学生扩展性支出的分析，与上述对必需性支出的分析一样，利用双对数回归模型的方法，建立模型：

$$\ln E_{k2} = \alpha_{k2} + \beta_{k21}\ln X_{21} + \beta_{k22}X_{22} + \beta_{k23}X_{23} + \beta_{k24}X_{24} + \beta_{k25}X_{25} + \beta_{k26}X_{26}$$
$$+ \beta_{k27}X_{27} + \beta_{k28}X_{28} + \beta_{k29}X_{29} + \beta_{k210}X_{210} + \varepsilon_{k2} \tag{11}$$

其中，E_{k2}——学生的扩展性教育支出；

$X_{21} \sim X_{210}$——与模型（7）、模型（9）中的变量相同，含义也相同；

ε_{k2}——未考虑的其他可能影响学生扩展性支出的因素。

用 SPSS 12.0 统计分析软件对模型（11）进行回归，得到的回归结果如表 2 - 10 所示。

表 2 – 10　　城镇居民抽样高中学生扩展性支出双对数
模型回归结果（2005 年）

变　量	非标准化系数		标准化系数 Beta	t 值	显著性概率
	B	标准差			
常数项	0.820	0.827		0.991	0.322
家庭年收入取自然对数	0.535	0.082	0.268	6.550	0.000
学校类型	0.097	0.174	0.021	0.557	0.577
父亲受教育年限	0.004	0.020	0.008	0.181	0.856
母亲受教育年限	0.040	0.021	0.085	1.940	0.053
学习成绩	− 0.114	0.062	− 0.072	− 1.838	0.066
学校质量	− 0.029	0.065	− 0.021	− 0.443	0.658
学校满意度	0.112	0.070	0.072	1.587	0.113
是否第一选择	− 0.013	0.105	− 0.005	− 0.121	0.903
有无兄弟姐妹	− 0.450	0.133	− 0.127	− 3.386	0.001
性别	− 0.161	0.089	− 0.067	− 1.810	0.071

注：回归模型中拟合系数 $R = 0.417^a$，$R^2 = 0.174$，调整后的 $R^2 = 0.150$。

根据表 2 – 10 可以得到方程：

$$\ln E_{k2} = 0.535 \ln X_{21} + 0.04 X_{24} - 0.114 X_{25} - 0.45 X_{29} - 0.161 X_{210} \qquad (12)$$

从模型（12）中可以发现，家庭经济条件对高中生的扩展性支出有正的显著影响。反映在弹性系数上，家庭收入每增加 1 单位，将带来扩展性支出上 0.535 单位的增加。与必需性支出的影响因素不同，回归结果显示，学校类型对于扩展性支出并无显著影响，也就是说，民办高中学生与公办高中学生的扩展性教育支出并无显著差异。

对比回归方程（9）和方程（11），同样可以发现，高中学生扩展性支出的收入弹性大于必需性支出的收入弹性（0.535 ＞ 0.310），说明扩展性支出的变化受家庭收入变化的影响较必需性支出要大一些，反映出家长及学生支付这两类教育支出的不同目的。必需性支出是为获得入学机会和在校学习期间而做出的支付，必需性支出中诸如学杂费、住宿费、赞助费等收费项目受到政府部门的管制较多，因家庭收入的变化而带来的变化会比较小；而在扩展性支出方面，家长和学生对这一类教育服务及其支出，可以根据自身支付能力而做出自由选择，因此弹性相对大一些。

五、公办、民办高中的教育需求类型分析

对城镇地区高中生的教育支出及其结构的影响因素做出了分析和比较，研究发现，学校类型的选择对教育支出及其结构有显著影响，就读公办学校还是民办学校的教育选择，会带来学生教育支出及其结构的不同。上面的分析实际上对本章的研究假设 2 做出了检验：学校类型的选择对高中生的教育支出及其结构有显著影响，民办高中学生的总教育支出显著地高于公办高中学生；在教育支出结构上，民办高中学生的必需性支出显著地高于公办学校学生的必需性支出，而在扩展性支出上两者并无显著差异。研究假设 2 和推论 2.1、推论 2.2 因此得到了实证研究的支持。

城镇地区公办高中和民办高中学生在教育支出结构方面存在显著差异，比较必需性支出和扩展性支出影响因素的差异，一定程度上能反映出两类学校办学行为的不同特征，以及目前高中教育的实际发展情况。

高中教育具有承前启后的作用，既是义务教育以后人们接受的更高一级教育，也是接受高等教育所必需的准备阶段。在普及九年制义务教育的目标基本实现以后，20 世纪 90 年代后期以来，我国教育工作的重心从义务教育的普及工作转移到了高等教育规模的扩张上，直接迈入了高等教育大众化阶段，这种变化给高中教育的发展带来了不可忽视的影响。虽然一些发达地区开始向普及高中教育方向发展，最发达的一些城市已经实现了高中教育的基本普及，但是就全国范围而言，现有的高中教育体系难以满足社会需求，特别是普通高中教育存在供不应求的现象。

高中教育属于非义务教育，是一种选择性的教育。随着我国经济发展和国民整体受教育程度的提高，劳动力市场对知识和能力的要求也相应提高，人们对后义务教育阶段的高中教育产生了旺盛的需求。因此，社会对高中教育的需求，在数量和质量两方面都日益增长。而在政府财力有限的条件下，扩大人们接受高中教育的机会就需要依靠民办教育的发展来实现。

另外，因为高考制度的存在，民办高中在发展过程中始终面临来自公办高中的激烈竞争。公办高中系统办学历史悠久，师资力量雄厚，教学设施完善，教学质量较好，因此吸引了绝大部分优秀生源进入到公办高中就读。民办高中发展时间较短，在某些方面难以跟公办学校相比，同时需要收取较高的费用，因此家长、学生一般会倾向于选择公办高中。而知名度较高、教育质量较好、能与公办高中竞争生源和升学率的民办高中毕竟只占少数，总体而言，民办高中在竞争中处于弱势地位，主要是满足了人们有意愿接受高中教育但目前公办高中体系因资源有限而无法满足的教育需求。同时，一部分办学质量较好的民办高中也满足了家庭经济条件较

好，而学业成绩与公办重点高中要求有较大差距的部分学生选择学校的需求。

实证研究发现，民办高中学生的必需性支出显著地高于公办学校学生，也即为了获得在民办学校的入学机会和学校提供的各项教育服务，民办学校学生的家庭需要支付更多的费用；而入学以后的扩展性支出，也即为提高学业表现或接受更多样化教育服务内容而需要额外付出的教育费用，两类学校的学生并不存在显著差异，或者说选择就读民办学校或者公办学校对扩展性教育支出无显著影响。利用独立样本均值 T 检验的方法对问卷中父母对子女所在学校的总体质量评价的数据进行分析则发现，公办高中和民办高中在办学质量上的差异并不显著。

通过对高中学生教育支出结构影响因素的分析发现，学校类型是其中的显著影响因素，结合实证研究的结果和目前高中教育的办学现状，可以做出推理：总体而言，目前我国城镇地区的民办高中教育，在办学特点和办学定位方面，主要是满足了人们有意愿接受高中教育而公办高中无法完全容纳的教育需求，即过度需求。这一结论的逻辑推理关系如图 2 - 3 所示。

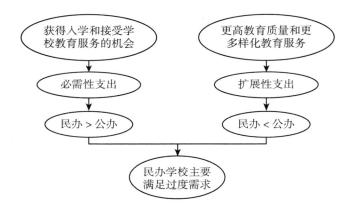

图 2 - 3 民办高中与社会教育需求类型的关系

第四节 公办、民办高校学生教育支出比较分析

一、高等教育阶段学生家庭基本背景

本章选取的高等教育阶段的样本总计为 948 人，其中公办高校学生 856 人，民办高校学生 92 人，均来自城镇家庭。通过描述统计，学生家庭基本背景相关指标的统计情况如表 2 - 11 所示。

表 2 – 11　　　城镇居民抽样高等教育阶段学生家庭基本背景（2005 年）

	公办学校		民办学校	
	均值	标准差	均值	标准差
家庭年收入（元）	30 648.89	20 096.25	38 040.82	24 526.20
家庭年支出（元）	26 306.26	19 775.13	32 095.32	18 560.90
现购住房按市场现价估计（元）	145 620.32	143 123.50	204 450.26	202 760.63
家庭拥有计算机数（台）	0.82	0.56	0.93	0.40
家庭拥有私有汽车数（辆）	0.10	0.33	0.18	0.39
子女数量（个）	1.23	1.08	1.10	0.39
父亲平均接受学校教育年数（年）	11.09	2.78	10.47	2.42
母亲平均接受学校教育年数（年）	10.56	2.68	10.36	2.82

　　表 2 – 11 中的统计结果显示，民办高校学生的平均家庭经济背景好于公办高校学生。民办高校学生家庭的平均年收入为 38 040.82 元，而公办学校学生家庭的平均年收入为 30 648.89 元，差距为 7 391.93 元，前者比后者要高出 24%；民办高校学生家庭的平均年支出为 32 095.32 元，而公办学校学生家庭的平均年收入为 26 306.26 元，两者相差 5 789.06 元，前者是后者的 1.22 倍。独立样本均值 T 检验结果显示，在 5% 显著性水平上，公办高校和民办学校学生家庭在年收入、年总支出、现购住房按市场现价估计、计算机台数等方面存在显著差异，表明来自城镇地区、就读民办高校的学生，家庭经济条件要显著地好于公办学校的学生。同时，民办高等教育在我国的起步较晚，发展规模不大，对高等教育有较大需求、经济支付能力较强的一部分家庭，在子女无法进入公办系统接受高等教育的情况下，选择就读民办高校需要支付更多的教育经费。同时需要指出，民办高校学生家庭经济收入比公立高校学生家庭经济收入有较大的离散性（比较表 2 – 11 中两个标准差的值）。

　　学校类型的选择对学生的教育支出是否存在显著影响，将在后面几节中做出检验。

二、公办、民办高校学生教育支出及其结构的基本状况

　　同样按照前面对教育支出的划分，本节将高等教育阶段学生的教育支出分为教育性支出和生活性支出两类。关于这两类教育支出及其各分项支出以及总教育支出的基本情况，如表 2 – 12 所示。

表 2 - 12   城镇居民抽样高校学生教育支出及其结构基本状况（2005 年）

		公办学校			民办学校		
		均值（元）	标准差（元）	占总支出比例（%）	均值（元）	标准差（元）	占总支出比例（%）
教育性支出	学杂费	5 352.50	5 812.34	46.40	7 687.36	7 822.37	49.82
	书本、文具、学习资料费	601.84	862.35	5.22	719.38	1 146.72	4.66
	课外学习费用 *	222.11	856.26	1.93	159.34	540.98	1.03
	家教支出	37.80	459.03	0.33	0	0	0
	以上总计	6 214.26	6 128.78	53.88	8 566.09	7 976.69	55.52
生活性支出	住宿费	1 015.28	2 117.77	8.80	1 425.60	3 128.11	9.24
	在校生活费（伙食费）	3 513.01	3 277.74	30.46	4 139.56	3 162.80	26.83
	校服费	79.94	277.49	0.69	69.45	178.73	0.45
	上学交通费	340.80	511.87	2.95	734.19	1 605.87	4.76
	其他费用	371.17	1 020.63	3.22	495.23	1 120.57	3.21
	以上总计	5 320.20	5 504.50	46.12	6 864.03	7 210.02	44.48
总教育支出		11 534.46	10 438.49	100	15 430.12	14 457.84	100

  * 调查问卷中该分项的全称为"课外学习班（各类兴趣班/培训班等）学费及所需书本、文具或工具费"。

  表 2 - 12 中的数据显示，民办高校学生的平均总教育支出为 15 430.12 元，公办高校学生为 11 534.46 元，民办高校学生高出 3 895.66 元，是公办高校学生的 1.4 倍。民办高校学生的平均教育性支出为 8 566.09 元，公办高校学生则为 6 214.26 元，两者相差 2 351.83 元，前者是后者的 1.38 倍。差别主要体现在学杂费和书本、文具、学习资料费上，民办高校学生分别高出 2 334.86 元和 117.54 元，而在课外学习费用和家教支出方面，则是公办高校学生略高一些，在所选取的民办高校学生样本中未发现学生有家教方面的支出。在生活性支出方面，民办高校学生的平均生活性支出也要高于公办高校学生，前者（6 864.03 元）是后者（5 320.20 元）的 1.29 倍，除校服费支出两者比较接近以外，其余各分项均是民办高校学生高于公办高校学生。在教育支出结构方面，民办高校学生的教育性支出和生活性支出分别占其总教育支出的 55.5% 和 44.5%，公办高校学生则分别为 53.9% 和 46.1%，可知民办高校学生教育性支出的平均值和比例均高于公办高校的学生。

根据上述的统计描述分析可知：民办高校学生的总教育支出高于公办高校学生的总教育支出；在教育支出结构方面，民办高校学生的教育性支出和生活性支出均高于公办高校的学生。上述结论是否成立，学校类型的选择是否对学生的教育支出存在显著影响，下面将继续做出检验和分析。

三、公办、民办高校学生总教育支出的差异分析

下面将通过双对数回归模型的方法分析高等教育阶段学生及其家长对学校类型的选择是否对其教育支出和结构产生显著影响。

以总教育支出为被解释变量，选取家庭总收入、学校类型为解释变量，父亲受教育程度、母亲受教育程度、有无兄弟姐妹、性别、是否申请贷款、学生家庭所在地区、学校办学层次等为控制变量，建立双对数回归模型。在以上变量中，家庭总收入、父亲受教育程度、母亲受教育程度等变量为定比变量；学校类型、有无兄弟姐妹、性别、是否申请贷款、学生家庭所在地区、学校办学层次等为定序或定类变量，在模型中通过虚拟变量加以处理。

具体地，建立双对数回归模型的表达式为：

$$\ln E_3 = \alpha_3 + \beta_{31}\ln X_{31} + \beta_{32}X_{32} + \beta_{33}X_{33} + \beta_{34}X_{34} + \beta_{35}X_{35} + \beta_{36}X_{36} + \beta_{37}X_{37}$$
$$+ \beta_{38}X_{38} + \beta_{39}X_{39} + \beta_{310}X_{310} + \beta_{311}X_{311} + \varepsilon_3 \tag{13}$$

其中，E_3——学生的总教育支出；

$\quad$ X_{31}——学生的家庭年收入；

$\quad$ X_{32}——学校类型，虚拟变量，当就读学校是公办学校时取值为0，当就读学校是民办学校时取值为1；

$\quad$ X_{33}——父亲的受教育年限；

$\quad$ X_{34}——母亲的受教育年限；

$\quad$ X_{35}——有无兄弟姐妹，虚拟变量，无兄弟姐妹时取值为0，有兄弟姐妹时取值为1；

$\quad$ X_{36}——性别，虚拟变量，女生取值为0，男生取值为1；

$\quad$ X_{37}——是否申请贷款，虚拟变量，不贷款取值为0，贷款取值为1；

$\quad$ X_{38}——是否为大专学生，虚拟变量，以高职学生为基底，是取值为1，否取值为0；

$\quad$ X_{39}——是否为大学本科，虚拟变量，以高职学生为基底，是取值为1，否取值为0；

$\quad$ X_{310}——是否来自东部地区，虚拟变量，以西部地区为基底，是取值为1，

否取值为 0；

X_{311}——是否来自中部地区，虚拟变量，以西部地区为基底，是取值为 1，否取值为 0；

ε_3——未考虑的其他可能影响高校学生总教育支出的因素。

本节关注高校学生教育支出的影响因素，主要考察家庭的经济条件（以家庭年收入为衡量指标）和学校类型的选择两个因素。其他变量对于学生的教育支出可能会有一定的影响，作为控制变量。

用 SPSS 12.0 统计分析软件对模型（13）进行回归，得到回归结果，如表 2 - 13 所示，进而得到如下回归方程：

$$\ln E_3 = 6.836 + 0.156\ln X_{31} + 0.297 X_{32} + 0.231 X_{37} + 0.128 X_{38}$$
$$+ 0.533 X_{310} + 0.825 X_{311} \tag{14}$$

由此可知，家庭经济条件和学校类型在高等教育阶段仍然是影响学生总教育支出的显著因素。家庭收入越高，父母在子女教育上的支出就能越高，收入增加对高等教育的私人支出有正的影响效应，回归结果显示，其收入弹性为 0.156。在学校类型的选择上，民办高校的学生在总教育支出上要显著地高于公办学校的学生。

表 2 - 13　　城镇居民抽样高校学生总教育支出双对数模型回归结果（2005 年）

变 量	非标准化系数		标准化系数	t 值	显著性
	B	标准差	Beta		概率
常数项	6.836	0.348		19.648	0.000
家庭年收入取自然对数	0.156	0.034	0.167	4.531	0.000
学校类型	0.297	0.059	0.161	4.998	0.000
父亲受教育年限	0.004	0.007	0.020	0.549	0.583
母亲受教育年限	- 0.002	0.008	- 0.010	- 0.285	0.776
有无兄弟姐妹	- 0.049	0.054	- 0.029	- 0.904	0.366
性别	0.031	0.034	0.028	0.891	0.373
是否申请贷款	0.231	0.107	0.069	2.156	0.031
是否来自东部地区	0.128	0.044	0.110	2.919	0.004
是否来自中部地区	- 0.010	0.042	- 0.009	- 0.240	0.810
是否大专学生	0.533	0.143	0.465	3.731	0.000
是否大学本科	0.825	0.142	0.725	5.827	0.000

注：回归模型中拟合系数 $R = 0.421^a$，$R^2 = 0.177$，调整后的 $R^2 = 0.167$。

四、公办、民办高校学生教育支出结构的差异分析

（一）公办、民办高校学生教育性支出的差异分析

以教育性支出为被解释变量，选择家庭年收入、学校类型为解释变量，控制其他变量，建立双对数回归模型：

$$\ln E_{j3} = \alpha_{j3} + \beta_{j31}\ln X_{31} + \beta_{j32}X_{32} + \beta_{j33}X_{33} + \beta_{j34}X_{34} + \beta_{j35}X_{35} + \beta_{j36}X_{36}$$
$$+ \beta_{j37}X_{37} + \beta_{j38}X_{38} + \beta_{j39}X_{39} + \beta_{j310}X_{310} + \beta_{j311}X_{311} + \varepsilon_{j3} \quad （15）$$

其中，E_{j3}——学生的教育性支出；

$X_{31} \sim X_{311}$——与模型（13）中的变量相同，含义也相同；

ε_{j3}——未考虑的其他可能影响学生教育性支出的因素。

用 SPSS 12.0 统计分析软件对模型（9）进行回归，回归结果如表 2－14 所示。

表 2－14　　城镇居民抽样高校学生教育性支出双对数
模型回归结果（2005 年）

变　量	非标准化系数		标准化系数	t 值	显著性
	B	标准差	Beta		概率
常数项	6.908	0.424		16.275	0.000
家庭年收入取自然对数	0.099	0.042	0.092	2.367	0.018
学校类型	0.305	0.072	0.143	4.216	0.000
父亲受教育年限	0.009	0.009	0.040	1.034	0.301
母亲受教育年限	-0.008	0.009	-0.030	-0.799	0.424
有无兄弟姐妹	0.093	0.067	0.047	1.395	0.164
性别	0.002	0.042	0.002	0.050	0.960
是否申请贷款	0.129	0.131	0.033	0.987	0.324
是否来自东部地区	0.219	0.054	0.162	4.081	0.000
是否来自中部地区	0.057	0.052	0.041	1.103	0.271
是否大专学生	0.385	0.174	0.289	2.213	0.027
是否大学本科	0.593	0.173	0.449	3.437	0.001

注：回归模型中拟合系数 $R = 0.307^a$，$R^2 = 0.094$，调整后的 $R^2 = 0.083$。

于是，得到高校学生教育性支出的回归方程为：

$$\ln E_{j3} = 6.908 + 0.099\ln X_{31} + 0.305X_{32} + 0.219X_{38}$$
$$+ 0.385X_{310} + 0.593X_{311} \tag{16}$$

从模型（16）中可以看出，家庭年收入对于高校学生的教育性支出有正的显著影响，由回归结果可知，教育性支出的收入弹性为 0.099。民办高校的学生在教育性支出上显著地高于公办高校的学生，学费支出上的差距是其中最主要的原因，通过对表 2-12 中数据的计算，公办高校学生的学费占其教育性支出的 86.1%，民办高校学生则为 89.7%，后者在绝对数和相对比例上都高于前者。

（二）公办、民办高校学生生活性支出的差异分析

以生活性支出为被解释变量，选择家庭年收入、学校类型为解释变量，控制其他变量，建立的双对数回归模型表达式为：

$$\ln E_{s3} = \alpha_{s3} + \beta_{s31}\ln X_{31} + \beta_{s32}X_{32} + \beta_{s33}X_{33} + \beta_{s34}X_{34} + \beta_{s35}X_{35} + \beta_{s36}X_{36}$$
$$+ \beta_{s37}X_{37} + \beta_{s38}X_{38} + \beta_{s39}X_{39} + \beta_{s310}X_{310} + \beta_{s311}X_{311} + \varepsilon_{s3} \tag{17}$$

其中，E_{s3}——学生的生活性支出；

$X_{31} \sim X_{311}$——与模型（13）中的变量相同，含义也相同；

ε_{s3}——未考虑的其他可能影响学生生活性支出的因素。

用 SPSS 12.0 统计分析软件对模型（9）进行回归，得到的回归结果如表 2-15 所示，得到回归方程为：

$$\ln E_{s3} = 5.151 + 0.191\ln X_{31} + 0.299X_{32} - 0.201X_{35} + 0.387X_{37} +$$
$$0.902X_{310} + 1.318X_{311} \tag{18}$$

从方程（18）可以看出，家庭年收入对于高校学生的生活性支出有显著的正影响，生活性支出的收入弹性为 0.191。学校类型对高校学生的生活性支出有显著影响，民办高校学生要高于公办高校学生。

因调查内容和数据方面的限制，本章中无法依据教育数量和教育质量的划分原则对高等教育阶段的学生教育支出做出明确分类，进而为民办高等教育的社会需求类型提供充分的实证依据。

表 2 - 15　　　　城镇居民抽样高校学生生活性支出
双对数模型回归结果（2005 年）

变　量	非标准化系数		标准化系数	t 值	显著性概率
	B	标准差	Beta		
常数项	5.151	0.568		9.072	0.000
家庭年收入取自然对数	0.191	0.056	0.131	3.400	0.001
学校类型	0.299	0.096	0.104	3.108	0.002
父亲受教育年限	0.006	0.012	0.018	0.481	0.631
母亲受教育年限	0.000	0.013	0.000	-0.010	0.992
有无兄弟姐妹	-0.201	0.090	-0.074	-2.225	0.026
性别	0.078	0.056	0.045	1.386	0.166
是否申请贷款	0.387	0.174	0.074	2.230	0.026
是否来自东部地区	0.000	0.072	0.000	-0.003	0.998
是否来自中部地区	-0.059	0.069	-0.031	-0.854	0.393
是否大专学生	0.902	0.232	0.499	3.895	0.000
是否大学本科	1.318	0.229	0.735	5.745	0.000

注：回归模型中拟合系数 $R = 0.355^a$，$R^2 = 0.126$，调整后的 $R^2 = 0.114$。

第五节　研究结论及政策建议

一、研究结论

本章以家庭中父母对子女的人力资本投资的相关实证研究和教育责任在公私之间划分的有关理论及研究为指导，区分三个教育层次，考察就读公办、民办两种不同类型学校的选择行为对学生教育支出及其结构的影响。本章的主要发现包括：

1. 在义务教育阶段，就读学校类型的不同对学生的教育支出有显著影响：一是对学生总教育支出有显著影响，民办学校学生的总教育支出显著地高于公办学校学生；二是对学生的教育支出结构有显著影响，民办学校学生的必需性支出显著地高于公办学校学生，而在扩展性支出上，民办学校的学生显著地低于公办学校的学生。

61

第二章　公私立教育选择与家庭教育支出

选择民办学校就读，在总教育支出特别是在必需性支出上要高出公办学校，这就需要家庭具备接受民办教育的经济实力。因此，家庭经济背景对学生的教育支出有显著的正影响，民办学校学生的平均家庭经济条件要好于公办学校学生。

考察学校类型选择对学生教育支出结构的影响，可以得出结论，目前在我国，义务教育阶段的民办学校满足的是人们对优质教育资源和多样化教育服务的需求，即"差异需求"。

2. 在高中阶段，就读学校类型的不同对学生的教育支出也有显著影响：一是对学生总教育支出的显著影响，民办高中学生的总教育支出显著地高于公办高中学生；二是对学生的教育支出结构有显著影响，民办高中学生的必需性支出显著地高于公办高中学生，而在扩展性支出上两者并不存在显著差异。

就读民办学校所需支付的总教育支出显著地高于公办学校，家庭经济背景对总教育支出有显著的正影响，民办学校学生的平均家庭经济条件要好于公办学校学生。

通过分析学校类型对学生教育支出结构的影响，总体上可认为，城镇地区高中阶段民办教育主要吸纳了公办高中无法完全容纳的对高中教育的需求，即"过度需求"。

3. 在高等教育阶段，就读学校类型的不同对学生的教育支出及其结构也有显著影响：民办高校学生的总教育支出显著大于公办高校的学生；在教育性支出和生活性支出上，两者也存在显著差异，民办高校学生的教育性支出和生活性支出均高于公办学校学生。

在高等教育的选择上，由于无法进入公办高等教育机构而选择就读于民办学校，意味着要支付更高的教育支出。家庭经济条件是学生教育支出的显著影响因素，家庭年收入对学生的总教育支出、教育性支出和生活性支出均有显著的正影响。

二、政策建议

根据上述实证分析结果，提出以下几个政策建议：

1. 民办教育的发展具有积极的现实意义，政府应该鼓励各级民办教育的发展，并加大支持力度。实证结果表明，在城镇地区，义务教育阶段的民办学校是满足人民群众对特色教育需求的重要途径之一；而在高中阶段和高等教育阶段，民办学校是缓解教育供求矛盾，提高国民整体受教育水平的有效途径之一。

2. 城镇地区义务教育阶段的民办学校已形成自身优势和特色，在教育市场中占据了一定的发展空间，今后要继续坚持走特色道路，在提供优质的、多样化的教育服务方面更好地满足社会的教育需求；高中阶段和高等教育阶段的民办教育，则需要在提升教育质量方面做更大的努力；而从政府的角度来说，则需要为民办教育的发展创造良好的外部环境，并在办学质量评估方面加以引导和监督。

3. 政府应增加教育投入。城镇家庭中子女的教育支出已经成为家庭的主要负担之一，在全面建设小康社会的过程中，公共财政应进一步向教育倾斜，努力增加教育投入，为教育的发展提供经费保障。

三、进一步研究的建议

1. 本章的样本全部来自城镇地区，不包括农村地区家庭对子女教育支出的相关情况，因此研究结论的可推广性受到地域上的局限。如果能够得到农村地区家庭对子女的教育支出的相应数据，并验证本章提出的假设，将使本章的结论更具有推广性。

2. 教育支出分类的准确性还有待提高，如扩展性支出中包括的"其他费用"一项，含义并不十分明确。由于问卷内容设计的原因和高校学生消费支出行为及结构的不同，高等教育阶段的需求特征无法根据现有数据做出分析。

3. 教育支出是家庭对子女人力资本投资的主要形式之一，本章未能度量和考察教育投入的产出情况，从而进行"成本—效益"分析。

4. 由于样本数据为截面数据，各观测值之间存在较大的变差，因此回归方程的拟合程度都不是很高，影响了回归模型的解释力。

第三章

高教系统的分化与高校资源差异

根据高等教育发展的国际经验，高等教育的大众化和高等教育系统的分化是紧密联系的两个方面，多样化的发展途径可以有效地促进高等教育大众化目标的实现。美国高等教育研究专家马丁·特罗（Martin Trow）在论述高等教育精英、大众和普及三个发展阶段时指出，随着高等教育规模的扩大，高等教育系统必然发生质的变化，实现高等教育大众化的有效途径之一是高等教育系统的多样化。[①] 许多国家高等教育发展的经验表明，在大众化过程中，高等教育系统内部的分化程度会提高，一部分高等学校继续保持小规模精英教育的特征，占据高等教育系统的顶端，与此同时，地方性的高等学校、职业性的高等学校和短期的高等学校等"非大学"（Non-University）或"非传统大学"（No Traditional University）形式会得到快速的发展，成为实现高等教育大众化的重要力量。[②] 日本学者天野郁夫在分析日本高等教育发展模式特点时指出："高等教育数量规模的迅速扩大，只有通过拥有这种平民的但又是开放类型的高等教育机构来作为系统的重要组成部分才有可能实现。"[③]

西方主要国家已经在不同的历史时期先后实现了由精英高等教育向大众高等教育的转变。高等教育大众化过程与多样化过程相伴随。各个国家在从单一的大

---

① Trow, Martin（1973）"Problems in the Transition from Elite to Mass Higher Education", in OECD, *Policies for Higher Education*, pp. 51 – 104.

② ［美］特罗：《地位的分析》，载 ［美］克拉克主编，王承绪等译：《高等教育新论》，浙江教育出版社 1988 年版，第 152 页。

③ ［日］天野郁夫，陈武元译：《高等教育的日本模式》，教育科学出版社 2006 年版，第 11 页。

学系统向多元化的高等教育系统的转变过程中，具体表现形式是有所差别的。美国学者克拉克·克尔（Clark Kerr）对于一些国家高等教育系统的特征进行了分析，表 3 – 1 所示为部分国家高等教育系统的分化情况。从表中可以看出，除意大利和瑞典两个国家外，其他国家的高等教育系统均出现了一定程度的分化，在大学之外，还出现了其他形式的高等教育机构，美国的赠地学院（Land Grant College）和社区学院（Community College）、英国的多科技术学院（Polytechnic）①、德国的高等专科学院（Fachhochschule）、日本的专门学校都是高等教育多样化的具体表现形式。可以说，高等教育系统的分化既有类型（可以看作是"横向分化"）的含义，也有等级（可以看作是"垂直分化"）的含义。特罗把西方国家的高等教育系统划分为三个等级：（1）第二次世界大战前成立的大学；（2）第二次世界大战后成立的大学；（3）新的非大学高等教育形式。② 各国的基本情况是，高等学校在招生方面越有选择性，其地位等级就越高。③

表 3 – 1　　　　　　　高等教育系统的分化

国别	第一级	第二级	第三级
澳大利亚	大学	高级教育学院	技术和继续教育学院
法国	大学校	大学	技术学院
意大利	→	大学	←
日本	研究型大学	大学和学院	初级学院
挪威	大学	地区学院	→
瑞典	→	大学	←
英国	大学	多科技术学院和教育学院	继续教育学院
美国	大学	综合性学院	社区学院
前苏联	大学	多科技术学院	专科学院
西德	1. 大学	技术学院	学徒制
	2. →	综合大学	学徒制

　　资料来源：［美］克尔，王承绪译：《高等教育不能回避历史——21 世纪的问题》，浙江教育出版社 2001 年版，第 105 ~ 106 页。

———————

　　① 1992 年，英国多科技术学院升格为大学。
　　② ［美］特罗：《地位的分析》，载 ［美］克拉克主编，王承绪等译：《高等教育新论》，浙江教育出版社 1988 年版，第 155 页。
　　③ 同上，第 156 页。

高等教育多样化发展产生两个主要结果：一是传统精英大学在招生方面的压力减小，有利于其继续保持精英地位。例如，美国加利福尼亚州公立高等教育系统由州立大学、州立学院和社区学院三个部分组成，其中州立学院和社区学院是州立大学选拔学生质量的保护屏障，如果没有它们，"加利福尼亚大学将被大量学术造诣比较低的学生所湮没"①。二是扩大了适龄人口接受高等教育的机会。扩大高等教育机会是建立民主国家的必要条件。

如何处理精英和大众高等教育之间的关系，是各个国家在扩大高等教育规模时面临的挑战。在高等教育大众化过程中，人们普遍担心的一个问题是，高等教育大众化是否会降低质量、破坏精英教育部分。一些国际经验表明，如果能够建立一项具有分化功能的制度，就可以使精英教育部分免受破坏。②克尔认为，一个有效的高等教育系统要同时建立不同的机制，选择性高等教育建立在优秀基础上，而非选择性高等教育建立在平等基础上，并且要在二者之间建立过渡机制，允许学习成绩优秀的学生能从非选择性高等教育子系统转移到选择性高等教育子系统。③在精英结构下扩张高等教育规模会带来功能失调。

除美国、日本和法国外，多数国家高等教育入学人数的增加部分主要被大学吸收。④换句话说，在不同国家高等教育系统中，精英高等教育所占的比例是不同的：在意大利为90%；在德国和瑞典为60%～70%；在英国为50%～60%；在法国、日本和美国为10%～20%。事实证明，扩张的学生规模被精英大学吸收的比例越高，出现的问题就越多。反之，扩张的学生规模被非精英大学吸收的比例越高，出现的问题就较少。意大利、德国和瑞典是反面的例证，而美国和日本则是正面的例证。⑤美国成功地建立起多元化的分层制度，在扩大在校生规模的同时，保证了一部分精英型高等教育的健康发展。⑥与美国相似，日本也同样建立了多元化的分层制度，专门学校在吸收新增生源方面发挥了关键作用，从而保证了国立大学的精英地位。但是，日本与美国之间也存在着一些差异。第二次世界大战后，美国高等教育规模扩大主要是通过发展公立高等教育完成的，公立高等教育在校生规模约占高等教育总在校生规模的80%，而日本则主要是通过

---

① ［美］克尔，王承绪译：《高等教育不能回避历史——21世纪的问题》，浙江教育出版社2001年版，第80页。

② 同上，第71页。

③ 同上，第89页。

④ ［美］特罗：《地位的分析》，载［美］克拉克主编，王承绪等译：《高等教育新论》，浙江教育出版社1988年版，第155页。

⑤ ［美］克尔，王承绪译：《高等教育不能回避历史——21世纪的问题》，浙江教育出版社2001年版，第91页。

⑥ ［美］阿特巴赫：《比较高等教育：知识、大学与发展》，人民教育出版社2001年版，第6页。

发展私立高等教育扩大规模的，私立高等教育规模约占高等教育总规模的 77%。[1] 瑞典、意大利和德国则与美国的情况不同。20 世纪 60 年代末，瑞典大学改革（被称为"U68"）的内容之一是将大众化功能和精英化功能放在同一所大学内进行，结果影响了大学功能的发挥。[2] 意大利也是试图在精英高等教育框架内实现大众化的目的，结果破坏了大学系统的质量。[3] 类似的情况也出现在德国综合大学中，高水平的学校在扩大规模的同时，办学水平却下降了。[4] 总之，在高等教育大众化过程中，各个国家的高等教育系统都出现了一些显著的变化，采取的发展途径及其效果也不尽相同，探讨高等教育发展模式是研究高等教育发展的一个重要内容。

中国政府在 1998 年明确提出实现高等教育大众化的政策目标，从 1999 年开始大幅度地扩大招生规模，并且在随后短短的 4 年时间里将高等教育的毛入学率从 10.5% 提高到 15.3%，完成了从精英高等教育向大众高等教育的过渡。中国高等教育在大众化发展过程中是否也走过了一条系统分化或多样化的道路呢？中央和地方院校在高等教育大众化过程中各自发挥了怎样的作用？伴随着高等教育大众化进程，高等教育系统结构特征发生了哪些变化？这是一些值得探讨的问题。

本章拟采用实证研究法，分析 1999 年大幅度扩招前后，特别是 1998～2001 年期间我国高等教育系统发生的变化。本章所采用的数据有三个主要来源：第一个数据来源是 1978～2001 年的《中国统计年鉴》；第二个数据来源是 1998～2005 年的《全国教育事业发展统计公报》；第三个数据来源是教育部 1998～2001 年的《普通高等学校事业统计》，该资料的统计范围包括了所有普通高等学校（区别于成人高等学校）。

第一节　主要分析变量的定义

高等教育大众化主要表现为办学规模的扩大和办学资源的变化，高等教育系统的变化也能通过上述两个方面得到反映，因此，本章的实证分析主要涉及两个

---

[1]　Levy，Daniel C.（2007）"Private-Public Interfaces in Higher Education Development：Two Sectors in Sync？" Regional Bank Conference on Development Economics，the World Bank，January 16－17，2007，Beijing，China.

[2]　［美］克尔，王承绪译：《高等教育不能回避历史——21 世纪的问题》，浙江教育出版社 2001 年版，第 71～72 页。

[3]　同上，第 81～82 页。

[4]　同上，第 107～108 页。

变量：高等学校规模和高等学校办学资源。一般而言，"高等学校规模"是指一所高等学校的学生规模，它的操作性定义是高校在校生人数。高校在校生的构成比较复杂，除了研究生、本科生和专科生之外，还有继续教育、预科班、第二学位学生等，他们都占用了一定量的高校办学资源。为全面和准确地反映中央和地方高校生均占有办学资源的变化情况以及进行相互比较，本章在必要的地方采用"全时折合"方法计算高校办学规模。[①]

"高等学校办学资源"包括人力资源和物力资源两个方面。人力资源包括：专任教师、教学辅助人员；物力资源包括：教学及辅助用房、宿舍、图书、科研仪器资产等。本章拟采用生师比、教师中高职称比例、生均教学及辅助用房面积、生均宿舍面积、生均图书占有量、生均科研仪器资产值六个指标，来衡量高校的办学条件。这六个指标基本涵盖了高校开展教育和研究活动所需要的基本办学资源，其中教学及辅助用房、学生宿舍等是影响教学过程的硬性约束条件，而生师比、教师中高职称比例、生均占有图书量、生均科研仪器资产值等则是影响教学过程的软性约束条件。硬性约束资源和软性约束资源是相对而言的，它们都会对高校办学规模和教学质量产生一定的影响。

第二节　1978年之后我国普通高等教育的发展形势

在分析我国高等教育系统内部分化状况之前，有必要先对改革开放以来我国高等教育总体发展趋势及特征进行简要回顾。自1977年我国高等学校恢复统一招生考试以来，高等教育招生规模和在校生规模不断扩大，与此同时，高等学校的数量也有了一定程度的增加。将高等学校数量与高等教育在校生规模这两个变量按照时间序列进行对比，可以发现不同时期我国高等教育发展的一些特点。

图3-1为1978~2001年中国普通高等学校数量变化曲线图，总体呈上升趋势，在个别年份有所下降。在1985年之前，高校数量增加幅度较大；1985年之后，高校数量变化比较平缓。图3-2为1978~2001年中国普通高校校均在校生人数变化曲线图，总体呈上升趋势。1991年之前，校均规模变化比较平缓；

---

① 折合公式：折合全日制本专科生数＝本科生＋专科生＋2硕士生＋3博士生＋2继续教育学生＋0.1函授生＋0.3夜大生＋成人脱产班学生＋预科班学生＋1.5进修班学生＋2第二学位＋3留学生＋培训班学生＋专业证书班学生。参见：阎凤桥、闵维方：《对于我国高等教育资源配置中存在的"木桶现象"的探讨》，《教育与经济》1999年第2期。

普通高校数

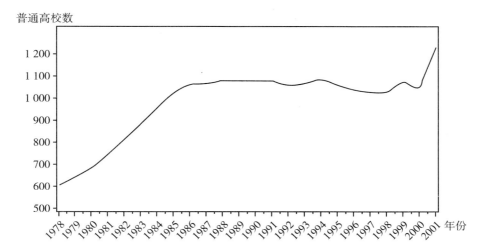

图 3 – 1　1978 ~ 2001 年中国普通高等学校数量

资料来源：《中国统计年鉴（2002）》，中国统计出版社 2002 年版。

平均在校生数

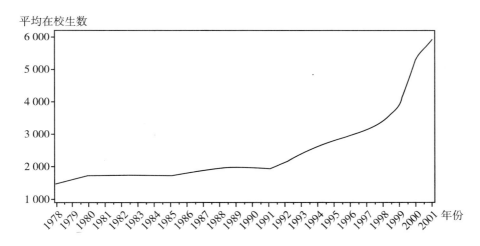

图 3 – 2　1978 ~ 2001 年中国普通高校校均在校生人数①

1991 ~ 1998 年，校均规模增加幅度较大；1998 ~ 2001 年，校均规模增加幅度进一步提高。对照图 3 – 1 和图 3 – 2，我们可以把中国高等教育规模扩张过程大致划分为以下三个阶段：

———————

①　为了便于与 1998 年以前的数据进行比较，图 3 – 1 与图 3 – 2 对高等教育总体规模的度量仍然采用《中国统计年鉴》在校生人数的测量方法。

69

第一个阶段是 1978 年至 20 世纪 80 年代中后期。在这个阶段，高等教育发展的主要特征是"外延式"扩张。高校数量从 1978 年的 600 所左右急剧增加到 1985 年的 1 000 所左右，在校生总数有所增加，但是校均规模没有发生太大的变化，甚至有些时候还有所下降。

第二个阶段是 20 世纪 80 年代中后期到 2000 年。在这个阶段，高校在校生人数增长比第一阶段快，而高校数量有所减少（主要由于院校合并造成），校均规模出现较大幅度的增长，属于"内涵式"增长模式。

第三个阶段是 2000～2005 年。可以将这个阶段划分为两个部分，2000～2001 年和 2001～2005 年。从图 3 - 1 和图 3 - 2 可见，在 2000～2001 年，高校数量有一定幅度的增长，而在校生数量增长幅度更快。高等教育处于"内涵式"和"外延式"相结合的发展阶段。表 3 - 2 所示为 1998～2005 年我国普通高等教育的发展情况。从表 3 - 2 中的数据可以看出，从 2001～2005 年，普通高等学校数从 1 225 所增加到 1 792 所，校均规模从 5 870 人/校增加到 7 666 人/校，因此与 2000～2001 年期间的发展形式相同，也属于"内涵式"与"外延式"相结合的发展模式。[①] 因此，在 2000～2005 年，我国高等教育采取了"内涵式"和"外延式"相结合的发展方式。

表 3 - 2　　　　　1998～2005 年我国普通高等教育的发展情况

年份	学校数（个）	本专科在校生规模（万人）	本专科在校生规模比上一年增加		校均规模（人/校）	生师比
			绝对数（万人）	比例（%）		
1998	1 022	340.87	23.43	7.38	3 335	11.6
1999	1 071	413.42	72.55	21.28	3 815	13.4
2000	1 041	556.09	142.67	34.51	5 289	16.3
2001	1 225	719.07	162.98	29.31	5 870	18.2
2002	1 396	903.36	184.29	25.63	6 471	19.1
2003	1 552	1 108.56	205.2	22.72	7 143	17.0
2004	1 731	1 333.50	224.94	20.29	7 704	16.2
2005	1 792	1 561.78	228.28	17.12	7 666	16.9

资料来源：《全国教育事业发展统计公报》（1998～2005），http：//www.edu.cn/HomePage/Zhong_guo_jiao_yu/jiao_yu_zi_xun/shu_zi/jiao_yu_fa_zhan/index.shtml，2006 年 8 月 16 日。

如果把中央高校和地方高校区别开来看，统计数据分析显示，1998 年之后，

---

① 由于数据来源和统计口径不同，所以从不同渠道获得的数据之间存在着一些差异。

教育投入、资源配置与人力资本收益

中央高校主要走"内涵式"发展道路，而地方高校则主要采取了"内涵式"和"外延式"相结合的发展模式。

第三节 中央和地方普通高校的规模及结构比较

1998 年教育部颁布的《面向 21 世纪教育振兴行动计划》提出：计划到 2010 年我国高等教育毛入学率达到 15%，实现从精英高等教育向大众高等教育的过渡。1999 年我国实施高等教育扩大招生规模政策，扩大了接受高等教育的机会，高等教育毛入学率逐年提高。我国高等教育大众化的实际进程比计划的要快。1999 年我国高等教育毛入学率为 10.5%，2000 年为 11.3%，2001 年为 13.2%，2002 年为 15.3%，2003 年达到 17%，2004 年为 19%，2005 年为 21%。[①] 换句话说，我国已经于 2002 年提前 8 年实现了高等教育大众化的目标。

在我国高等教育大众化过程中，高等教育系统内部的格局有何变化呢？下面以 1999 年为界，利用教育部《普通高等学校事业统计》中 1998～2001 年 4 年数据，分别从在校生规模、校均规模、办学质量和层次、办学类型等四个方面，对中央部委所属的普通高等学校（以下简称中央普通高校）和地方政府所属的普通高等学校（以下简称地方普通高校）进行比较，以期找出两类学校在发展模式上的特征。

一、中央和地方普通高校在校生规模比较

在高等教育大众化过程中，中央普通高校和地方普通高校在在校生规模总量中各占多大的份额呢？表 3－3 显示了 1998～2001 年中央普通高校和地方普通高校在校生和专任教师在全国总的在校生和教师数量中所占的比重。1998 年，地方普通高校在校生占全国普通高校在校生的比例为 66.24%，地方普通高校专任教师占全国普通高校专任教师的比例为 70.71%；与 1998 年相比，2001 年上述两个比值均有一定程度的提高，地方普通高校在校生占全国普通高校在校生的比例提高到 82.20%，增加了 15.96%，地方普通高校专任教师占全国普通高校专任教师的比例提高到 77.03%，增加了 6.32%。图 3－3 直观地显示了 1998～2001 年中央普通高校和地方普通高校的折合本专科生在校生规模。从图 3－3 可以看出，中央普通高校和地方普通高校的规模发展存在着明显的差距，规模差距逐年增大。从 1998 年

---

① 资料来源：《全国教育事业发展统计公报》（1999～2005）。

到 2001 年，中央普通高校折合在校生人数一直维持在 200 万这个水平上，即使在扩招幅度最高的年份，在校生也仅增长了 32 万，而地方普通高校规模却从 600 多万增长到 1 200 多万。由此可见，地方普通高校已经成为我国普通高等教育系统的主体，它是实现高等教育大众化任务的主力。伴随着高等教育大众化和高等教育结构调整过程，我国普通高等教育系统出现了重心下移的趋势。

表 3 - 3 　　　　　　　 1998～2001 年中国中央和地方普通
高等教育规模的比例　　　　　　　　单位：%

年　份	1998	1999	2000	2001
中央直属普通院校在校生比例	33.76	30.42	19.88	17.8
中央直属普通院校教师比例	29.29	27.67	25.86	22.97
地方普通院校在校生比例	66.24	69.58	80.12	82.2
地方普通院校教师比例	70.71	72.33	74.14	77.03

注：计算在校生比例时，采用折合本专科生人数。
数据来源：根据 1998～2001 年的《普通高等学校事业统计》计算得到。

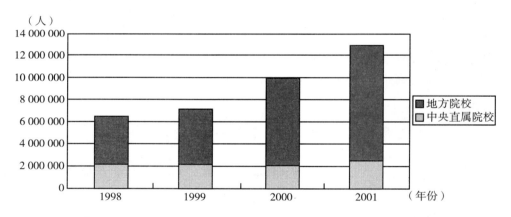

图 3 - 3　1998～2001 年中国中央和地方普通高校学生规模
数据来源：根据 1998～2001 年的《普通高等学校事业统计》计算得到。

为什么会出现上述变化呢？造成中央普通高校规模变化不大的主要原因是，在校均规模扩大的同时，高校数量减少了。从 1998～2001 年，由于各种原因，中央普通高校数量减少了将近一倍，在 1998 年高等教育管理体制改革中，原中央部委所属的 91 所普通高校实行与地方政府共建，其中 81 所以地方政府为主。① 如表

---

① 戴井冈、贺绍禹、邱国华：《我国普通高等学校布局结构的现状分析》，《教育发展研究》2000 年第 3 期，第 20～25 页。

教育投入、资源配置与人力资本收益

3－4 所示，中央普通高校数量从 1998 年的 277 所减少到 2001 年的 126 所，与中央普通高校数量减少趋势相反，地方普通高校的数量在同期增长了将近一倍，从 1998 年的 855 所增加到 2001 年的 1467 所，其中一部分是从中央普通高校调整为地方普通高校的，另一部分为升格和新建的。在地方高等教育系统中，增长幅度最大的是高等职业技术学院，从 1998 年的 101 所增加到 2001 年的 370 所。

表 3－4   1998～2001 年中国中央和地方普通高校校均规模及学校数

年　份	1998	1999	2000	2001
中央普通高校校均规模（人／校）	7 952	8 673	15 536	20 029
中央普通高校数（个）	277	259	136	126
地方普通高校校均规模（人／校）	4 951	5 327	5 916	7 149
地方普通高校数（个）	855	924	1 315	1 467
总的校均规模（人／校）	5 685	6 059	6 818	8 168
总的学校数（个）	1 132	1 183	1 451	1 593

注：计算校均规模时，采用折合本专科生人数。

数据来源：根据 1998～2001 年的《普通高等学校事业统计》计算得到。

二、中央和地方普通高校校均规模比较

把中央普通高校和地方普通高校分开来，分别计算其校均规模。在 1998～2001 年期间，中央普通高校的校均规模增长很快，增加了 1.5 倍。同期，地方普通高校校均规模虽然也有所增长，但是增长幅度低于中央普通高校校均规模的增加幅度。这种发展格局扩大了中央普通高校校均规模与地方普通高校校均规模之间的差距。1998 年，中央普通高校的校均规模仅是地方普通高校的 1.6 倍，2001 年这个数字则变为 2.8（见表 3－4）。中央普通高校校均规模扩大的原因是什么呢？这与我国高等教育管理体制改革关系密切。在高等教育管理体制改革中，许多中央普通高校经过了调整合并，有些学校变成多校区大学系统，这是校均规模增大的一个重要因素。

三、中央和地方普通高校办学质量和层次比较

1998 年，在全国 78 所重点高校中，有 71 所属于中央普通高校，只有 7 所是地方普通高校。从这一个简单的数字对比就可以看出，中央普通高校和地方普通

高校代表了我国高等教育系统中不同质量水平的两个部分。

高校办学层次结构是反映高等教育质量的重要指标，其中，常常用到的是在校研究生所占的比例。从 1998～2001 年，中央普通高校在校研究生占在校学生人数的比例持续上升，2001 年这一数字已经达到 10% 左右，而同期地方普通高校研究生占在校生比例一直维持在 3% 左右（见表 3−5）。从总体规模看，中央普通高校在校研究生占全国高校研究生总数超过了 70%。相对于地方普通高校而言，中央普通高校培养研究生的规模在增大，本科及以下教育规模的相对比例在缩小，许多中央普通高校把自己的发展目标定位为研究型大学。

表 3−5 　　　1998～2001 年中国中央及地方普通高校中研究生
所占比例的均值与标准差 　　　　　　　　　　　单位：%

年 份	1998	1999	2000	2001
中央普通高校	8.54 （0.043）	8.54 （0.043）	9.40 （0.045）	10.31 （0.046）
地方普通高校	3.2 （0.022）	2.86 （0.021）	3.2 （0.025）	3.32 （0.024）

注：括号内数据为计算得到的研究生所占比例的标准差。
数据来源：根据 1998～2001 年的《普通高等学校事业统计》计算得到。

四、中央和地方普通高校办学类型比较

在计划经济时代，我国高等教育形成了专门程度较高的办学模式，专门性高校在高校中所占的比重较大。随着高等教育改革的进行，这种状况得到了部分的缓解。用综合大学数量及其所占比例，可以反映中央和地方普通高校的办学形式。如表 3−6 所示，随着高等教育招生规模的扩大，综合性大学在中央普通高校中所占的比例逐渐增大，从 1998 年的 5.05% 增加到 2001 年的 11.11%；而综合性大学在地方普通高校中所占的比例则呈缩小趋势，从 1998 年的 4.91% 降低到 2001 年的 3.89%。特别需要指出的是，高等职业技术学院在地方普通高校中所占的比重在迅速扩大。1998～2001 年，在所有办学类型的高校中，教育规模总体增长幅度和年均增长幅度最大的学校类型是高等职业技术学院。到 2001 年为止，高等职业技术学院已经成为继理工、综合、师范类高校之后第四大高等学校类型，吸纳当年 12% 以上的在校生。

表 3 – 6　　　　　1998～2001 年中国中央与地方普通高校中

综合大学所占的比例　　　　单位：%

年　份	1998	1999	2000	2001
中央普通高校中综合性大学比例	5.05	5.41	10.29	11.11
地方普通高校中综合性大学比例	4.91	4.76	3.95	3.89

数据来源：根据 1998～2001 年的《普通高等学校事业统计》计算得到。

综上四点所述，我们可以得出一个基本的结论：在中国高等教育大众化进程中，普通高等教育体系内部分化程度在提高，集中表现为中央普通高校系统的精英格局和地方普通高校的大众格局。中央普通高校系统的精英性表现在以下几个方面：学校数量少，学生规模小，校均规模大，研究生所占比例高，综合性大学多。地方普通高校系统的大众特性表现在以下几个方面：学校数量多，学生规模大，校均规模小，研究生所占比例低，专门性和职业性学校多。

第四节　中央和地方普通高校在其他方面的比较

下面分别从扩展教育规模和资源配置状况两个方面，分别对中央普通高校与地方普通高校的特性进行比较和分析。

一、中央和地方普通高校扩展教育规模比较

在中央和地方普通高校中，学生构成具有多样化特点，除了研究生、本专科生之外，还有第二学士学位生、走读生、成人第二专科学历、预科班、自考助学班、函授生、夜大生、成人脱产生。借鉴国外的说法，我们把后面各种教育形式统称为"扩展教育形式"。后一类学生与前一类学生在中央普通高校和地方普通高校中所占的比例各是多少呢？从表 3 – 7 中可以看出，1998～2001 年，后一类学生与前一类学生的比例，中央普通高校大于地方普通高校。随着高等教育大众化的进行，中央和地方普通高校招收越来越多后一种类型的学生。中央重点高校也不例外，四个年份扩展教育类学生与正规在校生的比值分别是：1998 年为 0.67；1999 年为 0.68；2000 年为 0.64；2001 年为 0.68。这反映了在高等教育大众化过程中，由于公共资源短缺，许多高校在国家计划招生之外，还招收许多可以收取较多学费的学生，以缓解办学经费不足之压力。

表 3 – 7　　　1998～2001 年中国中央和地方普通高校扩展教育类
学生与正规在校生之比值

年份	指标	比值	标准差	最小值	最大值
1998	R1	0.6725	0.5462	0.0000	5.7357
	R2	0.5108	0.4321	0.0000	6.4256
1999	R1	0.7093	0.5440	0.0000	4.8345
	R2	0.6093	1.1352	0.0000	19.1271
2000	R1	0.6977	0.4935	0.0000	3.2251
	R2	0.5577	0.4783	0.0000	4.0287
2001	R1	0.7357	0.7019	0.0000	6.1483
	R2	0.7336	2.8426	0.0000	63.4828

注：1. R1：中央普通高校扩展教育类学生与正规在校生人数之比。

2. R2：地方普通高校扩展教育类学生与正规在校生人数之比。

3. 扩展教育类学生包括：第二学士学位生、走读生、成人第二专科学历、预科班、自考助学班、函授生、夜大生、成人脱产生。

4. 正规在校生包括：本科生、专科生、硕士生、博士生。

数据来源：根据 1998～2001 年的《普通高等学校事业统计》计算得到。

二、中央和地方普通高校办学资源比较

在高等教育大众化过程中，由于规模的扩大速度超过了资源增加的速度，普通高校生均占有资源量呈现下降趋势。如表 3 – 8 所示，就生均占有各项办学资源的存量而言，中央普通高校仍然要比地方普通高校好。但是，在生均占有各种办学资源的增量方面，地方普通高校要好于中央普通高校，中央普通高校生均占有办学资源下降的幅度要高于地方普通高校生均占有办学资源下降的幅度，前者的均值为 3.95％，后者的均值为 2.69％；后者甚至在生均食堂面积、生均科研仪器资产值和生均宿舍面积等几项指标上有所增加，反映了地方政府办学能力的提高。[①]

从资源结构的角度看，下降幅度最大的指标是生师比、生均藏书量，中央普通高校下降幅度小于地方普通高校下降幅度。相对而言，中央普通高校更倾向于改善影响办学水平的软件条件，而地方普通高校更倾向于改善影响办学水平的硬件条件。

---

① 这里没有考虑地方院校获得资源的途径，根据最近的报道，有一些地方院校从银行贷款进行基建，形成了一定的学校债务。

表 3 – 8   1998～2001 年中国中央与地方普通高校生均占有各项办学资源

生均办学资源	隶属关系	1998 年	1999 年	2000 年	2001 年	年均下降幅度（%）
食堂面积（平方米/人）	中央	0.75	0.77	0.66	0.64	– 5.10
	地方	0.70	0.72	0.68	0.71	0.82
教学及辅助用房（平方米/人）	中央	29.50	30.16	27.78	25.54	– 4.57
	地方	21.03	21.84	19.13	18.60	– 3.78
行政办公用房（平方米/人）	中央	9.06	9.01	8.08	7.35	– 6.64
	地方	7.00	7.21	6.35	6.53	– 2.01
学生宿舍（平方米/人）	中央	4.27	4.42	4.20	4.20	– 0.56
	地方	3.40	3.70	3.57	3.94	5.27
学校藏书（册/人）	中央	90	89	78	66	– 9.62
	地方	71	67	52	46	– 13.19
生师比	中央	14.01	14.95	17.39	20.66	– 13.96
	地方	16.95	17.86	22.78	25.58	– 15.07
科研仪器资产值（元/人）	中央	6 487	7 380	7 629	7 499	5.15
	地方	2 550	2 849	2 723	2 785	3.20
高职比	中央	0.44	0.47	0.48	0.49	3.68
	地方	0.30	0.31	0.32	0.33	3.23

注：为了便于与其他项指标进行比较，生师比年均变化幅度被赋予负值。

数据来源：根据 1998～2001 年的《普通高等学校事业统计》计算得到。

第五节   简要结论及讨论

一、简要结论

在高等教育大众化进程中，中国普通高等教育系统在规模扩大的同时，内部结构也发生了一些变化，集中表现在中央普通高校与地方普通高校在校均规模、研究生比例、学校发展类型（综合与专门）、扩展教育比例、资源投入等方面的变化。

地方普通高校规模约占高等教育总规模 80% 的比例，因此是实现高等教育大众化的主要力量。1998～2001年间，地方普通高等教育采取了增加学校数量（从中央调整到地方一些高校，新建的高等职业学校）和扩大校均规模的发展方式。与地方普通高校相比，中央普通高校中综合性大学所占的比例较大，中央普通高校录取新生的学业成绩高，科研任务重，研究生教育占有较大的比重，因此具有精英高等教育的特征。1998～2001年间，中央普通高校采取了院校合并（建设综合大学）和以扩大校均规模为主的发展方式。

由于我国高等教育大众化采取了"跨越式"发展模式，规模扩大速度超过了资源增加的速度，使得生均占有办学资源（如生均事业经费）出现下降的趋势，这种发展方式很可能对办学质量产生一些不利的影响。这种情况同时发生在中央普通高校和地方普通高校，只不过表现程度不同而已，中央普通高校生均事业经费投入保持在一个较高的水平上，而地方普通高校生均事业经费投入停留在一个较低的水平上。中央和地方普通院校为了弥补公共教育资源供给不足，大力发展了与市场结合程度较高的扩展教育形式。从统计数据看，中央普通高校生均占有资源的绝对水平仍然高于地方普通高校生均占有资源的绝对水平，但是地方普通高校获得的资源增量高于中央普通高校获得的资源增量。资源供给状况的这种变化是地方政府办学自主权扩大和办学能力增强的结果，当然也与一些地方高校向银行贷款、负债运行等经济行为有关。

二、讨 论

从高等教育发展的国际经验看，高等教育系统的适当分化有利于在高等教育规模扩大的同时，处理好高等教育数量与质量之间的关系。高等教育系统的分化采取两种主要形式：一是在学校内部的分化，如意大利、瑞典、德国等主要通过精英大学完成高等教育大众化的目标，在学校内部出现各种学业准备程度不等的学生；二是在不同学校之间的分化，如美国、日本等通过建立新的学校形式来完成高等教育大众化的使命。实践结果表明，采取后一种分化形式可以有效地解决数量与质量之间的关系，即在扩大学生规模的同时，能够保证少数大学的办学质量和它们在高等教育系统中的精英地位。在这种情况下，少数精英大学继续按照优秀原则选拔和录取学生（这部分学生约占全部学生人数的10%～20%），其余学校则根据国家经济发展情况和经济承受能力，采取不同程度的开放录取学生的政策，为越来越多的学生提供接受高等教育的机会。为了保证分化的高等教育系统内部的整合，需要在不同子系统之间建立交流机制，允许具备一定条件的学生从一个子系统转移到另外一个子系统，特别是从等级系统的下层上升到中层或上层。

中国高等教育在实现大众化目标的过程中，一方面进行了高等学校之间的分化。我们可以按照层次、功能和类型对高等学校进行划分。从层次方面看，首先我国有 30 余所高校进入了国家"985"工程，它们是高等教育系统中的"重中之重"；其次有近百所高校进入国家"211"工程，它们是重点建设的对象；再次是众多的地方普通高等学校；最后是几百所高等职业学校。从功能方面看，有些高校将建设研究型大学作为自己的发展目标，有些高校定位于从事教学工作，还有些高校则是介于两者之间的研究和教学型学校。从类型方面看，可以把高校划分为学术型和职业型两类。除了公立普通高校外，我国还有几十所网络学院、几百所成人高校和上千所民办高校和民办独立学院。在中国高等教育大众化过程中，普通公立教育占据着主导地位，其他教学形式发挥着辅助和补充的作用。例如，2005 年，公立普通高校在校生占全部学生的 63.33%，公立成人高校在校生占全部学生的 18.96%，民办高校和民办独立学院在校生占全部学生的 13.50%。① 与国外高等教育系统相比，中央和地方两级高等教育子系统并存以及兼有公立和民办属性的独立学院办学模式，可以称得上是中国高等教育系统的一项特色。另一方面出现了高等学校内部的分化。普通高等学校除了招收"计划内"全日制学生外，还招收其他多种形式的"计划外"学生。虽然有一些人对重点大学发展非正规教育和招收各种"计划外"学生持质疑的态度，但这也许是办学资源短缺使然，高校不得已而为之。

在不同国家，高等教育系统的分化过程是按照不同方式完成的，效果也有所差别。克尔认为，自由竞争做法能够比集中计划做法取得更好的效果，但是他也同意竞争需要在一定规则和引导下进行。② 在美国，高等教育系统的分化是自然演化的结果，这种方式比较好地适应了社会变化的需求与教育系统自身发展的特点，而在一些欧洲国家，由于集权管理的特征，高等教育系统的分化具有政府主导的特点，大学不能很好地处理自主和社会问责之间的关系，③ 这些国家的高等教育系统目前正在进行积极的调整，吸收美国高等教育发展模式的优点，以同时适应提高质量和扩大规模的需求。

中国高等教育大众化进程与高等教育管理体制改革相伴随，高等教育管理体制逐渐从过去中央集权管理模式向中央政府宏观控制、扩大地方政府的协调作用以及扩大高校办学自主权模式过渡。在这个过程中，我们可以观察到越来越明显

---

① 根据教育部《2005 年全国教育事业发展统计公报》计算得到，www.moe.edu.cn/edoas/website18/info20464.htm，2006 年 9 月 11 日。

② ［美］克尔，王承绪译：《高等教育不能回避历史——21 世纪的问题》，浙江教育出版社 2001 年版，第 122 页。

③ Clark，Burton (1983) *The Higher Education System：Academic Organization in Cross-National Perspective*，Berkeley：University of California Press，P.212.

的"自下而上"的发展趋势，这是与我国建立市场经济体制以及与高等教育自身发展规律相吻合的。但我们也不否认，在分权化过程中仍然存在着相当多的"自上而下"的成分，政府部门出于良好的愿望想要推动某些高等教育形式，但是结果却常常事与愿违。一位外国学者在高等教育国际比较的基础上提出：中国政府应该提供资源，加强有效的高等教育形式，而不是试图改变效果差的高等教育形式。[1] 虽然中国高等教育大众化发展目标在短时间内迅速得以实现，但是中国高等教育制度改革仍在进行之中，要在今后长期发挥作用，并承担着将中国高等教育从大众化带入普及化的使命。

---

[1] ［德］迈尔：《高等教育制度变迁中的制度创立者、机遇和预见》，《北京大学教育评论》2006 年第 1 期。

第四章

大众化时代高校的经费筹措

　　当前，世界各国高等教育财政正陷入两个改革潮流的漩涡之中：一是官僚性资源配置规则的退化与变更；二是由市场化带来的资源分配的效率化。在这两股潮流的夹击下，高等教育资金的筹措多元化趋势日趋明显。1999年之后，中国高等教育经历了跨越式的发展。高校规模的数量性扩张，给高等教育财政带来了怎样的冲击？同时，这种变化将给高等教育机构的行为，尤其是高等教育质量的维持与提高造成怎样的影响？本章将聚焦于高等教育资金的筹措机制，对扩招后我国高等教育资金的筹措机制的现状及其背后隐含的问题进行剖析与思考。

　　基于上述研究目的，本章将首先梳理和归纳相关研究文献，从中汲取观点，并通过与以往不同高等教育发展阶段的对比，从宏观角度分析扩招后高等教育财政的特征。在此基础上，分别从两个不同的视角，分析扩招之后我国央属院校和地方院校在筹资策略方面出现的差异。最后，将根据以上的分析，思考未来中国高等教育财政面临的挑战与压力。

第一节 扩招后中国高等教育资金筹措体制的变革

一、资金筹措机制的类型化

高等教育资金的筹措机制体现了社会经济发展阶段和高校自身发展阶段的特征，同时它也反映了政府、社会对高等教育功能秉持有的态度。根据资金筹措的现状，齐德曼（Ziderman，1995）将各国高等教育体系分为三种类型：一是政府主导型（Government Dominance），即政府在直接向高校提供经费资助的同时，通过向学生提供经济资助或学费减免优惠等方式，向高校提供间接性资助；二是成本补偿型（Cost Recovery），即收取学费的类型；三是收入多样化型（Revenue Diversification），即学校通过政府财政拨款、征收学费，以及从社会个人和团体募集捐赠金等方式，实现资金来源的多样化，美国高校可谓这种类型的典范。毋庸置疑，齐德曼的这种分类方式比较宏观地概括了当前高等教育资金筹措的现状。

然而，资金筹措机制的变化并不局限于经费提供主体的变化，经费配置的决策体系和分配模式的变化也是综合理解高等教育资金筹措机制的重要视角。加雷斯·威廉斯（G. Williams，1984）把高等教育资金配置的决策体系分为三种模式：首先是占主体地位的官僚模式（Financing under Bureaucratic Control），即高等教育资金由校外机构（政府）根据明确规定的分配标准分配给各院校。在这种模式中，资金配置权力掌握在政府部门或行政官员的手中，政治权力转化为分配经费的实施规则。其次是同僚分权模式（Financing under Collegial Controls），即院校拥有独立的经费来源（土地、基金、财产或捐赠），经费的配置由高校内部的同僚（教师）共同掌权/平等授权决定。这种模式是构建在学科或同僚分权特征基础上的自我规范（Self-regulation）模式。最后是市场模式（the Market Model），即院校通过向消费者提供自己的服务（教学、研究、社会服务）来筹措资金。在这种模式中，消费者的意向在资金的配置决策中具有较强的影响力。加雷斯·威廉斯（1995）在此后的研究中，提出了与这三种资金配置决策模式相对应的三种经费分配模式：以投入拨款（Input-base）和指定经费使用途径的分配模式；一揽子拨款模式；根据产出等成果指标为主要参照系的绩效拨款模式。矢野真和（2003）则利用经费配置中的"政府主导—市场主导"和资金来源的多层关系这两个维度，形成了如表4-1所示的政府主导型和市场主导型的资金筹措方式的立体分析框架。他强调高等教育的市场化具有两种含义，一是资金筹措模式从政府主导型向市场主导型转化的"外部市场化"；二是公立高等教育部门的资金筹措摆脱原有的与政府间的二者关系，通过学费征收，甚至从企业筹款等方式，向Ⅱg三者关系、Ⅲg四者关系的多层次资金筹措类型转化的"内部市场化"。

表 4 – 1 　　　　　　　　　　　　资金筹措的类型

	政府主导型（g）	市场主导型（m）
Ⅰ．二者关系	〈Ⅰg型〉 政府 ——➤ 大学	〈Ⅰm型〉 大学 ◀—— 学生
Ⅱ．三者关系	〈Ⅱg型〉 政府 ——➤ 大学 ↑ 学生	〈Ⅱm型〉 大学 ◀—— 学生 ↑ 企业
Ⅲ．四者关系	〈Ⅲg型〉 企业 ↓ 政府 ——➤ 大学 ↑ 学生	〈Ⅲm型〉 政府 ↓ 大学 ◀—— 学生 ↑ 企业

资料来源：矢野真和（2003）。

二、不同发展阶段中我国高等教育资金筹措模式的特征

自1978年改革开放以来，中国经济实现了历史性的腾飞，成为世界经济发展的重点地区。随着从计划经济向市场经济的转型以及高校自主权的不断扩大，以往的经济和社会事业中的政府垄断模式逐步退化，取而代之的是多元化投资机制。以下将分别从经费投入的指导理念、经费来源的主体、学费标准的设定、政府的经费配置模式四个维度，对我国高等教育经费筹措机制的发展历程进行回顾和梳理，并通过与其他发展阶段的比较，分析扩招后在高等教育资金筹措机制中出现的特征与新倾向。

（一）1978～1985 年： Ⅰg 型

新中国成立以后，在恢复国民经济的同时，中国政府恢复了一度处于崩溃状况的高等教育体系，初步形成了计划经济体制下的高等教育管理体制。与此相

应，在相当长的一段时期，中国高等教育遵循“举办者出资”的指导理念，即由政府作为经费来源的主体，向大学提供运营经费，而大学不向学生征收学费。随着开放政策的推行，院校自筹收入在财政收入中的比重也逐步扩大，这些来源主要包括科研经费提成、世界银行贷款、个人和企业捐赠、开展人员培训、科技咨询、科研成果转让等各种社会服务的收入（郭海，2004）。但根据政府公布的数据①，1985 年高等教育机构收入来源中，以上的这些自筹收入仅占高校总收入的 8.5%，与之相比，政府财政拨款的比例却高达 91.5%。因此，从这个意义上讲，这一阶段政府依然保持着核心拨款者的地位。

1980 年，我国财政管理体制开始实施“划分收支，分级包干”的体制，高校教育事业经费改为中央与地方两级财政各自安排，分级负责。这种不同层面政府间的财政管理分担体制在强化了地方政府在高等教育发展中责任的同时，也扩大了其在高等教育财政管理方面的自主权，在调动地方政府的高等教育投入积极性，促进高等教育对区域社会经济发展的贡献性方面具有显著的成效。

在这期间，政府的经费配置方式主要采取“基数 + 发展”的增量拨款法。具体地，政府在核定高校拨款时，主要依据上年度基数，根据财政能力和学校发展要求，相应的增加发展系数。这种经费拨款方式虽然保障了高校经费的稳定性，但由于缺乏向高校提供提高资源使用效率的激励机制和合理的成本分析基础，其最大的弊端在于无法推动高校有效地控制成本和提高经费使用效率（官风华、魏新，1995）。

（二）1985～1998 年：Ⅱg 型

随着经济、政治等方面的改革开放，高校单纯依赖政府财政拨款、国家统一招生和毕业生分配的“一包二统”的高教体制明显不适应新形势，高教界和社会要求改革的呼声日益高涨。1985 年，中共中央做出了《关于教育体制改革的决定》，指出，“当前高等教育体制改革的关键，就是改变政府对高等学校统得过多的管理体制，在国家统一的教育方针和计划指导下，扩大高等学校的办学自主权”，并提出了多渠道筹措教育经费的思路。此后，在 1993 年中共中央、国务院颁发的《中国教育改革和发展纲要》中，更明确地提出：“要逐步建立以国家财政拨款为主，辅之以征收用于教育的税费、收取非义务教育阶段学生学杂费、校办产业收入、社会捐资集资和设立教育基金等多种渠道筹措教育经费的体制”。1998 年，第九届全国人民代表大会通过的《高等教育法》明确规定：“国家建立以财政拨款为主、其他多渠道筹措教育经费为辅的体制”。

① 《中国教育统计年鉴（1985）》，人民教育出版社 1985 年版。

不仅如此，1985 年的《教育体制改革的决定》还肯定了高校招收自费生和委培生的培养模式，指明了高校"可以在计划外收少量自费生，学生应交纳一定数量的培养费"；1989 年，国家教委、物价局和财政部联合颁布文件《关于普通高等学校收取学杂费和住宿费的规定》，宣布对"按国家计划招收的学生（除师范生外）收取学杂费和住宿费"，当年全国大部分高校开始收取每年 100～300 元的学费；1997 年，政府进一步完善了有关收费制度，调整了收费标准，并在全国统一推行。这一系列的举措从政策上肯定了高等教育应当实施成本分担和成本补偿制度（范莉莉，2005）。这意味着，以 1985 年为界，我国高校的资金筹措体系已放弃了长期遵循的"举办者出资"的指导理念，转化为政府与高等教育消费者个人共同负担高等教育成本的"受益者出资"理念。这种资金筹措模式从传统的两者关系（Ⅰg 型）向三者关系（Ⅱg 型）的转化，同样也可以解读为政府主导型向齐德曼提出的成本补偿型的过渡。即便如此，1998 年，在高校经费收入中，国家财政拨款所占的比例仍高达 65%，而学杂费收入的比例仅为 13%。也就是说，尽管与前一阶段相比，国家财政拨款在高校经费收入中的比例有所下降，但政府仍然保持着高校核心拨款者的地位。

同一时期，高校经费的配置模式也发生了根本性的变化。1986 年，原国家教委和财政部联合颁布《高等学校财务管理改革实施办法》，高校教育事业费的年度预算核定方式从原有的"基数 + 发展"的拨款方式改为"综合定额 + 专项补助"。其中，综合定额主要以在校学生数为主要参数，依据高校的不同层次、类型和地区确定的生均经费乘以学生数来核定下达；而专项补助则根据政府的政策导向和学校的特殊需要单独核定下达。这种简单的公式预算拨款法提高了高校经费拨款的透明度和公平性，减少了来自于政府决策部门的政治性与随意性的干扰。但在提高高校资金使用效率方面，这种拨款模式依然存在明显的局限。

1994 年，国家开始实行分税制，巩固了原有的中央与地方的两级政府财政分担机制，各级政府在教育投资方面的责任也由此得到了进一步的强化和明确。

（三）1998～2005 年：Ⅲg 型

1999 年，中国高等教育经历了跨越式的规模扩张，高校招生人数达到 168 万人，比前一年度增加了 47%。此后几年，招生增长率虽然有所回落，但基本保持在 20% 左右。在短短 5 年之间，高校本专科在校生人数从 1998 年的 340 万人上升至 2005 年的 1 561 万人，增加了 3.6 倍。在此期间，政府继续遵循高等教育经费投入"受益者负担"的原则，并在短时间内迅速扩大了学生及其家庭的成本负担比例。根据推算①，1990 年高校生均缴纳学杂费水准为 25 元，1998 年达到 2 145 元，而扩招后依然保持学费增长的势头，2004 年提升至 4 857 元（见图 4 - 1）。2002 年，学费占农村和城市人均纯收入的比例已分别达到 177.6% 和 80%（李文利，2004）。由此可以判断，目前，学费水平已在很大程度上超过了民众的支付能力，提升空间极小。尽管如此，2004 年，学费收入在高校收入中所占的比例已达到 32%，成为仅次于财政拨款（47%）的另一主要经费来源（见图 4 - 2）。此外，2007 年，政府将在北大和清华等 10 所院校试行研究生培养机制的改革②。随着近年研究生招生规模的不断扩大，研究生收费是否会成为未来高校经费筹措中的一个新的增长点，是一个值得关注和探讨的问题。

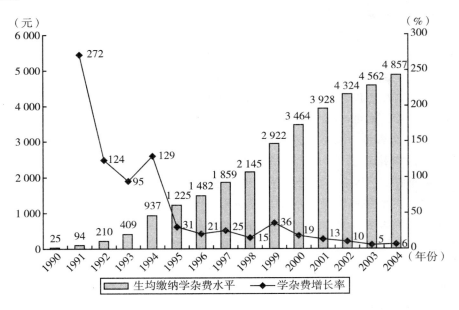

图 4 - 1 学生人均缴纳学杂费水准的变化（1990～2004 年）

资料来源：根据各年度《教育经费统计年鉴》和《教育事业统计年鉴》整理。

在该时期，除了学费收入之外，经费筹措机制中另一个值得注意的趋势是高校银行贷款的上升。1998 年，教育部直属高校的银行贷款总额仅为 5 亿元，而 2002 年底贷款总额达到 88 亿元，2003 年上升至 141 亿元，截至 2004 年底，银

---

① 具体推算方法为根据各年度《教育经费统计年鉴》中的高校学杂费收入总额和该年度高校本专科在校生人数推算生均学费负担水平。

② 《北大、清华等 10 所高校 2007 年试行研究生收费制》，《北京晚报》，2006 年 7 月 11 日。

行贷款总额已高达 237 亿元①，校均贷款额 3.2 亿元，平均年度增幅达到 76%。如果说，20 世纪 90 年代中期，随着高等教育收费制度的实施，我国高等教育财政体系改变了长期以来单一的以政府拨款为主体的资金来源结构，那么，90 年代末期，高等院校的银行贷款行为的出现及其普遍化再次推动了高等教育资金来源的多元化与市场化的趋势。贷款收入已成为继政府拨款、学杂费收入之后，我国高等院校筹措资金的第三个主要渠道。从这个意义上来看，扩招后我国高校的资金筹措模式已实现了向四者关系（Ⅲg 型）的过渡。然而，需要指出的是，与矢野真和（2003）的定义不同，在这里，作为第三个核心拨款者出现的并非是企业，而是金融机构。

金融机构在高校资金筹措中的作用，并不仅仅局限于高校贷款。在我国的学生助学贷款体系的构建中，金融机构同样扮演着重要的角色。为了保障高等教育机会供给的公平性，政府在原有的直接向机构提供拨款的基础上，从 1999 年开始推行国家助学贷款制度，力图通过这一间接拨款方式达到资助高等教育的目的。然而，由于政府财政状况的制约，现有的学生助学贷款经费并不来源于财政拨款，而在很大程度上需要借助金融机构的力量。因此，准确地说，现有的学生助学贷款可以理解为在财政贴息和提供风险补偿基础上的贫困家庭学生小额金融贷款。具体地，自 1999 年以来，全国申请贷款累计 395.2 万人，银行审批人数 240.5 万人；申请贷款累计总金额 305.6 亿元，银行审批 201.4 亿元（教育部，2006）。

从政府的经费配置方式而言，从 2002 年起，财政部对中央部门的预算核定方式为：基本支出预算 + 项目支出预算。基本支出预算是为保障机构正常运转、完成日常工作任务而编制的年度基本支出计划；项目支出预算是为完成特定的事业发展目标，在基本支出预算之外编制的年度项目支出计划。教育主管部门对高校的拨款也按此方向进行改革（范文耀、马陆亭，2004）。在这一时期，政府资源配置的另一个重要举措是：在国家财政体制改革的框架下，包括高校在内的党政部门统一实施国库集中支付制度。该制度将所有的财政性资金都集中在国库单一体系内运作，对财政资金使用的整个过程实施管理监督。这种全程性财务监管模式不仅有利于财政资金拨付管理的规范化，同时也有利于提高高校预算编制、执行和经费执行的准确性和严肃性。但是，鉴于高校是面向社会依法自主办学的独立法人，这种制度的实施是否会限制高校的办学自主权？是否符合管理体制多层次、资金渠道多元化的高校财务的特殊性，并最终导致高校财务运作效率的降低？依然值得深入探讨。

---

① 2003～2004 年的数据来源于郑莫：《关于防范高校贷款风险的思考》，《北京师范大学学报》（社会科学版）2005 年第 5 期，第 117～121 页。1998 年和 2002 年数据来源于张青兰：《高校信贷资金形势分析与建议》，《财会通讯（学术）》2004 年第 9 期，第 94～96 页。

以上，从政策理念、经费来源主体、学费标准及拨款方式四个维度，对我国高等教育资金筹措机制的变迁进行了梳理。表4-2概括了不同发展阶段的特征。从表中可以清晰地看出，为了满足不断增长的升学需求，扩大高等教育机会的供给总量，在财政能力有限的状况下，政府遵循"受益者出资"的原则，在以政府拨款为主体的基础上，通过扩大高校管理自主权和引入高等教育经费成本分担模式的方式，努力构建以政府财政拨款为主体的多元化资金筹措机制。扩招后，政府推动这种资金来源多元化的进程不断加快，这在某种程度上也体现了高校内部市场化的不断深化。

表4-2　　　　　不同发展阶段中我国高等教育资金筹措机制的变迁

时　　期	经费投入的指导理念	经费来源主体	学费标准的设定	政府的拨款模式
1978～1985（Ⅰg型）	举办者出资	政府	无偿	基数＋发展（1955～1985）
1985～1998（Ⅱg型）	受益者出资	政府（中央/地方）、学生	有偿、上升	综合定额＋转项补助
1998～2005（Ⅲg型）		政府（中央/地方、学生、金融机构）	上升、接近极限/研究生收费制度的试行	基本支出预算＋项目支出预算国库集中支付制度的实施

第二节　资金筹措机制：多元化虚像背后的单一化格局

究竟这种构建多元化资金筹措机制的政策性理念在现实中能否得到贯彻？以下将通过对近年我国高校收入结构的变化趋势和不同类型院校间存在的资金筹措战略的分析，尝试对这一问题做出回答。

一、扩招后高校经费收入结构的变化

图4-2显示了1993～2004年间，我国高校经费收入结构的变化趋势。由此可以归纳出我国高校的经费筹措机制目前呈现出以下几个特征。

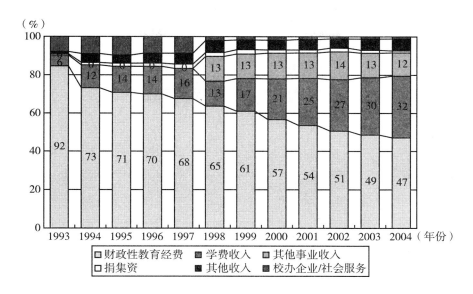

图 4 – 2　我国高校经费收入结构的变化（1993～2004 年）

注：财政性教育经费内含教育事业拨款、科研拨款和基建拨款。

资料来源：各年度《中国教育经费统计年鉴》。

　　首先，作为传统高校运作经费的主要来源，即国家财政性经费的总额虽然依然保持着持续上升的势头，但其在高校收入中所占比例却出现了大幅的下滑。财政拨款的总额从 1993 年的 154.6 亿元增至 2004 年的 943 亿元，增幅达到 5 倍，而其所占比例却从原有的 92% 下降至 47%。这意味着，国家财政拨款虽然增长迅速，但与高等教育规模扩增的速度相比，却依然存在着明显的滞后，财政拨款在高校资金筹措机制中，已失去了原有的核心地位。此外，从国家财政性经费的具体构成来看，科研投入和教育建设专项经费出现了大幅度增加，与此相比，基建投资的比例却出现了明显的滑坡趋势。1998 年，基建拨款占高校总收入的 11.9%，而 2004 年该比率只为 4.5%。在高校学生规模扩大、校舍等基础设施建设需求日益上升的状况下，基建经费缺口增大对高校财务管理形成了巨大的压力，这也是近年高校银行负债行为频现的重要原因之一。此外，在财政性经费地位下降背后隐藏的危机是，高校学生生均经费的减少。从表 4 – 3 可以发现，扩招后的 2000 年，生均经费出现下滑，2004 年，无论是生均预算内公用经费，还是预算内事业费，都跌至 1996 年的水平之下。

表4-3 高校生均经费的变动趋势（1978年可比价格）

年度	普通高校生均预算内公用经费（元）	普通高校生均预算内事业费（元）
1992	1 961	3 846
1993	1 979	3 577
1994	1 663	4 067
1995	1 998	4 647
1996	2 405	5 500
1997	2 788	6 345
1998	2 916	6 830
1999	3 004	7 303
2000	2 910	7 280
2001	2 595	6 769
2002	2 473	6 228
2003	2 324	5 704
2004	2 212	5 344

资料来源：根据各年度《全国教育经费执行情况统计公告》和《中国统计年鉴》相关数据计算。

其次，从高校自筹收入来看，最引人注目的特征是学杂费收入比例的急剧上升。学杂费收入在高校收入中所占的比例，1993年为6.1%，在学费征收制度全面推行的1997年达到16%，而2004年该比例已上升至32%。与此形成鲜明对照的是，校办产业、社会服务和捐集资收入等一度被视为最有潜能的高校收入渠道的拓展却暴露出明显的局限性，2004年，校办产业和经营收益用于教育的经费和捐集资收入的比例都停留在1%的水平上。

由此可以发现，尽管在政策理念上，政府提出了构建以政府财政拨款为主体的多元化资金筹措机制的目标，然而在现实中，这种模式并没有得到有效的贯彻实施。经历扩招之后，目前高校资金筹措机制呈现出多元化投入体制中的单一化格局。其中政府的主体地位逐渐淡化，取而代之的是个人（受教育者本人或其家庭）重要性的不断提升。长期以来，我国高校在通过科研项目、技术转让、设备租赁、教育基金、个人和社会组织的捐赠、从资本市场上取得的利息等多渠道筹措经费方面进行了大胆探索，然而并没有达到预期的效果。

从表面上来看，高校的资金筹措模式已成功地完成了从Ⅰg型向Ⅲg型的转化，实现了多元化的目标。但需要指出的是，在这里，作为第三个经费来源主体出现的并不是企业，而是向高校或学生提供贷款的银行等金融机构。这种在没有和社会、个人以及企业之间建立有效的合作关系的前提下形成的多元化资金筹措模式，究竟能否给高校财务运作提供稳定持续的发展基础，这一问题值得我们关注和思考。

二、 不同类型院校的筹资战略

以上从高等教育整体的角度，分析了20世纪90年代以来高校收入结构的变化趋势。然而，这种变化趋势是否为各类高校所共有？在这里，我们将进一步深化研究视角，分析央属和地方院校在资金筹措战略上出现的差异。

图4-3显示了1990~2004年学杂费在央属院校和地方院校收入中所占的比率的变化。

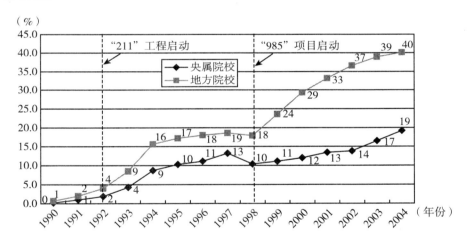

图4-3 学杂费收入占央属院校和地方院校收入的比率（1990~2004年）

资料来源：根据各年度《中国高等教育经费统计年鉴》整理。

值得注意的是，依据两类院校学杂费比率差异的变化趋势，我们可以把1992年和1998年作为两个分水岭，将这14年划分为三个阶段：第一阶段是1990~1992年，从图4-3中可以发现在这一时期内，央属院校与地方院校的学杂费收入比率差异极小，基本控制在2个百分点的状态。而在此之后，即第二阶段的1992~1998年间，两者之间的差异扩大，但其差值基本控制在10个百分点之内。但进入第三阶段（1999~2004年），该比率差异呈现出进一步扩大的趋势，2004 年央属院校的学杂费收入比率为 19%，地方院校的比率达到 40%，其差值已增至 21 个百分点。

央属和地方院校间学杂费收入的比率差异是否意味着这两类院校的收入结构已出现了根本性的变化？究竟是什么原因导致央属院校在高校规模扩大和学费水准不断提高的状况下，依然将学杂费收入比率维持在一定的水准？问题的答案似乎与我国高校财政的倾斜性投入机制有着密切的联系。如何有效地利用有限的财政资源是当前各国政府面临的政策性挑战，而中国政府选择将这有限的资源投入到为数极少的核心高等教育机构，即对以央属院校为代表的重点大学进行重点资助的公共财政倾斜性投入机制。进入 20 世纪 90 年代，中央财政增加了对高等教育的专项资金投入。新中国成立以来，高等教育领域中规模最大的重点建设工程是从 1992 年开始实施的"211"工程和从 1999 年开始推行的"985"项目。依据"效益优先"的原则，前者的主要投入对象是以央属院校为主体的 100 所高等院校及一批重点学科，而后者的主要投入对象则是以北京大学、清华大学为代表的央属院校中的核心高校。此外，1999 年教育部制定的《面向 21 世纪教育振兴行动计划》也涉及高等教育建设的一些专项资金投入项目，如高校高新技术产业化工程、高层次创造性人才工程等，其资金流向也主要集中在央属院校。由此我们可以做出推测：专项资金的投入进一步强化了高等教育的倾斜性投入机制，进一步拉大了央属高校与地方院校之间的经费差距。尤其是"211"工程（1992 年）与"985"项目（1999 年）的启动，在两个不同阶段，导致了两类院校之间的收入结构出现了明显的差异。

表 4-4 显示了 2004 年度央属院校与地方院校的收入结构。首先，就高校收入规模而言，央属院校的收入总额超过 736 亿元，校均收入达到 6.6 亿元。与此相比，地方院校的总收入为 1 264.1 亿元，校均收入为 7 803.2 万元，仅占央属院校校均收入的 11.8%。其次，从两者的收入结构来看，两类院校在国家财政性教育经费、科研经费拨款、学杂费收入和其他事业收入等方面体现出明显的差异。具体地，国家财政性教育经费在央属院校的收入来源中依然维持其核心地位，比例达到 51.7%，而地方院校收入来源中财政拨款的比例下降至44.5%，另一半收入来自院校的自筹资金。如果留意其中的科研经费拨款，可以发现 111 所央属院校的科研经费拨款总额是 1 620 所地方院校总额的 4.8 倍，科研经费已成为该类院校不可忽视的收入来源之一。在地方院校中，学杂费收入已成为高校经费筹措的最主要渠道，其比例高达 40.1%，比央属院校高出将近 20 个百分点。但是值得注意的是，在央属高校的事业收入中，与学杂费收入形成抗衡态势的是其他事业收入，其比例仅低于学杂费收入 1 个百分点。

表 4 – 4 央属与地方院校的收入结构（2004 年度）

项 目	央属院校		地方院校	
	金额（万元）	构成比（％）	金额（万元）	构成比（％）
I 国家财政性教育经费	3 804 431.8	**51.7**	5 625 713.6	**44.5**
I－1 预算内事业性经费拨款	3 371 936.7	45.8	5 033 565.3	39.8
I－1－1 教育事业费拨款	2 532 552.4	34.4	4 525 602.7	35.8
I－1－2 科研经费拨款	599 459.7	**8.1**	123 245.8	**1.0**
I－1－3 其他经费拨款	239 924.6	3.3	384 716.8	3.0
I－2 基建拨款	428 095.4	5.8	476 284.5	3.8
I－3 教育附加拨款	4 399.7	0.1	115 863.8	0.9
II 非国家财政性教育经费	3 555 826.5	48.3	7 015 559.6	55.5
II－1 事业收入	2 745 929.7	37.3	6 149 250.7	48.6
II－1－1 学杂费收入	1 410 566.7	**19.2**	5 066 354.6	**40.1**
II－1－2 其他事业收入	1 335 363.0	**18.1**	1 082 896.1	**8.6**
II－2 校办企业、社会服务收入用于教育	91 648.1	1.2	128 339.4	1.0
II－3 捐集资收入	121 236.9	1.6	94 202.8	0.7
II－4 其他收入	597 011.8	8.1	643 966.7	5.1
总 计	7 360 258.3	100.0	12 641 273.2	100.0

资料来源：《中国教育经费统计年鉴（2005）》。

透过以上央属院校与地方院校的收入结构，可以发现扩招之后两类院校在经费筹措战略上呈现出不同的特征。其中，央属院校的筹资特征主要表现为：

1. 通过重点学科建设和科研竞争能力的提升，努力争取来自于政府的科研经费拨款和教育专项经费的重点资助。

2. 利用自身的研究优势，通过技术转让、咨询服务，以及横向科研合作项目等渠道，增加来自企业或其他部门的经费支持。

3. 通过各种非学历教学培训项目，扩大非正规学生的招生规模，增加事业收入经费。

与前者相比，扩招后我国相当一部分地方院校由于政府财政投入不足和自身在科研或社会服务方面的经费筹措能力局限性的约束，陷入严重的财政困境。由于政府的倾斜性投入机制，在政府投入方面，地方院校与央属院校相比存在着巨大的差距。据政府公布的数据①显示，近年来，地方政府对高校的生均预算内事业费支出呈下降趋势，不仅不足以维持地方院校的运行成本，更无力负担其固定资产投资。但与此形成严重矛盾的是，在近年开展的高校评估工作中，政府并没有根据各高校的办学定位、资金状况的差异制定不同的评估标准，而是对央属和地方院校采用统一的评估指标体系（洪林、胡维定，2006）。这种与院校财政实力不相匹配的硬件指标要求，迫使地方高校努力开拓财源，竭力解决基础建设问题。但是，由于地方高校在科研能力和社会集资能力方面的欠缺，其资金筹措战略大多局限在以下两个方面：

1. 扩大招生规模，增加学杂费收入；
2. 通过银行拨款的方式，填补资金，尤其是基建资金的缺口。

第三节　中国高教财政面临的挑战与压力

如何缓解高教财政的压力是当前世界各国共同面临的严峻挑战，而当代中国所承受的压力超过任何一个国家。我国政府一方面需要扩大高等教育的入学机会，满足民众的升学需求和社会经济的发展需求；另一方面又需要努力维持和提高高校的教学质量。经过多年的努力和探索，通过高等教育经费成本分担模式和金融市场贷款等途径，我国政府积极构建了多元化的资金筹措机制。这种多元化资金筹措机制不仅有效地吸纳了社会资源，充分利用民间资金，在政府财力有限的状况下实现了高等教育的规模扩大，同时也推动了高等院校财务管理自主化的进程，提高了高校的办学效益。然而，从社会公正性和公共管理的角度而言，这种财政负担机制也给推动整个高等教育体系的和谐发展，实现教育机会的均等化带来了极大的压力和挑战。在这里，我们有必要重新审视扩招后面临的挑战，明确未来必须回答的问题。

一、扩招后中国高等教育财政面临的挑战

1999 年之后的高校持续扩招，给原有的适用于规模相对较小的精英型高等教育体系的财政和管理体系提出了各种严峻的挑战。这些挑战可以归纳为以下

---

① 据教育部、国家统计局和财政部每年发布的《全国教育经费执行情况统计公告》，2000 年地方政府对生均预算内事业费支出为 7 309.58 元，2001 年为 6 816.23 元，2002 年为 6 177.96 元，2003 年为 5 772.58 元。

三点:

第一个挑战是高等教育经费中"三个差距"日趋扩大的可能性。通过以上的分析可以看出,扩招后央属院校与地方院校之间的经费差距日趋明显。然而需要强调的是,这种差距并不局限于院校之间,随着地区间经济发展水平差距的扩大和院校内部不同学科领域的资金筹措能力的差异增大,地区间院校经费差距的扩大和院校内部不同学科院系间经费差距的扩大现象也日益明显。这三种经费差距的扩大将直接威胁到我国高等教育公平理念的实现,导致高等教育质量不均衡状况的进一步恶化。

第二个挑战是高等教育资金筹措机制的单一化格局。随着近年高校收费标准的不断增长,学费标准已达到居民支付能力的极限,上升空间极小。除了政府财政拨款、学杂费收入、银行贷款之外,能否挖掘新的高校资金筹措的有效渠道则是关系到未来我国高等教育是否可以保持持续稳定发展的关键。

第三个挑战是高校财务运作风险的不断上升。当前,我国高校,尤其是地方高等院校的经费收入结构中出现的过度学费依赖特征,将不可避免地增加高校经营运作的不稳定性。与此同时,当前我国部分高校的盲目借贷行为也在很大程度上扩大了高校的财务运作风险。这种风险的存在和不断上升将在很大程度上导致高校发展路径选择上出现短期行为,制约高校持续、稳定的发展。

二、未来中国高等教育财政必须回答的问题

在政府对高校的核心拨款相对减少,而高校的自主权和面临的市场压力不断提升的状况下,政府将如何在帮助高校规避财务风险,保障高等教育质量均衡和高校可持续发展的同时,确保高校发展体现高等教育政策和符合公共利益?要应对这一政策性挑战,需要在未来的高等教育财政体系的构建和完善中,对一系列问题做出回应。

这其中核心问题是,如何界定高校财政负担机制中政府与高校间不同的责任内涵。高等教育资金筹措机制的多元化在很大程度上意味着高校工作目标和资金环境的复杂化,但是在这里,我们可以根据高等教育的投资目标和理念、投资对象及其投资原则,尝试构建一个理论分析框架(见图4-4)。

首先,从保障和构建高等教育基础能力的目标出发,高校必须拥有稳定的资金来源以保障其未来持续发展的可能性。在具体的资金配置方式上,可以根据投资对象的不同,将这部分资金划分为两类:直接向高校支付的高校基本运作经费(第一象限)和以高校学生为拨款对象的贫困学生资助经费(第二象限)。前者着眼于高等教育的供给方,是确保高校基础设施和教学研究等高校核心功能正常

95

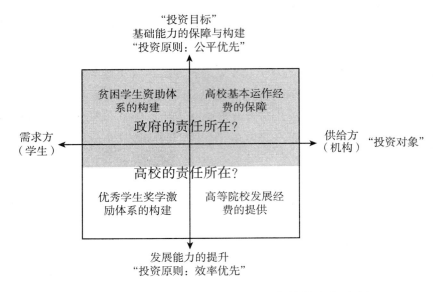

图 4 - 4　财政负担机制中政府与高校的责任内涵

运作的直接性机构拨款；而后者则着眼于高等教育的需求方，是通过缩小学生教育付费能力的差距，改善其学习生活环境，保障其学习权利的途径，向高校提供的间接性资金支持。这两种经费资助互为补充，采用"扶持弱者"的机制，最终提高高等教育在教育机会和教学质量中的公平性。从这个意义上讲，如何减少不同院校和不同学生群体间的经费差距，遵循公平优先的理念是这两种经费投入的基本原则。

　　其次，从提升高等教育发展能力的目标出发，高校必须在实现基础能力构建的前提下，有充足的经费来保障和支撑其在某一特定的教学或研究领域上形成自身特有的优势。与前两类经费相同，在这里，同样可以根据投资对象的不同，将这部分资金划分为两类：前者是针对高校中具有发展潜力的某一特定的教学研究项目，直接拨付给高等教育供给方的目标激励性经费资助（第四象限）；而后者则是从高等教育的需求方入手，将经费交付对象聚焦在取得显著学习和研究成就的优秀学生的奖学激励性经费资助（第三象限）。无论是提供给高等教育的供给方还是需求方，这两种经费资助背后支撑的共同投资原则都是有意识地实施"扶持强者"机制，充分提高高等教育的发展效率，追求高等教育对社会经济发展贡献的最大化。

　　那么，在以上的经费负担机制中，政府与高校应该分别扮演什么角色，承担怎样的责任？这并不是一个简单的问题，在现实的选择中，它往往受到社会经济发展水平和政府财政能力，以及高校自身经费筹措能力等因素的牵制和影响。近年来，随着高等教育市场化进程的不断加快，高校自身通过市场化机制从民间（个人）、企业、社会团体，甚至金融资本市场等渠道，筹措资金的趋势日益明显。但是，通过以上对国内高校中央属院校与地方院校的分析，可以发现这种运作机制中的成功者往往是在教学研究方面占有领先地位的央属院校。与之相比，地方院校不仅处于明显的竞争劣势，而且其所能借助的市场力量（金融贷款）也在很大程度上加大了机构面临的财务风险。不仅如此，需要注意的是，这种负担机制将导致高校学术发展目标与经济激励的过度结合，造成高校发展战略的趋同性，并在市场失灵时，威胁高校长远发展目标的建立和公共利益的实现（OECD，2004）。通常，政府为高等教育提供经费资助的合理性可以分为公平性、避免人才浪费、风险分担、高等教育的外部收益和国家利益实现这五个方面（Eciher and Chevallier，1993）。因此，根据我国高等教育的现状，政府应该将有限的财政资金投入到高等教育基础能力的保障和构建中去，将高等教育公平化的实现作为政府的首要目标。在实现基础能力构建的基础上，政府可以通过倾斜性资源配置的方式，针对部分院校、学科和学生进行重点性投资，从而实现发展能力和高等教育发展效率的提升。但是，正如前面反复强调的，在这一部分的经费负担机制中，应该更多地发挥机构的自主性和能动性，推动部分优势高校利用市场机制，吸引更多的民间资金和社会资源，扩大校企的合作。

除了界定负担机制中政府与高等院校间不同的责任内涵之外，在未来高等教育财政制度的具体设计上，如何缩小不同院校和地区之间的经费差距，保障教育资源配置结果的公平性；如何构建高等院校的财务风险规避机制；如何在保障高校运作自主权的同时，加强对高校经费使用合理化与规范化的监督，建立高校经费使用的问责机制；是否可以通过政策性贷款或债券等形式，帮助高校在财政拨款、学杂费、金融贷款之外，开拓高校资金筹措的第四条有效途径等都将是我们无法回避的问题。

当然，随着政府财政拨款在高校收入中所占比例的减少，20世纪中在较为集权的高等教育体制下形成的政府与大学间的"所有者/核心拨款者"的母体关系模式已逐渐为"合作伙伴"和"消费者"关系模式所替代（OECD，2004）。在这种状况下，合理有效的高等教育财政体系的构建，不仅是政府的责任，同时也是高等院校机构自身的责任。在高校治理和院校战略性财务管理运作机制的构建中，如何明晰自身的发展方向和市场定位，确定未来的战略性发展目标；如何在市场竞争日益激烈的发展环境中提高自身的市场分析，了解主要市场供求因素的变化和核算学校各项活动的经济成本，在挖掘经费筹措渠道的同时，提高高校既有资源的使用效率；如何进行高校风险评估，构建高校内部财务危机预警与应对系统，提高高校的风险管理等都将是未来高校工作的重要议题。

97

透过高等教育经费筹措机制，可以清晰地看到当前中国高等教育财政面临的种种挑战与压力。高等教育财政是包括政府、大学以及社会在内的不同利益相关者共同构建的制度体系。面对各种挑战与压力，如何从综合视角对高等教育财政现实问题背后的影响机制进行科学和系统的分析，促进不同利益相关群体之间的对话与理解，是学者不可推卸的责任。

第五章

公共教育经费投入的国际比较

21 世纪的人类社会发展已经进入知识经济的时代，国与国之间日趋激烈的竞争主要表现在知识和技术方面的竞争，其实质是人力资本的竞争。而人力资本的有效开发以及高深知识和先进技术的发明创造关键在于教育。改革开放以来，我国政府非常注重教育对经济发展、和谐社会构建的巨大推动作用，先后提出"教育强国"和"教育优先发展"等理念，并落实在教育发展规划中。

1993 年 2 月国务院发布的《中国教育改革和发展纲要》明确提出："逐步提高国家财政性教育经费支出占国民生产总值的比例，本世纪末达到 4%。"但是，这一比例到 2000 年不仅没有达到 4%，实际上仅为 2.58%。尽管 2002 年这一比例上升到 2.90% 的水平，但距离 4% 的目标还是存在很大的差距。尽管与改革开放前相比，我国教育取得了很大进步，但是，与教育发展目标相比，在规模、质量、类型等诸多方面都不能令人满意。具体表现在：九年义务教育未能完全落实，职业教育发展相对滞后，高等教育质量不高。

2006 年 3 月国务院发布的《国民经济和社会发展第十一个五年规划纲要》提出："保证财政性教育经费的增长幅度明显高于财政经常性收入的增长幅度，逐步使财政性教育经费占国内生产总值的比例达到 4%。"这一目标与《中国教育改革和发展纲要》的目标完全一样，只是在时间上推延了 10 年。2000 年未能实现的目标到 2010 年是否能够达到？政府是否有能力提供足够的财政支持？另外，按照"十一五"教育事业发展目标，教育经费总需求预计是多少？从需求角度看，财政性教育经费需求占国内生产总值（GDP）的比例与 4% 的目标是否

99

一致？

为回答上述问题，本章将通过国际比较的方法，利用计量回归模型，以经济发展水平、财政收入能力以及教育占政府财政支出比例等供给因素为依据，估算财政性教育支出占 GDP 的比例（以下简称"公共教育投资比例"），从而预测政府对教育财政的供给能力。并利用统计和计量模型两种方法，以教育发展目标为依据，估算财政性教育经费需求占 GDP 的比例。

第一节 "十—五"期间我国教育事业发展经费供给预测

一、世界教育投资比例的基本状况

（一）公共教育投资比例的变化趋势

从 20 世纪 60 年代初开始，人力资本理论得到充分发展。世界上许多国家的政府都相信教育可以通过提高整个国家劳动者的素质、提高劳动生产率，从而促进经济的长期可持续快速发展，因此，这些国家的政府纷纷增加对教育的投资规模。在整个 60 年代中，世界教育投资比例的增长非常迅速，其中发达国家和发展中国家的增长速度分别达到 40％ 和 42％（卡诺依，2000）。20 世纪 70 年代由石油危机引起的世界经济萧条，使得世界教育投资比例的增长速度明显降低。20 世纪 80 年代，世界教育投资比例不仅没有增长，还出现降低的趋势，不过降低幅度不大（卡诺依，2000）。

2006 年 7 月，世界银行根据 2005 年人均国民收入总值（GNI）将世界不同国家和地区分为 4 组：低收入国家（875 美元以下）；中低收入国家（876 ~ 3 465 美元）；中高收入国家（3 466 ~ 10 725 美元）；高收入国家（10 726 美元以上）。表 5 – 1 给出的是 1975 ~ 2002 年不同收入水平国家的公共教育支出占国内生产总值的比例。统计结果显示：（1）高收入国家的变化趋势明显，1975 ~ 1990 年间，公共教育支出占 GDP 的比例呈现显著的下降趋势，而 1990 年以后，呈现出显著的上升趋势。1975 年以来，比值在 5.3％ 上下浮动。（2）中高收入国家的总体变化趋势与高收入国家基本一致。1975 年以来，比值在 4.3％ 上下浮动。（3）中低收入国家的公共教育投资比例波动频繁，规律性不强。1975 年以来，比值在 3.6％ 上下浮动。（4）低收入国家的公共教育投资比例波动也很频繁。1975 年以来，比值在 3.2％ 上下浮动。

表 5 - 1　　　　　不同收入水平国家的公共教育支出占
国内生产总值的比例　　　　　　　单位：%

国家分类	1975 年	1980 年	1985 年	1990 年	1995 年	2000 年	2001 年	2002 年
高收入	5.59	5.45	5.1	4.95	5.15	5.25	5.42	5.73
中高收入	4.48	4.23	4.39	3.78	4.84	3.95	4.49	4.64
中低收入	3.49	3.23	3.20	4.04	4.29	4.30	3.53	3.53
低收入		3.11	2.76	3.22	3.52	3.17		

资料来源：世界银行《World Development Indicators Database》。

（二）公共教育投资比例与经济发展水平之间的关系

公共教育投资比例与经济发展水平之间存在显著的正相关关系，即越是经济发展水平高的国家其公共教育投资比例就越大。表 5 - 2 的统计结果显示：无论是按算术平均值计算还是按照中位数计算，公共教育投资比例都是高收入国家最高，其次是中高收入国家，再其次是中低收入国家，而低收入国家最低。同样的规律表现在政府的财政收入水平上，经济发展水平越高的国家，财政收入占 GDP 的比例就越高，政府就越是有相对充裕的财力投资于教育。经济实力体现在教育发展的目标上，即越是经济发展水平高的国家，人均受教育年限的期望值就越高。

表 5 - 2　　　不同收入水平国家的公共教育支出占 GDP 比例等
指标的比较（2000～2004 年平均）

	国家分类	公共教育支出占 GDP 的比例（%）	人均 GDP（美元）	政府财政收入占 GDP 的比例（%）	公共教育支出占政府财政支出的比例（%）	人均受教育年限的期望值（年）	人口增长率（%）
算术平均	高收入	4.8	19 217	32.8	12.5	15.6	0.8
	中高收入	4.7	4 330	26.8	16.9	13.4	0.7
	中低收入	4.3	1 504	19.5	17.6	12.0	1.3
	低收入	3.9	420	17.2	17.5	8.1	2.1
中位数	高收入	4.8	21 154	36.2	12.1	15.8	0.6
	中高收入	4.6	4 528	26.4	17.8	13.1	1.0
	中低收入	4.2	1 391	17.1	17.4	12.0	1.5
	低收入	3.3	346	12.4	15.6	8.8	2.1

注：以上统计只包括人口在 1 000 万以上的国家。
资料来源：世界银行，《World Development Indicators Database》。

以上的统计描述结果在一定程度上已经反映出经济发展水平对于教育投资水平的显著影响。为了更准确地对公共教育投资比例进行国际比较，采用国际平均水平做标准是通常使用的方法。但是，如果只是把不同经济发展水平国家的公共教育投资比例进行简单算术平均，其方法显然是不够科学的，下面本章将采用计量回归的方法来计算在控制了经济发展水平、财政收入能力、财政支出结构、教育发展水平、人口增长率的条件下，各国公共教育投资比例的平均状况。

二、公共教育投资比例的计量回归分析

衡量一国政府对教育"努力程度"的一个重要指标是公共教育投资的比例。那么公共教育投资比例究竟应该多大才合适？这一问题在理论上没有统一的认识和标准，在实际中各国的公共教育投资比例也各不相同。因此，研究中一般采用国际比较的方法。而进行公共教育投资比例的比较，首先要选定衡量公共教育投资水平的指标。国际上通常用一个国家"公共教育支出占国内生产总值（或国民生产总值）的比例"作为该国公共教育投资水平的指标。本章将采用这一指标，试图通过公共教育投资比例的国际比较，分析我国目前公共教育投资比例的相对状况以及这一比例在"十一五"期间发展变化的趋势和增长潜力。

教育对经济的发展有着巨大的贡献作用，同时，教育的发展又受到经济发展水平的制约。经济发展水平是一个国家公共教育投资比例的显著影响因素。我国学者从 20 世纪 80 年代就开始关注公共教育投资比例的国际比较研究。陈良焜等（1988）选择人均国民生产总值作为一个国家经济发展的指标，试图找出与不同经济发展水平相适应的教育投资比例的国际平均水平，以消除经济发展水平不同造成的不可比性。该研究使用 38 个国家的数据对 1961～1979 年各国公共教育投资比例进行了实证分析。后来，他们又利用 40 个国家 1980～1985 年的数据再次进行了研究（陈良焜等，1992），提出到 2000 年我国比较适宜的财政性教育投资比例为 4%。

岳昌君（2003）采用与陈良焜（1988，1992）相同的计量回归模型和回归方法，使用 1986～1997 年间 54 个国家的有关数据进行了实证分析。计量回归结果显示：到 2010 年，我国的人均 GNP 将达到 1 600 美元左右，相应的国际平均水平大约是 4.04%；到 2020 年，我国的人均 GNP 将超过 3 000 美元，相应的国际平均水平大约是 4.30%。刘泽云（2006）使用 2001 年 57 个国家的相关数据进行回归分析，认为到 2010 年我国公共教育投资比例研究应接近 4%。

（一）计量回归模型

各国的公共教育支出占 GDP 比例差别很大，这一比例既受供给能力的影响，又受教育需求的影响。从供给角度看，人均收入水平越高的国家其公共教育投资比例也越大。同样是高收入国家，政府财政收入占 GDP 的比例不同，其公共教育投资比例也不同，财政收入比例高的国家其政府拥有相对较多的财力，更有可能向教育投入更多的资金。各国政府的财政支出结构差别也较大，教育支出占政府财政支出的比例也有显著的差异。从需求角度看，一国政府的教育发展目标影响着公共教育投资的水平和比例。各级教育入学率和人均受教育年限等指标都体现了各国政府发展教育的努力程度，而学龄人口增长快的国家对教育经费有更多的需求。

在本章中，我们采用人均 GDP、财政收入占 GDP 的比例、公共教育支出占政府财政支出比例等三个变量来衡量供给能力，采用人均受教育年限的期望值和人口增长率等两个变量来代表教育需求因素。随着经济发展水平的提高，公共教育投资比例尽管也会提高，但是一般来说其增长速度是递减的，所以在计量回归模型中人均 GDP 采用对数函数引入。本章采用的计量回归模型如下所示：

$$edugdp_{jt} = \beta_0 + \beta_1 \ln gdppc_{jt} + \beta_2 revgdp_{jt} + \beta_3 edugov_{jt} + \beta_4 syear_{jt} + \beta_5 gpop_{jt} + u_{jt}$$

其中，被解释变量 $edugdp$ 表示公共教育支出占 GDP 的比例；解释变量 $gdppc$ 表示人均 GDP（以对数形式出现）；$revgdp$ 表示财政收入占 GDP 的比例；$edugov$ 表示公共教育支出占政府财政支出的比例；$syear$ 表示人均受教育年限的期望值；$gpop$ 表示人口增长率；u 表示随机扰动项。

前三个解释变量表示一国潜在的教育经费供给能力，能力越强则公共教育投资比例应该越高，因此，这三个解释变量的回归系数符号预期为正。后两个解释变量表示一国对公共教育经费的需求，需求越大则公共教育投资比例应该越高，因此，这两个解释变量的回归系数符号预期也是正的。

利用计量回归结果，我们可以计算出被解释变量的条件期望值。其含义为：在人均 GDP 等各个解释变量值给定的条件下，公共教育投资比例的国际平均水平。

（二）数据说明

本章所使用的资料分别来自联合国教科文组织《世界教育指标》（World Education Indicators）、世界银行《世界发展指标数据库》（World Development Indicators Database）、《中国统计年鉴》、《中国教育经费统计年鉴》。同一年的数据在各种年鉴中不一致时，均采用最近一期年鉴的数据。

本章中包含的变量名称、含义、数据来源如表 5 - 3 所示。时间跨度为 2000 ~
2004 年。各个年份的人均 GDP 均按 2000 年美元不变价格计算。

表 5 - 3　　　　　　回归中使用的变量名称、含义以及数据来源

变量名称	含　义	数据来源
edugdp	公共教育支出占 GDP 的比例	UNESCO
gdppc	人均 GDP	World Bank
revgdp	政府财政收入占 GDP 的比例	World Bank
edugov	公共教育支出占政府财政支出的比例	World Bank
syear	人均受教育年限的期望值	World Bank
gpop	人口增长率	World Bank

本章的主要目的是将我国与其他国家进行比较。大国的经济规模较大、产业
结构比较完整，便于同我国进行比较，因此我们根据世界银行 2006 年公布的
2005 年人口统计数据选取人口在 1 000 万人以上的国家。共有 76 个国家人口数
量超过 1 000 万人，其中有 20 个国家因为数据存在严重缺失情况被排除在样本
以外，因此本章实际包括的国家数量为 56 个。样本中包括 14 个高收入国家、11
个中高收入国家、14 个中低收入国家和 17 个低收入国家（见表 5 - 4）。

表 5 - 4　　　　　　　　样本中的国家种类和名称

国家类别	数量	国家名称
高收入国家	14	澳大利亚、比利时、德国、法国、韩国、荷兰、加拿大、美国、葡萄牙、日本、西班牙、希腊、意大利、英国
中高收入国家	11	阿根廷、波兰、俄罗斯、捷克共和国、罗马尼亚、马来西亚、墨西哥、南非、土耳其、匈牙利、智利
中低收入国家	14	安哥拉、巴西、厄瓜多尔、菲律宾、哥伦比亚、哈萨克斯坦、喀麦隆、秘鲁、摩洛哥、泰国、突尼斯、乌克兰、伊朗、印度尼西亚
低收入国家	17	埃塞俄比亚、巴基斯坦、柬埔寨、津巴布韦、科特迪瓦、肯尼亚、马达加斯加、马拉维、孟加拉国、尼泊尔、尼日尔、尼日利亚、塞内加尔、乌干达、也门、印度、赞比亚

注：2005 年全球人口数量超过 1 亿的国家有 11 个，除我国外，其余的国家按人口数量由
大到小排序依次为：印度、美国、印度尼西亚、巴西、巴基斯坦、俄罗斯、孟加拉国、尼日
利亚、日本、墨西哥。

（三）回归结果

由于样本是兼有时间序列和横截面的混合数据，有必要考察时间因素对回归结果的影响。但是，因为数据缺失，样本不是面板数据（Panel Data），所以不能通过豪斯曼检验来确定是采用固定效应模型、随机效应模型还是 OLS 模型。因此，本章采用的是 OLS 回归方法，首先引入时间虚拟变量，检验时间变量对被解释变量的影响。回归结果显示，所有时间虚拟变量的系数在 10% 的统计水平上都是不显著的，因此，在回归中没有必要引入时间虚拟变量。

由于回归模型中包含 5 个解释变量，在引入全部解释变量的回归中，通过条件数和方差膨胀因子检验多重共线性，发现存在多重共线性现象。因此，尽管这些解释变量从理论上说都对被解释变量有影响，但是在进行参数估计时不能同时引入 5 个解释变量。为此，我们采取逐步增加变量的方式进行回归。

首先，只考察人均 GDP 一项指标对公共教育投资比例的影响。在模型中只引进人均 GDP 一个解释变量，具体的回归模型如下：

$$edugdp_{jt} = \beta_0 + \beta_1 \ln gdppc_{jt} + u_{jt} \qquad (1)$$

其次，综合考虑一国公共教育投资比例的供给能力。在模型（1）的基础上，再引入财政收入占 GDP 的比例和教育占财政支出的比例，这三个变量表示一国的供给能力。人均 GDP 衡量的是一国的经济发展水平，财政收入占 GDP 的比例表示一国政府可供支配的相对财政资源大小，而教育占财政支出的比例则表示政府在公共财政配置上用于教育的份额大小。尽管三个解释变量之间可能存在较高的相关性，但是经计量检验，模型并不存在严重的多重共线性，表明三个解释变量可以同时引入模型。具体的回归模型如下：

$$edugdp_{jt} = \beta_0 + \beta_1 \ln gdppc_{jt} + \beta_2 revgdp_{jt} + \beta_3 edugov_{jt} + u_{jt} \qquad (2)$$

第三，重点考察教育需求因素对公共教育投资比例的影响，在模型中引入人均受教育年限的期望值和人口增长率等两个变量。经检验，这两个表示需求因素的解释变量之间存在很强的多重共线性，并发现这两个变量与前面三个表示供给因素的变量之间都存在很强的多重共线性。因此，为了考察需求因素对被解释变量的影响，我们只保留了人均受教育年限的期望值这一个变量。人均受教育年限的期望值体现着政府的教育发展目标，是反映教育需求的一个很好的代理变量。具体的回归模型如下：

$$edugdp_{jt} = \beta_0 + \beta_4 syear_{jt} + u_{jt} \qquad (3)$$

采用普通最小二乘法进行参数估计并进行计量检验，回归结果如表 5 – 5 所示。

在三个回归结果中，计量回归模型以及全部回归系数的统计显著性水平都达到了1%，说明这些解释变量的解释能力很强，对被解释变量有显著的影响。由于样本不是单一的时间序列，包含横截面数据，因此拟合度（R^2）不会很高。回归结果（1）和（3）的拟合度均为0.10，而回归结果（2）的拟合度最高，达到0.44。

表5－5　　　　　　　　计量回归结果（被解释变量：*edugdp*）

变　量	回归模型（1）		回归模型（2）		回归模型（3）	
	回归系数	*t*值	回归系数	*t*值	回归系数	*t*值
截距项	1.789***	3.330	－2.859***	－2.882	2.906***	6.304
gdppc	0.339***	4.946	0.457***	5.013		
revgdp			0.03627***	2.815		
edugov			0.182***	6.616		
syear					0.128***	3.651
gpop						
样本观测数	204		76		204	
调整后的 R^2	0.10		0.44		0.10	

注：***、**和*分别表示统计显著性达到1%、5%和10%。

（四）回归结果的比较

回归方程（1）与陈良焜等（1992）和岳昌君（2003）的回归模型完全一致，使用的回归方法也相同，唯一不同的是本章的解释变量用的是人均GDP，而不是人均GNP。因为人均GDP与人均GNP差别不大，因此我们仍然可以对回归系数进行比较。使用1980～1985年数据的回归系数为0.84（陈良焜等，1992）；而使用1986～1997年数据的回归系数为0.41（岳昌君，2003）。本章中使用2000～2004年数据的回归系数为0.339。可以看出，随着时间的推移，经济发展水平对公共教育投资比例的效应减弱了。这是因为，各国的人均GDP都随着时间变化有所增长，但是公共教育投资比例不可能无限制地增长，会逐渐收敛到一个均衡的比例值。

三、公共教育投资比例的国际比较

（一）一些国家的公共教育投资比例情况

我们选取了8个代表性国家进行比较分析。其中美国和德国代表高收入国家；俄罗斯和墨西哥代表中高收入国家；菲律宾和印度尼西亚代表中低收入国家；印度和孟加拉国代表低收入国家。将这8个国家2000～2004年的人均GDP、财政收入占GDP的比例、教育占财政支出的比例代入计量回归结果（2），可以得出相应的公共教育投资比例的国际平均水平，并将其与各国实际投资水平进行对照（见表5－6）。

表5－6　各国公共教育投资比例的国际水平与该国实际投资水平对照表

年份		2000	2001	2002	2003	2004
美国	人均GDP（美元）	34 599	34 484	34 759	35 521	36 655
	财政收入占GDP比例（%）		20.43	18.12	17.34	17.17
	教育占财政支出比例（%）		17.15			
	国际平均水平（%）		5.78			
	该国实际水平（%）		**5.75**	5.71	5.86	
德国	人均GDP（美元）	23 114	23 354	23 342	23 332	23 705
	财政收入占GDP比例（%）	30.34	29.61	29.51	29.67	28.62
	教育占财政支出比例（%）	9.87	9.72			
	国际平均水平（%）	**4.63**	**4.58**			
	该国实际水平（%）	**4.53**	**4.57**	4.77		
俄罗斯	人均GDP（美元）	1 775	1 870	1 968	2 122	2 286
	财政收入占GDP比例（%）			31.76	27.51	27.29
	教育占财政支出比例（%）	10.65	11.48	10.66	12.25	
	国际平均水平（%）			3.70	3.87	
	该国实际水平（%）	2.94	3.11	**3.84**	**3.68**	
墨西哥	人均GDP（美元）	5 935	5 842	5 806	5 803	5 968
	财政收入占GDP比例（%）	14.74				
	教育占财政支出比例（%）	23.62	24.32			
	国际平均水平（%）	5.95				
	该国实际水平（%）	4.86	5.16	5.3	**5.79**	

续表

年　份		2000	2001	2002	2003	2004
菲律宾	人均 GDP（美元）	1 002	1 000	1 024	1 041	1 085
	财政收入占 GDP 比例（%）	15.16	15.26	14.36	14.9	14.81
	教育占财政支出比例（%）	13.95	14.03	17.79	17.22	
	国际平均水平（%）	3.39	3.40	4.07	3.99	
	该国实际水平（%）	**3.49**	**3.20**	3.18	3.22	
印度尼西亚	人均 GDP（美元）	800	819.8	844.3	873.7	906.2
	财政收入占 GDP 比例（%）		18.28	17.06	17.05	18.31
	教育占财政支出比例（%）		9.6	9.03		
	国际平均水平（%）		2.62	2.48		
	该国实际水平（%）	1.24	**1.36**	**1.06**	0.94	
印度	人均 GDP（美元）	450.2	465.8	477.4	510.8	538.3
	财政收入占 GDP 比例（%）	11.99	11.25	11.73	11.94	12.58
	教育占财政支出比例（%）	12.71			10.74	
	国际平均水平（%）	2.68			2.38	
	该国实际水平（%）	4.12			3.26	
孟加拉国	人均 GDP（美元）	353.1	364.6	373.4	385.6	402.1
	财政收入占 GDP 比例（%）		9.83	10.21	10.1	9.97
	教育占财政支出比例（%）	14.99	15.7	15.76	15.5	
	国际平均水平（%）		3.05	3.09	3.05	
	该国实际水平（%）	2.47	2.55	2.32	2.38	2.25

注：空白之处表示数据缺失。

美国和德国的公共教育投资比例与相应的国际平均水平基本相同。2001 年，美国的公共教育投资比例为 5.75%，相应的国际平均水平为 5.78%，仅相差 0.03 个百分点。德国 2000 年和 2001 年公共教育投资比例分别为 4.53% 和 4.57%，相应的国际平均水平分别为 4.63% 和 4.58%，分别仅相差 0.10 和 0.01 个百分点。高收入国家的经济发展模式相对比较成熟，公共教育投资比例不仅高，而且比较稳定。

俄罗斯和墨西哥都属于中高收入国家，但是公共教育投资比例的特点不同。俄罗斯的公共教育投资比例与相应的国际平均水平基本相同。2002 年，公共教育投资比例为 3.84%，高出相应的国际平均水平 0.14 个百分点；2003 年，公共教育投资比例为 3.68%，低于相应的国际平均水平 0.19 个百分点。墨西哥的公共教育投资比例显著低于相应的国际平均水平。2000 年，公共教育投资比例为 4.86%，低于相应的国际平均水平 1.09 个百分点；但是，2001～2003 年，该国公共教育投资比例上升很快，2003 年达到 5.79%，趋近于相应的国际平均水平。

菲律宾和印度尼西亚都属于中低收入国家，公共教育投资比例总体而言都低于相应的国际平均水平。菲律宾 2000 年公共教育投资比例为 3.49%，高出相应的国际平均水平 0.10 个百分点，但是 2001～2003 年，公共教育投资比例下降到 3.20% 左右，显著低于相应的国际平均水平，2003 年相差 0.77 个百分点。印度尼西亚的公共教育投资比例显著低于相应的国际平均水平。2001 年和 2002 年公共教育投资比例分别只有 1.36% 和 1.06%，分别低于相应的国际平均水平 1.26 和 1.42 个百分点。

印度和孟加拉国属于低收入国家，其公共教育投资比例的特点不同。印度的公共教育投资比例显著高于相应的国际平均水平。2000 年，公共教育投资比例为 4.12%，高出相应的国际平均水平 1.44 个百分点；2003 年，公共教育投资比例为 3.26%，高出相应的国际平均水平 0.88 个百分点。孟加拉国的公共教育投资比例显著低于相应的国际平均水平。2001～2003 年，公共教育投资比例分别比相应的国际平均水平低 0.50、0.77 和 0.67 个百分点。

由于数据的限制，这里没有包括日本、巴西、巴基斯坦、尼日利亚等人口数量上亿的 4 个国家，但是包括了美国、俄罗斯、墨西哥、印度尼西亚、印度和孟加拉国等 6 个人口超亿国家。可以看出，作为人口特别多的国家，公共教育投资比例很难达到特别高的水平。表 5 - 6 中包括德国和菲律宾在内的 8 个国家中只有印度的公共教育投资比例显著高于相应的国际平均水平。作为世界第二人口大国的印度，多年来一直高度重视公共教育投入，推动了人力资源的快速积累，教育对经济发展的促进作用正逐步显现。

（二）我国的公共教育投资比例情况

将我国 2000～2005 年的人均 GDP 代入计量回归结果（1），可以得出相应的公共教育投资比例的"国际平均水平 1"；将我国 2000～2003 年的人均 GDP、财政收入占 GDP 的比例、教育占财政支出的比例代入计量回归结果（2），可以得出相应的公共教育投资比例的"国际平均水平 2"（见表 5 - 7）。表 5 - 7 最后两行是我国实际的公共教育投资比例，其中最后一行是按调整后的 GDP 进行计算的结果。

表 5 - 7   我国公共教育投资比例的国际平均水平与实际水平对照表

年　份	2000	2001	2002	2003	2004	2005
人均 GDP（美元）	949	1 021	1 106	1 209	1 323	1 436
财政收入占 GDP 比例（%）	16.0	17.2	18.3	18.1	17.8	
教育占财政支出比例（%）	16.1	16.2	15.8	15.6		
国际平均水平 1（%）	4.11	4.14	4.16	4.20	4.23	4.25
国际平均水平 2（%）	3.78	3.88	3.88	3.88		
我国实际水平 1（%）	2.90	3.19	3.36	3.30		
我国实际水平 2（%）	2.58	2.79	2.90	2.84		

注：（1）我国公共教育投资比例指的是财政性教育经费占 GDP 的比重；（2）财政收入占 GDP 比例中的 GDP 是经过国家统计局于 2006 年 1 月调整后的数据；（3）国际平均水平 1 和 2 分别是按计量回归模型 1 和 2 进行的估算；（4）我国实际水平 1 中的 GDP 未经调整，而我国实际水平 2 使用的是调整后的 GDP。

数据来源：人均 GDP 数据来自世界银行《World Development Indicators Database》；财政收入占 GDP 比例、教育占财政支出比例、"我国实际水平"均来自《中国统计年鉴》；我国 GDP 调整系数来自国家统计局。

如果只考虑一国的经济发展水平，则 2000～2005 年间与我国人均 GDP 相应的国际平均水平分别从 4.11% 上升到 4.25%。但是，对于给定的经济发展水平，一国政府可供支配的相对财政资源大小和政府在公共财政配置的安排上用于教育的份额也不尽相同。因此，当考虑财政收入占 GDP 的比例和教育占财政支出的比例时，则与我国人均 GDP 相应的国际平均水平分别从 2000 年的 3.78% 上升到 2003 年的 3.88%。由于我国的财政收入比例和教育占财政支出的比例都较低，因此，在进行国际比较时不能只考虑人均 GDP，否则的话会出现高估的结果。

即使按照第二种计算方法，我国实际水平也显著低于国际平均水平。从 2000～2003 年，分别相差 0.88、0.69、0.52 和 0.58 个百分点。如果按照调整后的 GDP 计算，则分别相差 1.20、1.09、0.98 和 1.04 个百分点。

四、我国公共教育投资比例的潜在供给能力

利用上述的计量回归结果，我们可以预测"十一五"期间我国公共教育投

资比例的潜在供给能力。影响公共教育投资比例的供给因素既包括一国的经济发展水平，还包括财政收入能力和财政配置结构。

要利用回归模型进行预测，先要对各个解释变量进行估计。对人均 GDP 而言，2005 年的实际值为 1 436 美元（以 2000 年不变价格计算），假定人均 GDP 的年平均增长率为 7.18%（相当于 10 年翻一番），则"十一五"期间的人均 GDP 将由 2006 年的 1 539 美元增加到 2010 年的 2 031 美元。由于近年来我国经济发展速度波动较大，带动财政收入占 GDP 的比例和教育占财政支出的比例波动也较大。特别是 2002 年以来，GDP 增长速度很快，而财政收入占 GDP 的比例和教育占财政支出的比例都有所下降。因此，这两个比例不容易估计，2000 ~ 2004 年全球人口在 1 000 万以上的中低收入国家的中位数平均值分别为 17.1% 和 17.4%。我国这两个指标的最近数据分别为 17.8%（2004 年）和 15.6%（2003 年）。这两个指标与国际平均值比较接近，因此我们假定"十一五"期间这两个指标仍然分别维持在 17.8% 和 15.6% 的水平上。

下面我们分别按照计量回归模型（1）和（2）进行预测。

第一种估计方案只考虑经济发展水平。将我国"十一五"期间各年的人均 GDP 代入计量回归方程（1）中，得到与我国经济发展水平相应的公共教育投资比例的国际平均值。2006 年为 4.28%，到 2010 年上升到 4.37%（见表 5 – 8）。

表 5 – 8   我国人均 GDP 的变化趋势与相应的公共教育投资比例的国际平均水平（2006 ~ 2010 年）

年　份	2006	2007	2008	2009	2010
人均 GDP（2000 年美元）	1 539	1 649	1 768	1 895	2 031
财政收入占 GDP 比例（%）	17.8	17.8	17.8	17.8	17.8
教育占财政支出比例（%）	15.6	15.6	15.6	15.6	15.6
国际平均水平 1（%）	4.28	4.30	4.32	4.35	4.37
国际平均水平 2（%）	3.98	4.01	4.04	4.07	4.11

第二种估计方案考虑经济发展水平、财政收入能力和财政配置结构。将我国"十一五"期间各年的人均 GDP、财政收入占 GDP 比例、教育占财政支出比例代入计量回归方程（2），得到与我国经济发展水平、财政收入能力以及教育占财政支出比例相应的公共教育投资比例的国际平均值。2006 年为 3.98%，到 2010 年上升到 4.11%。

第二节 "十一五"期间我国教育事业发展经费需求预测

一、统计方法

教育经费的需求，尤其是财政性教育经费的需求，在相当大的程度上是由政策决定的。这些政策包括教育发展目标、财政性教育支出占总教育支出的比例、财政支出结构中教育所占的比例等。以下部分以教育发展目标和目前教育经费状况为依据，对 2010 年的教育经费进行预测。

教育经费需求测算的一个常用方法是确定一个相对合理的各级教育的生均投入水平，用之乘以相应的学生数，即可得到经费总需求。但是，合理的生均投入水平究竟应该是多少？这一问题在理论上没有统一的认识和标准。在实践中，各国的情况也各不相同，研究中一般采用国际比较的方法。进行国际比较时常用的衡量指标是生均经费指数，即某级教育生均经费占人均 GDP 的比例。这一指标的含义是：一个国家用一个人均 GDP 支撑多少个学生完成一年的学习。我们将采用这一指标，以国际比较的结果和我国的实际情况为依据，分析我国各级教育的生均投入水平。而在财政性教育经费需求的分析中，最主要的参数是财政性经费占总经费的比例。

预测的主要步骤为：

第一步，计算生均经费指数。

用生均教育经费支出除以人均 GDP，即可得到生均经费指数。1999～2004年各级教育生均经费指数的变化趋势为：（1）小学的生均经费指数呈现逐渐上升的趋势，由 1999 年的 9.5% 上升到 2004 年的 12.6%。（2）初中的生均经费指数趋势不显著，基本稳定在 16% 上下。（3）高中的生均经费指数呈现逐渐下降的趋势，由 1999 年的 40.4% 下降到 2004 年的 34.6%。（4）高等教育的生均经费指数呈现显著的下降趋势，由 1999 年的 208.9% 下降到 2004 年的 120.8%。而小学、初中、高中和高等教育相应的国际平均水平分别为：19%、24%、29%、44%（王蓉，2003）。由于我国小学和初中的生均经费指数低于国际平均水平，因此，我们预期"十一五"期间将有所增长，分别达到 15% 和 20%。而我国高中和高等教育的生均经费指数高于国际平均水平，因此，我们预期"十一五"期间维持目前的水平，分别为 40% 和 120%（见表 5 - 9）。

表 5 – 9 　　　　　　　2010 年教育经费需求的预测参数

	小学	初中	高中	高教
生均经费指数（％）	15	20	40	120
毛入学率（％）	100	98	80	25
普通学校在校学生数（万人）	9 797	5 284	2 410	2 130
财政性经费占总经费比例（％）	95	95	50	40
财政性教育总支出中普通学校所占的比例（％）	33		31	21

第二步，计算在校学生数。

根据中国教育与人力资源问题报告课题组《从人口大国迈向人力资源强国》一书的学龄人口数据，小学毛入学率按 100％ 计算，初中毛入学率按教育部"十一五"规划的 98％ 计算，分别可以预测出 2010 年普通小学和初中的在校生数，分别为 9 797 万人和 5 284 万人。另外，教育部"十一五"规划中 2010 年普通高中和高校的在校生数分别为 2 410 万人和 2 130 万人。

第三步，计算教育经费总需求。

用各级教育的生均经费指数乘以在校生数，再乘以人均 GDP，然后对各级教育经费相加，即可得到普通学校的教育经费总需求。2010 年，我国普通学校的教育经费总需求为 9 947 亿元人民币（按 2000 年不变价格计算）。

用"普通学校教育经费总需求"除以"教育总支出中普通学校所占的比例"，即可得到教育经费总需求。1999 年教育总支出中普通学校所占的比例为 80.2％，2003 年上升到 84.4％。但是，考虑到"十一五"期间我国要大力发展职业教育，特别是中等职业教育，因此教育总支出中普通学校所占的比例将出现下降的趋势。我们假定下降到 75％ 的水平。这样的话，2010 年，我国教育经费总需求为 13 263 亿元人民币（按 2000 年不变价格计算）。

第四步，计算财政性教育经费总需求。

用各级教育经费总额乘以财政性经费占总经费比例，然后对各级财政性教育经费相加，即可得到普通学校的财政性教育经费总需求。2010 年，我国普通学校的财政性教育经费总需求为 6 423 亿元人民币（按 2000 年不变价格计算）。

用"普通学校财政性教育经费总需求"除以"财政性教育支出中普通学校所占的比例"，即可得到财政性教育经费总需求。1999 年财政性教育总支出中普通学校所占的比例为 82.2％，2003 年上升到 85.7％。但是，考虑到"十一五"期间我国要大力发展职业教育，特别是中等职业教育，因此财政性教育总支出中普通学校所占的比例也将出现下降的趋势。我们假定下降到 75％ 的水平。这样的话，2010

年，我国财政性教育经费总需求为 8 564 亿元人民币（按 2000 年不变价格计算）。

第五步，计算财政性教育经费总需求占 GDP 的比例。

根据世界银行公布的数据，按 2000 年美元不变价格计算，我国 2005 年的人均 GDP 为 1 436 美元，人口为 13.045 亿人，两项相乘得到 2005 年的 GDP 总额为 18 728 亿美元，按 2005 年底美元对人民币汇率 8.1046 计算，2005 年 GDP 为 151 781 亿元人民币。假定"十一五"期间我国实际 GDP 年平均 7.18% 的增长率计算，到 2010 年，我国 GDP 总量将达到 214 677 亿元人民币。

用 2010 年的教育经费总需求和财政性教育经费总需求分别除以 GDP，则得到教育经费总需求占 GDP 的比例和财政性教育经费总需求占 GDP 的比例，分别为 6.18% 和 3.99%（见表 5 – 10）。

表 5 – 10　　　　　　　　2010 年教育经费需求的预测结果

	2010 年
GDP 总额（亿元人民币）	214 677
教育经费总额（亿元人民币）	13 263
教育经费总额占 GDP 的比例（%）	6.18
财政性教育经费总额（亿元人民币）	8 564
财政性教育经费总额占 GDP 的比例（%）	3.99

注：各类经费的绝对值均按 2000 年不变价格计算。

二、计量回归方法

根据"十一五"教育发展目标，高等教育毛入学率为 25%，高中毛入学率为 80%。不考虑辍学情况，那么可以假定到 2010 年，学龄人口中的按受教育程度分的比例结构为：小学毕业生为 0；初中毕业生占 20%；高中毕业生占 55%；大专毕业生占 10%；本科毕业生占 10%；研究生占 5%。各级教育的受教育年限按表 5 – 11 最后一行的标准计算，则我国 2010 年学龄人口期望的受教育年限平均值为 12.4 年。

表 5 – 11　　　　2010 年学龄人口中各级教育比例结构及相应的受教育年限

学历层次	小学	初中	高中	大专	本科	研究生	合计
百分比（%）	0	20	55	10	10	5	100
受教育年限（年）	6	9	12	14.5	16	19	12.4

将上述数值代入计量回归模型（3）的估计结果中，就可以计算出公共教育投资比例的国际平均值，为 4.49%。不难发现，这一结果大于基于计量回归模型（1）的预测结果（4.37%），更大于基于计量回归模型（2）的预测结果（4.11%）。这表明，按国际平均水平看，我国教育需求大于供给。

特别需要说明的是，此处没有考虑辍学的情况，我国"十一五"期间高中毛入学率的目标为 80%，在如此高的目标下，辍学率必然会达到较高的水平。这是因为：首先，我国农村地区初中的辍学情况还很普遍，"十一五"期间保证初中没有辍学已经是很难的事情，而假定高中生不辍学就更难；其次，高中教育属于非义务教育，需要付出较高的学费，对于经济条件差的家庭而言负担仍将很重，而学生和家长有选择不接受此阶段教育的权利。因此，尽管政府提供 80% 的高中入学机会，可以预期实际完成高中教育的比例要显著低于这一水平。在此情况下，我国 2010 年学龄人口期望的受教育年限平均值将低于 12.4 年，相应的公共教育投资比例需求的国际平均值也将低于 4.49%。

第三节 结 论 与 政 策 建 议

本章从供给和需求两个方面，使用统计和计量回归的方法，对我国"十一五"期间教育事业发展经费进行了预测。

从供给角度看，如果只考虑经济发展水平，则与 2010 年我国经济发展水平相应的公共教育投资比例的国际平均值为 4.37%；如果还考虑财政收入能力和财政配置结构，则相应的公共教育投资比例的国际平均值为 4.11%。

从需求角度看，如果只考虑我国教育目前的现状和未来的发展目标，则 2010 年财政性教育经费总需求占 GDP 的比例为 3.99%；如果考虑国际比较，利用计量回归方法，则与 2010 年我国教育发展目标相应的财政性教育经费总需求占 GDP 比例的国际平均值为 4.49%。

综合上述，到 2010 年，我国财政性教育经费占 GDP 的适当比例应该在 4% 左右。这一比例既能满足 3.99% 的财政性教育经费需求比例，又没有超出 4.11% 的财政供给能力。其必要条件是"十一五"期间我国 GDP 保持大约 7.18% 的年均增长率，财政收入占 GDP 的比例以及教育占财政支出的比例不低于 2004 年的水平。

第二篇

教育机会与资源配置

本篇由八章组成，对我国各级教育发展的均衡状况以及教育机会的公平性进行了实证分析。第六章"义务教育资源配置不均衡状况"使用教育部的县级教育财政统计报表数据，研究了 1997～2000 年我国义务教育资源配置的不均衡状况。第七章"农村中小学布局调整分析"从社会学角度出发，从布局调整过程入手，提出了初步的分析框架，来理解我国农村中小学布局调整过程。第八章"择校行为的影响因素"针对影响家庭择校倾向的因素进行了实证分析。第九章"择校对弱势群体的影响"从公办学校内部择校、公私立学校之间择校以及对课外辅导班和家教的选择等角度对弱势群体的影响进行了实证分析。第十章"高等教育入学机会均等化研究"从数量和质量两个维度分析高等教育入学机会在不同社会阶层间的分配状况。第十一章"社会分层与民办高校入学机会分析"探讨了学生家庭背景对于他们接受高等教育机会和毕业去向意愿的影响。第十二章"财政政策与高校入学机会公平性研究"关注的是高等教育财政公平性和效率，并提出了高等教育学生资助方案的相关建议。本篇最后一章（第十三章"工资结构的压缩与培训参与"）则讨论了工资结构的压缩对企业培训机会的影响。

第六章

义务教育资源配置不均衡状况

自新中国成立以来，中国教育取得了举世瞩目的成就。过去的几十年中，普及九年义务教育一直是中国教育政策的关注重点。近年来，中国在把义务教育扩展到全部社会群体特别是全部农村人口的过程中面临着一些挑战①。其中两个主要的问题是义务教育财政不均衡和贫困地区、农村地区义务教育的财政困难。这两个问题的存在与当前的义务教育财政体制是息息相关的。

中国的教育财政体制从 20 世纪 80 年代初期开始发生变化，从原先收入来源相对单一的集中体制转向一个收入来源比较多样化的分散体制。教育财政改革是在公共财政改革的大背景下发生的。县级及以下承担义务教育的主要责任。教育经费不仅来自政府预算内，也来自预算外渠道。这种制度安排必然带来两个问题：义务教育资源在不同地区间的配置高度不均衡和生均支出水平差异巨大。对当前财政体制下的公共财政资源配置状况的研究表明，这种情况不仅仅存在于教育领域，也存在于其他公共部门（Park，et al.，1998；Wang，Hu，1998）。这两个财政问题的解决，无疑将有利于改善社会公平，提高教育资源利用效率，促进社会稳定。

世界银行 1999 年的一项研究也强调指出，中国新世纪教育发展的一个主要障碍即义务教育的财政困难和高度不均衡（World Bank，1999）。该研究主张简化义务教育财政结构，由义务教育的投入责任从乡村上移到县一级，以应对乡级财政能力薄弱的问题，减少县域内的不均衡。自 2001 年起，随着农村税费改革

---

① 到 2001 年末，初中的毛入学率为 88.3%。未入学学生主要集中在西部地区和农村地区。来源：《2001 年全国教育发展统计公报》，2002 年 6 月 13 日。

的大范围实施，义务教育管理体制开始转为"以县为主"。一直以来，关于建立一个规范化的、切实的政府间转移支付系统以解决义务教育财政问题的呼声很高（Tsang，2002）。要制定合适的义务教育财政政策，对义务教育的财政状况的实证研究是必不可少的。

本章通过对县级数据的分析，对中国义务教育的资源配置和不均衡状况进行一些描述性统计分析，考察 1997～2000 年间资源配置和不均衡状况的变化，并对研究发现的政策含义进行探讨。

第一节　学校支出分析：方法、以往的研究及数据

研究资源配置情况的一个通行的方法就是分析学校支出。出于预算和规划目的，学校支出一般分为事业性支出和资本性支出。事业性支出通常指一年内消耗掉的学校投入要素，一般分为人员性支出和非人员性支出。资本性支出则通常指发挥作用一年以上的学校投入要素（如建筑物和大型设备）。需要指出，学校支出只是义务教育支出的一部分，但通常是最大的部分，因此通常是政策分析的重点。学校以外的教育成本支出（如家庭支付的家教和学习用品费用、个人因接受教育而放弃的收入等）数额也可能很大，也可能成为教育不均衡和教育不平等的重要来源。但全面的私人教育支出数据通常很难获得。

中国是一个大国，内部的经济社会发展差异性很大，文化上也呈现多元一体的格局。教育和社会经济发展的不均衡性的分析有必要涵盖城市与农村之间、不同区域之间以及民族地区与非民族地区之间的差别。第五次全国人口普查资料显示：2000 年农村人口占总人口的比例为大约 64%。对于区域划分，一个通行的办法是将大陆地区 31 个省级行政区划分为"三片"地区（教育部为分步推进"普九"而进行的划分）。经济、教育发展水平最高的"一片"地区 9 省市主要集中在东部沿海；"三片"地区包括 5 个少数民族自治区和 4 个经济发展水平最低的西部省份（青海、甘肃、云南、贵州）；中部的 13 个省为"二片"地区。2000 年少数民族人口占全国人口的 8.41%，主要分布于 635 个县级民族自治地方（包括自治区和自治州内的县旗）。这些民族自治地方占国土面积的 64%，有46% 的人口为少数民族[①]。

---

① 国家统计局：《中国统计年鉴（2000）》，中国统计出版社 2000 年版，第 37 页。

在教育财政学研究中，常用的衡量教育不均等的指标包括调整的极差（分布的上 95% 与下 5% 分位点之差）、调整的极差率（分布的上 95% 与下 5% 分位点之比）、变异系数（标准差除均值）、基尼系数（完全均等指数为 1）和泰尔系数等。其中泰尔系数有比较好的可分解性（基尼系数亦可分解但有冗余）。总体泰尔系数（T）的表达式为：

$$T = \frac{1}{n} \sum \frac{x_i}{u} \log\left(\frac{x_i}{u}\right) \tag{1}$$

在本章中，x_i 是第 i 个县级单位的生均教育支出。泰尔系数取值范围为 0（完全均等）到 $\log(n)$。总体泰尔系数可分解为组间不平等和组内不平等。假定样本中的最小观测单位可分为多个组，则组内不平等系数（T_w）为：

$$T_w = \sum \left(\frac{n_k u_k}{n u}\right) T_k \tag{2}$$

这里，T_k 是第 k 组的总体泰尔系数。n_k，u_k 分别表示第 K 组内的观测数和第 K 组的生均支出水平。可以看出组内不平等系数实际是各组总体不平等系数的加权平均值。组间不平等系数（T_b）即是总体不平等系数与组内不平等系数之差：$T_b = T - T_w$。

到 20 世纪 90 年代初，义务教育的分散的财政供给体制已经在中国确立，当时的出发点主要是如何为义务教育筹集更多的资源。但从 90 年代初开始，学术界开始关注这种体制对义务教育财政均衡性的影响。这方面的实证研究基本可以分为两类。一类是以省为分析单位。如曾满超 1994 年对 29 个省、市、自治区的研究发现，1989 年，小学层次生均支出最高的省的支出水平是最低的省的 5.2 倍；中等教育层次（初中加高中）这一比率为 4.5。杜育红和王善迈的研究发现，1978~1996 年，小学层次的生均总经费支出不平等程度增加了；而中等教育层次则基本未变（杜育红、王善迈，2000）。还有的研究将省级单位分组进行了比较。如蒋鸣和 1995 年的研究发现，1990~1993 年间，发达地区（以江苏、浙江、广东为代表）与不发达地区（安徽、河南和贵州）生均预算内教育经费支出比率由 1.61 提高到了 2.14（蒋鸣和，1995）。

利用省级数据分析有一定的意义，因为省是中国教育的一个重要管理层级，数据也方便获得。但是利用省级数据分析无法考察省内的不均衡，省内的不均衡程度也可能很大，而且往往是教育政策的重点所在。最早的利用全国范围的县级数据对中国义务教育生均经费进行分析的是蒋鸣和 1992 年的一项研究（蒋鸣和，1992）。蒋鸣和研究的样本包含 374 个县，该研究指出了地区生均经费总支出与人均收入的相关性。进入 20 世纪 90 年代后期，利用县级数据的研究逐渐增多①。这些研究一般都发现了生均教育支出与地方经济发展水平和财政能力的相关性（不满足"财政中立性"），并对生均教育支出的不均等程度进行了测度。有的还研究了教育支出的不均等程度随时间的变化（潘天舒，2000）。从方法上来讲，测度不均等程度所用的指标也以极差或极差率、变异系数基尼系数和泰尔系数为主。关于生均教育经费是否满足"财政中立性"的研究，有的是利用简单的一元回归方法，如潘天舒的研究，有的则采用了多元回归形式，如王蓉 2003 年的研究。王蓉的研究针对生均支出决定模型中的自变量有层次差异这一特点，使用了多水平模型（Hierarchical Linear Model）。本章研究的重点是中国义务教育资源配置及其不均衡状况，主要是通过对生均教育收入和支出的地区差异进行描述性统计分析，将重点研究以下三个问题：（1）义务教育阶段学校支出和收入的总体状况及地区性差异；（2）学校生均支出和收入的不均等程度；（3）1997～2000 年间义务教育资源配置及不均衡状况的变化。与以往的类似研究相比，本章有如下改进：一是在收入支出的地区差异不但比较了传统的三片地区、农村与城市，还比较了民族地区和非民族地区；二是用多种方法对生均支出不均等程度进行了测量；三是研究了资源配置和不均衡状况随时间的变化，时间跨度为 3 年（潘天舒的研究时间跨度仅为 1 年）。本章的数据来自教育部，是教育部收集的教育财政基层统计报表数据，经汇总成为县级单位数据库。这里的"县级单位"包括县和县级市（县级）、直辖市的区（地级）和县，以及省和市财政本级。从 1997～2000 年，教育财政基层报表数据的质量不断提高。2000 年数据已包含了全国绝大多数县级单位，因此在数据代表性方面，本章与以往利用 2000 年以前数据的研究相比也有一定程度的改善。

经过数据清洗，2000 年数据库中初中、小学层次各有县级单位约 3 100 个，包含了大陆地区所有 31 个省级行政区的大多数县级行政区。小学层次在校生数约为 2000 年在校生数的 97%。初中在校生数略高于 2000 年初中在校生数②。在教育财政基层统计报表的学校支出报表中，学校总支出由两部分构成：事业性经费支出和基建经费支出（含大型设备支出）。事业性经费由两部分构成：人员性经费和公用经费。人员性经费主要是教职工工资、福利等支出，用于学生的几乎没有。公用经费包括公务费、业务费、设备费、修缮费、招待费和其他公用经费支出。在学校收入报表中，总收入主要包括预算内的事业费和基建费拨款、城乡

---

① 张力：《面对贫困》，广西教育出版社 1998 年版。

② 2000 年小学和初中在校生数见《中国教育事业发展统计公报》（教育部，2002）。初中阶段在校生数高于统计公报的原因是初中数据库中包含完中，而完中的经费并未按初中和高中分别统计。出于计算初中生均经费的需要，本章把一个完中的高中部学生算作 1.5 个初中生，因此初中在校生数高于统计公报数字。

教育费附加、学校杂费收入、校办产业和勤工助学收入和捐集资等。在支出报表中，各支出项目还分别统计了来自预算内、外的支出。另外，在县基本情况统计表中，还有来自上级的专项教育转移支付资金数目。

本章所用的不均等测量方法包括调整的极差、调整的极差率、变异系数、基尼系数和泰尔系数等。为了便于和其他研究对比，本章在计算基尼系数时利用了两种方法。一种方法是"逐县法"，计算公式如下：

$$G = \frac{2}{n}(1y_1 + 2y_2 + \cdots + ny_n) - \frac{n+1}{n} \tag{3}$$

"G"是基尼系数；"n"是数据中的县级单位总数；y_i是第i个县级单位的支出在总支出中的份额，$y_1 < y_2 < \cdots < y_n$。

另一种方法是"回归法"。即回归洛伦茨曲线后计算面积的办法（公式略）。在计算过程中发现，两种方法的计算结果极其接近。

第二节　2000 年义务教育阶段学校收入支出基本情况

表 6－1 是分地区的 2000 年学校生均支出基本情况。本章的所有收入和支出平均数均是按各县级单位学生数加权计算得出。

表 6－1　　2000 年学校生均支出基本情况

	总支出（元）	事业性支出（元）	人员性支出（元）	事业性支出/总支出（%）	人员性支出/事业性支出（%）
小学					
全国平均	789.68	753.24	557.08	95.38	73.96
城市	1 195.21	1 128.94	796.75	95.25	70.58
农村	644.98	619.09	471.75	95.52	76.20
城市/农村	1.85	1.82	1.69		
非民族地区	796.83	759.9	558.84	94.46	73.54
民族地区	746.59	713.1	546.46	95.99	76.63
非民族地区/民族地区	1.07	1.07	1.02		

续表

	总支出 （元）	事业性支出 （元）	人员性支出 （元）	事业性支出/ 总支出（%）	人员性支出/事 业性支出（%）
一片	1 201.34	1 139.52	815.54	94.85	71.57
二片	611.3	588.13	442.5	96.21	75.24
三片	682.75	646.71	496.98	94.72	76.85
一片/二片	1.97	1.94	1.84		
一片/三片	1.76	1.76	1.64		
初中					
全国平均	1 303.32	1 195.41	778	91.72	65.08
城市	1 626.03	1 485.65	968.69	91.37	65.20
农村	880.93	833.52	581.89	94.62	69.81
城市/农村	1.85	1.78	1.66		
非民族地区	1 330.73	1 216.77	788.99	91.44	64.84
民族地区	1 098.74	1 035.98	696.01	94.29	67.18
非民族地区/ 民族地区	1.21	1.17	1.13		
一片	1 930.42	1 741.75	1 109.52	90.23	63.70
二片	1 001.35	930.1	613.28	92.88	65.94
三片	1 075.51	1 004.51	674.8	93.40	67.18
一片/二片	1.93	1.87	1.81		
二片/三片	1.79	1.73	1.64		

　　2000 年全国小学生均支出为 789.68 元，其中 95.38% 为事业性支出（即基建支出比例不足 5%）。初中层次生均支出为 1 303.32 元，91.72% 为事业性支出。应该说如此高的事业性支出比例在发展中国家是比较常见的[①]。初中层次生均支出比小学层次大约高 66%[②]。生均支出的城乡差别在两个层次都很明显，城

---

　　① 发展中国家小学层次通常 90% 以上的教育支出为事业性支出，初中层次约为 80% ~ 85%。M. Tsang, "Cost analysis and educational policymaking: A review of cost studies in education in developing countries," *Review of Educational Research*, Vol. 58. No. 2（1998），pp. 181 – 203.

　　② 这一差别部分是由于初中的生师比高于小学。样本计算的初中生师比约为 17.1，小学为 22.3。

市比农村高 85%。虽然非民族地区生均支出高于民族地区，但差别较小（初中层次差别较大）。"一片"地区与"二片"和"三片"地区的生均支出差别很大。"一片"地区是"二片"地区的几乎 2 倍，二者的差别大于城乡差别。从表 6 - 1 也可以看出，生均基建支出也存在地区差异，这种差异在初中层次尤为明显。例如，教育基础设施较好的"一片"地区初中层次基建支出所占比重为接近 10%，而基础设施较为落后的"二片"和"三片"地区则分别为 7.12% 和 6.6%，变成绝对数字，基建支出的地区差异程度超过总支出的差异程度。

表 6 - 1 还给出不同地区人员性支出占事业性支出（包括人员性经费和公用经费两部分）的比例。在初中和小学层次人员性支出占事业性支出的比重分别为接近 3/4 和接近 2/3。可以看出，生均总支出高的地区（城市地区、非民族地区和"一片"地区）人员性经费所占比重低于生均支出低的地区（农村地区、民族地区，以及"二片"和"三片"地区）。也就是说，生均总支出高的地区公用经费支出所占比重低于生均支出低的地区。如果看绝对数，生均公用经费的地区差异程度也大于生均总经费支出的差异程度。

本章计算了不同地区的各项公用经费支出及其在总公用经费中所占比例（表略）。结果表明：不同地区间公用经费支出结构有相同之处。例如，所有地区最大的公用经费支出项目均为修缮费支出（占公用经费支出比例：小学全国平均为 33.26%，初中平均为 34.54%）；最小的公用经费支出项目为招待费（占公用经费支出比例：小学全国平均为 1.41%，初中平均为 1.26%）。但是，生均总支出较高的地区修缮费支出的比例低于生均总支出较低的地区，而与教学直接相关的公用经费支出项目（如业务费和设备费）高于生均总支出较低的地区。例如，在小学层次，"一片"地区修缮费支出占总公用经费支出比例为 30.18%，"三片"地区此比例为 44.80%；而业务费和设备费支出在"一片"地区合计占总公用经费支出的 29.11%，"三片"地区的比例为 20.73%。由于生均公用经费支出绝对数差异本身较大（大于生均总经费支出的差异程度），直接用于教学的支出在经济比较发达的"一片"地区比例较高即意味着绝对数的更大差异程度。

有支必有收。本章还计算了不同地区的学校生均总收入、生均预算内外收入和来自不同预算外渠道的生均收入占总预算外收入的比重（表略）。结果显示：2000 年各地区生均总收入与生均总支出大体相当（小学层次生均总收入比总支出多大约 11 元，初中层次生均总收入比总支出多大约 26 元）。2000 年小学生均预算内收入为 541.7 元，占总收入比重为 68.24%（即预算外收入不到总收入的 1/3）；初中生均预算内收入为 827.97 元，占总收入比重为 62.29%（预算外收入占总收入的 1/3 强）。大致规律是：生均总收入较高的地区，预算外收入占总收入的比重较高（这一现象在初中层次不明显）。研究发现，民族地区虽然生均总支出低于非民族地区，但预算内收入占总收入的比重明显高于非民族地区。小学层次，民族地区和非民族地区的生均预算内收入占总收入比重分别为 79.84% 和 66.43%。小学层次民族地区的生均预算内收入是高于非民族地区的（分别为 606.61 元和 537.31 元）。初中层次民族地区和非民族地区生均预算内收入占总收入比例分别为 70.93% 和 61.33%。初中层次民族地区生均预算内收入低于非民族地区（分别为 797.73 元和 832.03 元）。这一结果说明在民族地区政府预算对义务教育的保障程度较高，或者说民族地区义务教育更加依赖政府的预算内拨款。

2000 年，杂费已成为最大的预算外收入来源，小学层次杂费占预算外收入比例为 30.82%，第二大预算外收入来源为用于各级政府的教育附加税费（农村教育费附加、城市教育费附加和地方教育费附加），所占比例为 29.58%。初中层次杂费占预算外收入的 34.21%，而税费只占 19.22%。考察分地区的预算外收入发现，城市学校自创收入占预算外收入的比例明显高于农村学校（小学层次分别为 28.30% 和 14.17%，比例为几乎 2 倍，生均绝对数为大约 3 倍）。

比较学校生均预算内收入和人员性支出（其中大约 99.9% 用于教师工资）发现，从全国平均来看，小学层次学校预算内收入尚不足以支付教师工资（生均分别为 547.17 元和 557.08 元）。初中层次生均预算内拨款高出生均人员性支出约 6.5%（分别为 827.97 元和 778 元）。分地区看，小学层次农村地区和非民族地区预算内收入不足以支付教师工资；"一片"和"二片"地区预算内收入不足以支付教师工资。但从前文可以看出，"一片"地区筹措预算外收入的能力比"二片"地区强得多，因此支付教师工资、福利与保障公用经费之间的矛盾应该不似"二片"地区一样突出。

从以上分析可以看出经济比较不发达地区、农村地区的义务教育财政普遍比较困难，应该说，从面上看基本是维持运转，而对一些地区来说，甚至可能存在"保吃饭"和"保运转"之间的矛盾。在贫困、农村地区，一些学校基础设施长期得不到改善（基建投入水平相对较低）、公用经费不足，这不但会影响入学率的扩大，也将影响教育质量（Tsang，2001）。

第三节　学校生均支出的不均衡

表 6-2 显示的是用不同的不平等测量方法计算的 2000 年全国义务教育生均经费支出的不均等程度。

表 6 – 2　　　2000 年中国义务教育生均经费支出不均等程度测量

	调整的极差	调整的极差率	变异系数	基尼系数	泰尔系数	省内不均等	省内不均等比例（%）
小学	1 486.68	5.64	0.76	0.348	0.242	0.172	71.10
初中	3 065.08	7.51	0.85	0.319	0.262	0.183	69.80

以上不均等系数均反映了中国义务教育生均经费支出的不均等程度很高。需要指出的是，调整的极差和极差率在计算时已经剔除了分布两端的 5% 的极值。尽管如此，最高和最低的初中和小学的生均经费支出差距仍分别达到了 1 486.68 元和 3 065.08 元。调整的极差率在中学和小学层次分别为 5.64 和 7.51，即支出分布高端的县级单位（不是最高，最高的 5% 已经剔除）的生均经费支出在小学层次超过了支出分布低端的县级单位（不是最低，最低的 5% 已经剔除）的 5.5 倍，在中学层次超过了 7.5 倍。两个层次的生均支出变异系数分别超过了 0.75 和 0.85（超过 0.5 一般即被视为变异程度较高）。所有五个衡量不平等程度的指标都显示：初中层次的经费支出不均等程度明显超过小学层次。泰尔系数的分解显示：义务教育经费支出的不平等主要存在于省内。省内不平等可以解释至少 2/3 的总体不平等。这一发现与王蓉、蒋鸣和等的发现是一致的。

中国目前义务教育实行了"以县为主"的管理体制。从投入上看，各级政府均不同程度地参与其中。进入 21 世纪以来，中央政府明显加大了对贫困地区义务教育的转移支付力度。省一级也通过配套中央转移支付专项工程等方式加大了对义务教育的投入。从公共财政学的角度来讲，具有公共产品属性的义务教育的溢出效应所达的范围大大超出社区范围（如农村义务教育形成的生产力通过工业化、城市化进程溢出至各级中心城市和工业化地带）。义务教育的重要意义还在于（甚至主要存在于）其对国家政权和现代市民社会的建设、促进社会整合减少动乱、提高民族凝聚力和战斗力等方面发挥的不可替代的作用。这无疑意味着中央以及省级政府对义务教育的责任。对不平等系数的分解，可以为明确不同层级政府消除义务教育支出不均衡的财政责任提供一些参考。但是，造成义务教育生均支出过度不均衡的原因可能极端复杂。一个行政区域内是否存在过度不均衡，可能与努力程度有关，也可能与解决问题的难度有关。

表 6 – 1 显示了城乡之间生均教育支出存在着显著差异。因为数据库中绝大多数县级单位的记录中包含对"城镇学校"和"农村学校"的汇总数据，本章还计算了城乡教育经费支出差别在总体不平等中的比重。具体方法是将每个省级单位看作一个总体，计算总体泰尔不平等系数（需要指出的是这时分省数据的分析单位不是县，而是县内的城镇或乡村汇总单元）；将省内每一县看作一个小

组（每个小组内有两个个体，即农村学校汇总和城市学校汇总），计算组内泰尔不平等系数（实际为各组总体泰尔系数的加权平均）。这样就可以计算出每一省级单位城乡教育经费差别占总体不平等的比重。这里将各省的比重的简单平均（未用学生数加权）看作城乡差别在省内总不平等中所占的比重。结果显示：在小学阶段城乡支出差别占总不平等的比重为 1/3 弱（32.7%）；初中阶段城乡支出差别占总不平等的比重为 1/3 强（34.7%，分省结果略）。分省来看，绝大多数省份城乡差别占总不平等的比重为 20%～45% 之间。小学阶段城乡差别占总不平等的比重最高的是重庆（45.9%），最低的是浙江，仅为 5.8%；初中阶段城乡差别占总不平等的比重最高的是贵州（56.6%），最低的是宁夏，为 17.5%。两阶段合起来看（平取均值），城乡差别占总不平等比重最高的是贵州（接近 50%）、安徽（48%）、重庆（47%），均为经济比较落后的省份；最低的是广东（16%）、浙江（17%）、江苏（21%），均为经济比较发达、乡镇企业实力较强的地区。经济比较发达的京、津、沪等三个直辖市大体处于全国平均水平。其中天津的比重稍低（低于全国平均水平）；上海较高（高于全国平均水平）。但城乡差别占总体不平等比重的高低与总体不平等程度的关系并不明显。江苏的城乡差别占总体不平等的比重较低，但其总体不平等程度全国最高（小学、初中阶段总体泰尔不平等系数分别为 0.191 和 0.197）。山东是全国总体不平等程度第二高的省份，其城乡差别所占比重也低于全国平均水平。这两个省是典型的省内经济发展水平差异较大的省份，因区域间差别过大，所以城乡差别的作用并未凸显。这两个省的情况与全国总体的情况非常相似（即城乡差别因存在巨大的区域差别而不能凸显，分省结果略）。

由于数据中的学校支出标注了各支出项目的收入来源，本章分别计算了生均总支出、生均事业性支出、生均公用经费支出、生均预算内总支出、生均预算内事业性经费支出、生均预算内公用经费支出、生均预算外总支出、生均预算外事业性支出、生均预算外公用经费支出等 9 个项目的总体不均等程度（结果略）。所有 5 个衡量不平等程度的统计指标都显示：生均预算内公用经费的不平等程度最高。生均预算内公用经费的调整的极差率根本无法计算，因为生均预算内公用经费支出分布的下 5% 分位点数值为 0。也就是说，有超过 5% 的县级单位根本就没有预算内的公用经费支出。不言而喻，这些地区的预算内义务教育经费支出主要是用于保障工资。研究表明：充足的公用经费是保障教育质量的重要条件（Lockheed and Verspoor，1990），公用经费匮乏必将严重影响一些地区义务教育的质量。

公用经费对于学校运转是不可或缺的。因政府投入不足，公用经费在很多地区不得不依赖预算外收入。而预算外收入并非学校收入的稳定来源，受宏观政策等因素的影响很大。在相当长的一段时间里，很多地区义务教育财政以"吃饭靠国家，事业靠附加"为主要特征。近年来，农村税费改革取消了农村教育费附加和包括以教育为名义的集资活动，也取消了义务工，在很多地方杂费成为公用经费的主要来源。义务教育阶段"一费制"广泛推行，对规范义务教育阶段收费行为起到了积极作用。从 2004 年起，由中央主导在中西部地区实行"两免一补"政策，减免了大量学生的杂费和书费。虽然没有具体的时间表，但从政策走向看，在贫困、农村地区逐步实行免费义务教育是大势所趋。也就是说，作为公用经费主要来源的杂费，面临着不确定性（长期来看应该而且必然要取消）。前面的统计结果显示，贫困、农村地区学校自筹收入（此种收入亦有不确定性，不可作为经常性事业支出的主要来源）的能力低于城市学校。因此，如果财政不为学校提供稳定的公用经费收入来源，很多地区的公用经费将无法得到保障，其后果自不待言。

第四节　1997～2000 年学校收入支出及生均支出不均衡状况的变化

本章还利用 1997 年全国教育财政基层报表数据对当年的义务教育阶段生均收入支出及财政不均衡状况进行了统计分析，并与 2000 年的结果进行了对比。以 2000 年不变价格计算，样本 1997～2000 年全国小学生均教育经费支出增长了 26.24%，初中阶段增长了 14.79%，小学阶段的增长率明显高于初中阶段。小学阶段民族地区的生均教育经费支出增长明显快于非民族地区（分别增长 37.46% 和 24.88%）。城乡小学生均支出增长速度大体相当（农村略高于城市）。而分区域看，"一片"地区和"三片"地区的增长速度明显快于"二片"地区（一、二、三片地区分别增长 30.22%、16.84% 和 40.57%）。初中阶段情况大体与小学类似，但城乡学校的增长幅度相差很大（分别为 15.96% 和 10.2%）。

表 6-3 反映的是不同地区间的生均支出比率在这三年间的变化。

表 6-3　　　　1997 年和 2000 年不同地区间的生均总支出比率

	小　　学		初　　中	
	1997 年	2000 年	1997 年	2000 年
城镇学校/农村	1.99	1.85	1.65	1.85
非民族地区/民族地区	1.17	1.07	1.29	1.21
一片/二片	1.76	1.97	1.61	1.93
一片/三片	1.90	1.76	1.82	1.79

需要指出的是，表6-3的结果并非利用1997年和2000年相同县级单位的跟踪数据计算，1997年的数据有很多县级单位是缺失的，两年样本的不匹配会在一定程度上影响上述计算的精度。如果把这两年进入数据库的县级单位看做是对全国所有县级单位的抽样，则2000年的数据代表性要好于1997年。1997年数据库中，西藏自治区只有省级汇总数据，另外江西、云南和吉林等省都有很多县级单位数据缺失。从表6-3的结果看，1997~2000年，小学层次城乡支出差距有所缩小；由于"三片"地区的支出增速高于"一片"地区而"一片"地区的增速高于"二片"地区，"一片"与"三片"地区差距缩小而与"二片"的差距扩大了。而初中阶段四组地区间有三组的支出比都有所扩大。非民族地区与民族地区的生均支出比在两个阶段都有所缩小。

学校生均收入的分析结果与支出的结果基本一致。但是，三年中学校收入来源结构发生了明显变化。1997年小学层次预算内收入占总收入比重仅为1/2强（55.46%），而2000年超过了2/3（68.24%）。初中阶段预算内收入占总收入比重在1997年是53.68%，到2000年变为62.29%，接近2/3。分地区看，民族地区（以及民族地区为主的"三片"地区）预算内收入占总收入比重的增长最为引人注目。以小学为例，1997年民族地区小学预算内收入占总收入的比重为大约2/3（65.14%），而2000年达到了近80%（79.84%）。在此期间政府义务教育投入力度明显加大了（事实上义务教育阶段这3年的经费增长全部来自政府投入，预算外收入的绝对数量在两个教育层次都减少了）。预算外收入的来源结构也发生了明显变化。1997年，教育费附加在初中和小学两个层次都是最大的预算外收入来源。2000年，小学层次教育费附加已经落后于杂费成为第二大收入来源。而在初中层次，教育费附加已经落后于杂费和学校自创收入成为第三大收入来源。上面指出，预算外收入并非稳定的收入来源。政府预算内投入的增加从总体上来说应该是有助于提高义务教育的保障程度的。

表6-4是用五种不平等指标衡量的生均支出的总体不均等状况在这三年中的变化情况。

表6-4　　　　　　　　**生均支出总体不均等状况的变化情况**

	小　　学		初　　中	
	1997年	2000年	1997年	2000年
调整的极差	967.4	1 486.68	1 825.4	3 065.08
调整的极差率	5.03	5.64	4.91	7.51
变异系数	0.72	0.76	0.7	0.85
基尼系数	0.33	0.348	0.315	0.319
泰尔系数	0.234	0.239	0.24	0.255
省内不均等程度/总体不均等程度（%）	75.20	71.10	79.90	69.80

由表 6－4 可以看出，两阶段的生均支出不均等程度均有所扩大，而在初中阶段尤为明显。但不同的不平等指标反映的扩大程度有所不同。调整的极差变化很大。小学阶段基尼系数的变化较为明显，而初中阶段泰尔系数的变化较为明显。由公式可看出，泰尔系数对极值的变化比较敏感（这也是它被称为"熵系数"的原因，可以看作在计算系数时给极值以更大权重）。而相对于泰尔系数，基尼系数则对支出分布中段的变化比较明显。初中阶段泰尔系数变化可能意味着支出分布两端相对分布中段有较大的变化。为了验证这一点，研究者计算了初中阶段的麦克伦系数和沃斯特根系数。这两个系数很简单，前者是用将支出分布的下 50％ 加总，之后除以中位值乘 n/2。麦克伦系数的增大表明不均等状况的改善。沃斯特根系数是将支出分布的上 50％ 加总，之后除以中位值乘 n/2。沃斯特根系数变小表示不均等状况的改善。与其他衡量不均等的统计指标相配合，这两个系数可以为确定不均等变化的来源主要来自分布的哪一部分提供参考。例如，假如变异系数增加了，表明总体不均等程度增加。如果同时麦克伦系数变小而沃斯特根系数变化不大，则说明不均等程度增加的主要是由于支出下端的单位支出减少了（相对于当年的中位值）。经计算发现，1997～2000 年初中阶段的麦克伦系数变小（由 0.739 变为 0.709），而同时沃斯特根系数变大（由 1.789 变为 1.988），表明这 3 年中初中阶段全国县级单位的生均支出有极化的趋势，即总的趋势是支出水平较低的单位的增长幅度小于支出分布中段的单位，而支出中段的单位的支出增幅又小于支出分布高端的单位的增幅。小学阶段麦克伦系数由 0.708 减少到 0.685，沃斯特根系数由 1.816 增加到 1.858。后者变动幅度较小，说明这阶段不均等程度的增加主要原因是支出水平较低的单位支出增幅小于其他单位。

两年的泰尔系数及其分解结果表明：1997～2000 年，总不均等程度有所增加，而同时省内差距占总不平等的比重减小，即省间差距在总不平等中的比重增大。从省内差距的绝对数字来看 3 年间变化不大甚至有所缩小，因此可知，这 3 年总不均等程度的增加主要是由于省间差距的扩大。

第五节　小结与思考

2000 年全国小学、初中生均事业性支出占总支出的比重分别为 94％ 和 92％。事业性支出中人员性支出所占比重在小学和初中阶段分别为约 3/4 和 2/3。不同地区的支出模式大致相同。但是，不同地区的绝对生均支出水平差异显著。农村与城市、"一片"地区与"二片"和"三片"地区之间生均支出水平差异巨大。而民族地区的支出水平虽然低于非民族地区，但差距不大。义务教育的支出差异显然与义务教育的经费供给体制有关。经济较为发达地区不但预算内义务教育经费更为充足，获取预算外教育经费的能力也明显强于经济不发达地区。不发达地区、民族地区事实上更依赖预算内的经费供给。因为预算内义务教育经费主要用于人员性开支，因此经济不发达地区公用经费支出严重不足。经济发达地区已经完成"普九"，其义务教育已经进入全面普及和质量提高的阶段。但经济不发达地区仍处于"普九"巩固阶段，有的甚至尚未完成"普九"，在面临公用经费严重短缺的情况下，义务教育质量难以提高，这不但将扩大地区间教育质量的差距，也将对这些地区的"普九"和"普九"巩固工作造成困难。

本章所用的 5 个测量不平等程度的指标一致显示：小学和初中的义务教育生均经费不均等的程度很高。所有支出项目中，公用经费支出项目的不均等程度最高，其中又以预算内公用经费支出的不均等程度为最高。泰尔系数分解表明：大约 2/3 ~ 3/4 的不平等来自省内不平等，而城乡不平等占省内不平等的比重全国平均为大约 1/3。城乡学校生均支出的巨大差距，因地区间差距过大，在总不平等中不能凸显。

比较 1997 年和 2000 年的结果发现，3 年中生均教育经费支出总体不平等程度有所提高。值得注意的是，这期间教育经费支出似乎有加速极化的趋势，即支出分布高端的县级单位的增长大大快于处于低端的单位。城乡之间以及"一片"地区（主要为沿海省市）和内地的差距有扩大的趋势。

义务教育财政不均衡反映了改革开放以来中国社会经济发展的不平衡（Wang and Hu，1998）。尽管 1997 ~ 2000 年间义务教育生均支出的总体不均等程度没有特别明显的变化（尤其反映在比较复杂精密的两个总体不平等系数的结果上），仍有迹象表明此期间地区之间的差距仍在扩大（例如，一些简单不平等系数的结果以及省间不平等的相对比重提高、城乡差距变大等）。

从概念上讲，解决义务教育财政的问题不但涉及教育系统外部的调整，也涉及教育系统内部的调整（Tsang，1996）。涉及教育系统外部的调整可包括促进社会经济发展，如落后和农村地区的减贫工作。近年中央政府开始重视西部的发展，实施惠农政策，发展农村经济。这些政策对减贫和减小地区差距的影响尚有待于在未来深入研究。

在教育系统内部，解决一个分权化的系统中的财政问题往往需要进行政府间财政转移支付（Tsang and Levin，1983）。而建立一个切实的、规范的政府间义务教育转移支付系统涉及众多方面的问题，与本章有关的有如下几个：

第一个是中央和省两级政府在这个系统中的财政责任问题。目前中国的义务教育财政转移支付专项工程大多为中央政府发起。在多数项目中，省及其下级政府被要求提供配套资金。但目前的义务教育政府间转移支付至少有三个问题：第一，它还不是制度化的，是非经常化的；第二，它规模太小，不能满足需求；第三，省级政府在义务教育政府间转移支付中的作用不突出、不积极。

本章的泰尔系数分解有三个主要发现：（1）生均支出的不平等主要是省内不平等；（2）省内不平等主要是县间不平等，县内城乡差别所占份额较小；（3）省间不平等虽然占总不平等的比重相对较小，但3年中有扩大的趋势。（1）和（2）均表明省级政府在消除省内县间不均衡方面应起到更大、更积极的作用。当然，（1）并非一定意味着省级政府需要提供用于消除县级单位间不均等的转移支付资金的60%～70%。形成县级单位间义务教育支出不均等的原因很复杂，有的与省级政策有关，有的则与中央政策有关。本章的发现并不能说明省级因素（历史地看）是主要因素。此外，政府间转移支付的设计也会从教育平等角度提出这样一个问题：即中国西部地区的贫困省份自身是否具备解决财政不均衡的经济实力。这一问题即已意味着中央政府是不可或缺的。而（3）同样也表明，尽管省级作用相对较弱，中央也需要更加积极地、切实地发挥其作用。这两级政府在教育财政转移支付中的相对作用也是要取决于二者相对于各自财政责任的财政能力。因此本章的一个重要政策含义是省级政府需在义务教育财政转移支付中努力发挥更大作用，但一段时期内中央政府的角色亦不可削弱。这一问题亟须进一步研究。

第二个是转移支付资金的使用方向问题。本章发现的中国义务教育财政问题实际可以看作是两个：一是贫困、农村地区教育财政的困难；二是高度不均衡。因为对经济社会发展水平高的地区的教育支出水平进行限制既无必要也无可能，若以减少不均衡为政策目标，其手段必须而且只能是将转移支付全部用于贫困地区。而这样做既缓解了贫困地区的严重困难，又能降低不均衡程度。

第三个是政府和非政府教育资源的相对地位和作用问题。政府有责任保证每个儿童接受（质量合格的）义务教育；义务教育投资可以给私人和社会带来高于大多数其他投资的收益率，这已得到公认（World Bank，1995，1990）。这一责任涉及各级政权组织。近年来择校和民营化是中国教育的热点问题（Tsang，2004；Lin，2002；Kwong，1997），但不论从促进社会公平、提高效率，还是促进社会整合的角度，政府都应保持其在义务教育中的主导作用，义务教育阶段的择校和民营化应该慎重行事。

第四个是民族地区和非民族地区的差异问题。以往并无利用县级的代表性数据对民族和非民族地区的生均教育支出的研究。本章利用县级数据进行的比较发现：民族地区生均支出水平低于非民族地区，但差距远不如城乡之间和区域之间的差距明显。为数据所限，本章没能在学校层面甚至学生个人层面进行对比，而是把民族自治地方当成"少数民族地区"，但实际上很多民族自治地方人口亦是以汉族为主的。而即使在民族自治地方内部，汉族和少数民族之间的差异也可能存在。不同的民族自治地方之间的差异也可能很大（Postiglione，1999）。这一问题也有待深入研究。

第五个是关于对教育财政不均衡程度的研究本身的问题。我们的研究发现，使用单一的标志整体的系数或简单的平均数比较对了解教育财政的不均衡程度很可能会有误导作用。本章的研究结果显示：一些指标如生均支出极差显示总体不均等程度在 3 年间急剧扩大，但比较复杂的总体不平等系数变化相对较小。对于教育财政不均衡及其后果的研究，仍需在理论和方法上进一步深入。

第七章

农村中小学布局结构调整分析

近些年，农村中小学布局调整成为全国范围内的普遍现象。目前关于各地农村中小学布局调整的实践研究、经验报道较多，学术性的分析较少；对农村中小学布局调整的原因、布局调整效益的研究较多，对布局调整过程本身的考察较少。本章从社会学角度出发，从布局调整所涉及的基本环节和内容入手，提出一个初步的分析框架，从而来理解我国农村中小学布局调整过程，并以此为基础尝试分析了云南省农村中小学布局调整问题。

第一节　问题的提出与相关研究的不足

学校布局是指一个国家或地区的学校在地理空间上的分布，学校布局直接关系到教育资源配置的公平与效率问题，学校布局的调整多是学龄人口的变化或者区域规划的调整引起的。改革开放以来，我国全国范围内的农村中小学布局调整主要发生在两个时期：第一个时期是 20 世纪 90 年代中后期全国范围内进行的普及义务教育运动中的"分散办学"时期。随着义务教育运动的开展，为提高中小学入学率，特别是实现小学"就近入学"的目标，出现了"村村办学"现象。这是农村中小学在数量上迅速扩张，在地理空间上迅速延展的一个时期。第二个时期是 2000 年以后一直到当前仍在进行的"集中办学"时期。随着农村税费的改革，农村义务教育管理体制也随之发生变化。农村义务教育开始从长期由农民

135

第七章　农村中小学布局结构调整分析

办学转变为政府办学，并主要由县级政府承担办学经费。为了减少开支，提高效益，全国许多地方开始进行大规模的农村中小学布局调整。总的来看，这两个时期，办学的主导模式不同，学校布局调整过程也是相反的。

农村义务教育布局调整直接涉及教育资源的重新配置，涉及资源使用的公平与效益。2000年后，已普及农村九年义务教育的地方面临着教育质量提高的压力，若不进行布局调整，均衡地分配教育资源，会造成重大的效率损失；若不对教育资源进行均衡分配，则会造成严重的公平问题。以布局调整作为改善农村教育资源配置的公平与效率的重要措施，也还存在着布局调整速度问题：如果布局调整力度大，速度快，可使更多的学生在较短时间内享受到优质的教育资源，有利于促进教育公平；但调整的幅度过快，相应的配套措施跟不上，产生的负担超过一些家庭的承受能力，就有可能造成贫困学生辍学，引发新的不公平。可见，农村中小学的布局调整面临着公平与效率的两难困境。

那么，农村中小学布局调整的决策受什么因素影响？布局调整政策是如何执行的，政策执行方式是如何决定的？布局调整的快慢又受哪些因素的影响？在现实中，如何平衡布局调整所引发的公平与效率问题？在布局调整过程中，哪些人群是弱势群体，他们的利益如何能够得到保护？这些是需要进行研究的。然而，从目前接触到的国内外文献来看，有关布局调整过程的研究还相对较少，关注这些问题的研究还不多。

国内有学者曾对国外有关学校布局调整的研究做过一些介绍①。从相关介绍看，国外关于学校布局调整的研究主要集中在四个方面：调整的原因、布局调整的标准、布局调整后果以及避免布局调整不利影响的措施。对于布局调整的原因，通常认为起因主要在于学龄人口的变化。学校布局调整的标准一般有两个：一是便于学生入学，二是有利于提高教育投资的效益，在二者相矛盾的情况下，一般是在保证学生便利入学的情况下尽可能提高教育投资的效益。从国外的研究看，关闭学校会带来以下几个方面的影响：（1）学生或家长的承受能力；（2）关闭前学校的教学秩序；（3）当地不同社会群体的利益；（4）当地社会文化的维持。国外的一些研究提出了若干降低布局调整不利影响的措施，例如：（1）加强教育规划；（2）在人口密度小的地方保留必要的小规模学校；（3）对小规模学校的教育组织方式和学校建筑结构进行创新；（4）加强剩余教师的转岗培训，帮助教师顺利实现职业转换等。

国内关于中小学布局调整的相关资料大体上可以分为两类：第一类是学术性研究，这方面的成果数量较少，优秀成果更少。其中，云南省教科院关于小学布

---

① 石人炳：《国外关于学校布局调整的研究及启示》，《比较教育研究》2004年第12期。

局中的分散模式与集中模式效益比较研究有一定代表性。第二类是报刊中由地方政府主持中小学布局调整事务的官员（如教委主任或教育局局长等）撰写的经验介绍，主要包括布局调整的原因、条件、思路和策略等。

一、学术研究：分散办学与集中办学模式的效益比较

云南省教科院在英国国际发展部的资助下，组织了"教学点与完全小学（简称'完小'）教育成本与效益比较研究"课题，将教学点作为分散办学模式的典型，完小作为集中办学模式的典型。该研究认为在云南省目前小学办学存在两种模式：一是"分散办学模式"，即按学生入学距离不超过 3 千米的原则布点，加强教学点和村小建设，使学生就近入学；二是"集中办学模式"，即逐步撤销部分教学点，尽可能把学生集中到完小学习，并为上学距离超过 3 千米的学生提供寄宿条件。从该项研究对两类学校教育投入效率的计算结果及分析发现，集中办学模式在人力资源利用效率、物力资源利用效率、学校财力资源利用效率和学校教育资源的综合利用效率上都比分散模式要高。在对两类学校教育投入效率的进一步分析发现，从总的趋势来看，完小的学生质量显著高于教学点，完小学生知识更广阔，技能更全面，综合素质更高，能够得到比较全面的发展；且完小的生均年教育成本低于教学点。该研究还发现完小的社会效益优于教学点，如完小在促进学生身心发展方面比教学点更具组织性、主动性，更有优势。①

二、实践者的经验介绍及对现实问题的探讨

（一）调整中小学教育布局的原因

大多数地方官员和中小学校长认为，学龄人口的变化是导致布局调整的主要因素。但造成学龄人口变化的因素较多，如人口出生率下降导致学龄儿童减少，或者是随城市化（城镇化）和市场经济发展所引发的人口流动导致当地的学龄儿童减少。担任中学校长的倪立人就认为，市场经济可能会对初级中学的布局产生影响。在他看来，这是由于原来的初中学校布局是按行政地域设置的，并受"学校办到家门口"、"村村办初中"的观念影响；但在市场经济条件下，教育价值得到肯定，一部分有经济承担能力的学生家长采取办法，把子女送到县城，或较好的镇中学就读；再加上人口流动的影响，这样就使镇初中的借读学生大量增

---

① 云南省教育科学院：《"教学点与完全小学教育成本与效益比较研究"报告》，2003 年。

加。① 湖北荆门市教委主任杨想森认为，在校生高峰的变化也是考虑进行布局调整的重要原因，以荆门为例，从 2000 年开始全市进入初中入学高峰，从 1998 ~ 2002 年，全市净增初一新生达 2 万多人，高峰过后会逐渐回落，这一变化就导致教育资源分配的重新调整。②

（二）学校布局调整方式与资金投入

从全国来看，对于交通不便的农村，多数地区推行寄宿制进行布局调整。但寄宿制受财政因素制约较大。宜都市教育局局长高圣奉③认为，农村寄宿制小学发展中存在着办学主体无法落实的问题，"近些年部分村小生源减少，由完小逐渐降为初小、教学点，甚至撤销，这些村的学生则被安排到一个相对集中的村小实行住读，在实际运作中，普遍存在联而不管和联办不力的现象。其主要原因是管理主体不明，关系不顺，责任不清，领导不力。部分村原办有学校，学校撤销后，他们认为其办学义务也就消失了。而寄宿制小学的原办单位由于距学校较近，不需寄读，他们认为办寄宿制小学受益者不是本村的孩子，由此缺乏兴办寄宿制小学的积极性"。他认为，因国家财力所限，农村小学的建设、维修及设备添置不可能全由政府财政包下来，继续发挥联村办学的积极性是农村小学教育发展的基石，在具体实施中可实行联村办、乡镇管的办法，主张联办村负责改善寄宿制完小的办学条件，乡镇由领导牵头，组织各联办单位、村负责人建立学校管理委员会，明确各单位负责，如该市潘家湾就出台了《潘家湾联村办学理事会章程》，由校理事会通过村民委员会，解决农村学校经费投入的问题。

荆门从 1999 年就开始实行"两制一化"的办法推动中小学布局调整，两制分别是"山区小学寄宿制"和"小型乡镇九年一贯制"；一化是指"农村中小学集镇化"，按照人口数量来设置学校，逐步使"小学向集镇集中，初中向乡镇政府所在地集中，高中向县城集中"。在具体实施中采取了"改办"、"划转"和"扩并"等措施。④ 所谓"改办"，即将部分过剩的农村高中改办初中，过剩的小学改办幼儿园、教学点、乡村成人学校或勤工俭学基地，并对在校学生相对较少的中心完小实施小班化教学；所谓"划转"，即为保证教育资源不被闲置和流失，将剩下的校舍暂时划转给乡政府或村委会，用作农民夜校、养老福利院、医疗室或乡村文化活动中心，将原有的教学设备调配到定点学校使用，为将来可能

---

① 倪立人：《市场经济与初级中学布局》，《丽水师专学报（社会科学版）》1995 年第 1 期。
②④ 杨想森：《动态调控中小学布局》，《湖北教育》（政务宣传）2001 年第 12 期。
③ 高圣奉：《农村寄宿制小学发展与规范的探讨》，《湖北教育》2002 年第 10 期。

会出现的小学第二次入学高峰储备必要的教育资源；所谓"扩并"，即为了在不新建学校、不大量投资扩校的前提下保证初中入学高峰的平稳过渡和城镇学生就学的需要，一方面扩大现有初中的招生规模、扩班增员，另一方面对集镇所在地条件较好的小学与初中部分年级进行合并，实现小学"戴帽"或将条件较好的小学改办初中。

（三）地方观念的阻力

一些从事布局调整一线的教育行政官员和校长反映，农村中小学布局调整不仅仅面临资金问题，还面临着地方观念的阻力。在中国社会中，兴办教育的行为向来被给予很高的社会评价。因此，撤并一所学校也涉及所在地政府和村民的利益和荣誉问题，会遭到他们的抵制。在安化县的布局调整中，清塘铺镇党委副书记柳金莲就受到了压力，因为她家乡的一所学校也在撤并之列。于是，一些乡亲就数落她"败家子"、"忘了祖宗"等，劝她把家乡的学校作为定点学校，"既不忘公，又不废私，脸上有光"。在安化县的布局调整中，也出现了一些村庄自己办学校等事情。[1] 一位中学校长深切感受到地域观念对布局调整的影响，因此呼吁，"政府应敢于承担，主动协调好各乡之间的关系"、"各乡应以全局为重，克服地方主义，打破行政地域观念"[2]。天柱县副县长袁显荣还认为，不仅因为学校是村民集资兴建，村民对学校有感情，不愿意学校被撤并，村与村之间的关系也会影响到联合办学的问题，如"怕孩子到外村就读，寄人篱下，受人欺负"[3]。

三、现有研究的局限

云南省教科院的研究论证了完小比教学点在经济效益和社会效益方面更有优势，也为云南省相关的布局调整政策制定提供了理论依据。该项研究使用的方法对布局调整的相关研究提供了借鉴，但从全面研究中小学布局调整来说，该项研究也还存在着一些局限，如该项研究仅仅涉及完小和教学点之间的比较和选择，没有进一步考虑到初中阶段布局调整的问题；再如该项研究主要是比较完小和教学点之间的在教育投入和社会效益方面的优劣，没有涉及布局调整过程，而布局调整过程涉及的因素也更为复杂，如果不能够正确看待和认真处理布局调整过程中的相关问题，就有可能不会顺利达成布局调整的目的。来自实践工作者的报告多是经验型

① 李茂林等：《坚实而高效的跨越——安化县调整中小学布局解秘》，《湖南教育》2003 年第 19 期。
② 倪立人：《市场经济与初级中学布局》，《丽水师专学报（社会科学版）》1995 年第 1 期。
③ 袁显荣：《贫困山区学校布局调整的难点与对策》，《贵州教育》2001 年第 1、2 期。

的，虽然总结了一些经验做法，反思了一些教训和对遇到的问题进行了剖析，但总的来看，实践者多限于其所在的地域，无法对全国的情况进行系统的分析和比较，也无法对我国农村中小学布局调整提供更加系统的学术层面上的分析。

因此，有必要在上述两种文献的基础上，从一定的学科背景出发，针对目前我国正在进行的农村中小学布局调整提出一个基本分析框架。

第二节　农村中小学布局调整的基本分析框架

借鉴国内外相关研究和布局调整的实践，分析我国农村中小学布局调整过程需要考虑如下几个相关问题：（1）为什么要进行布局调整（对一个地区来说，布局调整的动力和阻力来自哪里？农村中小学布局调整的决策是来自中央政府的指令，或者是地方政府的决定，或者仅仅是基层教育行政官员的愿望，抑或是当地群众的需要）？（2）布局调整的基本条件（这些条件将直接影响到布局调整过程对可能的后果的处理，如群众接受程度、合并后富余的学校领导、公办教师和代课教师的安排，布局调整需要改扩建校舍的资金如何筹措等）。（3）布局调整以什么方式进行（是急进式的，以行政主导为特点，要求某地区在较短时间内完成；或是渐进式的，在政府引导下，家长自发地将子女送到位于上一级行政单位所在地的同类学校聚集）？（4）学校在地理空间上的布局反映了各级政府和相关群体的利益格局，布局调整过程中如何在这些政府之间和利益群体之间处理诸如经费分摊、公共产品的分享和人事安排等问题。（5）布局调整过程中弱势群体的地位是否会恶化、利益是否受到损害，特别是如何解决因布局调整给贫困家庭及其子女造成的额外负担。（6）学校布局调整还应该对相关后果进行调查。下面将依次说明如何分析这几个方面，以便建立农村中小学布局调整明晰的分析框架。

一、农村中小学布局调整的相关背景及合法性问题

早在20世纪80年代，一些地方就已根据学龄人口的变化进行农村中小学布局调整。但从相关报道来看，农村中小学布局调整主要集中在90年代中后期和2000年以后，尤以2002年以后为多。在一些地区，甚至是2003年和2004年以后才提出农村中小学布局调整问题。这说明近10多年我国农村中小学布局调整的速度在各地是不一样的，各地布局调整可能并不处于同一阶段，面临的问题也

可能很不一样。从 90 年代初以来的十多年间，从中央到地方，关于农村义务教育方面的重大措施不断，如义务教育普及运动、世界银行第一到第四个贫困地区贷款项目、国家义务教育工程和危房改造工程、2000 年以后逐渐在全国范围内推展开来的农村税费改革等。这些重大的工程项目或重大政策措施大多要求各地中小学布局进行相应调整。各地受这些重大工程或重大政策冲击的程度不太一样，再加上各地财力状况不同，因此在中小学布局调整过程中面临的情况也会有很大差异。

概括地讲，农村中小学布局调整的背景，或者说布局调整政策的合法性来源主要集中在两个方面：经济层面上对效益的追求和社会层面上对公平的追求。

（一）办学的规模效益

我国大多数省份是在 20 世纪 90 年代中期前后实现九年义务教育普及的。在义务教育普及的过程中，为了实现就近入学，村村办学的模式得到了推广。在这种办学模式下，学校比较分散且规模较小。当时，农村义务教育财政的多渠道筹措体制也使得这样的办学模式是可行的，因为农村学校主要依靠当地农民集资。当地建校直接关系到当地群众的切身利益，动员群众捐资助学的工作相对容易做。

在 2000 年前后，支撑这一布局结构的基本条件发生了根本性变化，一些地区出现了中小学校因生源逐年减少，最终办不下去的情况。这种现象在社会经济和教育水平发展较高的地区出现较早，在社会经济和教育水平发展较低的地区出现较晚。出现这种情况可能有如下原因：（1）我国从 20 世纪 80 年代开始就在农村实施严格的计划生育政策，出生人口急剧下降，学龄人口随之减少。到一定程度，一些学校就招不来学生而办不下去。（2）随着我国现代化水平的提高，人们的生育意愿逐渐降低，再加上我国实施的严格的计划生育政策，使得学龄人口结构逐渐发生变化，许多地方在校生的高峰出现了从小学到初中再到高中依次转移的趋势。（3）城市化因素的影响。我国教育资源分配不平衡，城市或城镇的教育质量相对较高，受我国城市化或城镇化加速发展的影响，农村学生到城市或城镇读书的愿望增强，到城市或城镇读书的可能性也增多，造成农村学校生源减少。特别是，农民工子女可能会随父母到打工地就读，或者被外出打工的父母送到本地质量更好的学校就读，这也使户口所在地的学校生源减少。（4）市场化竞争。近些年，农村学校间的竞争加剧，家长愿意送孩子到质量较好、声誉较高的学校就读，导致一些条件较差的学校生源锐减。同阶段学校间的竞争在近来一些地方，因民办学校的出现而加剧。（5）城市化过程中，因交通快捷，城乡间的时间距离和人们观念上的"距离感"发生了变化，出现了城市、县城、乡镇和农村之间争夺优秀师资和生源的情况。特别是在大城市或中等城市兴办的民办中小学更是从该城市所辖或能辐射到的县区大量吸收优秀教师，县城优秀教师流失后，县城学校就利用其区位优势从该县所辖的乡镇调动或吸引相对优秀的教师。这样，经过一级一级的"抽水泵"式的抽取后，农村中小学的教育质量越到基层越差，出现了"空洞化"的现象。在这样的情况下，基层学校学生转学流动的可能性就越来越大，薄弱学校就更难招到足够的学生。

笔者发现，在近几年，上述几种原因在新疆巴里坤县也都出现了[1]。巴里坤是新疆哈密地区所属的一个国家级贫困县，也是一个边境县和少数民族自治县。据 2006 年 9 月初的统计，全县共有小学适龄儿童 6 313 人，其中拥有辖区内户口但在外借读的学生达到了 1 307 人，占全部学龄儿童总数的 20.7%。在巴里坤的农区（小学适龄儿童为 3 432 人，在外借读学生为 986 人），这一比例接近 30%（达到 28.7%）。初中部分，全县共有初中适龄少年总数 3 308 人，其中辖区内户口在外借读学生为 840 人，占全部初中适龄少年的 25.4%。其中，城市中初中适龄少年总数为 474 人，辖区内户口在外就读的学生只有 60 人，占 12.7%；农村中初中适龄少年总数为 1 823 人，辖区内户口在外就读的学生有 590 人，占 32.4%；牧区中初中适龄少年总数为 1 011 人，辖区内户口在外就读的学生数有 190 人，占 18.8%。显然，巴里坤农区的学生在辖区外就读的比例远远高于城区和牧区。对巴里坤县农区 7 个乡镇在外借读的情况做进一步分析，将在外借读人数分小学和初中列表，如表 7 - 1 所示。

表 7 - 1　　巴里坤农区乡镇中小学生在辖区外借读的学生数　　单位：人

乡镇名称	小学部分			初中部分		
	学龄人口数	在外借读学生数	在外借读所占百分比(%)	学龄人口数	在外借读学生数	在外借读所占百分比(%)
大河镇	1 434	489	34	781	316	40
奎苏镇	770	175	23	378	108	29
花园乡	345	41	12	183	26	14
石人子乡	617	189	31	331	85	26
山南开发区	121	70	58	67	42	63
三塘湖乡	100	13	13	58	4	7
良种场	45	9	20	25	9	36
全县	6 313	1 307	20.7	3 308	840	25.4

---

[1] 本报告中关于新疆巴里坤的相关资料来自郭建如：《中国西部少数民族地区农村义务教育投入与效益研究报告》，北京大学教育学院，2007 年。

从表 7 - 1 可以看到，巴里坤农区乡镇学龄人口在外就读学生在两个学段比例都比较高，其中山南开发区因为靠近哈密市，其小学和初中在外就读比例都是最高的，小学部分为 58%，初中部分为 63%。在学龄人口比较多的乡镇，如大河镇、石人子乡、奎苏镇在外校借读比例也很高，大河镇小学在外就读比例达到了 34%，初中就达到了 40%。

进一步对巴里坤农业乡镇在外就读的情况分外乡和外县两种情况进行区分，如表 7 - 2 所示。

表 7 - 2　　　巴里坤各乡镇在外就读的儿童少年情况统计表　　　单位：人

乡镇名称	在外就读的小学生					在外就读的初中生				
	在外就读总数	在外乡就读人数及比例		在外县就读人数及比例		总数	在外乡就读人数及比例		在外县就读人数及比例	
		在外乡就读人数	所占百分比(%)	在外县就读人数	所占百分比(%)		外乡就读学生数	所占百分比(%)	外县就读学生数	所占百分比(%)
大河镇	598	109	18	489	82	435	119	27	316	73
奎苏镇	206	31	15	175	85	120	12	10	108	90
花园乡	166	125	75	41	25	123	97	79	26	21
石人子乡	292	103	35	189	65	238	153	64	85	36
山南开发区	72	2	3	70	97	42			42	100
三塘湖乡	78	65	83	13	17	53	49	92	4	8
良种场	45	36	80	9	20	20	11	55	9	45
全县	1 457	471	32	986	68	1 031	441	43	590	57

从表 7 - 2 看到，全县小学部分在外借读学生中，在外县就读比例就高达 68%。在山南开发区、奎苏镇和大河镇，在外县就读的学生比例更高，分别为 97%、85% 和 82%；这三个乡镇初中部分在外县就读的比例也是比较高的，分别为 100%、90% 和 73%。山南开发区主要是靠近哈密市，受哈密市吸引较大；奎苏镇和大河镇两乡镇，在外县就读的学生比例较高，主要是由于父母打工，到外地就读的较多，少数是受外地教育质量较高的吸引。

从表 7 - 2 也可以看到，在有些乡镇到辖区外就读的学生中，到本县外乡的比较多，如花园乡、三塘湖乡、良种场等，到乡镇辖区外本县其他乡镇就读的小学生比例分别达 75%、83% 和 80%；初中部分分别达到了 79%、92% 和 55%。石人子乡在外就读的初中学生中有 64% 是在本县外乡。调查发现，"本县外乡"

主要集中在本县城，这点从对巴里坤县最好的汉族初中巴里坤一中的学生生源的调查就可以发现，如表 7 - 3 所示。

表 7 - 3　　　　　巴里坤一中辖区内外生源基本情况　　　　单位：人

	总数	辖区内	辖区内所占比例（%）	辖区外	辖区外所占比例（%）
初一	273	82	30.0	191	70.0
初二	311	114	36.7	197	63.3
初三	333	105	31.3	230	68.7

巴里坤一中初一的学生有 273 人，其中辖区外的学生就占到了 70%；二年级学生有 311 人，有 63.3% 的学生来自辖区外；三年级学生有 335 人，68.7% 的学生来自辖区外。同巴里坤一中能够吸引到较多较高质量的本县外乡学生相反，在巴里坤的一些乡镇，中小学的生源已经大大减少，其中两所一贯制学校最为典型，山南开发区的湛江民汉学校有 8 名教师，但只有 13 名学生；而石人子学校有 11 名教师，但也只有 30 名学生。大河镇的学校领导反映，目前大河镇优秀的生源每年纷纷流失到县一中，导致该校办学处于比较艰难的境地。

从新疆巴里坤县这个边远的国家级贫困县的情况就可以看到外部县市优质教育资源、城市化因素、出外打工带来的流动以及县内优质学校的竞争对学生生源分布的影响。对那些在竞争中处于弱势的学校，学生少教师多，显然从教育资源的配置来讲是没有效率的；因为不可能对这些学校再进一步投入更多的资源，这些学校的存在也会对这些学校的学生享受优质的教育资源的公平性造成影响。

（二）对教育资源公平配置的追求

近些年，我国农村政策发生了重大变化，中央倡导并积极建立和谐社会，要求对农村和农民给予反哺，要求各级政府树立公共财政的理念。中央政府在"十五"期间将新增加的教育投资全部用于农村教育，在中央政府带动下各级政府开始逐渐将教育资源的均衡配置列为政策重点，出现了教育资源配置开始向弱势群体、向农村倾斜的趋势。

现代基础教育在中国社会的传播大体上是沿着地域的等级制进行的，现代教育资源的配置也相应地沿着从上到下的等级制链条分布。在省的范围内，现代教育资源从省会城市到地级城市再到县级城市—乡镇—农村，资源数量越来越少，资源的质量越来越差。虽然现代义务教育在中国自提出以来已有近百年的历史，但是在许多农村地区仍存在着一些教学点和一师一校现象。在这些教学点，课程开设不齐全，如没有体、音、美等课程。西部地区一些以村为单位的完小在基本办学条件，如硬件和师资力量的配备上仍严重不足。这种状况很难适应新形势下对农村学生进行同等质量的素质教育，特别是很难推行新课程改革。

在近几年的全国"两会"上，教育，尤其是农村地区的教育问题成为热点，来自全国人大和政协的提案以及媒体的舆论给政府造成了压力，不少地方政府开始关注农村地区的教育差距，实施教育资源均衡化的策略。这样，农村中小学"小而散"的布局结构显然就成了较快缩短农村和城市（城镇）教育方面差距的重大障碍，因为要想使农村基层学校都能达到城镇学校的平均水准，在这样的布局条件下，要花费的成本将是政府难以承受的。

（三）基础教育管理体制的变革与政府的财政压力

我国农村中小学布局调整整体上看时间分布比较集中，就某个地区来看，布局调整的时间也相对集中。这与政府在布局调整过程中起主导作用，以行政化方式进行布局调整有很大关系。政府主导农村中小学布局调整的直接动力来自于地方政府的财政压力和上级政府的政治压力。这两种压力根源于我国的义务教育管理体制，特别是教育财政体制在 2000 年后发生的一系列重大变革。

20 世纪 90 年代中期前后，我国东部和中部多数省份普及农村九年义务教育时，农村地区的义务教育经费主要由当地农民承担。2000 年以后，在东中部地区巩固和提高农村九年义务教育办学水平、西部地区加快普及农村义务教育的过程中，农村基础教育的管理体制和教育财政体制发生了变化，由原来的以乡镇管理为主变为"以县为主"。税费改革取消了农民的"三提五统"，特别是教育附加费和集资，随后农业税在全国范围内逐步取消。2006 年 1 月，《农业税条例》在全国正式被废止。这样，支撑农村中小学的经费只能依赖于县财政。

在我国许多中西部农村地区，县乡财政基本上是"吃饭财政"，教师在地方财政供养人员中占很高比例（在许多地方占到了财政供养人数的一半以上），且教师工资在"吃饭财政"下作为政治任务要给予优先保证，这可能会造成地方政府其他部门对教育领域的不满，使教育部门面临很大压力。实行"以县为主"之后，县级财政要负担更多的教育投入，因此，县级政府有更大的动力追求办学的规模效益。在国家的贫困县和省级贫困县，财政不能自给，财政支出绝大部分要依赖上级财政，教育方面也是这样。上级政府对这些县进行转移支付时，往往会提出资源使用效率方面的要求，这也会促使地方政府进行农村中小学布局调整。

在地方政府面临上级政府要求布局调整的压力时，来自计划经济时期政府管理体制所具有的强有力的行政动员能力就会很容易被用来进行农村中小学的布局调整工作，使农村中小学布局调整变成为一个自上而下的运动。例如，如果省级或市级政府决定大力推行学校布局调整，就会对县乡基层政府造成压力，使后者将其作为政绩的重要部分，加速布局调整。

总的来说，在上述几种因素中，农村学龄人口的减少是基本的，它使得原为普及义务教育而进行的"村村办学"的布局结构的弊端显露出来：没有规模效益，就无法支撑更高质量的教育和完成教育资源均衡化的使命。尽管当地教育行政部门获得了进行布局调整的正当理由和合法性，但这并不必然意味着政府的行为就获得了社会的认同，政府部门在进行布局调整的过程中还要争取当地群众的支持，化解他们的地方本位观念带来的阻力。

二、教育的空间布局与利益格局

（一）教育布局反映的是利益格局，布局调整改变了乡村的基本控制结构

教育布局是利益格局在空间上的反映。空间格局反映了各相关方的利益安排，如村庄、乡级政府、县政府以及学生、家长和不同类型的教师之间的利益关系。

农村中小学的布局基本上是重心下垂的结构，如果说以地处县城的高中为顶端，乡镇初中为中段的话，分布着大量完小和教学点的村一级则是这个结构的最底端。教学点和完小与当地社区有着极为密切的关系。首先是学校的资产与当地社区的投入有着密切关系，如学校土地、房屋可能来自当地村庄，学生也多来自当地，教师中有部分公办和代课教师就是本村人。这些农村学校在运行过程中还在许多方面受到村里的影响。

农村税费改革有力地改变了外界力量对农村学校的控制方式：税费改革确立了以县为主的农村义务教育管理体制，将教师工资上收到县，由县财政统一发放；教育经费直接由县财政拨付。这些措施削弱了乡村管理学校的权力和能力，使地方因素对学校的影响大大减少。特别是来自当地乡村的代课教师纷纷退出学校后，学校由公办教师组织，经费主要依靠国家财政，农村学校就经济意义上来讲变成了公立学校，变成了整个公立教育体系在农村的延伸部分，而不是与农村组织结构简单的嫁接。税费改革降低了乡村社会影响教育的合法性和乡村政府影响教育的能力，但多数乡村地区并没有产生出新的组织形式介入到当地的学校管理中去。

在税费改革之中或之后进行的农村中小学布局调整在削弱当地村庄对学校影响方面作用更强。布局调整在空间上将这些学校从乡村里面"拔"出去，使得

这些学校逐渐向乡镇和城市集中。教育是一种公共品，学校对于所在地也会带来荣誉以及一些直接或间接的利益，比如孩子上学方便、学生家长能及时与任课教师或班主任进行沟通等。如果学校撤并，这些福利将会消失。而且，如果学校主要是由当地群众集资兴办的话，学校的撤并就直接涉及相关资产的处理问题。简单地说，在小学这一级的撤并更多地会涉及学校与各村之间的关系，在中学这一级进行的布局调整将会涉及更多的村庄，甚至是乡镇之间的关系。

（二）学校空间布局的主要方式

从对这一时期的相关文献检索来看，农村中小学布局调整所采用的形式比较多，概括起来主要有：（1）相邻几个村联合办学，如在几个村的中心地带选校址新建。（2）建九年一贯制学校：在周围几个村的中心地带新建九年一贯制学校，将原来的小学和初中全部吸收。（3）地方和企业联办。（4）两所学校互补：离得较近的两所村小形成互补，设立一个校长总负责，教师统一使用，一个办一、三、五年级，另一个办二、四、六年级。（5）汉族学校附设少数民族班。（6）跨乡联办。（7）设立中心分校：将中、高年级学生合并到中心分校开单式班，低年级仍然在本村设复式班（不以独立校出现），由中心分校实施全方位管理，发挥巡回授课教师的作用。（8）委托办学：一个学校无力完成各年级的教学工作，把其中几个年级的学生委托给另一所学校去教授。（9）办寄宿学校。（10）改设教学点：将几校高年级合并在一所学校，留下其他学校的低年级，使得这些学校变为教学点。（11）穿插合并：如甲校的若干年级合到乙校，乙校的若干年级合到甲校。（12）集团办学：如浙江省的一些地方以一所当地教育质量较高、名气较大的学校为龙头组建教学集团，跨村跨乡镇管理当地的公办中小学，实施教育质量的总体监督和教育资源的统一配备。[①]

就黑龙江、湖北、湖南、浙江等数省的情况看，上述做法采用较多，特别是邻近的几个村庄或几个行政村、相邻的几个乡镇在上级政府主导下进行联合办学更是通用的做法。

（三）对联合办学形式涉及的利益格局的分析

农村中小学布局调整过程中，联村办学、联镇办学是常见的形式。联办形式实质上是契约的组织形式，其核心是利益的协调，有必要对围绕这种组织形式形成的利益关系进行详细剖解：

---

① 中小学校优化教育资源配置课题调查组：《关于调整中小学网点布局的调查报告》，《教育探索》2000 年第 2 期。

1. 联村办学。这种安排将涉及以哪所学校为主，原撤并学校的资产如何处置，新学校的资产如何构成，各个村之间的权益如何安排，如土地的购买及建设费用的分担等，甚至也会涉及新校的冠名权问题，是以所在地的村命名或者是另起新名字；在规划和规划实施方面有哪些冲突和纠纷，这些冲突和纠纷又是如何得到解决的等。

正如前面所提到的，学校在乡村社会中并不仅仅意味着福利，也可能是社会声誉的象征，成为符号资本①争夺的焦点。一些村民可能会采取不同的形式反对撤并自己所在社区的学校，如向当地政府施加压力，或者是村民筹资自己建校，聘请教师办学等。对于这样的问题，现实中有许多解决办法，如在距离几个村的中心位置重新建新校，撤并原来各个村的学校，以平衡相关的矛盾。黑龙江省宁安在布局调整中就采用这种办法。宁安镇东片的临江、临城、教育、兴盛、新胜5个村原有4所小学，他们在中心地带的村庄选校址，5个村集资建成了宁安镇第一小学，学校最大服务半径只有1.5公里。宁安县渤海镇莲花片的7个村，在中心地带的天心村建了九年一贯制的学校，把原来的6所小学和1所初中全部吸收进来，较远的3个村早晚派专车专人按时接送学生。为了解决撤并后办学经费来源问题，宁安教委逐一与参与联合办学单位完成协议书的签订工作，在协议书中写明每年各村负担多少经费的条款，防止合校后不办校的村袖手旁观。② 笔者在江苏宿豫县调查时发现，在一些地方几个村联办时，有的村为了争取将学校设在本村范围内，愿意无偿将本村的部分土地捐给学校。湖南桂东县在解决联村办校时建立了"联校联办联合管理"体制，承担多乡、多村教育的学校成立"联办委员会"，按章程多乡、多村承担学校的责、权、利，共办共管。③

2. 跨乡镇联办初中和小学。这种办学形式涉及乡镇之间的协调，而协调是有成本的。据笔者在河南农村的调查，有的乡镇原本一些村的学生因地理上靠近其他乡镇在传统上就是在其他乡镇上学的，但是在布局调整的过程中，却分开单独建立本村的学校。

3. 布局调整过程也会涉及一些侨资捐款兴建的学校的撤并问题。一些侨胞捐资兴办学校，是其爱心的体现，同时也因捐资兴学而在当地获得较高的社会荣誉，在广东和福建等地这种情况较多，在布局调整中如何维护侨胞助学的积极性值得考虑。

4. 居民权益与教育行政当局进行学校布局的权力如何界定。在布局调整过

---

① 符号资本也即象征资本（Symbol Captail）。

② 杨平：《农村学校布局调整的有益探索》，《中小学管理》1998 年第 12 期。

③ 李伦娥等：《靠调整学校布局提高效益——从桂东现象看贫困地区的教育发展之路》，《湖南教育》1999 年第 2 期。

程中，一些城市社区出现了社区配套的学校被合并，引起社区和教育局之间有关权益方面的争执。如发生在广州市海珠区千僖社区的情况就是这样，当地社区居民对教育局撤并配套学校的相关安排和根据提出了质疑，并进行抗争①。质疑教育行政机关撤并学校正当性的类似行为也可能在农村出现，尽管所采用的策略可能会有些不同。

5. 上下级政府间在布局调整方面的资金分摊问题：中央和省承担的比例如何分配；县、乡政府在学校布局中各提供多少资金，各占多大比例。尽管农村义务教育实施以县为主的管理体制，不少地方的县级政府通常还是想办法激励乡镇进行相关的布局调整工作，如根据乡镇政府对布局调整的重视程度、财力负担能力确立县乡两级的责任分担相应比例。

6. 布局调整还涉及相关资产的处理，涉及相关投资方的利益问题。这些投资者既包括个体家庭，作为整体的村和乡，还涉及了县乡政府之间的利益，甚至涉及乡镇与乡镇之间的利益。学校的空间布局反映的是利益的格局，这种利益格局是各相关方共同作用的结果。在处理上述问题时有哪些方式更有利于问题的解决是值得探讨的。

三、教育布局调整中的教育决策、教育行政过程与方式

我国幅员广阔，区域差距较大，各地社会经济与教育发展水平不同，普及农村九年义务教育的时间以及义务教育发展的水平有很大差异，进行布局调整的基础和面临的压力以及推动布局调整的因素不同，可能会导致各地在进行布局调整时采取不尽相同的方式。

（一）中央及省级政府的教育政策及教育行政方式

中央及省级政府就农村中小学布局调整一般有两类要求：一是有强制性约束的要求，如对中小学的教职工编制做出硬性规定，并将相关的各种达标评比与当地官员的政绩结合起来；二是提供一些原则性规定，对弱势群体保护的相关要求往往就属于这类规定。前一类的约束通常是硬性的，是上级政府考核下级政府的主要内容；后一类要求通常是有弹性的。这样，在布局调整政策的执行过程中，自然就很容易突出前者，后者却成了可协商，甚至可视而不见的领域。于是，在布局调整过程中常会出现一些地方政府为表现政绩忽视群众利益的情况。这也反映出科层体制"双刃剑"的特征，科层制在保证政策执行的表面效果的同时，可能会在执行过程

---

① http：//gz.focus.cn/msgview/21484/2/17464053.html，《驳海珠教育局的答复》，2004 年 9 月 10 日。

中不顾或者偏离了政策的初衷（即最终是为了群众的利益）。

（二）县市地方政府两种主要的教育行政方式

农村中小学布局调整通常采取政府自上而下推行的方式，中央及省级政府对下级政府施加的压力在很大程度上会影响地方政府对布局调整方式的选用。大体上，我国县市地方政府在农村中小学布局调整过程中通常会采取两种主要方式：一种是以行政的和运动的方式为主，在一定的时限内统一部署并以较快的速度完成；另外一种是以引导和/或诱惑的方式进行，这种方式进行速度较缓，布局调整过程更多地利用市场机制，按照人口减少趋势，有规划、有步骤地实施，最终使学生汇聚到目标学校。这两种布局调整形式与制度变迁理论中提出的强制性变迁与诱致性变迁形式相类似。在强制性变迁中，往往以强有力的行政动员的方式进行，20 世纪 90 年代中期前后全国大多数省份就是采取这种方式普及农村九年义务教育，2000 年后在已普及地区进行的农村中小学布局调整也多采取这种强制性变迁形式，但也有一些地方在布局调整中采"诱致性变迁"。在"诱致性变迁"的过程中，地方教育行政部门通常以相对温和的方式推行布局调整，先将一些优质资源集中投放在一些磁石性的定点学校中，让这些学校发挥辐射作用，吸引当地的学生自然地向这些学校集中。

在什么条件下县市地方政府会倾向于采用强制性变迁形式，什么条件下会倾向于采取诱致性变迁的方式呢？如下因素可能会对地方政府选择什么样的调整方式起到重要影响：

1. 上级的行政压力。当地政府面临的上级政府施加的压力程度决定了布局调整的实施方式。在中西部，甚至东部的一些较落后地区，县市政府在推动政策实施过程中仍习惯以行政和运动的方式为主导，在学校布局调整方面自然会倾向于采用这种方式。为加快布局调整步伐，上级政府通常会对下级政府采取三种措施：一是"一刀切"政策，严格控制中小学编制；二是奖励办法，以完成布局调整速度的快慢给予不同的物质激励；三是同地方政府官员的政绩挂钩。

2. 当地政府的行政传统与行政文化。在市场经济不太发达，社会相对封闭的地方，当地政府的力量相对较为强大，习惯于以运动方式为主进行政府的主要工作；在市场经济相对比较发达的地方，县市政府的法治观念增强，群众维权意识强，地方政府采取强制性变迁的可能性少。

3. 当地政府的财力。在县市政府财力比较雄厚的地方也可采取两种方式：一是硬性调整，然后用财力进行补贴；另一种是采取不断强化磁石学校的方式，使定点学校产生吸引力。在财力较弱的地方，县市政府没有足够财力承担集中办学所需的费用，因此撤并学校的速度一般会比较缓慢，如云南许多贫困地区目前只是将教学点合并收缩到村完小，而在四川的一些地方，如在笔者所调查过的梓潼县，目前村里设有完小的就已经较少了，农村小学生已开始向乡镇的中心学校集中。

4. 地理和交通状况。在地理条件较好的地方，因交通方便，缩小校点，集中办学较容易，且不一定实行寄宿制，地方政府可大幅减少学校数量；在山区等地理环境复杂，交通不便的地区要这样做就要困难得多。

5. 群众的承受能力与接受布局调整的愿望。布局调整带给当地群众的不仅仅是经济上直接或间接增加的负担，还有心理承受能力的问题。特别是以当地村名命名的学校，主要由当地集资建设的学校，已经成为当地文化系统的重要组成部分。撤并当地学校，当地文化中很重要的部分就会被抽掉，许多群众的心理上可能会难以接受。如果是合并到其他邻近的周围村庄时，更是这样。

6. 教育发展的基础和学校布局调整的基础。如果该地区的义务教育已经普及，群众对子女的升学愿望很强，形成了自觉支持子女上学的行为，对接受高质量教育已有了概念，布局调整一般不会造成较多学生辍学的负面影响。在有些地方，农村中小学布局调整一直以有规划、有步骤的方式持续进行，如常结合一些重大工程项目进行布局调整，这可能使当地群众容易接受布局调整的理念；如果当地义务教育发展水平较低，义务教育没有普及或者虽然普及但质量并不高，并不巩固，布局调整采取突发的且幅度较大的形式，当地群众接受起来比较困难，布局调整的难度就要大得多。

7. 学龄人口锐减程度。在学龄人口出现大幅减少，或一直在缓慢减少但经过较长时间出现了显著减少的情况，群众对大幅度地快速调整学校布局的接受能力可能比较高，阻力也就会相对小一些。

8. 教师群体的压力。学校撤并必然会涉及教师分流安排，各地农村义务教育发展的程度很不一样。有的地区在布局调整之前，代课教师比较多，而有的地区代课教师比较少，公办教师比较多。通常，在代课教师较多的地区，因为代课教师本身就是临时性的，这些代课教师很难形成比较强的压力团体，反对布局调整的阻力较小；而在代课教师数量很小，学校撤并将涉及较多公办教师分流的地区，面临的阻力就要大得多。在新疆的巴里坤县，存在着教师整体超编的情况，一些中小学的规模较少，甚至出现教师数与学生数相接近的情况，但因政府财力有限，当地就业机会有限，无法安置需要分流的教师，教育行政部门担心大规模的布局调整会引发教师的不满，也就无法有效地进行规模较大的布局调整[1]。

---

[1] 郭建如：《我国西部少数民族地区农村义务教育投入与效益研究报告》，2008 年。

1. 县市级地方政府强制性的行政方式：

强制性的行政动员方式可以以山东淄博市和江苏宿迁市为例，基本做法是在规定的时间内，干部层层包干负责，如县干部包乡镇，乡镇干部包村，同时在当地大造舆论宣传、会议动员，经验推广等。

（1）淄博市农村中小学布局调整方式。淄博市农村中小学布局调整方式清晰地体现在 2004 年 9 月 22 日，淄博市农村中小学布局调整调度会上。市教育局负责人要求：一是抓重点。当前全市农村中小学布局调整的重点就是要千方百计完成 2004 年度的任务，该撤并的撤并，该新建的年内一定要动工。二是抓督查。各级教育行政部门要抓好对农村中小学布局调整工作的督查，市里将组织有关人员逐区县、逐乡镇地督查，校校到，校校查，及时掌握农村中小学布局调整的进展情况，并把督查结果向市政府及市直有关部门汇报，向各区县人民政府和教育行政部门通报。三是抓宣传。要通过各种形式大力宣传农村中小学布局调整的意义、目标、任务、取得的成绩和经验，争取各级领导和社会各界的支持，争取学生家长和广大群众的理解，营造促进农村中小学布局调整的良好氛围。四是抓对口支援单位的争取工作。要进一步加大对口支援单位争取工作的力度，充分调动社会方方面面的力量支持农村中小学布局调整工作。特别是山区、库区、滩区乡镇做好这一工作意义更为重大。五是抓调度。各教育行政部门要及时抓好农村中小学布局调整工作的调度，及时进行科学的指导。六是抓总结表彰。要及时总结农村中小学布局调整取得的成绩和经验，对完成年度农村中小学布局调整任务的区县、乡镇给予表彰。要把这项工作纳入对区县、乡镇督导评估的范畴。七是抓责任制。要把农村中小学布局调整的目标任务分解到教育行政部门的每个科室，分解到每个乡镇、每个人，市教育局领导班子成员要包区县，县教育行政部门领导班子成员要包乡镇，及时督查指导，确保农村中小学布局调整任务的完成。①

（2）江苏宿迁市农村中小学布局调整方式。2001 年，江苏宿迁市政府把中小学布局和危房改造作为当年为老百姓办的大事来抓，同时把这项工作作为各级政府和相关部门负责人的政绩考核目标，县区政府分别与市政府签订目标责任状。市政府成立中小学布局调整和危房改造领导小组，由一名常务副市长兼常务副书记担任组长，教育、财政、计划、建设、农工、国土、税务等主要负责人担任小组成员，集中人力、物力和财力，打"攻坚战"，并要求各县委政府广泛动员，真抓实干。一些县的书记、县长亲自抓，教育中层以上干部甚至每人定点一个乡镇或一所学校。在动员和执行体制下，宿迁市的农村中小学布局调整工作的确超常地完成了任务。然而，在 2003 年的"两会"期间，一位会议代表对这种

---

① 资料来源：淄博市教育局计财科：《全市农村中小学布局调整调度会召开》，2004 年 9 月。

政府动员方式和政策执行方式产生的问题进行了深刻的剖析：

针对中小学布局调整工作，市政府和教育主管部门先后出台了一系列相关的文件和举措，取得了一定的成绩，但在整个实施过程中，也还存在一些亟待解决的问题。

（1）宣传发动不到位。教育问题涉及千家万户，布局调整更触及当事人的切身利益。由于教育行政部门在操作过程中不能及时召开家长会及社会各方代表的通报会，而是令到即行，使家长、社会和学校缺少必要的沟通和了解，导致他们对布局调整的重要性缺乏充分的认识，在具体工作中表现消极，致使个别地方的布局调整工作不能如期完成。

（2）操之过急，导致新的薄弱学校出现。省教育厅要求各地结合实际在3～5年内完成中小学布局调整及相关的改危、改薄工作，而宿迁市的目标是在三年内完成，力争两年。教育局根据调整过程中易出现的问题明确要求在具体的实施过程中要先建后撤，先修后撤，严禁无序撤并和盲目撤并。但不少地方在实际工作中往往是先撤后建，先撤后扩，先撤后修，导致整合后的学校生源突增，原有校舍和教学设备不能满足需要，且增加了不少安全隐患。由于相关的配套设施不能按时到位，出现了教学质量下滑，导致新的薄弱学校的出现。

（3）只并不建，违背了方便学生就近入学的调整初衷。不少地方对中小学布局调整采取简单化的做法，非撤即并，而没有考虑到整合以后的地理位置是否方便孩子和家长。由于交通问题（即使有公交车，很多农村家庭的经济条件也不一定能够承担得起），不少家长做了专职"司机"，每天来回四五十里，影响了正常的工作和生活。①

行政体制是一种机械的科层制方式，这种体制辅之以运动化的方式具有很强的动员能力。行政的科层制强调对上负责，而不是对下负责，在这种体制下，群众常常处于弱势地位，他们的利益也常常被忽视。这种方式下的行政动员、强制命令、层层包干、层层加码的结果可能会导致违背"调整"初衷的现象发生，结果损害了群众的利益，造成事与愿违的结果。

2. 县市级地方政府诱导式的教育行政方式。

一些地方虽然也强调政府在布局调整中的推动作用，但更多的是因势利导，发挥定点学校的磁场效应来推动学校的布局调整，如湖南的桂东县和安化县等在这方面做得就相对比较成功。

（1）桂东县农村中小学布局调整中的"挪椅子现象"。李伦娥等对桂东县的中小学布局调整这样描述过：他们的办法简单概括就是三个字——"挪椅子"。也

---

① 王东平：《关于中小学布局调整的几点意见》，宿迁市"两会"论坛，2003年。

就是说，先集中力量做一两张新"椅子"，坐稍旧椅子的人挪到新"椅子"上，稍旧椅子又由坐半旧"椅子"的人坐。如此一个个往前挪，大家都感到占了"便宜"，都想往前挪，具体到操作上，就是这样：在县里来说，就是举全县之力搬迁新建城关中学和县一中，原职业中专的校舍交给县二中，成人中专的校舍交给寨前中学；从乡里来说，撤并乡的中学搬走后，校舍一般交给乡中心小学，乡中心小学的校舍或一并归入或交农校或建教师住房……这样，合并学校并不是要大家凑钱建新的学校，而只挪挪"椅子"，而且每把"椅子"都比原来的更好、更舒服，这种盘活现有教育资源，充分利用现有教育资源的大好事，何乐而不为？[①]

（2）安化县的做法。安化县是湖南一个集山区、库区和老区于一体的国家级贫困县，李茂林等人提供了安化县进行农村布局调整的鲜活案例。1999年，安化县经党委政府同意，学校调整布局工作按"四定"方针进行：定原则，即科学规划、分类指导、先易后难、先急后缓、因势利导、逐步到位。布局调整的关键在于重点投入，营造定点学校的办学优势。要使群众真正转变观念，真正自觉自愿地支持撤点并校，大家认为最关键的工作是营造定点学校的办学优势，把定点学校办成本乡镇学生、家长十分向往的名优学校。学校办好了，不愁家长不送，不愁学生不来。

一是定点学校的硬件建设要优。重点投入定点学校建设，使定点学校与非定点学校在硬件设施上拉开了档次。如一个乡镇实行合并办学后，由于镇中学的办学条件得到了较大改善，教育教学质量明显提高。一些外乡镇的学生也舍近求远纷纷要求到该镇中学就读。二是定点学校的师资队伍要优。为此，县教育局要求，定点学校的教师必须是爱岗敬业、品德优良、学历合格、四项基本功过硬的教师。定点学校的校长、骨干，分期分批到湖南师大、县进修学校接受培训。该县大福镇重点投入，改善办学条件，选择全镇最好的教师到定点学校任教，把该定点学校办成全镇最优的学校。该镇共撤并28所学校均很顺利。三是定点学校管理服务要优，特别是解决寄宿学校的工作。[②] 在安化县的农村中小学布局调整过程中，地方政府同样发挥了很重要的作用，如制定规划，对一些困难较大的学校进行撤并，当地政府积极做好相关的解释劝说工作等；在布局调整过程中，政府还建立了教育与乡镇双线联动的机制。县、乡镇成立学校布局调整工作领导小组，负责规划、指导、协调、检查、督促、考核和奖惩。县委、县政府将学校布局调整纳入全县乡镇双文明目标管理考核的重要内容，规定乡镇村新建学校必须符合学校布局调整总体规划，停止对拟撤并学校的资金投入，教育项目和有关经

---

① 李伦娥等：《靠调整学校布局提高效益》，《湖南教育》1999年第12期。
② 李茂林等：《高效而坚实的跨越——安化县调整中小学布局解秘》，《湖南教育》2003年第19期。

费的安排与学校布局调整政绩挂钩，以奖代拨，在没有造成学生流失的前提下，每撤并一所学校奖励 4 000 元。教育局将布局调整纳入年终目标管理考核，每年评选 10 个先进乡镇。政府所采取的措施以诱导为主，在执行过程中坚持"条件不成熟的不撤并，群众思想未通之前不撤并"的原则，减少了许多阻力。[①]

四、学校布局调整的经费需求与投入体制

(一) 学校布局调整需要的经费

通常，学校布局调整所需要的经费主要有如下几项：

1. 基建费用。学校布局调整所需的基建费用同一个地方的经济发展水平、教育发展的要求以及学校布局的方式有很大关系。在同一个地区，基建费用则主要是同学校布局方式有很大关系。如几个学校合并后，原有校舍不够，需要重新翻建，或者是因为没有恰当的学校作为几个学校的共同校址，这就可能需要启动新的校址和校舍的建设。如果是以其中一所学校为基础进行合并，可在原有基础上扩大校园面积；但如果实行互补模式，高年级集中在一个学校，其他学校变成教学点，可能在硬件投入方面就不需要花费较大的投入。在一些交通不便、经济落后的山区进行较大规模的布局调整所需要的建设成本就会比较高，尤其是实行寄宿制的话，还需要新建学生宿舍、食堂等。

2. 人员经费。人员经费涉及两个方面：一是代课教师的清退费用。在布局调整过程中，随着校点收缩，代课教师大多需要清退。代课教师清退时的补偿各地方的规定并不一样，一般是按照代课年限获得不同的补偿，如有的地方对一定年限的代课教师发给一次性 3 000 元的补偿。代课教师的补偿会造成人员经费的上升。二是因代课教师的清退，需要补充公办教师，也会造成人员经费上升。在税费改革和布局调整中要求清退代课教师，就有可能造成教师名额的空缺，填补这些名额的则是来自大专院校的毕业生。这些人员作为公办教师补充进教师队伍，一个月的收入可能是代课教师的几倍。如果小学低年级学生住宿的话，还需要聘请保育员负责照顾学生生活。

3. 学生上学费用。布局调整直接带来学生上学费用的上涨，这些费用包括实行寄宿制后的住宿费和生活费；离家远的学生如果走读需要搭乘交通工具的话，就会发生交通费用。这部分开支可能由家庭来承担，也可能会得到政府的补助或者是由当地社区承担。

[①] 李茂林等：《高效而坚实的跨越——安化县调整中小学布局解秘》，《湖南教育》2003 年第 19 期。

4. 其他费用。学校布局调整还会产生一些隐形成本，如一些家长因担心孩子路远和学生的安全问题接送学生，甚至一些地区发生了老年人在学校周围租房陪孙辈读书的现象。

布局调整过程中发生的上述费用究竟由哪些机构或个人承担取决于当地的制度安排，也取决于当地的资金来源渠道。

（二）学校布局调整资金可能的来源渠道

1. 中央财政。近些年，中央财政加大了对贫困地区基础教育的投资力度。新一届中央政府承诺"十五"期间新增加的教育经费全部用于农村基础教育的发展。国家直接投入学校布局调整的资金相对来讲比较少，但是有许多资金可以，而且在现实中也是结合布局调整进行分配的。如义务教育工程项目中的基建资金、危房改造资金等，这些都涉及基本建设。

中央财政对一些省份的布局调整工作也给予积极支持，如河南省农村中小学布局调整中，小学布局调整尤其是山区小学布局调整是工作重点。中央决定扶持河南省 2 亿元"两基"攻坚资金，主要用于农村特别是山区寄宿制学校建设。[①]中央财政对各省的支持并不相同，东部经济较发达的省份原则上由各省自筹解决，中央对中部地区有一定的支持，对西部地区支持力度更大。

2. 省级财政。随着农村义务教育管理体制的变化，省级政府对辖区内义务教育的责任不断加强。近些年，省级财政加大了对省内经济发展比较落后地区的支持。在税费改革过程、农村义务教育新机制的实施过程中，省级政府都是布局调整的积极推动者，市县政府在推动布局调整方面的压力也主要是来自省级政府。如苏北宿迁地区农村中小学布局调整方式固然同当地行政传统有很大关系，但也与江苏省政府的强制性要求，特别是给出了时限要求有直接关系，江苏省教育厅就给出了布局调整明确的数量缩减目标。当然，在这个过程中，江苏省也给予了财力上的支持，拿出 1 亿元资金推进布局调整，对撤并学校给予补贴。这些政策自然会对宿迁地区的布局调整造成压力。

从 2003 年起江苏中小学布局将发生变化，两年之内江苏省小学要调减到9 000 所以内，初中调减到 2 200 所左右，2003 年调整的重点是农村小学。省教育厅厅长王斌泰在召开的全省中小学布局调整和"三新一亮"工程建设工作会议上说，截至 2002 年底，全省有小学 13 372 所，2003 年必须调整到 9 000 所以内，需要撤除 4 300 多所。除各地实行中学小学联动、积极推行寄宿制、加强中心校建设、在边远地区暂时保留少数教学点外，省教育厅还将拿出 1 亿元用于推

---

① 《河南省农村中小学布局调整》，《河南日报》2004 年 8 月 20 日。

进布局调整工作，对于苏北及苏中少数困难县，按照 2000 年底学校数计算，撤并 1 所小学补 3 万元，撤并 1 所初中补 6 万元，撤并 1 所高中补 10 万元。苏南等经济条件较好的地方，布局调整经费由地方自筹解决。

在江苏省苏北农村地区的一些学校里，几个人合用一张破课桌，教室里只有一盏白炽灯，整个学校没有一张完整的讲台的现象还很常见。为此，省教育厅计划用两年时间，对农村中小学实施改善基本办学条件的"三新一亮"工程，今年实施的重点是苏北部分县市。[①]

在农村中小学布局调整大规模进行之前，江苏省就对苏北地区的县市在布局调整方面给予了较多的财政支持。如 2001 年，江苏制定了中小学布局调整方案，拨出中小学布局调整和危房改造专项经费 2.5 亿元，绝大部分下发给苏北农村，农村中小学设置、调整基本由县级政府统筹规划，全年共撤并中小学 3 476 所，另有 1 524 所改办成教学点。[②]

广东是我国经济比较发达的地区，在农村中小学调整过程中，省政府也投入了相当多的资金。据广东省教育厅介绍，到 2007 年，广东省财政厅计划安排 28 亿多元支持珠三角以外的 5 个市开展布局调整工作，省财政厅还将从省财政拨出 3.552 亿元，开展第三批 1 184 所老区小学改造，并将制定实施人均收入 1 500 元以下家庭子女寄宿生生活补助标准[③]。广东省政府在 2003 年提出要用 3 年时间基本完成乡村学校布局调整，仅 2003 年省财政就安排 5 亿元专项资金，重点支持粤东、粤西和粤北地区的中小学布局调整。[④]

3. 县市地方财政。县市政府是农村中小学布局调整的主要决策和执行机构，县市财力对是否进行布局调整和进行什么样的布局调整有重要影响，因为并不是所有的县市都能够得到来自中央和省级大量的财政支持，许多地方进行布局调整的资金主要依靠本地政府。通常地方政府也会采取多渠道筹措资金的方法，并对不同学校区别对待，如山西灵石县多渠道筹集资金，实施中小学布局调整工程，实行国家、社会和个人等多渠道筹措资金的办法：城区、县直学校建设将纳入城市总体规划，由政府负责；农村中小学布局调整实行以县统筹、乡镇为主的原则。2003～2004 年两年内县财政将拿出 400 万元专项资金，全部用于农村中小学布局调整。具体实施办法将严格按照各乡镇的经济状况和实际工程的造价予以匹配。另外，从省地争取的资金将作为布局调整的建设奖励、资助补充。

---

① 《江苏省调整中小学布局　4300 多所小学将撤除》，《扬子晚报》2003 年 7 月 3 日。
② 《江苏农村基础教育"以县为主"体制显出效力》，中国教育部 http://www.jyb.com.cn/gb/2002/01/17/zy/jryw/1.htm，2002 年 1 月 17 日。
③ 《寄宿中小学生将有生活补助》，金羊网－新快报，2004 年 9 月 23 日。
④ 刘昆：《粤税费改革定能摆脱黄宗羲定律》，《南方都市报告》，2003 年 7 月 11 日。

4. 乡镇财政。在农村税费改革前，农村义务教育主要由乡镇负责，乡级财政要安排教师工资以及学校的其他经费。税收改革后，实行以县为主的管理体制，乡镇责任减轻，但在多数农村地区，乡镇原来承担的教师工资部分总量并没有减少，而是通过专项上解的形式由县财政统一拨付。此外，乡镇仍然有一定的不明确的责任，财力缺乏的乡镇在教育方面的责任主要变成为学校运转提供良好的治安环境和舆论环境，如动员适龄儿童入学等；一些比较富的乡镇仍然有愿望和有能力投资学校，改善学校的办学条件，县级政府通常也会要求这些乡镇在布局调整中承担一定的财政责任，如杭州建德市就有这样的规定，要求乡镇提供70%的自筹资金。

5. 村委会。农村税费改革前，农村学校经费主要由乡、村两级负责，乡镇和村委员会介入学校管理事务较多。税费改革后，农村学校管理权以及相关的财政责任上移，乡、村两级政权介入学校教育财政的程度减弱。但在一些富裕的村子，仍会对学校撤并造成的家庭上学成本的上升给予补贴。如广东省佛山市三丰区的乐平镇就对学生的交通费用实施两级补贴，"由于部分学生上学较远，各镇将统一安排班车接送学生上学、放学。乐平镇每日安排25辆车接送中小学生上学放学，交通费用由镇政府、村委会两级补贴，学生每学期只需80元便可乘车上学"。

6. 农村居民。农村税费改革前，农村义务教育经费主要是以村民集资、教育附加费等形式上缴乡村财政。农村中小学布局调整后，一些地方的求学成本上升，如增加了学生的食宿费用以及相关的交通费用等。通常，这些费用多由群众自行解决，只有少数比较贫穷的家庭才能够享受到政府的相关补贴，而且补贴的力度和范围也受政府财力的制约。甚至，在一些山区，出现了家长租房"陪读"的现象，这也间接加大了学生的上学成本。

7. 学校及教育部门的自筹。学校自筹的主要方式是向银行贷款、向单位或私人借款及学生杂费的剩余，此外，校办企业及相关的勤工俭学、借读费等也可能成为经费筹措的来源。在布局调整中，被撤并学校的校舍出售、租赁所得也会作为学校自筹资金的一部分。

8. 其他渠道：如对口支援单位的支持、建筑施工方的工程垫付资金、社会捐款等。

不同的县市能够从这些渠道获得的资金的数量和比例差异较大，有些来源渠道仅仅是种可能，实际上基本用不上或者是不需要动用。

（三）农村布局调整实践中的资金解决方式

1. 多渠道的资金筹措方式。中国的现实状况和义务教育财政体制决定了布局调整中多渠道筹措资金的办法仍是一种普遍有效的做法，多渠道投入包括了各级政府的投入，如中央、省、地州市，以及县与乡镇。可以以山东省淄博市和江苏省宿迁市两市的农村中小学的布局调整经费来源结构为例说明。

（1）山东省淄博市农村中小学布局调整的资金来源。淄博市经初步概算，实施农村中小学布局调整所需资金约 4 亿元，为解决经费问题，采取了如下办法：一是积极争取上级有关部门大力支持。二是各区县、乡镇财政要分别安排资金，专门用于学校布局调整，并免除学校建设时相关配套费用。市里将安排专项资金，用于补助和奖励部分农村中小学布局的调整。三是各区县城市教育费附加主要用于农村中小学布局调整。四是银行贷款。五是开征四项教育费，即城镇就业职工义务教育费、企事业单位职业教育费、旅馆业义务教育费和水产品义务教育费，所征费用专项用于教育建设。六是认真落实市委办公厅、市政府办公厅《关于对山区、沿黄乡镇开展教育对口支援的通知》，开展好市及有关单位对口支援乡镇活动。七是对撤并学校的资产进行置换，保证置换资金全部用于中小学布局调整，专款专用。八是动员全社会捐资助学，鼓励学校、企业联合办学，鼓励广大人民群众自愿提供劳务支持和参与学校后勤服务。九是认真核定投入标准，统筹安排经费，确保足额拨付，提高规划调整资金的使用效益。

（2）江苏省宿迁市农村中小学布局调整经费来源。宿迁市是一个新建的地级市，又是典型的农业市，经济和社会发展水平滞后，据 2000 年底统计，全市财政总收入仅 11.27 亿元，只有苏州市的 1/20，农民人均纯收入不足 3 000 元。宿迁市完成布局调整和危房改造工程约需 8.4 亿元，每年约需要投入资金 3 亿元。2001 年，省财政安排给该市的财政专项资金只有 3 800 万元。由于市财政乏力，布局调整和危房改造的巨额资金大部分落到县、乡和学校头上。[①]

沭阳县多渠道筹措资金达 5 700 万元，除了年初财政预算改造资金 1 000 万元外，通过各种渠道争取爱德华教育基金、邵逸夫教育基金和沭阳籍在外工作的老同志支持，动员广大人民群众捐资助学，鼓励有实力的企业、个人垫资办学，用社会的钱办教育的事，保证了中小学布局资金的到位。沭阳县高墟镇主要领导和中小学校长两次到南京，通过找领导、找老乡，最终获得了省有关领导的支持。

宿豫县面对财政总量小、资金缺口十分巨大的困境，努力挖潜，采取银行贷款、社会捐资、拍卖撤并校舍、盘活现有资产等方式，投入调改资金 4 060.5 万元，保证了布局调整和改危工作的顺利启动。

宿城区按照"五个一点"的思路解决资金问题，即主动向上级争取一点，区、乡财政安排一点，教育主管部门筹一点，中小学挤一点，干部群众捐一点，全区先后筹集 2 000 多万元。[②]

---

①②　王敏等：《大手笔干了大事情——宿迁市中小学布局调整纪实》，《江苏教育》2002 年第 3 期。

尽管在布局调整过程中各地的资金来源均是多元化的，但各种来源渠道所占的具体比例，也就是说其结构还是很不相同的，这同这些地方所在省市的财力状况有关，也同这些地方争取资金的能力有关。在争取上级和社会资金的过程中，社会资本发挥着重要的作用。

2. 布局调整过程中社会资本的运用。社会资本是指个体或人群在长期互动过程中形成的较为稳定的社会网络中有利于达成个体或人群一定目标的社会资源。社会资本在资源的分配中有着重要的作用，近年来引起了社会学家的关注。科尔曼认为社会资本有多种形式：如义务和期望、权威关系、规范和有效惩罚，以及多功能组织等①。从山东省淄博市和江苏省宿迁市两个案例来看，社会资本对筹措资金起到了非常重要的作用。

农村中小学布局调整中社会资本的运用，首先表现在当地存在着一个很强的权威体系和强大的组织系统，这是指政府强有力的动员体系，这种动员体制能够有效地将各个部门的力量和资源动员起来达成一定的社会目标。第二，也是非常重要的，因行政安排而形成的对口支援系统。第三，与本地之外的社会名流或上级政府中的主要领导存在着老乡或老领导的关系。如沭阳县高墟镇主要领导和中小学校长两次到南京，通过找领导、找老乡，最终赢得省有关领导的大力支持。这种支持并不停留在表面的鼓励，而是关系资金协调和筹措的问题。② 第四，当地社区的支持。如何动员当地群众支持布局调整是相当关键的，如果当地有兴资办学和捐赠办学的传统，资金相对就比较容易得到。当地政府重视开发的就是这样的资本，使得一些经济上富足的当地人以及当地的一些人群能够更好地为教育发展服务。

3. 经费投入结构形成中的博弈过程。农村中小学布局调整过程涉及多个相关方，但就某一地区的学校布局调整来看，相关方的动力和利益是很不相同的，他们在农村中小学布局调整中承担的责任也不相同。如果没有恰当的约束，就会出现逃避责任的问题。因此，在主要的相关方之间存在着相互约束，甚至是一种博弈的过程。如果省级政府规划在很短时间内完成农村中小学布局调整（像江苏省和广东省这些较为发达的省的做法），并希望提前完成任务的话，着急的是省级政府，省级财政相应地就会拨给较多的资金。

在县和乡镇之间同样存在着这样的博弈过程。尽管实行"以县为主"的管理体制，但是县级财政也尽可能将一些财政分解到乡镇承担，如杭州德阳市的例子，乡镇要承担70%的资金。可以说，在县和乡镇之间的博弈中，科层等级制

---

① 科尔曼，邓方译：《社会理论的基础》，社会科学文献出版社1999年版。
② 王敏等：《大手笔干了大事情——宿迁市中小学布局调整纪实》，《江苏教育》2002年第3期。

中上一级的机构在与下级机构博弈中有更多的优势。在乡镇、村委会和村民之间为撤并校舍发生的费用争执中，这种情况也比较明显。因撤并学校造成的求学成本的上升，不少地方并没有提供相应的补偿，这些费用主要由当地村民承担。于是，在一些地方就出现了老年人在学校周围租房陪孙辈上学的现象。

五、布局调整过程中人与物的流动问题

布局调整涉及人（人的流动包括两个部分：教师的流动与学生的流动）、资金和物的流动（如学校硬件，包括仪器设备、书籍、桌椅板凳等）问题等。这些资源如何流动，这些资源的流动对相关群体的利益会有什么样的影响，是需要在布局调整过程中进行分析的。

（一）教师的流动问题

教师的流动可分为三类：第一类是代课教师。一般来说，在学校布局调整时代课教师最有可能被清退。第二类是公办教师。在许多地方，公办教师的流动大体上以两种方式进行：完全采用市场竞争，人员流动不受限制，在全县甚至全市内进行流动；或者是由教育部门进行分配，教师的流动要经教育部门的批准。在后一类型的流动中，教师在其职业生涯存在着从边远地区逐步移动到交通便利地区、接近县城的乡镇，最后调到县城的流动趋向。我国的基础教育发展很不平衡，在一些地区，小学、初中和高中各阶段并未截然分开，还存在着"戴帽"初中或"戴帽"高中的现象，也就是说在一些完小有一些初中班，在一些初中还存在着高中班的情况。在农村中小学布局调整过程中，"戴帽"现象会逐渐消失。一部分教师进入到高中或者初中教学，其他教师则可能并入新的初中或者是向下流动到小学。第三则是学校领导的流动。被撤并学校的领导如何安排，各地情况也有较大差异：一种是任命制，这些校长有一定的级别，一般采取调动形式，或者是进入合并后的学校的领导班子；也有的实行校长竞争上岗，这种情况对政府部门来讲需要协调的成本可能要小一些。

（二）学生的流动问题

学生的流动是学校布局调整中最关键的问题之一，可能会出现以下几种情况：一是所有学生流向新合并的学校；二是大部分学生流向合并后的学校，少部分或个别学生因为家庭距学校较远，而选择距家庭较近的其他学校；三是少部分或个别学生会因对合并后的学校的质量不放心而由家长安排到当地更好的学校就

读；四是由于离家较远，或者是由于布局调整增加了家庭的负担，少部分或个别学生选择辍学。

我国实行的九年制义务教育，当地政府有责任保障学生不因学校布局调整而辍学。因此，学生流向问题就成为学校布局调整中较关键的问题。为了使学生能够到新的学校，并且能够使学生尽量多甚至全部流向新的学校，新校一般都会采取各种措施，在学校的组织结构和组织方式上进行变革，主要体现在：第一，让路途较远的学生寄宿，这需要增加食堂、宿舍，雇请厨师，为照顾小学低年级学生的生活可能还需要聘请保育员等；第二，为保障学生走读的安全，学校专门租用或购置校车，或者由老师护送学生上学、返家等。为了保证学生上学的安全，一些学校还增加了一些特殊的保护性措施，如在学校周边划出学生专用道路等。

让学生流动到合并后的学校看似简单，但这一过程却集中体现了学校、家庭、学生、政府和社会各方面的共同作用。学校要做各种准备，家长面临着各种选择，社会上也要进行一些配合，如学校跟相关的村委会打招呼，要求对路上经过的学生进行照看等。学生的流动是布局调整的关键，因此有些时候，相关方都会以学生流动作为其权利主张的工具。

（三）资产的处理问题

学校布局调整还涉及撤并学校的资产处理，容易引起争议的就是学校资产的性质及其归属。从相关法律、法规的规定看，学校资产属教育性质，在学校存续期间由学校所有，学校关闭后应归学校主管部门所有。但现实的情况恰恰是学校资产来源的多元化导致了处理资产时的争议。在义务教育财政多渠道筹集的体制下，农村中小学大多是由当地村民集资兴建的。当地村民对学校撤并后这些资产不属于当地村民所有并不理解，在感情上也无法接受，于是就出现了法律上的规定与现实中当事人的认知差异。

在这种情况下，资产的处理可能要取决于相关方之间的主张能力，最终可能出现这样的结局：第一种情况是无偿地转移给当地的村委会，供村委会做办公场所，或者是出租给村委会；第二种情况是拍卖这些资产；第三种情况是仍然保留这些教育资产，只是提供给当地的幼儿园使用；第四种情况是不发生转移，合并后的学校不放手以前的校舍，但又难以分身管理。如有的地方，为了保护当地的校舍，中心学校就安排一名教师带一个班级滞留在撤并前的村小，主要目的就是为了守护这些资产，但这种做法无疑会延缓学校布局调整的进度，甚至会牺牲留守班级的学习质量。

（四） 学校布局调整中的弱势群体

在布局调整中，弱势群体的利益是否得到保护是必须高度重视的，特别是要考虑布局调整是否会造成贫困家庭的子女上学难，甚至发生辍学现象等。关于这一点将在下面进一步谈到。

六、对学校布局调整效果的分析

（一） 布局调整的效果类型

对学校布局调整效果的分析可从经济和社会两个方面进行。经济效果主要体现在布局调整是否真正能实现规模上的经济效益，这主要是针对政府的投资而言。经济效益的计算又可分为短期效果和长期效果，短期效果就是比较布局调整前后的直接变化，长期效果则需要计算布局调整之后若干年的投入和若干年之后的变化。衡量学校布局调整常用的指标主要有硬件指标和软件指标，硬件指标如学校的生均校园、现代化的仪器试验设施等；软件指标则主要是教师的素质、学生学业成绩以及学生全面素质的提高等。如德庆县在实施布局调整后曾测算，"可一次性减少中小学设备设施投入3 965万元，每年减少学校维缮费200万元，减少设备设施维护费86万元，减少业务费支出105万元，精减代课教师150人，节约人员经费约90万元，这直接减轻了政府财政支出和村、镇办学的经济负担"。[1]

学校布局调整产生的社会效果主要体现在三个方面：第一，学生是否能够适应新的环境，并校后新的环境是否有利于学生的成长和学业成就的提高；第二，学校布局调整对当地的文化系统产生了什么样的影响；第三，布局调整过程和调整后弱势群体的境况是保持、改善或是恶化。

（二） 学生的适应性问题

衡量学校布局调整成功与否的关键标准是看对学生的学习和成长可能造成的影响，这体现在两个很重要的方面：一是学生入学的积极性；二是学生学习的质量。对这两个方面的衡量可以考虑如下指标：（1）辍学率、入学率和巩固率；（2）学习质量的提升或下降：如可以通过全县统考课程的通过率和优良率的变化进行比较；（3）升学率是否受到影响。通常认为布局调整的目的是要达成学

---

① 《减轻办学负担　德庆中小学布局调整效益凸现》，《西江日报》，2003年10月15日。

生"进得来、留得下、学得好"的结果，因此相关的指标也可按照这样的过程分别设置。

实际上，布局调整对学生学习成绩的影响比较复杂，可能会带来有利的方面，如生均校园面积的扩大、国家要求的课程能够全部开设、教学用的仪器设备比较齐全、教师合格率上升等；布局调整也可能带来一些负面影响，如班额过大学生受到教师的关注减少等。关键是应深入研究布局调整对学生造成的影响以及产生这些影响的机制。

（三）布局调整对弱势群体的影响

在布局调整过程中，相对于政府和学校，学生以及学生的家庭处于相对弱势的地位。如果对学生的家庭依照一些标准进行分类，有两类群体更可能在布局调整中处于弱势：

一类是经济困难的家庭。布局调整虽然改善了办学条件，提高了教育质量和为学生的全面发展提供了条件，但是布局调整带来的问题也是很明显的，特别是可能直接导致家庭负担的加重，因此有必要仔细计算布局调整对于当地处于贫困状态中的家庭的影响。具体来说，可以考虑如下内容：（1）就这些贫困家庭来讲，布局调整后多了哪些支出？如果是寄宿制，则可能是需要交纳伙食费用以及住宿费用，这些费用是如何解决的？（2）交通费用除了直接的金钱外，还要考虑护送孩子的时间成本等；（3）有多少学生因布局调整带来家庭负担的增加而辍学？

另外一类容易在布局调整中处于弱势的群体是少数民族群体，特别是处于山区的经济条件较差的少数民族群体。这些家长需要面对费用的直接或间接上涨，他们的孩子还需要面对语言、文化风俗习惯等的适应问题。

（四）布局调整可能产生的其他深层次问题

2000年以来，全国大多数地区进行的农村中小学布局调整过程是同我国城乡社会正在发生的一系列变化，特别是同农村人口大量流向城市的城市化过程有关。在这个过程中，人口会沿着地域的等级链条向上流动。农村中小学布局调整正是沿着这样的过程进行的，逐渐将学校从分散的校点向村完小—乡中心校或乡镇多所初中—乡镇一所初中—几个相邻乡镇一所初中—全部或大部分集中于县城这样的过程靠拢。

农村中小学布局的调整是同现代化和全球化过程中空间距离的缩小的趋势相呼应的。中小学阶段正是个体社会化的关键，这个时期形成的初级群体对于学生一生的发展都有着重要意义。布局调整后，学生交往的圈子来自的地理范围也会越来越大，这会在更大范围内形成共同感情和认同，也为更大范围内形成新的社会共同体奠定基础。

第三节　分析框架的运用：以云南省农村中小学布局调整为例

云南省在农村中小学布局调整方面所具备的条件、布局调整所采取的方式可能与全国其他地方不太一样，但前面所发展出的基本分析框架仍然可以用来进行分析。2004年底，北京大学教育经济研究所和云南师范大学教科院一起组织了调研组，对云南省的农村教育发展状况进行了实地调研，农村中小学布局调整是这次调研关心的重要内容之一，以下的描述和分析就是建立在这次调研的基础上。

一、影响云南省农村中小学布局调整的因素

从全国来看，云南省作为边疆省份和少数民族集中的省份，在农村中小学布局调整上可能与东部沿海以及内地不少省份存在着不一样的条件和基础：

首先，因为社会经济发展水平较低，特别是山区和少数民族地区，群众经济困难，不少县（129个县中有110个县）财政不能自给，这种状况很难支撑起大面积、高强度的学校布局调整。

第二，人口增长情况。受现代化及计划生育因素的影响，全国人口出生率处于下降状态。在云南山区和少数民族地区，计划生育政策相对比较宽松，比如山区汉族可以生养两个孩子，一些少数民族如藏族生育孩子没有数量限制。这样，在云南，学龄人口虽然在减少，但减少的幅度可能相对于内地省份要小一些，甚至要小得多。

第三，地理状况约束。云南省地处我国西南，是一个多山的地区，当地人口的分布状况相对分散，这给布局调整带来了较大困难。这与内蒙古自治区等少数民族地区的情况就很不一样，内蒙古自治区地势相对平坦，交通相对便利，有利于压缩校点，实现大范围的布局调整。

第四，云南省是少数民族世居民族聚集较多的省份，民族地区的现代基础教育发展中存在着与以汉语为主导的教育的衔接问题。在对学校布局进行调整时不能仅仅考虑到学校辐射的地理范围，还要考虑到存在着不同的民族文化区域的问题。

第五，云南省许多县市基础教育发展较缓慢，一些县市刚刚完成普九任务，还有些县市尚未完成普九任务。在这些地方，农村中小学发展的主要任务还不是提高效益的问题，而是巩固的问题，是如何保证儿童入学的问题。在这样的情况下，来自上级政府对布局调整的压力就不会太大。

第六，云南省农村义务教育普及过程长，具有后发优势。这体现在三个方面：（1）有可能吸收内地省份在普及义务教育中取得的经验，吸取相关教训，有可能在逐步普及义务教育的过程中，有意识地将学龄人口的变化与中小学布局调整结合起来；（2）随着社会的发展，国家经济实力的增强，中央政府更有可能加大向贫困地区转移支付的力度，使云南省在农村中小学布局调整中有足够的资金支撑；（3）经济和社会的发展也会使得当地农民的收入有进一步的增长，农民对教育的重视程度会越来越高，这会在客观上使当地农民认识到提高教育质量的重要性，减少布局调整的阻力。

第七，云南省获得的世界银行和国家的教育项目较多，有可能在项目实施过程中培养出一支优秀的管理队伍，对于学校的布局规划起到关键作用。云南省不少贫困地区，十多年来陆续获得来自世界银行及国家各部委的教育项目，这些项目在不同程度上要求布局调整与当地教育发展的规划相结合。因自身财力的严重不足，云南省农村教育的发展更多地受到外来因素的影响，也就能更好地吸收相关的经验，如有的地区提出"项目跟着规划走，资金跟着项目走，审计跟着资金走"的发展思路等。

第八，在政府和国际机构的支持下，云南省比较大的教育项目和工程不断，县级政府进行学校布局调整的契机就会相对比较多。

总结上述几个方面的因素，可初步判断，云南省中小学布局调整可能不会像东部和中部省份那样在政策上出现大的起伏，更多的情况可能是有规划地平缓地进行，同时，布局调整的效果也会不断地彰显。

二、学校布局调整资金的来源及投入方式

投资方式是云南省农村中小学布局调整中关键的问题之一，布局调整的资金来源与资金结构的形成受制于多种因素。

（一）布局调整的方式与资金需求

资金需求与布局调整的方式和实施力度有很大关系，同时，调整方式的采用和实施也主要是依据相应的资金来源及数量确定的。从调研情况看，云南省农村中小学布局调整在总体上可依照地理以及经济发展情况分为三个部分：一是经济

发展较好，地理条件也相对较好的地区。这一地区已开始将各村的小学逐步收缩到乡中心小学，未来若干年内将全部撤并村小，只是会在个别村保留教学点。这类地区，中学已经开始从各乡镇自办发展到几个乡镇联办阶段。这类地区以省会城市昆明所辖的县级市安宁市为代表。二是经济发展水平较低，地理条件较差，民族情况较为复杂的地区。在这类地区，小学的布局调整目前大多发展到了将自然村寨的教学点逐步收缩到村完小的阶段，初中阶段一般还没有出现跨乡镇办学的现象。这类地区以文山州为代表。三是介于这两者之间的那些地区。

从云南省相关的教育文件中可以看到，云南省目前农村教育的重点仍是强调义务教育，特别是贫困县和少数民族地区的义务教育普及工作，也就是说重点集中在第二类地区。实际上，从全国来看，义务教育普及的难点主要集中在山区、贫困县和少数民族地区。解决这些难点，各省普遍采取的办法就是发展寄宿制和半寄宿制学校。而要发展寄宿制学校，就要相应地增加校园面积、扩大校舍宿舍及增加相应的管理人员，这一切都需要资金上的支持。发展寄宿制学校，不仅仅涉及硬件投资，还涉及上学成本的分担。特别是学生到学校住宿生活，就会产生相应的生活费用。这些费用家庭是否能够承担得起？如果承担不起，如何进行补助，以使得这些家庭能够将子女送入学校就读？这些问题在进行布局调整时都是必须要考虑的。

（二）当地县市或州财政的支撑力量

1. 地区和县的财政实力及差异。云南省地区之间的财力差距比较大。云南省财政厅曾按照可用财力中外生财力所占的比例，将云南全省划分为三类：一是外生财力比重在60%以上的地县，这部分地县缺乏自行组织收入满足支出需求的能力，对上级政府补助依赖程度很高，主要包括文山州（60%）、怒江州（68%）、迪庆州（81%）三个自治州和鲁甸县等30个县；二是外生财力在60%以下，但高于20%的地县，这部分地县具有一定的自行组织收入的能力，但仍不能脱离上级政府的补助；三是外生财力比重在20%以下的地县，主要有昆明市、玉溪市、楚雄市、大理州四个地州市和呈贡县等19个区县。[①]

财力之间的差异也表现在云南省的各县之间，且财力差异在各县间的程度越来越高。1994年，县级财力差异度达到2.97，而到1999年仍维持在2.20。[②]从地州市县可用财力构成的情况看，全省地县外生财力从1994年分税之后呈现逐年上升的趋势，反映出县级财政对上级财政尤其是省级财政的依赖程度有所加

---

①② 云南省财政厅：《云南省分税制财政管理体制运行分析》，财政部预算司编：《中国政府间财政关系》，中国财政经济出版社2003年版，第754~757页。

剧，如表 7 - 4 所示。

表 7 - 4　　云南省地县市外生财力所占比重情况（1994 ~ 1999 年）

年份	1994	1995	1996	1997	1998	1999
地县合计	13.2	20.1	11.7	27.3	19.0	22.2
地市本级	-0.7	3.8	-4.4	14.1	-1.0	-0.2
县级	23.1	29.5	21.0	33.9	29.4	33.7

资料来源：云南省财政厅：《云南省分税制财政管理体制运行分析》，财政部预算司编：《中国政府间财政关系》，中国财政经济出版社 2003 年版，第 754 ~ 757 页，表头为笔者所添加。

在文山州，以 2003 年为例，全州和各县财政收入与支出的基本情况如表 7 - 5 所示。

表 7 - 5　　文山州各县 2003 年财政收入与支出的基本情况　　单位：万元

	财政收入	财政支出	收入/支出
文山州	47 895	217 281	0.22
文山县	17 109	34 230	0.50
砚山县	6 548	21 193	0.31
西畴县	2 189	16 746	0.13
麻栗坡县	2 808	19 990	0.14
马关县	4 366	22 362	0.20
丘北县	3 688	20 722	0.18
广南县	4 399	26 999	0.16
富宁县	3 393	21 544	0.16

资料来源：相关数字来自于云南省政府办公厅、云南省统计局编：《2004 年云南领导干部经济工作手册》，云南民族出版社 2004 年版。

从表 7 - 5 可以看到，文山州，包括各县的财政都不能够自给，主要依赖上级政府财政。2003 年，文山州的财政收入仅仅是其财政支出的 22%，文山州财政情况最好的县是州府所在地的文山县，该县财政收入也仅占财政支出的一半。可以说，在这样的一种财政体制下，州县的重大投入和发展只能依赖省以及中央财政的投入，教育方面也不例外。文山州教育局比较了文山州和云南省从 1998 ~ 2002 年的教育投入情况，见表 7 - 6。从文山州 1998 ~ 2002 年的情况看，教育投入占地方财政收入的比例都超过 100%，2002 年甚至达到了 146%。

教育投入、资源配置与人力资本收益

表 7 - 6　　　　文山州和云南省 1998～2002 年教育投入情况变动　　单位：万元

| 范围 | 年份 | 教育投入 | | | | 地方财政收入 | 地方财政支出 | 教育投入占地方财政收入（%） | 教育投入占地方财政支出（%） |
		上级专款	本级预算安排	预算外资金安排	小　计				
文山州	1998	3 538	25 096	5 005	33 639	32 669	121 331	102.97	27.22
	1999	4 173	26 968	6 166	37 307	34 939	129 522	106.78	28.80
	2000	3 970	31 799	5 530	41 299	36 666	142 601	112.64	28.96
	2001	3 901	42 397	5 715	52 013	44 966	193 994	115.67	26.81
	2002	4 346	46 960	9 116	60 439	41 396	190 317	146.00	31.76
	合计	19 945	173 220	31 532	224 697	190 636	777 765	117.87	28.89
云南省	1998	13 860	31 530		1 726 700	3 780 500			18.22
	1999	13 516	59 926		1 781 000	4 139 000			18.48
	2000	19 300	38 910		1 911 000	4 964 000			18.48
	2001	21 410	37 950		2 050 000	5 300 000			19.26
	2002	22 356	49 781		2 289 000	5 880 000			19.05
	合计	90 442	218 097		9 757 700	24 063 500			

资料来源：文山州教育局，2004 年 11 月。

从表 7 - 6 可以看到，文山州地方财政收入全部用于教育投入仍不够，文山州所属县的情况也是如此。以麻栗坡县为例，2003 年该县的财政收入为 2 808 万元，但该县仅教育系统的经费总量就达到了 7 609 万元，当年该县的财政收入仅占教育系统经费总量的 36.9%，如表 7 - 7 所示。

表 7 - 7　　　　麻栗坡县 2003 年教育系统组织资金情况　　单位：万元

| 各种专款 | | | | | 社会捐集资 | | 教育费附加 | | 其他 | 正常经费（学校及各级行政事业主管部门） | 合计 |
小计	中央及省	州	县	乡镇	小计	其中：农村	城市	农村			
2 390.5	2 384.5	6	0.0	0.0	14.7	0.0	47.9	53.5	90.4	5 012.9	7 609.9

注：当年度的各种贫困生救助金 134.7 万元未计算在此表中。本表的内容由麻栗坡县提供，2004 年 11 月。

2. 县以下地方政府和群众筹资的可能性。税费改革前,农村义务教育的多渠道资金筹措机制对云南省农村地区的教育发展起到了关键作用。随着农村税费改革的进行和农村基础教育管理体制的变化,乡镇政府来自农民的收入大幅减少,乡镇财政本来已很困难,在这样的情况下很难有更多的资金用于教育发展。而在群众部分,因为取消了"三提五统",特别是取消了教育附加费和集资等形式,并对要求集资的程序和数量规定了高的门槛,来自农民的资金是很少的。2003 年,来自农村的教育附加有 53.5 万元,另外就是学杂费的收入。而在随后的几年,农村教育附加费被取消,学杂费更进一步被免除。

在地州和县乡财政比较脆弱,群众筹资渠道消失的情况下,云南省农村教育布局调整所需要的资金主要只能依靠来自中央和省财政的力量,这样就会形成一种高度的单一性依赖型财政。以麻栗坡县为例,在该县 2003 年得到的各种专款中,中央与省级财政的专款几乎占全部专款的 100%。

(三) 来自中央和省的财政支持

为扶持贫困地区教育事业的发展,中央和云南省实施了多个基础教育发展项目,在基础建设部分的项目主要有:

1. "国家贫困地区义务教育工程"。1998～2000 年国家实施了一期"国家贫困地区义务教育工程",投入资金 8.125 亿元,其中:中央投入 3.25 亿元,省级配套 3.25 亿元,地县配套 1.625 亿元,安排在 69 个国家扶贫开发工作重点县,共新建小学 267 所,改扩建小学 1 121 所,新增和改扩建校舍面积 96.57 万平方米;新建初中 27 所,改扩建初中 192 所,新增和改扩建校舍面积 32.28 万平方米。2001～2005 年国家实施二期"国家贫困地区义务教育工程",投入资金 5.55 亿元,其中:中央投入 3.7 亿元,省级投入 1.85 亿元,安排在 40 个国家扶贫开发工作重点县,规划改扩建小学 383 所,新建校舍面积 8.7 万平方米;改扩建初中 286 所,新建校舍面积 4.1 万平方米。

2. 边境学校建设工程。2002 年 9 月云南省委、省政府制定了《云南省基础教育振兴行动计划》,提出了云南省"十五"期间基础教育的发展思路和主要目标,并实施"五大工程"。改善边境地区办学条件,建设好边境口岸和重要通道的中小学就是"五大工程"之一。云南省政府决定从 2002～2005 年,在国家专项支持下,着力建设好 100 所左右的边境学校,普遍改善边境 25 个县(市)义务教育的办学条件,提高教育水平。2002 年和 2003 年边境学校建设工程共投入资金 10 414.1 万元,其中:中央资金 8 300 万元,省级资金 500 万元,地县及学校配套 1 614.1 万元,项目覆盖 8 个地州、25 个县市、61 所边境学校、88 个建设项目,建设校舍 146 801 平方米。

3. "三免费"教育。2000 年起，省政府安排专项资金 1 800 万元，在全省 25 个边境县的边境沿线行政村实行免除教科书费、杂费、文具费的"三免费"教育，14 万名小学生受益。2002 年，专项资金增加到 4 400 万元，补助学生范围扩大到边境扶贫攻坚乡的中小学生。2003 年省政府将扩大"三免费"教育作为政府的民心工程之一，省级财政资金增加到 5 200 万元，"三免费"教育的范围扩大到 10 万人以下的少数民族和藏族地区，按小学生每人每年 150 元，初中生每人每年 250 元补助，受益学生增加到 32 万人。

4. 寄宿制、半寄宿制学生生活补助。2002 年省政府投入半寄宿制教育经费 4 500 万元，用于 3 750 所半寄宿制学校学生生活补助，每人每年补助 120 元，补助学生 37.5 万名。"十五"期间每年又增加 720 万元，到 2005 年，共增加投入 3 600 万元。

5. 农村寄宿制学校建设工程。2004～2007 年国家实施农村寄宿制学校建设工程，投入资金 10 亿元，其中：中央资金 9 亿元，省级资金 1 亿元，在 35 个国家扶贫开发工作重点县实施，重点是改扩建农村寄宿制初中和小学。农村寄宿制学校建设工程规划项目学校 567 所（改扩建 471 所，新建 96 所），规划投入资金 98 680 万元（中央资金 90 000 万元，省级配套 8 680 万元），其中：土建资金 91 850.4 万元，占总投资的 3.57%。初级中学：规划项目学校 334 所，占项目学校的 58.91%，规划投入资金 73 400.8 万元（中央资金 66 943.7 万元，省级配套 6 457.1 万元），占总投资的 74.38%。小学：规划项目学校 183 所，占项目学校的 32.3%，规划投入资金 13 979.5 万元（中央资金 12 735.1 万元，省级配套 1 244.4 万元），占总投资的 14.17%。九年一贯制学校：规划项目学校 19 所，占项目学校的 3.35%；规划投入资金 3 353.3 万元（中央资金 3 058.1 万元，省级配套 295.2 万元），占总投资的 3.4%。其他类学校：规划项目 31 所，占项目学校的 5.47%，规划投入资金 7 946.4 万元（中央资金 7 263.1 万元，省级配套 683.3 万元），占总投资的 8.05%。

上述项目的相关数据如表 7-8 所示。

从表 7-8 可以看到：

（1）1998 年以来，中央和云南省在贫困县、边境县和少数民族县投入了大量资金。这些县因为存在着深度贫困和大面积的贫困现象，是云南省普及义务教育的难点。从国家和云南省的巨额投资来看，这些县普及义务教育已经成为国家和云南省教育发展的重点。

（2）从中央和省的转移支付的力度来看，来自中央财政的专项转移支付力度要远远大于云南省。从表 7-8 看到，在上述五个重大项目中，最近几年仅中央财政已经拿出或正在拿出近 17 亿元的资金用于云南省的教育发展，而云南省在上述五个项目中提供的资金只有 7 亿多元。

表 7 - 8　　　云南省来自中央和省的主要教育项目（1998 ~ 2004 年）

项目名称	实施时间	投入资金的来源结构				投入义务教育的情况		备注（重点投入区域）
		中央资金	省资金	地县配套	合计	小学	初中	
国家义贫工程一期	1998 ~ 2000 年	3.25 亿元	3.25 亿元	1.625 亿元	8.125 亿元	共新建 267 所，改扩建 1 121 所	新建 27 所，改扩建 192 所	69 个国贫重点县
国家义贫二期	2001 ~ 2005 年	3.7 亿元	1.85 亿元		5.55 亿元	改扩建 383 所	改扩建 286 所	40 个国贫重点县
边境学校建设工程	2002 ~ 2005 年	8 300 万元	500 万元	1 614.1 万元	10 414.1 万元	100 所左右的边境学校，2002 ~ 2003 年是 61 所边境学校		边境 25 县
"三免费"教育	2000 年		1 800 万元			14 万小学生		25 个边境县
	2002 年		4 400 万元			边境扶贫攻坚乡的中小学生		
	2003 年		5 200 万元			小学生每人每年 150 元	初中生每人每年 250 元	7 个 10 万人以下的少数民族和藏族地区，受益 32 万名学生
寄宿制、半寄宿制学生生活补助	2002 年		4 500 万元，"十五"期间每年又增加投入 720 万元		到 2005 年，共增加投入 3 600 万元			用于 3 750 所半寄宿制学校学生生活补助，每人每年补助 120 元，补助学生 37.5 万名
农村寄宿制学校建设工程	2004 ~ 2007 年	9 亿元	1 亿元		10 亿元	重点是改扩建农村寄宿制初中和小学		35 个国家扶贫开发工作重点县

注：上述资料来源于北京大学教育经济研究所：《云南农村教育发展研究课题组研究报告》，2004 年 11 月。

（3）就云南省来看，贫困县、边境县和少数民族县之间存在着较高的重合。

国家和云南省的项目虽然名目不一样，但是在投入方面却存在交叉投入的可能。这对于缓解那些义务教育普及过程中遇到的最困难的县来说有非常重要的意义。从现实情况来看，经过资金的"重点轰炸"，这些县的教育发展有了很大的变化，麻栗坡县在这方面是比较典型的。

（四）典型案例：麻栗坡县

麻栗坡县是边境县，得益于相关的专项资金的支持，如边境县学校建设工程等，当地靠近边境的乡村学校得到极大改善，当地学生享受到了免费教育，获得了寄宿补助。麻栗坡县因为中越自卫反击战而闻名全国，该县的光荣历史和在全国的高知名度也有助于该县获得上级政府和社会在资金方面的投入。在这几年的发展中，正是得益于来自中央和省政府的专项资金以及社会的捐赠，该县教育发展较快。该县是外交部的对口支援单位，在几年的时间内，通过外交部的协调，获得国外捐款达到 2 000 多万元，这一数字已相当于该县一年财政收入。该县在2003 年的专项收入中，来自中央和省级的专项也达到了 2 384.5 万元，已是当年该县财政收入 2 808 万元的 84.9%。

麻栗坡县的教育经费主要来自外生财力，在当地财力艰难的状况下，得到外界大量资金，就有可能实现教育跨越式的发展。但是如果外部资金来源渠道不能够持续稳定的话，就有可能对当地教育的发展造成破坏性的影响。

（五）云南省教育经费来源的特点及可能的问题

云南省的教育经费结构有其显著的特点，主要表现在四个方面：本地财政严重不足，是一种高度依赖型的单一财政体制，县级以上政府的转移支付在农村教育布局调整中发挥着关键作用；来自国际的捐助以及贷款项目对于云南省教育的发展有较大的促进作用；对口支援系统以及社会捐助也是云南省教育经费来源的有效途径；在管理和使用来自外生财力的过程中，当地教育部门的行政领导起到很关键的作用。

本地财政的严重不足，高度依赖外生财力。这样一种结构可能造成的问题是：第一，来自上级政府的期望很高，甚至超越本地发展实际，有可能导致后续发展力量不足。第二，可能会过分关注形式上数字目标的要求，而忽视质量方面，呈现粗放式的发展，而非内涵式的发展。如对云南省的调研发现，不少中小学的专任教师虽然学历达标，但这些学历主要是通过函授方式取得的，而且为取得学历而进行的学习与其讲授的课程之间可能没有联系；一些地区虽然普及了九年义务教育，但是学生和学生的学业及格率是很低的。第三，教育的发展尽管在短时间内可以超越于当地社会经济发展水平率先发展，但是这种超越不可能是无

173

限的，从长远来看，仍然受制于当地的经济与社会的发展，特别是同当地的教育观念、经济支撑能力有很大关系。

再从经费结构的来源看，云南省的教育经费主要来自中央以及省的转移支付。目前的转移支付尚不健全，各级政府之间因责任并没有完全清晰而可能存在着博弈的现象。县乡即便有一定的财力，也希望依靠上级的转移支付，而且，有可能造成中央和省的教育转移支付挤占县乡本该用于教育支出的现象。如何更好地解决这两个问题，是规范教育财政转移支付制度的关键。

三、云南省农村中小学布局调整的行政方式

云南省农村中小学布局调整面临的特殊因素使得布局调整的步伐不可能太快，上级政府给予地方政府进行布局调整的环境较为宽松，但因为云南省各地社会经济发展情况差异较大，各地在进行布局调整时面临的具体环境不同，所采取的方式可能也会有所不同。大中城市周围的县，如昆明市所辖的安宁市（县级市）与文山州相比，就是两个极端。在安宁市已经出现了跨不同乡镇进行合并的现象，而文山州还普遍处在将教学点收缩到村完小的阶段。

（一）云南省教育及布局调整进展的基本情况

云南省是我国世居民族最多、民族人口比例较高的省份之一，也是全国贫困县数量最多的省份之一，世居民族多分布在 73 个国家级贫困县。由于历史、地理、民族、经济等因素，为使学龄儿童都能享有义务教育，学校布点多，一师一校多，教学点多，学校规模偏小。"九五"以来，全省各级政府和有关部门对中小学布局进行了探索，农村中小学布局，特别是乡村小学校点的调整取得了成效。1998～2003 年，共减少小学教学校点 7 439 个，完全小学 911 所。到 2003年，全省有普通中学 2 275 所（高中 421 所，初中 1 854 所），40 822 个班级，在校生 2 284 619 人，平均班额 56 人。学校服务半径最小 3 千米，最大 150 多千米，校均覆盖人口 20 000 人左右。有普通小学 20 296 所，另有教学点 19 154个，153 371 个班级，在校生 4 418 821 人，平均班额 29 人，最大的班额为 65人，最小的班仅 2 人。学校服务半径最小 3 千米，最大 85 千米，以普通小学计算，校均覆盖人口 2 000 人左右。[1]

主管云南省教育工作的丹增副书记认为云南省的教育起点低，办学成本高：该省 93% 的小学和 83% 的小学生、70% 的初中和 57% 的初中生在农村；

___
① 北京大学教育经济研究所：《"云南农村教育发展"课题组研究报告》，2004 年 11 月。

全省 129 个县市区中有 110 个财政不能自给，难以保证教育投入足额到位，不能体现出教育优先发展的战略地位；而且"境内山河纵横，边境线漫长，一些地州的人口居住相当分散，致使学校布局分散，教育成本加大，办学效益较差"。①

（二）云南省政府关于学校布局调整的意图和指导思想：循序渐进与发展寄宿制学校

在农村中小学的布局调整方面，云南省并没有像东部和中部省份那样动员强大的行政力量，采用运动式的方式进行，而是强调要根据云南省的实际情况逐步进行。云南省主管教育的省委副书记丹增 2004 年在"全省教育改革与发展地州市及高等本科院校负责人座谈会上的讲话"中谈到明确思路谋求发展时强调的第一个方面就是"要积极稳妥地推进教育改革，使各项改革措施与云南省经济社会发展水平相适应"，他说，"要遵循教育发展规律，循序渐进、稳步发展，一切从云南省的实际出发，从群众和社会的需求出发，要做到积极而不冒进、稳妥而不保守。教育改革与发展的每一项方案或措施，都必须与云南省的经济社会发展水平相适应，必须与广大人民群众的承受能力相适应，既不能超前，也不能落后。凡是为大多数群众不能接受或承受的，再好的方案也不能实施"，特别强调，"部分少、老、穷山区贫困地区在制定教育改革与发展措施时，一定要实事求是，不能与发达省市相提并论，也不能与省内发达地区同等对待"。关于布局调整，丹增认为：要赋予县级人民政府对辖区义务教育学校的统筹处置权，按照"以提高办学效益为目标、以集中办学为方向、宜并则并、需增则增"的原则，结合农村寄宿制学校建设工程，扩大寄宿制和半寄宿制学校规模，把方便学生上学和扩大学校规模结合起来，确保适龄儿童入学。②

教育布局的调整主要是由政府推动，但政府的推动程度往往视其能力以及当地的接受程度而定。从前面的分析中可以看出，云南省教育当前的重点仍然在义务教育的普及和巩固，布局调整只是要求收缩教学点，是在教学点与完全小学之间进行选择的问题。在"十五"期间，云南省中小学布局调整工作的力度虽有所加强，但重点是调整山区村小和教学点，有计划、有步骤地撤并一些村小和教学点，主要方式是举办小学高年级寄宿制、半寄宿制学校。通过农村寄宿制学校建设工程的实施，2004～2007 年 35 个国家贫困县规划减少学校 842 所，新建和

① 丹增：《在高中教育调研工作专题汇报会上的讲话》，2003 年 11 月，云南省教育改革发展调研汇报会会议材料之一。
② 丹增：《抓住重点 突破瓶颈，全面推进我省教育改革与发展》，《滇情通报》2004 年第 14 期。

改扩建寄宿制学校 600 所。

（三）云南省布局调整的两种典型模式：安宁模式与文山模式

2004 年 10 月，北京大学教育经济研究所与云南师范大学教育科学院合作，对云南省农村教育状况进行了调查，对经济较发达的省会城市昆明市所辖的县级市安宁市以及经济不太发达的少数民族自治州文山州进行了调研。这两个地方基本能反映云南省教育发展的概貌。

1. 安宁市模式：跨乡镇办学与"依次上坐"现象。在安宁市（县级市），在县的范围内出现了类似湖南桂东县的"挪椅子"现象。安宁市利用昆明市水库移民的机会，从移民款中争取到了专门修建学校的资金，同时还从市里争取到其他资金，利用这样的机会将资金盘子做大，以此为契机调整学校布局。主要的做法是几个乡镇联办中学，其中有两所新建的初中各由三个乡镇共用。原乡镇的中学校园则让给当地乡镇的中心完小，中心完小全部搬迁到中学后，留下的场地则划归一些村完小，而村完小的校园则留给村幼儿园。利用这样的模式，每个阶段的学校硬件建设都得到加强，同时也使得这些以乡完小和村完小为支撑的学校就能够有更大的空间来发展，吸收来自村小和零散教学点的学生。有的乡则是将乡政府大院让给中学，由此带动了学校之间的位移。

安宁市的一些乡镇较早就开始考虑集中办学，并逐步吸收所在乡镇的村完小和教学点的学生。随着中心学校校园的逐步扩大，吸收、辐射能力在逐步增强。同时随着中心学校教育优势明显体现，当地群众认可和接受程度就越来越高，在加快布局调整时阻力就要小得多。当然，安宁市的教育布局调整过程也并不是顺利的，也存在着各种阻力。比如在一个乡镇，有位企业家捐款 300 多万元在本村建立学校。乡镇中心学校希望这个学校将来也能够撤并，但是遇到了较强的阻力。县教育局出于维护投资者积极性的角度，也停止了对这所学校的撤并。在其他村，也遇到村民不愿撤并本村学校的情况。在这种情况下，校长就会采取软硬两手进行，在劝说无效时，就威胁说，"如果不撤也行，你生源少，我就不能够给你派很好的老师来"。在这样的情况下，当地的村委会不得不妥协。

2. 文山州模式：逐步收缩教学点至村完小。文山州农村教育布局调整整体上处于逐步收缩教学点到村完小的阶段。在这个阶段，因为变动幅度较小，阻力相对容易解决。在实地访谈中，一些乡镇长认为，乡镇中心校同时兼管学区，因此学区校长在布局调整方面比乡镇政府更积极，主要在于校长认为撤并后，可以集中管理，教育成绩也容易控制。文山州很平缓的逐步调整方式可以从相关的调整进度中看出来，如表 7-9 所示。

表7-9

1997～2003年文山州小学校点布局调整情况

县名	小学在校生数(2003年)	各年度校点数														1997～2003年收缩减少数		2004年预计调整数	
		1997年学校数	1997校点数	1998年学校数	1998校点数	1999年学校数	1999校点数	2000年学校数	2000校点数	2001年学校数	2001校点数	2002年学校数	2002校点数	2003年学校数	2003校点数	学校减少	校点减少	学校减少	校点减少
文山	47 135	223	259	221	250	176	280	261	186	253	177	161	265	157	163	66	96		33
砚山	59 511	441	262	434	268	447	237	420	242	425	210	418	208	420	174	21	88	11	50
西畴	21 086	236	149	230	133	228	129	226	128	218	131	212	122	208	98	28	51	1	7
麻栗坡	26 258	181	259	149	280	147	261	150	252	170	203	162	199	154	197	27	62	2	4
马关	29 931	329	214	313	169	287	123	269	95	252	88	242	83	235	73	94	141	1	2
邱北	60 897	241	647	248	638	263	603	271	592	282	538	253	563	259	522	-18	125	0	61
广南	91 670	610	650	543	678	572	620	588	564	569	548	550	547	529	540	81	110	0	0
富宁	37 413	335	374	321	354	320	320	308	300	284	300	287	273	274	277	61	97	-3	6
合计	373 901	2 596	2 814	2 459	2 770	2 440	2 573	2 493	2 359	2 453	2 195	2 285	2 260	2 236	2 044	360	770	12	163

资料来源：北京大学教育经济研究所："云南农村教育发展研究"课题组研究报告，2004年11月。

四、农村中小学布局调整中教育资源的流动

教育资源主要包括人、财、物等。云南省一些县市在对布局调整后原有校产的处理方面有不同的方式，如有的将这些资产出售，有的则是进行校舍租赁，还有的则是转交给当地村委会等。这同当地村民、校长对于这些资产的认知不同有很大关系。有的人坚持认为学校资产属教育资产，不能够转交当地村委会，如有一个学区校长为了守护这些资产，曾将撤并的学校留下一年级一个班，派一名教师留守；但在另外的学区则有将撤并的校舍无偿转交给当地村委会的情况，负责此事的校长认为这些校舍实际上是当地村民集资兴建的，提供给他们使用是应当的。

农村中小学校布局调整不可避免地涉及撤并学校教师的安排问题，这包括公办教师和代课教师，在云南其中尤为突出的是代课教师的安置。

（一）代课教师群体产生的原因分析

受限于我国教育财政体制，在 20 世纪我国农村中小学曾经大量聘用未升入大学的初高中毕业生任教。这也是当时减轻教育财政压力、快速发展农村基础教育的重要措施。随着我国社会经济的发展，民办教师已被列为 20 世纪末应予解决的历史问题。到 90 年代末，各地采取招考正式教师、转正、辞退、退休等各种办法，基本解决了民办教师问题，因各种原因（如因违反计划生育政策不能转正，或者是因为屡次考试不能达到合格的）未能解决转正问题的民办教师进入新世纪就成了代课教师，但也有相当多的代课教师是近年来新聘的，其主要的社会来源同以前民办教师来源的群体一样，是未升入中专或大学的初高中毕业生，且多是农业户口。主要原因是：

1. 全县范围内公办教师总量不足，甚至严重不足。如可能是因为辞退了大量的民办教师，导致公办教师依靠每年分配的大学生补充不够；也可能是每年从外地返回县里，并愿意从事教学的大中专毕业生数量远远满足不了需求，或者是新教师补充的速度赶不上公办教师的退休速度。还有一些暂时性的原因也可能导致局部学校公办教师的缺乏，如一些中小学教师被抽调到政府机关，一些公办教师怀孕或者生病等原因导致暂时没有其他教师接替相关工作，而需要代课教师。

2. 从全县范围内看公办教师总量够，甚至超编，但是公办教师资源的分布并不平衡，在极端艰苦的山区很少有公办教师愿意去任教。这种现象无论是在对教师流动有严格限制的地方或是完全实行自由流动的地方都会出现，在后一种体制下这种情况可能更普遍。在安宁市和文山州，农村中小学教师的流动已经放

开。这样，在没有对偏远山区任教给予特别补助的情况下，环境艰苦的教学点容易出现留不住教师的情况。在文山州等州县，因为地理条件的原因，零散的教学点较多。这在客观上也为代课教师留下了存在的空间。

3. 地方财政利用教师劳动力市场分割的状态，从减轻财政压力的角度考虑，愿意保留一部分代课教师，而不愿意全替换为公办教师。文山州所辖 8 县是国家级贫困县，因为当地经济发展水平较低，教师已成为令人羡慕的高收入群体。但在教师群体内部，在教学岗位的代课教师与公办教师存在着严重的同工不同酬问题。公办教师的收入至少有以下几块组成：一是由基础工资、职务工资、教龄津贴等构成的"国标工资"；二是省里的"三项补贴"即边疆补贴、高原补贴和物价补贴 180~240 元/月；三是省定的"各种补贴"105 元/月；四是省定的"知识分子津贴"，本科 60 元/月，专科 50 元/月，中专及以下 30 元/月；五是省里 2003 年出台的每人增加 400 元，其中省财政补助 200 元，州财政补助 200 元，文山州因财政困难没有补足，只发了省财政补助的 200 元。以上五项，如果最低国标工资以 800 元/月计算，每个公办教师的月收入最少应在 1 315 元以上。这一收入是全州代课教师最高月工资的 3. 45 倍，是代课教师最低月工资的 12.1 倍，是代课教师平均月工资的 7.1 倍。这样，如果少用一些公办教师，多用一些代课教师，对当地的财政来讲，就可以减轻一定的负担。[①] 以麻栗坡县为例，麻栗坡县截至 2004 年 10 月，尚有 325 名代课教师。对于为什么不能够在一两年之内用公办教师替换代课教师，麻栗坡县教育局解释说，经县政府同意并核定的全县教师编制是够用的，教育局完全可以用这些编制面向全州招聘公办教师，但是每年县政府同意给教育系统的人事编制则是有限的，如在 2004 年，只同意给 100 个名额，经争取后才达到 150 个名额。县政府对进入教育系统名额的严格控制主要是考虑到该县财政的负担问题。[②]

（二）代课教师的构成结构——以麻栗坡县为例

目前，云南省代课教师仍然是一个比较大的群体，在文山州，截至 2004 年 10 月代课教师的基本情况如表 7 - 10 所示。

其中，麻栗坡县的代课教师占到了文山州全部代课教师的 10%，截至 2004 年 10 月，麻栗坡县共有代课教师 325 人，具体分布与构成情况如下[③]：

1. 在 325 人中有 316 人标明了参加工作时间，占 97.2%，其中有 137 人为 2000 年以后被聘用，占 316 名代课教师的 43.4%，其中 2000 年、2001 年、2002 年、2003 年、2004 年被聘用的人数分别为 22、7、20、29、59 人，分别占总数

---

①②③　均来源于北京大学教育经济研究所：《"云南农村教育发展"课题组研究报告》，2004 年 11 月。

的 6.9%、2.2%、6.2%、9%、18.4%；1990~1999 年被聘用的人数为 141 人，占 44.6%；1980~1989 年被聘用的人数为 37 人，占 11.7%；只有 1 人是 1976 年 3 月被聘用的。这表明近几年该县仍在不断聘用新的代课教师。

表 7-10　　　　文山州各县截至 2004 年 10 月代课教师基本情况

县名	现有代课教师总数	其中		学历情况				待遇情况		
		县聘	乡聘	大专	中专	高中	初中以下	最高	最低	平均补助
砚山县	1 193	41	1 152	116	853	119	105	385.75	108.5	171.99
西畴县	157	157	0	8	74	32	43	170	170	170
麻栗坡县	333	333	0	8	57	116	152	184	139	170
邱北县	1 014	972	42	27	448	281	258	310	280	292
广南县	998	135	863	52	575	327	44	360	110	149
富宁县	170	170	0	0	92	44	34	160	160	160
全州	3 865	1 808	2 057	211	2 099	919	636	385.75	108.5	185.5

注：文山县、马关县代课教师已全部辞退；此表据文山州教育局 2004 年 10 月 30 日提供的《文山州代课教师情况》表编制。

2. 在 325 人中，有 27 人没有标明户口类别；在标明户口类别的 298 人中，非农与城镇户口 38 人，农粮户口 18 人，农业户口 242 人，分别占 12.8%、6% 和 81.2%。

3. 在列入统计的 321 人中，大专 9 人、中专 72 人、高中 99 人、初中 133 人、小学 8 人，分别占 2.8%、22.4%、30.8%、40.5% 和 2.5%。这表明绝大部分代课教师学历不达标。

近年来，文山州积极清理代课教师，截至 2004 年 3 月，文山州 8 个县中，文山县和马关县已经没有代课教师，砚山、西畴、麻栗坡、邱北、广南、富宁等 6 个县共有代课教师 3 865 人，这 6 个县也在根据各自的情况采取措施，寻求解决代课教师问题。

（三）布局调整中代课教师的聘用与清退问题

文山州代课教师的聘用与管理权主要集中在各县和乡镇。根据聘用主体不同，可将代课教师分为县聘和乡镇聘两类。以麻栗坡县为例，代课教师全部由县教育局聘用，经费由县财政统一负担。程序一般是县教育局商县人事局，确定聘用代课教师数额，再由县财政局按县人事局核定人数与标准拨付代课教师工资。乡镇聘用的代课教师的决策权一般在乡镇，经费也多是乡镇供给。

不少地方对于代课教师根据代课时间做出辞退或补助费的规定。时间长一些的教师得到了 3 000 元的补助，一些时间短的教师就很难获得这些补助。因为代课教师是临时性的，他们并不安心教学，这主要是因为：（1）同工不同酬，与公办教师担任同样多的课程，但是收入很少，地位很低，相对剥夺感较强；（2）在布局调整时可能被辞退或随时可能被辞退，没有转为公办教师的可能性，也没有相应的工作和生活稳定的保障措施；（3）在有其他可能比教学更挣钱的机会时，就可能放弃教学工作。民办教师的这种不稳定的心态可能会影响到所任课的学校的教育质量的提升。

2004 年 3 月，文山州曾对全州各县还存在代课教师的 6 县进行了调查，并针对各县分析了可能引起思想混乱的主要因素，如表 7 - 11 所示。①

表 7 - 11　　　　文山州各县代课教师思想不稳定主要因素调查表

县 名	可能引起思想混乱的主要因素
砚山县 （1 193 人）	（1）代课教师待遇偏低；（2）代课教师无转为正式教师的盼头；（3）对实行"进一退一"辞退的代课教师没有享受辞退金
西畴县 （157 人）	（1）代课教师中有相当一部分已取得合格学历，但又不能转为正式教师，因此，这部分人的思想不稳定；（2）极大部分代课教师即将被辞退，辞退生活补助费如不能及时兑现，会造成思想混乱；（3）代课教师中有的已工作多年，一旦被辞退，没有或少有生活经济来源，没生活保障，是代课教师反映最明显的问题。另有一部分以前被辞退，但没有兑现补助费，引起较大的反应
麻栗坡县 （333 人）	（1）待遇太低，家庭经济十分困难；（2）没有机会参加招录考试，即使能参加，也无法与应届大中专毕业生平等竞争，转公没有希望；（3）代课教师面临被辞退，思想很不稳定
邱北县 （1 014 人）	（1）取得中专以上学历者是否真的纳入国家录用人员考核考试，如果被录用为正式人员，他们的工龄（教龄）、职称如何核实；（2）参与录用考核考试综合成绩与应届大中专毕业生平等（工作时间长、边远山区的难于参与竞争）
广南县 （998 人）	（1）待遇低；（2）2001 年以前取得中专以上学历者，要求参加事业单位的招聘考试；（3）实行"进一退一"，晚走不如早走
富宁县 （170 人）	（1）代课教师工作量大、重，待遇低，与正式教师同工不同酬；（2）代课时间年限长，能否有转为正式教师的机会；（3）被辞退后，能否有补偿
全州 （3 865 人）	

---

① 文山州教育局：《文山州代课教师情况》，2004 年 3 月。

从表 7 – 11 中可以看到，代课教师思想不稳定的主要因素都是同布局调整相关的进程与政策有关。在布局调整的过程中，如何缓解他们的不稳定情绪，或者及早解决代课教师问题，对于稳定教学质量有着重要的意义。

（四）布局调整和教师流动造成农村基层教育资源的"空洞化"

在布局调整的过程中，教师的流动在加剧。教师的流动和布局调整两种因素的共同作用导致在一些农村地区，教育资源越来越集中在一些完小、中心学校等定点学校，在村小和教学点，教育资源分配仍很稀少，尤其是边远的山区，更是越来越出现资源的"空洞化"现象。

云南省一些县市在布局调整后对保留下来的教学点如何选派公办教师方面，有如下四种做法：第一种是行政分派，主要由县教育局统一分配到某个学校，有的时候是作为犯错误或得罪领导或在教师队伍中不合群的教师的惩罚措施；第二种是在市场竞争中处于不利地位的教师，在其他学校找不到更好的位置；第三种是志愿者的方式，一些志愿者愿意到教学点和村小，类似于一些大学生的支教，但这些人为数不多；第四种则是混合形式，如市场加行政的方式，在市场上被竞争淘汰的教师，被教育行政当局以行政的方式派往教学点或行政方式与志愿方式相结合的形式，如规定上调县城学校工作，必须有在教学点或者是村小工作 1 ~ 2 年的经历。在布局调整的过程中，如何能够维持最底层的学校的教学质量，是需要考虑的重要问题。从云南省部分县市的实践来看，这个问题并没有得到很好的解决，反而在教师市场放开的情况下，有一种恶化的趋势。

五、农村中小学布局调整的效果

对农村中小学布局调整效果的研究可以区分短期效果和长期效果，短期效果可以从积极的效果和消极的效果两方面进行研究。

（一）学校布局调整的积极效果

学校布局调整所带来的积极效果大体上可分为经济性的和社会性的两类。经济性的效果如提高了办学效益、节约了教育资源等；社会性的效果，如为学生素质全面提升创造条件等。从实地考察和相关资料来看，安宁市和文山州等一些县的布局调整所制定的经济与社会目的大多得以实现，这里不再赘述。

（二）学校布局调整中的消极效果

云南省农村中小学布局调整也可能会带来一些消极性的效果，比较突出的主要有三点：

1. 布局调整引起要撤并学校的代课教师任课情绪不稳。这一点在前面已有论述。

2. 布局调整造成的教师流动形成了底层学校教育资源的"空洞化"，好的教师流失后，优秀的学生也会跟着流走，这样就造成越到教育的底层，教育质量越差的结果，这种情况必然会对教育公平造成不利的影响。

3. 对贫困生等弱势群体的影响。布局调整对贫困家庭和少数民族地区家庭的影响是衡量教育布局政策公平性的重要维度。云南省的一些地方在布局调整过程中，政府和学校选择各种办法来降低布局调整对弱势群体子女上学的影响，如增加贫困学生的补助等级，加大对特别贫困家庭子女的补助力度；将寄宿学生的补助金进行再分配，学校修改了省级给寄宿学生的菜金补助标准，将一份学生的菜金分摊成两份，或者是两份菜金标准分摊给三个学生，这样使得有限的资金能够在更大范围内得到分配。2005 年国家推行"两免一补"政策，农村地区义务教育阶段的贫困家庭子女的教科书费用全部由中央财政承担，对贫困的寄宿制学生给予生活补助；2006 年西部地区率先实施农村义务教育保障新机制，农村学生学杂费全部免除，这些措施对于缓和贫困家庭因布局调整带来的负担无疑有重要作用。

（三）长远的影响

1. 随着现代化及全球化过程的发展，原来封闭的山区和少数民族聚集区越来越同更大的地理系统中的经济社会体系联系起来，原有的边界被融合、消失。人们的空间感觉，特别是对空间的时间感在发生着变化。学校布局沿着地域的等级制不断向上集聚正是这一背景下的产物，也是现代化和全球化发展过程的一个体现。学校布局调整，对于打破当地狭窄的地域观念，形成新的更大范围的地域观将有着极为重要的作用。

2. 收缩校点、集中办学和发展寄宿制学校是现代化时代的必然趋势，规模越大，学校的科层制特征就越明显，在人才的培养方面聚集更多专家，更有条件处理和应对学生生活中遇到的问题，培养学生的适应能力，包括群体生活和适应的能力等。如学校有更好的保健条件（有医务室或保健科，以及现代的交通工具等）来处理学生生病问题，而这点在教学点就要困难得多，学生也能够通过必要的体育器材和体育课程来加强身体锻炼。

3. 学校生活为个人的社会化和现代人格的形成创造了重要条件。规模越大的学校，脱离本地性的特点就越明显，与现代社会的要求更加接近，其组织形式也更有现代社会的特征。在这样的组织环境中，需要同来自更大地域范围的学生一起生活，这就有利于形成学生们社交的能力，使得学生更乐于并更善于与人交往。即便是同学生活中的矛盾，也是在社会层次上、在组织层次上发生的，通过教育就能够形成合作意识和合作能力等。

六、关于云南省农村中小学布局调整的若干建议

总体上看，云南省农村中小学教育布局调整呈现一种稳步发展的态势，这与云南省目前农村义务教育发展的现状以及云南省的财政状况有着密切的关系。这种基本格局在云南省大多数地区还将持续相当长时间，因此，有必要针对这种布局调整的发展模式，提出进一步的发展建议：

1. 云南省农村中小学布局调整的资金来源比较单一，高度依赖上级转移支付，在这样的格局下，可能会受上级意图影响较大，存在着牺牲地方自主性，忽视本地群众意见，提出不符合本地教育实际发展情况的规划，应对科层制行政可能造成的弊端保持一定的警惕。

2. 充分重视社会资本的作用。云南的教育发展得到了国际和国内社会的较多捐赠，并建立与国内其他省份和国家部委的对口支援关系，这种关系对于云南省获得更多的资金支持以及经验方面的支持都有着比较重要的意义。

3. 坚持布局调整过程中的渐进方式。这种方式是与当地教育发展所处的阶段、当地的财力状况以及当地群众的承受能力联系在一起的，也是震动较小的有效方式。

4. 云南省是我国多民族聚集的省份，在布局调整中应高度重视民族教育与现代教育的融合问题，在布局调整中不能仅仅按照地理空间距离进行布局，还要充分重视各族群的文化圈的范围，注意将空间距离与文化距离结合起来。

5. 布局调整要突出重点和难点，应与义务教育的发展阶段相结合。目前应该重点解决农村义务教育普及的难点，即贫困面广、贫困度深的国家贫困县、省级贫困县、边境县和少数民族县。在这些地区，在国家和省级财政的帮助下积极发展寄宿制和半寄宿制学校是一种较好的解决形式。

6. 加大中央和省的转移支付力度，进一步完善转移支付制度，明确中央、省和地方各级政府在农村义务教育发展中的责任，并将这种规定法制化，使得当地政府和教育行政机构对当地的教育发展能够形成稳定的预期，做出长远的安排。

7. 云南省的区域差异比较突出，应区分不同地区的情况采取不同政策。目前正在进行"普九"的地区，基建任务量仍然较大，这些地区就应当结合当地人口变化对教育需求进行合理预期和规划。对较早完成了"普九"任务，当地学龄人口呈现明显减少趋势，教育开始进入提高质量阶段的地区，可考虑进一步加快学校的布局调整。对介于这两者之间、刚完成"普九"任务的地区，则需要进行巩固，可能不适合匆忙进行大幅度的布局调整。同时，农村中小学布局调整是一个长期性的工作，因为学龄人口是在不断变化的，不能奢望毕其功于一役。布局调整除了根据当地政府和当地群众的承受力和接受能力量力而行外，还要注意并充分利用可能的机会。

农村义务教育资源的配置在地理空间上体现为中小学的布局结构，资源（如人、财、物等）配置的公平与效率也会直接体现在学校布局结构上，因此布局结构的调整会直接影响到教育资源分配的公平与效率。学校的空间布局结构同时也是一种利益结构，直接涉及各级政府和相关利益者（如学生及学生家长群体、教师群体等）的权益安排。布局调整过程涉及相关方的利益协调与争斗的互动过程，这些互动直接影响布局调整的过程，也会影响到相关弱势群体利益及其保护。

本章把学校的空间布局看做是社会结构，围绕学校布局调整提出了相应的分析框架，从多个方面和多个角度分析社会塑造学校空间布局的过程，并运用此框架分析了云南省农村中小学布局调整的相关问题。本章所开拓的这种研究视角可能会对理解全国范围内的农村中小学布局调整有一定的积极意义，但对云南省农村学校布局调整的研究是很初步的、尝试性的，对云南省布局调整过程中的一些重要方面，如学生学业成绩变化及经济上的投入产出并没有给予过多关注，这需要在今后做些更专门、更深入的研究。

第八章

择校行为的影响因素

教育机会的合理分配是确保教育公平的前提。尤其在义务教育阶段，应该如何配置公立教育机会历来是一个备受争议的话题。择校，作为分配教育机会的手段之一，将对教育公平产生什么样的影响是这类争论的焦点。一方面，教育部对义务教育阶段公立学校间的择校行为严厉禁止。另一方面，从小学到初中，每年都有大量的家长通过各种手段为自己的孩子择校。根据《关于上海市中小学生课业负担的调查报告》，2004 年上海小学、初中新生入学时，38.60% 的家长曾经为孩子择校，或成功或没成功（上海教育信息调查队，2005）。不光政府、家庭和学校三方对于择校的态度各不相同，即便在各方内部，也存在截然不同的意见。中央政府希望避免择校对社会公平的影响，部分地方政府却想通过择校弥补公共教育经费的不足；有的家庭希望多一些选择的机会，而另一些家庭却对高昂的择校费怨声载道；优势学校希望多招一些择校生，薄弱学校却不得不面对择校使生源流失的窘境（郭春发，2006；曾天山，1999；周大平，1998）。人们基于不同的理由对择校采取了或支持或反对的态度。然而，许多理由并没有经过深入地思考和检验，因此它们很有可能是站不住脚的。不假思索地使用诸如选择自由或社会公平一类的词语往往给人误导。教育政策最终的落脚点还是在人身上，因此，分析择校问题的关键，在于首先找准它影响了哪些人。

是否支持择校，应该看它使哪些人获益，同时是否损害了另一些人的利益。显然，择校行为的直接受益者是进行择校的家庭。根据显示性偏好理论，只有当择校带来的好处大于不择校的好处时，家长才会采取这一行动。所以，研究这些家庭的特征，可以使我们了解什么样的家庭会从扩大的学校选择权中受益。如果这种获益并不会导致其他家庭的损失，那么择校就应该被支持。如果择校使另一些家庭受损，问题就会更复杂一些，需要从公共利益的角度来决定我们对择校问题应该采取的态度。总之，研究什么样的家庭倾向于利用择校机会，是对择校政策进行评价的第一步。只有找准政策所涉及的目标人群，才能增进我们对政策实施情况的了解，并解答择校是否会加剧社会阶层分化的问题，最终促进整体社会福利的提高。

本章，我们将以布尔迪厄的资本理论为基础，使用《中国城镇居民教育与就业情况调查（2004）》[1] 的数据对影响家庭择校倾向的因素进行研究。我们将发现：在我国城镇地区的义务教育阶段，经济资本、社会资本和文化资本都较丰富的家庭最倾向于利用择校机会。社会资本和文化资本的增长都使得家庭更倾向于利用择校机会。而经济资本的增长使家庭的择校倾向呈现先升后减的趋势。三种资本的影响主要体现在家庭择校决策的第一步，即是否产生择校意愿。特别地，由于政策限制，义务教育阶段的择校往往是地下进行的，这使得家庭人均收入对家庭择校倾向的影响幅度很大，导致低收入阶层难以从择校中受益。因此，允许择校，为所有家庭一视同仁地提供更多的教育选择机会反而能促进教育公平。

第一节　择校的概念

对于"择校"一词的含义，有许多不同的理解。我们认为择校是家长为子女选择满意学校的行为。在我国现行的政策框架内，选择就读民办或民办公助/公办民助学校是被认可甚至被鼓励的，对家庭择校行为的争论更多地集中在家庭在公立学校间的选择上。因此，本章专门研究义务教育阶段公立学校间的择校现象。我们将"择校"定义为：在义务教育阶段，家长放弃政府指定的对口学校，主动选择到其他公立学校就读的现象。本章只研究家庭在我国公立学校间的选择，选择就读民办或民办公助/公办民助学校的家庭被排除在研究对象之外。

---

① 《国家教育行政学院学报》。

第二节　我国的学校选择制度

在我国的城镇地区，学校通常被划分到各个片区。政府的基本政策是就近入学，对于学校质量差距较大的地区，执行就近入学并不能使社会满意，于是许多地区实行了"电脑派位"的做法，即通过计算机程序随机将新生分配到各个学校去。择校是对"就近入学"政策的偏离，它主要有以下几种形式：

1. 学生放弃对口学校进入另一个片区的公立学校。通常目标学校会对这类学生收取较高的学费；

2. 分数不足以进入目标公立学校的学生通过交纳一定费用进入该校；

3. 学生选择进入民办学校，这类学校的收费通常远远高于公立学校（Mun C. Tsang，2001）。

我国政府对于不同层次的择校行为有不同的政策。对于义务教育阶段，《义务教育法》第九条规定："地方各级人民政府应当合理设置小学、初级中等学校，使儿童、少年就近入学。""就近入学"的"就近"是相对就近。由于存在着中、小学学校布局及各中学招收学生人数不同等因素影响，因此，"就近"并不是绝对指地理位置的远近，不是指哪个学生的住址离哪所中学近就叫"就近入学"；也不是指哪所小学离哪所中学近就是"就近入学"。凡是被分配到招生区域内的学校，都叫"就近入学"。

出于对教育公平问题的考虑，教育部还规定："坚持义务教育阶段公办学校不招'择校生'，并对义务教育阶段的择校进行疏导。"整个义务教育阶段都实行"一费制"，只对借读生收取一定的借读费。《中华人民共和国义务教育法实施细则》第二章第十四条规定："适龄儿童、少年到非户籍所在地接受义务教育的，经户籍所在地的县级教育主管部门或乡人民政府批准，可以按照居住地人民政府的有关规定申请借读。"按照上述规定，在异地借读的学生为借读生。借读生和择校生的区别在于：一是目的不同——择校生是希望到办学较好的学校上学，接受较高质量的教育；借读生是为了接受义务教育，解决有学可上的问题。二是形式不同——择校生关键在择，具有主动性，即千方百计地要寻求好学校；借读生关键在借，具有被动性，由教育部门为其指定学校。三是时间不同——择校生择校的时间往往集中在秋季开学的开始；借读生借读时间却具有不确定性，学期前、学期中都有可能发生。按照国家规定，义务教育阶段的借读生，要按照居住地人民政府规定的标准交纳一定的费用。

第三节　国内外对家庭择校行为的研究

　　我国对家庭择校行为的研究尚处于起步阶段。北京大学教育学院的文东茅副教授在这方面做出了开创性研究。在分析了义务教育阶段家庭在公私立学校间、公立学校间以及正规教育与补课家教间的选择后，他指出，父亲教育程度低、职业地位低以及家庭人均收入低的弱势阶层在择校竞争中处于不利地位。没有非农户口的家庭择校比例高，但如果是弱势阶层，即便择校也只能去质量不是太好的学校。因此，他提出应改变"强制性的就近入学"的现状，扩大弱势群体择校自由的政策建议（文东茅，2006）。

　　其余还有一些经验性的总结。《中国教育报》在解读收费政策的一篇文章中曾提到："择校，大体可分为'以钱择校'、'以权择校'和'以分择校'三种形式。'以钱择校'会妨碍义务教育的公益性和公平性；'以权择校'属社会不正之风；'以分择校'会使考试更为激烈，加重学生课业负担。"这实际上概括出家长择校时可供调动的三种资源，即钱、分、权。

　　择校问题在国际上同样争论激烈，各方研究者对此进行了大量的理论探讨和实证研究。对家庭的择校行为，不同研究的切入角度各不相同，这些角度大致可归纳为四类问题，即：哪些阶层从择校中受益？家庭在不同学校制度间怎么选择？家长的满意程度怎样？家长的偏好如何？

　　对于哪些家庭能够从学校选择中受益，各种研究得到的结论迥异。主要观点可以分为两派：一派认为优势阶层能够更多地从学校选择中受益；另一派则认为劣势群体更能从择校中受益。

　　有相当数量的研究表明优势阶层是学校选择的最大受益者。和文东茅的发现相似，谢等人（2003）对智利的研究表明，择校会加剧社会分化：来自有利家庭背景的学生在获得择校机会后更可能离开原来的公立学校进入私立学校，从而使公私立学校间学生家庭背景的差距加大。

　　同样，在一项早期研究中，弗农·C·波尔曼（Vernon C. Pohlmann，1956）对能力、社会经济地位和中学选择之间的关系进行了探讨。他发现，无论男孩女孩，家庭的社会经济地位比孩子的能力更能影响他们所就读的学校类型。一个例外是，对于女孩，在职业学校和普通高中之间选择时，能力是比地位更大的影响因素。作者认为，这表明教育在促进社会等级流动方面作用有限。

　　菲利浦·Q·杨（Philip. Q. Yang）和尼翰·卡亚阿迪（Nihan Kayaardi，

2004）研究了家长选择非公立学校的决定因素。他们发现，在父母对教会学校（Religious School）的选择中，宗教信仰、社会经济地位、年龄、出生地、家庭子女数目、地区因素发挥着重要作用，但种族、性别、居住地以及家庭结构因素无明显作用；而在父母对非宗教私立学校（Non-religious Private School）的选择中，社会经济地位是决定其选择的关键因素。在父母的学校选择中，他们发现了明显的阶层差别，但种族差别并不明显。这些发现表明：学校选择的结果会加剧阶层的分化，但不必担忧会加大种族隔离的程度。

此外，厄普乐等人（Epple et al.，1998）对美国的研究表明，随着收入和孩子能力的增加，家庭选择私立学校的倾向越强。在私立学校中，选择高学费学校的倾向也会随家庭收入和孩子能力的增加而增加。在私立学校，学费随孩子能力增加而减少，甚至有相当部分的高收入家庭只交很少甚至不交学费。在公立学校，家庭收入和孩子能力的相关关系更强。模型分析表明：当公立学校的花费下降时，家庭收入和孩子能力对私立学校入学率的影响更大。当公立学校花费上升时，低质量私立学校因孩子能力而减免学费的比例会下降，而高质量私立学校几乎不受此影响。此外，私立学校的花费会随公立学校花费的上升而上升。

然而，也有相当多的研究证实劣势群体更倾向于利用择校机会。施奈德等人（Schneider et al.，1996）对1988年国家教育跟踪调查数据的分析表明，非洲和西班牙裔美国人比白人和亚裔更倾向于利用择校的机会。低教育程度的家长也比受过更多教育的家长更喜欢择校的好处。这是因为较富裕的家庭能够通过选择到哪儿居住来择校，此外，他们还可以考虑私立学校。最不能对孩子教育发出声音的群体恐怕是那些教育程度低，经济资源匮乏并且由于人种或种族原因处于不利地位的家长。为这些家庭提供更多跨学区选择的机会将会使他们受益。这些家庭曾一度被认为不关心孩子的教育，因此不会利用择校的机会。然而数据表明，处于不利地位的家庭甚至比更高地位的家庭更善于利用新增加的择校机会。

哈罗尔德·奥尔德曼等人（Harold Arderman et al.，2001）用巢式logit回归对巴基斯坦低收入家庭择校行为进行了研究。研究表明，在该国，即便最贫困的家庭也大量选择私立学校，并且选择私立学校的人随着收入增加而增加。降低私立学校的费用、缩短上学距离以及提高教学质量都可以增加私立学校的入学率。这一方面是因为有更多的学生从公立学校转到私立学校；另一方面是因为这些措施吸引了那些原本不打算上学的小孩。对私立学校的大量需求和私立学校与公立学校相比在数学和语文成绩上的优势是一致的。作者认为，在发展中国家应大力发展私立学校，以便为贫困家庭提供教育服务。

李等人（Lee et al.，1994）对于学校选择和社会教育分层之间的关系进行了研究。通过分析美国底特律市45个学区共710个家庭的数据，他们得到的结果表明：少数民族和弱势群体的被调查者更加支持择校。他们认为，由于这类人群通常只能进入低质量的学校，因此促使他们更加赞成择校。尽管如此，作者依然认为择校并非像实证研究表面显示的那样真的会促进教育公平。他们讨论了底特律地区的一项择校计划，指出如果实施这项计划，将进一步加剧底特律地区原本就已高度分化的社会、经济和教育资源分配的不平等。

除了上述两派主要观点，还有一些研究表明不同背景的家庭因择校而受的影响并无显著不同。例如，霍克斯拜（Hoxby，2000）就公立学校间的竞争是否能够使学生和纳税人受益进行了研究。她的结论是：学区间的蒂伯特选择（Tiebout Choice）是美国公立教育领域最强大的市场力量。蒂伯特选择能够提高公立学校学生的成绩，同时减少学校的花费。家庭拥有越多的蒂伯特选择权，他们就越不爱选择私立学校。尽管学区间的蒂伯特选择使地区间家庭构成的分化加大了，但学区内同质性的增加并没有影响到学生成绩、生均花费以及学校的生产率。对于不同收入和种族的家庭来说，蒂伯特选择的影响并没有显著的不同。

此外，对于不同教育方式间的选择，有克莱弗·R·贝尔菲尔德（Clive R. Belfield，2002）对美国新近兴起的在家就学情况进行的研究。他使用《1999年全国家庭支出调查》和2001年的SAT考试成绩两份大样本数据来评价家庭的入学决定。研究发现，让孩子在家就学的家庭的特征总的来说和选择其他类型学校的家庭特征类似，但母亲的特征——尤其是她的就业状况——对是否选择在家就学有显著影响。不仅如此，各种类型的宗教信仰对就学选择都有很重要的影响。

歌德瑞和沙皮亚（Goldring and Shapira，1993）共同进行的研究中，他们检验了家长的满意程度和公立学校择校的相互关系。通过对以色列择校情况的研究表明，社会经济地位是理解家长满意程度和择校间关系的主要指标。家长是否认为学校的课程与他们的期望相同将极大地影响他们的满意程度。如果家长能有机会参与学校决策，那么他们的满意程度也会大大增加。许多家长并不认为择校是他们唯一能够影响孩子教育的方式，相反，在他们做出择校决定之后，会希望能够进一步加入到对孩子的教育中去。择校本身未必能够增加家长对学校的满意程度，社会经济地位越高的家长越是希望能够参与学校决策。

对于家长偏好的研究表明，家长择校时未必以学校的教学质量为标准，而可能看重诸如课余活动、日间照料等条件。研究者指出，低收入的家长更可能受到信息不完全、自身文化程度等因素的影响，在为孩子择校时较多地看重教学质量以外的标准。低收入阶层与高收入阶层在择校时偏好的不同有可能加剧阶层的分化。格雷格里·艾拉克夸等人（Gregory Elacqua et al.，2005）对智利的研究表明，尽管在问卷中绝大部分家长都将学校的学术表现作为择校时的重要考虑因素，他们实际的择校决定其实更容易受学校的人口构成等因素的影响，而非学校的学术表现。

总而言之，已有的研究尚未对从择校中受益的是什么样的家庭，以及家庭在进行教育选择时考虑的因素达成一致意见。尽管大部分研究认为择校能够提高学校的生产率，同时家长也能够通过为自己的小孩选择更好的学校提高小孩的学业成绩，但对于择校对社会公平的影响，则众说纷纭。有人认为择校并不会对社会公平产生太大的影响，而有的研究则指出一些择校机会会加剧社会的不公。

以往对家庭择校行为的研究或分析了家长的择校的偏好，或分析了与择校有关的家庭背景，但是都没有完整地说明整个择校行为产生的具体过程。家长进行择校，不光要有择校的意愿，还要有择校的能力。因此择校决策并非简单的"是或否"的判断。此外，家庭在进行学校选择时可能出于不同的动机，但最终都体现为进行选择的行为。本章所关注的，正是在有择校机会时，家庭如何进行择校决策，以及最终什么样的家庭会采取择校行为，行为本身正是对动机最诚实的回答。在制定教育政策时，针对行为也远比针对动机更具有可操作性。最后，许多国外的研究并没有基于我国的现实环境。由于经济文化等诸多因素的差别，影响我国家庭择校行为的因素可能会有很大的不同。因此，本章我们将对影响我国家庭择校行为的因素进行探讨，期待发现择校家庭的决策模式及相关特征。

第四节　理论框架及研究假设

布尔迪厄（Bourdieu）认为，资本可以表现为三种基本的形态：（1）经济资本，这种资本可以立即并且直接转换成金钱，它是以财产权的形式被制度化的；（2）文化资本，这种资本在某些条件下能转换成经济资本，它是以教育资格的形式被制度化的；（3）社会资本，它是以社会义务（联系）组成的，这种资本在一定条件下也可以转换成经济资本，它是以某种高贵头衔的形式被制度化的。这三种资本的组合决定了一个人在社会场域中的位置。

在面临教育选择的时候，人们的行为也受到这三种资本的制约。一个择校行为的产生，首先需要家长有择校的意愿。这种意愿直接来自于选择目标学校比对口学校能够给家长多增加的效用。更本质的是，家长对孩子教育问题的认识往往取决于家长以往所受的教育，也就是家长所拥有的文化资本。家长拥有的文化资本越丰富，才越能认识到教育的重要性。同时，要想成功择校，还需要家长有择校的能力。择校需要付出财产，在一些情况下还需要有一定的社会关系，同时孩子的学业成绩也至关重要。财产即是经济资本，社会关系即是社会资本，而孩子的学业成绩是家庭经济资本、文化资本和社会资本共同作用的结果。因此，通过描绘拥有不同资本家庭的关系，我们可以了解不同家庭在择校过程中所处的位置。如图 8 - 1 所示。

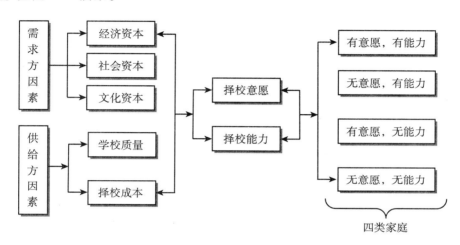

图 8 - 1 影响家庭择校行为的需求和供给因素

由图 8 - 1 可知，面临学校选择的所有家庭可以分为四类：（1）有择校能力且有择校意愿的家庭；（2）有择校能力但缺乏择校意愿的家庭；（3）缺乏择校能力但有择校意愿的家庭；（4）缺乏择校能力且缺乏择校意愿的家庭。家庭本身的择校能力和意愿由三种资本共同决定。与此同时，家庭是否择校还取决于供给方的因素。供给方因素可以归为学校质量和择校成本两方面。目标学校和对口学校的质量差别越大，家庭的择校意愿越强；择校成本越低，家庭的相对择校能力也越强。供给和需求两方面的因素共同决定了一个家庭是否会做出择校的决策。

假设 1：其他条件不变，家庭利用择校机会的倾向随着家庭经济资本的增加先逐渐变强然后逐渐减弱。

家庭的经济资本主要由家庭年收入及拥有的各类资产数量来衡量。财产较少的家庭可能无法支付择校所需的成本，这些成本不仅包括择校费，也包括因为上学距离原因而造成的时间成本、交通成本、住宿成本等，因此这些家庭即便有择校的想法也难以实现。相反，经济资本丰富的家庭能够负担高昂的择校费，在学校距离较远时也能选择较好的交通工具或让孩子住校。因此，在面临择校机会时，经济资本越丰富的家庭越有能力利用这样的机会。但是，对于那些经济资本极为丰富的家庭来说，他们可以通过购买学校周围的房屋，将户口直接迁移到心仪的公立学校附近，以便自动获得就读该校的权利（李，克罗因格和史密斯，1994；施奈德，施其乐和科尔曼，1996；方长春，2005）。对于他们，交纳择校费为孩子选择学校已经没有必要。

假设2：其他条件不变，家庭的社会资本越丰富，则越倾向于利用择校机会。

家庭的社会资本与家长和其亲属所从事的职业以及所拥有的职务有密切关系，这些资本通常意味着某些可以降低择校成本的人际关系。在一些情况下，如果不拥有社会资本，择校的成本可能是无穷大。在更多的情况下，社会资本可以和经济资本相互转化。如何运用取决于家长对两种资本边际收益的权衡。

假设3：其他条件不变，家庭的文化资本越丰富，则越倾向于利用择校机会。

受教育程度越高的父母，通常越能体会到教育所能带来的好处，因此会越重视对孩子的教育。他们会积极去获取不同学校的信息，并愿意为择校付出更多的成本。而对于没有或受教育程度较低的父母来说，他们很可能难以意识到孩子教育的重要性，因而缺乏对教育的关注。即便他们有进行教育选择的意识，也很可能不知道该从哪儿获取信息以及应该采取怎样的行动。例如，对上海家长的调查表明，没有择校而直接就近入学的比率，随家长文化程度提升而下降。

此外，学校通常愿意吸收成绩优异的孩子，并且愿意为此减免择校费。孩子的成绩越好，择校需要付出的成本就越少。孩子的成绩，固然与他们自身的努力程度分不开，家庭文化资本的传承也是很重要的因素。来自拥有丰富文化资本家庭的孩子通常成绩较好，因此择校的成本会较低，相应的家庭利用择校机会的倾向也会较高。

假设4：择校与择教之间存在替代关系。

择校并非进行教育选择的唯一方式，家长还可以通过其他方式对孩子进行教育投入。这些教育投资方式包括聘请家教、参加补习班、进入学校的重点班等，本章中统称为"择教"。家教、补习班不属于正规学校教育，是对正规学校教育的补充，而进入重点班则相当于在学校内部"择班"，这些选择都可以满足家长及其子女对教育的差异需求。与择校相比，择教的一次性投入较少，且当教学效果不满意时可以自由决定转换或中止。另外，系统的教育通常只有正规学校能够提供，家教或补习班不能完全代替。如果家长以孩子人力资本最大化为目标，那么他们会比较择校投资与择教投资的边际收益率，选择边际收益率较高的方式进行教育投资。在家庭教育预算不变的情况下，当家长认为择教的边际收益率高于择校时，他们就可能放弃择校机会，转而择教。

第五节　数据、变量及模型

一、数据

本章的数据来源于北京大学教育经济研究所"中国教育与人力资源"课题组委托国家统计局城市经济调查队完成的《中国城镇居民教育与就业情况调查（2004）》[①]数据。该调查从 2005 年 4 月开始进行，调查内容为 2004 年城镇居民教育与就业情况，采用入户访问方式进行，在全国 12 个城市共获取有效样本量10 009 个。该调查分为四个部分：（1）家庭基本情况；（2）家庭成员及不同户父母基本情况；（3）成员受教育情况；（4）本人及配偶工作经历。本章选取了其中处于义务教育且就读于国内公立学校的在校生数据，共计 2 748 个案例，每户家庭仅对应 1 个孩子进行研究。

二、变量说明

（一）因变量

本章将用家庭采取择校行为的概率 p 构建方程左边的 logit 函数，并将该函数作为回归的因变量，$\text{logit } p = \ln \dfrac{p}{1-p}$。在调查中，受访者被问到："孩子所就读的学校如何选择的？"该问题一共有五个选项，分别是：（1）就近入学；（2）电脑派位；（3）择校；（4）借读；（5）其他。本章仅将选择"（3）择校"的家庭视为研究对象。借读虽然从广义上讲也是择校的一种，但如本章第二节所述，借读的产生原因、进行方式以及面临的政策环境都和本章所试图研究的择校现象不同，由此导致选择"（4）借读"的家庭的特征有可能和选择"（3）择校"的家庭的特征有较大差别。因此，我们不将选择"（4）借读"的家庭作为择校家庭。p 是假设在相同的制度环境下挑 n 户条件完全相同的家庭，发现其有择校行为的家庭的频率，我们用此频率近似地代替家庭择校的概率。

[①]　该数据英文名为：Chinese Urban Household Education and Employment Survey – 2005，简称：CHU-HEES – 2005。

（二）自变量

本章借助布尔迪厄"资本"的概念框架来组织家庭的背景变量，将背景变量分为三组：经济资本变量组（E_i）、社会资本变量组（S_i）和文化资本变量组（C_i）。其中，经济资本变量组包括：家庭人均年收入、家庭资本品总值、家庭是否有私有汽车三个变量。社会资本变量组涉及父母是否国家干部，父母是否中共党员，亲友中是否有国家干部，父母年龄4个方面共计13个变量。文化资本变量组涉及父母受教育程度和孩子的学习成绩两个方面，共用8个虚拟变量和1个定序变量进行衡量。

同时，我们还加入择校成本组（F_i）（包括学校距离和年均择校费两个变量）、学校质量（Q）、每周择教支出（H）作为供给变量。此外，又加入孩子性别、学校层级、省别三个控制变量以观察其余因素对家庭择校倾向的影响。最后，为研究在不同决策阶段影响家庭决策的因素，加入了区分家庭是否对对口学校满意的模型分组变量。

三、家庭择校的两步决策模型

分析家庭在择校时的决策可以分为两步进行：首先，判断家庭是否认为值得择校，即家庭是否有择校意愿；然后，在家庭有择校意愿的前提下，看其能否在各种条件的约束下实现这个愿望。家庭择校的决策过程如图8－2所示。

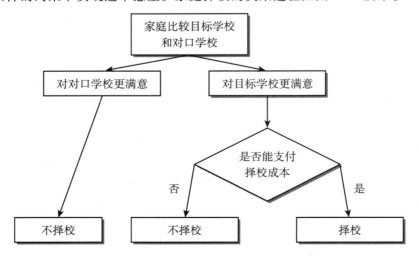

图8－2　家庭择校的决策过程

设家长的效用函数为 $U(Y, H)$，其中 Y 为家庭三种资本总量，$H = H(Q)$ 是孩子的人力资本函数，该函数是孩子就读学校质量 Q 的增函数，U 是 Y、H 的增函数。当孩子就读对口学校时，$U_0 = U_0(Y, H(Q_0))$；当孩子择校时，$U_1 = U_1(Y - F, H(Q_1))$，其中 F 是择校需消耗的资本。只有当 $U_1 - U_0 > 0$ 时，家庭才会考虑择校。

本章采用 logistic 模型进行回归分析。首先对家庭对对口学校感到不满意的概率 p_1 进行回归。根据公式 $\text{logit } p = \ln \dfrac{p}{1 - p}$，可以得到：

$$p_1（不满意）= \frac{\exp(\sum \beta X)}{1 + \exp(\sum \beta X)} \tag{1}$$

其中 X 是各种影响家庭对对口学校评价的因素。然后，对有择校意愿的家庭实际择校的概率进行回归，得到：

$$p_2（择校 \mid p_1）= \frac{\exp(\sum \partial Y)}{1 + \exp(\sum \partial Y)} \tag{2}$$

其中 Y 是各种影响家庭择校能力的因素。由（1）式和（2）式可得到家庭择校的总概率：

$$p_3（择校）= p_2 \cdot p_1$$

$$= \frac{\exp(\sum \partial Y)}{1 + \exp(\sum \partial Y)} \cdot \frac{\exp(\sum \beta X)}{1 + \exp(\sum \beta X)}$$

$$= \frac{\exp(\sum \partial Y + \sum \beta X)}{1 + \exp(\sum \beta X) + \exp(\sum \partial Y) + \exp(\sum \partial Y + \sum \beta X)} \tag{3}$$

将前节所述背景变量、供给变量、控制变量放入 logistic 回归方程右边，我们期望通过得出各因素对家庭择校行为发生比的影响来检验研究假设是否正确。回归方程如式（4）所示：

$$\text{logit } p_i = \ln \frac{p_i}{1 - p_i}$$

$$= z + \sum_{i=1}^{3} \alpha_i E_i + \sum_{i=1}^{13} \beta_i S_i + \sum_{i=1}^{9} \lambda_i C_{ii} + \sum_{i=1}^{11} \delta_i Region$$

$$+ \gamma_1 Q + \gamma_2 H + \gamma_3 F_1 + \gamma_4 Gender + \varepsilon \tag{4}$$

其中，$i = 1$，2，3，z 为截距项，ε 为残差项，α、β、λ、δ 和 γ 分别为各项的回归系数。其余变量的含义前面已经进行了解释。

第六节 发现与分析

一、义务教育阶段倾向于择校的家庭特征分析

(一) 模型结果

按是否择校,以及对现在所就读的学校是否满意为标准,我们可以参照前面理论框架的分类将所有 2 748 户家庭分为三类:(1) 没有择校并且对现在就读学校满意的家庭属于有择校能力但缺乏择校意愿的家庭或缺乏择校能力且缺乏择校意愿的家庭;(2) 所有采取了择校行为的家庭,不论其对目前学校是否满意,都属于有择校能力且有择校意愿的家庭;(3) 没有择校但对现在就读学校感到不满的家庭属于缺乏择校能力但有择校意愿的家庭。由于缺乏择校意愿的家庭在第一步决策时即会中止行动,所以实际无法观察到他们是否真的有择校能力。本章关注的是最终采取择校行为的家庭的特征,因此尽管这一分类与图 8 - 1 的分类略有不同,但仍然是可行的。此外,第二类并上第三类家庭即是所有对对口学校不满意的家庭,第一类家庭是所有对对口学校满意的家庭。

将前述变量放入 logistic 模型,按公式 (4),分别用三种模型对 $\ln \dfrac{p_i}{1-p_i}$ 进行回归。其中模型一的因变量为 "家庭是否对对口学校感到满意",满意时取 1,不满意时取 0,家庭感到满意的概率即前文所述的 p_1。模型二的因变量为 "家庭对对口学校不满意时是否择校",择校时取 1,不择校时取 0,家庭感到不满意时择校的概率即前文所述的 p_2。模型三的因变量为 "家庭是否择校",择校时取 1,不择校时取 0,家庭在所有情况下择校的概率即前文所述的 p_3。得到的结果如表 8 - 1 所示。

(二) 解释及分析

1. 从模型三的结果可以看出,家庭的择校倾向随家庭人均年收入的增加而增加,但在收入达到某一极值点后,择校倾向会转而减小。这表明在家庭择校的决策过程中,假设 1 成立。家庭人均年收入 (E_1) 的回归系数是 0.701,Exp (B) 值为 2.016,表明在其他条件不变的情况下,人均年收入越多的家庭越倾向于对对口学校感到不满。人均年收入每增加 10 000 元,家庭对对口学校感到不满的概率与感到满意的概率之比将比原来增加 1.016 倍。"以钱择校" 是择校的

主要方式之一。收入较多的家庭较少受到家庭现金流的约束，能够支付高昂的择校费，从而实现其择校的意愿。此外，一般来说，随着家庭人均收入的增加，食物支出在家庭消费中的比例将减小，在边际消费倾向一定的情况下，也使家庭倾向于将更多的钱投入到对子女的教育中，择校就是进行子女教育投入的方式之一。

表 8 - 1　　对家庭在义务教育阶段择校倾向的 Logistic 回归结果

变　　量	模型一：不满意倾向		模型二：不满并择校倾向		模型三：整体择校倾向	
	系数	Exp（B）	系数	Exp（B）	系数	Exp（B）
家庭人均年收入	0.819***	2.269	0.216	1.242	0.701***	2.016
家庭人均年收入平方	-0.140***	0.870	-0.036	0.965	-0.116**	0.891
孩子学习成绩	0.212***	1.236	-0.141	0.868	0.198***	1.219
学校距离	无	无	0.106**	1.112	0.180***	1.197
就读学校质量	无	无	-1.889***	0.151	-0.644***	0.525
父亲是否国家干部	-0.279	0.757	1.761	5.820	-0.055	0.946
母亲是否国家干部	-0.094	0.910	-0.277	0.758	-0.253	0.776
父亲是否党员	-0.025	0.975	0.023	1.023	0.028	1.029
母亲是否党员	-0.072	0.931	-0.147	0.863	-0.139	0.871
亲友中是否有国家干部	-0.020	0.980	-0.697*	0.498	-0.210	0.811
父亲年龄为 25 ~ 34 岁	0.081	1.085	0.691	1.995	-0.009	0.991
父亲年龄为 41 ~ 45 岁	0.050	1.052	-0.184	0.832	-0.024	0.976
父亲年龄为 46 ~ 50 岁	-0.083	0.920	-0.829	0.436	-0.260	0.771
父亲年龄大于 50 岁	-0.345	0.708	0.881	2.414	-0.133	0.876

续表

变 量	模型一：不满意倾向		模型二：不满并择校倾向		模型三：整体择校倾向	
	系数	Exp(B)	系数	Exp(B)	系数	Exp(B)
母亲年龄为 25～34 岁	−0.078	0.925	−0.114	0.892	−0.048	0.953
母亲年龄为 41～45 岁	−0.001	0.999	−0.385	0.681	−0.039	0.962
母亲年龄为 46～50 岁	−0.031	0.969	−0.468	0.626	0.116	1.123
母亲年龄大于 50 岁	0.271	1.311	−0.799	0.450	−0.097	0.907
父亲受小学及以下程度教育	0.348	1.417	0.338	1.402	0.046	1.047
父亲受高中教育	−0.013	0.987	0.469*	1.598	0.120	1.128
父亲受大专教育	0.029	1.029	0.206	1.228	0.124	1.132
父亲受本科及以上程度教育	−0.066	0.936	0.592	1.808	0.087	1.091
母亲受小学及以下程度教育	0.102	1.108	0.684	1.981	0.448	1.565
母亲受高中教育	0.203*	1.225	0.555*	1.742	0.352**	1.422
母亲受大专教育	0.456***	1.577	0.331	1.392	0.537***	1.710
母亲受本科及以上程度教育	0.444**	1.559	0.792	2.207	0.537**	1.711
北京	−0.363	0.695	−0.326	0.722	−0.546*	0.579
山西	−0.261	0.770	0.409	1.505	0.001	1.001
辽宁	−0.504**	0.604	0.054	1.055	−0.380	0.684
黑龙江	−0.422**	0.656	−0.256	0.774	−0.375	0.687
浙江	−0.649**	0.523	0.782	2.187	−0.323	0.724
安徽	−0.488**	0.614	−0.223	0.800	−0.508**	0.602
湖北	−0.147	0.863	0.405	1.500	−0.095	0.910

变　量	模型一：不满意倾向		模型二：不满并择校倾向		模型三：整体择校倾向	
	系数	Exp（B）	系数	Exp（B）	系数	Exp（B）
广东	− 0.974 ***	0.378	0.387	1.473	− 0.960 ***	0.383
四川	− 0.234	0.792	0.526	1.691	− 0.099	0.906
陕西	0.157	1.171	0.656	1.927	0.284	1.329
贵州	− 0.380 *	0.684	0.619	1.858	− 0.250	0.779
孩子性别	0.037	1.037	− 0.219	0.804	− 0.085	0.919
孩子正接受初中教育	0.367 ***	1.444	0.899 ***	2.457	0.401 ***	1.493
常数项	− 1.874 ***	0.153	4.598 ***	99.328	− 1.395 ***	0.248

注：＊表示显著性水平为 $p < 0.1$；＊＊表示显著性水平为 $p < 0.05$；＊＊＊表示显著性水平为 $p < 0.01$。

家庭人均年收入的平方（E_1^2）的回归系数是 − 0.116，Exp（B）值为 0.891，表明在其他条件不变的情况下，家庭择校的倾向先增加，在收入达到某一极值点后，此倾向会转而减小。通过模型中 E_1 和 E_1^2 的系数，可以算出达到这一极值点的收入值约为 3 万元，即家庭人均年收入在超过 3 万元后，其择校的倾向会下降。对于这些人均收入非常丰厚的家庭来说，他们可以通过直接购买其满意的学校周围的房产，将户口直接迁到该学校所对应的学区，从而让孩子成为不需择校的对口学生。通常好学校会带动学校周围房地产价格的上涨，使房屋价格超过一般家庭的支付能力（方长春，2005），从而使得只有富裕的家庭才能采取这样的策略。

2. 孩子学习成绩在目标学校中的排名越靠后，家庭对对口学校感到不满的倾向越大，其最终择校的可能也越大。模型三中，孩子学习成绩（C_9）的回归系数是 0.198，Exp（B）值为 1.219，表明在其他条件不变的情况下，与目标学校中其他孩子的成绩相比，孩子的成绩每低一个等级，家庭择校的概率将比原来增加 0.219 倍。中国有句俗话，叫做"人往高处走，水往低处流"，文化资本越丰富的家庭越重视对子女的教育，因此会倾向于为孩子选择更有压力的学习环境。

3. 受高中及高中以上教育的母亲比仅受初中教育的母亲更倾向于为孩子择校。正如本章假设 3 所说的那样，受过更多教育的母亲会更加重视对孩子的教育,也更有能力获取更多的信息。在对口学校质量一定的情况下,受过更多教育的母亲会更积极地去搜集其他学校的信息,并且更有可能获取这些信息,从而扩大自己的比较范围,也因此更容易对对口学校感到不满意。这正是文化资本发生作用的方式之一。

4. 大多数城市家庭的不满意倾向要比甘肃家庭低,北京、安徽和广东家庭的择校倾向也明显比甘肃低。甘肃属于我国西北不发达地区,相应的义务教育建设也较落后,因此,甘肃家长对学校的不满意程度偏高也在情理之中。

5. 孩子所受教育的层级越高,家长为孩子择校概率越大。孩子受初中教育的家长为孩子择校的概率比孩子受小学教育的家长高 0.493 倍。这一发现与李忠和乔云桥(2002)对上海浦东新区的研究结果不同。这表明随着孩子就学层次的提高,家庭择校并未如李忠和乔云桥说的那样受到更多限制,相反,择校的限制可能减少了。

6. 学校距离(F_1)越远和就读学校质量(Q)越高,家庭曾经择校的概率就越大。这是因为:首先,对口学校通常距离家庭最近,因此家庭进行择校后,孩子往往要到离家更远的地方上学。其次,在模型二中,就读学校质量(Q)越高,家庭是择校家庭的可能性越高,这也是择校造成的结果。目标学校质量与对口学校质量之差是使家长产生择校意愿的原因之一,但这一原因只在家庭做第一步决策时有效[①]。当家庭下定决心择校后,Q 的变化就只能作为择校行动的结果了。

反过来想一想,在做第一步决策时,处于不同外部环境下的家庭将拥有不同的择校倾向。对于走读生,在普通交通工具所能覆盖的范围内如果没有质量令家长满意的学校,家庭很可能不会进行择校;如果学校提供住宿且家长愿意让孩子住读,那么学校距离可能就变为一个相对次要的因素,在外部环境因素中,所在学校的质量可能会成为家长考虑的最重要的因素。所以,禁止学校提供住宿或者消除地区内学校质量的差别都有可能减少择校的需求。

二、择校与择教的关系[②]

(一) 模型结果

计算年均择校费($F_{1.1}$)与每周择教支出(H)的相关关系,得到的结果如表 8-2 所示。

---

① 由于没有对口学校质量的数据,评价家庭第一步决策时单独看目前就读学校的质量没有意义,所以本章没有在模型一中放入就读学校质量(Q)这个变量。

② 感谢北京大学教育学院文东茅教授对本小节的有益提示。

表 8 - 2   择校费与择教费的相关系数

		择校费	择教费
择校费	皮尔逊相关系数	1	− 0.018
	双尾显著性		0.789
	样本量	541	220

计算结果表明，年均择校费（$F_{1.1}$）与每周择教支出（H）之间并无显著的相关关系。但仅仅没有直接的相关关系并不足以否认假设 4 的成立。从前面的初步统计描述我们可以看到，每周择教支出最多的反而是那些择校的家庭，似乎择教费与择校费之间非但不存在替代关系，反而是互补关系。考虑到择教费与择校费都是家庭总教育支出的一部分，家庭总教育支出中的其他教育支出变化可能带来收入效应，使择教、择校两类费用同时朝相同方向变化，因此引入新变量年其他教育支出（$TOEC$）（单位：元），以此衡量家庭全年除择教与择校费外为孩子支付的所有其他教育投入。要揭示年均择校费（$F_{1.1}$）与每周择教支出（H）的真实关系，需要保持年其他教育支出（$TOEC$）不变。按普通最小二乘法，有如下回归公式：

$$H = \beta_0 + \beta_1 F_{1.1} + \beta_2 TOEC + \varepsilon \tag{5}$$

其中，β_i 是回归系数，ε 是残差。

按公式（5）对三个变量做线性回归，得到的结果如表 8 - 3 所示。

表 8 - 3   年均择校费与年其他教育支出对每周择教支出回归的结果

自变量	回归系数	t 检验值	显著水平
年均择校费（$F_{1.1}$）	− 179.045	− 2.767	0.006
年其他教育支出（$TOEC$）	0.011	3.871	0.000
常数项	50.608	2.011	0.046

注：1. 因变量为"每周择教支出（H）"；2. $R^2 = 0.065$。

（二）解释及分析

从回归结果中可以看出，在对年其他教育支出（$TOEC$）进行了控制之后，年均择校费（$F_{1.1}$）与每周择教支出（H）的替代关系在 0.01 的水平上显著。年均择校费每上升 10 000 元，每周择教支出就会下降约 179 元，假设 4 成立。

第七节　结论、政策建议与不足

　　家庭的择校倾向可以用布尔迪厄所说的经济资本、社会资本和文化资本进行估计。在义务教育阶段，主要是经济资本和文化资本会对家庭的择校倾向产生显著影响。在所有家庭中，家庭人均收入较高，孩子相对成绩较差，母亲的教育程度在高中及以上的家庭最倾向于利用择校机会。义务教育阶段家庭人均收入的变化对家庭择校倾向影响的幅度很大，并且，随着家庭人均收入的增加，家庭择校倾向呈现先增后减的趋势。随着孩子受教育层次的提高，家庭的择校倾向也越大。在外部环境方面，家庭和学校的距离越大以及就读学校的质量越好都更可能意味着该家庭是择校家庭。广东省的家庭在义务教育阶段的择校倾向是最小的。

　　与本章的假设相同，研究结果表明择校花费与择教花费之间存在明显的替代关系。这表明当其他教育支出一定时，择校家庭很可能会以削减其择教花费为代价。从另一个角度讲，那些不喜欢额外送孩子参加辅导班或聘请家教的家庭更愿意为孩子选择一所好学校。

　　在巴巴拉·施奈德（Barbara Schneider）等人对1988年美国国家教育跟踪数据的研究中，他们发现少数族裔和低教育阶层的人们更倾向于利用择校机会。与他们的研究不同，我们发现，在中国，更能从择校机会中受益的是经济、社会和文化资本比较丰富的人群。政府如果采取限制择校机会的政策，直接受损的将会是这部分人群。但这并不意味着低收入和低社会地位阶层的人不能从扩大的学校选择中受益，也不意味着限制择校将有利于改善他们的处境。恰恰相反，本章表明，在义务教育阶段，由于政策对择校的禁令，反而使得高收入阶层比低收入阶层更容易利用择校的机会。改革的政策应该既给予低收入阶层更多教育选择的机会，而且使不同社会阶层的分化的教育需求可以得到更加充分的满足。

　　本章的不足表现在以下几个方面：

　　1. 衡量社会资本的变量及方法稍显简单，因而可能低估了社会资本的作用。社会资本包含了很复杂的因素，其发生作用的方式也很复杂，仅用几个简单的变量很难描述清楚。在进一步研究中，应该采用更加有效的变量和模型来描述社会资本。

　　2. 由于所采用的数据仅是对城镇居民的调查，因而对学校方面的分析较为匮乏。择校一方面是家庭的行为，另一方面对学校来说，也是"择生"的行为。增加对学校方面的分析，才能更全面说明"择校"这一特殊的社会现象。

第九章

择校对弱势群体的影响

第一节　问题的提出：关于择校的不同政策与争论

　　择校是近年来许多国家教育政策关注的重要议题，美国、英国、加拿大、瑞典、新西兰、澳大利亚等国都实施了不同程度的扩大学生择校自由的教育政策。我国则是通过一系列政策来限制甚至禁止择校，例如，国务院纠风办、教育部2001年提出的《关于进一步做好治理教育乱收费工作的意见》第11条就明确规定：义务教育阶段公办学校必须坚持就近入学的原则，不准招收"择校生"；高中招收择校生，不准违背"三限"政策，即：限分数、限人数、限钱数。关于择校，在理论界也存在明显的争论，以约翰·丘伯（John Chubb）和泰力·默（Terry Moe）等为代表的拥护派认为，以择校、竞争和学校自主权等要素为基础建立的中小学制度模式将更有效率；而以杰夫·惠迪、萨莉·鲍尔和大卫·哈尔平[①]等为代表的反对派则认为："当前的放权和择校政策不可能给穷人带来某些鼓吹者所说的利益"，如果要在更广泛的范围争取社会正义，就必须超越放权和择校；还有一些学者认为，由于不同国家社会结构、历史文化和教育制度不同，在择校政策上也只能相互学习借鉴而不能照搬某种模式。在国内学术界，关于择校问题也存在不同的观点。有学者对1994～2003年间有关中外义务教育择校问

---

　　① 杰夫·惠迪、萨莉·鲍尔、大卫·哈尔平著，马中虎译：《教育中的放权与择校：学校、政府和市场》，教育科学出版社2003年版，第142页。

题研究的 139 篇论文进行了分析，发现赞成择校或认为有必然性的有 39 篇，认为择校弊大于利的有 63 篇，没有表态或只介绍措施的 37 篇。关于择校问题争论的焦点之一是择校对弱势群体的影响。赞成者认为择校是一种受教育权利，剥夺受教育者的这种权利并将弱势群体限制在薄弱学校是教育中的强权和不公；反对者认为，择校将导致以钱择校、以权择校，只能增加强者的选择而剥夺弱势群体接受优质教育的机会，是一种教育领域的腐败和不公。

针对不同的政策和争论，获得有力论据的途径通常是进行实证研究，分析到底谁在择校、如何校择、择校对受教育机会有何影响。在此方面，国内已有一些调查，例如，西安市城调队 2004 年调查发现，30% 的中小学生有交纳择校费和赞助费的经历，人均支出 7 620 元；广州市城调队调查显示，为了让孩子入读更好的学校，有 47.5% 的家长表示愿意交纳择校费；海淀区教师进修学校对 5 所中学初一家长有关小学升初中择校问题的调查发现，52.79% 的家长赞同进行学生择校。鉴于这些调查基本上还只是就择校的比例或意向进行统计，还没有见到针对家庭背景与择校关系的调查与分析，本章拟在此方面做一点尝试。本研究的数据来自北京大学教育经济研究所《中国城镇居民教育与就业情况调查（2005）》。本次调查共调查了全国 10 000 个家庭，分布在北京、山西、辽宁、黑龙江、浙江、安徽、湖北、广东、四川、贵州、陕西、甘肃等 12 个省市，每个省市调查 750 ~ 850 户不等。在这些被调查的家庭中，本章选择 6 ~ 16 岁正在接受义务教育者为分析对象，由此获得的有效样本为 2 792 人。数据通过统计软件 SPSS11.0 进行统计分析。

第二节　择校就学：普遍的现象与弱势群体的弱势

一、我国城市义务教育阶段择校的政策规定与现实状况

"择校"通常是指放弃政府已有的教育安排而自行选择到其他学校就读的行为。对择校的分析可以有多种维度，根据办学体制，可以分为在公办学校系统内部进行的体制内择校和在公办学校与民办、私立学校之间进行的体制外择校；根据地域，可以分为在本县、市、区范围内进行的区域内择校和在不同地区之间进行的跨区域择校；根据教育组织机构的不同，可以包括在常规学校之间进行的择校，也可以包括在常规学校与非常规教育机构之间进行的非正规学校选择，后者

包括参加课外辅导班、聘请家教等①。

从现行政策看，我国鼓励民办、私立学校发展，为此还专门制定了《民办教育促进法》，可见体制间择校是被允许的；从上文所述国务院纠风办等《关于进一步做好治理教育乱收费工作的意见》可以看出，在义务教育阶段公办学校之间的择校是被禁止的；该文件第九条还规定："不准举办以各种名目收取费用的实习班、补习班、'提高班'、'超常班'"等，可见，由学校举办收费的补习班被禁止，但免费的和由社会机构举办的课后辅导班则不在禁止之列；我国《义务教育法实施细则》第十四条规定："适龄儿童、少年到非户籍所在地接受义务教育的，经户籍所在地的县级教育主管部门或者乡级人民政府比准，可以按照居住地人民政府的有关规定申请借读"，可见，经批准的跨地区择校（借读）是允许的。

在这些政策规定下，我国城市义务教育阶段的择校状况如何？

（一）公办学校之间的体制内择校依然盛行

由于民办、私立教育发展规模有限，体制外择校的比例还比较低。就读于非公办学校②的学生比例只有5.8%，就读于公办学校的占到94.2%。在公办学校就读的学生中，就近入学者占71.2%，"电脑派位"者占5.3%，择校和借读者分别占17.2%和2.8%（另有"其他"类占3.6%），即择校（含借读）的比例在公办学校已经达到20%（占样本总数的18.6%），该比例在直辖市和省会城市更高，达到27.8%。可见，有关"禁止择校"的政策并没有真正贯彻落实。

（二）区域内择校是择校的主要形式

在择校和借读者中，择校行为绝大部分发生在户口所在市（县）范围内，其中持本市（县）户口者占择校生的93.9%，只有6.1%的择校生来自外市（县）。

---

① 在我国有许多教育辅导机构都冠之以"学校"，如北京的"巨人学校"、"假日学校"，对这些学校举办的辅导班的选择尽管不属于对常规学校的选择，但也可视为一种广义的学校选择或教育选择；同样，聘请家教也属于教育选择行为。在美国，"在家上学"（Home Schooling）也被视为一种重要的择校行为，其人数到2003年已达110万。鉴于此，本章也将这类行为作为一种特殊的择校行为并进行研究。

② 在本章的统计中，"非公办学校"包括民办学校、私立学校、民办公助学校以及公办民助学校，后者尽管是"公立"的，但通常收取较高的学费，而且按民办机制管理和运行，因此在此也被列入"非公办学校"。

（三） 非常规学校选择十分普遍

参加课外辅导班和聘请家教等现象的比例非常高。在所调查的样本中，2004年参加了至少一项课外辅导班或兴趣班的学生比例为71.1%，有聘请家教经历者的比例为17.1%，既聘请家教又参加课外补习的占74.3%，在直辖市和省会城市，该比例为82.2%，在北京甚至达到90.7%。由此看来，在家长需求和市场供给的双重作用下，政府禁止举办校内辅导班的规定促成了一种普遍的校外补习行为。

二、家庭背景对择校行为的影响

可以说，择校以不同形式、不同程度地影响着我国城市每一个家庭、每一位儿童。那么，择校行为在不同家庭发生的概率如何？弱势群体在择校就学方面有何种表现？

（一） 父亲受教育程度与子女教育选择

受教育程度是反映个体知识、能力水平的重要标志，在现代社会，一定的受教育水平也是从事某些专业技术工作和行政管理工作的必要条件。由此可以认为，在不同受教育程度群体中，低学历者属于相对的弱势群体。从表9-1可以看出，父亲受教育程度越低，其子女不论是在公、私立学校之间还是在公办学校内部择校的比例都明显更低，参加课后辅导班和聘请家教的比例也更低。父亲为初中及以下文化程度者该三项的比例分别只有5.1%、15.7%和66.5%，比父亲为专科及以上学历者分别低1.4、9.8、13.5个百分点。经卡方（Chi-Square）检验，不同学历组之间后两种择校行为的比例有显著性差异。如果只考察父亲为城市非农户口者（占样本数的94.7%），则初中及以下学历者子女就读非公办学校的比例只有3.8%，而专科及以上学历者子女相应比例为6.3%，二者在统计上也具有显著性差异①。

（二） 父亲职业与子女教育选择

中国社会科学院"当代中国社会阶层结构研究"课题组根据所从事的职业，将当代中国社会划分为十大阶层，从高到低依次是："国家与社会管理者"、"经

---

① 不同样本导致统计结果差异的原因在于，本地农业户口或外地户口者就读非公办学校的比例较高，而这部分人父母学历层次通常较低，由此增加了低学历组子女就读于非公办学校的比例。

理人员"、"私营企业主"、"专业技术人员"、"办事人员"、"个体工商户"、"商
业服务业员工"、"产业工人"、"农业劳动者"、"城乡无业、失业、半失业者"。
参照该分类,在本章中,可以大体上将党政企事业单位负责人、专业技术人员、
办事人员和管理人员归为相对的优势阶层,而商业工作人员、服务性工作人员、
产业工人可以归为相对的弱势群体。从表9-1可以看出,前三类人员子女择校
的比例明显高于后三者。前三类人员子女在非公办学校择校、在公办学校择校、
参加课后补习班和聘请家教者的比例分别是6.9%、23.1%、77.9%,分别高出
后三类人员子女相应比例2.1、7.4、9.1个百分点,经统计检验,两组人群在三
类择校行为方面均有显著性差异。

表9-1   家庭背景与教育选择

家庭背景		教育选择（%）		
		就读非 公办学校	在公办学 校间择校	参加课后辅导班 或聘请家教
父亲 学历	初中及以下	5.1	15.7	66.5
	高中或中专	5.6	16.9	72.5
	大专及以上	6.5	25.5	80.0
父亲 职业	各类专业技术人员	7.7	21.5	78.7
	党政企事业单位负责人	6.4	28.2	75.3
	办事人员和管理人员	7.3	24.2	77.3
	商业工作人员	3.7	13.9	67.6
	服务性工作人员	4.2	12.8	59.5
	生产、运输工人	5.0	16.9	71.6
家庭人 均收入	最低25%	2.9	13.9	61.3
	中间50%	5.4	20.6	75.2
	最高25%	9.5	25.1	83.4
本人 户口	本地非农户口	5.3	19.0	74.8
	农村户口或外地户口	15.9	37.8	53.4

（三）家庭人均收入与子女教育选择

经济收入是家庭生活、娱乐、教育的基础,收入越高,越有可能在满足基本
物质需求的基础上享受生活、追求发展。在这个意义上,可以将低收入者视为弱

势群体。在本章中，将学生家庭 2004 年人均收入从低到高分为三组：最低的 25%（低收入组）、中间的 50%（中等收入组）、最高的 25%（高收入组）。从表 9-1 可以看出，家庭人均收入越高，子女择校的比例也越高。在低收入组，子女就读非公办学校的比例为 2.9%，在公办学校择校的为 13.9%，参加课后辅导班或聘请家教者为 61.3%，这三项分别比高收入组低 6.6、11.2、22.1 个百分点。经卡方检验，不同收入组之间在三项择校行为方面的比例均有显著性差异。

（四）本人户口与教育选择

在我国，户口仍然是影响学校选择的重要因素，在城市学校就读通常需要持本地城市非农户口。在此意义上，持农业户口或外地户口者均属于相对弱势群体。在本次调查中，学生本人持城市非农户口者占 94.7%，另有 5.3% 属于农村户口或外地户口。由表 9-1 可以看出，后者由于没有本地城市户口，没有规定的对口学校，也不受"就近入学"政策的约束，因而择校的比例非常高，他们中在非公办学校就读的比例达 15.9%，而在公办学校就读者中择校或借读者达 37.8%。不过，这一群体子女参加课后补习或聘请家教的比例却明显较低，只有 53.4%，比本地城市非农户口者低 21.4 个百分点。

由以上分析可见，尽管择校不是优势群体的专利，但优势群体有更多的教育选择自由和政策的优势；弱势群体并非不愿意择校，但受经济能力、社会关系、户口政策等的限制，他们在择校竞争中只能表现出无力与无奈。

第三节 择校收费：屡禁不止的顽症和沉重的负担

关于择校收费，政府有再三的明文规定，在 1990 年中共中央国务院《关于坚决制止乱收费、乱罚款和各种摊派的决定》、1993 年国务院办公厅《关于加强中小学收费管理工作的通知》、1996 年国务院办公厅转发国家教委等部门《关于 1996 年在全国开展治理中小学乱收费工作实施意见的通知》、2001 年国务院纠风办、教育部《关于进一步做好治理教育乱收费工作的意见》、2002 年教育部《关于加强基础教育办学管理若干问题的通知》等文件中，都明确规定禁止公办学校的择校收费行为，在 1997 年国家教委印发的《关于治理中小学乱收费工作的意见》甚至提出了时间表："要在 1997 年、1998 年两年内解决'择校生'问题，实现就近入学。"

那么，实际的情况怎样？从本章可以发现，择校收费仍然是非常普遍的做法。民办、私立学校以及公办民助和民办公助等体制改革学校收费自然不必多言，在公办学校择校的 519 名学生中，有 312 人填写了赞助费所交纳的择校费数据，在 1985 名参加了课后补习班或兴趣班的同学中，有 1 802 人填写了相关经费数据，即使将没有填写相关数据者均视为无收费，两种择校中交费者的比例也分别占 60.1% 和 90.8%。说明多数择校仍然是通过付费实现的，免费的择校、借读只是少数，免费的课后辅导班和兴趣班则更少。

通过对收费数额的分析发现，各类择校费已经成为我国多数城市家庭教育支出的重要部分。在所调查的样本中，2004 年各类教育经费支出总额生均为 2 929.7 元，其中学杂费平均为 652.5 元；在填写了相关数据的样本中，公办学校的择校费（赞助费）平均为 3 537.6 元，非公办学校择校费平均为 6 240.4 元；在 1985 名参加了课后补习班或兴趣班的同学中，该项支出平均为 981.8 元，占年度生均总支出的 1/3。可见，仅课后补习一项，就已经成为一项数额大、涉及面广的重要教育支出。另外，择校的成本显然不仅仅限于相关项目的直接支出，由于放弃就近入学，显然会增加上学的距离。在本次调查中，择校者从家到学校的距离平均为 3.02 千米，正好是不择校者平均距离（1.51 千米）的两倍。求学距离的增加必然会导致交通成本（包括金钱和时间）的增加。不仅如此，有些家庭为了在一个较好的学校"就近上学"而不惜在学校附近购买住房或迁移户口。本次调查发现，在 2 792 名义务教育阶段在校生中，有 8.5% 的人为了进入现在的学校学习而变更了住址或户口所在地。这种搬家成本很难直接估计出具体数额，但很显然，没有相当的经济实力或社会关系的弱势群体是很难做到这一点的。另外，家长、学生为择校付出的时间、精力则是无法用金钱衡量的。

择校收费对不同社会经济背景家庭有着不同的影响。从表 9 - 2 可以看出，家庭收入水平在很大程度上决定子女的教育支出水平和择校行为。在低收入组，学生人均教育支出只有 1 605.4 元，只有高收入组的 1/3 左右，但在家庭教育负担方面，低收入组每个子女在义务教育阶段的教育支出占到家庭人均年收入的 48.0%，而在高收入组，该比例只有 24.5%。面对各种需要收费的择校，低收入家庭通常只有两种选择：或者因缺乏支付能力而放弃选择，或者是为了子女接受更好的教育而勉强参与。但从表 9 - 2 也可以看出，即使是参与择校，低收入组人均支付的择校费也只有高收入组的 30%，人均补习费只有高收入组的 40%。如果"择校市场"也遵循"优质优价"，那么，显而易见的是，弱势群体即使勉强参与择校也只能选择质量相对较次、价格也较低的学校和课外辅导项目。在本研究中，农村或外地户口的择校者中认为子女所就读的学校属于当地一般或较差学校者达 54.5%，而城市非农户口者该比例只有 16.0%；家庭人均年收入属于最低 25% 者该比例为 39.9%，而高收入组该比例只有 10.7%。

表 9-2　　　　　　　不同收入群体教育支出状况（2004 年）　　　　　单位：元

经费收支项目	家庭人均年收入分组					
	最低 25%		中间 50%		最高 25%	
	数额	样本数(个)	数额	样本数(个)	数额	样本数(个)
家庭人均收入	3 341.3	682	7 632.7	1 401	18 923.7	709
个人教育总支出	1 605.4	680	2 694.2	1 396	4 671.3	706
学杂费	513.4	638	591.6	1 336	911.1	656
择校（赞助）费	1 704.1	56	3 486.5	185	5 558.6	117
补习费	549.4	364	946.5	920	1 345.4	521

第四节　就近入学：被误解的政策和无力的保护伞

国际上，"就近入学"作为一项制度规定，早在 1870 年英国的《初等教育法》中就已经出现，该法明确规定小学生就学距离为 3 英里，超过 3 英里则家长有权以距离远为由拒绝送子女入学。我国有关"就近入学"的规定源自 1986 年颁布的《义务教育法》，其第九条规定：地方各级人民政府应当合理设置小学、初级中等学校，使儿童、少年就近入学。由此可见，"就近入学"在我国也是为普及义务教育而制定的一项措施，是政府应该履行的义务，其主要目的是保证学生比较便利地接受规定的学校教育；对学生而言，"就近入学"则是一种应该享受的权利。然而，这种对政府义务的规定却被有意无意地演变成了对家长和学生的强制要求，变成了治理"择校"的手段和目标，例如，教育部 2002 年《关于加强基础教育办学管理若干问题的通知》中就有如下表述："坚持义务教育阶段公办学校就近免试入学"、"坚持义务教育阶段公办学校不招'择校生'"。

强制的"就近入学"是用以限制择校，从而维护教育机会均等的政策手段。那么，就近入学是否就能真正保证弱势群体均等的受教育机会呢？本次调查中，由家长对自己子女所就读学校在当地的相对质量进行了评价，结果，有 61.1% 的人认为自己子女所在学校为当地最优或次优，只有 38.5% 的人认为子女所就读的学校属于一般学校或较差学校，其中认为在较差学校的只有 1.4%。如果学校质量是正态分布，则家长们的评价是总体偏高的。尽管如此，还是可以通过家

长的评价反映不同家庭背景学生所就读不同质量学校的差异。表 9 - 3 显示的是
通过就近入学或电脑派位入学的学生所就读学校的类型。从中可以看出，同样是
通过就近入学或电脑派位，但父亲为初中及以下学历者就读当地最好或次优学校
的比例只有 42.2%，比父亲学历为专科及以上学历者低 26 个百分点；父亲职业
为党政事业单位干部者就读较好学校的比例达到 80%，而生产、运输工人的子
女就读较好学校的比例只有 42.5%，几乎只有前者比例的一半；同样，家庭收
入越高，子女就读好学校的比例越高，拥有本地城市户口者比农村户口和外地户
口者就读好学校的比例更高。

表 9 - 3 　　　就近入学或电脑派位者家庭背景与就读学校类型

家庭背景		就读不同学校的比例（%）	
		当地最好或次优学校	一般或较差学校
父亲学历	初中及以下	42.2	57.8
	高中或中专	51.7	48.3
	大专及以上	68.6	31.4
父亲职业	各类专业技术人员	63.0	37.0
	党政企事业单位负责人	80.3	19.7
	办事人员和管理人员	63.8	36.2
	商业工作人员	44.7	55.3
	服务性工作人员	49.0	51.0
	生产、运输工人	42.5	57.5
家庭人均收入	最低25%	47.6	52.4
	中间50%	63.2	36.8
	最高25%	69.9	30.1
本人户口	本地非农户口	55.4	44.6
	农村户口或外地户口	45.1	54.9

　　从以上数据可以认为，在"就近入学"情况下，优质教育机会的分配并不
是随机和平均的，弱势群体仍然处于不利处境。造成这一现象的原因可能主要有
两点：第一，由于历史发展、地域环境等原因，城市优质学校的分布是不均匀
的，优势群体所居住的区域通常各种自然、人文环境较好，拥有更多的教育资
源，能吸引更好的教师，而弱势群体所居住区域则没有这种优势，所在区域附近
学校质量较差，因而通过"就近入学"而就读优质学校的机会较低。第二，在
就近入学或电脑派位政策约束下，如果被分派到薄弱学校，优势群体可以通过付
费择校或就读民办学校等方式放弃就近入学机会，而弱势群体往往只能被动地接

受安排。如此一来，在薄弱学校就读的弱势群体子女比例自然会相对更高。

第五节　结论与建议：扩大弱势群体的择校自由

　　本章分析了多种择校方式及其对教育机会分配的影响，但结果发现，在以付费作为择校基本方式的情况下，不论是公办学校内部择校、公私立学校之间的择校还是对课外辅导班和家教的选择，弱势群体都处于明显不利的地位；研究还发现，在就近入学和电脑派位情况下，弱势群体就读优质学校的概率也明显较低。因而，从扩大教育机会均等的角度出发，有必要对现行相关政策进行系统的反思。

　　第一，关于在公办学校与民办学校之间的择校。它涉及公、私立教育关系这一教育基本制度安排。对于是否发展私立教育、在什么教育层次上发展、发展多大规模、如何发展等问题，各国都有不同的理念和实践。通常认为，从丰富教育的多样性、扩大教育选择的角度看，在公立教育系统之外发展一定规模的私立教育是必要的。其实，在国际上有关择校的争论中，反对派通常也并不是笼统地反对择校或者反对私立教育，而是质疑将公立教育私营化的效果，反对通过政府财政方式（如教育券、学费退税等）资助和发展宗教性质的私立学校。在我国，鼓励和促进民办教育已经被列入法律，在民办教育发展历史较短、规模还较小的情况下，支持民办教育的发展就更为必要。在义务教育阶段，由财政支持的免费的公立教育应该占绝对的主导地位，这是实现培养社会共同价值、促进教育公平这两大公共教育目标的基础，但从尊重教育权和受教育权的角度看，在义务教育阶段发展适当规模的民办教育同样是必要的。由于民办、私立学校主要通过非财政性教育经费举办，通过交费就读民办、私立学校的择校行为相对而言更容易为社会所认可，因而多元化、高质量的民办、私立教育也是分流和疏导目前公立学校择校行为的有效途径。

　　第二，关于课外辅导和聘请家教。这是一个还没有引起充分重视却又影响深远的棘手问题。课外辅导确实可以在一定程度上提高学生的文化成绩、培养兴趣特长、弥补课堂学习的不足，但其负面影响已经非常明显，本研究认为至少包括以下方面：（1）加重学生的学习负担，影响他们身心健康发展；（2）给家长带来了沉重的经济负担，增加时间、精力的投入；（3）将可能出现优势群体大量参加课外学习，而弱势群体则只能被动接受学校提供的教育状况，使通过公立教育制度促进教育公平的努力付之东流；（4）将拉大同一班级学生之间学习水平的差异，对班级授课制等基本的学校教育制度造成冲击；（5）将影响教师对课

214

堂学习真实效果的判断，影响学校教育在人才选拔方面的鉴别能力。因而对这种普遍性的课后补习现象不应该视而不见、任其发展。但简单的禁止也不符合情理和《民办教育促进法》的精神。笔者认为，应该从源头上抓起，不仅不允许初中学校以考试方式挑选学生，也应该严格禁止通过英语证书、数学竞赛、兴趣特长等来挑选学生，以削弱这些变相选拔考试的指挥棒作用和对相应补习的需求；同时，应该鼓励学校因材施教，通过免费的兴趣活动和选修课程，发展学生的兴趣特长；此外，政府在公立学校针对确实有需求的、在学习上有困难的群体，通过相应的经费支持和师资安排，举办一定数量的补习和课余辅导，通过有组织的免费的校内补习来平衡和限制市场化的校外辅导产生的不利影响①。

第三，关于在公办学校之间的择校。我国现行的公办学校教育机会分配政策大体上可以认为是"强制性的就近入学"，即划片招生、学生到规定的户籍所在地学校"就近入学"，原则上不允许择校。在此情况下，学生实际上只能到一所学校就读，除非改变户籍，否则就没有选择的余地和择校的可能。但是，正如前文所述，就近入学只是学生应享受的权利而非义务，选择适合自己的合法的教育也应该是学习者的权利，不能因反对"择校收费"而将合理的择校也一并禁止。事实上，由于有其正当合理性，择校实际上也是不可能被禁止的，在"禁令"下达10年之后，目前我国公办学校还有约20%的择校生就说明了这一点。中外教育实践经验也显示，强制性的就近入学政策往往只能更多地限制弱势群体的择校自由，并不能保证教育机会均等。在美国的许多大城市，由于教育经费主要来自地产税，富裕学区收到的地产税多，学校质量更好，穷人居住的棚户区学校质量则通常都会比较差，在此情况下，就近入学导致了美国严重的教育机会分配不均，这一直是美国教育面临的最大难题之一，而打破就近入学限制、扩大择校自由则已经成为治理该问题的重要举措。在我国，由于优质学校分布不均匀，加之城市发展过程中不同区域的发展不平衡，尤其是不同社区房地产价格的差异，也将一定程度上导致同质社会阶层聚集和新建学校发展不平衡的现象。在此情况下，强制性就近入学就难免会导致教育机会不均等。因此，不论从理论上还是从现实上看，强制性的就近入学政策都应该取消。

合理的教育机会分配方式应该考虑到维护教育公平、尊重教育选择自由、激发师生教学积极性以提高教育效率等价值追求，在义务教育阶段的公办教育中，尤其应该注重教育机会的相对均等以促进社会公平，注重学生的全面发展以提高国民素质。因此，笔者认为：

---

① 美国在公立学校免费对英语为非母语者提供"英语作为第二语言课程"（ESL）的做法就被视为这方面有益的尝试。

1. 政府应真正履行"就近入学"的义务，逐步完善学校划片招生制度和免费、免试择校制度。具体包括：（1）应根据现有或新建学校的设计规模以及对片内适龄儿童数量的估计，按就近的原则划定学校所覆盖的区域范围，并使学校及其划片规定广为人知；（2）根据居住地（而非户口），片内居民可以无条件地享有在本片内义务教育学校就读的权利，学校不得拒绝片内申请者；（3）由于我国基础教育管理及其经费安排以县（区）级管理为主，因而学生可以在划定的学校之外、本区县内自由择校，但必须提前申请，学校在优先满足片内学生需求之后，根据剩余学额数量和申请的先后顺序或抽签结果接受片外学生；（4）对于跨区县的择校，流入区县应在优先满足本区县学生需求之后，根据剩余学额数量和申请的先后顺序或抽签结果接受外区县学生，在申请被获准后，择校者还需到流入和流出两方教育行政部门备案，由流出地政府向流入地政府支付相应经费，或者由家长和流出地政府共同分担；（5）学校必须按核定的设计规模和班级规模招生，不允许在超出核定规模的情况下招收片外学生；（6）建立更完善的、便捷、丰富的学校信息查询系统，为学生和家长择校提供信息服务。

2. 通过多种途径促进义务教育均衡发展。在均衡化的公立教育体系中，受教育者选择任何一所学校，其资源、条件都基本一致，家长和学生们也就不会舍近求远，自然会"就近入学"了。因而，改善薄弱学校，办好义务教育阶段每一所学校，实现学校之间的均衡发展，应成为政府的重要责任。在此方面，我国学者已经就教育均衡化的意义、途径、措施、国际经验等做了大量论述，教育部也早在 1998 年就印发了《关于加强大中城市薄弱学校建设办好义务教育每一所学校的若干意见》，并且近年来一直将基础教育均衡发展作为工作重点之一。为切实促进义务教育均衡发展，政府应该从多方面开展工作，其中主要包括：制定义务教育学校办学条件标准，按标准提供教育场地、设施、经费和师资；建立规范的教师工资和激励制度，缩小不同学校之间教师工资待遇的差距，推进公办学校校长和教师的流动制度；建立公开、透明的教育财政制度，规范预算外教育经费的分配制度；加大对现有薄弱学校的投入力度，建立完善政府间教育经费转移支付制度，努力缩小地区之间、城乡之间教育经费差距。

3. 扩大学校自主权，鼓励学校多元发展。公办学校的多元发展不仅是满足学生多样化的教育需求的需要，也可以在一定程度上弥补弱势群体无力选择民办教育的劣势。为此，政府的职责应该更多地转向制定义务教育课程、师资和办学条件等方面的标准、提供教育经费并审计教育经费的使用、建立评估体系并组织评估、收集和发布教育信息等方面，同时，应该赋予学校更多的办学自主权，鼓励学校按照不同的教育理念、教育方法和教材体系开展教育教学实践。在对学校和教师工作评估中，应该根据不同学校的办学目标、物资条件、生源基础等，进行个性化的评估，促进学校教育的多元化、特色化，以扩充学生的教育选择范围。

概而言之，强制就近入学与以钱择校一样会导致教育机会不均等，而以均衡化、多样化为基础的、免费的、更自由的择校制度则是保护弱势群体受教育机会的基本途径。

第十章

高等教育入学机会均等化研究

第一节　关于入学规模和机会均等的两个猜想

20 世纪以来，教育规模的扩大是世界性的。在教育规模扩大过程中，学生的社会经济背景对教育机会均等性的影响是否存在变化？存在什么样的变化？换言之，教育机会均等化的程度能否通过教育规模的扩大得到改善？在探讨这些问题的时候，学界产生了两种不同的理论假设：拉夫特瑞（Raftery）等人 1993 年提出的所谓"最大化地维持不平等"假设（Maximally Maintained Inequality，MMI）（Raftery and Hout，1993）；卢卡斯（Lucas）2001 年提出的所谓"有效地维持不平等"假设（Effectively Maintained Inequality，EMI）（Lucas，2001）。

拉夫特瑞等人 1993 年对爱尔兰的中等教育规模扩展与机会均等关系进行了研究。爱尔兰的中等教育在 20 世纪一直稳定扩展，特别是到了 60 年代后半叶更有了一个急速的扩张。拉夫特瑞等人的研究发现，随着规模的变化以及一系列带有均等化意义的教育财政政策的实施，家庭背景对教育机会的影响在减弱，但是阶层之间的屏障并没有消失。拉夫特瑞等人因此提出了 MMI 理论。其核心观点大致可以归纳为以下两点：第一，持续增长的教育规模并不必然会改变家庭社会地位对人们所获得的教育机会的影响；第二，当受教育机会的快速增加超过了社会的总需求时，教育系统中的不平等程度不会减少。只有当高阶层的教育需求已经达到了某种饱和——或是说已经达到了该级教育水平的"最大化"，特权阶层和弱势群体之间入学机会的差异才可能减小。否则，入学机会的变化可能会是相反的情况。那些社会经济地位高的父母总是会寻找各种方式，使其子女受教育机会最大化。

MMI 理论问世以来，产生了很大的影响。但是 MMI 提出的"当某级教育水平已经普及后，家庭的社会经济背景对该级教育机会的影响将减少并可能消失"的观点，受到了来自卢卡斯等人的质疑和批判。卢卡斯认为，由于没有考虑到教育内部存在的质量和类型的差异，所以 MMI 不能揭示家庭社会经济背景与教育机会之间的深层关系。卢卡斯进而提出了 EMI 理论。他认为当数量的均等在某个教育层级实现后，应该考虑质量的不均等。社会经济处于优势的成员无论在何时何处都会确保他们自身和子女教育机会的优势。如果教育机会在数量上的差异是显著普遍的，那么优势阶层将获取数量上的优势；如果教育机会在质量上的差异是普遍的，那么优势阶层将获取质量上的优势。只要某个特定的教育程度还没有普及，处于社会经济状况优势的阶层将使用各种资源来确保获得该程度的教育。一旦该层次教育变得普及了，他们将使用他们的能力确保数量类似但质量更好的教育。

EMI 和 MMI 都强调了家庭之间的社会阶层的竞争，都认为对于没有普及的教育层级而言，家庭社会背景的影响是显著的。但是他们的分歧也是显而易见的。MMI 认为对普及化的教育层级，家庭背景的影响可以为零；而 EMI 认为，对于任何已经普及的教育，竞争将围绕教育的类型和质量出现，不平等不仅不应该是零，而且还不应该是不显著的。

教育机会的概念应该涉及不同层面的内容。我们不妨将教育机会均等的概念区分为以下三个层面：第一层面是关于某级教育参与状况的研究。如通过人们的受教育年限或者某级教育的入学率在人群中的分布状况考察教育机会的均等性。这层分析关注的是教育发展的数量层面的均等化问题。第二层面是对不同质量和类型教育的参与状况的研究。如按照类型将高等教育分成普通高等教育和高等职业教育，研究不同类型的高等教育的参与情况；按照人力资源和物力资源或者享有的社会声誉将高校分成不同质量等级的高等院校，考察其机会均等化的情况。与第一层面的研究相比，这个层面聚焦于质量的差异而不仅是数量的差异。第三层面是关于教育结果的平等化。如研究教育的收益（可以包括就业机会、职业、收入等）在人群中的分布。MMI 的关注点聚焦于第一个层面，而 EMI 关注的是第二个层面。MMI 和 EMI 都具有自身的价值，它们分别阐述的是对方所没有揭示的层面。将这两个理论结合起来，有助于从不同层面更深刻地认识中国高等教育规模扩展和机会分布的变化。

第二节 中国高等教育机会均等研究的实证发现

20 世纪 90 年代以来，中国高等教育招生规模一直在增加。入学规模的增加无疑提供了更多的高等教育机会。随着规模的增大，高等教育的入学机会在不同社会群体中的分布状况是如何变化的？规模的扩大是否弱化了家庭经济背景对入学机会的影响？

本章将从两个方面为以上问题提供实证研究的发现：第一，在不考虑高等教育内部质量分层的情况下，通过对城镇居民接受高等教育机会的研究看均等化程度的变化；第二，通过对不同质量的高校进行分层，从在校生群体社会经济背景的构成看高等教育机会分布的变化。

一、不考虑质量因素时城镇居民高等教育入学机会分布的变化

本部分使用由国家统计局城调队 1991 年和 2000 年的城镇居民入户调查数据，对年龄 23 岁以下具有大专及以上文化程度（包括接受过或者正在接受高等教育）的家庭成员（以下简称"高校生"）的家庭社会经济背景的构成进行了分析。从图 10-1 和图 10-2 不难看出"高校生"在不同收入组中分布的变化情况。图 10-2 中，横轴以升序的方式表示"高校生"家庭经济背景状况，纵轴表示"高校生"累计百分比。假如不同经济背景的成员高等教育入学机会完全均等，则洛伦兹曲线应该是 45°角的直线。图 10-2 表明，从 1991~2000 年，洛伦兹曲线更加接近于 45°角曲线。同时我们仿照基尼系数的做法，定义"高等教育机会基尼系数"。系数取值为 0 和 1 之间。系数为 0 时，高等教育机会在各收入组中绝对均等。当系数增加时，均等水平减少。通过计算可以知道，1991 年和 2000 年的"高等教育机会基尼系数"的取值分别为 0.4746 和 0.1520。这些分析表明，"高校生"在不同经济状况人群中分布的均等性有了明显的改善。

除对家庭经济状况的分析外，作者还对"高校生"的父母或者监护人（用户主代表）的文化程度进行了分析。表 10-1 表明，与 1991 年比，2000 年来自户主的文化程度相对较低的家庭的"高校生"的比例有显著上升。也就是说，"高校生"在不同文化背景的人群中分布的均等性有了明显的改变。

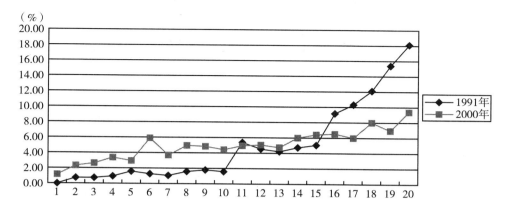

图 10-1 "高校生"在不同经济水平组别中所占比例的分布

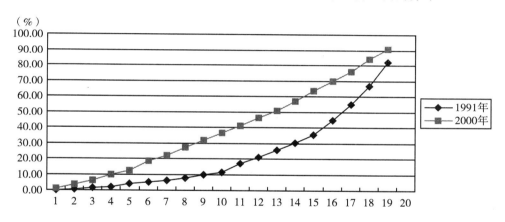

图 10-2 "高校生"在不同经济水平组别中所占比例的累积分布

综上所述，实证结果表明，较低社会经济文化背景的家庭在高等教育的参与状况方面有了明显的改善。与 1991 年相比，2000 年高等教育机会均等状况有了显著的提升。

表 10-1   按户主文化程度分组的"高校生"分布   单位：%

户主文化程度	1991 年	2000 年
大专及以上	44.8	30.8
中专	15.0	13.8
高中	14.8	18.4
初中及以下	25.4	37.0

实际上，随着 20 世纪 90 年代期间高等教育财政政策的改革，学费在整个高等教育经费来源中所占的比例发生了显著变化。非预算性资金，特别是学费和各项杂费在高等教育经费中起着越来越重要的作用。1995 年公共高等教育开支在整个经费来源中占 73.29%，而到了 2000 年这一比例则衰减到 55.23%，同期学杂费则从 11.89% 提高到 21.09%。生均开支中学费所占比例逐年增长，从 1990 年的 6% 上升到 1995 年的 16% 并进而到 2000 年的 31%。学费占农村人均纯收入和城镇人均收入的比例在 1990 年的时候分别为 28% 和 12.62%，而相应的指标在 1995 年分别为 67% 和 25%，到了 1999 年则分别为 160% 和 61%。虽然成本补偿政策在支持高等教育系统扩张的过程中起到了非常重要而积极的作用，但是学费的高速增长使人们有理由担忧高等教育入学机会均等程度的恶化。

但是以上实证研究却得到了与财政政策变化相反的结果，分析原因，可能有以下几个方面：第一，高等教育规模的扩展为社会各个阶层、特别是中低阶层，带来了高等教育参与程度的普遍提高。1991 年普通高等院校在校生为 204 万人，而到了 2000 年这个数字增加到 556 万人。入学规模的扩大可能在很大程度上抵消了高等教育私人成本上涨对入学机会产生的负面影响。这个事实实际上在某种程度上支持了 MMI 理论。第二，20 世纪 90 年代中国高等教育毕业生的私人收益一直在显著地提高。有研究表明中国高等教育私人的明瑟收益率在 1991 年和 2000 年分别为 3.78% 和 13.1%，增长是极其显著的（陈晓宇等，2003）。与既考虑了私人成本也考虑了私人收益的内部收益率相比，仅仅反映私人收益状况的明瑟收益率在决定人们高等教育付费意愿的时候可能起了更重要的作用，即人们在决定是否选择高等教育的时候更多地考虑的是高等教育毕业生的收益。第三，本部分研究使用的仅仅是城镇入户调查的数据，如果考虑农村数据，结果是否依然如此尚不得而知。第四，高等教育系统本身是一个"金字塔"，在高等教育内部存在着质量和类型的明显差异。但是由于数据本身的限制，本部分的研究不能区分不同层次的高等教育的入学情况。为了进一步深化研究，以下实证分析部分将使用其他数据，从数量以外的质量层面探索高校入学机会的变化。

二、考虑高校分层后在校生群体的社会经济背景构成及其变化

一些学者曾就我国高等院校进行分层后入学机会的变化进行过有益的探讨。虽然这类研究大都认为家庭背景是影响入学机会的重要原因，但是由于使用不同的研究设计和调查样本，对于机会的变化，特别是在不同层次高校内部的变化及趋势并没有一致的结论（例如，谢维和等，2000；丁小浩，2000）。为了进一步

深化对近年来高等教育入学机会变化的研究，本部分使用从 2004 年 6 月在全国范围内抽取的不同地区不同类型高校学生问卷所获得的数据，对入学年份不同的在校本科生构成的家庭社会经济背景进行分析。

人们可以根据不同标准对高等院校进行质量分层。为了适合本章的研究目的，本章将依据学校的知名度和对生源的吸引程度将 15 所样本高校分成"一类院校"和"二类院校"两个层次。"一类院校"由教育部和其他部委的直属高校或者是"985 工程"的高校构成；"二类院校"由没有被列入"一类院校"的院校组成。由于考虑了对生源的吸引程度，本部分将农林和地质类院校统统归入到"二类院校"。

（一）学生职业出身及其变化

学生的职业出身是反映家庭社会经济背景的一个重要变量。此部分将使用父亲职业代表学生的职业出身，从不同角度分析在校生职业出身的情况。

1. 本部分结合整个劳动力市场的职业结构信息，分析在校生群体的构成。为此，引入 2000 年第五次全国人口普查关于就业者职业结构的信息，并将各类职业出身学生的比重除以相应职业人口在整个社会所占比重。如果比例是 i，则表明该类职业出身的在校生和整个劳动力市场中从事该类职业的人员在比例上是大体一致的；如果比例越小于 1，则表明该类职业出身的在校生在比例上越低于整个社会中从事该类职业人员的比例；同样的，如果比例越大于 1，则表明该类职业出身的在校生在比例上越高于整个社会从事该类职业的人员的比例。表 10 - 2 反映了学生职业出身的情况。

表10 - 2　　　学生父亲职业背景占就业者相应职业分布的比重

	一类院校	二类院校	一类/二类
农林牧副渔	0.27	0.49	0.54
工人	0.73	0.76	0.95
一般管理人员或职员	3.61	3.20	1.13
高级专业人员	2.82	1.92	1.46
单位或部门负责人	10.62	6.58	1.62

从表 10 - 2 可以看出，出身为农林牧副渔和工人的群体所获得的高等教育机会明显小于从事该职业人口在社会人口中的期望比例（取值都小于 1）；而这两类职业出身的学生所获得一类院校的入学机会的比例比二类院校更少（一类院校的取值小于二类院校）；出身为一般管理人员或职员、高级专业人员、单位或部门负责人的群体所获得的机会明显高于从事该职业人口在社会人口中的比例

223

（取值均大于 1）。尤其职业出身为单位或部门负责人的群体获得一类或者二类高校入学机会的分别是社会人口职业结构期望比例的 10 倍和 6 倍以上。入学机会的差异是明显的。

2. 为了对某个群体的职业进行综合估计，本部分构建"职业指数"①。根据本"职业指数"计算中对各个职业权重的赋值不难看出，某个群体的职业指数取值越高，则该群体的社会地位越高，反之亦然。表 10 - 3 是按学校层次划分的不同入学年份学生父亲的职业指数。

表 10 - 3　　　　　　　不同类型院校学生父亲职业指数的变化情况

职业指数	学生入学年份			
	2000 年	2001 年	2002 年	2003 年
一类院校	56.8	55.4	57.8	58.4
二类院校	51.8	50.9	48.2	51.1
一类/二类	1.10	1.09	1.20	1.14

表 10 - 3 表明，对于同样的入学年份，一类院校学生父亲职业指数均高于二类院校学生父亲的职业指数；随着时间的变化，一类院校的职业指数比二类院校的职业指数有上升的趋势。

3. 就职业分布而言，人们常常关注处于职业分层两极位置人员的状况。一极是社会中处于最弱势的职业人员，如农林牧副渔业的从业者；另一极是社会中处于最强势的职业人员，如党政机关和企业负责人以及高级专业技术人员。表 10 - 4 是父亲职业为农林牧副渔的学生所占比重的变化。表 10 - 5 是父亲职业为企事业单位负责人和高级技术人员的学生所占比重的变化。

表 10 - 4　　　　　　　父亲职业出身为农、林、牧、副、渔的
学生所占比重的变化

	学生入学年份			
	2000 年	2001 年	2002 年	2003 年
一类院校	0.187	0.175	0.141	0.177
二类院校	0.296	0.297	0.340	0.312
一类/二类	0.632	0.589	0.415	0.567

---

① "职业指数"构造如下：先对不同职业赋值，然后以不同职业人员在总人员中的比重为权重进行加权求和。职业指数的绝对值没有特别的含义，主要用来考察动态变化趋势。

表 10 - 4 说明，对于同样的入学时间，父亲职业出身为农林牧副渔的学生在一类院校所占比例均低于二类院校该比例；随着时间的变化，一类院校比二类院校的该比例似有下降的趋势。

表 10 - 5　　　　　　**父亲职业出身为单位负责人或高级专业**
人员的学生所占比重的变化

	学生入学年份			
	2000 年	2001 年	2002 年	2003 年
一类院校	0.324	0.306	0.364	0.359
二类院校	0.258	0.221	0.202	0.227
一类/二类	1.256	1.385	1.802	1.581

表 10 - 5 说明，对于同样的入学时间，父亲职业出身为单位负责人或高级专业人员的学生在一类院校所占比例均高于二类院校该比例；随着时间的变化，一类院校比二类院校的该比例似有上升的趋势。

（二）学生家庭教育背景的变化

家庭的教育文化背景是反映学生社会经济背景的一个重要变量。本部分用父亲教育程度代表家庭教育文化背景。为了对某个群体的教育程度进行综合的估计，本研究构建"教育指数"①。根据本"教育指数"计算中对各级教育权重的赋值不难看出，某个群体的教育指数取值越高，则该群体的社会地位越高；反之亦然。表 10 - 6 是按学校层次划分的不同入学年份学生父亲的教育指数。

表 10 - 6　　　　　　　**父亲教育指数变化**

教育指数	入学年份			
	2000 年	2001 年	2002 年	2003 年
一类院校	47.8	47.9	50.6	52.3
二类院校	46.8	45.3	43.1	45.8
一类/二类	1.02	1.06	1.18	1.14

---

①　"教育指数"构造如下：先对不同教育程度赋值，然后以不同教育程度的人员在总人员中的比重为权重进行加权求和。教育指数的绝对值没有特别的含义，主要用来考察动态变化趋势。

225

表 10 - 6 表明,对于同样的入学年份,一类院校学生父亲教育指数均高于二类院校学生父亲的教育指数;随着时间的变化,一类院校的教育指数比二类院校的教育指数有上升的趋势。

(三) 进入不同类型高校的影响因素分析

基于以上分析结果,本部分进一步采用 Logistic 回归分析,探讨家庭的社会和经济背景因素对是否能够进入"一类高校"的影响。

因变量为进入一类高校的虚拟变量 (Y_1),自变量包括:(1)家庭经济状况(Eco);(2)父亲职业是否是"单位或部门负责人"或"高级专业人员"的虚拟变量(Ocu - 1 - 2);(3)代表父亲职业是否是农林牧副渔或工人的虚拟变量(Ocu - 7 - 8);(4)代表生源地是城市地区的虚拟变量(Residency);(5)代表入学时间的变量(Time)。采用 Logistic 回归分析的结果如表 10 - 7 所示。

表 10 - 7   Logistic 回归结果

	系数 B	标准误	显著性水平	Exp (B)
Residency	0.392	0.049	0.000	1.480
Eco	0.047	0.005	0.000	1.048
Ocu - 1 - 2	0.123	0.060	0.042	1.130
Ocu - 7 - 8	- 0.265	0.054	0.000	0.768
Constant	833.549	42.072	0.000	

从表 10 - 7 可以发现,获取优质高等教育的机会(一类院校)与生源地、家庭经济背景、父亲职业状况都有显著的相关性。例如,在所有高校生群体中,生源地在城市的学生进入一类高等院校的机会是其他非城市生源的 1.48 倍(见 Residency 变量的 Exp (B) 值);在所有高校生群体中,如果父亲职业是农林牧副渔或工人,其进入一类高等院校的机会就非常小(只有 0.768 倍);而父亲职业是单位负责人或高级技术人员的,其进入一类高校的机会明显大于其他家庭出身的人员;家庭收入对进入一类高校有显著正的影响。

归纳对高等院校进行质量分层后的实证分析结果,本章得到如下结论:

1. 职业为农林牧副渔和工人的人群的子女所获得的高等教育机会明显更小;而这两类职业出身的学生进入一类院校的机会的比例比进入二类院校的机会更少;出身为一般管理人员或职员、高级专业人员、单位或部门负责人的人群所获得的机会明显更高。尤其是职业出身为单位或部门负责人的群体获得一类或者二类高校入学机会的分别是社会人口职业结构期望比例的 10 倍和 6 倍以上。入学机会的差异是明显的。

2. 一类院校的学生，其父亲职业指数要明显高于二类院校学生的父亲职业指数。一类院校的学生父亲职业指数显示出随着时间的变化而逐渐递增的趋势，而二类院校则在 2000～2002 年间显示出了递减的态势。

3. 一类院校学生职业出身为农林牧副渔的比重要明显低于二类院校。一类院校学生职业出身为农林牧副渔的比重随着时间的推移显示出递减的趋势，而二类院校则在 2000～2002 年间显示出了递增的趋势。

4. 一类院校学生职业出身为单位或部门负责人或高级专业人员的比重要明显高于二类院校。一类院校学生职业出身为单位或部门负责人或高级专业人员的比重随着时间的推移显示出递增的趋势，而二类院校则在 2000～2002 年间显示出了递减的趋势。

5. 一类院校的学生其父亲的教育指数要明显地高于二类院校学生父亲的教育指数。随着入学时间的变化，一类院校学生父亲的教育指数有明显的提高。然而，在二类院校，该指数并没有出现相同趋势的变化，而是在 2000～2002 年间有明显的下降态势。

6. 在校生家庭的经济状况、父亲的职业、生源地等变量在决定学生进入一类高校的机会上具有显著影响。

以上对中国高等教育机会分布的实证研究在不同层面为 MMI 和 EMI 的解释性提供了依据。从第一个层面看，随着高等教育规模的扩大，用数量指标反映的高等教育机会均等化的程度有了明显提高。这个结果实际上与 MMI 的假设是相吻合的。从第二个层面看，即当考虑了质量因素后，高等教育机会的分布并没有呈现出更加均等化的势头。相反，优质高等教育呈现出更加倾向于优势社会阶层的势头，而非精英型的高等院校在扩大社会弱势群体的高等教育机会方面发挥了重要作用。从第二个层面看，EMI 对于中国的情况更加具有解释性。

第三节　原因探讨

中国的高校招生是以统一的高考成绩为录取标准的。无论是全国统一的高考，还是各省市统一的高考都在制度上保证了入学机会与考试成绩的对应。虽然其中还有重点高校在各地招生额度分配上的公平性问题，还可能有经济弱势群体对高等教育选择时可支付能力的影响，等等，但在各地区和各省份内部，从招生机制上看，高考成绩依然是起决定性作用的，并不存在对农村生源及家庭经济社会文化背景处于弱势的生源的歧视性政策。那么导致优质高等院校的机会不成比例地倾向于社会优势群体的原因究竟何在？

本章提出两个可能的原因：

1. 由于城镇居民对优质中、小学校的巨大的需求，私人对这些学校的投资，包括择校费等构成了精英类中、小学校的重要的收入来源。近年来，虽然国家义务教育的财政政策主张提高公共部门对中小学投资的均衡化水平，但是实行的效果并不尽如人意，而且公共教育资源对落后学校的投入的增长远远赶不上优质学校获得的公共资源与私人资源的总和，造成了公立教育质量在城乡、地区和学校之间的巨大差别，并且随着时间的推移，这种差别有可能进一步加大。资源获得能力差距的加大使得师资质量的差异加大，特别是在英文、计算机等课程教学方面质量上的差距进一步加大，而这些科目或者相关的能力在高考构成中占有重要地位。

2. 校外补习已经成为城镇居民为子女进行教育投资的重要部分。作者对城镇家庭教育支出的研究表明，有校外教育补习或者校外参加兴趣班性质的教育投资的家庭已经占了70%以上；居民花在校外的教育投资占整个教育投资的比例在 30% ~40% 之间；校外进行的教育投资与家庭经济状况有明显的正相关关系。这些分析表明，为了获得更好的高等教育的机会，竞争已经从基础教育阶段的正规学校体系内部转向了校外的补习和提高。社会经济优势的家庭通过让子女在校外接受更高质量的补习而提高其学业成绩；通过在校外对子女文艺和体育专长的培养而提高其成为特长生，并最终获得高考录取的好处等方式增加了子女进入优质高校的机会。也就是社会优势阶层总是会通过各种方式最大化其子女所获得的教育资源。

第四节　讨论及政策性含义

与数量相关的机会均等是重要的，因为它毕竟是机会均等的一个层面。一些国家的历史表明，在高等教育远没有达到普及化程度的阶段，高等教育规模的持续扩大并不一定必然地带来与数量关联的机会均等程度的提高。因此，中国城镇居民在 20 世纪 90 年代高等教育机会的改善对于提高整个社会的公平性程度具有非常积极的意义。

但是仅仅关注对高等教育的参与率（即以数量表示的发展状况）是远远不

够的。除了数量层面的衡量角度外，不同层级高等教育的机会均等也是一个非常重要的方面。实际上教育系统内部分层后机会均等程度与一个国家的教育体制密切相关。拉夫特瑞等人为 MMI 之所以忽略教育质量的原因进行过阐释。他们认为由于爱尔兰的中等教育实行的是国家统一课程，全国各地的学生在同样的时间接受的是同样内容的教育，因此教育内部的质量分层因素似乎并不重要。显然这种条件对于中国是不成立的。中国高等教育系统内部存在着极大的差异，不同高校在享有资源和声誉上的分化程度是非常显著的。因此，我们的研究除关注数量差异外，还必须考虑质量的差异。质量差异是衡量中国教育系统的机会均等性更深层的指标。当教育规模迅速扩大的时候，质量差异的重要性程度必定会取代数量差异的重要性程度，越来越成为人们对于高等教育选择的基础。本章的实证分析使我们认识到，当反映数量状况的高等教育整体的参与率的不均等程度下降的时候，质量的不均等程度正在持续，甚至提高。因此，要认识中国高等教育机会分布的变迁，既要有与数量相关的机会变化的分析角度，也要有与质量相关的机会变化的分析角度——两者的结合才是全面的。

本章实证研究的政策性含义：

一个时期以来，中国高等院校学生贷款的困境是，商业银行愿意为精英类高校的学生贷款，同时却缺少对向非精英类高校的学生发放贷款的积极性。本章的研究结果表明非精英类的地方院校吸纳了大量的社会、经济和文化处于不利地位家庭的子女，妥善解决对地方院校的贷款是增强入学机会均等的必要条件。

对于高等教育入学机会的关注通常将人们的视线聚焦到高等教育的财政政策，包括学费水平、学生资助政策，等等。但是，除经济状况外，家庭的文化资源、社会资本等也在其中起着不可忽视的作用，有可能还是决定性的作用。从中国的情况看，高等教育规模扩大的同时，高等教育学生资助政策也在不断建设中，这使得社会经济背景处于相对劣势的阶层得到了更多的高等教育机会，但是依然没有改变社会经济处于优势的群体占有更多的优质高等教育机会的状况，甚至还有加剧恶化的趋势。笔者认为，其中的原因可能更多地来自高等教育财政体系之外的制度缺陷。因此，除完善高等教育的财政资助政策外，还应该从完善一系列相关的社会和教育政策着眼。例如，需要对高等教育入学的筛选机制进行深刻的反思。可以借鉴国际上（如美国等）保障弱势群体入学的相关机制和政策。例如，对于精英式的高校，每年拿出一定的招生比例面向农村生源，面向社会经济背景处于不利地位的人群，不仅给他们以财政上的支持，而且在入学标准上也可以得到适当的照顾。

无论在什么样的社会，家庭出身都会不同程度地影响人们的受教育机会，这是一个普遍规律。实际上，社会弱势群体子女的受教育轨迹会受到家庭经济、父母的教育程度等各种条件的限制和影响。进入高等院校的阻力在初、中等教育阶段就已经存在。可以肯定的是，世界各国社会经济地位处于劣势的阶层在教育机会方面都不同程度地处于劣势。要实现严格意义上的机会均等，无论在发达国家还是在发展中国家都仍是一种近乎"乌托邦式"的理想，但对机会均等的不懈追求永远是各国政策制定者们所不应该轻视的。如果机会均等的理念受到不应有的践踏，家庭社会经济背景成为一个人能否进入高等教育的决定因素，则由此产生的不良社会影响将是深刻和长远的。为了建立和谐发展的社会，提高弱势群体的教育机会，尽可能缩小弱势群体和强势群体在受教育机会方面的差异，需要对造成差异的机制进行深入的分析并探讨解决方法。公共政策的目标应该是控制和弱化代际影响的程度。随着入学规模的扩大，国家可以通过对教育资源更加合理和均衡的配置，通过财政政策的不断改革，从不同的方向影响机会均等的实现。有一点是可以肯定的，即随着规模的扩大，教育体制和教育财政体制的改革将不仅影响到民众是否参与高等教育，而且会成为决定他们进入何种类型和质量的高等院校的重要因素。

第十一章

社会分层与民办高校入学机会分析

目前，我国高校在录取学生时有两个基本要求：（1）学业水平要求，入学者须参加选拔性入学考试，成绩须达到一定的水平；（2）经济要求，由于高等教育是义务后教育，所以学生必须交纳一定的学费和其他费用。在双向选择机制作用下，上述两个基本要求交互作用的结果会出现四种情形：一是同时满足两个条件的学生可以顺利地被高等学校录取；二是同时不满足两个条件的学生失去了进入高等学校学习的机会；三是有些学生虽然学业考试成绩达到了一定的水平，但是受家庭经济条件的限制，无法交纳应交的学费和其他费用，在接受高等教育过程中遇到了经济问题，国家和高等学校正在对于这些人采取发放助学金、贷款、减免学费等一系列资助措施，帮助他们解决上大学的困难；四是家庭有足够的经济能力，但是由于学业考试成绩达不到规定的入学要求，所以不能被正规的高等学校录取，正在兴起的高等教育市场化（包括民办高等教育机构和出国留学）为这部分人提供了越来越多的接受高等教育的机会。

在学业成绩和经济支付能力双重因素作用下，在高等教育机构内外形成了一个家庭背景的差序格局，即在高等教育机构之外，既有家庭社会经济背景较好的人员，也有家庭社会经济背景较差的人员；在高等教育机构内部，情况也是如此；进一步分析，还可以找出接受不同类型和质量高等教育与学生家庭背景之间的关联性。分析高等教育机构内部学生家庭背景成分，对于制定相关的政策是有所帮助的。

制定公共政策是一件复杂的事情。公共政策对于教育机构和对于受教育者的关注原则是不同的。对于教育机构来说，公共政策原则是统一的，采取奖勤罚懒、奖优罚劣的原则。对于受教育者来说，公共政策往往倾向于帮助非教育弱势（经济弱势、文化弱势、生理弱势）群体摆脱困境，改善他们的受教育状况。由于学生的学业准备状况往往与其非教育因素有一定的正向关联性，所以公共政策对于非教育弱势群体的倾斜，也常常意味着向教育准备不足人群的倾斜。将公共政策的机构资助原则和个人资助原则结合起来考虑，情况变得更加复杂。如果弱势群体主要集中在优秀的高等学校，那么公共政策可以将对机构资助和对个人的资助的原则统一起来，同时兼顾效率和公平的原则。现实的情况往往与此相反，弱势人群常常集中在办学条件和办学水平差的学校，在这种情况下，制定公共政策就会遇到效率和公平原则相悖的情况，对于优秀学校的财政倾斜政策，虽然体现了效率原则，但是却意味着更多的公共资源流向了强势人群，与公平原则不符；反之，对于办学水平差的学校的财政扶持，虽然体现了公平原则，但是却意味着以牺牲一定的效率为代价。高等教育所有制多元化格局加重了高等教育公共政策悖论。如果弱势人群比较多地集中在公立高等教育机构，而强势人群比较多地集中在民办高等教育机构，那么公共政策就可以自然而然地倾斜于公立教育机构；但是，实际情况可能并非如此，甚至恰恰相反。在这种情况下，该如何制定公共政策呢？这是过去常常忽略的一个问题，也是本章将专门研究和分析的一个问题。

本章提出的两个研究问题是：民办高校学生具有怎样的家庭经济和社会背景？学生家庭经济和社会背景对于他们的教育选择会产生怎样的影响？

第一节　社会分层与教育分层

笔者通过对相关研究文献的检索发现，已有的研究主要是探讨社会分层与教育机会差异之间的关系。下面，我们先对相关的研究文献进行简要的回顾和评述，然后再介绍本章的设计和结果分析。

社会分层是根据获得有价值物的方式来决定人们在社会中的群体等级或类属的一种持久模式。人们一般根据韦伯（Weber）确定的财富与收入（经济地位）、权力（政治地位）和声望（社会地位）这三个关键维度来划分社会阶层。目前的社会分层研究大都与职业相关，主要因为人们的收入与声望水平都受职业的影响（波普诺，2004）。陆学艺以职业为分类基础，以组织资源、经济资源和文化资源的占有状况为标准，提出我国有十大社会阶层（陆学艺，2004）。

在社会分层框架下研究代际和代内关系，人们研究的焦点是上升性社会流动

（波普诺，2004）。1967年，布劳和邓肯开创了地位获得研究的先例，他们把注意力放在影响个人职业的一系列特殊事件上，如父亲是如何影响儿子的。他们的分析显示，在人们的工作声望变异中，大约有1/3是可以由他们接受的教育总量加以解释的，由于他们获得的教育又与其父亲的职业和教育有很大的相关性，所以模型的最终结果是，儿子职业地位17%的变异可以从他们父亲的职业地位中得到解释，子女受教育时间长短19%的变异可以由其父亲的社会地位得到解释（吉尔伯特，1992）。

1966年，美国学者科尔曼（Coleman）对于美国教育生产函数的研究表明，公立学校资源对学生学业成绩没有显著影响，学生家庭社会等级却显著地影响着学生的学业成就（Jones，1995）。

在上述两个研究之后，对于不同社会阶层子女受教育机会的研究迅速增多。哈尔西（Halsey）对英国的实证研究表明，以家庭背景为指标的先赋因素（Ascription）和以教育文凭为指标的获致因素（Achievement）在代际之间职业地位的传递中发挥着作用，路径分析结果表明，第二次世界大战后家庭背景变量（父亲的受教育程度和职业）对于子代教育的直接影响比第二次世界大战前有所增加（哈尔西，1997）。虽然教育规模的扩展使得西欧劳工阶级的受教育面扩大了，但教育在改变社会结构方面并没有表现出太大的成效（莱文，1995）。

自人力资本理论提出以来，许多国家都不断增加教育投入，扩大教育规模，提高国民的教育水平。教育的扩张是否会导致教育的供给朝着更加公平的方向发展呢？研究表明，发展教育对哪个社会阶层有利，取决于政策的变化、扩张学校的类型以及新增的入学机会在整个教育系统中的分布状况（Lucas，1996；Clancy，1997；Lee，1998；James，2000）。

有关我国教育公平的实证研究发现，在实施高校收费政策之后，经济因素成为影响入学机会的一个直接原因。1999年高校扩招之后，学费水平的提高改变了某些类型高等学校（如师范学校）学生的构成（陈晓宇，1999；丁小浩，2000）。来自农村和城镇的考生以及父亲身份分别是农民、工人、干部的子女，在高等教育入学机会和专业分布上存在着明显的不均等（余小波，2002）。随着时间的推移，来自低收入家庭学生所占的比例有增加的趋势，但是如果将学校的质量因素考虑进去，则得不到扩招改善教育公平的结论（丁小浩，2000）。从总体上看，高等教育大众化过程有利于改善女性接受高等教育的状况，与此同时，女性仍面临着入学比例较低、学科专业选择面较窄、就业难、城乡阶层差异大等问题（王香丽，2004）。

现代教育制度在一定程度上决定着整个社会的就业与职业体系（李强，1993）。而学校教育作为一种文化生产过程，其本身就是一个不平等的体系。仅仅消除某些物质障碍，以及把学习能力作为接受教育的标准，是不能实现教育机会均等的（胡森，1989）。大学既保护了那些出生在社会上层家庭中人们的特权，同时也为那些来自下层的人向上流动创造了条件（钱民辉，2004；吉尔伯特，1992）。

在高等教育大众化和普及化阶段，教育市场化是影响高等教育系统内部分层的一个重要因素，因为底层高等教育的筛选不仅通过学业成就，而且通过金钱（Brown，1997）。

西博格（Seeberg，1998）对 1985~1991 年中国高等职业技术教育系统中社会分层状况的研究显示，在入学机会上，最上层和最下层的家庭保持了与其所处经济地位相对应的位置；而位于中层的家庭，不管在农村还是城市，在统招方式中保持着一种流动的形态。笔者认为，这是一个随着经济迅速发展、技术进步而呈现的阶层再生产的画面。实证分析的解释力是有限的，logistic 回归模型的拟合度 R^2 为 0.08。

在不同的历史时期，由于国家政策的不同，教育机会也有很大差异（李春玲，2003）。1949 年之后，地区差异成为影响个人受教育水平的重要决定因素（奈特，1994）。父亲的文化程度、家庭出身、性别和居住地对教育提升的影响，随着国家政策的变化而变化（Zhou，1997；李志君，2000）。现代化水平（用非农人口所占比重指标衡量）对受教育的性别不平等、城乡不平等以及教育获得结果的不平等都具有缓解作用，但是随着现代化程度的提高，却会强化父亲教育、职业地位所带来的子女受教育不平等（刘精明，2000）。父亲的教育程度而非职业类型对受访者的教育获得产生了更大的影响（林南，2002）。

民办教育是中国 20 世纪 80 年代之后出现的一种新型教育形式。它丰富了教育系统的多样性，满足了受教育者的多样化需求。什么样层次的人员更倾向于把自己的孩子送进民办学校呢？一些研究表明，社会中上层人员子女进入民办学校上学的比例较高，这与民办学校的办学质量及较高收费政策具有密切的关联性[1]。还有一些抽样调查统计表明，子女在民办学校上学的家庭比子女在公办学校上学的家庭具有更高的经济收入（何峰，阎凤桥，本书第二章）。该调查为城镇居民入户调查，调查对象覆盖了各个年龄段的人群，抽样样本容量较小。

总之，已有的研究结果表明，教育不平等状况受多种因素的影响，其中学生家庭的社会经济地位是一个重要的影响因素。

---

[1] 阎凤桥：《从民办教育透视教育的分层与公平问题》，《教育发展研究》2004 年第 1 期，第 20~24 页。

第二节　数据与研究方法

一、数据

本章采用西安民办高校的学生调查数据，调查范围为西安 5 所民办高校。这 5 所民办高校主要招收三类学生，他们分别是：计划内学生、学历文凭生和自考生。本章将后两类学生称为计划外学生。[1] 问卷发放主要在 2004 年 5 月到 2005 年 1 月间，研究者根据分层抽样原理提出各类学生的调查数目，请学校的相关人员发放下去。调查共发放问卷 4 000 份，回收有效问卷 3 624 份，有效回收率为 90.6%。在回收得到的有效调查问卷中，男女生比例基本相等，计划内与计划外学生所占的比例也相差不大，66% 的学生家庭年收入低于 15 000 元，1/3 以上的学生家庭年收入低于 5 000 元。[2]

为了解民办高校学生家庭社会经济状况的相对位置，需要将民办高校调查数据与社会总体情况进行比较，为此，本章采用了第五次全国人口普查资料。在民办高校与公立高校的对比时，采用了北京大学教育学院 2003 年收集的大学毕业生问卷调查数据。

二、分析框架

根据社会分层与教育的关系，学生家庭背景变量（父亲受教育程度、职业和家庭经济收入）将会对学生学业成绩产生正向的影响。如前所述，民办高校有计划内和计划外两种学生，一般来讲，计划内学生规模受到政府的控制，前者的学业成绩要优于后者，而前者的学费水平低于后者。因此，民办高校的学生构成为研究社会分层与教育分层之间的关系提供了一个现实场景。我们可以提出如下的假设：在民办高校中，家庭社会经济背景好的学生更容易成为计划内招生对象，而家庭社会经济背景差的学生更容易成为计划外招生对象。同理，当学生选择毕业去向的时候，家庭社会经济背景较好的学生有更大的可能选择继续求学，而家庭社会经济背景较差的学生有更大的可能选择立即就业。

---

[1]　从 2004 年开始，政府取消了民办高等教育中的文凭试点类型，因此这类学生逐渐萎缩，预计到 2007 年后民办高校中将不会有这类学生。

[2]　通过调查问卷得到家庭经济收入存在着准确性的问题。这是本研究无法有效控制的。

本章的分析框架如图11-1所示。具有一定社会经济背景的考生选择报考民办高校时，在满足不同的入学成绩要求和学费要求后，学生分别进入计划内招生项目或计划外招生项目（文凭试点和自学考试），这是民办高校内部的第一次教育分层；等学生毕生时，他们或者选择就业，或者选择继续升学，这是第二次教育分层。本章不仅研究学生家庭社会经济背景在这两次教育分层中的作用，还将对比民办高校学生的家庭社会经济地位与公立高校学生的家庭社会经济地位，以期掌握民办高校学生构成和分布特点，为制定相关政策提供参考依据。

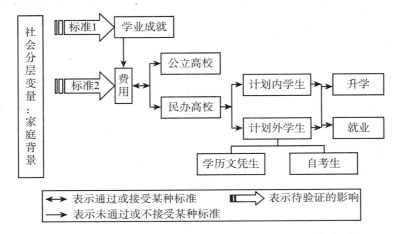

图 11-1　社会分层对教育分层（民办高等教育部分）影响分析框架

三、　研究假设与方法

根据前人的研究和以上的理论分析，本章提出如下两个研究假设：

假设一：父亲受教育程度和职业水平对其子女成为民办高校计划内学生有正的影响。

假设二：父亲受教育程度、职业水平和家庭年经济收入对民办高校学生继续升学的愿望有正的影响。

对上述两个假设的验证，均采用二元 logistic 回归模型，在二元 logistic 回归模型中，因变量 y 有两个值：以 $y=1$ 表示事件发生（进入计划内招生项目或具有继续升学的愿望）；以 $y=0$ 表示事件未发生（进入计划外招生项目或没有继续升学的愿望）。二元 logistic 回归模型的形式如下：

$$\ln[p/(1-p)] = z = a + \sum \beta_k x_{ki}$$

其中，$p = p(y = 1 | x_{1i}, x_{2i}, x_{3i}, \cdots, x_{ki})$ 表示自变量 $x_{1i}, x_{2i}, x_{3i}, \cdots, x_{ki}$ 为给定系列值时事件发生的概率。

第三节　实证研究结果

一、接受不同教育程度和类型学生家庭背景比较

民办高校学生父母职业划分的比例如表 11 - 1 所示。从职业类型分布来看，民办高校学生中，父亲职业为农民（包括渔民）的学生所占的比例（22.6%）大大低于该职业在总人口中所占比例（42.9%），而父亲职业为个体户或私营企业经营者的学生所占比例（23.6%）大大高于该职业在总人口中所占比例（7.1% + 1.0% = 8.1%）。从民办高校学生父亲两种职业类型所占比例与全国总体情况比较看，民办高校学生家庭社会背景要好于全国平均水平。由于无法提取没有接受高等教育的适龄人群进行精确分析，因此只能推测，接受民办高等教育学生的家庭背景要比没有接受任何形式高等教育的同龄人的家庭背景好。

表 11 - 1　　　　　西安样本民办高校学生父母职业及

中国十大社会阶层（2004 年）

职业类型	父　亲		母　亲		中国十大社会阶层	
	人数	比例（%）	人数	比例（%）	阶层名称	比例（%）
失业下岗	208	5.9	350	10.1	城乡无业、（半）失业阶层	4.8
农民（渔民）	793	22.6	1 169	33.7	农业劳动者阶层	42.9
工人	531	15.1	467	13.5	产业工人阶层	17.5
专门人员	117	3.3	74	2.1	商业服务人员阶层	11.2
一般职员	316	9.0	393	11.3	个体工商户阶层	7.1
公务员	246	7.0	113	3.3	办事人员阶层	7.2
技术人员	303	8.6	97	2.8	专业技术人员阶层	4.6
高级管理职员	140	4.0	65	1.9	私营企业主阶层	1.0
个体户或私企经营者	830	23.6	684	19.7	经理人员阶层	1.6
其他	26	0.7	57	1.6	国家与社会管理者阶层	2.1
合　计	3 510	99.8	3 469	100.0		100.0

注：十大社会阶层的划分和比例来自于陆学艺（2004），本表按照阶层从低到高顺序排列。学生父母的职业类型和中国的社会阶层并不是一一对应。由于计算取舍，总比例可能不等于 100.0。

民办高校学生父母受教育程度如表 11 - 2 所示。从受教育程度指标来看，民办高校学生父亲的受教育程度为文盲、小学、初中、高中（中专）、大学、大学以上所占比例分别为 0.8%、6.7%、27.6%、52.9%、11.2% 和 0.8%。汇总有关数据后得到民办高校学生父亲的受教育程度为初中及以下所占比例为 35.1%，高中及以上所占比例为 64.9%；母亲受教育程度低于父亲受教育程度，初中及以下所占比例为 50.3%，而高中及以上所占的比例为 49.7%。

表 11 - 2　　　　西安样本民办高校学生父母受教育程度（2004 年）

受教育程度	父　亲		母　亲	
	人数	比例（%）	人数	比例（%）
文盲	29	0.8	144	4.1
小学	240	6.7	551	15.5
初中	983	27.6	1 090	30.7
高中（中专）	1 886	52.9	1 568	44.0
大学	400	11.2	188	5.3
大学以上	26	0.8	14	0.4
合计	3 564	100.0	3 555	100.0
缺失值的人数	60		69	

民办高校学生家长的平均受教育程度与社会平均受教育程度相比如何呢？为此，要估算社会平均受教育水平。1998 年，我国 6 岁及以上人口的平均受教育年限为 7.09 年；2003 年，这个数字达到 7.91 年（国家统计局，2004）。假设民办高校在校生的年龄在 18～22 岁之间，学生父亲年龄在 39～48 岁之间，则他们与 2000 年人口普查中 35～44 岁范围相对应。从人口普查的数据来看，35～44 岁男性的平均受教育年限为 8.31 年①，35～44 岁男性的受教育程度在初中及以下的占 71.41%，在高中及以上的占 28.59%。将这个数据与表 11 - 2 中数据相比，可以初步估计，民办高校学生父亲受教育程度高于社会中同龄男性受教育程度。由此可以推测，接受民办高等教育学生的家庭教育背景要比没有机会接受任何形式高等教育的同龄人的家庭教育背景好。

---

① 在《2004 中国发展报告》中，教育年限的计算方法为：大专及以上文化程度按 16 年计算，而高中（中专）、初中、小学、文盲分别按 12、9、6、0 年计算，这一计算得出学生父亲年龄组的平均受教育年限为 9.27 年，高出初中 0.27 年。但是考虑到学生父亲受教育时期大多数小学为 5 年制，故大专及以上、高中（中专）、初中、小学、文盲分别按 15、11、8、5、1 年计算，这一计算得出 2000 年 35～44 岁男性的平均受教育年限为 8.31 年，高出初中 0.31 年。故二者计算区别不大，但是后一计算更适合我们的研究群体。

　　根据目前的实际情况，民办高等教育的平均办学条件和质量要低于公立高等教育的平均办学条件和质量（不排除个别例外情况）。那么公立高校学生家庭的社会经济地位与民办高校学生家庭的社会经济地位相比又如何呢？表 11 - 3 将特定年龄段男性成员的平均受教育程度、西安民办高校学生父亲的受教育程度、调查得到的公立高校学生父亲的受教育程度和北京大学学生父亲的受教育程度进行了对比，受教育程度在高中及以上所占的比例分别为 28.59%、64.90%、52.70% 和 72.00%，受教育程度在初中及以下所占的比例分别为 71.41%、35.10%、47.30% 和 28.00%。从上面的数据可以看出，民办高校学生父亲的受教育水平在高中及以上所占比例大于公立高校学生父亲的受教育水平在高中及以上所占的比例，而民办高校学生父亲的受教育水平在初中及以下所占比例小于公立高校学生父亲的受教育水平在初中及以下所占比例。造成这种情况的主要原因估计是，公立高校学生父亲为小学教育水平的比例较高。但是，如果比较父亲的受教育程度为大专及以上受教育程度所占的比例，则公立高校显著高于民办高校。北京大学学生父亲的受教育程度高于民办高校和其他公立高校学生父亲的受教育程度。

表 11 - 3　　　西安样本民办高校（2004 年）与普通公立高校学生父亲受教育程度比较　　　单位：%

		大专及以上	高中或中专	初中	小学	（半）文盲
2000 年 35 ~ 44 岁男性		6.15	22.44	47.61	21.82	1.98
西安民办高校	学生总体（3 564）	12.0***	52.9***	27.6***	6.7***	0.8***
	计划内学生（1 554）	12.0***	53.9***	27.2***	6.4***	0.5***
	自考生（639）	10.3***	49.9***	32.1***	6.3***	1.4
	学历文凭生（1 261）	12.5***	53.2***	25.9***	7.4***	1.0*
公立高校本专科生	学生总体（15 367）	23.9***	28.8***	26.6***	17.3***	3.4***
	计划内学生（14 837）	24.0***	28.9***	26.6***	17.2***	3.3***
	计划外学生（523）	20.1***	26.0*	27.7***	19.9	6.3***
北京大学本科 98 - 01 级		48.2	23.8	18.8	7.8	1.5

　　注：学生类型后面圆括号里的数字是数据中该类型学生数。表中所做的显著性检验是与 2000 年人口普查 35 ~ 44 岁男性受教育程度的比较，显著性水平：* 表示 $p < 0.05$；** 表示 $p < 0.01$；*** 表示 $p < 0.001$。本表中用到的人口普查数据由作者根据人口普查资料计算得到，人口普查资料来源为国务院人口普查办公室《中国 2000 年人口普查资料》（中国统计出版社 2000 年版）；公立高校的数据来源为北京大学 2003 年实施的毕业生调查问卷，经过作者计算得到；北京大学的数据来源为哈巍：《高等教育机会均等与学生资助——北京大学个案研究》（硕士论文，2002 年），因没有北京大学样本容量信息，未做比率检验。

通过上述分析可以初步断定，接受高等教育人群的家庭职业和教育背景要好于没有机会接受高等教育人群的家庭职业和教育背景。从接受高等教育的人群来看，其家庭背景与其接受高等教育的类型（公立高校或民办高校）没有一致的关联性。具体地讲，与民办高校相比，公立高校学生父亲受教育程度为小学和大专及以上所占比例较高，而受教育程度为高中和初中者所占比例较低。

二、社会分层对民办高校教育筛选的影响

上面比较了特定年龄组社会成员平均受教育程度、接受公立高等教育和接受民办高等教育学生家庭背景，下面将比较民办高校计划内学生和计划外学生的家庭背景。如前所述，计划内学生与计划外学生相比，前者受学业成绩制约程度大，而后者受学习费用制约程度大。考虑到省份间高等教育发展水平不同及在录取分数线上的差异，在分析家庭背景对学生成为民办高校计划内或计划外学生的影响方面，仅选择了来自同一个省——陕西省的学生，样本量为885人。

本章采用父亲的受教育程度、职业和家庭年收入作为家庭背景变量，家庭年收入为定序变量，用 1~5 分别代表家庭年收入在 5 000 元以下、5 000~15 000 元、15 000~30 000 元、30 000~50 000 元、50 000 元以上。在回归方程中，以 $y=1$ 表示民办高校计划内学生，$y=0$ 表示计划外学生，用二元逻辑回归的 Backward：Wald 方法，回归得到的结果如表 11-4 所示。

表11-4　西安样本民办高校教育筛选的二元逻辑回归结果（2004 年）

自变量	参数估计	Wald 值	显著性	发生比率 Exp（B）
男生（女生为参照组）	-0.301	3.036	0.081	0.740
父亲受大学教育（小学为参照组）	1.328	10.626	0.001	3.774
家庭年收入（定序变量）	-0.233	6.540	0.011	0.792
父亲职业（以农民为参照组）				
技术人员	-0.500	2.920	0.088	0.607
高级管理职员	-1.336	11.133	0.001	0.263
个体户或私营企业经营者	-0.502	5.285	0.022	0.605
常数项	2.031	84.553	0.000	7.623

注：表中回归方程的系数 β_k 为参数估计值，Exp（B）为发生比率（odds ratio），表示自变量一个单位的增加给原来的发生比带来的变化，虚拟变量的回归结果是该类型相对于参照组而言的，发生比是参照组发生比的 Exp（B）倍，发生比 = 事件发生频数/事件不发生频数。

模型的 Hosmer-Lemeshow 拟合优度指标为 4.827，自由度为 8，显著性水平为 0.776，表明统计不显著，说明模型较好地拟合了数据。同时，模型的卡方检验值为 37.694，显著性水平为 0.000，说明自变量可以较好地预测因变量事件是否发生，代表解释力度的两个 R^2 指标分别为：Cox & Snell R^2 为 0.045，Nagelkerke R^2 为 0.0697，说明社会分层变量只能部分地解释教育筛选的结果。

对于表 11-4 的计算结果，在其他条件不变的情况下，具有以下含义：

1. 父亲受过大学教育，其子女进入民办高校计划内学习的可能性较大；

2. 父亲为技术人员、高级管理职员、个体户或私营企业经营者的学生进入计划内学习的可能性小于父亲为农民（包括渔民）的学生；

3. 家庭年经济收入越低，进入计划内项目学习的可能性就越大；

4. 女性成为民办高校计划内学生的可能性大于男性。

父亲受教育程度、职业及家庭年收入等社会分层指标对于民办高校内部教育分层（计划内与计划外）并没有产生一致性的影响，只有父亲受教育程度与教育分层的变化趋势是一致的，而职业类型、经济收入等与教育分层的变化趋势是相反的。从总体上看，民办高校计划内项目为低社会阶层的职业群体和低经济收入家庭的子女提供了较多的入学机会。因此，假设一没有得到完全证实。需要强调指出的是，学业成绩是影响学生进入民办高校计划内项目的直接原因。在这个先决条件下，我们的统计结果表明，民办高校内部分层与学生家庭背景有一定的关联性。

三、 家庭背景对毕业去向意愿的影响

将民办高校学生的毕业意向分为两类：就业与继续升学，其中继续升学包含出国留学和国内深造。准备继续升学和就业的人数和比例如表 11-5 所示。从学生总体来看，一半以上的学生毕业后准备立即就业（占 54.5%），只有不到 7% 的学生毕业后准备出国留学，近 40% 的学生毕业后准备在国内继续深造。在 3 327 位学生中，女生 1 717 人，占 51.6%；男生 1 610 人，占 48.4%；计划内学生 1 497 人，占 45.0%；自考生 622 人，占 18.7%；学历文凭生 1 208 人，占 36.3%。

以学生毕业后选择继续升学或就业为因变量，以 $y=1$ 表示继续升学，以 $y=0$ 表示就业，反映家庭背景的自变量有父亲的受教育程度、职业和家庭年收入，其中，家庭年收入设为定序变量，分别用 1~5 表示家庭年收入在 5 000 元以下、5 000~15 000 元、15 000~30 000 元、30 000~50 000 元、50 000 元以上，此外，还加入了学生性别和学生类型（计划内或计划外）为控制变量。回归结果如表 11-6 所示。

表 11 - 5　　西安样本民办高校各类学生毕业意向统计（2004 年）

毕业意向＼学生类型	学生总体 人数	比例（%）	计划内学生 人数	比例（%）	自考生 人数	比例（%）	学历文凭生 人数	比例（%）
求学	1 284	38.6	729	48.7	180	28.9	375	31.0
国内国外	229	6.9	97	6.5	45	7.2	87	7.2
就业	1 814	54.5	671	44.8	397	63.8	746	61.8
合计	3 327	100.0	1 497	100.0	622	100.0	1 208	100.0

表 11 - 6　　西安民办高校学生毕业意向的二元逻辑回归结果（2004 年）

自变量	参数估计	Wald 值	显著性	发生比率 Exp（B）
父亲职业（以农民为参照组）				
失业	0.313	3.689	0.055	1.367
技术员	0.350	6.619	0.010	1.419
高级管理职员	0.711	12.083	0.001	2.037
公务员	0.500	9.677	0.002	1.648
个体户或私营企业经营者	0.188	3.741	0.053	1.207
父亲受教育程度（以小学为参照组）				
初中	-0.237	7.590	0.006	0.789
大学	0.230	3.143	0.076	1.259
学生类型（以学历文凭学生为参照组）				
计划内学生	0.736	96.551	0.000	2.087
家庭年收入	0.109	7.953	0.005	1.115
常数项	-0.879	68.327	0.000	0.415

　　模型的 Hosmer-Lemeshow 拟合优度指标为 11.431，自由度为 8，显著性水平为 0.178，表明统计不显著，说明模型较好地拟合了数据。同时，模型的卡方检验值为 163.687，显著性水平为 0.000，说明自变量可以较好地预测事件是否发

生，反映方程解释力的 R^2 指标分别是：Cox & Snell R^2 为 0.051，Nagelkerke R^2 为 0.069，说明社会分层变量及控制变量只能部分地解释民办高校学生继续升学的意愿。

在学生毕业后是否继续求学方面，在其他条件不变的情况下，有以下结果：

1. 父亲受过大学教育的学生比父亲受教育程度为小学的学生有更大的继续升学的愿望，但是，父亲受教育程度为初中的学生比父亲受教育程度为小学的学生有更小的选择继续升学的愿望；

2. 父亲职业为技术员、高级管理职员、公务员、个体户或私营企业经营者的学生比农民（包括渔民）家庭子女有更大的继续升学的愿望；

3. 家庭经济收入高的学生有更大的选择继续升学的愿望；

4. 计划内学生比学历文凭学生有更大的继续升学的愿望。

因此，这里在较大程度上验证了假设二，即父亲受教育程度、职业和家庭年收入对学生升学意愿有正的影响。

第四节　结 论 与 建 议

本章采用实证研究方法，分析了社会分层对于高等教育分层的影响。社会分层是由家长的受教育程度、职业、经济收入等因素决定，教育分层表现为接受什么层次和水平的教育，它取决于子女的学业考试成绩和家庭经济支付能力。

本章重点进行了以下四个方面的分析：第一，比较了高校学生父亲的职业和受教育背景与社会同龄男性的职业和受教育背景，发现前者好于后者，说明社会经济背景优越家庭的子女更有条件接受高等教育（包括民办和公立）；第二，比较了民办高校学生父亲的受教育程度与公立高校学生父亲的受教育程度，发现前者在初中和高中教育程度上占有较大的比例，而后者在小学和大学及以上教育程度上占有较大的比例；第三，比较了民办高校计划内和计划外学生父亲的职业、教育和经济背景，发现父亲受过大学教育对于子女进入民办高校计划内学习项目有正向作用，但是父亲的职业水平以及家庭经济收入对于子女进入民办高校计划内学习项目有负向作用；第四，比较了不同家庭背景子女从民办高校毕业后的发展意愿，发现从总体上看，父亲的受教育程度、职业水平和家庭经济收入对于子女继续升学有正向作用。

从上述第三点可以推论认为，处于经济转型期的中国社会分层对于教育分层的影响是多方位的，这可能既与中国社会重视教育的文化传统有关，也与中国社

243

会转型过程中各个社会阶层的不定型和按照不同指标划分社会阶层产生的不一致有关。从第四点可以推测未来的发展趋势，随着中国市场经济体制的建立以及社会阶层稳定性的提高，社会分层对于教育分层的影响作用有可能进一步增强（刘精明，2004；李春玲，2003；奈特，1994），这应当引起教育决策者的高度重视。在教育与社会关系日益密切的情况下，要缩小社会阶层之间的差距，就应该设法缩小教育机会上的差距；而要缩小教育上的差距，又不能仅仅在教育系统内部做文章，必须考虑社会因素对教育系统产生的影响。可以说，社会分层与教育分层是一种相互嵌套的关系。

通过上述实证分析发现，民办高校学生家庭背景与公立高校学生家庭背景相比，并不存在着一致性的正向或负向显著差异，也就是说，并非有钱人的子女上民办高校，也并非贫困家庭的子女上公立大学。本书第二章的内容表明，虽然民办高校学生家庭的平均收入高于公立高校学生家庭的平均年收入，但是前者的标准差也大于后者的标准差，表明民办高校学生家庭的经济收入有较大的离散性。从另外一方面看，办学水平相对较高的公立高校可以得到国家财政拨款，向学生收取较少的学费，而办学水平相对较低的民办高校却几乎得不到任何财政补助，向学生收取较多的学费。在这种财政制度安排下，势必会扩大公立高校学生和民办高校学生在经费负担和教育质量上的差距。因此，政府应该采取适当的方式对民办高校进行财政补贴，以减轻民办高校学生的经济负担，缩小民办高校与公立高校在教育质量上的差距。国外的经验表明，政府宜采取间接财政资助方式，即通过学生资助方式来资助民办高校的发展，这样不仅有利于促进社会公平，而且有利于促进公立高校与民办高校之间的竞争。

第十二章

财政政策与高校入学机会公平性研究

第一节　高等教育财政改革和发展趋势

自 20 世纪 80 年代中期以来，中国高等教育财政体制经历了一系列的改革，其中大学收费和学生贷款政策这两项的实施政策非常突出。1985 年发布的《中共中央关于教育体制改革的决定》指出，高等学校"可以在国家计划外招收少数自费生，学生应交纳一定数量的培养费"。同时指出，"要改革人民助学金制度……对学习成绩优异的学生实行奖学金制度，对确有经济困难的学生给以必要的补助"。1997 年，我国普通高等学校普遍实行了收学费制度，取消了本专科教育阶段公费生和自费生并存的局面。与此同时，高等学校学生资助政策也经历了从人民助学金到人民奖学金（1983~1986 年），实行学生无息贷款（1986 年）和国家助学贷款（1999 年）多项政策改革，现已形成"奖、助、贷、勤、补、减"等多种资助构成的综合资助模式。

高等教育实行成本补偿不仅是中国而且是全球大学的变革趋势。著名教育财政学专家布鲁斯·约翰斯通（D. B. Johnstone，2004）指出，"在工业技术处于不同发展阶段，政治经济体制不同、高等教育传统也不同的国家；在实行不同高等教育体制的国家，在高等教育无论是精英型还是普及化，是公立为主还是私立为主，是经费充裕还是经费紧张的国家，其高等学校财政与管理改革模式都具有相似性"。这个相似性就是指用非政府投入弥补政府财政能力负担高等教育经费的不足。这包括（布鲁斯·约翰斯通，2004）：（1）在主要或全部由公共经费支持的

245

高等教育系统中开始收取或提高学费；（2）收取全部或接近全部的食宿费用，或者用贷款取代曾由政府提供的生活费和助学金；（3）鼓励主要依靠学费的私立高等教育机构的发展；（4）鼓励大学从事企业性活动，出租或者出售学校设施和投资私有的风险机构，鼓励教师在正规教学和科研活动外提供社会服务；（5）鼓励慈善性捐赠，用于设立基金，或用作学校的运行费，或设立学生奖学金。

20 世纪 80 年代到 90 年代初，世界银行开展了一系列关于高等教育财政的研究，其研究结果向人们传递了以下信号，即穷人子女与富人子女相比获得了较少的高等教育机会，以公共财政支持的免费高等教育预示着穷人向富人的逆向转移支付。世界银行的一份研究报告表明（Winkler, D. R., 1990），免费或过低学费的高等教育体制具有以下弊端：（1）低的私人成本带来对高等教育的过度需求；（2）收入分配公平的下降；（3）高等教育较少的入学机会；（4）资源使用的低效率和较高的生均成本。高等教育收费和学生资助政策不仅可以增加高等教育入学机会和教育经费，而且还可以促进高等教育资源分配的公平性，激励高等教育的内部和外部效率。

有学者认为，接受高等教育的个人交纳学费，然后根据个人和家庭经济条件的不同享受财政资助是保障高等教育机会公平，是人们不会因为经济能力而被拒之于大学门外的合理且有效的手段。但也有学者认为，低收入家庭比高收入家庭对于借贷会有更多的"风险厌恶"和消极情绪，因此，主要由学费和贷款构成的财政政策会挫伤低收入家庭子女入学的积极性（Woodhall, 1995）。

杨东平（2006）的研究发现，随着高等教育规模的扩大，高等教育入学机会的城乡差距正在缩小。虽然城市学生的入学机会仍然大大高于农村学生，但差距正在逐渐减小。但与此同时高等教育入学机会的阶层差距开始出现。具有更多的文化资本、社会资本和经济资本的优势阶层子女得到越来越多的学习机会，较多地分布在重点学校和优势学科。

丁小浩（2003）利用 1991 年和 2000 年中国城镇居民家庭入户调查的数据，对 90 年代高等教育机会的变化趋势进行了分析，结果发现：（1）高等教育的总体机会在各收入组中有改善的趋势；（2）从 1991～2000 年家庭户高等教育净入学率增长的程度看，低收入组高等教育入学机会得到改善；（3）与 1991 年相比，2000 年的时候来自户主的文化程度相对较低的家庭的高校生的比例有显著上升。

对此入学机会的差异，有两个方面的解释（Carneiro and Heckman, 2002）。第一，不同社会经济地位的家长，为孩子提供的教育环境和教育资源不同，最终导致不同家庭背景的孩子在学习和认知能力上的差异；第二，在家庭经济条件有限时，较低收入家庭更可能选择私人成本比较低的高等学校。高等教育财政政策可以通过干预个人财务状况来缓解短期意义上的经济能力约束，促进入学机会和资源分配的公平，但不可能消除长期因素导致的学习能力差异。

从世界高等教育财政和管理改革的趋势来看，收费并以学生贷款为主要资助形式的高等教育成本补偿的财政模式已经成为主流。那么，我国高等教育财政在经历了 20 年的改革之后，高等教育的入学机会和资源分配的公平性是否得到了有效的促进呢？本章的主要目的在于检验高等教育财政政策（学费和学生资助）对于短期意义上经济能力约束的缓解，进而对入学机会和资源分配公平性促进的效果；同时也将对长期家庭因素和短期经济能力约束的不同作用进行实证分析。

第二节　不同社会经济背景学生的高等教育入学机会

笔者领导的课题组于 2004 年 6 月在全国范围内抽取不同地区不同类型的大学在校生并对其经济情况和获得资助情况进行了调查[①]。抽样采用随机分层抽样方法，共发放问卷 18 000 份，回收有效问卷 15 536 份，有效问卷率为 86.31%。调查涉及的学校总计 18 所，分布在北京、广东、湖南、山东、天津、浙江和重庆。从学校隶属关系来看，教育部直属及其他中央部属高校 10 所，地方高校 8 所。从学校的主要学科类型来看，综合类院校 2 所，理工类 2 所，农林类 2 所，医药类 2 所，师范类 2 所，语言类 2 所，财经政法类 3 所，艺术类 1 所，民族类 1 所，地矿类 1 所。抽样学生的专业分布如下：理学、文学、管理学、医学、工学、经济学、法学、农学、教育学、历史学、哲学和其他。本章选择公办院校 2000~2003 年入学，出生于 1980~1986 年间的大陆本科生作为本章的工作样本，得到有效样本数为 14 345。

一、来自不同收入组群的学生的高等教育入学机会及其变化

根据家庭人均收入水平，本章将样本五等分为 5 个收入组群，其分组情况如表 12-1 所示。

---

①　2004~2005 年间，北京大学教育学院承担了教育部课题《我国普通高等学校学生资助政策体系研究》，作者为课题负责人。感谢各样本高校有关部门对问卷调查给予的配合和支持。本章实证研究部分是作者使用此次问卷调查数据所做的进一步研究的成果。

表 12 – 1　　　　　　　五等分样本收入组群的基本分组情况

项　　目	低收入组	中低收入组	中等收入组	中高收入组	高收入组
收入区间	小于 1 250	1 251 ~ 2 667	2 668 ~ 5 000	5 001 ~ 10 000	大于 10 001
人均家庭年收入（元）	753	2 072	4 038	7 836	23 376
样本比例（%）	20.3	19.4	21.0	22.1	17.2

图 12 – 1 显示了从 2000 ~ 2003 年来自不同收入组群的学生在抽样高校中入学率的变化。在样本高校中，与 2000 年相比，2003 年来自最低收入组群和中低收入组群学生的比例有了提高，而中等、中高和高收入组群的学生比例有所下降。最低收入组群的学生比例从 15% 增加到 22%，中低收入组群的学生比例从 15% 增加到 19%，中等收入组群的学生比例从 23% 下降到 21%，中高收入组群的学生比例从 26% 下降到 21%，高收入组群的学生比例从 21% 下降到 17%。

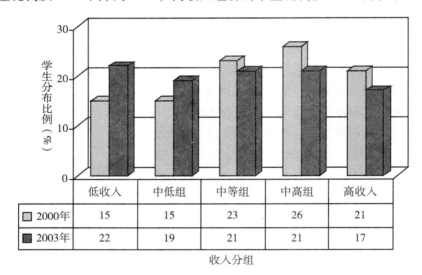

收入分组	低收入	中低组	中等组	中高组	高收入
2000年	15	15	23	26	21
2003年	22	19	21	21	17

图 12 – 1　样本高校中不同收入组群学生在不同年份入学率的变化

二、高等教育入学机会的城乡差距及其变化

在本章的样本中，来自城市地区的学生要多于来自农村地区的学生，说明城市生源在高等教育入学机会上较农村生源有明显优势。从样本数上看，来自大中城市的学生数所占比例为 39.2%，来自县城的学生所占比例为 30.2%，来自城乡交界处（如镇）的学生所占比例为 9.1%，来自乡村的学生所占比例

教育投入、资源配置与人力资本收益

为 21.5% 。

图 12 - 2 显示出 2000 ~ 2003 年间，高等教育入学机会的城乡差距有所改善。在样本高校中，农村生源从 2000 年的 18% 增加到 2003 年的 22% ，城乡交界处镇的生源从 7% 增加到 9% ，县城生源从 30% 增加到 31% ，大中城市生源从 45% 下降到 38% 。

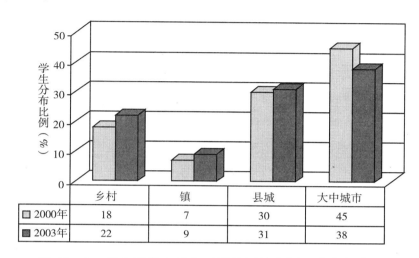

	乡村	镇	县城	大中城市
2000年	18	7	30	45
2003年	22	9	31	38

图 12 - 2   样本高校中城乡不同地区的生源入学率的变化

三、不同高校的高等教育入学机会

将抽样学生就读的高校按照是否是 "985" 高校或 "211" 高校分为三类，第一类为 "985" 高校，第二类是除 "985" 高校以外的 "211" 高校，第三类是非 "211" 高校的一般院校[①]。对不同收入组群学生在不同学术声望样本高校中分布的方差分析结果（见表 12 - 2）表明，来自不同收入组的学生在三类不同学术声望高校中的分布比例有着显著差异（$p < 0.001$）。

在抽样的 "985" 高校中，来自 20% 最高收入组家庭的学生占抽样学生总数

---

① "211" 工程是中国政府 20 世纪 90 年代中开始实行的，面向 21 世纪，重点建设 100 所左右的高等学校和重点学科的建设工程。"211" 工程院校有国家级和省级的区分，本章中的 "211" 高校指 2004 年及之前进入国家级 "211" 建设工程的高校。1998 年 5 月 4 日，江泽民总书记在庆祝北大建校 100 周年大会上向全社会宣告："为了实现现代化，我国要有若干所具有世界先进水平的一流大学。"为贯彻落实党中央科教兴国的战略和江泽民同志的号召，教育部决定在实施 "面向 21 世纪教育振兴行动计划"中，重点支持北京大学、清华大学等部分高等学校创建世界一流大学和高水平大学，简称 "985" 工程。进入 "985" 一期工程建设的高校有 34 所，二期工程高校有 4 所。所有的 "985" 工程高校都是 "211" 工程高校。

的 28%，来自 20% 最低收入组家庭的学生占抽样学生总数的 13%；而在抽样的一般高校中，来自 20% 最高收入组家庭的学生所占比例为 15%，来自 20% 最低收入组家庭的学生所占比例为 22%。如图 12 - 3 所示。该数据表明，在国家重点建设的高校中，来自较高社会经济背景的学生人数有着明显的优势。家庭社会经济地位越高，其子女享有的优势教育机会和资源就越多。

表 12 - 2　　　　不同收入组群学生在三类不同学术声望高
校入学机会的方差分析

	平方和	自由度	均方	F	P
组间差异	81.079	4	20.270	41.506	0.000
组内差异	4 826.888	9 884	0.488		
总体	4 907.967	9 888			

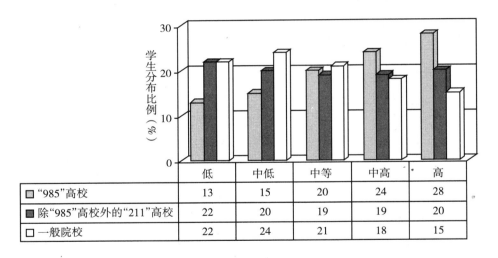

	低	中低	中等	中高	高
□ "985"高校	13	15	20	24	28
■ 除"985"高校外的"211"高校	22	20	19	19	20
□ 一般院校	22	24	21	18	15

图 12 - 3　不同收入组群学生在不同学术声望抽样高校中的分布

本章进一步分析了三类高校中学生分布情况的年度变化。结果发现，在三类抽样高校中，2000～2003 年，来自低收入和中低收入家庭的学生所占比例均有不同程度的提高，其中，低收入组家庭的学生所占的比例增加得更为明显。在抽样的 "985" 工程高校中，2000～2003 年，来自中收入和中高收入家庭的学生所占比例有不同程度的下降。在抽样的一般院校中，来自中高收入和高收入家庭的学生所占比例也在同期下降。如图 12 - 4、图 12 - 5 和图 12 - 6 所示。这说明，从 2000～2003 年，来自较低社会经济背景的学生所享有的优质高等教育机会在增加。

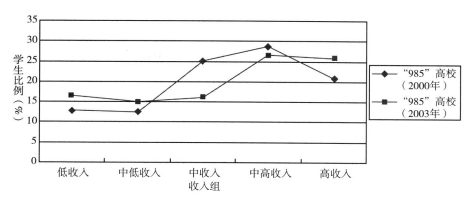

图 12-4　抽样 "985" 工程高校中 2000 年与 2003 年不同家庭收入组
学生比例的变化

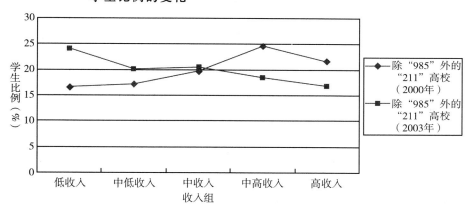

图 12-5　抽样 "211" 工程高校（"985" 高校除外）中 2000 年与
2003 年不同家庭收入组学生比例的变化

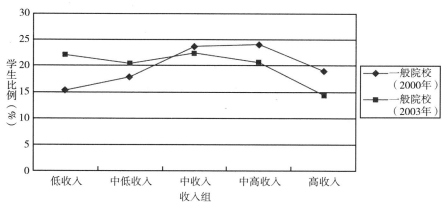

图 12-6　抽样一般本科院校中 2000 年与 2003 年不同家庭
收入组学生比例的变化

以上分析表明，总体上，来自较高社会经济地位家庭的学生所享有的高等教育总资源和优质资源均多于来自较低社会经济地位家庭的学生。但是从变化趋势上看，从 2000～2003 年，伴随着高等教育规模的扩大，来自低收入家庭和农村地区的学生在高等教育中的入学机会在不断扩大。来自低收入家庭和农村地区的学生与来自较高收入家庭和城市地区的学生之间的高等教育入学机会差距在不断缩小。与此同时，来自较低社会经济背景的学生所享有的优质高等教育机会也在增加。这说明，高等教育的总体入学机会和优质教育机会的分布越来越均等。

第三节 不同学术声望高校就读机会的影响因素分析

从第二节的描述统计分析看，尽管高等教育的入学机会分布越来越均等，但是家庭社会经济地位较高的学生所享有的教育资源依然明显大于家庭社会经济地位较低的学生。在第一节中，我们曾经提到，造成入学机会差异的原因有两点：第一，不同社会经济地位的家长，为孩子提供的教育环境和教育资源不同，最终导致不同家庭背景的孩子在学习和认知能力上有差异；第二，在家庭经济条件有限时，较低收入家庭更可能选择私人成本比较低的高等学校。那么这两类原因中哪个因素起到的作用更大呢？

本章比较了三类不同学术声望高校的学费和学生资助情况，以了解不同高校的私人教育成本。结果发现（见表 12－3），在学校学术声望和学费水平、学生资助以及"净"支付之间存在一种逆向关系，即一般院校的平均学费水平和学生的实际"净"支付高于"211"高校[①]，"211"高校高于"985"高校；学生资助水平则相反，"985"高校高于"211"高校，"211"高校高于一般院校。"985"和"211"高校的学费水平明显低于一般院校，净支付也明显少于一般院校。这意味着，进入学术声望高的大学，就有可能支付比较低的学费，同时可能获得比较高的资助。越是重点大学，私人支付的教育成本越低。如果是教育成本因素决定着学生对大学的选择的话，那么低收入家庭的孩子更可能选择国家重点建设的"985"工程或"211"工程高校。

---

① 为便于比较，文中的"211"高校为除"985"工程高校外的"211"工程高校，以下不再做特殊说明。

表 12 - 3 三类样本高校中的平均私人付费和公共资源分配 单位：元

学校	平均学费	住宿费	奖助学金	学生贷款	勤工助学	净支付	净支付占家庭人均收入的比例（%）	净支付占家庭总收入的比例（%）
"985" 高校	4 886	864	1 550	673	397	2 872	33.0	10.1
"211" 高校	5 067	887	1 096	546	421	3 721	51.9	15.3
一般院校	6 107	963	946	427	253	6 200	101.7	29.9
总体平均	5 340	905	1 145	537	370	4 138	56.5	16.9

因此，本章提出以下三个假设：

第一，影响高等教育入学机会的主要因素在于与家庭条件有关的长期影响，这包括父母受教育程度和个人的学习认知能力。

第二，家庭收入和学费水平也会影响个人追求高等教育的积极性。家庭收入水平越高，个人追求高等教育的意愿越强。学费水平越高，个人追求高等教育的积极性越低。

第三，学生资助能够增强个人追求高等教育的意愿，缓解或抵消学费对个人追求高等教育积极性的消极影响。

为验证以上研究假设，本章建立了一个多元逻辑回归（multinominal logistic）模型，因变量为抽样学生在三类高校中的入学机会。自变量包括以父母受教育程度和个人学习成绩为代表的长期因素，以及以学费、学生资助为代表的短期财政因素。另外，家庭收入水平既可以被视为作用于个人学习能力的长期因素，又可以被看作影响高等教育支付能力的短期经济因素。有关自变量简述如下：

1. 父母受教育程度：分为小学及以下、初中、高中、大学及以上四类，以大学及以上为参考类别设为虚拟变量。

2. 家庭收入水平：分为低收入、中低收入、中收入、中高收入和高收入五组，以高收入组为参考类别设为虚拟变量。

3. 高中学习成绩：以高中学习成绩在班级中的排名作为其学习和认知能力的替代变量，分为上游、中上、中游、中下和下游五个类别，以下游为参考类别设为虚拟变量。

4. 财政因素：包括学费、奖助学金、学生贷款和勤工助学。奖助学金为不需偿还的财政资助，学生贷款是需要偿还的财政资助。勤工助学是占用在校学习时间但有可能有助于增加工作经验的工作收入。

主要变量的基本统计量如表 12 - 4 所示。

表 12 - 4　　　　高校入学机会影响因素分析的主要变量的统计量

变　量	平均数	标准差	样本数
A. 个人和家庭背景变量			
女生（虚拟变量）	0.523	0.500	14 345
少数民族（虚拟变量）	0.084	0.278	14 345
农村生源（虚拟变量）	0.306	0.461	14 345
父亲受教育程度为小学及以下（虚拟变量；其他 = 0）	0.137	0.344	14 345
父亲受教育程度为初中（虚拟变量；其他 = 0）	0.226	0.418	14 345
父亲受教育程度为高中（虚拟变量；其他 = 0）	0.335	0.472	14 345
母亲受教育程度为小学及以下（虚拟变量；其他 = 0）	0.238	0.426	14 345
母亲受教育程度为初中（虚拟变量；其他 = 0）	0.228	0.419	14 345
母亲受教育程度为高中（虚拟变量；其他 = 0）	0.343	0.475	14 345
兄弟姐妹数	1.705	0.920	14 345
家庭人均收入（元）	7 159.21	11 519.27	9 889
B. 受教育特征变量			
高中学习成绩在上游（虚拟变量；其他 = 0）	0.606	0.489	14 252
高中学习成绩在中上游（虚拟变量；其他 = 0）	0.247	0.431	14 252
高中学习成绩在中游（虚拟变量；其他 = 0）	0.095	0.293	14 252
高中学习成绩在中下游（虚拟变量；其他 = 0）	0.038	0.190	14 252
一年级新生（虚拟变量；其他 = 0）	0.336	0.472	14 345
二年级学生（虚拟变量；其他 = 0）	0.301	0.459	14 345
三年级学生（虚拟变量；其他 = 0）	0.222	0.416	14 345
部属大学（虚拟变量；其他 = 0）	0.581	0.493	14 345
"985" 高校（虚拟变量；其他 = 0）	0.205	0.404	14 345
"211" 高校（虚拟变量；其他 = 0）	0.500	0.500	14 345
C. 财政变量			
学费（连续变量）	5 332.72	1 424.48	14 332
奖助学金（连续变量）	1 144.95	1 594.24	14 345
学生贷款（连续变量）	537.07	1 903.27	14 345
勤工助学（连续变量）	370.47	1 124.91	10 057

　　注：父母受教育程度的参考类别为大学及以上；高中学习成绩的参考类别为下游；年级的参考类别为四年级学生；大学分类的参考类别为未进入 "211" 工程的一般院校。

多元逻辑回归模型（MNL）要符合不相关选项独立性（Independence for Irrelevant Alternatives，IIA）的假设，否则会产生参数估计不一致的问题。不相关选项的独立性是指多元逻辑回归模型中的各个可选项是独立的，选择其中任何两个选项的比率独立于第三个选项的进入，也就是说第三个选项的进入不会影响到人们选择另外任何两个选项的概率（Hausman and McFadden，1984）。为此，本章进行了不相关选项独立性假设的豪斯曼（Hausman）检验，将多元逻辑回归的结果与简单的二元逻辑回归结果进行了对比，结果发现，多元逻辑回归结果的零假设不能被拒绝，即该多元逻辑回归模型产生的参数具有一致性，具有解释力。

表 12-5 列出的结果是进入某类高校机会的发生比率，它表示出解释变量变化一个单位带来的被解释变量变化的几率。对表 12-5 的结果解释如下：

（1）不同学术声望高校的入学机会有着明显的性别差异，男生在"985"和"211"高校中就读的比例显著大于女生。

（2）城乡生源在不同学术声望高校中的比例有着明显的差别。来自大中城市和县城的学生在"985"和"211"高校中所占比例明显高于来自镇和农村的学生。

（3）家庭中兄弟姐妹数与进入高学术声望大学的入学机会也有一定程度的相关。与有三个以上兄弟姐妹的家庭相比，独生子女和只有一个兄弟姐妹的学生在进入"985"高校的比率上有着明显的优势。但是，与一般院校相比，兄弟姐妹数与在除"985"高校外的"211"高校中的入学机会之间没有明显的关系。

（4）父母受教育程度与其子女在不同学术声望高校的入学机会有着明显的相关关系。由于父亲文化程度和母亲文化程度之间相关程度较高（肯德尔等级相关系数为 0.554，$p < 0.01$），产生了多重共线性。仅放入其中一个变量时，结果显示出，父母是大学及以上文化程度的学生在"985"和"211"高校中的入学比例比父母是高中及以下文化程度的学生有着明显的优势。比如，与母亲受教育程度为大学及以上组相比，母亲受教育程度为初中组的学生在"985"高校中的入学机会发生率低了 50.4%。

（5）以高中学习成绩表示的学习和认知能力对于高学术声望大学的入学机会有着重要的影响。与高中学习成绩处于班级下游的学生相比，成绩处于上游的学生进入"985"高校和"211"高校学习的机会明显要大得多。成绩处于班级上游的学生进入"985"高校学习的发生率是下游学生的 5.8 倍。

（6）家庭收入水平与学生在不同学术声望高校中的入学机会之间有着明显的相关关系。来自高收入组群的学生进入"985"高校学习的比例与低、中低和中等收入组相比有着明显的优势；高收入组与中高收入组之间在"985"高校的入学机会没有明显差别。

表 12 - 5　　　　　高等学校入学机会的影响因素的
多元逻辑回归结果（发生比）

变　　量	高等教育入学机会	
	"985" 高校	"211" 高校
个人和家庭背景变量		
女生（参考类别为男生）	0.578 ***	0.727 ***
少数民族（参考类别为汉族）	1.210	3.114 ***
农村地区生源（参考类别为城镇生源）	0.834 *	0.824 **
父亲受教育程度（参考类别为大学及以上）		
小学及以下	0.784	0.614 ***
初中	0.745 **	0.705 ***
高中	0.789 **	0.752 ***
母亲受教育程度（参考类别为大学及以上）		
小学及以下	0.749 *	0.862
初中	0.504 ***	0.628 ***
高中	0.683 **	0.864
兄弟姐妹数（参考类别为三个及以上）		
独生子女	2.058 ***	0.887
有一个兄弟姐妹	1.462 **	0.834
有两个兄弟姐妹	1.325	0.986
家庭收入组（参考类别为20%最高收入组）		
低收入组	0.358 ***	1.049
中低收入组	0.582 ***	1.189
中等收入组	0.805 *	1.181
中高收入组	0.986	1.092
受教育特征变量		
高中成绩在班级排名（参考类别为下游）		
上游	5.816 ***	2.320 ***
中上	1.269	1.469

续表

变　　量	高等教育入学机会	
	"985" 高校	"211" 高校
中游	1.060	1.349
中下	1.459	1.266
大学年级（参考类别为四年级）		
一年级	0.139 ***	0.334 ***
二年级	0.115 ***	0.340 ***
三年级	0.578 ***	1.082
财政变量（连续变量，千元）		
学费	0.700 ***	0.816 ***
奖助学金	1.238 ***	1.071 ***
学生贷款	1.076 ***	1.017
勤工助学收入	1.060	1.123 ***

注：因变量参照项为一般院校。观测值 = 6 942，Nagelkerke R^2 = 0.301，χ^2 = 2 129.974（$p < 0.001$）。＊表示显著性水平 a = 0.1；＊＊表示显著性水平 a = 0.05；＊＊＊表示显著性水平 a = 0.01。

　　表 12 - 5 的结果还显示出财政因素与高校入学发生率之间有着明显的相关关系。学费对个体选择入学的影响是负向的，而学生资助对个体选择入学的影响是正向的。学费水平越低，获得的各类资助越高，对个体学生选择进入高校学习的促进就越大。比较而言，学费变化一个单位带来的负面影响要比学生资助增加一个单位带来的正面作用大。

　　那么短期经济因素是否对来自不同家庭收入水平的学生的高等教育入学机会有影响呢？为此，本章建立了新的逻辑回归模型考察在控制和未控制学生资助这两种条件下家庭支付能力作为短期经济因素的相互作用对入学机会的影响。如果在没有学生资助时，家庭收入变量对入学机会的影响是显著的，而加入学生资助后，家庭收入变量对入学机会的影响变弱了，那么就说明短期经济能力对高等教育入学机会的影响是存在的。结果发现（见表 12 - 6），无论是否控制学生资助变量，学费对学生入学选择的影响系数都是负的而且显著。没有加入学生资助变量时，家庭收入水平对学生入学选择的影响是显著的，家庭收入水平越高，学生进入某类高校读书的发生率越大。加入学生资助变量后，家庭收入水平对入学机会的影响被明显弱化，来自不同收入组的学生在 "211" 高校与一般高校的入学

257

机会上明显差别消失。

表 12 - 6　　　控制和未控制学生资助条件下家庭收入水平对
高等教育入学机会的影响

变　量	高等教育入学机会			
	"985" 高校		"211" 高校	
	控制学生资助	不控制学生资助	控制学生资助	不控制学生资助
家庭收入分组（参考类别为高收入组）				
低收入组	- 1.026*** (0.155)	- 1.018*** (0.13)	0.048 (0.128)	- 0.250* (0.099)
中低收入组	- 0.541*** (0.144)	- 0.796*** (0.121)	0.173 (0.122)	- 0.276** (0.094)
中收入组	- 0.217* (0.128)	- 0.494*** (0.108)	0.166 - 0.113	- 0.245** (- 0.088)
中高收入组	- 0.014 (0.12)	- 0.277** (0.102)	0.088 (0.108)	- 0.218* (0.085)
财政因素（千元）				
学费	- 0.356*** (0.025)	- 0.165*** (0.019)	- 0.203*** (0.014)	- 0.074*** (0.01)
奖助学金	0.213*** (0.024)	—	0.069** (0.022)	—
学生贷款	0.073*** (0.02)	—	0.016 (0.018)	—
勤工助学	0.059 (0.037)	—	0.116*** (0.031)	—

注：因变量参照项为一般院校；括号内为回归系数的标准差。 * 表示显著性水平 $\alpha = 0.1$； ** 表示显著性水平 $\alpha = 0.05$； *** 表示显著性水平 $\alpha = 0.01$。

第四节　公共高等教育资源分配的公平性

　　教育机会的公平与公共资源分配的公平性有着紧密的关联。理论上，付费加资助的高等教育财政政策可以通过扩大教育规模使得较低收入人群获得与较高收入群体相同的教育机会，同时还可以促进公共资源向低收入人群的转移，达到公

258

共资源分配的公平。本章第二节和第三节验证了前半句话，即付费加资助的高等教育财政政策扩大了高等教育机会，使得来自较低社会经济地位的学生逐步获得较多的受教育机会，促进教育机会分布的均等化。与此同时，我们还验证了学生资助对于个人接受高等教育积极性的正向促进效果。进一步，如果学生资助能准确地指向低收入群体的话，那么后半句话也将得到验证，即实现公共资源从高收入向低收入群体的转移，促进资源分配的公平。

表 12 - 7 中的数据表明，与较高收入组群相比，较低收入组群的学生获得了更多的公共资助，私人实际支付了较低的受教育费用。表 12 - 8 的回归结果表明，家庭收入越低，获得的学生资助越高，实际支付的费用越低。这说明，学生资助针对了有需求的目标群体，实现了公共资源分配向弱势群体倾斜的财政公平目标。

表 12 - 7　　　　样本高校中不同收入组群的私人付费
和公共资源分配　　　　　　　　　　　单位：元

收入组群	学 费	住宿费	奖助学金	学生贷款	勤工助学	净支付	净支付占家庭人均收入的比例（%）	净支付占家庭总收入的比例（%）
低收入组	4 758	880	1 618	1 659	499	1 408	186.9	42.8
中低收入组	4 938	881	1 294	896	414	3 077	148.5	36.9
中等收入组	5 244	894	1 118	341	372	4 392	108.8	29.6
中高收入组	5 453	891	1 010	103	398	5 006	63.9	19.3
高收入组	5 885	957	994	59	467	5 417	23.2	7.2

表 12 - 8　　　　净支付和获得资助总额的影响因素回归结果

	因变量为个人获得资助总和的对数	因变量为净支付的对数
截距项	7.300***	8.377***
	(0.014)	(0.010)
家庭人均收入（千元）	-0.011***	0.005***
	(0.001)	(0.001)
R^2	0.02	0.01
观测值	6 967	5 105

注：括号内为回归系数的标准差。*** 表示显著性水平为 0.001。

但是从净支付占家庭收入的比例看，却是家庭收入水平越低，净支付占家庭收入的比例越高。负担一个孩子上大学的净支付费用占最低收入组家庭总收入的比例为 42.8%，严重超出了最低收入组群的实际支付能力；这一比例在中低和

259

中等收入组分别为 36.9% 和 29.6%，这两组家庭也承受着较重的支付子女接受高等教育的费用。这说明，与收费水平相比，学生资助相对不足，使得低收入家庭承受了较重的高等教育个人支出负担。这种"负担"会产生不良的信号传递导致社会上大多数人认为高等教育费用不堪重负，对低收入群体接受高等教育的积极性产生较大的负面影响。

第五节 结论与政策含义

总结本章实证分析的结果，我们得到如下主要结论和政策含义：

第一，总体上，来自较高社会经济地位家庭的学生所享有的高等教育总资源和优质资源均大于来自较低社会经济地位家庭的学生。

第二，从变化趋势上看，从 2000～2003 年，伴随着高等教育规模的扩大，来自低收入家庭和农村地区的学生在高等教育中的入学机会不断扩大。来自低收入家庭和农村地区的学生与来自较高收入家庭和城市地区的学生之间的高等教育入学机会差距在不断缩小。与此同时，来自较低社会经济背景的学生所享有的优质高等教育机会也在增加。

第三，高等教育入学机会差异的影响因素有两类：一是以父母受教育程度为代表的家庭背景和学生个人学习能力等长期因素；二是短期意义上的经济能力约束。无论是作为长期影响的父母受教育程度和自身学习能力，还是作为短期效应的学费和学生资助，或者既是长期因素又是短期效应的家庭收入都对个人追求高等教育的意愿有着明显的影响。个人追求高等教育意愿的差别最终反映为高等教育入学机会的差异。

第四，导致不同社会经济地位的孩子在高等教育入学机会上差异的因素更多的源自长期因素带来的学习能力上的差异。除了受到遗传因素的影响外，学习和认知能力是在日常学习生活中逐渐积累和培养起来的，往往与学生本人所处的家庭环境、学校和班级环境有着重要的关系。

第五，父母受教育程度是影响个人追求高等教育意愿和入学机会的重要因素。受较高教育程度的父母更有能力辅导和帮助孩子以发展其学习和认知能力。父母亲与孩子的日常谈话内容和父母亲的工作状态都会影响孩子的认知发展。孩子在年幼时很多情况下是通过与父母的交流来感知和认识世界的。通过与父母的互动，孩子了解世界上人与人的关系、人与物的关系、物与物的关系，建立对人类社会和世界最基本的认知。随着孩子年龄的增长，父母引导孩子通过阅读书籍、旅游和交友增长知识及探索世界。父母对孩子适应学校学习生活和端正学习态度也起到重要的作用。另外，受教育程度较高的父母往往收入也比较高，对孩子的教育有更强的支付能力和更高的支付意愿。

第六，学费对高等教育入学机会的影响，需从总体和个体两方面辩证地看待。在公共高等教育经费有限的条件下，个人支付的学费越多，高等教育经费总量越充足，高等教育的总规模就会越大，高等学校提供的教育机会就越多。因此从总体上看，个人支付的学费越高，个体获得高等教育机会的可能性越大。但是对个体来说，家庭支付能力是随私人教育成本的提高而减弱的。当私人成本超出家庭支付能力时，学费对个体接受高等教育的积极性就会呈现出显著的负向作用。

第七，学生资助能够有效地弥补学费对经济困难学生上学积极性的消极影响。高等教育财政政策的有效实施，不但可以增加高等教育经费，促进公共资源在不同级别教育和不同收入群体中分配的公平，而且也可以通过改变家庭经济承受能力促进不同收入群体的高等教育入学机会公平，消除经济能力差异带来的入学机会差别。

第八，我们于 2004 年所做的大学生问卷调查结果显示，与收费水平相比，学生资助相对不足，使得低收入家庭承受了较重的高等教育个人支出负担。这种"负担"会产生不良的信号传递，导致社会上大多数人认为高等教育费用不堪重负，对低收入群体接受高等教育的积极性产生较大的负面影响。

第九，学生资助落后于收费的现象在一般高校中表现非常突出，导致很多高校的成本补偿政策现状实际是"高收费+低资助"。由于一般院校承担着高等教育大众化的主要任务，结果造成社会大众对高校收费产生普遍的反感和负面情绪。要达到高等教育财政公平和效率的双重目标，应尽快改变目前一般普通本科院校中"高收费+低资助"的成本补偿结构。

第十，重新构建高等教育成本补偿的收费和资助结构。这里可以有两种政策选择：

（1）普遍推行"高收费+高资助"的成本补偿政策。这样既可以为高等教育增加资源，也可以使得大学和受教育者成本意识增强，在提高办学效率和学习效率上有所努力，又可以实现公共资源向低收入群体的正向转移。

（2）根据专业和学科的公共收益高低调整学费标准和学生资助的构成及其额度。对于公共收益高，私人收益低的专业和学科实行"低收费+适度资助"的成本补偿政策。有些专业和学科的学生资助额度可以与收费水平相当，有些学科的学生资助额度甚至可以高于收费水平。学生资助的结构为"助学金为主+学生贷款为辅"。对于公共收益低，私人收益高的专业和学科实行"高收费+高资助"的成本补偿政策，其中学生资助的结构为"学生贷款为主＋奖助学金为辅"。

第一种政策选择不利于来自较高社会经济地位家庭的学生选择公共收益高私人收益低的高校和学科，第二种政策选择在确定学费标准上要多花些工夫，因此各有利弊。从长远看，第二种政策选择更有利于优化公共资源在不同学科之间的配置。

第十一，高等教育财政政策的实施不可能消除长期因素导致的学习能力差异带来的高等教育入学机会差距。教育和财政政策还需要对低收入群体在高等教育之前的教育给予关注，提高低收入群体的整体受教育水平，改善其受教育环境，从而尽可能消除长期家庭的不良教育环境以及基础教育数量和质量的差别带来的学习和认知能力上的差异。

第十三章

工资结构的压缩与培训参与

第一节　研究问题的提出

一、现实的劳动力市场是不完全竞争的市场

贝克尔（Becker）的人力资本理论首次将对许多公司都有益的一般培训和能提高某企业生产力的特殊培训做出了区分。一般培训由员工自己付费，企业特殊培训由企业付费，并假设"雇员以低于他在其他公司工作而赢得的工资为代价来支付其一般培训的费用"。

贝克尔是在完全竞争的市场理论基础上得出的结论，其前提是不存在市场失灵。而在现实社会中，劳动力市场是不完全竞争的。

很多学者都指出，在不完全竞争的市场上，由企业付费的一般培训是广泛存在的（Daron Acemoglu，Jorn-Steffen Pischke，Beyond Becker；Harhoff，D. and Kane，T. J.，1994）。如德国拥有发达的企业内部培训体系，德国的学徒制培训（German Apprenticeship System）大部分都是一般培训，而且企业会为员工承担绝大部分费用支出，与此同时，参加学徒制培训的员工还会得到丰厚的工资报酬，不会因培训而丧失其部分收入所得。美国的很多企业也会为其员工的职业培训课程支付费用。还有很多企业送他们的员工参加学校的学历教育，诸如 MBA 教育，并为其支付费用。此外，一些文献中也指出，很多与工作相关的培训都是由企业来付费的，并且这些培训中很大一部分都是一般培训（Barron，Berger and Black，1999；Loewenstein and Spletzer，1999；Booth and Bryan，2003）。

另外，有很多研究专注于探讨员工在接受一般培训的时候是否因为支付培训费用而被削减工资，其中大多数的研究都显示在员工接受培训的过程中其工资水平并未下降，并且即便是培训时的工资较低，其削减的工资也远远无法弥补企业培训所需付出的成本。巴朗等人（Barron et al.，1989）在就业机会试点项目中发现，在工作头 3 个月接受较多培训的雇员的工资并不比培训量少的员工工资低[①]。费尤尔等人（Feuer et al.，1987）也发现，在雇主资助下接受正规教育的科学家和工程师并不比自己支付教育费用的员工的工资低[②]。这些都与贝克尔的理论相悖。

大量的研究成果表明，企业为员工提供在职培训的动机多种多样。根据贝斯（Bassi）对大量企业经理人员的调查发现，企业为员工提供在职教育的动机多达上十种。其中 46% 的企业（占非制造业企业的 75%）的动机是"作为员工的福利"；23% 的企业（占非制造业企业的 42%）的动机是"为了吸引新员工"。许多经理人员都认为培训计划有助于提高员工的劳动生产率，其中 57% 的经理人员认为培训计划可以增加员工对企业的忠诚度。此外，很多员工认为在职培训可以提升他们的自尊，改善家庭生活质量，提高工作信心以及对企业的满意程度。所有这些因素都有助于延长他们在企业的工作时间（Bassi，L，1994）。

故不难看出，在不完全竞争的市场上，企业员工参与培训的行为和人力资本理论中的理性行为会有所区别。在此将就市场不完全竞争条件下的企业培训进行讨论。

二、从工资结构压缩的角度分析企业培训

研究者从多个角度对不完全竞争的劳动力市场下的企业培训进行了探讨，如信息不对称、劳动力缺乏自由流动和自由选择、工会制、工资结构的压缩、最低工资制等。

1999 年，阿斯莫格鲁（Acemoglu）和皮茨凯（Pischke）在《超越贝克尔的人力资本理论：在不完全竞争劳动力市场中的培训》一文中对工资结构进行了研究，他们认为，劳动力市场的不完全性和一些制度性原因导致的工资结构扭曲，是企业参与一般培训，为一般培训买单的重要原因之一。

在阿斯莫格鲁和皮茨凯之后，诸多研究者采用各地的数据对不同的地区进行

[①] See Barron J M，Black D. A，Loewenstein M A（1989），Job Matching and On-the-job Training，P. 15.

[②] Feuer M，Glick H，Desai A（1987），Is Firm-sponsored Education Viable? Adapted from D. Stern Market Failure：Firm Sponsored Education and Training，*International Encycopedia of the Economics of Education*，P. 217.

了实证分析，得出了不同的结论，其中有不少实证地支持了阿斯莫格鲁和皮茨凯的论点。在此也将从工资结构压缩的角度，采用我国 2005 年城镇入户调查的数据库，对影响培训参与率的各项因素做出实证分析，考察我国工资结构的压缩对企业培训的影响。

（一） 什么是工资结构的压缩

在 20 世纪五六十年代就有相关研究提出了工资结构的压缩这一概念，但那时的数据收集过程不完善、不系统，导致调查数据之间的可比性不够。直至 1990 年，戈尔丁（Goldin）和玛格（Margo）更系统地提出了工资结构的压缩，并对 20 世纪 40 年代后的工资结构变化进行了全面的描述（Claudia Goldin，Robert A. Margo，1992）。

工资结构压缩包括相同教育程度等同组的不同个体之间的工资差异降低，同时也包括不同教育程度等不同组的群体之间的工资差异问题。研究将主要侧重于同组内不同个体之间的工资结构差异。在戈尔丁和玛格的研究中，他们提出个人的工资会由于个体教育程度、工作经验、工作地区和职位等不同而有所差异，而在一定的劳动力市场中，这种差异的幅度降低了，这种差异的降低就是工资结构被压缩的表现，即工资结构的压缩。

戈尔丁和玛格对工资结构采用的操作性定义是：根据人们的工资水平，将一组内的人等分为 10 份，最高的 10% 的人群的每周工资数 $wage\ 90th$ 和最低的 10% 的每周工资数 $wage10th$ 进行比较后取以 10 为底的对数，即 $\lg (wage\ 90th - wage\ 10th)$。

（二） 工资结构的度量分类

现有的文献中对工资结构的度量采用了两种分类方式：绝对的工资结构和相对的工资结构。绝对的工资结构度量方式考虑工资的绝对差异：$\lg (wage\ 90th - wage10th)$；相对的工资结构考虑了工资的相对比例，即 $\lg \left(\dfrac{wage\ 90th}{wage\ 10th} \right)$。考虑到相对的工资结构可以更好地反映工资结构的差异，本章将采用相对的工资结构概念进行实证分析。

三、 本章的研究意义

当今社会提倡终身学习，提倡在员工工作期间应不断接受教育、培训，从而扩充自身知识及技能。如何能够使员工更多、更好地参与培训是社会共同关心的问题。根据阿斯莫格鲁和皮茨凯的理论，工资结构的压缩会促使企业更愿意为员工提供培训并为之付费，从而可以使更多的员工得到良好的培训。在我国劳动力市场中是否存在工资结构被压缩的现状，其对企业培训的影响有多大，是否会促使更多的员工参与企业培训，是本章将要探讨的重要问题。本章的意义主要体现在以下几点：

第一，工资结构的压缩是研究企业培训的一个新颖的视角，自 1999 年阿斯莫格鲁和皮茨凯提出理论模型以来，在国际上该领域的研究也只有短短 7 年的发展。特别是我国在这方面的研究还相当匮乏，至今未有从工资结构压缩的角度探讨企业培训的实证研究。

第二，本章采用我国 2005 年城镇居民教育与就业情况调查的数据，问卷调研覆盖全国 12 个省市，拥有多达 12 608 个有效样本。该数据为本次实证研究提供了强有力的支持，较好地反映了中国的劳动力市场上企业培训情况。

第三，将国外的压缩工资结构对企业培训影响的研究进行了较好的梳理及归纳，并采用我国的数据进行分析，实证分析了阿斯莫格鲁和皮茨凯的理论解释在中国的应用，并对我国劳动力市场的企业培训情况做出分析。

第二节　研究的理论基础

一、完全竞争市场下的企业培训

建立一个简单的模型，假设员工在时点 1 接受培训后的产出为 $f(\tau)$，其中 τ 是员工所接受的培训程度，培训所需的成本是 $c(\tau)$，企业和员工个体都是风险中立的。我们可以在图 13-1 中画出 $f(\tau)$ 和 $c(\tau)$ 的曲线。由于是完全竞争的市场模型，员工在时点 1 接受 τ 培训的工资 $w(\tau)$ 应与其培训后的产出 $f(\tau)$ 相等，即 $w(\tau)=f(\tau)$（Daron Acemoglu，Jorn-Steffen Pischke，1999）。

令员工接受培训的最佳培训量为 τ^*，则 τ^* 应该有 $c'(\tau^*)=f'(\tau^*)$ 且 $\tau^*>0$。

所以，在完全竞争的市场下，员工接受培训量的多少不会影响企业的收益，正如贝克尔的人力资本理论，员工个体支付了一般培训的费用，并获得了一般培训的收益，企业没有动力为员工所需的一般培训付费。换言之，在完全竞争的劳动力市场下，员工是培训投资的主体。

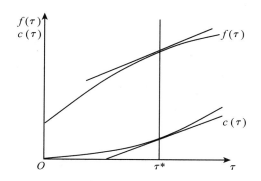

图 13 - 1　完全竞争市场下的企业培训

二、不完全竞争市场下的企业培训

同完全竞争的市场模型，仍假设员工在某时点接受培训后的产出为 $f(\tau)$，τ 是员工所接受的培训程度，培训所需的成本是 $c(\tau)$，员工在某时点接受 τ 培训的工资是 $w(\tau)$。

在不完全竞争市场下，卡兹（Katz）和齐德尔曼（Ziderman）在 1990 年第一个提出因为在有摩擦的劳动力市场环境中，员工所接受的培训信息无法完整地传递到其他企业，员工劳动生产率的增加很难被其他企业知晓，故此时普通培训已经转变为一种"特殊培训"，外部劳动力市场无法度量员工劳动生产率的提高，所以不会支付其较高劳动生产率相应的工资水平，因此，雇主也可以用较低的工资留住生产率提高了的员工。即随着培训量的增加，员工工资增加程度的速度不如员工的劳动生产率提高的速度快，即产出方程 $f(\tau)$ 比工资方程 $w(\tau)$ 更陡峭。此时，具有不同劳动生产率的员工的工资水平差距缩小了，即员工的工资结构被压缩了。在这种工资结构被压缩了的市场环境中，企业培训情况也存在着一定的变化。

首先，假设一般培训的费用仍要由员工自己支付，此时企业由培训带来的收益是 $f(\tau) - w(\tau)$，会随着培训量的增加、员工劳动生产率的增加而增加。而员工因接受培训得到的收益是 $w(\tau) - c(\tau)$，收益 $w(\tau) - c(\tau)$ 在最佳培训点 τ^{w}[①] 以下会随劳动生产率增加而增加，在超过 τ^{w} 以后，个人付出的成本增长大于收益增长，故员工没有动力继续投资于培训。且这里的最佳培训点 τ^{w} 比完全竞争市场下的最佳培训量 τ^{*} 小，即在员工为培训支付费用的前提下，工资结构的压

---

① 最佳培训点 τ^{w}，由工资函数和培训成本函数得出，即 $w'(\tau^{w}) = c'(\tau^{w})$。

267

第十三章　工资结构的压缩与培训参与

缩会降低一般培训的参与率。但从企业的角度来看，企业因追求利润的目的会期望员工得到更多的培训，因此企业会考虑为一定的培训买单从而促使、要求员工参与更多的培训。

进而假设培训全部是由企业付费的。企业雇用员工得到的收益是 $f(\tau)$，付出的成本则是员工的工资 $w(\tau)$ 和培训的费用 $c(\tau)$。从图 13－2 中不难看出，随着员工接受的培训量逐渐增多，企业所获得的利润 $f(\tau)-w(\tau)-c(\tau)$ 会经历先增加，达到最大值 τ^{f} 后，再由于受到 $c(\tau)$ 的递增影响逐渐减小的过程（Daron Acemoglu，Jorn－Steffen Pischke，1999）。

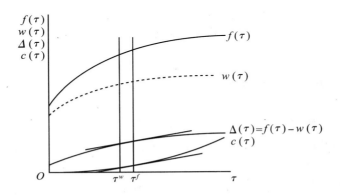

图 13－2　工资结构压缩状态下的企业培训

此时，企业将支付并提供的培训量是点 τ^{f}，且有 $f'(\tau^{f})-w'(\tau^{f})=c'(\tau^{f})$。故而在不完全竞争的市场下，由于工资结构被压缩了，伴随着培训量 τ 逐渐增加，企业的利润会随之先增加后减少，因此，当员工所受培训量低于 τ^{f} 时，企业有动力为员工提供一般培训，并为其支付费用。

综上所述，在这种不完全竞争的劳动力市场下，企业会因为工资结构被压缩而获取较多的利润，在追求利润这个过程中，企业有动力为员工提供少于 τ^{f} 的企业培训量。

三、工资结构压缩的成因

对于工资结构压缩是如何产生的，研究者们有多种理论解释。

（一）交易成本理论

劳动力市场中存在着交易成本。在现实的劳动力市场中，员工辞职并再次找到合适的雇主是要花费较大代价的，同样，对于企业来说，它们辞退员工并找到合适的接替者也同样需要花费很大成本。

由于存在着搜寻成本，一些研究者认为双方的讨价还价地位决定了员工最终获得的工资水平[①]。如戴尔蒙德（Diamond）在 1982 年的研究论文中指出，在公司与员工之间存在着一种配比剩余（Match-specific Surplus）。假设公司与员工的讨价还价能力是相互独立的。对于公司来说，需要确定一个价格标准 $W(c)$，该价格是公司用来招聘新员工的机会成本，公司的职位空缺率会影响到公司的讨价还价能力，即会对 $W(c)$ 有所影响；对于员工来说，也需要确定一个工资底线 $W(i)$，是其在选择新的就业单位的机会成本，劳动力市场上的失业率会对员工的讨价还价能力造成影响，即影响到员工确定的工资底线 $W(i)$。$W(c) - W(i)$ 即是可在公司与员工之间分配的剩余（Surplus），公司和员工之间的讨价还价能力决定了员工的工资收入。若员工的劳动生产率为 $f(\tau)$，在讨价还价之后，员工的实际收入为 $\beta f(\tau)$，则公司的收益为 $(1 - \beta)f(\tau)$。员工的实际收入低于其劳动生产率，员工 i 和员工 k 之间的收入差距 $\beta f(\tau_i) - \beta f(\tau_k)$ 也因讨价还价造成的 β 而减小。员工之间的收入差距减小了，由此形成了工资结构的压缩。

与此同时，公司会希望员工提高其劳动生产率 $f(\tau)$ 从而获得更大的收益，故愿意为员工提供企业培训，有动力为员工接受的培训买单。

（二）企业间信息不对称理论

形成工资结构压缩的第二种解释是雇主和其他企业间信息不对称。

首先，公司很难准确地了解新员工于原公司的培训情况和其人力资本大小。雇主难以判断员工在其他企业接受的培训量和培训内容。在这种情况下，雇主往往会低估新员工在其他公司所接受培训所获得的但还未充分表现出的能力。

如卡兹和齐德尔曼（1990）在文中就指出其他公司很难了解一个人已经获得但在目前工作中还未表现出来的适应能力，即一般培训的"选择价值"[②]。具

① Peter A. Diamond (1982), Wage Determination and Efficiency in Search Equilibrium, pp. 218 - 220 and Daron Acemoglu, Robert Shimer (1999) Efficient Unemployment Insurance; some people don't think bargaining is not the important determinator but, they adopt the Matching teachnology analysis. . See: Moen, Espen (1997). Competitive search equilibrium. ; and Michael Peters (1991) Ex Ante Price Offers in Matching Games Non-Steady States, etl.

② Katz, Eliakim and Ziderman, Adrian (1990). Investment in general training: the role of information and labour mobility, pp. 1148 - 1150; Besides this, Chang, Wang (1996), Human Capital Investment under Asymmetric Information: The Pigovian Conjecture Revisited also argue that the asymmetry of information has effect on wage, and the outside market can not measure the improvement of human capital caused by investment precisely.

体来说，卡兹和齐德尔认为，企业培训投资的价值 V 体现在两个方面：岗位培训能带来的收益净现值 Z 和培训可能带来的未来收益 OV。其中，可能产生的未来收益 OV 包含了若干组成部分。例如，企业培训可以为员工今后进一步的技能培训打下良好的基础；一般培训可以使员工具备多项工作技能，在其他岗位人员变动时发挥临时替代作用；更为重要的是，培训能够提高员工接受新技术和适应组织变化的能力，而这种潜在的价值对企业非常重要。但是，获取有关未来可能收益 OV 的信息比获取培训收益净现值 Z 的信息更加困难。对外部企业来讲，不可能获取员工在培训方面以及人力资本提高方面的全部信息。

卡兹和齐德尔曼还指出，企业培训后员工对企业的价值是雇主掌握培训信息量的增函数。只有当企业拥有雇员培训的全部信息，包括培训内容和程度，才能合理安置员工，实现其最大价值。对培训企业来讲，通过培训期间的观察和了解，可以清晰地记录关于员工培训的全部信息，这时员工对企业的价值为 V_t。而对于外部企业来讲，其难以获得这类信息，新雇主只能在雇佣关系开始后，通过对员工工作表现的考察逐步地了解员工。设 i 代表考察的期数，V_i 代表第 i 期员工的价值。随着 i 的增加，企业得到越来越多的信息，而 V_i 也在逐步增加。企业考察员工是否接受过培训和培训程度的最有效办法是将其安排在需要培训的岗位上，但为了避免出现匹配错误（将没有经过培训的员工安排到需要经过培训的岗位上）而产生的风险（表现为生产效率下降甚至为负值），企业更愿意将其安排在不需要培训的岗位上。这种考察方法效率低，需要花费较长时间和较多费用，而且员工在外部企业的价值 V_i 低于在培训企业的价值 V_t。

所以，新雇主不愿意为无法度量的人力资本多付工资，故原雇主可以用相对较低的工资留住劳动生产率提高了的员工。从而工资结构被压缩了。

此外，阿斯莫格鲁和皮茨凯（Daron Acemoglu，Jorn – Steffen Pischke，1998）还指出，员工职业生涯的最初阶段的表现可以反映他是否适合于应聘的岗位。而只有第一个雇主能准确地掌握员工这方面的信息，了解员工是否符合岗位的需求，是否具备较强的能力，与此同时，从直观上讲，辞职、辞退的员工平均技能水平、劳动生产率较差。所以当具有较高劳动生产率的员工辞职时，他无法证明他具备较高的能力，反而有可能会被贴上能力较差的标签。所以企业在支付工资时也处于强势地位，可以用低于其劳动生产率的工资留住优秀的员工，使其工资结构压缩。

（三）雇主和雇员信息不对称理论

雇主和员工之间的信息不对称是形成工资结构压缩的第三种理论解释。

雇主和员工之间存在着信息不对称，雇主希望员工付出极大的努力进行工作，但同时又无法准确度量员工的勤奋程度，所以企业采用工资来激励员工。在确定报酬时参考员工绩效等因素，同时也综合考虑其他的一些和努力程度相关的指标来激励员工们保持最努力的工作状态（Daron Acemoglu，Jorn – Steffen Pischke，1999）。并且，由于企业存在着道德风险以及责任约束，即企业不能支付给员工负工资，在这种情况下，即便是员工的劳动生产率很低，雇主也会提供给员工一个最低的工资水平，所以当员工的劳动生产率低于这个最低工资水平时，雇主会统一付给员工最低工资，在一定程度上也激励员工更努力地工作（Daron Acemoglu，Jorn – Steffen Pischke，1999）。由于存在这种现象，工资结构显著地被压缩了，如图 13 – 3 所示。

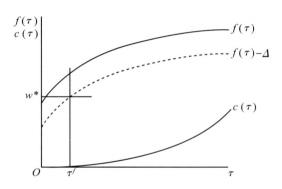

图 13 – 3　最低工资制下的企业培训

图 13 – 3 与完全竞争市场下的企业培训的情景类似，并引入最低工资水平 w^*。从图中可以看出，凡是在生产率低于 $f(\tau^f)$，即在无最低工资水平下支付给员工的工资低于 w^* 的员工，都因企业受到道德风险的约束获得了 w^* 水平的工资收入。此时，企业支付的工资可表示为 max $(w^*, f(\tau) - \sigma)$。在这种支付模式下，企业有动力为员工提供培训，因为当员工的生产率低于 $f(\tau^f)$ 时，随着员工劳动生产率的提高，企业所需支付的工资没有变化，员工提高的生产率收益可全部被企业获得。

（四）其他理论

劳动力市场上的一些制度化因素也是工资结构被压缩的原因，比如最低工资制度和工会制度等。工会会对企业施加压力，要求雇主为低技能员工提供相对较高的工资水平（Freeman，Richard B. and Medoff，James L.，1984）。故这些制度化因素也会构成工资结构的压缩。

第三节 文献综述

一、关于培训参与的研究和数据的文献综述

20 世纪 70 年代以后，企业培训的数据逐渐丰富。美国和培训相关的六次大规模调查分别包括：雇主层面的 EOPP，SBA；员工层面的 PSID，NLSH72，NLSY 和 CPS[①]，如表 13 - 1 所示。各次调查都从不同的角度对培训参与情况和培训量做了统计。

表 13 - 1　　　　　在美国和欧洲与培训相关的主要的调查

		样本	调查时间（年）	样本量
雇主层面	EOPP	美国来自 23 个地区的参与 EOPP 项目的企业雇主	1982	4 000
	SBA	美国分层随机抽样，大公司占较大比重	1992	约 3 600
员工层面	PSID	美国全国抽样调查，18～64 岁在职人员，上年工作 500 小时以上	1976，1978，1985	约 5 000
	NLSH72	美国教育部调研，高中及高中以上学历者	1972，1986	22 652 12 841（1986 年）
	NLSY	美国 14～22 岁青年人	1979	12 686（1979 年）
	CPS	美国 25～64 岁私营部门在职人员	1983，1991	约 10 000
	ECHP	所有欧盟国家，面板数据	1994～1998	

资料来源：李湘萍（2005）及 Joseph G. Altoniji，James R. Spletzer（1991）。

---

① PSID is short for Panel Study of Income Dynamics；NLSHS72 is short for National Longitudinal Survey of High School Class of 72；NLSY is short for National Longitudinal Survey of Youth；CPS is short for Current Population Survey.

教育投入、资源配置与人力资本收益

其中 1986 年 NLSH72 的跟踪调查问题得出的雇主提供的培训情况（见表
13－2），员工接受培训的比例均高于 SBA 数据和 EOPP 数据。这主要是因为调
查问题有所不同，NLSH72 是通过调查员工得来的数据，对于任职期间较长的员
工，他们接受培训的参与率必然会大于新入职的员工。而 SBA 和 EOPP 是向雇
主询问新员工在入职前 3 个月接受的培训情况。为此，巴隆（Barron）等人根据
NLSH72 的数据[1]，将样本控制在新入职一年的员工当中，重新计算了正规培训
的参与率。控制样本后，正规培训的参与率由 27.8% 降至 21.3%。这一结果与
SBA 数据在岗正规培训（On-site Formal Training）的参与率 21.0% 较为一致。此
外，NLSH72 中非正规培训的参与率是 19.7%；脱产培训的参与率是 20.0%，与
正规培训的数据类似，由于接受调查的员工任职年限不同，培训的参与率明显高
于新员工数据，采用同样的方法将样本控制在新入职一年的员工当中，脱产培训
的培训参与率降为 13.7%。

通过面板数据，调查员可以询问被访者自上次调查之后接受的培训量，这就
较好地避免了 NLSH72 由于年限不同造成的培训度量的差异。数据 NLSY 较好地
处理了这个问题。很多学者（Lynth，1992；Bartel and sicherman，1993；Loewen-
stein and Spletzer，1993）都采用 NLSY 进行了分析研究。根据鲁文斯坦（Loew-
enstein）和施皮策（Spletzer）（1993）的研究[2]，在职培训的参与率会随着年限
增长而提高，特别是在新员工入职的头 4 年这种趋势较为明显。

表 13－2　　　　　NLSHS72 在职培训数据统计（1986 年）

	培训参与率（%）	平均每周培训小时数（小时）
正规培训	27.8	10.9
非正规培训	19.7	11.3
脱产培训	20.0	5.8

资料来源：Altonji，Spletzer，1991，Worker Characteristics，Job Characteristics，and the Receipt of On-the-job Training，P.77.

CPS 在 1983 年和 1991 年的两次调查分别询问了当前工作和前一份工作的正
规培训与非正规培训的情况，培训参与率见表 13－3。

---

[1]　See John M. Barron；Mark C. Berger；Dan A. Black（1997），How Well Do We Measure Training？
pp. 512－513.
[2]　Loewenstein，Mark A.，SPletzer，James R（1993）. Training，Tenure，and Cost Sharing. Adapted
from John M. Barron；Mark C. Berger；Dan A. Black（1997），How Well Do We Measure Training？ P. 513.

表 13 – 3　　　　 CPS 在职培训参与率：1983 年 1 月和 1991 年 1 月

	1983 年培训参与率（%）	1991 年培训参与率（%）
当前工作的正规培训	12. 0	16. 8
当前工作的非正规培训	15. 2	16. 2
前一份工作的正规培训	9. 6	12. 1
前一份工作的非正规培训	27. 9	27. 1

资料来源：Norman Bowers，Paul Swaim，1994，Recent Trends in Job Training，Contemporary Economic Policy，P. 86.

二、关于影响培训参与的因素的文献综述

国外的研究把影响个人参与培训的因素主要归为四类：个人特征、人力资本特征、企业特征和工作特征。

其中，个人特征包括个人的性别、年龄及婚姻状况等。

性别变量是影响在职培训参与率的重要因素，大多数研究发现与女性相比，男性有较高的培训参与率[1]，但也有研究认为女性的培训参与率更高（Greenhalgh and Mavrotas，1993，1996）。对于性别差异的解释，有观点认为由于女性的劳动参与率低、退出劳动力市场的可能性更大，因此，雇主为女性提供在职培训将存在更大风险。格林（Green，1991）指出企业不愿意培训年轻的女性，因女性有很大可能性会辞职回家抚养孩子；格林（Green，1993a）还指出性别歧视是非常重要的原因。关于年龄变量，大量研究表明，年龄与在职培训参与率呈负相关[2]关系，即年轻人更愿意接受培训，同时也有更多的机会参与在职培训。至于婚姻状况对培训的影响，研究没有一致的结论，格林哈尔希和斯图尔特（Greenhalgh and Stewart，1987）发现已婚男性会比未婚男性接受更多的培训，而已婚女性相对于未婚女性参与在职培训的可能性降低（Green，1993a），但也有研究认为结婚状况不会影响在职培训的参与率（Booth，1991）。

人力资本特征包括正规教育年限、所受正规教育类型（通识型或专门型）、工作经验等。

---

① 　see Booth，1990，1991；Green，1993a；Greenhalgh and Stewart，1987，etl.

② 　Michael Shields（1998），Changes in the Determinants of Employer – funded Training for Full – Time Employees in Britain 1984 – 1994，P. 192.

　　正规教育与在职培训的关系没有定论，通常研究者认为它们既有替代性也有互补性。多数研究认为互补性更强，并且很多数据分析都验证了教育程度更高的员工会接受更多的培训，因为他们的学习能力强、效率高，企业愿意为他们提供培训机会；但是也有研究认为技术进步将使正规教育与在职培训的替代性增强，斯默恩博格（Smoorenburg）在其研究中指出劳动者所受的正规教育类型如果是更为专业型的教育（Narrow Type of Education），那么这类员工在工作岗位上会比上学时接受通识教育的员工接受在职培训的可能性更大[①]，但他们也指出这一结论只适用于高等职业教育的学生群体（HBO）。工作经验与参与在职培训的关系可能是正向也可能是负向的，同年龄变量类似，雇主有意愿为刚进入公司的年轻人提供更多的在职培训，另外，雇主会乐意为在公司工作较长时间、相对稳定的员工提供培训机会，因为他们流动性低、更忠于公司。

　　企业特征包括企业规模、企业所处的行业性质、所有制性质以及企业所在地区等。

　　较多研究都考察了企业规模对培训参与度的影响，因为规模大的公司往往有一整套完备的员工培训机制，而且公司可以从培训的规模经济中获利，同时大公司也更有信心可以留住好的员工，所以大公司培训的热情要高于小公司（Green，1991，1993a；Greenhalgh and Mavrotas，1994，1996）。对于企业所处的行业、企业所处地区，以及是否是公共部门这三个变量的影响，研究者们没有达成一致的意见。布斯（Booth，1991）指出雇员在公共部门会获得更多的培训，他认为私营公司是以追求利润为目标的，所以在培训经费上要考虑到成本收益问题，其次私营公司更多的受到外界经济环境的影响，不能像公共部门一样随时提供培训。但格林（Green）在1993年的研究和格林（Green）等人在1996年的研究均没有发现公共部门与私营部门在培训方面的区别。在我国，国有企业的员工培训机会较多，而私人部门的企业通常为了节约成本或由于企业能力、规模所限，较少为员工提供培训，不过若存在政府财政的资助，私人部门企业也愿意提供培训，而且培训的效率也比较高[②]。关于企业所处的行业，研究者们也认为该变量对企业培训的提供有重要影响，技术变迁快的行业更有可能为员工提供在职培训，而产品的市场需求具有季节性和周期性，员工流动率较高的企业提供在职培训的可能

---

　　① M. S. M. van Smoorenburg, R. K. W. van der Velden（2000），The Training of School – leavers Complementary or Substitution? P. 213.

　　② 李湘萍：《在职培训经典研究文献评述》，2004年12月，第11页。

性就小很多①。关于地区的影响，英国的多数研究都没有发现显著性差异②，但这些研究只限于英国内部地区对培训的影响。

工作特征主要是劳动者所在的工作岗位的类型、级别、收入水平及劳动者的所学专业与工作是否匹配等。研究普遍认为全职工作人员比非全职员工接受的培训更多③。范·斯默恩博格（Van Smoorenburg）认为所学专业与工作岗位不匹配的员工接受在职培训的可能性更高④。

希尔德（Shields，1998）总结英国文献中关于培训决定因素的主要发现如表13－4所示。

表13－4　　　　英国文献中关于培训决定因素的主要发现

变量类型	变量列表	对培训可能性的影响	结论一致程度
个人的变量	年龄	－	#
	女性	－	?
	已婚	＋	?
	需要照顾的孩子	－	?
与工作有关的变量	资格	＋	#
	新工作	＋	#
	行业工会会员	＋	#
	非全职员工	－	#
与雇主有关的变量	公共部门	＋	?
	高技术行业	＋	?
	小企业主	－	#
	较高的地区失业率	－	?

注：#表示该变量对培训可能性的影响关系已形成共识；? 表示目前的研究发现存在分歧。

资料来源：Michael Shields（1998），Changes in the Determinants of Employer－funded Training for Full－Time Employees in Britain 1984－1994，P. 191.

---

① 李湘萍：《在职培训经典研究文献评述》，2004 年 12 月，第 10 页；此外，国外有很多关于行业对培训的影响研究，Booth 在其研究中指出，男性在"农林牧渔"和"其他行业"培训参与率显著地高于其他各行业；Green 发现"水电供应业"和"其他行业"培训率显著高于其他各行业，"交通运输、邮政业"以及"采矿"、"制造业"的员工培训量显著少于其他各行业；Greenhalgh 和 Mavrotas 的研究指出在非贸易行业，诸如"医疗"、"教育"和"国家、地区政府组织"的培训率最高，在中等程度的科技制造业，诸如"食品"、"饮料"、"服装加工"、"橡胶塑料制造"、"烟草"等培训率最低；Shields 的研究结论认为"公共管理"、"教育"、"卫生"、"金融业"的培训参与率显著高于其他各行业。
② Michael Shields（1998），Changes in the Determinants of Employer－funded Training for Full－Time Employees in Britain 1984－1994，P. 193.
③ Greenhalgh and Mavrotas（1996），Job Training，New Technology and Labor Turnover，P. 141.
④ M. S. M. van Smoorenburg，R. K. W. van der Velden（2000），The Training of School－leavers Complementary or Substitution? P. 213.

三、关于工资结构压缩对培训参与的影响的文献综述

1999 年，阿斯莫格鲁（Acemoglu）和皮茨凯（Pischke）在《超越贝克尔的人力资本理论：在不完全竞争劳动力市场中的培训》中阐释了工资结构对培训的影响。在文中，他们提出了不完全竞争的劳动力市场会带来工资结构压缩的现象，而工资结构压缩会在一定程度上激励雇主为员工提供企业培训，提高员工的劳动生产率，从而企业获得更多的利润①。

继阿斯莫格鲁和皮茨凯之后，诸多研究者采用各地的数据对阿斯莫格鲁和皮茨凯提出的理论模型进行了实证分析。

（一）工资结构压缩对企业培训参与率有正影响

较多实证研究为阿斯莫格鲁和皮茨凯提出的工资结构压缩对企业培训有正影响的理论提供了支持。如布吕奈罗（Brunello）2002 年用 ECHP 数据对欧洲 11 个国家进行的研究②，巴萨尼尼和布吕奈罗（Bassanini and Brunello）于 2003 年采用欧盟多国数据的实证分析③，贝克曼（Beckmann）于 2004 年采用德国数据进行的分析④，以及阿尔梅达－桑托斯和马姆弗德（Almeida-Santos and Mumford）在 2005 年采用英国数据的实证研究等⑤。

布吕奈罗（2002）采用 1996 年 ECHP 的数据库，对欧洲 11 个国家⑥的工资结构压缩对培训参与率的影响做出了实证分析。研究发现，在控制了个人因素和不同国家的制度差异后，工资结构与培训参与率的系数显著为负，即工资结构压缩和培训参与率是显著正相关的。此外，高收入阶层和低收入阶层中工资结构的压缩对培训参与率也都有显著的正影响。并且相对于低收入阶层来说，高收入阶层中工资结构影响更大。高收入阶层工资结构指标每增长 0.01，其培训参与率

---

① 理论解释见本章第二节第二个大问题——不完全竞争市场下的企业培训。

② Giorgio Brunello（2002），Is Training More Frequent when Wage Compression is Higher?

③ Andrea Bassanini，Giorgio Brunello（2003），Is Training More Frequent When Wage Compression is Higher? Evidence from the European Community Household Panel.

④ Michael Beckmann（2004），Wage Compression and Firm-sponsored Training in Germany：Empirical Evidence for the Acemoglu-Pischke Model from a Zero-inflated Count Data Model.

⑤ Almeida－Santos，Filipe & Karen Mumford（2005），Employee Training and Wage Compression in Britain.

⑥ ECHP1996 年的调查包括 14 个国家，分别是：奥地利、德国、丹麦、荷兰、比利时、芬兰、法国、英国、爱尔兰、意大利、卢森堡、希腊、西班牙、葡萄牙。其中又因数据量原因，去除了卢森堡、芬兰、奥地利，共计 11 个国家。乔治阿玛·布吕奈罗，高工资压缩是否会增加培训参与率，第 6 页。（Giorgio Brunello（2002），Is Training More Frequent when Wage Compression is Higher?，P. 6.）

就会下降 0.061，而低收入阶层培训参与率只下降 0.034。布吕奈罗将这一现象归因于高收入的员工其本身培训参与率明显高于低收入阶层[①]。布吕奈罗又采用多元逻辑回归（Multinomial Logit Regression），进一步证实了无论是特殊培训还是一般培训，压缩的工资结构都对其有正向影响。

巴萨尼尼和布吕奈罗（2003）采用的是 2001 年 ECHP 的数据库和 1996 年 ECHP 的数据库，选取的数据样本包含了 7 个国家中 30～60 岁在非农业的私营部门全职工作的男性[②]。在计算工资结构指标时，巴萨尼尼和布吕奈罗按不同国家、受教育程度、职业和行业进行划分，计算出各个群体的工资结构。逻辑回归的自变量选取了员工年龄、国家、行业、公司规模、职业、教育程度、在该单位工作年限、是否是临时工以及工资结构指标。研究发现，一般培训参与率增长 0.229%～0.262%，说明了压缩的工资结构对培训参与率有正影响；而特殊培训的回归系数都不显著。也说明了工资结构的压缩对一般培训参与率具有正向影响。

贝克曼在 2004 年采用德国职业研究所的数据库 IAB[③] 进行实证分析。其他的研究大都是根据员工个人的信息进行分析，而贝克曼运用的 IAB 数据库体现的是企业层面的数据信息。研究针对德国的学徒制培训体系（System of Apprenticeship Training/Dual System）。德国的学徒制培训的成本是由三方共同承担的，这三方分别是支持该制度运作的公共部门，受培训者本人[④] 和提供培训的企业。贝克曼采用回归分析（Zero–inflated Negative Binomial Regression），因变量是企业当前的学徒数量。回归结果显示：从总体来说，工资结构的压缩对培训参与确实有显著的正向影响；其次，工资结构对前东德和前西德的企业提供的培训的影响有所不同，在前西德工资结构对培训的影响要强于前东德。

阿尔梅达－桑托斯和马姆弗德的实证研究采用的是 1998 年英国的员工调查数据库，包含了 1 460 个单位的 19 853 位员工样本，对英国员工的培训参与率和培训量进行了实证分析。他们根据个人的教育程度、职业、工作所在行业三个维度计算了绝对的工资结构指标和相对的工资结构指标，也分别考察了整体工资结构、高收入人群工资结构以及低收入人群工资结构的不同。阿尔梅达－桑托斯和

[①] Giorgio Brunello（2002），Is Training More Frequent when Wage Compression is Higher? P.10.

[②] 选取的标准是根据样本量的大小，该研究只选取了 7 个国家，分别是：奥地利、比利时、法国、德国、意大利、西班牙和英国。选取 30～60 岁的人群是为了规避诸如学徒系统（Apprenticeship System）等因不同国家制度不同造成的影响。

[③] 1993 年 IAB 调查的单位有 4 265 家，至 2000 年被调查的单位已升至 13 931 家，IAB 面板数据成为德国最大的企业层面数据库。

[④] 受培训者是通过在培训期间减少工资收入的方式分担培训成本的。

马姆弗德在做逻辑回归时，分两步进行了考察①，结果显示，两种工资结构，不论是绝对的工资结构还是相对的工资结构，均对培训的参与率和参与程度有显著的负效应，即其绝对的和相对的工资结构的压缩会对培训参与有正面影响。且整体的工资结构以及高收入人群的工资结构的系数显著为负，会带来更多的企业培训，而低收入人群的工资结构与培训没有显著关系。同时研究也发现非白人、临时工人、定期合同工接受的培训量显著低于其他样本人群，也说明英国劳动力市场存在着市场分割，导致女性、非白人等更多地被排挤到低培训率的劳动力市场当中②。

（二）工资结构压缩对企业培训参与率有负影响

不少研究支持了阿斯莫格鲁和皮茨凯的理论模型，但一些研究者也得出了相反的观点，如佩拉塔（Peraita）2001 年发表的论文③，和托马斯·埃里克森（Thomas Ericson）2001 年对瑞典的研究④。

佩拉塔（2001）采用了 1994 年 ECHP 的数据和西班牙国家统计局 1996 年的调研数据（INE）分析了西班牙的培训参与情况。在西班牙，劳动力市场管制非常严格，市场分割严重，有集权化的工资制定体系，并且西班牙在欧盟各国中是解约成本最高的国家。且从整体来看工资结构压缩得很严重，根据 1994 年月工资收入计算的工资结构指标仅有 0.49，远低于德国、美国等其他各国⑤。根据阿斯莫格鲁和皮茨凯的理论，这种制度的限制会带来压缩的工资结构，企业为了追求利润，会有动力为员工提供培训从而增加员工的劳动生产率，并增加企业自身的收益。但实际情况是西班牙的总体培训参与率很低。佩拉塔在分析中没有采用回归的方式，而是用统计描述的方法，比较了西班牙和美国不同学历层次的员工之间的工资结构指标与培训参与率的情况，得出了结论：在分割的劳动力市场上，不管雇员的受教育程度高低与否，工资结构的压缩都不会带来更多的企业培训。

托马斯·埃里克森采用瑞典劳动力市场政策评估机构（IFAU）2001 年的劳动力调查数据，研究了瑞典的培训情况。调查的样本取自 16～64 岁在瑞典登记居住的工作人群，样本量约达 10 000。该调查一年进行两次追踪调查，其中有

① Almeida-Santos，Filipe & Karen Mumford（2005），Employee Training and Wage Compression in Britain，P. 332.
② Almeida-Santos，Filipe & Karen Mumford（2005），Employee Training and Wage Compression in Britain，P. 339.
③ Carlos Peraita（2001），Testing the Acemoglu-Pischke model in Spain.
④ Thomas Ericson（2004），The effects of wage compression on training：Swedish empirical evidence.
⑤ Carlos Peraita（2001），Testing the Acemoglu-Pischke model in Spain，P. 111.

1/3 的样本在两年内会保持跟踪。数据包含了 157 种职业，其中 71 种职业属于公共部门，86 种职业属于私营行业。

托马斯·埃里克森的研究采用了相对的工资结构。他将这 157 种职业划分为八大类，再根据这八大类职业划分，分别计算出整体的工资结构指标、高收入人群的工资结构指标以及低收入人群的工资结构指标。数据统计显示，工资结构压缩最严重的职业，诸如立法者、高层官员、高层公务员、经理，压缩的工资结构指标值为 2.368[①]，专业人员压缩的工资结构指标为 1.822，科技人员压缩的工资结构指标为 1.691，这些员工的培训参与率也是最高的，分别为 85%、82%、76%；工资水平差异最大的职业，如初等劳动，工资结构指标为 1.334，其培训参与率最低，仅为 28%[②]。

托马斯·埃里克森进行了五次逻辑回归分析，分别对整体样本数据、私营部门的男性、私营部门的女性、公共部门的男性、公共部门的女性进行分析[③]。从方程的结论来看，无论所在的单位是私营部门还是公共部门，女性的培训情况与工资结构没有显著性关系。而对于私营部门工作的男性，以及私营部门工作的高收入男性群体来说，培训参与情况与压缩的工资结构显著相关，且系数为正，即压缩的工资结构对培训参与率有负影响，从而也说明了员工在劳动力市场中是培训投资的主体。

对于不一致的实证结果，研究者们提出了可能存在的以下一些原因：

首先，对于培训变量的定义不同可能造成实证结果不一致。如阿尔梅达 – 桑托斯和马姆弗德（2005）的研究中，没有区分一般培训和特殊培训，而是考察所有培训的参与率。巴萨尼尼和布吕奈罗（2003）的研究中，将脱产培训（Off – site Training）定义为一般培训，在公司内部进行的培训（Training at the Workplace）定义为特殊培训。而埃里克森是按照调查中的回答"是否主要是普通技能"、"是否主要是公司内部所需的特殊技能"来区分一般培训与特殊培训的。所以定义的区别可能会导致结果的差异[④]。

第二，巴萨尼尼和布吕奈罗指出，关于最低工资制引起工资结构压缩而造成

[①] 本段标明的压缩的工资结构指标数值均是整体的压缩工资结构指标，即 log（90%/10%）的数值；高收入人群和低收入人群压缩工资结构指标和整体的有相同的趋势，具体数据详见托马斯·埃里克森（2004），工资结构压缩对培训的影响：瑞典的实证分析，第 19 页。（Thomas Ericson（2004），The effects of wage compression on training：Swedish empirical evidence，P. 19.）

[②] Thomas Ericson（2004），The effects of wage compression on training：Swedish empirical evidence，P. 19.

[③] 这五次逻辑回归也都是分别从整体的压缩工资结构，高收入人群的压缩工资结构以及低收入人群的压缩工资结构来分析的。

[④] Thomas Ericson（2004），The effects of wage compression on training：Swedish empirical evidence，P. 33.

的不同影响的研究存在着不同的结论，很可能是由于各国的劳动力市场不完善程度不同造成的，并且在最低工资水平很高的国家，很难找到没有直接或间接地受到最低工资制影响的群体作为参照组。而与此同时，在那些最低工资水平非常低的国家，因为工资水平很低的人群往往很少接受培训，所以观察组的培训参与几率极小，也不利于分析①。

第四节　研究设计

一、研究方法与模型设计

本章着眼于我国 21 世纪初不同行业及不同所有制类型单位之间员工的工资收入差异，试图检验 1999 年阿斯莫格鲁和皮茨凯提出的不完全竞争下的企业培训模型在中国劳动力市场下的应用。本章将采用逻辑回归（logistic 回归）和多元逻辑回归模型（Multinomial Logit Regression）的分析方法，对企业培训参与率的各项影响因素，特别是从工资结构压缩的角度，进行定量检验和估计。

（一）模型设计

本章的实证分析将分为两个阶段。第一阶段将企业培训作为一个整体的培训概念，无论是特殊培训还是一般培训，只要员工参与到其中，研究中就认为该样本接受了培训。在这一阶段中将考察各项因素对员工是否参与培训的影响，探讨工资结构与是否参与培训的关系。第二阶段将企业培训细化为一般培训和特殊培训，分别考察工资结构与是否参与特殊培训及一般培训的关系。

第一阶段：采用逐步回归法分三步进行回归分析。

第一步：回归模型只考虑工资结构一个自变量，考察在不对其他变量进行控制时，工资结构对培训参与率的影响。其模型为：

$$logit(T) = \alpha + \lambda W_i + \varepsilon_i \tag{1}$$

因变量是二分变量"在近一年是否参与了企业培训 T_i"。根据调查问卷表

---

①　Andrea Bassanini, Giorgio Brunello (2003), Is Training More Frequent When Wage Compression is Higher? Evidence from the European Community Household Panel, P. 5.

IV.4 中的问题"2004 年以来，您是否接受过培训？"可以确定被访者在 2004 年是否参与了企业培训。若被访者参与了培训，则 T_i 为 1，否则为 0。

第二步：在自变量中加入个人特征变量 X_i，采用逻辑回归方程对企业培训参与率的各项影响因素进行分析。模型形式如下：

$$logit(T) = \alpha + \sum \beta_i X_i + \lambda W_i + \varepsilon_i \tag{2}$$

个人特征变量 X_i 包括个人的性别、年龄、受教育程度、婚姻状况、生活地域、工资收入以及个人所处的某个子集合的工资结构 W_i，如方程（2）所示。

第三步：在分析个人特征 X_i 后，方程中再进一步加入与工作和单位相关的自变量。如就业单位规模 F_i，单位所处产业分类 I_i，以及就业单位的所有制类别 K_i，如方程（3）所示。

$$logit(T) = \ln\left(\frac{P(T_i = 1)}{1 - P(T_i = 1)}\right) = \alpha + \sum \beta_i X_i + \delta F_i + \gamma I_i + \mu K_i + \lambda W_i + \varepsilon_i \tag{3}$$

按照不完全竞争的市场理论，若回归方程中工资结构指标 W_i 的系数 λ 为负，则工资结构对培训的影响是消极的，换言之，工资结构的压缩对培训参与率有正向影响；若回归方程中工资结构指标 W_i 的系数 λ 为正，则工资结构对培训的影响是积极的，也就意味着工资结构的压缩对培训参与率有负面影响。

第二阶段：采用多元逻辑回归方程对企业一般培训参与率、特殊培训参与率的各项影响因素进行分析，特别关注压缩的工资结构对各类培训的影响。模型形式如下：

$$logit(T_\alpha) = \ln\left(\frac{P(T_\alpha = 1)}{1 - P(T_\alpha = 1)}\right) = \alpha + \sum \beta_i X_i + \delta F_i + \gamma I_i + \mu K_i + \lambda W_i + \varepsilon_i \tag{4}$$

因变量 T_α 是三分变量，根据调查问卷表 IV.4 中的题目"您从这项培训中获得的技能，有多少可以适用于其他单位？"的答案，将回答"几乎所有的"和"大部分"的人群记为 2，代表该样本接受了一般培训；回答"有一些"和"几乎没有"的样本记为 1，代表接受的培训是特殊培训；其余未参加培训的记为 0。

因为因变量水平数为 3，且各水平之间不存在等级增减问题，所以采用多元逻辑回归模型（Multinomial Logit Regression）进行实证分析。

此外，该模型采用的自变量与实证第一阶段中的自变量一致。

（二） 工资结构指标的度量

在回归方程当中，自变量工资结构指标 W_i 的度量将采用相对的工资结构概念，沿用前人的度量方法，以 $\lg\left(\dfrac{wage90th}{wage10th}\right)$ 计算该指标进行逻辑回归分析。

本章采用的工资结构指标将分别从两个角度进行度量，角度的选取参考了前人的研究，并考虑到我国劳动力市场存在的市场分割问题。在我国，劳动力市场分割较为严重，聂盛（2004）对劳动用工单位的劳动力市场分割进行了全面的分析[1]。他的实证分析显示了我国劳动力市场中存在着所有制分割与行业分割，而劳动力市场分割带来的员工流动性降低、转换工作交易成本增大等都是工资结构压缩产生的源头，会对工资结构指标有较为明显的影响。所以本研究在计算工资结构指标时，也考虑分别从就业单位所有制类别和产业结构[2]两个维度进行划分。

因工资结构指标的计算从以上两个角度进行，后文也将从两个方面具体展开：（1）考察按照单位所有制类型划分的工资结构指标对培训参与率的影响；（2）考察按不同产业划分的工资结构指标对培训参与率的影响。

具体的回归分析将进一步分为两个层次：第一层次，采用全部数据样本进行逻辑回归，从全局的角度考察压缩的工资结构对企业培训参与率的影响；第二层次，分别就不同单位所有制类型/不同行业的样本数据，分项考察不同所有制类型/不同行业的人群工资结构压缩对企业培训参与率的影响。

二、 数据

（一） 数据及说明

本章的数据采用统计局城调队 2005 年城镇居民教育与就业情况调查数据，该调查数据包括了我国 12 个省市[3]的 10 005 户家庭样本，如表 13 – 5 所示。

---

① 聂盛（2004）：《我国经济转型期间的劳动力市场分割：从所有制分割到行业分割》。

② 本章将 21 个行业指标划归为 7 类产业结构指标。

③ 12 个省市包括：北京、山西、甘肃、陕西、辽宁、黑龙江、浙江、安徽、湖北、广东、四川和贵州。

表 13 – 5　　　　　　各省市产业构成比例及人均生产总值比较一览表①

地区	构成（%）			人均地区生产总值
	第一产业	第二产业	第三产业	（元/人）
北　京	2.4	37.6	60.0	37 058
辽　宁	11.2	47.7	41.1	16 297
黑龙江	11.1	59.5	29.4	13 897
浙　江	7.3	53.8	39.0	23 942
安　徽	19.4	45.1	35.5	7 768
湖　北	16.2	47.5	36.4	10 500
广　东	7.8	55.4	36.8	19 707
四　川	21.3	41.0	37.7	8 113
贵　州	21.0	44.9	34.1	4 215
陕　西	13.7	49.1	37.2	7 757
甘　肃	18.1	48.6	33.3	5 970
山　西	8.3	59.5	32.2	9 150

数据来源：《中国统计年鉴（2005）》，中国统计出版社 2005 年版。第三章国民经济核算的地区生产总值为 2004 年各省产业 150 例数据和人均生产总值数据。

1. 地区变量分为六类，分别为"北京地区"、"东北地区"、"华东地区"、"中南地区"、"西南地区"和"西北华北地区"。

2. 变量"行业"在调查中划分为 21 类②，按照国家统计局 2003 年印发的《三次产业划分规定》③ 以新修订的国家标准《国民经济行业分类（GB/T4754 – 2002）》为基准，为了体现第三产业行业之间的不同，对第三产业的层次划分仍采用原三次产业划分标准。最终的分类为"第一产业"（1. 农林牧渔业），"第二产业"（含 2. 采矿业；3. 制造业；4. 电气、燃气及水的生产和供应业；5. 建

---

① 数据取自《中国统计年鉴（2005）》，第三章国民经济核算的地区生产总值，为 2004 年各省产业比例数据和人均生产总值数据。

② "行业"变量在问卷中的指标分类包括 21 类：（1）农、林、牧、渔业；（2）采矿业；（3）制造业；（4）电气、燃气及水的生产和供应业；（5）建筑业；（6）交通运输、仓储和邮政业；（7）信息传输、计算机服务和软件业；（8）批发和零售业；（9）住宿和餐饮业；（10）金融业；（11）房地产业；（12）租赁和商务服务业；（13）科学研究、技术服务和地质勘察业；（14）水利、环境和公共设施管理业；（15）居民服务和其他服务业；（16）教育；（17）卫生、社会保障和社会福利业；（18）文化、体育和娱乐业；（19）公共管理和社会组织；（20）国际组织；（21）军队。

③ 国家统计局关于印发《三次产业划分规定》的通知，http：//www. bjstats. gov. cn/tjzd/tjbz/200207030356. htm。

筑业），"第三产业第一层次"（含 6. 交通运输、仓储和邮政业；7. 信息传输、计算机服务和软件业；8. 批发和零售业；9. 住宿和餐饮业），"第三产业第二层次"（含 10. 金融业；11. 房地产业；12. 租赁和商务服务业；13. 科学研究、技术服务和地质勘察业；14. 水利、环境和公共设施管理业；15. 居民服务和其他服务业），"第三产业第三层次"（含 16. 教育；17. 卫生、社会保障和社会福利业；18. 文化、体育和娱乐业），"第三产业第四层次"（含 19. 公共管理和社会组织；20. 国际组织；21. 军队）。

3. 变量"就业单位类别"在问卷中有 11 项指标。因指标"港澳台企业"和"合伙人企业"样本量过少，分别只有 43 人和 111 人，故在分析时将其与其他指标合并。在本研究中的分类情况如下，共 9 类就业单位类别，分别是："党政机关和军队"、"事业单位"、"国有及控股企业"、"三资企业"（包含原"港澳台企业"和"外资企业"）、"集体企业"、"私营企业"（包含原"私营企业"和"合伙人企业"）、"个体经营者"、"个体被雇者"及"其他"。

4. 变量"受教育程度"在问卷调查中划分了 13 类指标①，根据研究需要以及样本量的多少，本研究将该变量一些指标合并，分为"小学及以下"、"普通初中和职业初中"、"普通高中"、"中等职业教育"、"高职及大专"和"大学及以上"6 类。

5. 其他个人特征变量。

（1）婚姻状况变量：按是否有配偶将原指标划分为两类，"有配偶"及"无配偶"②，原指标中的"其他"作为缺失值。

（2）户口状况变量：将原问卷中的 6 类指标合并为 4 类，分别是"直辖市和省会城市"、"地级市和县级市"、"县城关镇和其他镇"、"农村"。

（3）工资收入变量：采用 2004 年总收入，并对其取 log 值作为个人特征部分的自变量。这里考察的是个人收入对培训的参与率影响，所以采用 2004 年总收入变量，而非工薪收入部分。

6. 其他企业特征变量：如单位规模。调查中的单位规模以职工人数来衡量，对其取 log 值作为自变量。

综上所述，表 13-6 对本章所涉及的自变量进行了总结说明。

---

① "受教育程度"指标分为 13 类，分别包括：（1）未上过学/扫盲班；（2）幼儿园或学前班；（3）小学；（4）普通初中；（5）职业初中（含初中中技）；（6）普通高中；（7）职业高中（含高中中技）；（8）中专；（9）高职；（10）大专；（11）大本；（12）硕士；（13）博士。

② 婚姻状况在问卷中分为 5 个指标：未婚、有配偶、离婚、丧偶和其他，本章将"未婚"、"离婚"、"丧偶"归为"无配偶"。

表 13 - 6 　　　　　　　　本章涉及的自变量一览表

变量名称	变量类型	其他说明
性别	虚拟变量，2 个指标	"女性"为基准变量
年龄	连续变量	取值在 16 ~ 70 岁之间
户口状况	虚拟变量，4 个指标	"直辖市和省会城市"为基准变量
受教育程度	虚拟变量，6 个指标	"大学及以上"为基准变量
婚姻状况	虚拟变量，2 个指标	"有配偶"为基准变量
工资收入	连续变量	对收入取以 10 为底的 Log 值；工资收入的值域为 [1000，414000]，均值 16 049.87 元
省份地区	虚拟变量，6 个指标	"西北华北地区"为基准变量
所处行业	虚拟变量，7 个指标	"第三产业第四层次"为基准变量
就业单位类型	虚拟变量，9 个指标	"党政机关和军队"为基准变量
就业单位规模	连续变量	对单位人数取以 10 为底的 Log 值；就业单位规模的值域 [1，120000]，均值 888 人
工资结构指标	连续变量	需待分类计算

（二）工资结构的计算

根据上文中对工资结构度量的说明，在此分别从单位所有制类型和产业划分两个角度计算工资结构指标。调查问卷中有效的就业人口样本共 13 667 个，其中工资收入的有效样本有 12 608 个。

首先，从单位所有制类型角度进行计算。计算时，根据性别、区域划分和单位所有制类型三个纬度对工资结构进行度量[①]。其中，性别分为两类，区域划分为 6 类，单位所有制类型共 9 类，故将总体的样本数据分至 $2 \times 6 \times 9$，共 108 个子集当中，再分别考察各个子集单元的工资结构指标。为了保证每个子集单元的个人能力都是正态分布的，即该子集单元的工资结构不会受到个人能力分布有偏的影响，只考虑拥有样本个数大于 30 的子集单元[②]。其中三资企业的总体样本数较小，若按地区和性别分类则每个子集单元的个数都不足 30 人，故在采用三资企业的样本计算工资结构指标时不考虑性别，只按地区划分。将总样本分到各

---

① 计算的具体工资结构指标数值见表 13 - 12。
② 样本数不足 30 人的子集单元在表 13 - 12 中用 "/" 标示。

个子集单元后，再分别考察该子集的工资结构，计算工资结构指标 lg $(\frac{wage\ 90th}{wage\ 10th})$。以北京党政机关的男性子集为例，位于 90% 分位的工资收入是 50 000 元，10% 分位的工资收入是 19 200 元。则北京党政机关的男性工资结构 lg $(\frac{wage\ 90th}{wage\ 10th})$ 为 0.4157。

对从产业划分角度进行计算的工资结构与从单位所有制类型角度进行计算的工资结构类似，分别从性别、地区划分和产业划分三个维度进行计算。其中，产业划分为 6 类，故将总体样本数据分至 $2 \times 6 \times 6$，共 72 个子集当中。同理，由于第一产业的样本数较少，所以不区分性别。其他计算方式与上文一致①。

（三） 数据描述统计

在进行上文的数据处理后，有效样本共计 13 367 个。

1. 企业培训类型变量的描述统计。2004 年以来参加过企业培训的有 2 166 人②，占总样本的有效百分比为 16.7%。

在这 2 166 个参与培训的样本中，培训累计时间最长或最重要的培训类型③：首先是与工作岗位相关的岗位技能培训，参加该类培训的样本占培训总样本的 63.86%，有 1 380 个样本。此外，拓展一般知识和技能的培训也占了 24.39% 的比例，另有 7.73% 的人参加的培训是改善工作态度的培训，以及 4.02% 的人参加了其他培训④。

关于培训的形式⑤，有 1 180 人参与的是由单位内部培训部门组织的正规、有组织的培训，占培训总样本的 55.3%。此外，由公办培训机构组织的培训比较多，有 17.3% 参与了该形式的培训，还有 6.3% 的人参与了由公办培训机构组

---

① 计算的具体工资结构指标数值见表 13 - 13。

② 另有 362 个系统缺失值。

③ 问卷中的题目为 "2004 年以来，您参加累计时间最长或您认为最重要的一次由现工作单位组织的培训是：（1）改善工作态度的培训（如入厂教育、安全教育、工作责任心教育、企业文化纪律教育等）；（2）与工作岗位相关的专业技能培训（如提高岗位操作和服务技能的培训、适应产品或设备更新的培训、市场销售培训、提高管理能力培训等）；（3）拓展一般知识或技能的培训（如计算机、外语和其他通用技能的培训、在职学历教育等）；（4）其他培训。" 该问题有 5 位接受培训的被调查者没有回答。

④ 具体的统计数据详见附表 3。

⑤ 问卷中的题目为 "您参加这项培训的形式为：（1）单位内部培训部门组织的正规、有组织的培训；（2）工作现场师傅带徒弟；（3）由单位委托培训机构提供；（4）由单位委托职业学校提供；（5）由公办培训机构组织；（6）在普通高等学校攻读在职学位；（7）函授、电大；（8）其他。" 该问题有 33 位被调查者没有回答。

织的培训，其他各类形式比例均未超过5%。

参加培训的人当中，有近一半，即44.8%的人认为"有一些"技能可以使用于其他企业[①]。此外，认为"几乎所有"都可以运用到其他单位的有337人，占总样本的有效百分比为15.8%；认为"大部分"可以运用到其他单位的有570人，有效百分比26.7%；认为"几乎没有"的有272人，有效百分比为12.6%，如图13-4所示。

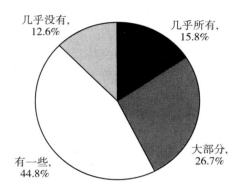

图 13-4　培训中获得的技能是否可应用于其他公司

一般来说，从培训中获得的技能的适用范围是区分一般培训和特殊培训的有效方法。考察技能适用范围和私人花费的关系，如表13-7所示。

表 13-7　　　　　　用于培训的私人花费分类统计

培训中获得的技能是否可以用于其他单位	私人花费均值	中位数	最小值	最大值	标准差	样本数
几乎所有	609.71	0	0	16 000	2 202.31	214
大部分	512.99	0	0	12 000	1 295.29	374
有一些	388.76	0	0	20 000	1 226.35	610
几乎没有	324.48	20	0	5 000	807.09	183
总计	448.13	0	0	20 000	1 400.17	1 381

不难看出，技能适用范围为"几乎所有都适用于其他单位"的和"大部分都适用于其他单位"的样本，私人花费的均值较为明显地高于"有一些"和

[①] 问卷中的题目为"您从这项培训中获得的技能，有多少可以用于其他单位？"（1）几乎所有的；（2）大部分；（3）有一些；（4）几乎没有。该问题有30位被调查者没有回答。

"几乎没有适用"的人群。

采用方差检验的方法对私人花费进行统计检验。在 0.05 的显著性水平上，"几乎所有技能都适用于其他单位"的私人花费显著高于"有一些"和"几乎没有技能适用于其他单位"的私人花费。

在后续的实证分析中，把"几乎所有"和"大部分"技能都可以用于其他单位的培训归为一般培训；把"有一些"和"几乎没有"技能都可以用于其他单位的培训，划归为为特殊培训。

2. 企业培训参与率相关的描述统计。从不同行业来看培训参与率情况。培训参与率最高的六类行业分别是：金融业；教育；公共管理和社会组织；信息传输、计算机服务和软件业；房地产业；卫生、社会保障和社会福利业。这六类行业的培训参与率全部超过了 20%。除了行业"国际组织"以外，批发和零售业和住宿、餐饮业两个行业的培训率最低，均未超过 10%。将该 21 个行业按产业结构划分后，培训参与率最高的是第三产业第四层次，培训参与率为 24.21%；其次是第三产业第三层次，参与率达 22.91% 及第三产业第二层次，培训参与率 18.64%；最低的是第三产业第一层次，参与率为 10.88%，比第二产业培训参与率还低 1.5%。再考察不同产业培训中特殊培训与一般培训的比例，各产业的特殊培训均大于一般培训比例。其中，第一产业培训中一般培训比例最高，占 48.39%，第三产业第三层次比例最低，仅有 39.06%。

从不同单位所有制类型比较培训参与率情况。员工培训参与率最高的就业单位类型是：党政机关和军队、三资企业、事业单位，其培训参与率分别为 23.72%、23.39%、22.62%。最低的是个体经营者与个体被雇者，培训参与率分别是 3.70% 和 3.16%，其他所有制类型单位的培训率均高于 10%。再考察各单位培训中特殊培训与一般培训的比例，只有三资企业的一般培训比例高于特殊培训比例，占 67.5%。此外集体企业的一般培训约 48.54%，党政机关和军队的一般培训比例达 45.17%，还有个体经营者和个体被雇者，分别是 46.87% 和 46.47%。其余各单位一般培训比例均低于 45%。

不同的地区培训参与率也有较大的差别。在北京员工的培训参与率最高，达 28.17%，湖北、广东仅次于北京，培训参与率分别为 22.70% 和 17.69%。黑龙江、甘肃、辽宁是培训参与率最低的三个省份，培训参与率是 11.83%、12.71% 和 12.78%。从划分的地区来看，北京地区的参与率最高；其次是中南地区（19.88%），西南地区（15.79%）；东北地区（12.32%）和西北华北地区（13.71%）较低。

此外，不同学历、不同户口状况、不同婚姻状况以及不同性别的培训参与率也都存在着差异，如表 13 - 8 至表 13 - 11 所示。从描述统计来看，学历高的女性培训参与率较高，且无配偶的样本培训参与率较高，户口在农村的人群培训参与率要明显低于户口不在农村的样本。

表 13 - 8　　　　　　不同学历样本的培训参与率

学历	样本数（个）	培训参与率（%）
小学及以下	312	1.92
普通和职业初中	2 980	6.64
普通高中	3 064	11.16
中等职业教育	1 639	16.23
高职和大专	3 091	25.56
大学及以上	1 917	29.37
总计	13 003	16.65

表 13 - 9　　　　　　不同户口状况样本的培训参与率

学历	样本数（个）	培训参与率（%）
农村	250	5.20
县城关镇和其他镇	1 134	20.63
地级市和县级市	7 496	16.98
直辖市和省会城市	4 115	15.67
总计	12 995	16.66

表 13 - 10　　　　　　不同婚姻状况样本的培训参与率

学历	样本数（个）	培训参与率（%）
无配偶	505	20.00
有配偶	12 491	16.52
总计	12 996	16.65

教育投入、资源配置与人力资本收益

表 13 – 11   **不同性别的培训参与率**

学历	样本数（个）	培训参与率（%）
男	7 255	15.05
女	5 750	18.68
总计	13 005	16.66

3. 工资结构的压缩程度。工资结构的压缩程度在各个产业、不同所有制单位、不同地区之间都有较大的差异。而且男性和女性之间，工资结构也有明显的不同。从表 13 – 12 和表 13 – 13 的计算结果就较为明显地体现出，女性的工资结构往往不如男性的工资结构压缩得厉害。

表 13 – 12   **按单位所有制类型分类计算的工资结构指标**

		北京	东北地区	华东地区	中南地区	西南地区	西北华北地区
党政机关	男	0.4157	0.5594	0.6198	0.6114	0.3979	0.3979
	女	0.8474	0.7765	0.9208	0.7301	0.4090	0.5051
事业单位	男	0.4967	0.4728	0.6115	0.6021	0.3986	0.4540
	女	0.6198	0.6497	0.8239	0.6583	0.5051	0.5351
国有及控股企业	男	0.5856	0.6198	0.6990	0.8054	0.6990	0.5686
	女	0.6456	0.6333	0.6655	0.6655	0.6842	0.7119
三资企业	男女	0.5713	0.8259	0.7226	0.9658	—	—
集体企业	男	0.6253	0.5263	0.6630	0.7710	0.6743	0.5795
	女	0.6990	0.5232	0.7289	0.7315	0.5241	0.6990
私营企业	男	0.7704	0.7215	0.8104	0.8909	0.6990	0.6674
	女	—	0.6638	0.6021	0.7115	0.6882	0.7715
个体经营者	男	—	0.8628	0.8751	0.8754	0.9902	0.8881
	女	—	0.7558	0.8182	0.8719	0.8282	0.7160
个体被雇者	男	—	0.5314	0.7636	0.7827	0.5722	0.6835
	女	—	0.5051	0.5595	0.7305	0.6424	0.6290
其他	男	—	1.0092	0.7162	1.1249	0.8368	—
	女	0.6163	0.5055	0.5793	0.8928	0.7077	0.7795

表 13 - 13 　　　　　　按产业分类计算的工资结构指标

		北京	东北地区	华东地区	中南地区	西南地区	西北华北地区
第一产业	男女	—	0.8676	0.6236	1.0008	0.4694	0.5229
第二产业	男	0.5834	0.6812	0.7545	0.8239	0.7289	0.6021
	女	0.5381	0.6521	0.6507	0.6377	0.7011	0.6721
第三产业 第一层次	男	0.6101	0.7045	0.7447	0.8295	0.7977	0.6183
	女	0.7887	0.6721	0.6926	0.6990	0.6990	0.7270
第三产业 第二层次	男	0.8686	0.7724	0.7118	0.8943	0.7044	0.6563
	女	0.6776	0.5441	0.7028	0.7959	0.7447	0.7957
第三产业 第三层次	男	0.4599	0.5809	0.5634	0.6812	0.5498	0.4812
	女	0.5029	0.6751	0.6990	0.6358	0.4949	0.5070
第三产业 第四层次	男	0.5056	0.4896	0.6233	0.6123	0.3979	0.3979
	女	0.8737	0.7447	1.0197	0.7139	0.4586	0.5616

　　就不同所有制类别的单位来看，男性样本中事业单位和党政机关工资结构压缩最为严重，个体经营、三资企业和私营企业的员工工资水平差距较大，且男性群体的工资结构受省份差异的影响相对较小，如图 13 - 5 所示。

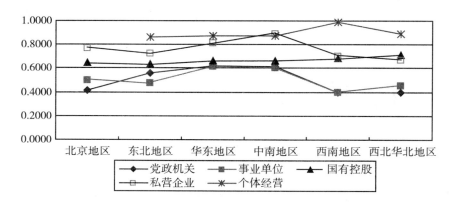

图 13 - 5 　不同就业单位所有制类型与地区的工资结构差异：男性样本

　　而对于女性群体来说，其工资结构受省份差异的影响相对较大，如同为党政机关的女性，在北京和华东地区的工资水平个体之间相差较大，工资结构压缩较小，其指标分别是 0.8474 和 0.9208，而在西南地区和西北华北地区，其工资结构又压缩得相当严重，指标分别为 0.4090 和 0.5051。总体来说，事业单位和个体被雇工资结构压缩得较为明显，个体经营工资结构压缩相对不明显，如图

13 - 6 所示。

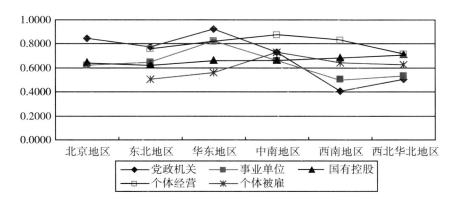

图13 - 6   不同就业单位所有制类型与地区的工资结构差异：女性样本

从产业划分角度考察工资结构，对于男性群体，第三产业第三层次及第四层次工资结构压缩最为严重，而第三产业第二层次的压缩相对轻微。第一产业，即农林牧渔的员工在不同地区工资结构差距较大①。在中南地区，指标值达到1.0008；而在西南地区，指标值降为 0.4694，如图 13 - 7 所示。

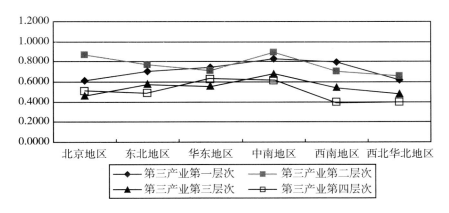

图 13 - 7   不同产业与地区的工资结构差异：男性样本

按产业划分的女性样本，第三产业的第三层次工资结构压缩得也非常明显。第二产业、第三产业第一层次和第三产业第二层次较为相近，压缩的程度不是很高也不是很低。此外，在第三产业第四层次行业工作的女性随地区的变化工资结构有较大波动，如图 13 - 8 所示。

①   这里由于第一产业的样本数较小，所以第一产业没有分性别计算。故此图中显示的不仅仅是男性的数据。

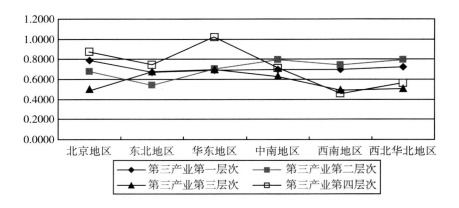

图 13 - 8　不同产业与地区的工资结构差异：女性样本

第五节　计量研究过程、结果及解释

计量分析部分将分两个阶段，并分单位所有制类型和产业划分两个方面进行。分析都先从前文中给出的基本模型入手，并给出相应的分析结果。再进一步加入多个控制变量，考察工资结构的压缩对培训参与率的影响，以检验基本模型估计结果的可靠性。之后进入第二个阶段，进一步指出工资结构的压缩分别对一般培训和特殊培训的影响。

一、检验工资结构的压缩对培训参与率的影响

采用逻辑回归模型分析工资结构对培训参与率的影响。

（一）从不同所有制单位的角度考察工资结构的压缩对培训的影响

首先从不同所有制单位的角度计算的工资结构入手进行实证分析。在本节考察的工资结构指标根据性别、区域划分和单位所有制类型三个纬度划分的 108 个子集进行度量。

第一步回归：模型中的自变量只考虑工资结构一个指标。此时的逻辑回归模型为：

$$\text{logit}(T) = \alpha + \lambda W_i + \varepsilon_i$$

该模型表示了在没有控制其他任何变量对培训参与率的影响，只有工资结构指标时，工资结构的压缩对培训参与率的影响，根据模型（1），所得的基本结果如表13－14所示。

表13－14　　培训参与率回归方程结果（工资结构为唯一自变量）

	B	S. E.	Wald	df	Sig.	Exp（B）
工资结构指标	－1.094	0.177	38.112	1	0.000	0.335
常数项	－0.906	0.115	62.143	1	0.000	0.404

可见，在不控制其他变量的影响时，工资结构指标对培训参与率的影响系数显著为负，即工资结构压缩得越大，培训参与率越高。该结果和阿斯莫格鲁、皮茨凯的理论模型一致，也说明了在我国劳动力市场上，劳动力需求单位会因工资结构的压缩而获取经济利益，从而愿意提供较多的培训，通过提高劳动力供给方，即员工的劳动生产率，来获取更多的经济利益。

第二步回归：在模型中加入体现个人特征的自变量，如受教育程度、年龄、户口、婚姻状况等。此时的逻辑回归模型为：

$$logit(T) = \alpha + \sum \beta_i X_i + \lambda W_i + \varepsilon_i$$

首先将工资结构放入方程，其余的自变量，包括性别、年龄、受教育程度、婚姻状况、户口状况、生活地区、工资收入水平[①]，采用 Stepwise 的方法，得到的结果如表13－15所示。

表13－15　　培训参与率回归方程结果（加入个人特征自变量）

变　量	回归方程系数
工资结构	－0.831（Sig. 0.000）
受教育程度	***
小学及以下	－2.431***
普通和职业初中	－1.342***
普通高中	－0.875***
中等职业教育	－0.607***

---

①　工资收入水平自变量为2004年总收入取以10为底的 Log 值。

续表

变　量	回归方程系数
高职和大专	− 0.080
地区划分	***
北京地区	0.910 ***
东北地区	− 0.138
华东地区	0.279 ***
中南地区	0.438 ***
西南地区	0.032
工资收入水平	0.738 ***
年龄	− 0.029 ***
性别（男性）	− 0.341 ***
户口	***
农村	− 0.584 **
县城关镇和其他镇	0.244 ***
地级市和县级市	0.331 ***
Nagelkerke R^2	0.137

注：* 表示在 0.1 显著性水平下显著；** 表示在 0.05 显著性水平下显著；*** 表示在 0.01 显著性水平下显著。

在回归模型中加入个人特征变量后，工资结构对培训参与的影响仍显著为负，即说明单位是培训投资的主导方，单位会因培训给员工带来的劳动生产率增加而获得更多的利润，从而愿意为员工投资进行培训。但此时的回归系数仍在 0.01 的显著性水平上显著，但与不控制个人特征变量时相比，系数大小略微有所下降。

此外，从表 13 - 15 中不难看出，受教育程度、工资收入水平、性别、年龄、生活地区及户口类型均对培训参与率有显著影响。其中，工资收入水平对培训参与率有正影响，即工资收入越高培训参与率越大，年龄对培训有负影响，从该方程的回归结果来看，单位愿意为更年轻的员工提供培训。性别、受教育程度、生活地区和户口都是虚拟变量。性别的回归系数为负表明单位更愿意为女性提供培训。受教育程度的回归系数也均为负，从系数的大小不难看出，单位愿意为学历高者提供更多的培训。地区之间也有较大差异，以西北华北地区为基准变量，北京地区的培训参与率最高，华东和中南地区也显著高于西北华北地区，而东北和西南地区的培训参与情况与西北华北无显著性差异。户口对培训也具有显著的影响，回归以直辖市和省会城市为基准变量，单位对农村户口的员工提供的培训较直辖市和省会城市少，县城关镇、其他镇及地级市、县级市户口的人群相对培训参与率较省会城市更高。婚姻状况的系数在方程中不显著，所以未加入表 13 – 15。

第三步回归：在模型中再加入体现工作特征的自变量，包括：就业单位规模、单位所处产业分类，以及就业单位的所有制类别。此时的逻辑回归模型为：

$$\text{logit}(T) = \lg\left(\frac{P(T_i = 1)}{1 - P(T_i = 1)}\right) = \alpha + \sum \beta_i X_i + \delta F_i + \gamma I_i + \mu K_i + \lambda W_i + \varepsilon_i$$

与第二步回归近似，首先将工资结构放入方程，其余的自变量，包括个人特征变量以及新加入的工作特征变量，采用 Stepwise 的方法进行回归分析，结果如表 13 – 16 所示。

表 13 – 16　　　　培训参与率回归方程结果（加入工作特征自变量）

变　量	回归方程系数
工资结构	– 0. 127（Sig. 0. 656）
受教育程度	***
小学及以下	– 2. 184 ***
普通和职业初中	– 1. 172 ***
普通高中	– 0. 781 ***
中等职业教育	– 0. 508 ***
高职和大专	– 0. 057
地区划分	***
北京地区	0. 833 ***
东北地区	– 0. 169 *
华东地区	0. 212 **
中南地区	0. 360 ***
西南地区	0. 088
工资收入水平	0. 705 ***
年龄	– 0. 033 ***
性别（男性）	– 0. 268 ***

续表

变　　量	回归方程系数
户口	***
农村	− 0. 182
县城关镇和其他镇	0. 284 ***
地级市和县级市	0. 376 ***
产业划分	***
第一产业	− 0. 151
第二产业	− 0. 337 ***
第三产业第一层次	− 0. 267 **
第三产业第二层次	0. 030
第三产业第三层次	− 0. 100
单位所有制类型	***
事业单位	0. 036
国有及控股企业	0. 089
三资企业	0. 116
集体企业	0. 065
私营企业	− 0. 339 **
个体经营者	− 1. 020 ***
个体被雇者	− 1. 200 ***
其他	0. 492 ***
单位规模	0. 112 ***
Nagelkerke R^2	0. 145

注：* 表示在 0.1 显著性水平下显著；** 表示在 0.05 显著性水平下显著；*** 表示在 0.01 显著性水平下显著。

从表 13 − 10 可以看出，个人特征变量的系数与表 13 − 16 中无明显差异。回归中新加入的单位特征变量对培训参与均有显著影响。就业单位规模系数为 0.112，即单位规模越大，员工的培训参与率越高；就不同产业来看，以第三产业第四层次作基准变量，第二产业和第三产业第一层次的培训参与率均显著低于第四层次的参与率。从不同所有制单位性质来看，将"党政机关和军队"设为基准变量，事业单位、国有及控股企业、三资企业、集体企业的系数均与党政机关和军队无显著区别，私营企业、个体经营者和个体被雇者的培训参与率显著地低于党政机关和军队。

在加入工作特征变量后，工资结构指标对培训参与率的影响变得不再显著。值得说明的一点是，在回归过程中，如果只加入就业单位规模这一个工作特征变量，工资结构指标的系数仍是显著的，其 Sig. 值为 0.001，方程的 Nagelkerke R^2 可达到 0.14，但在加入产业和就业单位所有制类型变量后，工资结构指标的系数均不再显著。即说明在控制了单位所处产业和所有制类型属性后，工资结构压缩对培训的正向影响消失了。为了进一步探究其原因，在此将分不同所有制类型、产业类型的单位样本——进行回归，考察在细分的所有制类型单位和产业类型单位中，工资结构对培训参与率的影响。

1. 按单位所有制类型分别考察工资结构对培训参与率的影响。按 9 类所有制单位类型划分，其逻辑回归方程为：

$$\text{logit}(T) = \lg\left(\frac{P(T_i = 1)}{1 - P(T_i = 1)}\right) = \alpha + \sum \beta_i X_i + \delta F_i + \gamma I_i + \mu K_i + \lambda W_i + \varepsilon_i$$

因三资企业的样本数量太少，共 172 个样本，计算工资结构时，也只有 4 个工资结构数据[①]，所以在分所有制类型分别进行回归时，不单独对三资企业进行考察。其余的 8 类所有制类型单位在表 13 - 17、表 13 - 18 中分别列示。各列反映的是除工资结构指标以外，其余自变量采用 Stepwise 进行回归后的结果。

表 13 - 17　　　分别考察各所有制类型的单位工资结构对培训的影响

所有制类型 变量	党政机关	事业单位	国有控股	集体企业
工资结构	0.890	1.425 *	0.253	- 1.332
受教育程度	***	***	***	***
小学及以下	- 19.921	- 1.647 **	- 1.463 **	- 19.876
普通和职业初中	- 1.251 ***	- 1.316 ***	- 0.930 ***	- 0.980
普通高中	- 1.150 ***	- 0.720 ***	- 0.667 ***	- 1.000 *
中等职业教育	- 0.628 **	- 0.570 ***	- 0.469 ***	- 0.649

[①]　分别是北京、东北、华东和中南的四组数据，且三资企业因样本量少，未分男女计算，故三资企业类只有 4 个工资结构指标。

续 表

所有制类型 变量	党政机关	事业单位	国有控股	集体企业
高职和大专	− 0.363 **	0.060	− 0.058	0.166
地区划分	***	***	***	***
北京地区	0.742 ***	1.050 ***	0.890 ***	1.594 ***
东北地区	− 0.327	− 0.127	− 0.345 **	0.163
华东地区	− 0.185	0.121	0.186	1.042 **
中南地区	0.439 *	0.293 *	0.381 **	0.837 *
西南地区	0.310 *	0.251	− 0.016	0.163
工资收入水平				0.922 **
年龄	− 0.052 ***	− 0.016 **	− 0.045 ***	
性别（男性）			− 0.246 ***	− 0.825 ***
户口		*	***	
农村		− 19.853	0.286	
县城关镇和其他镇		0.245	0.168	
地级市和县级市		0.296 **	0.622 ***	
产业划分		**	**	
第一产业		− 0.180	0.100	
第二产业		− 0.956 **	− 0.040	
第三产业第一层次		− 0.344	0.062	
第三产业第二层次		0.135	0.466	
第三产业第三层次		0.177	0.161	
单位规模		− 0.182 **	0.306 ***	
Nagelkerke R^2	0.123	0.100	0.148	0.156

注：* 表示在 0.1 显著性水平下显著；** 表示在 0.05 显著性水平下显著；*** 表示在 0.01 显著性水平下显著。

**表 13 - 18   分别考察各所有制类型的单位工资结构
对培训的影响（续）**

所有制类型 变量	私营企业	个体经营者	个体被雇者	其他
工资结构	0.931	-0.801	3.265	-0.671
受教育程度	***	***		***
小学及以下	-20.073	-20.367		-2.588 **
普通和职业初中	-2.047 ***	-3.021 ***		-2.016 ***
普通高中	-0.958 **	-2.107 ***		-1.144 ***
中等职业教育	-0.829 **	-1.470 **		0.036
高职和大专	-0.318	-1.011		0.219
地区划分				***
北京地区				-0.344
东北地区				-1.145 **
华东地区				-1.604 ***
中南地区				-0.903 *
西南地区				-1.511 ***
年龄		0.049 **		
性别（男性）	-0.783 ***			
婚姻状况（无配偶）	-1.680 ***	1.804 ***	1.585 **	
Nagelkerke R^2	0.112	0.155	0.048	0.220

注：* 表示在 0.1 显著性水平下显著；** 表示在 0.05 显著性水平下显著；*** 表示在 0.01 显著性水平下显著。

从表 13 - 18 中可以看出，除了个体被雇者，其他各类的回归中"教育程度"都是非常关键的自变量，且存在学历越高接受培训越多的现象。党政机关、事业单位、国有控股企业、集体企业及其他这五类所有制类型的单位的培训参与率与"地区划分"有显著关系，从回归系数来看，在北京地区和中南地区，培训参与率普遍显著地高于西北华北地区。这些回归结果与不区分所有制类型时整体样本的回归都较为一致。此外，也有不一致的回归结果。如在事业单位与国有及控股企业，单位规模的回归系数分别为 -0.182 和 0.306，即在事业单位，规模越小的单位员工培训参与率越高；而在国有及控股企业，规模越大的单位员工培训参与率越大。还有在私营企业、个体经营者、个体被雇者三个回归方程中，

301

婚姻状况成为影响培训参与的显著因素，且结果显示在私营企业，有配偶者易获得更多的培训机会；而在个体经营者和个体被雇者中，无配偶的个体培训参与率更高。

在分所有制类型的回归中，工资结构的系数大多不显著，只有事业单位的回归方程，工资结构对培训参与有显著影响，系数为正。其余的回归结果，在拟合最优的方程中，工资结构指标对培训参与率均无显著影响。但值得指出的是在某些所有制类型的样本中，在未达到拟合最优的模型之前，工资结构指标是显著的。如党政机关的回归模型，自变量中只考虑教育程度、年龄和工资结构时，工资结构的系数在 0.1 的显著性水平下显著为正①。国有及控股企业的回归模型，当自变量只考虑教育程度、工资水平、年龄和工资结构时，工资结构指标的系数在 0.1 的显著性水平下显著为正，系数为 1.099②。在集体企业的回归模型中，自变量只包含教育程度和工资结构时，工资结构指标在 0.05 的显著性水平下显著为正，系数为 2.935③。

2. 按不同产业类型分别考察工资结构对培训参与率的影响。与 1 中不同所有制类型的单位的分析相似，其逻辑回归方程为：

$$\text{logit}(T) = \lg\left(\frac{P(T_i = 1)}{1 - P(T_i = 1)}\right) = \alpha + \sum \beta_i X_i + \delta F_i + \gamma I_i + \mu K_i + \lambda W_i + \varepsilon_i$$

表 13 - 19、表 13 - 20 中各列反映的是除工资结构指标以外，其余自变量采用 Stepwise 进行回归后的结果。

表 13 - 19　　　分别考察各产业类型的单位工资结构对培训的影响

产业类型 变量	第一产业	第二产业	第三产业第一层次
工资结构	- 0.563	0.227	0.491
受教育程度		***	***
小学及以下		- 2.681 ***	- 1.784 **
普通和职业初中		- 1.157 ***	- 1.085 ***
普通高中		- 0.564 ***	- 1.004 ***
中等职业教育		- 0.600 ***	- 0.550 **

① 该方程工资结构指标系数为 0.732，Sig. 值为 0.083，方程的 Nagelkerke R^2 为 0.100。
② 该方程工资结构指标系数为 1.099，Sig. 值为 0.076，方程的 Nagelkerke R^2 为 0.113。
③ 该方程工资结构指标系数为 2.935，Sig. 值为 0.025，方程的 Nagelkerke R^2 为 0.080。

续表

产业类型 变量	第一产业	第二产业	第三产业第一层次
高职和大专		− 0.071	− 0.093
地区划分	***	***	***
北京地区	0.644	0.886 ***	0.851 ***
东北地区	− 1.687 *	− 0.209	− 0.462 *
华东地区	− 1.650 *	0.054	0.346
中南地区	− 1.493 *	0.369 **	0.028
西南地区	− 1.871 **	− 0.014	0.129
工资收入水平	3.482 ***	1.206 ***	0.695 ***
年龄		− 0.046 ***	− 0.034 ***
性别（男性）		− 0.241 **	− 0.356 **
婚姻状况（无配偶）	2.886 **		
户口		***	
农村		0.033	
县城关镇和其他镇		0.376	
地级市和县级市		0.580 ***	
单位所有制类型			***
事业单位			0.226
国有及控股企业			0.251
三资企业			0.643
集体企业			0.441
私营企业			− 0.100
个体经营者			− 0.552
个体被雇者			− 0.380
其他			1.312 *
单位规模		0.411 ***	0.363 ***
Nagelkerke R^2	0.324	0.149	0.177

注：* 表示在 0.1 显著性水平下显著；** 表示在 0.05 显著性水平下显著；*** 表示在 0.01 显著性水平下显著。

表 13 – 20　　　　　**分别考察各产业类型的单位工资结构
对培训的影响（续）**

产业类型 变量	第三产业第二层次	第三产业第三层次	第三产业第四层次
工资结构	– 0.109	– 0.381	1.240 **
受教育程度	***	***	***
小学及以下	– 2.199 ***	– 1.471	– 20.015
普通和职业初中	– 1.526 ***	– 1.115 ***	– 1.031 ***
普通高中	– 0.886 ***	– 0.602 ***	– 1.314 ***
中等职业教育	– 0.451 *	– 0.476 **	– 0.411 *
高职和大专	– 0.063	0.151	– 0.222 *
地区划分		***	***
北京地区		0.573 ***	1.065 ***
东北地区		0.053	– 0.568 **
华东地区		0.391 *	– 0.140
中南地区		0.614 ***	0.379 *
西南地区		– 0.079	0.405 **
工资收入水平	0.639 ***	0.771 ***	
年龄		– 0.033 ***	– 0.039 ***
性别（男性）	– 0.638 ***		
婚姻状况（无配偶）		***	
户口			
农村		– 0.758	
县城关镇和其他镇		0.504 ***	
地级市和县级市		0.421 ***	
单位所有制类型	**	*	
事业单位	– 0.176	0.178	
国有及控股企业	– 0.190	0.229	
三资企业	0.044	– 0.755	
集体企业	– 0.001	– 1.923 *	
私营企业	– 0.501	– 0.948	
个体经营者	– 1.137 **	– 0.708	
个体被雇者	– 1.944 **	– 1.018	
其他	0.160	0.494	
单位规模	0.333 ***	– 0.266 ***	– 0.273 ***
Nagelkerke R^2	0.166	0.123	0.122

　　注：* 表示在 0.1 显著性水平下显著；** 表示在 0.05 显著性水平下显著；*** 表示在 0.01 显著性水平下显著。

首先，从表 13 - 19、表 13 - 20 中可以看出，除第一产业以外，教育程度变量对于各个产业的企业培训影响都很显著，且学历越高培训机会越多。地区、单位所有制类型的影响与之前实证的结果也是一致的。从单位规模来看，对于第二产业、第三产业第一层次及第二层次，单位规模的系数都显著为正，即单位规模越大，员工培训参与率越高；而对于第三产业第三层次和第四层次，该系数显著为负，即单位规模越小，培训参与率越高。

工资结构只有在第三产业第四层次对培训有显著的影响，系数为正，即工资结构的压缩在第四层次内的单位中对培训有负影响，即工资结构压缩得越严重，培训参与率越低。同时值得指出的是与 1 中不同所有制类型的单位的回归过程相似，在某些产业类型的样本中，在未达到拟合最优的模型之前，工资结构指标是显著的。如在第二产业，只有工资结构指标和教育程度变量的情况下，工资结构的系数显著为正①。在第三产业的第三层次，当控制变量加入教育程度、地区及年龄时，工资结构指标的系数显著为负②，为 - 1.186。

综上所述，在细分的所有制类型单位和产业类型单位中，当逻辑回归方程中加入较多的控制变量时，只有事业单位和第三产业的第四层次的工资结构对培训参与有显著的正影响。当只放入教育程度等少数控制变量时，党政机关、国有控股企业、集体企业以及第二产业都显现出工资结构的压缩对培训参与显著的负影响，第三产业第三层次显现出显著的正影响。

（二）从不同产业的角度考察工资结构的压缩对培训的影响

根据不同产业角度计算的工资结构进行实证分析③。具体来看，工资结构指标根据性别、区域划分和产业类型三个纬度划分 72 个子集进行度量。

第一步回归：模型中的自变量只考虑工资结构一个指标。回归模型同第四节中的模型（1）④，其结果如表 13 - 21 所示。

表 13 - 21　　培训参与率回归方程结果（工资结构为唯一自变量）

	B	S. E.	Wald	df	Sig.	Exp（B）
工资结构	- 0.930	0.195	22.808	1	0.000	0.394
常数项	- 1.003	0.129	60.175	1	0.000	0.367

---

① 该方程工资结构指标系数为 1.191，Sig. 值为 0.016，方程的 Nagelkerke R^2 为 0.078。
② 该方程工资结构指标系数为 - 1.186，Sig. 值为 0.050，方程的 Nagelkerke R^2 为 0.093。
③ 在（二）中，工资结构指标采用表 13 - 13 中计算的数值。
④ 即：$\text{logit}(T) = \alpha + \lambda W_i + \varepsilon_i$。

　　不难看出，在不控制其他变量时，工资结构对培训参与率有显著的负影响。这一结果与表 13-8 中的结论一致，一方面为阿斯莫格鲁、皮茨凯的理论模型提供了支持；另一方面也说明了在我国劳动力市场上，劳动力需求单位会因工资结构的压缩而获取经济利益，从而承担了培训投资主体的角色，愿意为员工提供较多的培训。

　　第二步回归：在模型中加入体现个人特征的自变量，回归模型同第四节中的模型（2）[①]。自变量，包括性别、年龄、受教育程度、婚姻状况、户口状况、生活地区及工资收入水平。采用 Stepwise 的方法，结果如表 13-22 所示。

表 13-22　　　培训参与率回归方程结果（加入个人特征自变量）

变　量	回归方程系数
工资结构	- 0.401（Sig. 0.083）
受教育程度	***
小学及以下	- 2.571 ***
普通和职业初中	- 1.421 ***
普通高中	- 0.943 ***
中等职业教育	- 0.631 ***
高职和大专	- 0.088
地区划分	***
北京地区	0.733 ***
东北地区	- 0.096
华东地区	0.227 **
中南地区	0.372 ***
西南地区	0.058
工资收入水平	0.649 ***
年龄	- 0.029 ***
性别（男性）	- 0.292 ***
Nagelkerke R^2	0.129

　　注：*表示在 0.1 显著性水平下显著；** 表示在 0.05 显著性水平下显著；*** 表示在 0.01 显著性水平下显著。

[①]　即：$\text{logit}(T) = \alpha + \sum \beta_i X_i + \lambda W_i + \varepsilon_i$。

表 13 – 22 的结论与采用单位所有制类型划分计算的工资结构进行的回归结果（见表 13 – 15）较为一致。受教育程度、工资收入水平、性别、年龄及生活地区均对培训参与率有显著的影响。总体来说，北京地区受过高等教育的年轻女性的培训参与率最高。此时婚姻变量的系数不显著，故未列入表 13 – 22。

就工资结构变量来看，在模型中加入个人特征变量后，工资结构指标对培训参与的影响在 0.1 的显著性水平上显著为负，即说明单位会因培训给员工带来的劳动生产率增加而获取利润，因而愿意为员工投资进行培训。同时，回归系数与不控制个人特征变量时相比有明显下降，但系数仍为负数，即实证了企业在培训中扮演的投资主体角色。

第三步回归：在模型中再加入体现工作特征的自变量，模型与第四节中的模型（3）相同[1]，工作特征自变量包括：就业单位规模、单位所处产业分类，以及就业单位的所有制类别。仍对工资结构指标以外的其他自变量采用 Stepwise 的方法进行回归分析，结果如表 13 – 23 所示。

表 13 – 23   培训参与率回归方程结果（加入工作特征自变量）

变　量	回归方程系数
工资结构	– 0.173（Sig. 0.539）
受教育程度	***
小学及以下	– 2.190 ***
普通和职业初中	– 1.161 ***
普通高中	– 0.773 ***
中等职业教育	– 0.501 ***
高职和大专	– 0.049
地区划分	***
北京地区	0.811 ***
东北地区	– 0.162 *
华东地区	0.220 **
中南地区	0.371 ***
西南地区	0.090
工资收入水平	0.689 ***

[1] 即：$logit(T) = \alpha + \sum \beta_i X_i + \delta F_i + \gamma I_i + \mu K_i + \lambda W_i + \varepsilon_i$。

续表

变　量	回归方程系数
年龄	-0.033^{***}
性别（男性）	-0.256^{***}
户口	***
农村	-0.194
县城关镇和其他镇	0.261^{***}
地级市和县级市	0.374^{***}
产业划分	***
第一产业	-0.338
第二产业	-0.345^{***}
第三产业第一层次	-0.272^{**}
第三产业第二层次	0.036
第三产业第三层次	-0.116
单位所有制类型	***
事业单位	0.050
国有及控股企业	0.098
三资企业	0.065
集体企业	0.074
私营企业	-0.360^{**}
个体经营者	-1.025^{***}
个体被雇者	-1.176^{***}
其他	0.464^{***}
单位规模	0.110^{***}
Nagelkerke R^2	0.153

注：＊表示在 0.1 显著性水平下显著；＊＊表示在 0.05 显著性水平下显著；＊＊＊表示在 0.01 显著性水平下显著。

如表 13 - 15 所示，加入的工作特征变量在回归模型中都比较显著。随着单位规模的增加，培训参与率会随之提高。就不同产业来看，第二产业和第三产业第一层次的培训参与率均显著低于第四层次的参与率。从不同所有制单位性质来看，事业单位、国有及控股企业、三资企业、集体企业的系数与党政机关和军队无显著性区别，私营企业、个体经营者和个体被雇者的培训参与率显著地低于党政机关和军队。

同时，表 13 - 15 也显示在控制了个人特征和工作特征变量后，工资结构由于受到工作特征变量的控制而变得不显著。后文将进一步考察整体样本在细分的所有制类型单位和产业类型单位中工资结构对培训参与率的影响。

1. 按单位所有制类型分别考察工资结构对培训参与率的影响。按照单位所有制类型的划分，仍采用（一）中模型（3）分别对各类进行回归分析，自变量除工资结构指标外采用 Stepwise 方式筛选。结果如表 13 - 24、表 13 - 25 所示。

表 13 - 24   分别考察各所有制类型的单位工资结构

对培训的影响

所有制类型 变量	党政机关	事业单位	国有控股	三资企业	集体企业
工资结构	0.500	0.111	0.470	3.986 *	2.104
受教育程度	***	***	***		***
小学及以下	- 19.898	- 1.536 **	- 1.463 **		- 19.874
普通和职业初中	- 1.252 ***	- 1.269 ***	- 0.930 ***		- 1.008 *
普通高中	- 1.133 ***	- 0.698 ***	- 0.665 ***		- 1.049 *
中等职业教育	- 0.611 **	- 0.492 ***	- 0.466 **		- 0.695
高职和大专	- 0.346 **	0.090	- 0.058		0.128
地区划分	***	***	***		***
北京地区	0.752 ***	1.008 ***	0.895 ***		1.640 ***
东北地区	- 0.210	0.014	- 0.361 **		0.386
华东地区	- 0.072	0.396 **	0.169		0.932 **
中南地区	0.527 **	0.480 ***	0.353 **		0.525
西南地区	0.295	0.242	- 0.031		0.186
工资收入水平			1.208 ***		0.960 **
年龄	- 0.053 ***	- 0.020 ***	- 0.045 ***	- 0.091 ***	
性别（男性）			- 0.262 ***		- 0.898 ***
户口			***		
农村			0.277		
县城关镇和其他镇			0.172		
地级市和县级市			0.621 ***		
产业划分		**	**		
第一产业		- 0.414	0.162		
第二产业		- 0.967 **	- 0.029		
第三产业第一层次		- 0.360	0.056		
第三产业第二层次		0.104	0.441		
第三产业第三层次		0.223 *	0.222		
单位规模		- 0.220 ***	0.307 ***		
Nagelkerke R^2	0.120	0.092	0.149	0.149	0.160

注： * 表示在 0.1 显著性水平下显著； ** 表示在 0.05 显著性水平下显著； *** 表示在 0.01 显著性水平下显著。

表 13－25　　　　分别考察各所有制类型的单位工资结构
对培训的影响（续）

所有制类型　　变量	私营企业	个体经营者	个体被雇者	其他
工资结构	3.080 **	－ 2.740	－ 4.529	－ 2.098 *
受教育程度	***	***		***
小学及以下	－ 20.127	－ 19.809		－ 2.412 **
普通和职业初中	－ 2.080 ***	－ 2.711 ***		－ 1.844 ***
普通高中	－ 1.036 ***	－ 1.694 **		－ 0.989 **
中等职业教育	－ 0.879 **	－ 1.386 *		0.156
高职和大专	－ 0.420	－ 0.874		0.323
地区划分				***
北京地区				－ 0.207
东北地区				－ 1.015 **
华东地区				－ 1.167 **
中南地区				－ 0.585
西南地区				－ 1.481 ***
产业划分	***			***
第一产业	－ 2.120 *			－ 19.685
第二产业	－ 2.296 ***			－ 1.453 ***
第三产业第一层次	－ 2.502 ***			－ 0.441
第三产业第二层次	－ 2.321 **			－ 0.758 **
第三产业第三层次	－ 2.380 **			－ 1.006
性别（男性）	－ 0.902 ***			
婚姻状况（无配偶）	－ 1.663 **	1.464 ***	1.475 **	
Nagelkerke R^2	0.129	0.143	0.047	0.235

　　注：* 表示在 0.1 显著性水平下显著；** 表示在 0.05 显著性水平下显著；*** 表示在 0.01 显著性水平下显著。

　　根据表 13 - 24、表 13 - 25 的结果，国有及控股企业、集体企业及私营企业当中，女性的培训参与率显著高于男性，在党政机关、事业单位、国有控股和三资企业中，年龄对培训参与率有显著影响，且越年轻的员工越容易参与培训。只有私营企业、个体经营者和个体被雇者的培训参与率与有无配偶有显著关系，在私营企业当中，有配偶的员工参与率较低，而个体经营者和个体被雇者有配偶的员工培训参与率较高。地区划分及教育程度与（一）中的分析高度一致。党政机关、事业单位、国有控股和集体企业的培训情况会因为地区的不同有显著差异，在这四类单位中，北京地区和中南地区的培训参与率会显著高于西北华北地区。受教育程度在各类单位当中都是重要的解释变量，只有在三资企业和个体被雇者中表现不是非常明显，且高学历者接受的培训较多。

　　在表 13 - 24、表 13 - 25 中，工资结构指标在私营企业、三资企业及其他企业中对培训有显著影响。其中在私营企业的工资结构系数在 0.05 的显著性水平下显著为正，系数是 3.080，三资企业的工资结构系数在 0.1 的显著性水平下显著为正，系数为 3.986，表明在私营企业及三资企业内部，工资结构的压缩对培训参与率有负面的影响，即工资结构压缩得越严重，员工培训参与率越低。该数据说明在我国三资企业劳动力市场中，企业在培训投资中的主体地位并不显著，培训参与程度不会因企业对员工工资结构的压缩获利而提高，而相反，员工会由于工资结构压缩造成培训可能带来的收益减少，从而参与培训的热情有所减退。此外，在"其他"所有制类型的单位工作的员工样本中，工资结构的系数显著为负，实证了在该类型单位中工资结构的压缩对培训参与率有正影响。此外需要指出的是，在控制变量较少时，党政机关及国有控股企业的工资结构的系数也是显著的。如党政机关单位的回归中，当控制变量只选取教育程度和年龄时，工资结构的系数在 0.1 显著性水平下显著为正[1]；国有及控股企业的回归模型中，当只考虑教育程度和工资水平时，工资结构的系数在 0.05 显著性水平下也显著为正[2]。

　　2. 按不同产业类型分别考察工资结构对培训参与率的影响。仍采用相同的方程对不同产业的工资结构对培训参与率的影响进行考察。表 13 - 26、表 13 - 27 反映了除工资结构指标以外，其余自变量采用 Stepwise 进行回归后的结果。

---

[1]　该方程工资结构指标系数为 0.798，Sig. 值为 0.050，方程的 Nagelkerke R^2 为 0.099。
[2]　该方程工资结构指标系数为 1.012，Sig. 值为 0.031，方程的 Nagelkerke R^2 为 0.090。

表 13 - 26　　　　分别考察在各产业类型的单位中工资结构
对培训的影响

变量 \ 产业类型	第一产业	第二产业	第三产业第一层次
工资结构	34.457 **	- 0.865	1.445
受教育程度		***	***
小学及以下		- 2.704 ***	- 1.972 ***
普通和职业初中		- 1.165 ***	- 1.280 ***
普通高中		- 0.572 ***	- 1.135 ***
中等职业教育		- 0.606 ***	- 0.653 **
高职和大专		- 0.070	- 0.144
地区划分	*	***	***
北京地区	- 13.594 **	0.867 ***	0.909 ***
东北地区	- 5.194 ***	- 0.179	- 0.493 *
华东地区	- 18.029 **	0.160	0.428 *
中南地区		0.527 ***	0.079
西南地区		0.091	0.071
工资收入水平	3.309 ***	1.122 ***	
年龄		- 0.048 ***	- 0.036 ***
性别			
婚姻状况（无配偶）	2.816 **		
户口		***	
农村		0.037	
县城关镇和其他镇		0.381	
地级市和县级市		0.579 ***	
单位所有制类型			***
事业单位			0.254
国有及控股企业			0.375
三资企业			0.753
集体企业			0.521
私营企业			0.043
个体经营者			- 0.386
个体被雇者			- 0.378
其他			1.393 *
单位规模		0.407 ***	0.367 ***
Nagelkerke R^2	0.235	0.147	0.169

注：* 表示在 0.1 显著性水平下显著；** 表示在 0.05 显著性水平下显著；*** 表示在 0.01 显著性水平下显著。

表 13 – 27 　　　　分别考察在各产业类型的单位中工资结构
对培训的影响（续）

产业类型　　变量	第三产业第二层次	第三产业第三层次	第三产业第四层次
工资结构	– 0.431	– 1.190	1.065 **
受教育程度	***	***	***
小学及以下	– 2.203 ***	– 1.708	– 20.003
普通和职业初中	– 1.539 ***	– 1.261 ***	– 0.973 ***
普通高中	– 0.883 ***	– 0.667 ***	– 1.302 ***
中等职业教育	– 0.468 **	– 0.494 ***	– 0.412 *
高职和大专	– 0.083	0.132	– 0.232 *
地区划分		***	***
北京地区		0.507 **	0.963 ***
东北地区		0.176	– 0.539 **
华东地区		0.505 *	– 0.184
中南地区		0.741 **	0.412 *
西南地区		– 0.008	0.404 **
工资收入水平	0.676 ***	0.625 **	
年龄		– 0.033 ***	– 0.038 ***
性别（男性）	– 0.609 ***		
婚姻状况（无配偶）		– 0.638 **	
户口		***	
农村		– 1.041	
县城关镇和其他镇		0.599 ***	
地级市和县级市		0.450 ***	
单位所有制类型	**		
事业单位	– 0.171		
国有及控股企业	– 0.196		
三资企业	– 0.128		
集体企业	– 0.004		
私营企业	– 0.500		
个体经营者	– 1.071 **		
个体被雇者	– 1.990 **		
其他	0.148		
单位规模	0.335 ***		– 0.261 **
Nagelkerke R^2	0.165	0.109	0.119

注：* 表示在 0.1 显著性水平下显著；** 表示在 0.05 显著性水平下显著；*** 表示在 0.01 显著性水平下显著。

从表 13 – 27 可见，教育程度变量在第二产业和第三产业的回归中都是较为重要的解释变量，教育程度越高培训参与率越高。工资收入变量在第一产业、第二产业、第三产业第二层次、第三层次中系数显著，且均为正，说明工资水平越高，培训参与率越高。性别和婚姻状况只在少数情况下显著，其中第一产业中婚姻虚拟变量系数为正，即有配偶的培训参与率高，而在第三产业第三层次相反，无配偶的培训参与率高。年龄变化在第二产业、第三产业第一层次、第三层次及第四层次显著，且均为负数，体现了越年轻培训参与率越高的现象。在第二产业、第三产业第一层次、第二层次的各行业中，单位规模都对培训参与有正向影响，只有在第四层次，系数显著为负。

在该层次的回归中，第一产业和第三产业第四层次工资结构的压缩对培训有显著影响，系数分别为 34.457 和 1.065，即工资结构的压缩对培训参与率有负影响。此外，在第三产业第三层次的回归中，若其他控制自变量只考虑教育程度及年龄，则工资结构指标系数显著为正[①]。

以上从整体的培训角度进行了实证分析，接下来将把培训细分为一般培训和特殊培训，分别考察工资结构对一般培训和特殊培训的影响。

二、检验工资结构的压缩对选择一般培训还是特殊培训的影响

前文中将培训按照"技能的适用范围"分为一般培训与特殊培训。将"几乎所有"和"大部分"技能都可以用于其他单位的培训归为一般培训；将"有一些"和"几乎没有"技能都可以用于其他单位的培训，划归为特殊培训。在此基础上，采用多元逻辑回归模型进行分析：

$$\text{logit}(T_\alpha) = \ln\left(\frac{P(T_\alpha = 1)}{1 - P(T_\alpha = 1)}\right)$$
$$= \alpha + \sum \beta_i X_i + \delta F_i + \gamma I_i + \mu K_i + \lambda W_i + \varepsilon_i$$

因变量 T_α 为三分变量，0 表示未参加培训，1 代表参加的是特殊培训，2 代表参加的是一般培训。

因为上文提到从不同所有制角度和不同产业角度进行的分析都有高度的一致性，在此就只采用不同所有制单位角度计算的工资结构指标进行分析。回归也分为两步，第一步自变量中只考虑个人特征变量，如年龄、教育水平、婚姻状况等，第二步加入工作特征的控制变量。在这两步回归中，工资结构都作为必须加入方程的自变量，其余自变量用 Stepwise 的方法进行筛选。第一步的回归结果如表 13 – 28 和表 13 – 29 所示。

---

① 该方程工资结构指标系数为 1.377，Sig. 值为 0.036，方程的 Nagelkerke R^2 为 0.074。

表 13 – 28 　　　　**多元逻辑回归结果表——不同所有制**

类型划分的工资结构

模型	变　量	– 2 Log Likelihood	Sig.
Step 0	截距，工资结构	13 462.745	
Step 1	教育程度	13 306.099	0.000
Step 2	地区划分	13 257.459	0.000
Step 3	性别	13 192.814	0.000
Step 4	年龄	13 144.133	0.000
Step 5	工资水平	13 103.996	0.000
Step 6	户口状况	13 462.745	0.000

注：回归方法：向前逐步回归（Forward Stepwise）。

表 13 – 29 　　　　**多元逻辑回归系数表——不同所有**

制类型划分的工资结构

	特殊培训	Sig.	一般培训	Sig.
工资结构	– 0.892	0.002	– 0.782	0.017
性别（男性）	– 0.429	0.000	– 0.216	0.004
年龄	– 0.031	0.000	– 0.028	0.000
教育程度				
小学及以下	– 2.570	0.000	– 2.222	0.000
普通和职业初中	– 1.304	0.000	– 1.501	0.000
普通高中	– 0.847	0.000	– 0.924	0.000
中等职业教育	– 0.614	0.000	– 0.574	0.000
高职和大专	– 0.078	0.361	– 0.076	0.420
工资水平	0.680	0.000	0.832	0.000
地区划分				
北京地区	1.048	0.000	0.794	0.000
东北地区	– 0.210	0.079	0.047	0.710
华东地区	0.430	0.000	0.100	0.470
中南地区	0.490	0.000	0.417	0.001
西南地区	0.025	0.815	0.104	0.379
户口				
农村	– 0.501	0.179	– 0.663	0.154
县城关镇和其他镇	0.342	0.003	0.105	0.437
地级市和县级市	0.382	0.000	0.239	0.006

　　从表 13 – 28 的似然比检验结果可以看出，工资结构、教育程度、地区划分、性别、年龄、工资水平、户口状况这七个自变量对模型的作用是有统计意义的。再看表 13 – 29，教育程度变量"大学及以上"为参照，性别变量"女性"为参

照，地区划分用"西北华北地区"为参照，户口状况变量以"直辖市和省会城市"作为参照。由数据结果可知，特殊培训下教育程度的系数均为负，比如小学及以下的系数为 -2.570，这意味着与受过大学及以上教育的人相比，接受小学及以下教育的人群会更倾向于不培训，即教育程度高的人会更倾向于进行更多的特殊培训及一般培训。同理，北京地区、华东地区、中南地区相对于西北华北地区来讲，也会有更多的特殊培训，而只有北京和中南地区较西北华北地区来讲有显著多的一般培训。从户口状况来看，户口在县城关镇和地级市、县级市会比户口在省会城市的特殊培训多，而对于一般培训的参与率，只有地级市、县级市的样本比省会城市高。

对于连续的自变量，如年龄在特殊培训和一般培训下都显著为负，说明年轻的样本会较多的选择参与特殊培训和一般培训。工资收入水平在两种培训下都显著为正，即收入越高的人越会选择参与培训。

工资结构对培训参与率的影响。在一般培训方式下，工资结构的系数为 -0.782，该系数在 0.05 的显著性水平下显著为负，说明工资结构压缩得越严重，即工资结构指标值越小，人们越会选择一般培训，一般培训参与程度越高。在特殊培训方式下，工资结构的系数为 -0.892，在 0.01 显著性水平下显著。这也说明与不参与培训相比，工资结构指标值越小，员工的特殊培训参与率越高。且特殊培训的工资结构回归系数 -0.892 比一般培训的系数 -0.782 绝对值更大，说明工资结构对于特殊培训比一般培训的影响更大。

第二步，在模型的自变量中再加入工作特征的控制变量，得到新的方程。所得的结果如表 13 - 30、表 13 - 31 所示。

表 13 - 30　　　　多元逻辑回归结果表——不同所有制类型划分的工资结构

模型	变量	-2 Log Likelihood	Sig.
Step 0	截距，工资结构	14 098.020	
Step 1	教育程度	13 372.469	0.000
Step 2	地区划分	13 219.947	0.000
Step 3	性别	13 173.332	0.000
Step 4	年龄	13 109.967	0.000
Step 5	工资水平	13 061.821	0.000
Step 6	就业单位所有制类型	12 910.899	0.000
Step 7	户口状况	12 873.227	0.000

注：回归方法：向前逐步回归（Forward Stepwise）。

表 13 - 31　　　　　　多元逻辑回归系数表——不同所有制
类型划分的工资结构

	特殊培训	Sig.	一般培训	Sig.
工资结构	0.078	0.824	- 0.672	0.104
性别（男性）	- 0.342	0.000	- 0.197	0.012
年龄	- 0.037	0.000	- 0.030	0.000
教育程度				
小学及以下	- 2.310	0.000	- 2.081	0.000
普通和职业初中	- 1.118	0.000	- 1.409	0.000
普通高中	- 0.737	0.000	- 0.913	0.000
中等职业教育	- 0.510	0.000	- 0.549	0.000
高职和大专	- 0.052	0.548	- 0.090	0.346
工资水平	0.670	0.000	0.878	0.000
地区划分				
北京地区	1.017	0.000	0.685	0.000
东北地区	- 0.232	0.056	0.018	0.891
华东地区	0.352	0.003	0.079	0.574
中南地区	0.392	0.000	0.407	0.002
西南地区	0.076	0.487	0.136	0.258
户口				
农村	- 0.031	0.934	- 0.412	0.384
县城关镇和其他镇	0.336	0.004	0.157	0.254
地级市和县级市	0.424	0.000	0.256	0.004
单位所有制类型				
党政机关	- 0.411	0.016	- 0.501	0.012
事业单位	- 0.307	0.052	- 0.628	0.001
国有及控股企业	- 0.459	0.002	- 0.453	0.008
三资企业	- 1.126	0.001	0.035	0.901
集体企业	- 0.632	0.001	- 0.322	0.140
私营企业	- 0.952	0.000	- 0.954	0.000
个体经营者	- 1.968	0.000	- 1.464	0.000
个体被雇者	- 2.012	0.000	- 1.641	0.000

从表 13-31 中不难看出，各控制变量的结果与表 13-19 极为相像，并且该结果与前文中的回归过程一致，在控制住个人特征变量时，工资结构往往对培训有显著性影响，但再进一步控制了工作特征变量后，无论是特殊培训下考察的工资结构，还是一般培训下考察的工资结构，其对培训参与率的影响都不明显了。

第六节　结论与思考

一、研究结论

本章从不同单位所有制类型以及不同产业的工资结构入手，根据阿斯莫格鲁和皮茨凯提出的不完全竞争劳动力市场下的企业培训理论对我国劳动力市场上的工资结构进行了实证考察。通过实证分析得出了以下一些基本结论：

1. 在我国劳动力市场上，个人特征变量（诸如性别、年龄、工资收入水平、婚姻状况、生活地区等）对是否参与培训有显著影响，且这些变量对培训的影响在文中的多次回归分析中都有较为一致的结论。

具体来看各个变量对培训参与率的影响。

性别因素：我国女性的培训参与率显著高于男性，在国有控股企业、集体企业、私营企业里表现得尤为明显。这可能与在我国家庭中普遍存在的夫妻共同工作来维持家庭收入的现象有关。我国女性在婚后辞退工作成为家庭主妇的现象不像西方国家那样普遍，而且女性在工作中承担了非常重要的角色。此外，女性在工作流动、跳槽中可能更偏于保守，不如男性的离职率高，而单位会更愿意为稳定的职工提供培训，故会为女性员工提供更多的培训机会。所以在我国，性别因素对培训的影响与西方的不少研究有相反的观点也是情理之中的。

年龄因素：从文中的回归结果来看，年龄对培训有负影响，单位愿意为更年轻的员工提供培训，这与国际上的多数研究结论是一致的。分别从所有制类型和产业的角度考察年龄的影响，在党政机关、事业单位、国有控股企业及三资企业中年龄的系数都显著为负，在第二产业、第三产业第一层次、第三层次、第四层次中，年轻员工多参与培训的现象也尤为突出。

受教育程度变量：受教育程度在本研究的回归模型中都是非常重要的解释变量，无论是从总体样本来看，还是分产业、分不同所有制类型的单位的样本，受教育程度几乎都是回归中必不可少的解释因素，而且从回归的系数的大小可以清楚地看出，学历高的人群会参与更多的培训，小学及以下的培训参与率最低。

婚姻状况：是否有配偶在文中的研究中对培训的影响并不显著，只有在私营企业、个体经营者和个体被雇者的培训参与率与有无配偶有显著关系。但在私营企业中有配偶的员工参与率较低，而个体经营者和个体被雇者有配偶的员工培训参与率较高。

地区划分：我国各地区之间的培训存在着较大差异，特别是北京地区的培训参与率显著高于其他区域，华东和中南地区也显著高于西北华北地区。在党政机关、事业单位、国有控股企业、集体企业及其他这五类所有制类型的单位中，地区差异表现得尤为明显。而相对来说，三资企业、私营企业、个体经营和个体被雇者没有因地区的影响而产生培训参与率大小的显著区别。

户口状况：从总体样本来看，户口在县城关镇、其他镇及地级市、县级市的员工的培训参与率显著高于户口在省会城市和大城市的人的培训参与率。分所有制类型和产业类型的考察中，事业单位、国有控股企业、第二产业及第三产业第三层次都分别有户口在地级市、县级市的培训参与率显著高于户口在省会城市和大城市的培训参与率的实证结果。这可能是由于在相同的工资水平下，户口在小城市的人群在劳动力市场中仍然处于相对弱势的地位，所以该类人群工资结构被压缩的可能性很大，而工资结构的压缩会带来更多的培训，故户口在地级市、县级市的培训参与率会高于户口在大城市的培训参与率。

工资收入水平：工资收入水平对培训参与率有显著的正影响，即工资收入越高培训参与率越大。在分所有制类型的考察中，国有及控股企业和集体企业中，工资收入对培训参与有显著的影响；在其余所有制类型的单位中，未存在显著的影响。

2. 工作特征变量对培训参与率也有显著的影响。具体来看：

单位规模变量：从总体来看，就业单位规模系数为正，即单位规模越大，员工的培训参与率越高。但各所有制类型、不同产业单位之中，单位规模的影响也不尽相同。在国有及控股企业，规模大的单位员工培训参与率大；而在事业单位，规模小的单位员工培训参与率高；对于第二产业、第三产业第一层次及第二层次，单位规模的系数都显著为正，即单位规模越大，员工培训参与率越高；而第三产业第三层次和第四层次系数显著为负，即单位规模越小，培训参与率越高。

单位所有制类型及产业划分：这两个变量是文中考察的重要的控制变量。不同所有制类型、不同产业的单位在培训方面都有较大的差异。对于这两个变量对培训的影响将结合其他变量一起做出分析。

3. 在不考虑"所有制类型"以及所处"产业"的工作特征时，工资结构的压缩对于培训有正影响。

对于工资结构的考察需要分别从两方面进行，一是根据单位所有制类型计算的工资结构，二是依据产业划分计算的工资结构。

对于根据单位所有制类型划分，以及不同产业划分计算出的工资结构指标，在回归分析时，工资结构指标的系数都是显著为负的。其中在方程中包含了个人特征变量后，根据不同单位所有制类型计算出的工资结构指标系数为 -0.831，根据不同产业划分的工资结构指标系数为 -0.401。

4. 在加入"所有制类型"以及所处"产业"的工作特征的控制变量后，工资结构对于培训的影响不显著。换言之，在控制了单位所处产业和所有制类型属性后，工资结构的压缩对培训的正向影响消失了。而且在不少细分的所有制类型（产业）的回归中，工资结构的压缩甚至还体现出对培训的负影响。

笔者认为，工资结构在不加入工作特性的控制变量之前对培训参与率具有显著的负影响，在控制了"所有制类型"和"产业类型"后变得不显著，说明了在我国以劳动力市场作为一个整体来观察，不同所有制单位之间、不同产业之间确实存在着不完全竞争的劳动力市场，市场间存在着较为严重的分割。单位会因为产业与单位所有制类型之间的差异，无法准确衡量其他企业内员工的人力资本，所以员工在企业外部，即市场上得不到与其劳动生产率相匹配的工资收入，雇主就会乐意为员工提供培训，增加其劳动生产率，并通过付给员工较少的工资来为企业获取利益。而一旦控制了所有制类型和产业类型，即在相同的所有制类型或产业类型中进行比较，这种劳动力市场的分割现象就不是很明显了，换言之，在同所有制类型、同产业劳动力市场内部，市场化特点占主导地位。员工流动不再像跨行业、跨所有制结构单位那样困难，即员工在单位与单位之间流动性加强，劳动力市场环境已不再是分割较为严重的不完全竞争的市场状态，与此同时员工会由于工资结构压缩，不同劳动生产率水平间工资差距的减小而失去提高自身劳动生产率的热情。故此时在回归方程中，工资结构与培训参与率的关系不再显著为负，在一些所有制类型或产业类型的细分样本中，工资结构还会对培训参与率有显著的正影响，即工资结构的压缩对培训体现出负面的影响。

具体来看，在回归结果中，分别有事业单位、私营企业和三资企业的工资结构系数显著为正。此外，当只放入教育程度等少数控制变量时，党政机关、国有控股企业、集体企业回归中工资结构指标的系数也均为正数，说明在党政机关、事业单位、国有控股企业、集体企业、私营企业和三资企业这些不同所有制单位的内部，劳动力市场都是较为市场化的，工资水平的差距加大会激励人们为了获得更高的工资而努力提高其劳动生产率。与这些结果有所不同，"其他"所有制类型的单位在回归中系数显著为负，这在表面上看似与相同所有制类型内部的单位之间劳动力市场趋近于完全竞争的情况不符，但实质上，因"其他"这个类别本身包含了其他可能存在的多种所有制情况，所以在这个类别中内部就可能存在着较为明显的劳动力市场分割，故"其他"所有制类型中，工资结构压缩对培训参与存在负影响也是在情理之中的。

第一产业、第二产业和第三产业第四层次的回归中也都显现出工资结构系数显著为正，即在产业内部，工资结构的压缩对培训参与率有显著的负影响。同时，当加入少数控制自变量时，只有第三产业第三层次回归中工资结构指标显著为负，显现出对培训的正影响。笔者认为，这一结果与上述"其他"所有制类型的结果相似，因第三产业第三层次包含的行业较为分散，包括教育；卫生、社会保障和社会福利业；文化、体育和娱乐业。在这些行业之间，劳动力市场很可能也存在着较为严重的分割现象，故工资结构压缩对培训参与存在负影响会在该产业分类中较明显地体现出来。

以上实证的结果显示，在我国劳动力市场上产业与产业之间、不同所有制类型的单位之间确实存在着劳动力市场分割。但在不同产业类型内部、不同所有制类型单位内部，市场分割现象并不明显，员工可以选择在相同的行业及相同所有制类型的单位之间流动。所以在劳动力市场内部，工资水平之间的差距减小，即工资结构压缩程度增加，会降低人们对参与培训后所获收益的预期，即参与培训的热情会有所下降。

鉴于我国劳动力市场的这种状况，笔者认为，欲提升我国的全民劳动生产率、促进企业培训以及推动全社会的终身学习概念，可以采取以下几项措施：

第一，进一步深化改革，从政策上鼓励劳动力市场进一步市场化，增强各行业劳动力之间的竞争性，降低产业与产业、不同所有制结构之间的劳动力市场壁垒，使劳动者可以在不同行业、不同所有制类型的单位间按需流动。

第二，减小工资差距确实可以促进构建和谐社会，但从培训的角度来看也有不利的一面。在我国劳动力市场上，个人作为培训投资的主体，如果工资结构压缩得较严重，将很难激励劳动者进一步提高其自身生产率。故在合理的范围内，应加强个人培训的收益，从而促进个人参加培训。

第三，从政策上倡导企业提供培训，并对培训多的企业进行奖励。从实证研究来看，在我国劳动力市场的单位内部，员工仍然是培训投资的主体。所以应鼓励单位多参与到培训中，单位提供培训方式会比促使个人主动投资培训的方式的受益者更为广泛。

二、本章的不足

本章仍然有一些不足之处，有待于在进一步的研究中加以改进，具体来看包括：

第一，因为文中考察的是工资结构对培训参与率的影响，由于数据所限，只能采用 2004 年工资收入予以替代，这种替代在国外的文献中也有所采用，但如果能采用跟踪调查数据，效果会更为理想。

第二，三资企业的样本量过小，而其又是所有制类型当中很重要的一部分，所以如果能获得较多三资企业的数据，该研究或许会得到更有价值的结论。

第三篇

教育与人力资源配置

本篇由四章组成，全面考察了教育对就业、工作满意度、工作流动、行业选择、职位升迁、收入水平等多方面的影响。第十四章"待业时间与受教育程度的生存分析"对我国城镇初中以上文化青年群体待业时间的整体水平进行了研究，采用寿命表法给出了不同受教育程度群体在不同时点的待业率。第十五章"教育与工作自主性"探索不同的受教育程度如何通过与一定工作自主性的匹配影响工作满意度。第十六章"教育、工作流动与收入"聚焦于个人的教育程度和工作流动的关系研究上，分析教育对工作流动率和工作流动类型以及在其背后隐藏的收入所得的变化的影响。第十七章"教育与区域流动"对个人收入的影响因素进行了实证研究，重点考察了教育和迁移在其中的作用。

第十四章

待业时间与受教育程度的生存分析

自 20 世纪 90 年代后期以来，就业问题已逐渐成为困扰我国社会经济发展的最大挑战。《2005 年：中国就业报告》显示，近几年，我国在下岗职工和失业人员再就业问题未得到根本解决的情况下，青年就业和失业问题逐步凸显。青年是劳动力市场中的一个弱势人群，他们因为缺少工作经验和在职培训机会极易在劳动力市场上遭遇失业。在失业者队伍中青年失业者所占比重大也是各国失业状况的一个显著特点。研究表明，年轻人在工作生涯开始时就陷入失业状态可能导致严重后果。工作生涯早期的失业经历不仅显著地增加了个人未来失业的可能性（Ellwood，1982；Linch，1989），并大大降低个人未来的收入水平（Corcoran，1982；Ellwood，1982），而且它可能带来一系列社会问题。失业可能导致青年的反社会行为如犯罪（Farrington et al.，1986）、吸毒和酗酒（Henry M. Levin，1983）等。因为失业人群不是随机地分布的，那些本人受教育水平低以及父母收入水平低、职业声誉低的青年相比那些本人接受过良好教育以及父母收入水平高、职业声誉高的青年更可能遭遇失业（Rees and gray，1982）。因此，在当前我国就业形势严峻的情形下，关注青年群体的就业与待业状况，认识他们从学校向工作转变中的规律特征，对于促进教育体系适应社会需求，建立并完善教育与劳动力市场之间有效的链接机制具有重要的意义。

关于青年就业与失业问题，在国际上已经有很多相关研究。一些文献探讨了青年失业的原因和影响因素，例如，有学者指出学校系统不能培养出适合劳动力市场的合格的毕业生是造成青年失业的原因（Colless，1980；Fraser，1980；Hoare，1980）；有学者则从人力资本、社会资本以及个人资本三方面分析了影响青年就业

325

或失业的因素：人力资本方面包括缺少高中学历、较差的阅读成绩、低智商和有限的家庭资源；社会资本包括单亲家庭、家庭冲突等；个人资本方面包括有反社会行为的孩子失业风险增加（Avshalom Caspi etc，1998）。也有很多文献关注青年失业的后果。例如，有学者指出，失业青年可能经历更多的家庭冲突（Conger and Elder，1994）；人力资本理论则指出，青年失业减少了学习技能的机会，使得个人在劳动力市场中竞争能力减弱（Becker，1975）；劳动力市场分割理论则认为雇主会利用雇员以前的失业经历作为分辨雇员较低生产能力的信号（Parcel，1987）。

在我国，有关青年就业与失业问题的研究并不少，但关注的对象集中在接受过高等教育的大学生群体。有学者从我国高校毕业生就业情况调查、大学生就业难的原因以及促进就业的政策几方面概括了大学生就业问题的研究现状并提出了该问题的未来研究方向（岳昌君，2004）。也有学者从教育公平的角度研究大学生就业问题，考察了家庭背景对大学生就业的影响，得出了来自不同背景家庭的毕业生其就业结果不同的结论（文东茅，2005）。

可以看出，关于青年就业与失业问题，国外研究借助模型设计精巧、变量选取巧妙等办法能够从多角度多层面揭示青年就业与失业的内在机理。我国的相关研究则在大学生这一特殊群体方面取得相当大的进展，研究还相应地推动了大学生就业政策的适时变革。然而，近年来对我国的青年就业/待业研究关注的主要是接受过高等教育的那一部分群体，对于只接受过初等和中等教育的青年群体则关注不够，这一部分人的就业和待业状况始终处于社会和公共政策关注的边缘地带。因此，将研究从大学生群体扩展到其他青年人群是必要的。另外，对于青年就业/待业问题的已有研究往往注重某一调查时点就业或待业状态的静态研究，较少突出时间维度，无法了解从待业转向就业状态的长期动态变化特征，例如现有的研究缺少对学生从学校毕业后不同时点的待业率的估计，缺少对待业时间长短的动态分析，同时也缺少对待业时间的影响因素的分析，在就业问题解决对策上也较少有时间维度的考虑。造成这种情况的一个原因是囿于常规研究方法的局限，难以动态地研究就业/待业问题。

对于青年就业/待业状况及其影响因素的分析都会将人们的受教育程度作为关键因素。现有的大量实证研究都支持了个人的受教育水平与个人的终身收入之间具有显著的正向关系。人力资本和信号理论在解释人们的受教育程度和收入之间的关系方面都具有很强的解释力。但是无论从人力资本理论还是从信号理论都不能推演出个人的受教育水平越高，则从学校到劳动力市场的转变时间越短，也就是说不能推演出受教育水平将必然缩短人们的待业时间。其原因在于，人们的受教育程度的提高也会提升对工作性质和收入的期望。人们的就业目标不仅是能找到工作，而且是要找到自己能够认同并愿意接受的工作。而雇主聘用员工的考虑也是在能满足需要的（而不是最高的）劳动生产率和能够支付的工资之间进行平衡。许多经验事实表明，社会上并不是缺少足够的工作，而是不具有充分技能的申请者却有着不切实际的高收入高职位的预期。当社会所提供的工作岗位与学校提供的毕业生存在结构性的供需矛盾的时候，待业时间和受教育水平之间的关系就可能更加错综复杂。

对于中国城镇的青年人，其受教育程度与待业时间之间究竟是什么关系？教育能否缩短毕业生在劳动市场上的工作找寻时间？为了回答这些问题，本章将青年就业/待业研究的对象从大学生扩展到其他的受教育水平人群，既包括大学生群体，也包括初中、高中文化程度的青年人群；尝试采用生存分析的研究方法，突出就业/待业问题的时间维度，探究不同受教育水平的青年人群从待业到就业转变的动态过程特征。

第一节　研究方法与数据

以往人们对就业/待业问题的研究多采用普通统计分析方法，例如采用最小二乘回归或者逻辑回归等分析方法探讨影响就业/待业状况的因素。这些传统方法的共同之处在于都是对截面数据的分析。可现实生活中人们就业/待业状况的变化往往是随时间的改变而变化的，这种就业/待业经历通常表现为一系列持续的相互关联的截面数据构成的纵贯数据。同时不同截面上的解释变量的取值也会在观测期内发生变化。而传统方法无法对就业/待业经历过程中人们的初始状况和目标状况之间复杂的过程给出正确的描述和解释，不能区分人们从待业到就业的状态的改变，难以正确反映观测（调查）开始和结束的时候观察事件实际变化的过程，因此会造成信息的损失，还会引起估计的系统偏差。而生存分析通过建立"删失"解决传统方法的限制，可以揭示其他传统统计方法无法得到的动态特征，适合于研究事件发生动态过程的真正规律，探讨各种解释因素是如何对不同持续期的出现概率产生影响的。生存分析是生物医学研究者、流行病学家常用的一种统计分析方法。目前，该方法在保险精算学、可靠性工程、经济学、人口统计学以及犯罪学等领域都有应用，但是在就业/待业问题研究中仍然没有得到很好的应用。

本章尝试使用生存分析的方法，探究我国城镇青年群体的待业时间及其与教育程度的关系。本章使用的数据来源于北京大学教育经济研究所《中国城镇居民教育与就业情况调查（2005）》，将研究对象限定在调查总样本中年龄在 15 ～

29 周岁、初中以上文化的城镇青年人群。采用生存分析的研究方法，并使用
SPSS 统计软件进行数据处理。

本章定义生存时间为观测个体从学校毕业到获得第一份工作之间的时间差，
称为待业时间。到调查截止时有劳动意愿但仍未就业者定义为删失数据。定义观
测个体是否进入劳动力市场工作为生存状态变量，该变量有两个水平，变量标记
为：1 = 进入劳动力市场工作；0 = 删失。本章将使用寿命表法计算不同受教育水
平的青年从学校毕业后某一时点的待业率，从时间维度反映青年群体的就业情
况；使用 Kaplan - Meier 法比较不同受教育水平青年人群的待业时间差别；使用
COX 模型分析在其他因素相同的条件下受教育程度对待业时间的影响。

第二节　样本数据的统计描述

一、城镇青年人口就业状况统计描述

表 14 - 1 是 15 ~ 29 周岁城镇青年人口的就业分布。如果将进入劳动力市场
工作者、下岗职工、待业人员以及待分配者统称为有意愿进入劳动力市场的人
口，那么在所有有意愿进入劳动力市场的 2 465 人中，能够获得工作的人数为
1 951 人，所占比例为 79.1%。也就是说，有相当比例的青年人虽有工作意愿却
并未就业，处于待业状态。

表 14 -1　　　　　　　15 ~ 29 周岁城镇人口就业分布

	就业状况	频数	百分比
有意愿进入劳动力市场	缺失样本	383	6.5
	工作	1 951	33.3
	下岗	36	0.6
	待业	396	6.8
	待分配	82	1.4
无意愿进入劳动力市场	丧失劳动能力	16	0.3
	家务劳动	44	0.8
	待升学	17	0.3
	在校学生	2 848	48.7
	已故	47	0.8
	其他非就业者	31	0.5
合　计		5 851	100.0

二、按受教育程度分的就业情况

表 14 - 2 反映了 15 ～ 29 周岁且有意愿进入劳动力市场的青年人口按受教育程度分的就业情况。依据表 14 - 2 可以看出，随受教育程度提高，待业率下降。这里，定义待业率等于有意愿进入劳动力市场但未获得工作的人口数与所有有意愿进入劳动力市场的人口数之比。

表 14 - 2   **按受教育程度分的就业情况**

受教育 程度	就业				合计 (5)	待业率 (6) (6) = [(2) + (3) + (4)]/(5)
	工作（1）	下岗（2）	待业（3）	待分配（4）		
小学	11	1	8		20	45.0%
初中	225	8	138	11	382	41.1%
高中	603	18	155	26	802	24.8%
专科	633	7	71	26	737	14.1%
本科以上	470	2	22	19	513	8.4%
合计					2 454	

第三节　生存分析结果

一、不同受教育水平青年的待业率

在前一部分对样本数据的统计描述中，得到的待业率是到调查截至时点的待业率。这种待业率无法反映该比率的动态变化特征。生存分析的寿命表法可以帮助解决这一问题。寿命表法可以估计人们在不同时点的待业率，从而动态地描述不同受教育程度群体待业率的特征。本章将教育程度分为初中、高中、大专以及本科以上，将待业时间分组，每个区间长为 0.5 年，整理后的结果如表 14 - 3 所示。表 14 - 3 显示，15 ～ 29 周岁且有意愿进入劳动力市场的人口中，初中文化观测个体 347 人，高中文化观测个体 608 人，大专文化观测个体 376 人，本科以上文化观测个体 221 人。

表 14 - 3 反映了不同文化水平的人群其待业率的分布。例如，初中毕业生毕业当年（根据本章数据计算，待业时间组段下限 0.5 年被认为是在毕业当年就业）有 93.82% 的人在待业；毕业 1 年后，有 83.77% 的人在待业……表 14 - 3 反映出，对于相同时点（如毕业后某一年）的待业率，待业率随受教育程度提高而降低，待业率基本上从高到低依次是初中、高中、专科和本科以上。也就是说，受教育水平较高的青年在劳动力市场上更容易较快地获得工作。

表 14 - 3   **不同教育水平群体的待业率分布**

待业时间组段下限	初中		高中		专科		本科以上	
	进入该组段的观测例数	至本组段上限的累计待业率	进入该组段的观测例数	至本组段上限的累计待业率	进入该组段的观测例数	至本组段上限的累计待业率	进入该组段的观测例数	至本组段上限的累计待业率
0	347	1.0000	608	1.0000	376	1.0000	221	1.0000
0.5	347	0.9382	608	0.7997	376	0.6839	221	0.5174
10.5	312	0.8377	470	0.5922	242	0.4424	106	0.2794
20.5	271	0.7183	335	0.4274	145	0.3109	48	0.1490
30.5	224	0.6525	222	0.3495	90	0.2127	21	0.0671
40.5	193	0.5476	157	0.2771	54	0.1520	8	0.0581
50.5	150	0.4789	111	0.2282	30	0.1460	6	0.0387
60.5	119	0.4363	75	0.2019	20	0.1369	4	0.0387
70.5	96	0.3971	56	0.1804	11	0.1369	3	0.0258
80.5	74	0.3568	33	0.1739	6	0.0913	2	0.0258
90.5	57	0.3228	21	0.1633	4	0.0913	2	0.0129
100.5	43	0.2977	11	0.1633	4	0.0913	1	0.0129
110.5	31	0.2748	4	0.1633	4	0.0913	—	—
120.5	19	0.2325	3	0.1633	4	0.0913	—	—
130.5	5	0.2325	3	0.0327	4	0.0684		
140.5	—	—	—	—	3	0.0684		
150.5	—	—	—	—	3	0.0684		
160.5	—	—	—	—	3	0.0137		

二、不同教育水平毕业生的 Kaplan – Meier 分析

不同受教育水平的青年其待业时间有差别吗？下面使用 Kaplan – Meier 法比较不同受教育水平青年群体的待业时间差别。

表 14 – 4 是利用原始数据获得的不同教育水平（初中、高中、大专和本科以上）毕业生待业时间的中位数估计。表 14 – 4 显示，初中毕业生待业时间的中位数是 5.5 年，高中毕业生待业时间的中位数是 2.5 年，专科毕业生和本科以上毕业生待业时间的中位数是 1.5 年。上文提到，待业时间为 0.5 年以内的个体被认为是在毕业当年就业，对上述中位时间做相应调整后，初中、高中、大专、本科以上青年群体实际的待业时间中位数分别是 5 年、2 年和 1 年。可以看出，随教育程度提高，待业时间的中位数大幅缩短。表 14 – 4 还给出了不同教育水平毕业生待业时间中位数的 95% 置信区间。

表 14 – 4　　　　　　　不同教育水平群体待业时间中位数

受教育程度	待业时间中位数			
	待业时间	标准误	95% 置信区间	
			下 限	上 限
初中	5.50	0.53	4.45	6.55
高中	2.50	0.13	2.25	2.75
专科	1.50	0.14	1.22	1.78
本科以上	1.50	.	.	.

表 14 – 5 是不同教育水平毕业生 Kaplan – Meier 分析的观测量概述表。表 14 – 5 显示，在有效观测量 1552 人中，到调查截止时间初中 43.23%、高中 28.62%、专科 23.40%、本科以上 15.38% 的人虽有劳动意愿但并未获得第一份工作，是删失数据。

表 14 – 5　　　　　　　　不同教育水平群体待业状况

受教育程度	合计（1） （1）=（2）+（3）	工作人数（2）	待业人数（3）	删失比例（4） （4）=（3）/（1）
初中	347	197	150	43.23
高中	608	434	174	28.62
专科	376	288	88	23.40
本科以上	221	187	34	15.38
总合计	1 552	1 106	446	28.74

表 14-6 是不同教育水平毕业生待业时间的整体比较。表 14-6 显示，不同教育水平毕业生在待业时间上差异显著，3 个检验统计量的 P 值均小于 0.05。

表 14-6　　　　　　不同教育水平群体待业时间的整体比较

	统计量	自由度	伴随概率
Log Rank	244.03	3	0.0000
Breslow	255.37	3	0.0000
Tarone - Ware	260.68	3	0.0000

图 14-1 是生存曲线。它显示出，受教育水平与待业曲线所在位置呈反方向变化，即受教育水平越高，所处的待业曲线位置越低，说明待业时间由短至长依次是本科以上、大专、高中和初中。因此，Kaplan - Meier 分析的结果同样支持了结论：受教育水平较高的青年在劳动力市场上更容易获得工作，具体表现为待业时间相对缩短。

从图 14-1 还可以看出，待业函数曲线渐趋平稳在时间上存在差异，平稳时间由早到晚分别是本科以上、专科、高中和初中，提示待业率趋向稳定的时间存在差别。结合寿命表，初中毕业生在毕业 12 年左右、高中毕业生在毕业 9 年左右、专科毕业生在毕业 6 年左右、本科以上在毕业 5 年左右待业率趋向稳定。

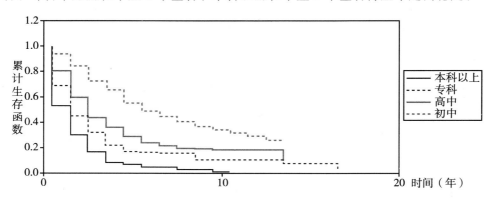

图 14-1　分教育程度待业生存曲线

三、 Cox 回归

生存分析中，研究一些变量对生存时间的影响，通常采用 Cox 回归模型。Cox 回归模型又称比例风险模型，它假设时间 t 的风险函数可以表示为：

$$h(t) = [h_0(t)]e^{BX}, \text{其中 } BX \text{ 为 } B_1 X_1 + B_2 X_2 + \cdots$$

其中，B 是一集未知回归参数，X 代表 1 组影响待业时间的因素。

本章模型试图在控制包括性别、年龄和家庭背景变量（包括是否独生子女、父母亲受教育年限、父亲职业、家庭收入等）的情况下，探讨个人的受教育程度是否影响其待业时间。

Cox 回归结果如表 14 – 7 所示，模型总体检验有显著意义（P = 0. 000）。单变量检验，变量独生子女、高中、专科、本科以上有显著意义（P < 0. 05）。高中、专科、本科以上 3 个虚拟变量系数为正，并且随着教育水平的提高，系数取值变大。说明在其他条件不变时，受教育水平越高的毕业生待业时间越短。也即，在控制了其他变量的影响后，受教育程度是影响待业时间的重要因素。需要提及的是独生子女一项系数为负，说明在其他条件不变时，独生子女相比非独生子女的待业时间有可能延长。这是一个有趣的结果，独生子女是一个代表家庭结构与家庭背景情况的变量，经验与研究均表明，独生子女家庭有可能进行更多的教育投资，从而有利于子女就业，然而我们的发现是来自这种家庭背景的青年待业时间相对延长。结果表明在同等受教育水平以及其他条件一定时，独生子女待业时间延长。独生子女待业时间延长可能有两个原因：其一，独生子女家庭可能比非独生子女家庭更有经济能力支持子女延缓就业，从而等待更好的就业机会；其二，独生子女家庭的就业期望可能较高：对于一些可得的就业岗位，独生子女及其家庭从心理和感情上可能不愿接受，因而宁愿选择延缓就业。

表 14 – 7　　　　　　　　　　Cox 回归结果

自变量	自变量系数	标准差	Wald 检验值	自由度	显著性水平	风险比
年龄	− 0. 016	0. 015	1. 146	1	0. 284	0. 984
父亲受教育年限	0. 008	0. 014	0. 368	1	0. 544	1. 009
母亲受教育年限	0. 009	0. 012	0. 488	1	0. 485	1. 009
独生子女						
否（基准）						
是	− 0. 204	0. 074	7. 512	1	0. 006*	0. 815
性别						
女（基准）						
男	− 0. 049	0. 070	0. 492	1	0. 483	0. 952

续表

自变量	自变量系数	标准差	Wald 检验值	自由度	显著性水平	风险比
父亲职业						
工人（基准）						
专业技术人员	− 0.060	0.097	0.383	1	0.536	0.942
国家机关党群组织 企事业单位负责人	0.284	0.180	2.499	1	0.114	1.329
办事人员和管理人员	0.050	0.098	0.258	1	0.611	1.051
商业工作人员	0.119	0.167	0.510	1	0.475	1.127
服务业工作人员	0.013	0.154	0.007	1	0.932	1.013
农林牧渔劳动者	0.445	0.363	1.504	1	0.220	1.561
自由职业	− 0.457	0.462	0.979	1	0.322	0.633
不便分类	0.513	0.588	0.760	1	0.383	1.670
本人受教育程度						
初中（基准）						
高中	0.659	0.107	38.246	1	0.000*	1.933
专科	0.996	0.119	69.846	1	0.000*	2.708
本科以上	1.348	0.134	100.549	1	0.000*	3.848
家庭收入						
最低收入户（基准）						
低收入户	− 0.193	0.128	2.298	1	0.130	0.824
中等偏下户	− 0.204	0.132	2.385	1	0.122	0.815
中等收入户	− 0.042	0.131	0.106	1	0.745	0.958
中等偏上户	0.000	0.133	0.000	1	0.999	1.000
高收入户	0.152	0.136	1.252	1	0.263	1.164
最高收入户	0.206	0.144	2.065	1	0.151	1.229
有效样本量	1 273					
− 2 Log Likelihood	11583.952*					
df	22					

a　Method ＝ Enter.

b　＊在 a ＝ 0.05 水平统计上显著。

本章的分析反映了我国城镇初中以上文化青年群体待业时间的整体水平。文中采用寿命表法给出了不同受教育程度群体在不同时点的待业率。分析结果主要有：

1. 受教育程度显著地影响青年待业时间。当控制了影响青年就业的其他因素后，从个人的角度讲，进行教育等人力资本投资是有助于青年就业的，可以缩短毕业生在劳动市场上的工作找寻时间。研究还发现，独生子女的家庭结构有可能延缓青年就业，因为这样的家庭相比非独生子女家庭可能就业期望较高，也可能更有经济能力支持子女推迟就业。

2. 从时间维度来看，研究结果显示，不同受教育水平的青年人群无论是平均待业时间、在某一时点的待业率还是待业率趋向稳定的时间都存在差别。这提示我们针对不同受教育水平的青年人群，就业政策关注的时间重点应该有所不同。例如，针对待业率趋向稳定的时间特点，解决初中、高中文化青年群体就业可能是一个较为长期的任务，而大学生就业矛盾则主要集中在毕业后的前几年。再如，初中毕业生的待业时间中位数是 5 年，5 年是一个漫长的等待期，大大超出一般找寻工作所花费时间，这 5 年可以给充满激情、容易冲动的青年太多的可能性。那么就业政策就可以针对这一人群的这个特点进行设计与调整。

本章定义生存时间的间隔是以年为单位，这样定义主要是数据的限制。如果数据具体到以月为间隔单位，就可以将待业时间的规律研究具体到月，那么研究结果将更精确，也可以减少待业时间的估计误差。

本章将我国青年就业与失业问题的研究对象从大学生群体扩展到初中、高中文化群体，并突出了就业/失业研究的时间维度。未来青年就业与失业研究的切入角度可能更多，包括少年期个人特征与青年在未来劳动力市场表现、在职找寻工作还是离职找寻工作的对比研究、青年与成年人的就业替代效应等。

对青年失业原因的分析总是与相关的政策和机制相连的，包括完善现有的教育和培训体系，使之更能适应工作市场的需要，还包括对现有就业和促进就业的政策效果的评估和改革等。例如，有研究表明，如果是由于一些个人特征诸如反社会的生活态度、缺少技能抑或是不合作的习惯影响青年获得工作，那么不问原因地只增加就业岗位的政策就不是有效的（Corcoran and Hill，1980）；亨利莱文则指出提供更多的教育机会给教育水平较低者并不能解决青年失业问题，很可能的结果是产生教育过度（Henry M. Levin，1983）。对于我国青年人就业及其影响因素的进一步认识还有待我们结合以上的实证结果从制度和政策层面进行更加深入的分析研究。

第十五章

教育与工作自主性

第一节　教育、人力资源开发与国家技术进步

　　发展经济学家认为发展中国家应该凭借自己的后发优势，对发达国家的知识和技术进行模仿学习，取得较之发达国家更快的技术创新速度，改变自身要素禀赋结构，从而促进自我经济的增长，缩小与发达国家的差距。随着中国经济要素禀赋的改变，和与发达国家的差距的缩小，内生的知识吸收能力将会更强。同时越是逼近技术前沿，技术变革的方式越需要发生变化，将会更多地依靠技术发明实现技术变迁。所以国务院 2006 年发布的《国家中长期科学和技术发展规划纲要（2006－2020 年）》以自主创新能力为主线，以建设创新型国家为奋斗目标，对我国未来 15 年科学和技术发展做出了全面规划与部署，并提出到 2020 年使我国进入创新型国家行列。

　　国家的这一重大政策也是为适应知识经济时代的要求而产生的。知识经济已成为现代经济发展的重要特点。"研究和发展系统"是整个体系的心脏（Freeman，1982）。由于知识在经济体中的核心地位，可以认为知识经济中包含了两类部门，知识的生产部门和知识的使用、消费部门。知识生产部门的功能在于创新和开拓知识和技术，推进技术的边界，而知识消费部门的功能在于学习和运用先进知识和技术，促进技术分布的均衡。但是无论是知识的吸收过程还是创新过程，拥有知识的劳动者都是最有活力和蕴含无限潜能的生产要素。德鲁克将知识型员工定义为"那些掌握和运用符号和概念，利用知识或信息工作的人"（德鲁克，1998）。没有很好的知识型员工的人力资源开发体系，蕴藏于经济组织中的

巨大的知识潜能就难以得到释放。

　　教育和培训是知识型人力资源开发的基础和根本保障。从人力资本的观点看，教育可以积累人力资本，接受更多教育的员工具有更高的劳动生产率和更强的处理不平衡的能力。从筛选假设的观点看，教育可以为雇主提供一定的信号，接受更多教育的员工更有培训潜质。在劳动力市场，具有更高教育程度的知识型员工得到的工作机会、工作环境、工作组织方式和培训机会都是不同于一般员工的。所以不同受教育程度的员工适应的人力资源开发和管理方式是不同的。高等教育为知识型人力资源的开发和管理提供了丰富的资源储备。因为高等教育毕业生通常具有很强的学习能力，能够推进组织创新的可能性，所以一个组织的创新和发展能力是同对高等教育毕业生的吸纳正向相关的。

　　同时，知识型员工的开发和管理还包括了人才的选拔、配置、激励和再培训等，这是一项系统工程，不仅需要正规学校教育系统提供适合经济和社会发展需要的培养模式，也同样需要劳动力市场对人才进行合理的配置和培训。加之工作组织内部的工作方式发生了变化，更多强调与柔性生产相支持的高绩效的工作系统（Arhtur，1992），所以充分考虑员工学历、工作本身，通过工作方式为员工提供学习机会和激励的人才开发战略对于激发人才潜能，推进知识和技术的前沿，增进均衡是至关重要的。本章关注高学历人才进入劳动力市场之后，对工作环境和工作方式的要求，从而探讨高等教育在促进人的独立性、学习意识上的长期效应，以及对经济组织技术进步的作用。

第二节　教育与工作满意度

　　工作满意度是组织行为学中关注的一个范畴。研究表明，较高的工作满意度可能带来更低的离职率和更高的工作绩效，工作满意度常被作为预测员工行为和工作绩效的指标（Freeman，1978；Clark et al.，1997；Levy - Garboura et al.，2001）。另一方面，工作满意度还是整个生活状态的重要指标，影响着人们生活的幸福感（Clark，1997；Sousa - Poza & Sousa - Poza，2001；van Praag et al.，2003）。所以工作满意度可以被用作考察人力资源管理和开发效果的一个指标。

　　对工作满意度的关注来源于工业心理学家对员工激励方式的探索，霍波克（Hoppock，1935）首先开始对工作满意度的研究。被心理学和社会学所广泛接受的工作满意度定义是"个体对现有工作角色的喜好"（Vroom，1967）。弗里曼

（Freeman，1978）将工作满意度作为一个经济变量引入到经济行为的分析中，并认为工作满意度实际上是个体工作效用的反应。过去对员工工作满意度的研究都尝试构造一个关于个体特征和工作特征的函数。把工作满意度解释成是由性别、年龄、婚姻状况、收入、工作氛围与环境和教育与工作是否匹配之间的关系等因素决定的（Clark and Oswald，1996；Clark，1997；Allen and van der Velden，2001），如方程 S = F(P,W) 所示，其中 P 表示个人特征变量，W 表示与工作相关的特征变量。

在个人特征中，与工作满意度关系最密切的是受教育程度。教育是人力资本投资和积累的重要途径，是人力资源开发的第一步。教育通过人在劳动力市场的适应性和表现作用于组织和人本身。教育经济学从教育与劳动力市场的关系角度关注教育与工作满意度的关系，不仅观察教育对于个体货币化收益即收入的影响，也关注教育对于个体职业追求的实现和工作健康等非货币化收益的影响。

教育影响工作的途径是复杂的。教育既可以影响员工特征的诸多因素，包括知识技能、职业需求与期望，又可以影响工作特征的诸多因素，即影响个人在劳动力市场上的位置，从而影响其所能找到的工作。教育还会影响到这两方面因素的结合与匹配，从而影响到员工的工作满意度和工作努力程度及其劳动生产率。曾满超（1987）运用这个理论研究不同水平的教育对劳动生产率的影响，将员工工作满意度和工作努力程度作为教育与其劳动生产率之间的中介变量。闵维方和曾满超（1990）又通过教育与工作匹配对工作满意度的影响，考察了职业教育对劳动生产率的影响。两项研究都是从教育经济学的学科视角研究教育与工作满意度的关系，为后来的研究奠定了理论探讨和实证研究的基础。

总体而言，教育对工作满意度的影响，有多个研究的方向：控制住其他变量看受教育程度对工作满意度的影响（Clark，1997；Clark and Oswald，1996）；研究受教育程度与工作匹配对工作满意度的影响，也就是过度教育和教育不足对工作满意度的影响（Tsang，1987；Min and Tsang，1990；Verhofstadt and Omey，2003；Allen and van der Velden，2001）；分析不同专业与工作匹配对工作满意度的影响（Luis E. Vila et al.，2006）。在研究不同受教育程度的人在工作满意度决定因素上呈现的不同模式时，大部分研究都认为更高的受教育程度可能导致更低的工作满意度（Clark，1997；Clark and Oswald，1996），但也有研究结果表明受教育程度高的员工比受教育程度低的员工工作满意度更高（袁声莉等，2002）。从过度教育角度展开的研究，其结论也是不一致的，大多数研究认为过度教育影响了对工作满意度的评价，且影响是负面的（Battu，Belfield and

338

Sloane，1999；Belfield and Harris，2002；Johnson and Johnson，2000）。对专业与工作满意度的研究表明，受过高等教育的毕业生的专业背景影响了对工作满意度的评价，能够在工作中运用学到的专业技能会提高其工作满意度（Belfield and Harris，2002；Allen and Van der Velden，2001）。

诸如性别、年龄和婚姻状况等其他个人变量也影响着工作满意度。有研究发现，当控制住很多相关变量及样本选择性偏差等问题以后，女性的工作满意度要高于男性（Clark，1996，1997）。对此的解释是女性的就业期望要低于男性，而较低的期望源于她们在劳动力市场上的不利地位。随着女性受教育程度的逐步提高，在高学历人群中的比例上升，她们对工作满意度的评价的差别也趋于消失。而年龄与满意度的关系呈现 U 形，在职业发展中期的工作满意度达到最低（Clark et al.，1996）。对于婚姻状况不同的人，已婚群体对工作的满意度要高于未婚人群（Keller，1983；Federico and Lundquist，1976；Terry，2001）。

与工作相关的变量包括收入、工作时间、工作单位规模、职业地位、工作自主性、获得培训机会等（Freeman，1978；Clark and Oswald，1996；Clark，1997；Belfield and Harris，2002）。从理论上分析，个人收入会对工作满意度产生正向的影响。但实证研究表明个人收入的影响是混合的。克拉克（Clark，1997）发现收入高低对收入满意度和整个工作的满意度有重要影响。而克拉克和奥斯瓦德（Clark and Oswald，1996）又发现被调查者报告的幸福感（Level of Well－being）与收入关系不大。贝尔菲尔德和哈里斯（Belfield and Harris，2002）进一步发现没有证据表明在从事高等教育工作的人群中，收入决定工作满意度。由于考虑到人们可能更倾向于关注自己的相对位置，所以一些研究认为绝对收入不重要，重要的是相对收入（Clark and Oswald，1996；Neumar and Postlewaite，1995）。通过对相对收入的重要性进行了检验，很多研究表明相对收入对工作满意度有一些影响，但是总体而言，影响很小（Hamermesh，1977，2001；Clark and Oswald，1996；Neumark and Postlewaite，1995）。还有研究表明对于受过高等教育的群体，工作满意度更多受到相对工资的影响（Sloane and Williams，1995）。但是工作满意度是一个综合的概念，一个人工作的效用不仅仅是他的收入和闲暇之间的平衡，而应该是个人货币化收入和非货币化收入的综合评价（Hamermesh，1977；Borjas，1979），所以人们对于工作满意度的评价还应该包括对非货币化收入的工作环境、工作方式的评价。知识管理专家玛汉·坦姆仆（F. M. K. Tampoe）通过实证研究提出了激励知识型员工的模型。他认为受过更高层次教育的员工最看重的职业发展的四个方面依次是个体成长、工作自主性、业务成就和收入，其中工作自主性是非常重要的一个方面（张望军，彭剑峰，2001）。可见教育层次更高的员工对工作自主性的追求要高于其

339

他员工，所以是否获得工作自主性对工作总体满意的评价也会存在差异。这一点成为本章展开的基础，同时也应该成为以人为本的人力资源开发中不可忽视的焦点。

第三节　工作自主性与工作满意度

哈克曼和奥尔德姆（Hackman and Oldham，1976）把工作自主性定义为，工作给予个人在安排工作、决定工作方式上的自由、独立性和裁量权的程度。工作自主性影响工作满意度的研究多是心理学领域的（Anderson et al.，1992；Landersweerd and Bousmans 1994；Weaver，1977）、社会学领域的（Schienman，2002）和商业领域的（Bhuiman et al.，1996；Birdseys and Hill，1995）。组织行为学学者洛克（Locke，1986）从理论上阐述了影响工作满意度的因素中包含了工作自主权。胡蓓（2003）通过理论分析将影响工作满意度的因素概括为三类：工作本身、工作关系、工作环境，其中工作本身就包括了工作内容和工作自主权。由于员工的自主性程度部分地反映了工作的特征和要求，所以在专业研究领域有很多针对工作自主性对工作满意度的研究，最多的是研究护士（Finn，2001）、销售人员（DeCarlo and Agarwal，1999）、新闻工作者（陆晔，2004）等。研究发现他们的工作自主性通过影响其工作满意度而影响工作绩效，这些人的工作特质决定了他们在工作中面临的多变和复杂情况，需要有一定的自主性来处理。如果他们能够感受到的工作自主性越大，则雇员将有更多的自由和权限来选择让客户更满意的方式（Kelley，1993）。所以学者热衷于从行业中人力资源管理的角度研究工作自主性对工作满意度的影响。

实际上，在全球化和知识经济的浪潮中，大多数工作组织都发生了变化，与之相应的人力资源管理和开发系统也要发生变化。莱文（Levin）归纳了工业时代劳动组织的一些特点：首先，劳动组织一般比较庞大、等级森严和非人性化。对于雇员来说，按照层次和工作性质来划分其权责的大小，每个雇员被安置在一个指挥结构中，其中少数管理人员作为公司的高层负责企业的整体策划。中层的一些工人既有劳动责任，又有监督责任。这样形成了一个强化全面管理的组织和产出方式。第二，现代企业的生产工厂分工细致。有一大批的劳动者不需要参与完整的产品生产和服务创造，而仅仅需要不断重复几分钟程式化的工作就能够完成任务。第三，现代的工厂中大部分工人的工作缺乏内在吸引力，所以工作组织强调通过持续雇用、增加工资或升职等外部奖励，而不是通过获得工作经验的内在满足来激发劳动者。第四，工作和职业的地位按照性别和其他人格特征来进行划分。也就是说现代的企业存在着一个严格的金字塔形结构。这是一种工业化大生产延续下来的标准化、大规模生产的工作模式。因为它具有一定程度的有效性，在新的时期可能是会要继续延伸的。但是另一种不同的生产组织方式也应运而生了，这就是所谓的"高绩效工作场所"（Bailey，1995）。高绩效工作场所要求各个层次的劳动者能主动地、智能化地参与生产。在这样的高绩效工作体系中，劳动者参与的具体任务并不明确。高绩效工作场所要求员工更加主动地为完成单位任务目标出谋划策，发挥创造性；要求员工能够解决问题，能够寻求改进生产方法的路子，能够与人主动合作。

工作组织多元化、扁平化、灵活化的趋势带动了人力资源管理从过去的控制导向的管理方式向参与式的管理方式转变。阮英玉、吉姆·泰勒和史蒂夫·布莱德利（Anh Ngoc Nguyen，Jim Taylor and Steve Bradley，2003）的一项并非针对特定行业员工的工作自主性影响研究将工作满意度分为收入满意度、边际收入、晋升前景、工作安全和工作重要性等多个维度，用国家教育纵向研究（National Educational Longitudinal Study，NELS）调查中拥有 8 年级到 12 年级教育经历的样本，考察工作自主性对工作满意度不同方面的影响。他们发现在工作中获得自主性的程度与工作满意度的 5 个方面都有显著相关性。随着个人对工作控制度的上升，工作满意度得到提升，其中从"完全没有工作自主性"提升到"有很小的工作自主性部分"，工作满意度的提升最明显。女性的工作自主性提升对工作满意度的影响要大于男性，特别是对工作重要性这个维度的评价。

第四节　教育与工作自主性

工作自主性之所以可以影响工作满意度是因为工作自主性反映了工作组织与个体之间的信任关系（Baker，et. al.，1994），是工作内容和个体每天工作状态的反映。工作组织与个体之间的信任关系是个体职业成功和组织目标有效实现的前提。缺乏信任可能带来不合作的问题（Gambetta，1988），或者更高的监督成本。西特金和罗斯（Sitkin and Roth，1993）认为信任是对某种行为、某种个人、团队或者组织产出能够被接受或者满足参与者要求的一种信任、态度或者预期。新古典经济学认为员工的工资是由其劳动生产率决定的，但是劳动生产率的难以计量导致了对员工的逆向激励。员工可能更倾向于向可测量的工作绩效方面努力而不是向工作真正需要的方面努力（Baker，2000）。为了避免昂贵的监督成本，雇主会愿意同员工建立信任关系，所以雇主愿意为员工支付效率工资（Ewing and Payne，1999）。效率工资促使员工更加努力工作（Akerlof，1982；Akerlof and Yellen，1986）。有时，对于雇员应该做什么没有完全清晰的界定，所以劳动合同是不完全的和不明确的。特别是对于受教育程度较高的雇员，对他们劳动生产率的计量并不是简单取决于具体而清晰的条款（Allen and van der Velden，2001），而是他们如何创造机会更好地实现雇主的目标。因此，雇主很看重员工的创造性和应变能力，以及更好地把握机会的能力。而更好地把握机会和尽可能利用自己所掌握的资源完成工作，就需要拥有一定的工作自主性。自主性被认为很大程度上反映了雇主和雇员之间的相互信任关系。这种信任在那些劳动生产率很难计量或者需要依靠员工进行创造性工作的岗位是很重要的。同时，对于有着良好的自我控制能力和更高自我实现动机的知识型员工而言，只要给予他们必要的培训、组织和领导，同时提供挑战性的工作，他们就可以在工作中最大限度发挥自己的创造力（Walton，1985）。

赋予知识型员工更多的工作自主性不仅仅是其工作环境的外在要求，也是员工自身的要求。现代社会的公民教育向受教育者传递了平等和民主的理念。市场经济所推动的民主政治思想也推动公民在经济生活中对民主参与和自主性的需求。对于高等教育毕业生而言，自由同时具有文化传统的意义和现实发展的意义。就文化传统而言，大学有着学术自由的传统。它首先发源于欧洲中世纪大学，19世纪在德国大学中得到扩展。当时的学术自由仅限于教师在课堂有权自由讲授自己的专业。20世纪在美国，学术自由的概念得到扩展，并深刻地影响和保障了学术的繁荣。高等教育的毕业生在接受过学术自由的熏陶后，可能更加强调自己在本职内的自主性和自由裁量权。这种传统甚至内化为他们的工作和生活的价值标准。一项对研究生职业价值观的研究表明，"独立性"仅次于生活方式和成就，排在职业期望的第三位（侯祎、李永鑫，2005）。

就现实意义而言，有自主性的组织文化和工作方式为受高等教育者提供了自主学习的场所，让他们能够在一定的自由空间中进行创新。在知识经济的概念产生以后，有人提出了学习经济的概念（Lundval，Johnson，1994），并认为在知识快速老化陈旧的时代，学习是对加速变革的一种回应。劳伦兹和韦尔瑞（Lorenz and Valeyre，2006）围绕员工在其工作中的自主性和学习机会划分了四种工作组织体系，分别是自主性的学习体系、依赖性的学习体系、泰勒式的和传统式的。其中自主性的学习体系下的员工85%都可以控制自己的工作节奏和工作方法。这种划分渗透了终身学习的理念。终身学习的途径包括了学校教育、企业组织的正规培训以及非正规的学习。高学历人才通过正规学校获得了不断学习的习惯和继续学习的能力。越是接触到知识和技术的前沿，越是能够感受到知识发展的速度，他们就越需要对迅速的变革做出回应。虽然他们获得企业正规培训的机会往往更多，但是非正规的学习同样是非常重要的。自主性的工作场所将为他们提供非正规的自主性学习的空间。他们一方面可以在干中学，积累处理问题的经验，在遇到新问题时开发新办法；另一方面他们可以在用中学，在不断地遭遇不平衡中应对不平衡。

第五节　数据和研究设计

一、研究设计

教育与人力资源开发是密不可分的，员工满意度是人力资源开发成效的一个中间绩效指标。教育通过很多途径影响工作满意度，包括职业期望、收入、职位、职业发展机会、工作自主性等。工作自主性是工作内容的重要方面。工作自主性的程度影响着对工作满意度的评价。教育也通过影响工作自主性而影响工作满意度。一方面，教育通过影响工作特性和职位等，导致受过更高教育的人更容易获得雇主或者组织的信任而获得较高的工作自主性；另一方面，由于自我实现、自由传统、自主学习习惯需要工作中的自主性和自由裁量权，所以受教育程度较高的人获得工作自主性往往比受教育程度较低的人获得更多的工作自主性带来的满足感要大。因此，不同受教育程度带来职业追求的多样性。更多的教育会带来更多的对工作本身非货币化收益的关注。过去的研究单纯地在教育与工作满意度、工作满意度与工作自主性、教育与工作自主性两两之间建立联系，展开研究。特别是教育程度与满意度之间的联系一直是复杂而模糊的，研究者只能根据系数估计的结果，对教育的作用机制进行猜测性的解释。本章在控制个人特征变量和工作特征变量的基础上，引入教育与工作自主性的交互作用，试图探索不同的受教育程度通过与一定工作自主性的匹配如何影响了工作满意度。为此本章在文献回顾和理论分析的基础上，提出了三个研究假设：

假设1. 一般而言，更多的工作自主性带来更大的工作满意度。

本章的实证研究构造了工作满意度关于个人特征变量和工作特征变量的函数，引入三个模型。模型1以被调查的所有正在工作的人群为样本，以工作满意度为因变量，以工作自主性为自变量，以受教育程度等个人特征变量和收入、职位等与工作相关的变量为控制变量进行回归分析，从而考察工作自主性对工作满意度的总体影响。

假设 2. 工作自主性对工作满意度的影响依人们受教育程度的不同而不同。

缺乏工作自主性将更大程度上降低受过高等教育的人们的工作满意度，而充分的工作自主性将更大程度上提高受过高等教育的人们的工作满意度。

正如在前面的理论分析中提到的，为了更好考察教育与工作自主性交互以后对工作满意度产生的影响，在模型 2 中，按照是否接受过大专及其以上教育，把受教育程度分为两个类别，与工作自主性的四个程度进行交互，以便探讨工作自主性与受教育程度的匹配对工作满意度的作用。

假设 3. 在影响工作满意度的多种因素中，受过高等教育的群体更看重工作自主性。

为了比较不同受教育程度人群工作满意度的影响因素的差别，模型 3 的因变量和自变量都与模型 1 相同，不同的是，以受教育程度为标准把样本划分为多个子样本，分别进行回归。分析对不同受教育程度群体，工作自主性与其他工作特征相比，对其工作满意度的影响程度是否不同。

各变量的操作性定义在表 15-1 中有详细的解释。

表 15-1　　　　　　　　变量及解释表

变量名	解释
因变量	
工作满意度	问题："对现在工作的总体满意度如何？"回答为 5 分变量，非常满意为 5，比较满意为 4，一般为 3，比较不满意为 2，非常不满意为 1
自变量	
性别	以女性为基准的虚拟变量。男性为 1，女性为 0
婚姻状况	以未婚为基准的虚拟变量。已婚为 1，未婚为 0
年龄	年龄的平方项
教育	受到学校教育的年数
单位规模	就业单位总人数
收入	2004 年总收入
工作时间	每周工作小时数
工作成长性	问题："是否同意'通过做目前的工作，我能持续不断地学到一些新东西'"，回答分为 5 个维度，非常同意为 5，比较同意为 4，一般为 3，比较不同意为 2，非常不同意为 1

变量名	解　释
工作自主性	问题："您在工作中与直接领导人的关系如何？"选项分别是我的管理者决定我做什么以及我该怎么做（完全没有自主性），记为 1；我的管理者决定我做什么而我决定怎么做（有一些自主性），记为 2；我的管理者给我某些自由来决定做什么以及怎么做（有较多自主性），记为 3；在单位里我相当于自己的老板（有很大自主性），记为 4。四个选项表示在工作的自主性上逐级增强
就业单位性质	包括党政机关和军队、事业单位、国有及控股企业、外资企业、港澳台企业、集体企业、私营企业、合伙人企业、个体经营者、个体被雇者及其他共 11 类，设置了以个体被雇者为基准的 10 个虚拟变量
职业	职位包括各类专业技术人员；国家机关党群组织；企事业单位负责人；办事人员和管理人员；商业工作人员；服务性工作人员；农林牧渔劳动者；生产工人、运输工人和有关人员；自由职业；不便分类的其他劳动者 9 类，设置以生产工人、运输工人和有关人员为基准的 8 个虚拟变量
教育与工作自主性的交互	以受过高等教育且具有完全没有自主性为基准，虚拟变量包括受过高等教育且具有完全自主性，受过高等教育且具有较多自主性，受过高等教育且具有一些自主性，未受过高等教育且具有完全自主性，未受过高等教育且具有较多自主性，未受过高等教育且具有一些自主性，未受过高等教育且完全没有自主性

二、研究方法及样本描述

由于员工工作满意度是一个 5 分的定序变量，所以回归应该使用有序的
Probit 回归模型（Zavoina and McKelvey，1975）。本章运用 STATA 软件的有序
Probit 回归的方法。

本章研究运用中国教育与人力资源课题资助的 2005 年城市入户调查的数据，
如表 15-2、表 15-3、表 15-4 所示。由于是考察不同受教育程度者获得工作
自主性对于工作满意度的影响，所以选取了正在就业的家庭成员样本（不包括

退休以后仍然继续工作的样本）。有效样本 5476 个，其中男性占 55.1%，女性占 44.9%；年龄最小的 22 岁，最大 69 岁，平均年龄为 41.4 岁，22~29 岁人群占 5.3%，30~39 岁人群占 36.0%，40~49 岁人群占 47.7%，50 岁以上占 15.7%。由于相关数据涵盖的是城市入户调查中户主及其配偶的工作情况，所以样本对象的年龄偏大，他们的职业主要集中在专业技术人员（31.6%），办事人员和管理人员（23.4%），以及生产工人（23.3%），其余单位负责人占 2.9%，商业工作人员占 7.9%，服务性人员占 9.2%，农林牧渔劳动者占 0.2%，自由职业者占 0.6%，其他劳动者占 0.6%。

表 15-2   **对现在工作的总体满意度**

		频数	百分比	累计百分比
有效样本	非常不满意	103.0	1.9	1.9
	不满意	506.0	9.2	11.1
	一般	2 535.0	46.3	57.4
	满意	2 227.0	40.7	98.1
	非常满意	105.0	1.9	100.0
	合计	5 476.0	100.0	

表 15-3   **工作中的自主性**

		频数	百分比	累计百分比
有效样本	完全没有自主性	2 805.0	51.2	51.2
	有一些自主性	1 410.0	25.7	77.0
	有较多自主性	751.0	13.7	90.7
	有很大自主性	510.0	9.3	100.0
	总计	5 476.0	100.0	

表 15-4   **受教育程度**

		频数	百分比	累计百分比
有效样本	小学及以下	121.0	2.2	2.2
	初中	1 272.0	23.2	25.4
	高中中专	1 935.0	35.3	60.8
	大专高职	1 261.0	23.0	83.8
	大本	806.0	14.7	98.5
	研究生	81.0	1.5	100.0
	总计	5 476.0	100.0	

拥有大专以上学历员工占 39.2%，其次是高中、中专学历人员，占 35.3%。他们大多数人的岗位是没有工作自主性的或者有很少的工作自主性，有超过 50% 的人工作中应该做什么和怎么做都需要遵从直接领导者的安排，只有不到 10% 的人能自由决定自己的工作内容和工作方式。可见现有的工作组织主要还是一种控制导向的管理方法，而大多数员工对工作的满意度反应是"一般"（46.3%）或者"满意"（40.7%）。

第六节　主要发现和结论

由表 15-5 的研究发现，在控制住个人和职业特征变量以后，工作自主性对工作满意度有显著的正向影响，即获得更多的工作自主性容易提高对工作的满意度；反之亦然。这表明平均而言，人们偏好于更自由的工作环境。因此，数据支持了假设 1。

表 15-5　Model1，Model2 回归系数表

	Model1 系数（Z 值）	Model2 系数（Z 值）
个人特征变量		
男性	0.070**	0.081**
	(2.10)	(2.52)
已婚	-0.103	-0.079
	(-0.39)	(-0.30)
年龄平方	$9.61E-05$***	$8.99E-05$***
	(3.58)	(3.47)
受到学校教育年数	0.012*	0.039**
	(1.93)	(2.06)
工作特征变量		
就业单位规模	$4.89E-06$	$5.26E-06$
	(1.28)	(1.40)
收入	$4.73E-06$***	$4.01E-06$***
	(6.54)	(6.71)
工作时间	-0.007***	-0.007***
	(-4.85)	(-5.05)

续表

	Model1 系数（Z 值）	Model2 系数（Z 值）
工作中成长性	0.047 *** （3.29）	0.051 *** （3.71）
工作自主性	0.068 *** （3.83）	
就业单位类别为党政机关和军队	0.511 *** （5.29）	0.491 *** （5.31）
就业单位类别为事业单位	0.496 *** （5.64）	0.451 *** （5.36）
就业单位类别为国有控股企业	0.355 ** （2.12）	0.239 （1.48）
就业单位类别为外资企业	0.282 *** （3.40）	0.225 *** （2.85）
就业单位类别为港澳台企业	0.248 （0.96）	0.200 （0.77）
就业单位类别为集体企业	0.208 ** （2.13）	0.151 （1.62）
就业单位类别为私营企业	0.267 *** （2.85）	0.205 ** （2.29）
就业单位类别为合伙人企业	0.194 （1.03）	0.057 （0.31）
就业单位类别为个体经营者	0.230 ** （2.26）	0.148 （1.46）
就业单位类别是否为其他	0.248 ** （2.26）	0.198 * （1.92）
专业技术人员	0.159 *** （3.34）	0.183 *** （3.97）
负责人	0.528 *** （5.18）	0.513 *** （5.12）

续表

	Model1 系数（Z 值）	Model2 系数（Z 值）
办事人员和管理人员	0.175*** （3.45）	0.185*** （3.78）
商业工作人员	0.072 （1.05）	0.055 （0.83）
服务性人员	0.053 （0.85）	0.069 （1.17）
农林牧渔劳动者	−0.469 （−1.42）	−0.365 （−1.20）
自由职业	0.142 （0.70）	0.219 （1.26）
不便分类的劳动者	−0.409* （−1.92）	−0.44** （−2.38）
受教育程度与工作自主性交互项		
受过高等教育—完全自主性		0.416*** （3.98）
受过高等教育—有较多自主性		0.248*** （3.84）
受过高等教育—有一些自主性		0.182*** （3.40）
未受过高等教育—完全自主性		0.338*** （4.04）
未受过高等教育—有较多自主性		0.119** （2.12）
未受过高等教育—有一些自主性		0.012*** （3.24）
未受过高等教育—无自主性		0.156*** （3.40）
Log likelihood	−5 669.1021	−6 156.6609

注：* 表示 $p<0.1$；** 表示 $p<0.05$；*** 表示 $p<0.011$。

但是现有工作组织中，并不是所有员工都能够得到工作自主性，这和他们的工作岗位直接相关。更根本的是，他们所接受的教育从一开始就影响了他们在劳动力市场上的相对位置和可能在工作场所表现出来的劳动生产率以及配置能力。不同受教育程度的人面临着不同的工作机会，进入不同的岗位，展现了不同的能力，所以获得的工作自主性也是不同的。通过对受教育程度与获得的工作自主性的交互作用的研究发现，低学历（初中及以下受教育程度）的人群的工作方式呈现两大趋势，他们中大多数（53.7%）完全没有自主性；另一个比较突出的现象就是他们中有超过 1/4 的人（26.4%）属于自雇或者灵活就业者，所以具有完全的工作自主性。而其他中高学历层次的受教育者，随着学历层次的上升，完全没有工作自主性的比例下降，获得自主性的人数比例和自由裁量的权限也是逐渐增大。但是在同等教育层次中，完全没有自主性的人数比例还是最大的。只有在研究生群体中，拥有一定自主权的员工比例超过完全没有自主性的比例。这说明虽然在现有的工作场所中还没有普遍形成自主式学习的工作氛围，但是高学历的员工获得工作自主性的机会更多。

工作自主性机会向高学历员工的倾斜是否带来更高的组织绩效？这可以从教育与工作自主性的交互项对工作满意度的影响中探讨答案。对比同样是在工作中完全没有工作自主性的人群，没有受过高等教育的人的工作满意度要显著高于受过高等教育的人。而工作中有自主性的人群，受过高等教育的人的工作满意度要显著高于未受过高等教育的人。这说明高等教育毕业生，如果其工作任务和工作方式都需要由直接管理者来决定，自己完全不能把握自己该做什么和该怎么做，那么这可能降低对工作的满意度，而如果一旦获得了工作自主性，将带来对工作满意度的提升。

未受过高等教育的群体，随着工作自主性的提升，满意度呈现出凹形的趋势。也就是说，对他们而言，完全没有工作自主性并没有带来最低的工作满意度。这不同于受过高等教育的群体对工作的满意度随着所获得的工作自主性的提升而提升。从完全没有自主性到有一定的自主性是工作方式质的变化，在这种工作环境下，高学历员工能够面对既定任务，选择适合的工作策略，有机会尝试不同的方法。这有利于他们自主进行学习和研究，更好地吸收知识和实现技术创新，而这其实是各部门各岗位最基本和最日常的非正规培训。

通过进一步关注受过高等教育的群体可以发现，工作中自主性能够带来的效用要高于收入、工作中的成长性、工作闲暇等带来的效用，如表 15-6 所示。收入给他们带来的满意度要小于给未受过高等教育的群体带来的满意度，说明了对于受过高等教育的群体，收入并不是他们工作满意和生活快乐的最大来源。相比之下，他们更看重工作本身。在受过高等教育的群体内部，受过本科以上高等教育的群体比受过专科层次教育的群体更看重工作自主性，而专科层次群体比本科以上群体更看重收入。可见在高等教育内部，随着教育层次的提升，人们对于工作自主性的渴望越加强烈。专科教育注重培养高级技术人才，看重操作性技能。本科教育相对注重培养高级复合型人才。培养的目标和模式不同，可能导致了他们对工作本身的要求不同。收入、自主性等工作方面对工作整体满意度的影响也产生差异。

表 15 - 6   **Model3 回归系数表**

Model3	大专及以上	高中及以下	本科及以上	专科
工作自主性	0. 111 *** （3. 96）	0. 0239 （0. 250）	0. 126 *** （2. 87）	0. 085 ** （2. 26）
收入	3. 52E - 06 *** （3. 66）	7. 01E - 06 *** （6. 31）	2. 47E - 06 ** （2. 16）	8. 35E - 06 *** （3. 49）
工作成长性	0. 042 ** （2. 36）	0. 055 ** （2. 44）	0. 057 ** （2. 09）	0. 033 （1. 33）
工作时间	- 0. 009 *** （- 2. 7）	- 0. 006 *** （- 3. 91）	- 0. 015 *** （- 3）	- 0. 004 （- 0. 88）

注：因为主要考察满意度来源的差异，所以仅列出本章最关心的四个影响工作满意度的方面的系数和 Z 值。* 表示 $p < 0.1$；** 表示 $p < 0.05$；*** 表示 $p < 0.011$。

    人力资源是承载着知识的宝贵财富，教育系统肩负着全面推进素质教育，造就数以千万计的专门人才和一大批创造性人才的历史使命。在知识的老化和折旧加速的时代，高等教育的培养目标和模式应该更加清晰，高等教育需要坚持和强化培养学习习惯，培养独立和创新精神的模式。为终身学习做准备的培养方式将会对社会技术前沿的推进和创新发挥长期的效用。同时，人力资源开发的思路要拓宽，不仅仅是重视正规培训，更需要重视非正规的自主性学习，通过工作场所的变化，工作方式的改变，为员工创造一个更自由的平台。而增加高学历人才自主性学习机会的开发策略在一个越来越多工作场所从传统型的等级化向多元化、扁平化和任务化转变的背景中，在一个需要创新思维来推进技术前沿的转型经济中，在一个公民受教育程度和民主化程度不断提高的社会中，都无疑会是一个活跃的推动策略，将能够使国家和个人通过高等教育进行的人力资本投资取得更大的收益。

第十六章

教育、工作流动与收入

20 世纪后期，全球新一轮技术革命的兴起以及相关金融市场的发展，促进了人口在世界范围内的流动。工作流动对于人力资源的配置及经济发展的作用越来越大，对于个人职业生涯的提升和财富的积累也具有更大的意义。我国随着经济体制市场化改革的推进，人力资本配置渐次突破传统行政性计划体制所设置的种种制度障碍，逐渐实现了市场化的流动。这对优化人力资源的配置效率，发挥人力资本对经济增长的特殊作用具有不可低估的意义。

从以上描述中我们可以看到：一方面，个人通过流动获得了更为公平的生存和发展条件；另一方面，劳动力的自由流动提高了资源配置的效率，促进了经济发展。在工作流动中日益突显出来的个人接受教育的重要性，使人们面临不同的工作流动机会，产生不同的工作流动取向，从而影响个人在整个社会收入分配体系中的位置。因此，在一定的社会结构下，个人受教育程度和工作流动性的关系成为一个新的考察视角，政府、个人和市场在其中应扮演什么样的角色以及承担什么样的职责，国外的有益经验有哪些，这些都是值得探讨的问题。

第一节 国内外已有的关于教育与工作流动关系的研究

工作流动或者说广义上的劳动流动，是劳动经济学的中心题目之一和经验研究的持久性主题。在国外，20 世纪 70 年代之前的早期研究主要集中在有关劳动力市场配置的效率问题上。研究者大多从劳动者的工作态度、工作流动决策以及劳动力流动的方向等角度进行研究，以便确认市场信息、工作激励以及劳动者行为是否与经典的经济理论假设相一致。后来，人力资本理论和工作搜寻理论所倡导的研究方法和一些新的计量模型给处于停滞状态的劳动力流动研究领域注入了活力。在这些理论以及相关的实证研究中，教育作为一种人力资本投资或一项个体特征，被看做诸多自变量中的一个，以考察劳动力市场中工作流动的状态。在国内，教育和工作流动的关系研究主要是涉及职业教育和成人教育领域。相关的研究比较多地集中在对劳动力迁移问题的研究上，特别是城乡之间和西部到东部的劳动力流动。另外有些关于下岗工人的研究，工作流动被作为职工下岗后的一种选择。还有一些研究涉及工作流动中的内部晋升问题。

一、经济学理论对教育、工作流动和收入的关系的论述

人力资本理论认为社会地位的获得和工作的变换取决于个体特征，其基本断言之一就是随着教育水平的提高，人们的就业能力、适应能力和灵活性也将提高，从而减少失业人数、降低失业率。根据新古典经济学完全竞争的劳动力市场的基本假设，贝克尔（Becker，1993，102～109）提出，市场出清模型（Market Clearing Model）认为学校教育反映了人力资本投资的边际收益，因此受教育程度越高的人，在进入劳动力市场后倾向于更多地投资在职培训，这也是他们职业较为稳定和收入比其他人增加得更快的原因。

经验产品模型（Experience Good Model）认为，工作的匹配与否是劳动者的自我感觉过程而无法事先知道，劳动者是在工作的过程中逐渐认识到工作的性质的。更换过工作的劳动者对工作的逐渐认识促使了这种流动（Nelson，1970）。搜寻产品模型（Search Good Model）则认为，流动反映了劳动者走向更具有生产性的工作。生产性的衡量来自工资提供者有意识地给付（Lucas and Prescott，1974）。

人力资本投资行为与搜寻行为之间的相互作用则可以在下面的相互关联中得出（Jovanovic，1979）：由于具有较高教育程度的工人倾向于进行更多的培训投资，当他们流动到另一个厂商时会继续这样做。因此，他们期望在一家厂商中停留比其他工人更长的时间。所以，根据这种经济模型，他们将更彻底地搜寻（不必然意味着更长地搜寻），从而通过流动取得更大的工资获益（Mincer[①]，1991）。

---

① 明塞尔即前文中提到的明瑟，其英文名为 Jacob Mincer。在收益率的计算中，Mincer 收益率通常被译为"明瑟收益率"。其专著《人力资本研究》（Studies in Human Capital）被译为中文时，译者将其名翻译为明塞尔。

筛选理论认为，当教育证书和工作需要吻合得很好时，晋升的机会更大。正式教育对于员工在不同工作阶梯间流动所发挥的作用比它对同一工作阶梯内晋升所发挥的作用更大。此外，那些级别较高的人更容易转换工作阶梯，而资历较深的人转换工作阶梯的可能性更小。

劳动力市场分割模型关注市场分割对于流动的阻碍，认为不平等源于劳动力市场结构。麦克纳波（McNabb，1987）和罗森菲尔德（Rosenfeld，1992）认为，制度模型（The Institutional Model）强调市场是分割的，社会性和制度性的障碍阻止了某些劳动者，尤其是受教育程度低的劳动者获得内部劳动力市场的工作职位，因此限制了他们通过流动向上提升的可能。

总之，关于工作流动性的早期研究多集中在教育程度和工作经验等个体特征上，20 世纪 80 年代中期后，研究者们更多地试图从工作流动性的结构因素方面进行解释。个体层面上的理论在解释社会阶层和不平等的产生及复制方面具有局限性。工作的转换影响到一个人社会身份的获得和职业生涯的提升，这不仅取决于个体拥有的资源，而且受到社会组织和结构等制度性因素的影响。

二、教育对工作流动和收入影响的实证研究

已有的实证研究主要从两个层次考察教育对工作流动的影响：第一个层次分析受教育程度对工作流动率的影响；第二个层次研究不同受教育程度者工作流动后的收入差异。

在第一层次上，王奋宇（2001）研究了北京、无锡和珠海三个城市的劳动力流动状况。他用"个人流动速率[①]"来衡量就业者单位时间内的流动速度，认为从劳动供给和需求角度存在不同的力量左右着不同教育水平的劳动力的流动，因此在不同的教育水平之间确实具有明显不同的流动速率。在北京表现为受教育水平越高，流动速率越高，但受过中等职业教育的劳动力最为不稳定；在无锡，受过高等教育的人群则较少流动，高中和初中教育水平的劳动者换工作最为频繁；在珠海，初中教育水平和高等教育水平的劳动力表现出更高的流动倾向。研究认为这种地区差异可以用三个城市的劳动就业机会结构来解释。

在第二层次上，明塞尔（1986）将工作流动所造成的工资变动区分为短期的工资变动和长期的工资变动[②]，并将离职的原因区分为辞职和解雇两种。他发

[①]　用工作流动次数除以每个人的全部工龄，近似计算出每人单位时间内的流动次数。其数值越高，表明其流动的速率越高。

[②]　短期工资变动是指新工作的起薪与上一份工作结束前工资的差距；而长期工资变动是指两份具有相近就业时间的工作扣除工作经验的影响后，两者工资的差距。

现，除了年老工人中的被解雇者外，流动者无论是长期或短期工资均为正向变动。王蓉（1996）采用美国国家青年追踪调查数据（National Longitudal Survey of Youth，NLSY）对教育程度、工作流动和收入三者关系的实证研究中得出三点结论：一是对受过大学教育的劳动者而言，由工资差异引起的自愿性流动中的获益是正的；二是对受过大学教育的劳动者而言，之前的收入对其自愿性流动的可能性有正的影响；三是流动者的教育收益率高于非流动者。欣（Shin，2003）采用美国国家青年追踪调查数据的研究结果显示，不论是否控制结构变量，受过较高教育的劳动者在工作流动中都具有较高的上升率，但是教育程度和工作流动频率下降之间也存在正向关系。芒那森和西格曼（Munasinghe and Sigman，2004）以美国国家青年追踪调查 1979～1994 年的面板数据进行研究，结果显示较少更换工作的就业者会比频繁更换工作的人获得更高的收入，并且在未来他们的工作也会较少变动，这种情况在有经验的员工中更为明显。

通过以上对相关实证研究的回顾，我们可以发现：（1）国外的研究更多反映了教育和工作流动频率之间的负向关系。国内的研究结果所反映的则既有正向关系，也有负向关系；正负向关系主要取决于不同地区的劳动力就业结构和制度因素。这与中国劳动力市场正处于从流动较少走向流动增多的转型过程有关，同时与地区间经济发展、劳动力市场的开放程度和就业机会结构的差异有关。（2）国内的研究主要集中于教育对收入的影响或者教育对工作流动的影响，忽视了对教育、工作流动和收入三者的系统研究。

基于已有研究进展和研究背景，笔者试图综合相关理论，把研究问题聚焦于教育程度与工作流动和收入关系的研究上，在控制其他因素的条件下，分析教育对工作流动频率和工作流动类型的影响以及在工作流动背后发生的收入变化。

第二节　理论框架、变量、研究假设和分析模型

一、理论框架和有关变量

依照上述研究目的和相关文献探讨的结果，本章建构出理论框架，如图16-1所示，作为研究假设的依据。本章认为，教育对工作流动有影响，受教育程度越高，工作流动的主动性越强。受教育程度高者寻求工作流动的目的之一是，工作流动可以带来更高的收入，从而在劳动力市场中表现为：受教育程度越高，工作流动频率越高，工作收入越高。但过快过频的工作流动有可能是其他因

素导致的，在研究样本中将作为特异值剔除。

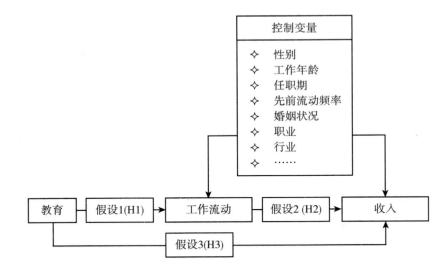

图 16 - 1　教育、工作流动和收入三者关系的理论框架

本章的主要变量简述如下：

1. 教育。根据受教育年限区分为五种受教育程度，包括小学及以下、初中（普通初中、职业初中、初中中技）、高中（普通高中、职业高中、高中中技和中专）、高职高专和本科及以上（本科、硕士和博士研究生）。

2. 工作流动。本章中的工作流动定义为任职机构（雇主）的变化，而不论是否涉及失业。只要任职单位发生变化，即定义为一次工作流动。

地域之间、行业之间和职业之间的流动都是工作流动的构成要素，包含于此概念中①。按主动和被动又可区分为雇主解聘带来的被动的工作流动和雇员自己辞职带来的主动的工作流动。

工作流动频率。本章中用转换工作单位的次数除以工作年龄的值表示，反映了受访者从参加工作至填写问卷时这段期间内的工作流动的频率。

工作年龄，也可以称为工作经验，本章中的工作年龄变量由受访者的被调查年份减去第一次工作年份并加 1 得到。

3. 工作收入。W_i 反映了劳动者工作流动后的工资收入。为与计算工作流动收益率中所用的月收入口径保持一致，以进入现工作单位的起始月收入代替该月的全部工薪收入，含基本工资、津贴、奖金、提成、平均加班费等。若现在工作的工资是前一份工作工资的 4 倍，或者正好相反，这些情况均被视为异常而

---

① 本章考察了行业和职业之间的工作流动，未对地域之间的工作流动进行单独研究。

删除。

4. 职业。根据入户调查的指标解释，职业分为 9 种，由于样本量关系，本研究将第 8 类自由职业并入第 8 类其他劳动者中，最终共分为 8 种职业：各类专业技术人员，国家机关、党群组织和企事业负责人，办事人员和有关人员，商业工作人员，服务性工作人员，农林牧渔劳动者，生产工人、运输工人和有关人员（本章简称为"生产工人"），不便分类的其他劳动者（包括自由职业）。在进行计量回归时，将"生产工人"作为省略的基准类别，其他转换为 7 个虚拟变量。

此外，根据研究需要和各个职业的特点，将 8 种职业划分为主要劳动力市场（包括各类专业技术人员，国家机关、党群组织和企事业负责人，办事人员和有关人员[1] 3 种职业）和次要劳动力市场（包括商业工作人员，服务性工作人员，农林牧渔劳动者，生产工人、运输工人和有关人员，不便分类的其他劳动者等 5 种职业）。

5. 行业。根据入户调查的指标解释，行业分为 21 类。按照国家统计局关于三次产业划分规定[2]及各行业特征合并为 3 类，分别为：（1）"第一产业"（农、林、牧、渔业）；（2）"第二产业"（包括采矿业，制造业，电气、燃气及水的生产和供应，建筑业等 4 个行业）；（3）"流通部门"（包括交通运输、仓储和邮政业，信息传输、计算机服务和软件业，批发和零售业，住宿和餐饮业等 4 个行业）；（4）"为生产和生活服务部门"（包括金融业，房地产业，租赁和商务服务业，科学研究、技术服务和地质勘察业，水利、环境和公共设施管理业，居民服务和其他服务业等 6 个行业）；（5）"素质服务部门"（包括教育，卫生、社会保障和社会福利业，文化、体育和娱乐业等 3 个行业）；（6）"公共服务部门"（包括公共管理和社会组织，国际组织，军队）。在进行计量回归时，将"公共服务部门"作为省略的基准类别，其余转换为 5 个虚拟变量。

6. 单位所有制。根据入户调查的指标解释，单位所有制分为 11 类。根据所有制特点，将其划分为：（1）国有经济单位（包括党政机关和军队、事业单位、国有及控股企业等 3 种所有制单位）；（2）城镇集体单位（集体企业）；（3）其他所有制（包括外资企业、港澳台企业、私营企业、合伙人企业、个体经营者、个体被雇者和其他 7 种所有制单位）。在进行计量回归时，将"城镇集体单位"作为基准类别，其余转换为 2 个虚拟变量。

---

[1]　办事人员和有关办事人员包括行政办事人员，政治、保卫工作人员，邮电工作人员，其他办事人员和有关人员；剔除了无专业职称也无大学或中专文化程度的经济管理专业人员，将后者并入次要劳动力市场中。

[2]　依据 1985 年我国制定的产业划分标准，第三产业内又分为四个层次；这一标准在 2003 年废止，仅划分三次产业，不分四个层次。因为三次产业的划分过于粗糙，不利于研究，因此本章仍然采用 1985 年的分类标准。

7. 单位规模。为了方便研究，并根据入户调查的指标解释，单位规模按照人数四等分，分类如下：（1）小规模单位（1～40人）；（2）中等规模单位（41～150人）；（3）较大规模单位（151～650人）；（4）大规模单位（650人以上）。在进行计量回归时，"大规模单位"作为省略的基准类别，其余转换为3个虚拟变量。

二、研究假设和分析模型

研究假设 1（H_1）：劳动者的受教育程度越高，工作流动频率越高。

研究假设 2（H_2）：劳动者的工作流动频率和收入呈现正向变动。

研究假设 3（H_3）：劳动者的受教育程度越高，在工作流动中得到更高工资的可能性越大。

本章还将考察行业间和行业内流动、主动流动和被动流动带来的收益变化的差异，并比较主要和次要劳动力市场中劳动者流动收益的差异。

根据前述的目的和假设，本章采用描述统计和建立回归模型的方法进行研究。

首先，建立回归方程 1：

$$W_i = a + c_1 T + c_2 T^2 + \sum e_j DUM_j + \mu \tag{1}$$

其中，W_i 代表劳动者工作流动后的工作收入；T 是劳动者的工作任职年限，预期任职年限对工作收入的影响为二次函数形式，因此 c_1 和 c_2 分别表示任职年限和任职年限平方对收入的影响；DUM_j 为表示不同性别、婚姻状况、单位规模、单位所有制、职业和行业性质的虚拟变量；e_j 表示不同性别、婚姻状况、单位规模、单位所有制、职业和行业性质的劳动者流动后的工资所得的差异。

然后，本章在方程（1）中增加受教育程度变量，以验证教育对工作流动带来的工资收入的影响，得出方程 2：

$$W_i = a + \sum f_i EDU_i + c_1 T + c_2 T^2 + \sum e_j DUM_j + \mu \tag{2}$$

其中，EDU_i 是代表不同受教育程度的二进制虚拟变量；f_i 代表相应程度对工资收入的影响。如果以某级受教育程度为基准变量，那么 f_i 就表示第 i 级教育与该基准级教育相比所带来的工资收入的增加值。

最后，本章在方程 2 中增加了工作流动频率变量 RPM，以验证工作流动速度对收入的影响，对假设 2 进行检验：

$$W_i = a + \sum f_i EDU_i + c_1 T + c_2 T^2 + dRPM + \sum e_j DUM_j + \mu \tag{3}$$

其中，d 表示工作流动频率高低带来的收入差异。

此外，在方程（3）中根据行业内流动和跨行业流动、主要和次要劳动力市场流动以及主动流动和被动流动又各划分为两个回归方程，以便于考察流动中不同受教育程度对工资所得的影响。

第三节　数据、样本和工作流动的描述统计

本章数据来源于北京大学教育经济研究所《中国城镇居民教育与就业情况调查（2005）》数据库，共有 14 338 个就业者和下岗职工样本，对工作变动情况做出回答的样本有 9 369 个，其中工作从未发生过变动的样本数为 3 345，占 35.7%，工作曾发生过变动的样本数为 6 024，占 64.3%。剔除其中无效样本，共有 5 560 个工作曾变动过的有效样本，作为本章的工作样本。样本量充足且涵盖国内各地理区域和各种行业。以下针对本章工作样本的基本特征，包括性别、婚姻状况、任职年限、工作年龄、学历、收入、职业、行业、工作单位的所有制特征以及工作流动次数进行描述分析，具体的描述性统计结果如表 16 - 1、表 16 - 2 和表 16 - 3 所示。

1. 性别分布。男性共 2 976 位，占 53.5%；女性共 2 584 位，占 46.5%。女性的人数略低于男性，但是从整体上看，性别之间分布的差异不大。

2. 婚姻状况。已婚有配偶者共 5 355 位，占 96.3%，未婚、离婚、丧偶和其他共 205 位，占 3.7%。有配偶者的比例远远大于其他情况，作为自变量会存在偏差，因此放弃这一个影响因素进入回归方程。

3. 进入上份工作时的学历。学历为初中和高中的样本数分别占 27.2% 和 49.5%，高职高专的样本数占 12.1%，本科以上的样本数占 6.2%，小学以下的样本数占 1.9%，缺失样本数占 3.1%，说明大部分城镇劳动者的受教育程度为高中，其次为初中。

4. 上份工作任职年限。劳动者在最近一次流动前所从事工作的时间，以 10 年作为一个分类时间段来看，1 ~ 10 年的样本数最多，占 52.2%，11 ~ 19 年的样本数占 32.1%，20 年以上的样本数占 15.7%。从整体看，随着任职期的增长，样本数减少。

5. 工作年龄。工作年龄是劳动者从第一份工作到目前的工作所包含的所有时间，有效样本中范围为 1 ~ 59 年，分为四个时间段看，工作年龄在 20 ~ 29 年的样本数最多，占 43.6%；10 ~ 19 年的样本数其次，占 29.9%；30 年以上的样

本数再次，占 21.7%；工作年龄为 1～9 年的样本数最少，占 4.8%。整体样本大致呈正态分布。

6. 月工资收入。将有效样本中的收入变量分为（按月收入计量）1～100元、101～1 000 元、1 001～10 000 元和 10 001 元及以上四个数量范围来查看样本特征，月收入在 101～1 000 元的样本数最多，占全体样本的 63.83%；其次是月收入在 1～100 元之间（19.23%）和 1 001～10 000 元之间（16.80%）的样本数；月收入在 10 001 元以上的样本数最少，仅有 8 个，占全体的 0.14%。

7. 职业。将职业按主次劳动力市场划分，在主要劳动力市场就业的样本数占 51.1%，在次要劳动力市场就业的样本数占 48.9%。

8. 行业。在第二产业（包括采矿业，制造业，电气、燃气及水的生产和供应，建筑业）中就业的最多，占 40.8%；在第三产业的流通部门中工作的其次，占 21.5%；在公共服务部门工作的占 12.2%；在素质服务部门工作的占 11.1%；在生产和生活服务部门工作的占 11.0%；在第一产业部门中就业的占 3.0%；缺失样本数占 0.5%。

9. 所有制。作为国有经济单位类的党政机关和军队、事业单位、国有及控股企业三者占全体样本比例的 68.5%，城镇集体单位占 13.0%，其他所有制单位（包括外资、私营、个体等）所占比例分别均不超过 4%，总的占 17.3%，缺失样本占 1.2%。样本集中度较高的现象与中国国有经济占主导地位的经济体制有关。

表 16－1　　　　　工作样本的个体特征和工作特征

样本个体特征		样本数	百分比（%）
性别	男	2 976	53.5
	女	2 584	46.5
婚姻状况	有配偶	5 355	96.3
	其他（未婚、离异、丧偶等）	205	3.7
进入上份工作时的学历	小学及以下	107	1.9
	初中	1 510	27.2
	高中	2 923	49.5
	高职高专	674	12.1
	本科及以上	346	6.2

样本个体特征		样本数	百分比（%）
上份工作任职年限	1～10 年	2 902	52.2
	11～19 年	1 786	32.1
	20 年以上	872	15.8
工作年龄	1～9 年	268	4.8
	10～19 年	1 662	29.9
	20～29 年	2 426	43.6
	30 年以上	1 204	21.8
月收入	1～100 元	1 069	19.23
	101～1 000 元	3 549	63.83
	1 001～10 000 元	934	16.80
	10 001 元以上	8	0.14
职业	主要劳动力市场	2 817	51.1
	次要劳动力市场	2 697	48.9
行业	第一产业	166	3.0
	第二产业	2 266	41.0
	流通部门	1 194	21.6
	为生产和生活服务部门	609	11.0
	素质服务部门	618	11.2
	公共服务部门	680	12.3
所有制类型	国有经济单位	3 806	69.3
	城镇集体单位	721	13.1
	其他所有制单位	962	17.5
单位规模	小规模单位	1 428	25.7
	中等规模单位	1 300	23.4
	较大规模单位	1 367	24.6
	大规模单位	1 361	24.5

　　表 16 - 2 描述了样本的工作流动次数。工作流动次数范围在 1～21 次之间，1～10 次的工作流动情况占总样本数的 99.8%。工作流动次数为 1 和 2 的样本数最多，分别占 35.99% 和 38.02%，总和达到总样本数的 74.01%。之后，工作流动频率依次递减。

表 16 - 2　　　　　　　　　　　样本个体的工作流动次数

工作流动次数	样本数	百分比（%）
1	2 001	36.00
2	2 114	38.02
3	948	17.05
4	289	5.20
5	127	2.28
6 次以上	81	1.46
合计	5 560	100

　　在就业市场上，不同受教育程度人群存在不同的流动机制，并带来不同的收入。与此同时，不同性别、年龄以及职业、行业、单位所有制和规模的不同，都会带来不同的流动机制和收入差别。本章发现，除本科以上教育程度人群男性和女性之间的收入差别不明显外，其他各教育层次的男性的工作流动频率要低于女性，平均收入则高于女性。从年龄上看，随着年龄的增加，工作流动频率和平均收入都有所下降。从主次劳动力市场看，主要劳动力市场的工作流动频率要低于次要劳动力市场，平均收入方面没有明显趋势。行业方面，流通部门及生产和生活服务部门人员的工作流动频率和平均收入都较高，素质服务部门、公共服务部门和第一产业人员的工作流动频率和收入均较低。所有制方面，国有经济单位人员的工作流动频率和平均收入均要低于城镇集体单位人员，城镇集体单位工作人员的工作流动频率和平均收入低于其他所有制单位工作人员。从单位规模看，单位规模越大，劳动者的工作流动频率越低，中等和较大规模单位的平均收入则高于小规模和大规模单位。

　　表 16 - 3 和图 16 - 2 显示出不同受教育程度劳动者的平均月收入和工作流动频率。从图 16 - 2 可以看出，平均月收入与受教育程度基本呈线性关系，受教育程度越高，收入越高。工作流动频率也是随教育程度的提高而增加的，大学教育程度劳动者的工作流动频率大于高中教育程度劳动者，而后者又大于初中教育程度劳动者。高职高专和本科以上教育程度劳动者的工作流动频率没有明显差别。

表 16 - 3　　按受教育程度区分的工作流动频率和收入水平

	工作流动频率（次/年）	平均月收入（元）	平均几年流动一次（年）
初中	0.0913	524.28	10.95
高中	0.1048	644.89	9.54
高职高专	0.1482	986.49	6.75
本科及以上	0.1498	1 251.33	6.68

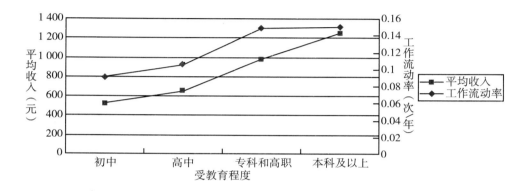

图 16 - 2　不同受教育程度劳动者的工作流动频率和平均收入

第四节　工作流动的影响因素分析

本章首先采用逐步引入的方法，将因变量（工作流动频率）和其他人口统计变量进行回归，结果如表 16 - 4 所示。

表 16 - 4　　工作流动频率为因变量的逐步回归结果

变量名	回归方程 1			回归方程 2		
	系数	标准化系数	T 值	系数	标准化系数	T 值
常数	0.121		14.786**	0.102		8.302**
1. 性别	-0.009	-0.042	-3.318**	-0.011	-0.052	-4.164**
2. 工作任职期	-0.004	-0.272	-21.210**	-0.003	-0.249	-19.279**
3. 职业						
各类专业技术人员	0.016	0.068	4.083**	0.004	0.017	1.001
国家机关、企事业单位负责人	0.029	0.039	3.008**	0.013	0.017	1.298

变量名	回归方程1			回归方程二		
	系数	标准化系数	T值	系数	标准化系数	T值
办事人员和管理人员	0.013	0.044	2.718**	0.004	0.013	0.804
商业工作人员	−0.002	−0.005	−0.282	−0.005	−0.013	−0.822
服务性工作人员	0.007	0.015	1.038	0.005	0.012	0.814
农林牧渔劳动者	−0.028	−0.022	−1.592	−0.025	−0.02	−1.454
其他劳动者	0.018	0.013	1.015	0.017	0.011	0.918
4. 行业						
第一产业	−0.01	−0.016	−1.033	−0.007	−0.011	−0.715
第二产业	0.009	0.042	1.706*	0.011	0.049	2.008*
流通部门	0.023	0.088	4.016**	0.025	0.096	4.379**
生产和生活服务部门	0.017	0.048	2.697**	0.016	0.047	2.678**
素质服务部门	0.004	0.012	0.646	0	0	−0.008
5. 所有制						
国有单位	−0.002	−0.008	−0.459	−0.004	−0.018	−1.005
其他所有制单位	0.064	0.223	12.517**	0.062	0.217	12.299**
6. 流动前的工作单位规模						
小规模单位	0.014	0.058	3.271**	0.016	0.064	3.648**
中规模单位	0.007	0.026	1.594	0.006	0.023	1.437
较大规模单位	0.005	0.018	1.182	0.005	0.018	1.212
7. 教育程度						
初中（普通初中、职业初中和初中中技）				0.012	0.051	1.261
高中（普通高中、职业高中、高中中技和中专）				0.018	0.084	1.876*
高职高专				0.05	0.152	4.775**
本科及以上（本科、硕士和博士研究生）				0.065	0.145	5.779**
R² 值	0.191			0.207		
调整后 R² 值	0.188			0.204		
F 值	66.652**			61.174**		
D − W 值	1.785			1.79		
观测值	5 399					

注： ** 表示显著性水平为 0.05； * 表示显著性水平为 0.1；未标明的表示不显著。各虚拟变量的基准类别分别为女性、生产工人、公共服务部门、城镇集体单位、大规模单位和小学及以下。

从表 16 - 4 回归方程 1 中可以看出，性别和上份工作任职年限的影响达到显著性水平，即二者对工作流动频率有显著性影响。在性别虚拟变量中女性作为基准变量设为 0，因此系数表示男性比女性的工作流动频率低 0.009。另外，上份工作任职年限与工作流动频率呈负向关系，表示工作任职年限每增加 1 年，平均工作流动频率下降 0.004。

在职业类型方面，各类专业技术人员、国家机关企事业单位负责人、办事人员和管理人员三个职业的回归系数显著，并且数值都为正。此结果说明和基准类别生产工人相比较，这三种职业人员的工作流动频率较高；其中国家机关企事业单位负责人员的流动频率最高；而商业工作人员、服务性工作人员、农林牧渔劳动者和其他劳动者与生产工人相比，工作流动频率没有显著差异。

在行业类型方面，第一产业和素质服务部门变量的回归系数不显著，第二产业、流通部门、生产和生活服务部门的回归系数都显著且数值为正，说明相较于基准类别公共服务部门而言，第一产业和素质服务部门人员的工作流动频率与之无显著差异；其余三个行业人员的工作流动频率都更高，流通部门劳动者的工作流动频率最高。

在单位所有制方面，国有经济单位与基准类别城镇集体单位劳动者的工作流动频率没有显著差异，其他所有制单位劳动者的工作流动频率远远大于国有经济单位和城镇集体单位，回归系数值为 0.064。在单位规模方面，相对于基准类别大规模单位而言，小规模单位劳动者的工作流动频率更大；中等规模单位、较大规模单位和大规模单位对工作流动频率的影响无显著差异。这一结果也说明单位的规模越大，人数越多，人员的工作流动频率越低。

接下来，本章在回归方程中增加了受教育程度的虚拟变量，以验证受教育程度对工作流动频率的影响（见表 16 - 4 回归方程 2），整体解释力由 19.1% 提升到 20.7%。性别、上份工作任职年限、行业、所有制和单位规模等控制变量的回归结果的显著性没有改变，对工作流动频率影响的大小略有变化，但不改变彼此之间的排序。职业这一控制变量所受影响最大，所有回归系数的 T 检验全部都不显著，说明引入的教育程度虚拟变量很大程度上稀释了职业分类对工作流动频率的解释力。

新增加的教育程度虚拟变量中，高中、高职高专和本科及以上教育程度的变量对工作流动频率的影响达到显著水平，且系数值逐渐增大；初中教育程度和基准类别小学及其以下教育程度对工作流动频率的影响无显著差异。这一统计结果说明随着教育程度的提高，工作流动频率上升，支持本研究原先所提的假设 H_1：劳动者的受教育程度越高，工作流动频率越高。

这一研究结果反映了教育程度和工作流动频率之间的正向关系，与国外所做的大部分相关实证研究结果不同（以美国青年作为研究样本），与国内王奋宇等对北京劳动力流动状况的研究结果相同。这种差异与国内外不同的劳动力市场机制有关，国外具有较为成熟和规范的市场机制，帮助就业者较快地找到与之相匹配的工作，尤其是教育程度高者容易进入主要劳动力市场，获得高薪稳定的工作，形成教育和工作流动频率之间的负向关系，符合人力资本理论的解释。而我国的劳动力市场在经历了很长一段时间的停滞阶段后，随着改革开放走向流动型的机制，提供了流动的条件，刺激了整个市场的流动供给，特别是教育程度高者相对来说具有更多的工作机会。从需求方面看，雇主对于高学历者有较高的偏好，认为他们的能力比其他人来得优秀，再加上这些人可能拥有较高的人力资本，因此雇主并不需要花费太多的训练成本，而能获得更高的劳动生产率，所以会以更好的条件来吸引高学历的员工，希望他们进入自己的单位工作。所以教育程度越高的劳动者者转换工作的次数和频率极有可能超过具有其他相同条件但是教育程度较低者。

第五节　工作收入的影响因素分析

一、教育和工作流动频率对收入的影响

在前一节中，主要探讨教育程度对工作流动频率的影响，本节主要目的是为了验证本章的假设 2 和假设 3，工作流动频率对工作收入的影响和不同流动类型中教育对工作收入的影响。同样地，先将个人属性变量和工作特征变量作为控制变量，再让受教育程度虚拟变量和工作流动频率变量依次进入方程进行逐步回归分析，统计结果如表 16 – 5 所示。

表 16 – 5　　　　　工作收入为因变量的逐步回归结果

变量名	回归方程 1		回归方程 2		回归方程 3	
	系数	T 值	系数	T 值	系数	T 值
常数	289.351	3.328 **	379.149	3.019 **	263.911	2.092 **
1. 性别	212.248	7.695 **	188.397	6.881 **	200.006	7.323 **
2. 上份工作任职年限	8.601	1.662 *	14.336	2.796 **	21.234	4.083 **
上份工作任职年限的平方	– 0.111	– 0.691	– 0.174	– 1.095	– 0.296	– 1.862 *
3. 职业						
各类专业技术人员	278.838	7.152 **	133.009	3.304 **	129.117	3.221 **

变量名	回归方程 1		回归方程 2		回归方程 3	
	系数	T 值	系数	T 值	系数	T 值
国家机关、企事业单位负责人	542.613	5.560**	350.416	3.596**	340.182	3.506**
办事人员和管理人员	163.004	3.462**	56.076	1.182	53.314	1.129
商业工作人员	3.556	0.059	−34.43	−0.576	−31.475	−0.528
服务性工作人员	89.028	1.393	64.39	1.023	60.127	0.959
农林牧渔劳动者	447.59	2.547*	461.769	2.663**	485.106	2.809**
其他劳动者	231.802	1.268	216.521	1.202	200.845	1.12
4. 行业						
第一产业	−226.924	−2.308**	−184.62	−1.905*	−178.362	−1.849*
第二产业	49.884	0.915	68.663	1.278	59.004	1.103
流通部门	115.46	1.973**	146.112	2.533**	124.853	2.171**
生产和生活服务部门	216.275	3.507**	215.286	3.544**	201.217	3.325**
素质服务部门	34.794	0.561	−10.186	−0.167	−8.807	−0.145
5. 所有制						
国有单位	−48.095	−1.121	−74.18	−1.751*	−69.411	−1.645
其他所有制单位	259.489	5.059**	243.144	4.812**	187.813	3.687**
6. 单位规模						
小规模	−53.166	−1.206	−36.997	−0.851	−51.252	−1.182
中规模	31.361	0.751	19.231	0.467	13.74	0.335
较大规模	0.497	0.013	−0.225	−0.006	−4.386	−0.115
7. 教育程度						
初中（普通初中、职业初中和初中中技）			−238.221	−2.419**	−252.561	−2.575**

续表

变量名	回归方程 1		回归方程 2		回归方程 3	
	系数	T 值	系数	T 值	系数	T 值
高中（普通高中、职业高、高中中技和中专）			− 81.157	− 0.829	− 102.784	− 1.054
高职高专			233.59	2.221 **	184.131	1.754 *
本科及以上（本科、硕士和博士研究生）			488.018	4.338 **	423.969	3.772 **
8. 工作流动频率					946.758	6.929 **
R² 值	0.044		0.074		0.082	
调整后 R² 值	0.041		0.07		0.078	
F 值	12.416 **		17.878 **		19.233 **	
D − W 值	1.793		1.802		1.81	
观测值					5 399	

注： ** 表示显著性水平为 0.05 ； * 表示显著性水平为 0.1 ；未标明的表示不显著。

在表 16 - 5 回归方程 1 中，有部分控制变量对工作收入的影响达到了显著水平。上份工作的任职年限对现在工作的收入的影响显著，且呈二次函数关系，在未达到顶点时，上份工作任职年限越长，现任工作的收入水平越高。在发生工作流动的劳动者中，男性比女性的平均工作收入高。在职业类型方面，国家机关、企事业单位负责人的回归系数值最高，农林牧渔劳动者、办事人员和管理人员以及各类专业技术人员次之，说明在工作发生流动的人群中，相较于生产工人来说，国家机关、企事业单位负责人的平均工作收入最高，农林牧渔劳动者、办事人员和管理人员以及各类专业技术人员次之；商业工作人员、服务性工作人员和其他劳动者的平均月收入变化和基准变量生产工人无显著性差异。在行业类型方面，在发生工作流动的人群中，相对于公共服务部门而言，生产和生活服务部门和流通部门的工作人员的平均工作收入最高，分别比公共服务部门高出 216 元和 115 元；第一产业部门工作人员的平均工作收入比公共服务部门人员低约 227 元；第二产业和素质服务部门人员流动后平均收入与公共服务部门人员无显著差异。从单位所有制类型看，在发生工作流动的人群中，国有经济单位与基准类别城镇集体单位员工的平均工作收入无显著差异，其他所有制单位员工在发生工作流动后平均收入比城镇集体单位工作流动者高出约 259 元。从单位规模看，小规模、中等规模、较大规模单位与大规模单位中人员发生工作流动后的平均工作收入无显著性差异。从整体上看，这一结果说明单位人数的多少对员工流动后的收入的增加并无重大影响。

在表 16-5 回归方程 2 中，本章增加了教育程度虚拟变量，考察在发生工作变化后学历对收入的影响，在排除控制变量的影响之后，除了高中教育程度外，其余三个层次的教育程度虚拟变量对工作收入都有显著的影响，整体的解释力从 4.4% 上升到 7.4%。相较于基准类别小学及其以下学历的工作流动者来说，本科及其以上和高职高专教育程度劳动者流动后的平均工作收入要高约 488 元和 234 元，但初中教育程度劳动者平均工作收入低约 238 元。这一统计结果尽管有些微偏差，但从整体上说明了教育程度和流动后工作收入之间存在正向关系，受教育程度越高的劳动者在工作转换中获得的平均工资所得越高，符合人力资本理论中对教育与收入关系的判断，与国内外大部分实证研究的结论一致，反映了较高教育程度者在工作流动中有获得更高工资的可能性，即较高人力资本的拥有者具有较强的处理不均衡的能力。

在表 16-5 回归方程 3 中，本章增加了工作流动频率这一变量，验证工作流动频率对收入的影响，整体解释力再次从 7.4% 上升到 8.2%。工作流动频率对直接工资所得的影响达到显著水平，验证了劳动者的工作流动频率和当前收入呈现正向变动。这表明工作流动频率对于收入来说，是正面的影响，与一般认知中的流动使收入上升相符合。

二、行业间流动和行业内流动中教育对收入的影响

前面分析发现个人在流动后受教育程度对工作收入有显著的正向影响，本章进一步探讨了教育对于劳动者在行业之间（即跨行业流动）和行业内部流动的影响是否相同，结果如表 16-6 所示。

表 16-6　　　　跨行业流动和行业内流动的收入回归中教育系数比较

变量	总体	行业间流动	行业内流动
教育程度分类	191.836 ** (17.874)	163.752 ** (23.301)	229.764 ** (28.730)

注：** 表示显著性水平为 0.05，括号内为 t 值。

表 16-6 显示，教育程度分类变量在行业间流动和行业内流动中对工作收入

的影响都显著。教育程度对行业间流动收益的影响要小于对行业内流动收益的影响。教育程度每上升一个层次，劳动者在行业间流动后的平均工作收入上升约164元，劳动者在行业内流动后的平均工作收入上升约230元。

三、主动流动与被动流动中教育对收入的影响

工作流动有主动流动和被动流动。教育对主动流动和被动流动的影响比较如表16-7所示。

表16-7　　主动流动和被动流动的收入回归中教育
系数比较

变量	总体	主动流动	非主动流动
教育程度分类	177.558 ** (21.456)	185.441 ** (32.732)	147.392 ** (25.241)

注：** 表示显著性水平为0.05，括号内为t值。

表16-7显示，教育程度分类变量在主动流动和被动流动中对工作收入的影响都显著。教育对收入的积极作用在主动流动中比在被动流动中大，这一结果与人们的一般认识相符合。受教育程度每上升一个层次，主动流动后的平均工作收入约增加185元；在被动流动类型中，约增加147元。

四、主要劳动力市场和次要劳动力市场流动中教育对收入的影响

最后，根据主次要劳动力市场来分析，探讨位于不同劳动力市场的劳动者在发生工作流动后所获得的直接工资回报率是否存在差异，结果如表16-8所示。

表16-8　　主要劳动力市场和次要劳动力市场的收入
回归中教育系数比较

变量	总体	主要劳动力市场	次要劳动力市场
教育程度分类	191.836 ** (17.874)	230.733 ** (27.221)	122.440 ** (22.308)

注：** 表示显著性水平为0.05，括号内为t值。

表 16－8 显示，教育程度分类变量在主要和次要劳动力市场流动中对工作收入的影响都显著。从整体上看，劳动者的受教育程度越高，其对在主次劳动力市场工作流动中的平均工资收入影响越大。工作发生变动时，教育对收入的正向影响在主要劳动力市场中要大于在次要劳动力市场中的作用。在主要及次要劳动力市场中，受教育程度每上升一个层次，流动带来的平均工作收入分别约增加 231元和 122 元。

第六节　本章主要结论

一、教育与工作流动频率之间的关系

教育对工作流动频率有显著的正向影响的假设得到了验证，即劳动者的受教育程度越高，其工作的稳定度不是提高，反而是降低。这主要与中国经济体制正处于转型期有关。在计划经济制度条件下，工作岗位是配给制，只有个别因为工作需要或家庭原因的调动，而不存在自由流动的劳动力市场。在市场经济条件下，劳动力市场应运而生，人们为了获取更高的收入和更好的发展机会而发生工作流动。在这类工作流动中，受教育程度较高的劳动者因为拥有较多的知识和技能而比教育程度较低的劳动者具有更大的流动主动性，所以教育程度较高的劳动者在劳动力市场建立初期更易发生流动。

在个人属性方面，男性的工作流动频率要低于女性，这点和一般认识上有不同，原因有待考察。上份工作的任职年限和工作流动频率的负向关系得到证实，符合人们的普遍观念。在职业类别方面，国家机关、企事业单位负责人员的工作流动频率最高，各类专业技术人员、办事人员和管理人员次之，其他各职业人员无显著差异。在行业类别方面，第三产业流通部门人员的工作流动频率最高，生产和生活服务部门及第二产业工作人员的流动性次之，其他行业人员的流动频率与公共服务部门人员无显著差异。在所有制方面，其他所有制（包括外企、私企、个体等）单位人员的流动性最强，国有经济单位和城镇经济单位人员无显著性差异。此外，工作流动性随着单位规模的增大而降低。

二、教育和工作流动频率与流动后工作收入之间的关系

根据不同受教育人群的工作流动频率和收入的均值比较，以及以工作收入作

为因变量的回归分析结果，我们发现以下特征：受教育程度越高，工作流动频率越高，收入越高。这与西方研究者得出的受教育程度和工作稳定高薪的正向关系不同，与国内研究者的结论比较一致。

首先，在个体属性上，女性劳动者的流动频率普遍高于男性，但是收入低于男性；在本科及以上学历人群中，女性流动后的收入略高于男性劳动者。在各个教育层次上，30岁以下青年劳动者的流动性都是最大的，31~45岁中青年劳动者次之，45岁以上中老年劳动者的流动性最低。在职业分类中，位于主要劳动力市场的劳动者的流动频率从整体上低于次要劳动力市场的劳动者，收入略高于后者。在行业分类中，第三产业的流通部门、生产和生活服务部门两个行业的劳动者的流动频率从整体上看都较高，收入也较高；第一产业、素质服务部门和公共服务部门人员的工作流动频率较低，收入也不高；第二产业劳动者的流动频率在各个教育层次上不同，总体没有稳定的规律，但收入较高。在所有制分类中，除小学及其以下教育程度外，其他在国有经济单位、城镇集体单位和其他所有制单位工作的各教育程度劳动者的流动性沿国有、集体和其他所有制方向依次上升，收入也随之增加。在单位规模方面，整体上体现为随单位人数的增加，流动频率下降，收入变化不明显，但是在高职高专和本科以上教育程度人群中这一关系并不稳定。

其次，从不同类型流动和主次劳动力市场的比较结果看，受教育程度高的劳动者，在行业内流动中收入增加的幅度要大于行业间流动带来的收入增加的幅度。通常，教育程度越高，拥有的知识和技能的专业性越强，在行业内流动仍能保持专业优势，在行业间流动的专业优势会受到削弱，甚至牺牲在原来行业的特殊技能。受教育程度高的劳动者，在主动的工作流动中能获得更高的收入，在被动的工作流动中收入也会增加，但增加的幅度要小一些。最后，工作发生变动时，教育对收入的积极作用在主要劳动力市场中要大于在次要劳动力市场中的作用。另外，在主要劳动力市场中流动，教育程度带来的收入增加要大于在次要劳动力市场中流动。这是因为主要劳动力市场对专业技能要求较高，所以教育程度对收入的影响较为明显。

本章通过考察教育与工作流动和收入的关系，进一步验证了人力资本理论，即受教育程度越高，拥有的人力资本越多，在劳动力市场的工作流动中处理不均衡的能力越强。

第十七章

教育与区域流动

自改革开放以来，我国采取了新的经济政策，以家庭为生产单位的劳动方式取代了以生产队为单位的集体劳动组织方式，使农村人口流动的束缚逐渐解除，人们选择工作地点和工作方式的自由性增加，人口迁移的现象日益明显，流动人口的规模迅速增加。根据 2000 年我国第五次人口普查结果，全国流动人口 12 107 万人（不计市区内人户分离的 2 332 万人），其中跨省流动就有 4 242 万人（石人炳，2005）。

与此同时，中国人口的整体教育水平有了很大程度地提高，初中以上教育程度占 5 岁以上人口的比例，由第四次全国普查时的 36.6% 提高到第五次全国普查时的 50.8%。

劳动力受教育程度的增加，一方面给自身带来了收益，不论是货币性的，还是非货币性的；另一方面，也促使了劳动力的流动。由于城镇提供的工作对劳动者的受教育水平有一定的要求，劳动者受教育水平的提高减少了迁移的心理成本，增加了就业成功机会，也大大提高了人口的流动性。

同时，迁移作为人力资本投资的一种形式，也可能为迁移者带来收入的增加。从第五次人口普查的结果来看，我国人口迁移一个显著的特点是，人口从经济欠发达地区向经济发达地区迁移，经济因素是人口迁移的主要因素。在跨省流动人口中，务工经商的有 3 200 万人，占 75.4%，并且跨省迁移人口的就业状况良好，就业率达 97.94%（石人炳，2005）。

迁移不仅给迁移者自身收入状况带来了变化，也可能会对迁移者的下一代产生影响。关于劳动力迁移的研究，绝大多数只讨论迁移者本身，很少涉及迁移对

373

迁移者子女收入、教育等状况的影响。父母与子女之间的代际流动问题，已有不少学者做过这方面的研究，例如职业的代际流动、收入的代际流动。研究发现，在代际流动中，教育扮演了重要的角色，但对于父母迁移的作用，却少有相关的研究。

基于我国人口迁移现实以及理论研究现状，本章将在前人研究的基础之上，利用北京大学教育经济研究所《中国城镇居民教育与就业情况调查数据（2004）》，考察我国户口迁移者的就业状况、就业分布，分析劳动者收入的影响因素，重点探讨教育和迁移在其中的作用。此外，本章还将分析父母迁移对于子女收入的影响。

第一节　迁移者与未迁移者的特征比较

笔者利用北京大学教育经济研究所的调查数据进行统计分析发现，城镇里的户口迁移者与城镇未迁移劳动力有着不同的个人特征。

一、受教育程度差异

从受教育水平来看，迁移者的平均受教育年限为 12.08 年，未迁移者的平均受教育年限略低于迁移者，为 11.65 年。迁移者与未迁移者的受教育程度比较如表 17-1 所示。从表中我们可以看到，户口迁移者的文盲率要高于未迁移者，但这一部分的样本量也比较小。接受过高等教育的迁移者的比例也要高于未迁移者，迁移者中接受过大学本科以上教育的人比未迁移者多 9.7%。

迁移者中有更多接受过高等教育的人，这一现象从一个侧面反映了这样一个事实：一个人想要通过迁移进入另一个地方是需要付出许多努力的，而教育正是一块十分有用的敲门砖。与城镇未迁移的那些劳动力相比，外来的迁移者进入城市劳动力市场的难度可能更大一些，他们在城市劳动力市场竞争中是处于劣势的。尤其是在我国这样一个存在着户籍制等诸多制度性约束的国家，迁移者想要谋求一份好的工作，并且取得迁入地的户籍是不容易的。在劳动力市场上，具有较高受教育水平的人有更大的竞争优势。外来的迁移者通过提高自己的受教育水平来增强自身的竞争力，从而突破户籍制等制度障碍，进入城市劳动力市场。

表 17 - 1　　　　　　**迁移者与未迁移者受教育程度比较**　　　　单位：%

受教育程度	户口迁移者	未迁移者
未上过学/扫盲班	0.6	0.3
幼儿园或学前班	0.1	0.0
小学	2.1	2.2
普通初中	17.2	21.3
职业初中（含初中中技）	1.2	1.6
普通高中	17.6	23.3
职业高中（含高中中技）	2.5	4.0
中专	11.1	9.2
高职	0.2	0.4
大专	24.0	24.1
大本	20.9	12.9
硕士	1.7	0.6
博士	0.7	0.1
合计	100.0	100.0

二、工作分布差异

迁移者与未迁移者的行业、职业以及就业单位所有制性质的分布情况是有所不同的。从行业分布来看，有 20% 多的户口迁移者和未迁移者都从事制造业，户口迁移者中从事科学研究、技术服务和教育的人比例要高于未迁移者的这一比例，而在批发零售业、居民服务等服务业中，未迁移者的比例要高于户口迁移者。

从职业分布来看，户口迁移者中有很大一部分人是专业技术人才和办事、管理人员，从事这两类职业的比例分别为 33% 和 27%，而在未迁移者中的比例分别是 22.9% 和 24.8%。迁移者中还有很多人是生产工人、运输工人和有关人员，但未迁移者从事这一职业的比例非常之小，与迁移者形成鲜明的对比。另外，未迁移者中有超过 20% 的人是农林牧渔劳动者，而户口迁移者中只有非常少的人从事这一职业。

在单位所有制性质分布上，大部分的户口迁移者和未迁移者都集中在事业单位、国有及控股企业、党政机关和军队中工作，且户口迁移者在这三种所有制性质单位中工作的人的比例要高于未迁移者的这一比例。未迁移劳动力中有更多的人是个体经营者或者个体被雇者，5.1%和4.4%的未迁移劳动力分别是个体经营者和个体被雇者，这一数字比户口迁移劳动力中相应的比例都要高出2%左右。

从行业、职业、单位所有制性质来看，城市中户口迁移者的就业分布情况似乎并不比那些未迁移劳动者差。一个可能的原因就是，那些户口迁移者们付出更多的努力，如接受更高层次的教育，以此突破劳动力市场上可能存在的一些障碍，从而改变他们在城镇就业竞争上的不利地位。

三、其他差异

从年龄上来看，城镇未迁移劳动力的平均年龄为40.4岁，而户口迁移者的平均年龄要高于未迁移者，他们的平均年龄是43.3岁。在以往的研究中，迁移劳动力的平均年龄要小于未迁移劳动力的平均年龄，很大一部分原因是这些迁移的劳动力包括了大量的非户口移民，比如农村劳动力，这部分的迁移劳动力往往年龄层都比较低。而本章所关注的是那些户口迁移者，外来的迁移者如果想要取得迁入地的户籍，可能需要付出很大的努力，花费更多的时间，于是，其年龄也就会相应偏大一些。

从政治面貌上来看，户口迁移劳动力与城镇未迁移劳动力有着相当大的差异。在户口迁移劳动者当中，有44.3%的人是共产党员，而那些未迁移的劳动者当中，只有29.8%的人是共产党员。

从性别上来看，城市中没有迁移过的劳动力中有55.6%的人是男性，而迁移者的这一数字要高得多，男性占到了迁移劳动者的62.7%，迁移的男性明显多于女性。这一结果显示出男性在人口迁移中的优势。

第二节　研究方法

一、迁移的定义

本章所指的迁移，指的是主动的户口迁移，也就是指迁移是被研究者的主动选择，并且迁移者已经取得了迁入地的户口。本章将在参加工作之后发生迁移的被研究者当作主动迁移者。在北京大学教育经济研究所的《中国城镇居民教育与就业情况调查（2005）》问卷当中，有关于被调查者户口状况以及从何地、何时迁入等问题。为了剔除那些随父母迁移等非主动的迁移者，笔者将户口在本地、迁移时间在第一次参加工作时间之后的那些迁移者定义为主动的户口迁移者，也就是说，这些户口迁移者是在参加工作之后才发生户口迁移行为的。他们迁移的主动性更强，追求更高的收入或其他福利可能是他们迁移的主要动机，这种主动性的迁移才能被看作是一种人力资本投资。

二、方法及模型设定

本章主要使用线性回归分析的方法来考察教育与迁移等人力资本对于收入的影响作用。实证研究模型以明瑟收入函数为基础，在方程中引入其他代表人力资本特征的变量以及反映劳动力就业情况的变量，分析各种影响因素对于收入的贡献。

明瑟收入函数包含了受教育年限、工作年限和工作年限平方三个解释变量，计量回归方程的表达式如下：

$$\ln(INC) = \alpha + \beta SCH + \varphi_1 E + \varphi_2 E^2 + \mu \tag{1}$$

其中，INC 为从业人员的工资收入；SCH 为受教育年限；E 为工作年限；E^2 为工作年限的平方项；α 为截距项；β 表示私人教育收益率，即多受一年教育给个体带来的收入的增长率；φ_1 和 φ_2 分别表示工作年限和工作年限的平方对收入的影响；μ 为随机扰动项。

明瑟收入函数存在不足之处，它过分简化了收入的决定因素，只考虑到受教育年限和工作经验两个方面。根据人力资本理论，劳动力的迁移也属于一种人力资本投资，劳动力在地区间、行业间合理地流动可以有效地配置人力资源，提高其使用效益。所以，本研究将在明瑟收入函数中加入迁移变量。另外，由于我国转型时期的经济特点，不同行业、职业和所有制性质的单位，在收入分配上也是有差异的。所以，本章还将加入代表劳动者就业状况的一些指标，以此来反映不同行业、职业和所有制性质单位不同的收益。

$$\ln(INC) = \alpha + \beta SCH + \varphi_1 E + \varphi_2 E^2 + \sum \theta_i DUM_i + \mu \tag{2}$$

其中，DUM_i 为表示迁移及其他个人特征及就业情况的虚拟变量，主要包括性别、行业、职业和单位所有制性质。

考虑到前人研究所指出的我国可能存在劳动力市场分割的现象，在不同行业、职业、单位所有制性质中的教育收益率也可能是不一样的。因此，本章除了引入上述控制变量以外，还增加了教育变量与控制变量之间的交互项，回归方程的形式变为：

$$\ln(INC) = \alpha + \beta SCH + \varphi_1 E + \varphi_2 E^2 + \sum \theta_i DUM_i$$
$$+ \sum \varepsilon_j SCH \times DUM_j + \mu \quad (3)$$

其中，各变量的含义与前文所述一致。

本章将分两个部分来探讨个体收入的影响因素。第一部分着重考察教育和迁移对于迁移者本人收入的影响；第二部分则分析父母迁移对子女收入的影响。

第一部分的实证研究分三个步骤。首先在模型（1）的基础上加入表示迁移的虚拟变量，进行回归分析，从整体上来看教育和迁移对于劳动力收入的影响，也就是在不控制劳动者就业状况的情况下，考察教育和迁移的收益率。回归方程如下：

$$\ln(INC) = \alpha + \beta SCH + \varphi_1 E + \varphi_2 E^2 + \theta I + \mu$$

其中，I 为表示迁移的虚拟变量，其他变量与前文所述一致。这里将迁移当作一个虚拟变量来处理，基准变量是没有过户口迁移经历的样本，即将没有户口迁移的被研究者记为0，有过户口迁移经历的被研究者记为1。

第二步，在第一步回归的基础上加入反映劳动力就业情况的指标，包括职业、行业和单位所有制性质，使用模型（2）进行回归分析：

$$\ln(INC) = \alpha + \beta SCH + \varphi_1 E + \varphi_2 E^2 + \sum \theta_i DUM_i + \mu$$

其中，DUM_i 为表示迁移、其他个人特征及就业情况的虚拟变量，包括迁移、性别、行业、职业和单位所有制性质。代表各行业、职业和单位的虚拟变量的回归系数，即为该行业、职业和单位相应的收益指数。本章只选取了回归结果中那些显著的系数作为反映不同职业、行业和单位所有制性质的收益指数，基准变量的收益指数记为0。根据每个被研究者不同的就业情况，将他们各自的行业、职业、单位所有制性质的收益指数相加，就可得到每个被研究者自身的工作收益指数。

第三步，在第二步回归的基础上，加入教育变量与控制变量之间的交互项，这些控制变量包括迁移、劳动者所从事的行业、职业及他们所在单位的所有制性质，使用模型（3）进行回归分析：

$$\ln(INC) = \alpha + \beta SCH + \varphi_1 E + \varphi_2 E^2 + \sum \theta_i DUM_i$$
$$+ \sum \varepsilon_j SCH \times DUM_j + \mu$$

本章的第二部分为户口迁移者子代收入状况的研究，主要考察影响户口迁移者子代工资收入的各种因素，着重分析受教育程度及父代迁移在其中的作用。与第一部分相同，这一部分的研究也分为三步，第一步只在传统明瑟收入函数上加入代表父母迁移的虚拟变量；第二步在上一步的基础上加入反映性别、行业、职业、单位所有制性质等的虚拟变量；第三步在第二步的基础上加各个虚拟变量与教育的交互项。

三、数据说明

本章数据来源于北京大学教育经济研究所《中国城镇居民教育与就业情况调查（2004）》的调查数据，该调查数据包括中国 12 个省市的 10 005 户家庭样本。在使用数据进行分析之前，将原始数据做了以下处理：

1. 仅使用 16 岁及以上个体的数据。《中华人民共和国劳动法》规定，禁止用人单位招用未满 16 周岁的未成年人。

2. 仅使用正在工作的被调查者的数据。在调查表中有关于就业情况的问题，本章只选取了回答为"工作"的被调查者的有关数据进行研究分析。

3. 因变量是将 2004 年工薪收入取自然对数，并且剔除了年工薪收入 1 000 元以下的样本，以及年工薪收入为 800 000 元和 960 000 元的两个极值。其中，年工薪收入 1 000 元以下的样本占总样本数的 3.3%。

4. 根据前文对主动户口迁移者的定义，本章将户口迁移年份晚于第一次开始工作年份的被调查者视为本研究所需要的有过户口迁移经历的样本。具体体现在北京大学教育经济研究所《中国城镇居民教育与就业情况调查（2004）》问卷当中，该问卷调查表 II 中有关于迁移时间及第一次参加工作时间的问题①，若户口迁移发生在参加工作之后，则将该被调查者视为迁移者。本章将迁移作为一个虚拟变量来处理，基准变量是未迁移。

5. 调查问卷中将"行业"分为了 21 类，本研究将其合并为五个大类②：竞

---

① 调查问卷中关于迁移时间及第一次参加工作时间的问题分别是："若本地户口，从何年迁来本地"，"第一次参加工作年份"。

② 这种分类法借鉴了岳昌君 2004 年发表于《北大教育经济研究》（电子季刊）中"教育对个人收入差异的影响"一文的行业分类法，在该文中他将 16 种行业分为竞争性行业（包括制造业、建筑业、批发零售贸易餐饮业、社会服务业等 4 个行业）、垄断性行业（包括电力煤气及水的生产和供应业、交通运输仓储和邮电通信业、金融保险业、房地产业等 4 个行业）、事业性行业（包括卫生体育和社会福利业、教育文化艺术及广播电影电视业、科学研究和综合技术服务业等 3 个行业）、机关团体（国家机关政党机关和社会团体）及其他行业（包括农林牧渔业、采掘业、地质勘察水利管理业、其他等 4 个行业）五大类。

争性行业（包括制造业、建筑业、信息传输计算机服务和软件业、批发零售业、住宿和餐饮业、租赁和商务服务业、居民服务和其他服务业）；垄断性行业（包括电气燃气及水的生产和供应业、交通运输仓储和邮政业、金融业、房地产业）；事业性行业（包括科学研究技术服务和地质勘察业、教育、卫生社会保障和社会福利业、文化体育和娱乐业）；机关团体（包括公共管理和社会组织、国际组织、军队）和其他行业（包括农林牧渔业、采矿业、水利环境和公共设施管理业）。本章用虚拟变量来反映这五类行业，基准变量为竞争性行业。

6. 调查问卷中将"职业"分为 9 类，在本章中将最后两种职业（自由职业和不便分类的其他劳动者）合并，记为"其他职业"。本章用虚拟变量来代表这 8 种职业，其中基准变量为"生产工人、运输工人和有关人员"。

7. 调查问卷中"就业单位类别"共分为 11 类，本章将其合并为 7 类，分别为：党政机关和军队；事业单位；国有及控股企业；三资企业（包括外资企业和港澳台企业）；集体企业；私营及合伙人企业；其他性质单位（包括个体经营者、个体被雇者和其他）。就业单位类别仍然用虚拟变量来表示，基准变量为"其他性质单位"。

8. 关于工作年限的计算。本章对工作年限的计算如下：工作年限 = 调查年份 − 第一次参加工作年份 + 1，并且剔除那些年龄减去工作年限小于 12 的样本。

9. 在第二部分的实证研究中，因为要涉及父代对子代影响的分析，本章按照亲子关系，将原来按户统计的样本数据拆分开来，使得一个样本当中只包含父亲、母亲及一个孩子的各项有关数据。

10. 实证研究的第二部分中所加入的虚拟变量"父母迁移"，指的是父亲或母亲任一方发生过户口迁移。也就是说，如果父亲或母亲任意一方曾经有过户口迁移的经历，则虚拟变量"父母迁移"的取值就为 1，基准变量是父亲或母亲均无迁移行为。

经过上述的数据处理，并且按照前文所述的户口迁移的定义，本章的有效样本一共有 12 832 个，其中有过户口迁移的样本为 2 194 个，占总有效样本的 17.1%，未迁移过的样本为 10 638 个，占总有效样本的 82.9%。

第三节 研究过程及结果

一、教育与迁移对劳动者收入的影响

第一步，首先在传统明瑟收入函数的基础上加入表示迁移的虚拟变量，使用

回归方程（1），考察在不控制劳动者就业状况的情况下，教育和迁移对于个人收入的影响。回归方程如下：

$$\ln(INC) = \alpha + \beta SCH + \varphi_1 E + \varphi_2 E^2 + \theta I + \mu \qquad (4)$$

其中，INC 为从业人员的工资收入；SCH 为受教育年限；E 为工作年限；E^2 为工作年限的平方项；α 为截距项；β 表示私人教育收益率，即多接受一年教育给个体带来的收入的增长率；φ_1 和 φ_2 分别表示工作年限和工作年限的平方对收入的影响；I 为表示迁移的虚拟变量；μ 为随机扰动项。这里将迁移当作一个虚拟变量来处理，基准变量是没有过迁移经历的样本。回归结果如表17 - 2 所示。

表 17 - 2　　　　　　　　　　　**收入函数回归结果**

解释变量	回归系数	Sig. 值
工作年限	0.027	0.000
工作年限平方	0.000	0.000
受教育年限	0.086	0.000
迁移	0.212	0.000

注：因变量为2004年工薪收入的自然对数值。

从回归结果中可以看出，总的来看，劳动者收入受工作年限、受教育水平以及迁移的影响，且影响都是显著的。在不分劳动者的行业、职业以及单位所有制性质的情况下，教育对收入有显著的正面影响，教育的边际收益率为8.6%，也就是说，多接受一年的教育，能给个体的收入带来8.6%的增长。迁移对个人收入的贡献比教育更大，其贡献率达到21.2%，也就是说与没有迁移的人相比，户口迁移者的收入要高21.2%。

从回归结果中可以看到，迁移对个体收入的影响非常大。迁移对收入的贡献率如此之高，可能是因为还有许多其他的影响因素存在于迁移之中，并没有被完全剥离出来，比如受教育水平。对于这一问题，笔者将在第三步的回归当中，加入教育与迁移的交互项，进一步探讨教育和迁移对于个人收入的影响。

第二步，在第一步回归的基础上加入反映劳动力就业情况及其他特征的虚拟变量，这些虚拟变量包括迁移、性别、行业、职业、单位所有制性质，基准变量分别为未迁移者、女性、竞争性行业、生产工人、运输工人和有关人员、其他性质单位，使用模型（2）进行回归分析，回归结果如表17 - 3 所示。

表 17 - 3　　　　　　　分行业、职业、单位性质的回归结果（部分）

解释变量	回归系数	Sig. 值
工作年限	0.030	0.000
工作年限平方	0.000	0.000
受教育年限	0.054	0.000
迁移	0.175	0.000
性别	0.223	0.000
垄断行业	0.263	0.000
事业性行业	0.152	0.000
机关团体	0.100	0.000
技术人员	0.192	0.000
国家机关负责人	0.251	0.000
办事人员	0.134	0.000
商业工作人员	0.072	0.004
服务性工作人员	-0.040	0.074
农林牧渔劳动者	-0.052	0.660
党政机关及军队	0.236	0.000
事业单位	0.203	0.000
国有及控股企业	0.144	0.000
集体企业	-0.018	0.500
三资企业	0.612	0.000
私营及合伙人企业	0.163	0.000

注：因变量为 2004 年工薪收入的自然对数值。

由表 17 - 3 可以看出，将劳动者的行业、职业以及单位所有制性质进行区分之后，教育和迁移对于个人收入的影响仍然有显著的正影响，不过他们对收入的贡献率有所下降，分别从原来的 8.6% 和 21.2%，下降到现在的 5.4% 和 17.5%。

与竞争性行业相比，垄断性行业、事业性行业和机关团体的收入水平要高得多，其差异已到达显著性水平。其中垄断行业与竞争性行业收入之间的差距最大，达到 26.3%，除垄断行业、事业性行业和机关团体之外的其他行业的收入与竞争性行业的收入没有显著的不同。

各类专业技术人员、国家机关党群组织企事业单位负责人、办事人员和管理人员以及商业工作人员的收入要显著高于生产工人、运输工人和有关人员。服务性工作人员和农林牧渔劳动者比生产工人的收入要低，但是他们的收入水平之间不存在显著性差异。

与基准变量"其他所有制性质的单位"相比，三资企业的收入水平最高，他们之间的差距达到61.2%。党政机关和事业单位的收入均比基准变量"其他所有制性质的单位"高20%以上，国有及控股企业职工的收入也比"其他所有制性质的单位"高14.4%。比较特别的是，集体企业的收入水平比"其他所有制性质的单位"要低，但是差异并不显著。

从第二步的回归结果来看，我国不同职业、行业和不同所有制性质单位的收入是存在不同程度的差异的。这可能是因为我国仍处在经济转型期，垄断现象和计划经济色彩还大量存在，劳动力市场还不健全，工资制度也不完善，于是呈现出劳动力市场分割的特点。

一个人的工作包括其所在行业、职业以及单位所有制性质三种重要信息，由上面的实证研究可知，行业、职业和单位所有制性质不同，个体工作的收入就会存在差异。于是，本章引入工作收益指数来比较迁移者与未迁移者在工作收益上的差异。具体的做法是：在表17-3中行业、职业和单位所有制性质虚拟变量的系数中，选取回归结果为显著的那些系数，作为其相应的行业、职业和单位的收益指数，将每个人的行业、职业、单位收益指数相加，便得到其工作收益指数。例如，垄断行业的收益指数为0.263，国家机关党群组织、企事业单位负责人的职业收益指数为0.251，国有及控股企业的单位收益指数为0.144。所以，如果一个被调查者，他在垄断行业的国有企业里当负责人，那么他的工作收益指数就为0.658。

比较迁移者与未迁移者工作收益指数的差异，可以发现迁移者的平均工作收益指数要高于未迁移者的平均工作指数，并且通过了显著性检验。这可能是因为迁移者接受了更多的教育，付出了更多的努力，从而使得自己的收入要高于未迁移者。将迁移者和非迁移者的工作收益指数按照不同受教育程度进一步进行区分，所得结果如表17-4所示。

表 17-4   **工作收益指数**

受教育程度	迁移与否	平均收益指数	人数	占总人数的比例（%）
未上过学/扫盲班	未迁移	0.27029	21	0.2
	迁移	0.31214	7	0.1
幼儿园或学前班	未迁移	0.23500	2	0.0
	迁移	0.07200	1	0.0
小学	未迁移	0.25222	149	1.5
	迁移	0.24438	32	0.3

受教育程度	迁移与否	平均收益指数	人数	占总人数的比例（%）
普通初中	未迁移	0.26050	1547	15.1
	迁移	0.29418	283	2.8
职业初中	未迁移	0.27933	119	1.2
	迁移	0.32511	18	0.2
普通高中	未迁移	0.31979	1830	17.8
	迁移	0.34395	295	2.9
职业高中	未迁移	0.30581	321	3.1
	迁移	0.32384	44	0.4
中专	未迁移	0.41234	809	7.9
	迁移	0.42496	216	2.1
高职	未迁移	0.40493	30	0.3
	迁移	0.27800	2	0.0
大专	未迁移	0.44899	2228	21.7
	迁移	0.45337	486	4.7
大本	未迁移	0.49886	1269	12.4
	迁移	0.48908	436	4.2
硕士	未迁移	0.53518	67	0.7
	迁移	0.48484	37	0.4
博士	未迁移	0.44367	6	0.1
	迁移	0.51906	16	0.2

　　中等教育水平的迁移者，与其受教育程度相同的未迁移者相比，其工作收益更高。而在高等教育学历层次上，迁移者的工作收益指数反而与未迁移者没有什么差异，迁移者具有和未迁移者相似的工作收益。工作收益指数在中等教育水平和高等教育水平上不同的对比结果，说明迁移所带来的工作收益优势可能是表面的。中等教育水平迁移者的工作收益优势，可能是由迁移之外的一些因素带来的，这些迁移者可能比受教育程度相同的未迁移者拥有更多的人力资本和社会资本，从而使自己的工作收益高于未迁移者。

　　比较迁移者和未迁移者在不同受教育程度上的工作收益指数的差异，可以做出这样一种推测：虽然在劳动力市场中存在着迁移者和未迁移者之间的分割，但同时也可能存在着一个教育障碍水平。受教育程度不同，工作收益之间的差异也不同。当迁移者的受教育程度没有达到障碍水平的时候，他们与未迁移者的工作收益之间便会存在差异，二者在劳动力市场上的地位可能是不平等的，迁移者若想获得高工作收益，需要拥有更多的人力资本和社会资本；当迁移者的受教育程度超过障碍水平时，他们与本地人的工作收益便不会存在什么差异，迁移者在劳动力市场上具有同本地人相同的地位。

迁移者与未迁移者在工作收益指数上的差异，表明迁移者的就业分布与工资收入和未迁移的劳动者是不相同的，劳动力市场对迁移者和未迁移者的要求也可能是不一样的，相同的工作对迁移者和城镇未迁移者可能有不同的准入标准。迁移对个人收入的正影响可能是表面的，变量迁移中可能还包含有教育等其他信息。

因此，本章将在下一步加入教育与迁移的交互项，考察在剥离教育的影响之后，迁移对劳动者收入的影响。同时，许多学者的研究也指出，我国存在劳动力市场分割的现象，在不同行业、职业、单位中的教育收益率也可能是不一样的。因此，本章的第三步，除了引入代表性别、行业、职业、单位所有制性质的控制变量以外，还增加了教育变量与各控制变量之间的交互项，各虚拟变量的基准变量与前文一致。使用回归模型（3）所得结果如表 17 - 5 所示。

表 17 - 5　　　　　　交互项的回归结果（部分）

解释变量	回归系数	Sig. 值
工作年限	0.030	0.000
工作年限平方	0.000	0.000
受教育年限	0.042	0.000
迁移	- 0.121	0.037
性别	0.489	0.000
垄断行业交互	- 0.007	0.244
事业性行业交互	- 0.017	0.020
机关团体交互	- 0.012	0.204
其他行业交互	- 0.023	0.017
技术人员交互	0.015	0.018
国家机关负责人交互	0.006	0.671
办事人员交互	0.010	0.146
商业工作人员交互	0.004	0.687

解释变量	回归系数	Sig. 值
服务性工作人员交互	-0.002	0.834
农林牧渔劳动者交互	0.064	0.028
其他职业交互	0.027	0.123
党政机关及军队交互	0.024	0.029
事业单位交互	0.011	0.175
国有及控股企业交互	0.025	0.000
集体企业交互	0.028	0.004
三资企业交互	0.047	0.006
私营及合伙人企业交互	0.022	0.015
迁移交互	0.025	0.000
性别交互	-0.023	0.000

注：因变量为2004年工薪收入的自然对数值。

在加入迁移与教育的交互项之后，交互项的回归结果是显著的，系数是正的，即迁移者的教育收益率显著高于未迁移者。但与此同时，解释变量"迁移"的系数却变成了负的，并且在0.05的显著性水平上达到显著。也就是说，在剔除了教育在其中的影响之后，迁移的收益是负的，迁移者的收入要显著低于未迁移者的收入，他们之间的差异达到了12.1%。前文中我们所看到的迁移者在收入上的优势只不过是一个表面现象，这种优势在很大程度上是因为迁移者接受了更多的教育，是教育给他们带来了更高的收入。

迁移者的这种表面优势，实际上掩盖了迁移者在城市劳动力市场中不平等的竞争地位。对迁移者来说，劳动力市场中存在着一个无形的门槛，这个门槛阻碍外来迁移者进入城市劳动力市场。造成迁移者的这种竞争劣势的原因，可能是因为我国的劳动力市场存在着分割的现象。一些传统的制度性的束缚，使得劳动力的自由流动受阻，外来劳动者需要付出更多的努力来争取与城镇未迁移劳动者相同的地位。

各个行业的教育收益率也是很不一样的。垄断性行业、事业性行业、机关团体及"其他行业"的教育收益率都比基准变量竞争性行业的教育收益率低。并且，在0.05的显著性水平下，事业性行业和"其他行业"的教育收益率显著低于竞争性行业的教育收益率。一个可能的解释是，像垄断性行业、事业性行业这样类型的行业，它们的市场化程度不高，劳动者的劳动报酬并不是由其劳动生产率来决定的，行业工资水平的确定与教育的相关性并不大，教育作为一种人力资本，它对于提高收入的作用也就相应地减弱了许多。

另外，虽然垄断性行业的教育收益率与竞争性行业没有显著差异，事业性行业的教育收益率甚至明显低于竞争性行业，但是这两个行业的收入水平是明显高于竞争性行业的。这一现象反映出我国劳动力市场仍然存在行业分割的现象，工资制度还不完善，在收入分配上还带有垄断色彩。

在各种职业的教育收益率方面，回归结果显示，只有技术工人和农林牧渔劳动者的教育收益率在 0.05 的显著性水平上是显著高于生产工人的。也就是说，相比较而言，增加受教育程度对技术工人和农林牧渔劳动者收入的提高有更大的帮助。

在不同所有制性质的单位中，只有事业单位的教育收益率与"其他所有制类型的单位"没有显著性差异，党政机关、国有企业、三资企业、私营企业、集体企业的教育收益率都明显要高于"其他所有制类型的单位"，其中教育收益率水平最高的为三资企业。三资企业包括外资企业和港澳台企业，这一类型企业的市场化程度相对其他所有制性质单位要高得多。这类企业更注重个人的劳动生产力，更注重劳动者对企业的经济贡献，劳动者的工资水平在更大程度上是个人人力资本的体现，因此，三资企业的教育收益率也就更高。

二、教育与迁移对子代收入的影响

对迁移者子代收入影响因素的实证研究步骤与迁移者收入影响因素的研究相同，也是分三步进行。第一步只在明瑟收入函数中加入表示父母迁移的虚拟变量，第二步再在此基础上加入行业、职业、单位所有制性质的虚拟变量，第三步加入虚拟变量与教育的交互项。三步回归的结果分别如表 17 - 6、表 17 - 7、表 17 - 8 所示。

表 17 - 6   子代收入函数回归结果

解释变量	回归系数	Sig. 值
工作年限	0.017	0.000
工作年限平方	$-8.695E-06$	0.000
父母迁移	0.043	0.001
受教育年限	0.086	0.000

注：因变量为 2004 年工薪收入的自然对数值。

从表 17 - 6 中可以看出，从总体上来看，在不区分职业、行业、单位所有制性质的情况下，户口迁移子代的收入与其自身的受教育水平、父母迁移状况是有关系的，受教育水平、父母的迁移对于收入有显著的积极影响。教育的边际收益率为 8.6%，即多接受一年教育，个人的收入会增加 8.6%，这与前文中迁移者的教育收益率是相同的。父母迁移虽然对子女收入有显著性的影响，但是其影响力远不如迁移对于自身的影响。同样是在未控制其他因素的情况下，在前文中，与那些未迁移的人相比，迁移者收入要高 20% 以上。而与那些父母没有迁移的人相比，父母有过迁移的人的收入只高出 4.3%。

表 17 - 7　　　　　　子代分行业、职业、单位性质回归结果

解释变量	回归系数	Sig. 值
工作年限	0.013	0.000
工作年限平方	$-6.458E-06$	0.000
父母迁移	0.046	0.000
受教育年限	0.052	0.000
垄断性行业	0.246	0.000
事业性行业	0.136	0.000
机关团体	0.082	0.003
其他行业	0.010	0.735
党政军队	0.272	0.000
事业单位	0.254	0.000
国有及控股企业	0.173	0.000
三资企业	0.652	0.000
集体企业	-0.005	0.845
私营及合伙人企业	0.160	0.000
专业技术人员	0.182	0.000
机关单位负责人	0.289	0.000
办事人员和管理人员	0.149	0.000
商业工作人员	0.062	0.017
服务性工作人员	-0.025	0.287
农林牧渔劳动者	0.109	0.422
其他职业	0.232	0.001
性别虚拟变量	0.223	0.000

注：因变量为 2004 年工薪收入的自然对数值。

分行业、职业、单位性质来看，如表 17-7 所示，教育和父母迁移对子女收入的影响仍然是显著为正的，只不过教育的收益率从原来的 8.6% 下降到了 5.2%。父母迁移对子代的收入影响，控制了行业、职业和单位所有制性质以后，仍然是显著为正的。

与本章第一部分的结果一致，个人的收入受行业、职业及单位所有制性质的影响。垄断行业、事业性行业和机关团体的收入要显著高于竞争性行业的收入。除农林牧渔和"其他职业"以外，其他职业的劳动者的收入都比生产工人的收入要高，其中，国家机关、企事业单位负责人的工资收入是最高的。与"其他所有制性质单位"相比，只有集体企业的收入是没有显著差异的。在不同所有制性质的单位中，三资企业的工资收入要远远高于其他性质的单位，三资企业劳动者的收入比"其他所有制性质单位"劳动者的收入高 65%。

回归结果虽然显示父母迁移是影响子女收入的因素之一，但是这里的解释变量"父母迁移"中仍然可能包含了子女教育程度的影响。从受教育年限来看，父母有迁移经历的人的平均受教育年限为 11.9 年，而父母没有迁移经历的人的平均受教育年限为 11.6 年。经过统计检验，二者是有显著性差异的。为了进一步考察教育及父母迁移对子代的真实影响，本章仍然采用引入交互项的方法。子代交互项回归结果如表 17-8 所示。

表 17-8 **子代交互项回归结果**

解释变量	回归系数	Sig. 值
工作年限	0.011	0.000
工作年限平方	-5.328E-06	0.000
受教育年限	0.024	0.004
父母迁移	-0.074	0.145
垄断性行业	0.382	0.000
事业性行业	0.423	0.000
机关团体	0.117	0.370
其他行业	0.186	0.132
党政军队	0.170	0.258
事业单位	0.146	0.174
国有及控股企业	-0.107	0.213
三资企业	0.010	0.965
集体企业	-0.286	0.012

解释变量	回归系数	Sig. 值
私营及合伙人企业	0.013	0.909
专业技术人员	− 0.103	0.182
机关单位负责人	0.219	0.270
办事人员和管理人员	0.043	0.621
商业工作人员	− 0.081	0.465
服务性工作人员	− 0.086	0.401
农林牧渔劳动者	− 0.325	0.290
其他职业	0.640	0.061
父母迁移教育交互	0.011	0.012
性别虚拟变量	0.236	0.000
垄断性行业交互	− 0.010	0.110
事业性行业交互	− 0.021	0.008
机关团体交互	− 0.002	0.874
其他行业交互	− 0.014	0.184
党政军队交互	0.012	0.341
事业单位交互	0.012	0.197
国有及控股企业交互	0.024	0.002
三资企业交互	0.049	0.007
集体企业交互	0.023	0.033
私营及合伙人企业交互	0.015	0.137
专业技术人员交互	0.024	0.000
机关单位负责人交互	0.011	0.484
办事人员和管理人员交互	0.013	0.082
商业工作人员交互	0.015	Sig. 152
服务性工作人员交互	0.009	0.350
农林牧渔劳动者交互	0.034	0.247
其他职业交互	− 0.039	0.207

注：因变量为 2004 年工薪收入的自然对数值。

由表 17-8 可以看到，在子代收入的影响因素中，教育的作用仍然是显著的，不过子代的教育收益率要低一些，只有 2.4%。

父母是否有迁移，对于子代的教育收益率也是有显著影响的。与那些父母没有过户口迁移行为的人相比，父母曾有过迁移行为的人，他们的教育收益率要高 1.1%，教育对他们收入的影响更大。但与此同时，虚拟变量"父母迁移"的符号变成了负的，也就是说如果排除个人本身受教育程度的影响，父母迁移对子代的收入是有消极作用的，第二代移民的收入比本地人要低，只不过这种差异没有达到显著性水平。与迁移者一样，迁移者子代的收入优势是由较高的受教育水平带来的，迁移本身只能给迁移者及其子代带来不利的影响，只不过对于子代来说，迁移的这种负面影响是在减弱的。

用子代的数据进行分析，仍然可以发现不同行业、职业和单位之间教育收益率的差异。事业性行业的教育收益率仍然是显著低于竞争性行业的，其他垄断性行业、机关团体等行业与竞争性行业的教育收益率并没有显著性的差异。

在各种职业当中，只有专业技术人员的教育收益率是显著高于生产工人的，其他职业的教育收益率与生产工人的教育收益率没有显著性差异。

国有及控股企业、三资企业和私营企业中职员的教育收益率要显著高于"其他所有制类型单位"中的教育收益率。其中教育收益率最高的仍为三资企业。

关于子代不同行业、职业和单位的教育收益率的回归结果，与第一部分的研究结果基本一致，从中仍然能看出教育收益率的行业、职业和单位差异，在许多行业和职业里，教育对于收入的影响作用是有限的。

第四节　政策建议

劳动力的大量迁移是与我国经济发展的现状相适应的，也是地区间人力资源有效配置的一个重要途径。劳动力的迁移，很大程度上是出于对更高收入的追寻，地区间的收入差异是十分重要的迁移动因。如果城市劳动力市场是完全竞争和自由流动的，那么迁移劳动力与未迁移劳动力的就业分布和收入水平应该是一致的。但是从实证研究结果来看，迁移者的收入和未迁移者是有显著差异的。从表面上看，迁移者的收入水平要高于未迁移者，但进一步的分析表明，这种优势更多的是由受教育水平带来的，迁移本身对收入只有负面的影响。收入上的表面优势，掩盖了迁移者在劳动力市场中实际的不平等地位，迁移者需要付出更多的努力、更大的代价来赢得与城镇非迁移劳动者相同的待遇。城市劳动力市场上存在着产业分割和职业隔离，这种分割给迁移者带来了就业上的进入障碍，也阻碍了劳动力市场效率的进一步提高，不利于人力资源的有效配置，也必然影响到整个国民经济的发展。

教育对个人收入的影响是显著的，不论是迁移者还是未迁移者，受教育程度越高，其收入水平也越高。对于迁移者来说，教育的收益率更高，也就是说，与未迁移者相比，迁移者多接受一年的教育，为其带来的收入增加更多。通过劳动者的迁移流动、人力资源的优化配置，教育的个人收益率可以得到更好的实现。教育如果要对收入产生更大的影响，需要通过劳动力市场这一中介。因此，一个开放的劳动力市场是极其重要的。

笔者认为，应进一步深化改革以户籍制度为核心（包括城市养老、医疗、住房、子女教育等）的一系列体制和政策，逐步消除劳动力流动的一系列制度性障碍，开放城市劳动力市场，取消地方的就业保护和进入门槛，加速城市劳动力市场一体化，为劳动力的自由流动营造良好的环境，从而促进劳动力市场的整合和人力资源的有效配置，有效地发挥劳动力市场配置资源的功能。

第四篇

教育和人力资本收益

本篇由六章组成，针对教育和培训的个人收益和社会收益进行了实证研究。第十八章"城镇居民教育收益率研究"对我国各级教育的收益率进行了计量估计，并给出了动态变化趋势。第十九章"教育促进劳动生产率的作用"发现在中国的劳动力市场中，教育和收入之间的正相关关系除反映了教育的信号作用外，也反映了在经济单位中教育对提高劳动生产率的功能越来越受到重视并在工资收入中得以体现。第二十章"企业在职培训的私人投资收益"从劳动力市场分割理论的视角，运用2004年中国企业员工培训的调查数据，对企业在职培训的私人投资收益进行了实证研究。第二十一章"性别工资差异研究"探讨经济转型期男女不同性别工资差异的发展状况，通过对奥克萨克歧视系数的计算，检验我国劳动力市场上是否存在性别歧视。第二十二章"教育对不同群体收入的影响"采用基尼系数统计指标和分位数计量回归方法，对我国城镇不同群体的收入差异、教育差异以及收入与教育之间的关系进行了实证研究。第二十三章"城镇居民教育与收入的代际流动"通过收入代际继承性和流动性指数、收入代际弹性系数等指标分析中国城镇居民收入代际流动的特点；而后运用通径分析技术和二元 Logistic 回归模型探讨教育促进收入代际流动的功能。

第十八章

城镇居民教育收益率研究

在过去 20 多年的经济改革中，我国个人收入分配方式发生了深刻的改变，居民收入差距逐渐扩大。收入分配的格局已经从改革开放之前均等化程度很高的收入分配逐渐过渡到按劳、按资以及按劳动力价值等要素分配的多元化收入分配局面。在收入分配中教育因素越来越受到关注，受过更多更好教育的劳动者能够获得更高的劳动报酬收入。这种收入优势，至少其中的一大部分，被认为是教育带给受教育者的收益，成为社会对教育需求的一个主要解释因素。

基于不同受教育程度劳动力的平均收入计算的教育收益和收益率，反映了相应层次和类别学校的毕业生在劳动力市场上的相对表现，可以被用来表示所受教育的外部效益，也何以用来分析该级次和种类的毕业生的劳动力市场供求关系的变化，对于学校和政府有关的规划和决策有一定的参考意义；对于受教育者个人和家庭来说，教育收益和收益率表示的是相应教育的预期收益（和成本）水平，在进行有关教育选择时将成为重要的参考依据；在我国高等教育成本分担政策推行之初的学术讨论中，教育个人收益成为向受教育者收费的主要的合理性辩护依据之一，而在非义务教育阶段学费已达到相当的水平，成为各方面关注焦点的情况下，教育的收益和收益率水平也应当能够为确定和评估学费水平提供一定的参考。

从技术上说，计算教育收益率需要有不同受教育程度劳动力的收入和受教育情况数据，有时还需要相应教育的个人或社会成本数据。在 2004 年中国城镇居民入户调查提取数据和补充问卷调查数据中，包含了有关的数据信息，为进行当年教育收益和收益率计算提供了条件。

第一节　不同文化程度的劳动者的工薪收入

在 2004 年中国城镇居民入户调查提取数据中，年龄介于 16～70 岁之间、就业情况为就业或待业（包括社会青年、失业人员和其他待业人员）的劳动力样本共 38 568 人，分教育程度的平均年工薪收入和样本数如表 18－1 所示。

表 18－1　　　　　　不同受教育程度劳动力的年平均工薪收入

文化程度	年工薪收入均值（元）	N
未上过学	8 609.434	49
扫盲班	10 472.64	40
小学	6 248.077	1 044
初中	8 137.304	9 962
高中	10 547.75	10 576
中专	12 608.42	5 186
大学专科	16 529.02	8 321
大学本科	22 326.66	3 198
研究生	36 893.28	192
总　计	12 481.59	38 568

统计结果显示，2004 年我国城镇劳动力（包括待业人员）样本的平均年工薪收入为 12 482 元，而且上表清晰地显示出工薪收入水平随教育程度提高而提高的整体趋势。除了未上过学和扫盲班的劳动力样本过少之外，其余教育程度的样本均是较高一级文化程度者的年平均工薪收入高于低一级文化程度者。其中最低者为小学文化程度，平均年工薪收入为 6 248 元；最高者为研究生文化程度，平均年薪为 36 893 元。

将劳动力样本按照年龄分组，来分析不同文化程度的劳动力年工薪收入随年龄变化的趋势。表 18－2 反映了不同文化程度劳动者工薪收入随年龄变化的情况：

表 18 - 2　　　不同受教育程度分年龄组的劳动力年平均工薪收入　　　单位：元

年龄	小学	初中	高中	中专	大专	大本	研究生
15～19		1 694.1	1 830.2	2 035.0			
20～24	1 321.3	2 527.8	5 539.4	7 017.8	9 464.8	1 3324.4	
25～29	2 308.5	4 902.8	8 181.6	8 859.0	11 650.8	18 760.2	23 424.8
30～34	4 150.3	5 830.2	9 251.1	11 147.0	15 014.2	20 932.3	36 520.4
35～39	5 155.5	6 713.4	10 021.9	12 494.2	16 683.5	23 067.3	36 167.0
40～44	5 264.7	7 909.2	10 843.6	13 899.0	17 687.4	23 365.3	37 149.3
45～49	5 784.3	8 909.5	11 511.5	15 498.1	19 739.2	24 699.2	44 943.1
50～54	7 687.4	10 531.3	12 418.8	15 921.6	19 366.5	26 591.6	48 843.6
55～59	7 131.9	10 839.5	14 614.5	16 529.5	20 023.6	27 029.2	29 207.8
60～64	6 168.2	8 016.9	11 519.2	15 436.9	20 009.2	26 813.7	
65～69	5 751.9	6 178.3	9 564.5	8 896.4	15 225.7	16 943.4	
总计	6 248.1	8 137.3	10 547.8	12 608.4	16 529.0	22 326.7	36 893.3

　　表 18 - 2 的统计结果显示出两个显著的趋势：（1）同龄人口中文化程度高的劳动力其工薪收入也高，在所有年龄段上都呈现出了教育程度和年工薪收入的一致性；（2）所有教育程度均呈现出工薪收入随年龄先上升后下降的趋势。除文化程度为研究生的劳动力之外，其余所有文化程度的劳动力平均年工薪收入在59 岁以前随年龄单调提高，而 60 岁以后出现下降。

　　依据表 18 - 2 的数据绘制的年龄—收入曲线，能够直观地显示出不同教育程度的劳动力工薪收入随年龄变化的趋势，如图 18 - 1 所示。

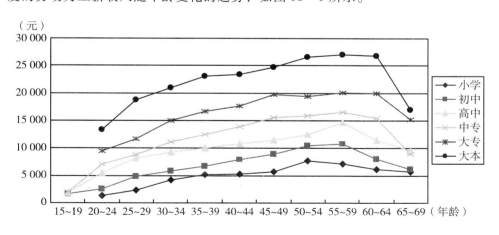

图 18 - 1　2004 年中国劳动力年龄—收入曲线

第二节　中国各级教育的明瑟收益率

教育经济学界反映教育收益水平最常用的有内部收益率（internal rate of return）和明瑟收益率（mincerian rate of return）两种。明瑟收益率指的是利用明瑟收入函数计算出的教育边际收益率，反映了受教育者多受一年教育收入的变化率。内部收益率的计算需要有教育成本和完成教育者就业收入两方面的数据，而估算明瑟收益率只需要毕业生收入数据。本节将计算明瑟收益率。

通常设定明瑟收入函数形式如下：

$$\ln Y = \alpha + \beta \times S + \gamma_1 \times X + \gamma_2 \times X^2$$

其中，Y 是就业者的收入；S 是就业者受教育年限；X 是就业者的工作经验（年限），按照劳动就业理论和国际上劳动力市场的实际经验，工龄对收入呈现二次曲线关系。就业者在某个工龄点收入达到峰值后，随着工龄增加，收入有下降的趋势。公式中变量 S 的系数 β 满足下列公式：

$$\beta = \frac{\partial \ln Y}{\partial S} = \frac{\partial Y / \partial S}{Y} \approx \frac{\Delta Y / Y}{\Delta S}$$

我们称 β 为明瑟收益率，其含义是：在相同工作年限条件下，多接受一年教育的就业者收入比未接受该年教育的就业者的收入的变化率。

利用提取的 2004 年城镇入户调查数据就明瑟收入函数进行回归分析，得到我国 2004 年城镇受教育者总体的教育明瑟收益率，从样本中抽取某级文化程度的劳动力，与其低一级文化程度劳动力的样本组成样本子集进行回归分析，得到2004 年我国城镇劳动力各级教育的明瑟收益率。所得结果如表 18 - 3 所示。

表 18 - 3　　2004 年城镇数据各级教育明瑟收入函数的参数估计结果

	总体	初中	高中	中专	大专	大本	研究生
常数项	7.5371	7.8273	7.8897	7.2280	7.1087	6.6352	6.9114
工作年限	0.0226	0.0318	0.0240	0.0369	0.0219	0.0195	0.0211
工作年限平方	- 0.0002	- 0.0003	- 0.0002	- 0.0005	- 0.0002	- 0.0001	- 0.0003
受教育年限	0.1171	0.0702	0.0729	0.1380	0.1451	0.1892	0.1740
R^2	0.153	0.05	0.051	0.092	0.105	0.166	0.062

注：所有变量的系数估计值均在 0.01 水平上显著。

以上分析结果显示，我国城镇劳动力中教育明瑟收益率为11.71%，意即平均多接受一年教育，可以致使其收入提高11.71%。分教育级别来看，总体趋势是教育级别越高，教育的边际收益率越高，其中初中教育的收益率为7.02%，高中、中专、大学专科教育收益率分别为7.29%、13.8%和14.5%，而大学本科的收益率则达到了18.9%，研究生教育的收益率为17.4%。也就是说，多接受一年的大学本科教育可以致使受教育者工薪收入提高18.9%，而以本科四年学制计算，大学本科毕业生较同龄的高中毕业生平均工薪收入高75.4%。

第三节　中国各级教育明瑟收益率的时间变化趋势

利用国家统计局不同年度的城镇入户调查数据可以计算我国各年度的教育收益率水平。此处利用国家统计局1991年、1995年、2000年[①]和2004年的城镇入户调查数据分别计算各年度的教育明瑟收益率。各年度的抽样范围和样本量为：2004年的数据包括来自12个省市的38 568个样本；2000年的数据包括来自除西藏自治区和台湾地区之外的30个省、市、自治区的25 323个劳动力样本；1995年的数据包括来自除西藏自治区和台湾地区之外的29个省、市、自治区的25 802个劳动力样本；1991年的数据包括来自含西藏自治区，不含台湾地区的30个省、市、自治区的26 158个劳动力样本。利用以上样本计算的各年度中国教育收益率如表18-4所示。

表18-4　　　　　　　　　　　年度明瑟收益率

年份	1991	1995	2000	2004
常数项	6.785	7.649	7.469	7.5371
受教育年限	0.02953	0.04655	0.08472	0.1171
工作经验	0.05648	0.03371	0.03114	0.0226
工作经验平方	-0.0008275	-0.0003594	-0.000213	-0.0002
R^2	0.273	0.150	0.154	0.153

注：所有变量的系数估计值都在0.01水平上显著。

---

① 陈晓宇、陈良焜、夏晨：《二十世纪九十年代中国城镇教育收益率的变化》，《北京大学教育评论》2003年第2期。

分析结果显示，我国教育的明瑟收益率在 1991 年为 2.95%，1995 年为 4.66%，2000 年为 8.47%，2004 年达到 11.71%。将此计算结果与李实、丁赛的研究结果①叠加，呈现出 20 世纪 90 年代以来中国教育明瑟收益率的变化趋势，如图 18-2 所示。

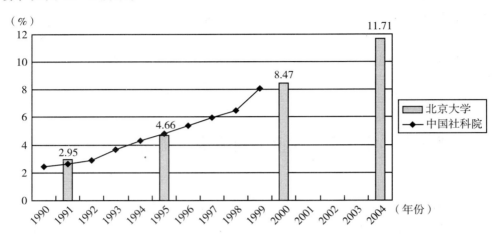

图 18-2   20 世纪 90 年代以来中国教育明瑟收益率变化趋势

资料来源：陈晓宇、陈良焜、夏晨：《二十世纪九十年代中国城镇教育收益率的变化》，《北京大学教育评论》2003 年第 2 期；李实、丁赛：《中国城镇教育收益率的长期变动趋势》，《中国社会科学》2003 年第 6 期。

以上研究结果，清晰地显示出 20 世纪 90 年代以来中国教育收益率的时间变化趋势。在整个 90 年代，中国教育收益率处于逐年上升之中，利用城镇入户调查数据计算得到的教育收益率在 1991 年为 2.95%，到 2000 年上升到 8.47%，与国际水平比较，2000 年的教育收益率水平虽然略低于国际平均水平，但已比较接近（根据萨卡洛普罗斯（Psacharopoulos）和帕齐诺斯（Patrinos）的总结，教育明瑟收益率的国际平均水平为：亚洲非 OECD 国家 9.9%，欧洲、中东、北非非 OECD 国家 7.1%，拉丁美洲、加勒比地区 12%，撒哈拉以南非洲国家 11.7%，OECD 国家 7.5%，世界各国平均 9.7%）②。21 世纪初中国教育收益率水平仍继续其提高的趋势，2004 年中国城镇教育收益率已达到 11.7%，略高于亚洲非 OECD 国家的平均水平 9.9% 以及世界各国平均水平 9.7%。

---

① 李实、丁赛：《中国城镇教育收益率的长期变动趋势》，《中国社会科学》2003 年第 6 期。

② Psacharopoulos，George and Patrinos，Harry Anthony. "Returns to Investment in Education：a Further Update" ［R］. World Bank Policy Research Working Paper No. 2881，World Bank，September 2002.

同样，从各年度样本总体中抽取教育程度为某一级别，以及低一级别（例如大学本科和大学专科以高中为其低一级别，高中以初中为其低一级别）的样本，在此子集合之上对明瑟收入函数进行回归分析，所得教育年限的系数即为该级别教育的明瑟收益率。如此计算出的各年度不同教育级别的教育明瑟收益率如表 18－5 所示。

表 18－5　　　　中国城镇劳动力中各级教育明瑟收益率　　　　单位：%

年份	研究生	大学本科	大学专科	高中	初中
1991		3.78		2.72	1.60
1995	7.23		5.33	3.87	3.62
2000	13.1		9.97	6.53	4.86
2004	17.4	18.9	14.5	7.29	7.01

注：（1）1991 年调查中在文化程度一项未区分大学本科与大学专科；

　　　（2）2000 年及以前调查数据中未区分研究生。

结果显示了 20 世纪 90 年代以来中国不同级别教育明瑟收益率的特点及变化趋势。在此时间段上教育收益率变化有以下几个突出特点：首先，各级教育收益率均随时间推移而有显著的提高，其中大学本科的收益率从 1991 年的不到 4%提高到了 2004 年的 18.9%，初中的收益率也从不到 2%提高到了 2004 年的 7%；其次，教育层次越高，教育收益率越高，跨年度的考察数据一致显示，受过较高级别教育的劳动者不但其收入的绝对水平高，而且受的教育层次越高，多接受一年教育收入提高的幅度越大；第三，2004 年的估算结果显示，中国高等教育的收益率达到 8.9%，处于相对较高的水平，说明当前中国接受高等教育者在其职业生涯中具有相当可观的收入优势，这一结果有助于更好地解释我国高等教育社会需求持续旺盛的现象。

第四节　关于明瑟收益率时间趋势的分析

在中国，教育与收入的关系呈现过以下几个阶段：第一阶段为改革开放的前期，社会收入分配"脑体倒挂"现象一度曾是各界关注的热点之一。对受教育者的劳动报酬问题进行调查研究，发现我国收入分配方面存在的不合理现象之一就是受教育年限与劳动报酬不成比例，以至于受教育越多越吃亏[1]。进入 20 世纪 90 年代，随着目标模式为社会主义市场经济模式的经济体制改革的开展，我国教育逐渐显现出了投资属性，受较高水平教育者在收入上开始呈现出一定优势，利用此时的调查数据计算的教育收益率为正，但收益率水平远低于国际平均水平[2]。到 20 世纪 90 年代后期，中国教育收益率显示出逐步提高的趋势，截至 2000 年，中国教育明瑟收益率虽然略低于国际平均水平，但已逐步接近。[3] 在世纪之交的 3 年里，中国普通高等教育规模出现了快速扩张，以至于人们开始怀疑当这些扩招的高校毕业生进入劳动力市场后，是否会降低教育的收益率水平[4]。但研究显示，进入 21 世纪以后，我国教育的收益率仍然持续其提高的趋势，基于 2004 年数据的研究显示，2004 年我国教育的明瑟收益率已略超过国际和地区平均水平，达到 11.7% 的较高水平，而且分教育级别的研究显示我国高等教育的明瑟收益率已达到 18.9%，无论是与历史数据还是与国际数据比较都处于相当高的水平。

从数据现象上看，造成我国教育收益率持续提高的原因是新进入劳动力市场的年轻就业者中，受过较高教育者具有更大的收入优势。对 20 世纪 90 年代中期数据分析即发现了新就业的受过高等教育的年轻劳动者的教育收益水平高于改革开放前就业的中年劳动者的现象[5]。利用 2004 年的数据，我们可以对此趋势进行进一步的分析。

以高中文化程度的劳动力的工薪收入为 1，初中和大学本科文化程度劳动力的相对收入如图 18-3 所示。

由图 18-3 可知，年龄越小，不同教育程度之间的差距越大。最新进入劳动力市场的大学毕业生的收入优势最大。对明瑟收入函数进行扩展，加入工作年限与受教育年限的交互项。

$$\ln Y = \alpha + \beta \times S + \gamma_1 \times X + \gamma_2 \times X^2 + \gamma_3 SX$$

其中教育年限和工作年限交互项的系数 γ_3 即表示收入的教育差距随工作年限的变化的方向。γ_3 为正，说明收入的教育差距随工作年限增加而扩大，年龄—收入曲线发散；γ_3 为负，说明收入的教育差距随工作年限增加而缩小，年

① 厉以宁主编，闵维方副主编：《教育的社会经济效益》，贵州人民出版社 1995 年版，导论，第 7 页。
② 陈晓宇、闵维方：《中国高等教育个人收益率研究》，《高等教育研究》1998 年第 6 期。
③ 陈晓宇、陈良焜、夏晨：《二十世纪九十年代中国城镇教育收益率的变化》，《北京大学教育评论》2003 年第 2 期。
④ 陈晓宇、冉成中、陈良焜：《近年中国城镇私人教育收益率的变化》，闵维方、杨周复、李文利主编：《为教育提供充足的资源》，人民教育出版社 2003 年版。
⑤ 陈晓宇、闵维方：《论中国高等教育的预期收益与劳动力市场化》，《教育研究》1999 年第 1 期。

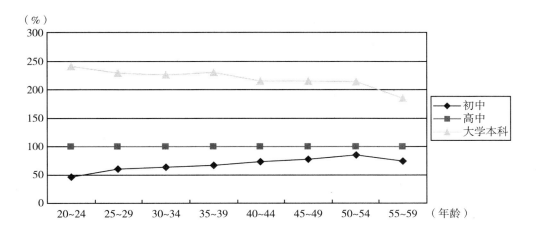

图 18 - 3   2004 年大学、高中、初中教育程度劳动力分年龄组的相对收入

龄—收入曲线收敛。这一方法在教育经济学研究中常用来验证人力资本理论或筛选假设[①]。

回归分析发现明瑟收入函数扩展中教育与工作年限的交互项系数显著为负（-0.00152，显著性水平 0.0000），显示工作年限越短的劳动者，其教育收益率越高。当然此处的研究结果并不是作为人力资本理论和筛选理论之争的论据，但可以从数据现象显示造成我国教育收益率水平提高的原因：新进入劳动力市场的毕业生教育收益更高，随着时间推移，受过较高教育的劳动力的收入的教育优势扩大，整体平均的教育收益率得到提高。这一结果暗示着如果当前的收入分配体制不发生重大调整，随着时间推移，我国教育的明瑟收益率水平仍将进一步提高。

第五节   中国各级教育成本及各级教育内部收益率

明瑟收益率反映的是教育的边际收益水平，由于其计算只需要毕业生的收入数据，因此这种方法的应用较为广泛。但严格地说，明瑟收益率只是以教育年限来隐含地代表教育成本，其计算结果并不能反映教育的直接成本和机会成本的变化对受教育者带来的影响。因此严格意义上说，明瑟收益率并不反映教育的成本—收益水平。常用的能够反映教育成本—收益水平的指标为教育的内部收益

---

① 李锋亮：《教育的筛选功能：中国劳动力市场的视角》，北京大学教育学院博士学位论文，2005 年。

率，即使教育成本和收益净值相等的贴现率。计算教育内部收益率的方程如下：

$$\sum_{t=1}^{n} \frac{B_t}{(1+r)^t} = \sum_{t=1}^{m} C_t \times (1+r)^{m-t}$$

其中，B_t 为第 t 年的教育收益；C_t 为第 t 年的教育成本；m 为该级教育的年限；n 为受教育者毕业后终生获得收入的年限；r 即为该级教育的内部收益率。

利用 2004 年教育与就业调查的教育成本数据，得出各级学校在校生的平均支出情况如表 18 - 6 所示。

表 18 - 6　　　　　　　　　各级教育在校生平均支出

	小学	普通初中	普通高中	大专	大本
总支出	2 286.2	3 914.3	6 101.1	10 568.9	13 898.4
其中：学杂费	480.7	881.0	1 763.0	5 116.9	6 101.8
住宿费	20.1	77.0	163.4	807.6	1 258.6
学习资料等	269.8	420.9	624.2	700.5	885.9
伙食费	235.8	407.7	934.9	2 844.8	4 120.9
校服费	67.9	91.0	96.5	81.3	82.5
为上学而花费的交通费	57.9	117.7	203.5	315.8	433.9
赞助费（择校费）	250.2	847.0	1 323.1	193.8	196.7
课外学习班费用	676.4	566.5	466.3	152.7	269.4
家教支出	86.0	275.7	301.5	8.8	50.9
其他费用	141.5	229.7	224.8	346.7	497.8
教育成本	1 382.3	2 842.4	5 108.6	7 351.1	10 370.7

注：教育成本包括学杂费、住宿费、学习资料费、伙食费、校服费、交通费、赞助费（择校费），对于已经成年的大专和大本学生，减去 2004 年全国城镇平均食品支出 2 709.6 元。

采用以上计算的教育成本，以年龄的 2 次曲线模拟的收入为教育收益的基础，以同龄的上级教育毕业生平均工薪收入为机会成本，在阿尔法（Alpha）系数（收入差异归因于教育的比例）分别为 1、0.8 和 0.6 之下计算得到 2004 年各级教育的内部收益率：

表 18 - 7　　　　我国教育的内部收益率（1996 年和 2004 年数据）

	阿尔法系数	初中（%）	高中（%）	大专（%）	大本（%）
1996 年数据	1		5. 47	6. 86	6. 78
	0. 8			5. 49	5. 49
	0. 6			3. 93	4. 00
2004 年数据	1	12. 7	9. 2	8. 2	10. 7
	0. 8	10. 8	7. 2	6. 8	9. 0
	0. 6	8. 6	5. 2	5. 1	7. 0

通过表 18 - 7 可以看出，我国教育的内部收益率（阿尔法系数为 1 时）分别为：初中 12.7%，高中 9.2%，大学专科 8.2%，大学本科 10.7%。虽然与 20 世纪 90 年代中期的数据相比，该水平有了一定幅度的提高，但与国际平均水平（世界平均水平，初等教育私人内部收益率为 26.6%，中等教育 17.0%，高等教育 19.0%[①]）比较，我国教育的内部收益率水平仍相当低下，这应该归因于我国较高的教育私人成本水平。

利用 2004 年的城镇入户调查抽样数据对教育收益和收益率的分析结果显示，2004 年中国教育的明瑟收益率为 11.7%，其中初中、高中、大学专科、大学本科和研究生的明瑟收益率分别为 7.01%、7.29%、14.5%、18.9% 和 17.4%。历史比较发现我国教育的明瑟收益率自 20 世纪 90 年代以来处于持续的提高之中，这种提高的趋势一直延续到了 21 世纪初。截至 2004 年，我国教育的边际收益水平已达到甚至超过了国际平均水平，我国教育进入了高收益阶段。年轻就业者教育收益高的现象还暗示着未来教育收益水平很有可能将继续提高，但是同时我国教育的私人成本水平也相当高，因此结合教育成本计算的教育私人内部收益率水平仍相当低下，虽然该水平在过去的近 10 年间也得到了提高，但提高的幅度有限。随着政府和社会对教育收费问题的关注，预计我国教育私人成本快速增加的势头应能得到遏止，加之教育私人收益水平的提高，预计我国教育的私人内部收益率在未来一段时间也将持续提高。

[①]　Psacharopoulos, George and Patrinos, Harry Anthony. "Returns to Investment in Education: a Further Update" [R]. World Bank Policy Research Working Paper No. 2881, World Bank, September 2002.

第十九章

教育促进劳动生产率的作用

在世界范围内，大多数实证研究几乎都支持了这样的论断，即人们的受教育水平与其在劳动力市场中的收入之间普遍存在着统计上的正相关关系。但是对于如何解释这种教育与收入之间的正向关系却存在着很大的分歧。其中从 20 世纪六七十年代以来，吸引世界各地广大学者与政治家关注的人力资本理论和筛选理论就分别给出了可谓彼此竞争的解释。人力资本理论认为：通过接受教育，一个人可以获得更多的知识和技能，当受教育者进入劳动力市场成为劳动者后，通过教育获得的知识和技能就可以提高劳动者在工作中的劳动生产率，而较高的劳动生产率就会带来较高的经济收入。也就是说雇主给具有较高劳动生产率的雇员以较高的工资，而较高劳动生产率的源泉来自教育。人力资本理论将教育看做是一种提高个人技能的投资，将研究的重点放在教育的生产性作用方面。而筛选理论则质疑教育促进劳动生产率的生产作用，认为一个人的劳动生产率或者能力可能更多是与生俱来的天赋，并不是教育的结果或者说教育对于个人的劳动生产率提高不大，教育仅仅或者在很大程度上是起到反映个人固有劳动生产率的信号作用。也就是说雇主给具有较高受教育程度的雇员以较高的工资，这是因为雇主认为受教育程度是一个人劳动生产率的有效信号。筛选理论与人力资本理论最大的区别在于它将研究的重点放在了教育的信息性作用方面，认为教育是一种能够区别高劳动生产率者和低劳动生产率者的筛选工具。

一些研究者相继从不同角度并应用不同国家和地区的数据对这两种理论所解释的教育与收入之间关系的有效性进行了大量的实证性研究，研究的重点在于辨别和度量教育的生产性成分和信息性成分。其中一种应用广泛的方法是考察标准

406

明瑟收入函数以及它的各种扩展形式，来比较竞争性部门与非竞争性部门中教育对于劳动者收入贡献的大小，从而考察教育的贡献到底是体现在对劳动生产率的促进上还是体现在对学历或者文凭所反映的个人能力的奖励上（Psacharopoulos，1979）。

萨卡洛普罗斯（Psacharopoulos，1979）认为教育的生产性作用与部门的竞争性程度呈正相关，而教育的信息性作用与部门的竞争性程度呈负相关[①]。即在竞争性强的部门，收入与劳动生产率联系更加紧密，教育促进劳动生产率的作用更明显，而教育的信号作用也就比较弱。相反，在竞争性弱的部门，收入与劳动生产率联系较弱，工资制度更多是由行政安排决定的按资排辈，教育对于劳动生产率的提高作用很难通过收入得到体现，因此教育的信号作用就更强。

人们通过比较竞争性部门与非竞争性部门教育和工作经验对收入的影响，针对不同国家、不同时期的实证检验得出了不同的结论。有的研究支持了人力资本理论，即教育与收入之间的关系体现了教育对劳动生产率的促进作用（Psacharopoulos，1979；Lee，1980；Tucker，1986；Cohn，1987；Arabsheibani and Rees，1998；Clark，2000）；有的研究得到了两者混合的结果，即某些证据支持了人力资本理论，某些证据却反过来支持了筛选理论（Lambropoulos，1992；Ziderman，1992；Brown and Sessions，1999；Lee and Miller，2004）。

明瑟（1974）认为不同受教育程度的个体在不同能力方面的差异并不持续地影响收入。因此，萨卡洛普罗斯（1979）假定个体的任何能力差异造成的收入差异，都由明瑟收入函数的常数项包括了。所以若是竞争性部门的教育收益率高于非竞争性部门，则说明教育具有"内在的生产性价值"。在研究中，萨卡洛普罗斯针对英国的劳动力市场特征假定公共行政部门（Public Administration）是"非竞争性"的部门，商业领域（Distributive Trades）是竞争性部门，因为前者的科层与官僚制更为明显。他的这项研究发现商业领域的教育收益率高于公共行政部门的教育收益率，并且认为结果支持了教育具有促进劳动生产率的作用。

李（Lee，1980）在研究中扩展了标准明瑟收入函数，加入了教育年限与工作年限的乘积项。加入这个乘积项的意图是考察教育在受教育者进入劳动力市场后是否对收入有更进一步的促进作用。这项研究发现，不管是在公共部门还是在私营部门，这个乘积项的系数都是正的，而且显著性在5%的水平；并且乘积项的系数在私营部门要比在公共部门更高，也更显著。李（1980）基于上述的实证结果下结论认为教育无论是在竞争性部门还是在非竞争性部门都具有普遍的生产性功能，而且在竞争性部门，教育的生产性功能得到了更多的体现。

---

①　当然有学者并不认同这个论断，比如齐德曼（1992），本章将在以后的内容做进一步的讨论。

齐德曼（Ziderman，1992）利用以色列的两组不同的数据进行了相关的检验，结果发现其中一组的结果是政府部门的教育收益率高于商业领域，而另外一组的结果却正好相反。根据混合的结果，齐德曼认为可能在某些地区或者国度教育的生产性价值更为普遍，而在另外的一些地域，教育更多是一种信息性价值的体现。

对于教育的生产功能与信息功能之争，明瑟曾经总结道："在信息不完备的世界里，只要能力是教育过程中的一种投入要素，教育促进劳动生产率的生产作用和筛选的作用就不是相互排斥的。争议可能会聚焦于教育的生产促进和筛选作用哪个对收益的影响更重要。"（明瑟，1980）也有学者进一步指出：教育的生产性成分与信息性成分的构成，更多是由不同国别的本土文化、社会与经济制度所决定的（布郎、塞申斯，1999）。

对中国 20 世纪 90 年代以来就业者的受教育程度和收入之间的关系的实证研究表明，人们的受教育程度与终身收入之间存在着密切的联系，投资教育会为人们带来较高的私人收益率（陈晓宇等，2003）。那么中国这种教育较高的私人收益率现状到底是教育生产功能的体现还是筛选功能的体现抑或是两者的混合？中国的教育系统自古以来就承担着科举取士的筛选功能，而现代中国显然是基于教育生产功能的考虑提出了"从人口大国迈向人力资源强国"的战略构想。与此同时，从改革开放以来，中国的经济一直处于巨大的转型过程中，公有经济的比重不断下降，私有部门逐渐成为中国经济发展的主要动力；而即使在公共部门内部，经济转型也在如火如荼地进行着，国有企业的改制、政府部门的裁减、缩编等。这都表明目前中国的劳动力市场无论整体而言还是私立部门抑或公共部门，竞争性都在不断增强。

那么在中国这种教育、文化传统源远流长而社会、经济制度又处于急速转型的环境中，教育的个人收益率所反映的教育与收入的关系究竟来自社会对教育信号作用的认同，还是代表了教育确实对提高劳动生产率所做的贡献？教育的生产性功能和筛选功能究竟是在多大程度上发挥作用的？随着市场经济的不断完善并伴随劳动力市场竞争程度的不断增强，教育的生产性功能与信息性功能是否会有变化？变化的趋势又如何？这是本章研究试图探讨的问题。我们希望通过将中国劳动力市场中不同部门、不同地域的教育收益率进行对比，评估中国劳动力市场中教育的生产促进和筛选作用。同时通过对比不同时点进入劳动力市场的劳动者的教育收益率，验证教育的信息性功能与生产性功能此消彼长的趋势，并从侧面检验中国劳动力市场的市场化进程。

第一节　研究假设

　　由于中国过去实行的是计划经济体制下的人事和工资制度，导致教育对劳动生产率的提高作用不能充分地从工资收入中体现出来，教育程度可能更多的是一种工资发放的等级依据，所以教育的信号作用可能更强一些。随着按劳分配工资制度的改革，随着部门、单位有了更大的人事和工资制定的自主权，在中国劳动力市场中，收入除了应该继续体现教育的信号价值外，教育对提高生产者的劳动生产率的价值也应该日益凸显，即教育的生产性功能在收入中应该得到愈来愈充分的体现。本章试图检验在中国特定的劳动和工资制度下，教育在决定人们的收入的影响因素中不仅仅具有信号的作用，而且也具有提高劳动生产率的作用，教育的这种生产性作用随经济体制改革的深化更加明显。

　　我们参考萨卡洛普罗斯（1979）关于竞争性部门与非竞争性部门的讨论，对照中国劳动力市场的特征，对中国不同经济单位、不同地域以及不同时间段的竞争程度作如下判断：

　　1. 竞争性随着经济单位的国有成分的降低而增强。具体而言，竞争性依国有企业、集体企业、其他所有制企业而依次增加[①]。

　　2. 竞争性随地区经济发展水平的增强而提高。具体而言，经济较发达的沿海等非西部地区比经济较不发达的西部地区具有更强的竞争性。

　　3. 竞争性随市场经济改革的深化而提高。具体而言，20 世纪 90 年代之后比90 年代之前，中国劳动力市场的竞争性更强。

　　我们的研究假设为，教育对劳动生产率的提高作用将随着竞争性程度的提高在收入中得到更加充分的体现。即竞争性强的劳动力市场的教育收益率应该高出竞争性弱的劳动力市场的教育收益率，并且高出的部分可以归因于用人单位对教育促进劳动生产率作用的确认。基于以上讨论和对中国不同类型的经济单位、不同地域、不同时段的竞争性强弱的判断，可以进一步演绎出如下可实证检验的假设：

　　1. 由于国有、集体、非国有的其他经济类型的竞争性依次增强，所以它们的教育收益率也应该依次提高。

---

　　① 中国的国有经济、集体经济构成非常复杂，许多国有企业、集体企业与民营企业、外资企业相比较，竞争性程度毫不逊色。但是，由于现有理论与目前数据的局限，本章无法给出更为精确的关于"竞争性"部门与"非竞争性"部门的区分方法。但是根据一般的社会经验，总体而言，劳动力市场的竞争性将随着国有成分的降低而依次增强。

2. 由于非西部劳动力市场的竞争性强于西部劳动力市场的竞争性，因此前者的教育收益率高于后者的教育收益率。

3. 20 世纪 90 年代以来的劳动力市场比 90 年代前的劳动力市场竞争性更强，而中国的劳动人事管理制度基本上遵循"老人老办法，新人新办法"的原则，因此 1990 年后参加工作的劳动者群体的教育收益率要高于工作起始年份在 1990 年以前的劳动者群体的教育收益率。

整个研究假设如表 19 – 1 所示。

表 19 – 1　　劳动力市场的竞争程度与教育收益率呈正相关

	所有制类型			地域经济发达程度		工作起始年份（1990 年为界）	
	国有	集体	其他	西部	非西部	前	后
竞争性	弱	次弱	强	弱	强	弱	强
教育收益率	低	次低	高	低	高	低	高

第二节　实证检验结果

本章所用的数据集来自国家统计局城调队 2000 年度进行的除西藏自治区和台湾地区以外全国范围内的城镇住户调查。此数据集包括 25 312 个劳动者样本，其中男性占 54%，女性占 46%。该数据集包含了劳动者年收入、受教育程度与参加工作年限等指标变量，也包含了劳动者的就业情况、所在省市等信息。

根据明瑟收入方程分不同经济类型、不同地域、不同时间段回归得出的结果如表 19 – 2 所示。

表 19 – 2　　　　　　明瑟收入方程的回归结果

	国有经济	集体所有经济	其他经济类型	西部	非西部	1990 年前参加工作	1990 年后（含）参加工作
常数项	7.478 (262.34)[a]	7.336 (77.72)[a]	7.536 (66.22)[a]	7.292 (193.27)[a]	7.532 (232.52)[a]	7.522 (169.63)[a]	7.188 (117.63)[a]
受教育年限	0.0779 (42.96)[a]	0.0794 (11.86)[a]	0.107 (13.10)[a]	0.0821 (31.53)[a]	0.0865 (40.59)[a]	0.0827 (46.42)[a]	0.0923 (21.39)[a]

续表

	国有经济	集体所有经济	其他经济类型	西部	非西部	1990 年前参加工作	1990 年后（含）参加工作
工作年限	0.0396 (23.90)[a]	0.014 (2.15)[b]	0.034 (4.98)[a]	0.0420 (19.80)[a]	0.0260 (12.50)[a]	0.0263 (8.45)[a]	0.104 (7.15)[a]
工作年限平方	−0.0004 (−9.70)[a]	0.0002 (1.22)	−0.0005 (−2.38)[b]	−0.0004 (−8.43)[a]	−0.0001 (−2.05)[b]	−0.0001 (−1.83)[c]	−0.0057 (−4.43)[a]
调整后 R^2	0.155	0.082	0.136	0.200	0.137	0.125	0.104
样本数	19 991	2 674	1 318	8 065	16 978	19 435	5 607

注：西部是除了"西藏自治区"的西部 11 省市与自治区；括号中的值为 T 值，"a"表示显著性水平为 1%，"b"表示显著性水平为 5%，"c"表示显著性水平为 10%。

从表 19 - 2 中可以看到：

1. 国有经济组（第一列）、集体所有经济组（第二列）、其他经济类型组（第三列）的教育收益率依次提高，分别为 7.79%、7.94% 与 10.7%。结果验证了研究初始所做的第一个子假设。其中，国有经济与集体所有经济之间教育收益率的差距不明显，通过加入虚拟变量的方法，发现这种差异也并非显著；而其他经济类型的教育收益率明显高于国有经济与集体经济的教育收益率，通过加入虚拟变量的方法，发现它们之间的差异是显著的。这说明在其他经济类型的单位，个人的收入与个人的劳动生产率挂钩更紧密，较之在国有经济、集体所有经济单位，教育提高个人获利能力的生产性功能得到了更好的显现。

2. 西部地区组（第四列）与非西部地区组（第五列）的教育收益率分别为 8.21% 和 8.65%，非西部地区要略高于西部地区。通过加入地域的虚拟变量，显示这种差异的显著性水平在 5%。这也使得研究初始的第二个子假设得到了验证，即在非西部地区，由于经济发展水平更高，劳动力市场的竞争程度也更高，这就使得教育的生产功能能够得到更好的体现。

3. 按参加工作年份的先后进行对比，发现 1990 年前参加工作组（第六列）的教育收益率为 8.27%，而 1990 年后参加工作组（第七列）的教育收益率为 9.23%，前者明显低于后者；同样根据虚拟变量的方法，发现不同时间段教育收益率的差距是显著的，显著性水平为 5%。因此，研究初始所做的第三个子假设得到了验证，表明由于 20 世纪 90 年代后中国的劳动力市场比 90 年代前的劳动力市场竞争程度更高，这使得教育的生产功能越来越在工资收入中得以体现；也可以推断，随着经济改革的不断深化，中国劳动力市场的竞争程度将越来越高，教育的生产功能将得到更多的体现。

411

第三节 对方法的讨论

一些学者并不认同通过比较竞争性不同的劳动力市场的教育收益率从而评估教育的生产性功能和筛选功能的方法。比如齐德曼（1992）认为萨卡洛普罗斯（1979）以及后续众多研究的学者没有一个解释清楚了为什么可以通过比较教育收益率来区分教育的生产性功能和信息功能。与萨卡洛普罗斯（1979）一样，齐德曼（1992）讨论的也是竞争性的私立部门与非竞争性的公共部门的教育收益率的比较，他认为公共部门的教育收益率可能高于也可能低于私立部门的教育收益率，这主要取决于公共政策的决定，因此试图比较公共部门和私立部门的教育收益率对于检验教育的生产性功能和筛选功能而言是没有意义的。这是因为公共部门对应的是"非竞争性"部门，但其实筛选理论和人力资本理论一样，分析都是基于"完全竞争"、"效益最大化"、"工资等于边际劳动生产率"的劳动力市场，而并非讨论"非竞争性"的部门。卡诺依（Carnoy，1995）也曾指出"各级教育收益率的相对高低取决于工资的整体结构，而后者又主要受劳动者讨价还价的政治力量的影响"，因此非竞争劳动力市场的教育收益率可能更多受了政治、社会因素的影响，这就将给比较教育对收入的纯粹影响带来很大的偏差。

然而本章仍然认为，即使人力资本理论和筛选理论的建立是基于"充分竞争的劳动力市场"，却依然能将这两者的推论应用在"非竞争性"的劳动力市场。这是因为可以将非竞争性的就业环境类比为筛选的就业环境[①]，而将竞争性的就业环境类比为非筛选的就业环境，前者生产者的真实劳动生产率更不容易被观察到，所以教育的信号作用更强，而后者劳动者的真实劳动生产率更容易被直接观察到，所以教育的生产作用更强。这样如果非筛选环境中也就是竞争性程度更高的就业环境中教育的收益率更高，就表明教育的生产功能得到了体现。因此通过比较竞争性劳动力市场与非竞争性劳动力市场教育收益率的差异以检验教育的生产功能和信息功能，还是有其较大的合理性的。

---

① 关于筛选就业环境与非筛选就业环境的定义参见莱利（Riley，1979）的研究。

第四节　结　论

　　中国劳动力市场的构成错综复杂，存在着地域与所有制类型等多维度差异，这些差异导致了在不同地域、不同所有制类型的劳动力市场的竞争性程度存在着差异。竞争性的差异直接反映到了工资的差异中，从而导致了教育收益率的差异。本章的研究设计检验了在中国的劳动力市场中，教育和收入之间的正相关关系除反映了教育的信号作用外，也反映了在经济单位中教育对提高劳动生产率的功能越来越受到重视并在工资收入中得以体现。

　　本章通过考察比较国有、集体所有、其他经济类型单位的教育收益率，得到结论：教育收益率与不同所有制的竞争性程度呈正相关。这也从一个侧面揭示，国有经济单位工资制度更多依据的是按资排辈，教育在很大程度上是作为一种工资依据对劳动者的收入产生影响；而在其他经济类型的单位，教育对劳动生产率的促进作用得到了更好的体现。

　　对不同地区的分析发现劳动力市场的竞争程度较低的西部地区的教育收益率略低于更具有竞争性的非西部地区。这说明越是在经济发达地区，受教育者所蕴含的教育的生产价值越能够通过工资收入体现出来。这也从侧面揭示了为什么西部地区对于高校毕业生的吸引力弱，尽管目前存在着毕业生就业难的问题，因为高校毕业生即使在西部地区找到了工作，却有可能发现在工作岗位上自己通过接受高等教育提高的技能用武之地不大，或者起码接受高等教育提升的价值不能通过工资得到体现。

　　通过比较工作起始年份不同的两组群体，发现随着时代的进步、市场经济的不断完善，教育收益率的增大趋势也非常明显。这说明，随着劳动力市场日渐趋于竞争，教育对劳动者收入的贡献除了体现按职称等级定工资的信号作用外，还进一步反映在教育对劳动者自身生产能力与获利能力的促进作用上，也即在中国劳动力市场中教育提高劳动生产率的作用随着经济体制改革的深化具有不断增强的趋势。

　　基于上述对中国劳动力市场中教育促进劳动生产率作用的实证检验，我们可以发现对中国的教育与人力资源的研究不能仅仅关注教育系统本身，而同样要关注与教育密切相关的劳动力市场。劳动力市场适当的竞争有助于教育生产功能的体现，只有教育生产功能得到更多的体现，那么无论是个体还是政府才有动力对教育进行充足的投入与投资。所以中国的教育与人力资源研究，一方面要关注如何提高教育系统内部的效率，另一方面，还应该注意劳动力市场的建设，使得教育的外部效率得到更好的体现，使得中国的人力资源建设在真正提高个体收入的同时也促进社会财富的增加。

第二十章

企业在职培训的私人投资收益

当前中国劳动力市场存在着不同形式和程度的分割，本章所关心的是，在中国劳动力市场分割的现实前提下，不同层次劳动力市场中人力资本投资具有怎样的收益。已有的研究大多从教育的角度，分析教育投资收益在不同劳动力市场中的差异；那么作为人力资本投资的另一重要途径——企业在职培训，在不同劳动力市场中具有怎样的投资收益？劳动力市场分割理论关于不同劳动力市场中人力资本投资收益的假设在当前中国具有怎样的解释力？

本章在回顾与评述企业在职培训投资收益相关理论与实证研究的基础上，从劳动力市场分割理论的视角，运用 2004 年中国企业员工培训的调查数据，对企业在职培训投资的私人收益进行实证研究。实证研究首先分析中国劳动力市场存在比较明显的职业分割特征，劳动力市场可以划分为主要及次要劳动力市场。其次分析主要及次要劳动力市场中，企业在职培训与员工收入增长的关系，并比较不同劳动力市场中企业在职培训私人投资收益的差异。本章中在职培训专指由员工所在企业组织、培训费用全部或部分由企业资助的在职培训。在职培训的私人投资收益指的是员工在接受培训后个人工资收入（税后）的增长；而在职培训的收益率则指，在其他条件不变的情况下，参加在职培训的员工其平均收入比没有参加在职培训的员工收入高出的百分比。

与教育等其他人力资本投资形式相比，企业在职培训更贴近劳动力市场，通过培训积累的知识与技能更容易转化为现实的生产力，从研究的角度来说，培训与劳动生产率、收入以及就业行为的关系也就更为紧密，从培训的角度来验证劳动力市场分割理论关于人力资本投资的假设既可行而且也非常必要，因此，本章期望为劳动力市场分割理论的验证提供一份从培训的角度、来自中国的实证依据。此外，随着城市化进程的推进，国家对农村转移进城劳动力的培训越来越重视，政府为包括农村转移进城劳动力在内的相对弱势人群提供培训虽然体现了公平精神，但是否符合效率原则？在缺乏对政府培训进行评估研究所必需的实证数据的情况下，本章期望从企业在职培训的角度，对不同劳动力市场特别是次要劳动力市场中在职培训投资收益进行实证研究，实证分析的结果将为制定和评估相关（尤其是针对弱势人群）的培训与人力资源开发政策提供参考。

第一节　相关理论与文献回顾

一、相关理论基础

人力资本理论是在职培训投资收益研究的理论起点。作为人力资本投资的重要形式之一，在职培训的研究在人力资本理论发展的初期即获得特别的重视，贝克尔（Becker，1964）在其开创性的著作中，首先探讨的就是在职培训的收入效应，并分析了不同性质的培训其成本分担方式的不同。明瑟（Mincer，1962）关于在职培训的实证研究，发展了在职培训成本及收益的估测模型，从而为进一步探讨在职培训与收入、就业行为的关系提供实证基础。综合而言，人力资本理论认为，在职培训是一项具有经济价值的人力资本投资，能提高人们未来的劳动生产率及收入，同时也花费一定的成本，既包括直接成本也包括间接成本。

劳动力市场分割理论在否定人力资本理论关于劳动力市场完全竞争的假定基础上，对于人力资本投资收益提出了新的解释，继而成为在职培训投资收益研究的理论拓展。劳动力市场分割理论认为，劳动力市场并非是统一和通畅的，事实上存在各种形式的分割，在不同的劳动力市场中，在职培训的投资收益也不同。在主要劳动力市场上，在职培训对个人而言具有明显的正收益，而在次要劳动力市场上，在职培训的收益就不太明显，甚至根本没有作用，并且处于次要劳动力市场的员工很难向上流动到主要劳动力市场，在职培训对于员工实现这种跨市场的流动几乎没有作用（Cain，1976；Reich，Gordon and Edwards，1973；Carnoy，1980）。

表 20-1 对不同经济环境下在职培训收入效应的理论模型进行了归纳和总结。

表 20-1　　　　　　　　　　不同经济环境下在职培训的收入效应

模　　型	（1）培训期间在本单位的工资（W_t）	（2）培训后在本单位的工资（W_{t+1}）	（3）培训后工作流动，在其他单位的工资（W_{t+1*}）
①市场完全竞争，一般培训	$W_t < MP_t < MP_o$	$MP_o < W_{t+1} = MP_{t+1}$	$MP_o < W_{t+1} = W_{t+1*}$
②市场完全竞争，一般培训，信贷约束（credit restrictions）	$MP_t < W_t < MP_o$	$MP_o < W_{t+1} < MP_{t+1}$	$MP_o < W_{t+1} < W_{t+1*}$
③市场完全竞争，特殊培训，信贷约束（credit restrictions）	$MP_t < W_t < MP_o$	$MP_o < W_{t+1} < MP_{t+1}$	$MP_o = W_{t+1*} < W_{t+1}$
④市场完全竞争，既有一般培训，也有特殊培训	$MP_t < W_t < MP_o$	$MP_o < W_{t+1} < MP_{t+1}$	$MP_o < W_{t+1*} < W_{t+1}$
⑤市场不完全竞争，一般培训	$MP_t < W_t = MP_o$	$MP_o < W_{t+1} < MP_{t+1}$	$MP_o < W_{t+1} \leqslant W_{t+1*}$

注：（1）W_o 和 MP_o 分别表示未接受在职培训的员工的工资和边际产出（在完全竞争市场下，$W_o = MP_o$）；

（2）W_t 和 MP_t 分别表示员工在职培训期间的工资和边际产出；

（3）W_{t+1} 和 MP_{t+1} 分别表示员工在职培训结束后在本单位的工资和边际产出；

（4）W_{t+1*} 表示员工在职培训结束后，发生工作流动，在其他单位的工资。

资料来源：Thomas Ericson，2005，Personnel training：a theoretical and empirical review，IFAU-Institute For Labour Market Policy Evaluation，Working Paper，2005：1，P. 52.

对表 20-1 的解释：

1. 第（1）列：模型①表示在完全竞争的市场中，在职培训为一般培训时，员工以接受培训期间较低工资的方式来支付培训成本，因此 $W_t < MP_t < MP_o$。模型②～④情况下，市场虽然是完全竞争，但存在信贷约束和特殊培训，因此雇主和员工共同承担培训成本，所以 $MP_t < W_t < MP_o$。模型⑤是在不完全竞争（如存在信息不对称、工会制等）、一般培训的情况下，由雇主支付整个培训的成本，所以 $MP_t < W_t = MP_o$。

2. 第（2）列：模型①表示在完全竞争的市场中，一般培训结束后，员工工资应和边际产出相等，但培训结束后的工资应大于未接受培训时的边际产出（在完全竞争市场下，$W_o = MP_o$），因此 $MP_o < W_{t+1} = MP_{t+1}$。模型②～⑤表明在

完全竞争的市场中（存在信贷约束和特殊培训）、不完全竞争市场下，雇主与员工共同享受培训的收益，所以，$MP_0 < W_{t+1} < MP_{t+1}$。

3. 第（3）列：模型①表明完全竞争市场情况下，员工接受一般培训后，发生工作流动，转换到其他单位工作，由于 $W_{t+1} = W_{t+1*} > W_0$。（在完全竞争市场下，$W_0 = MP_0$），所以 $MP_0 < W_{t+1} = W_{t+1*}$，说明员工接受一般培训后，边际产出和工资都有所提高，但在不同的工作单位，工资待遇是相同的。模型②表明原先的雇主（即提供培训的雇主）通过信贷支付了员工培训的部分成本，因此在培训结束后应该收回成本，所以 $W_{t+1} < W_{t+1*}$。（当员工变换工作单位后，新雇主并未为员工培训支付更多成本，从而愿意给的工资待遇也更高，即新雇主用更高的工资来购买已接受过培训的员工）。模型③和④情况下，培训都包含特殊培训成分，因此 $W_{t+1*} < W_{t+1}$，但模型③是完全特殊培训，因此 $MP_0 = W_{t+1*}$，而模型④包含部分一般培训，因此 $MP_0 < W_{t+1*}$。（当员工变换工作单位后，有部分技能可以迁移，因此新雇主给的工资 W_{t+1*} 应高于市场平均工资 W_0，在完全竞争市场下，$W_0 = MP_0$）。模型⑤表明在不完全竞争市场下，原先的雇主（即提供培训的雇主）给的工资不会大于新雇主给的工资，即 $W_{t+1} \leq W_{t+1*}$，而培训后员工的技能水平得到提高（无论是在原单位还是在新单位），因此 $MP_0 < W_{t+1} \leq W_{t+1*}$。

二、相关文献回顾

（一）国外在职培训投资收益研究回顾

我国关于企业在职培训投资收益的实证研究还不多见。目前国内对于企业在职培训的研究主要集中在管理学领域内，对于培训投资收益的经济学分析还比较鲜见。虽然有少量研究在理论上探讨在职培训的成本收益问题，但由于缺乏企业培训数据，在笔者阅读和文献搜索范围内，尚未发现对在职培训的投资收益进行系统实证分析的研究。但是在最近半个世纪以来，特别是 20 世纪 70 年代后，西方国家，尤其是美国，在劳动经济学等领域内关于在职培训投资收益的研究却非常丰富，大量的文章、著作围绕着企业在职培训展开深入而广泛的经济学分析，逐渐形成一门相对独立的分支学科：培训经济学（Orley，1996）。下面将对国外在职培训投资收益研究结果及其方法进行简要的回顾。

过去几十年来，西方国家对于在职培训投资收益的研究经历了一个逐步完善的过程：企业培训数据从无到有，培训度量日益精细，培训收益估计方法日趋科学，培训收益研究范围日渐拓宽（培训对收入的影响—培训对就业行为的影响—培训对失业期限、"由学校到工作转换"的影响）。在国外研究中，尤其是在美国，关于"培训具有正的收入效应"的研究结论充斥着 20 世纪八九十年代的相关文献（尤其是在劳动经济学领域），当然，培训对收入正向作用的程度随着培训类别和形式的不同而不同，其中正规的由雇主提供的在职培训被认为对收入增长的作用最强。虽然多数研究表明在职培训具有正的收入效应，但不同人群获得的在职培训收益是不同的。一般来说，在解释不同背景员工的在职培训收益差异时，个人特征（性别、年龄、经验、教育等）和劳动力市场结构特征（企业的行业、职业性质、所有制、规模等）是两个最主要的因素，有研究表明，相对于个人特征，劳动力市场结构特征对在职培训收益的影响更大（Gawley, 2003）。表 20 – 2 列示的是部分有代表性的实证研究。

表 20 – 2 **在职培训收入效应相关实证研究**

研究者	数据及培训度量	研究结论
明瑟[注]（1962）（1988）	1962 年研究使用 CPS 数据。1988 年研究使用 PSID（1976）数据。	接受过在职培训的人群相对于未接受培训的人群，其"年龄—收入"曲线更为陡峭并呈凹性，在职培训对工资增长具有正面影响，在职培训收益率的范围是 8% ~ 12%。明瑟还总结了其他相关研究中培训收益率的变化范围：用 PSID 数据对所有的新员工进行分析，得出培训的收益率为 4.4%；用 PSID 数据对年轻员工进行分析，得出培训的收益率为 9%；用 NLS 数据对年轻员工进行分析，得出培训的收益率为 7% ~ 11%。
邓肯（Duncan et al.，1979）	PSID（1978）	不同性别、种族的员工所接受的在职培训量差别较大，培训上的差异可以解释黑人与白人收入差距的 20%，可以解释白人男性与白人女性收入差距的 10%，这些发现表明，不同种族、性别的人群在培训投资决策上存在较大差异。
格林哈尔希（Greenhalgh et al.，1987）	英国 NTS 的截面数据	培训的收益主要体现在培训带来个人职业地位的发展，至于培训对收入增长的影响要小得多。
利拉德（Lillard et al.，1992）	CPS，NLS，EOPP	培训对收入增长的作用随培训提供方及培训内容的不同而不同。在各种机构提供的培训中，公司培训（company training）被发现对收入增长的作用最明显，培训的收入效应可持续 13 年；在各种类型培训中，管理能力的培训（managerial training）对收入增加的作用最大。
林奇（Lynch，1992）	NLSY（1983 ~ 1985 年）	对美国 70% 的未接受高等教育的青年从业人员来说，企业内在职培训在工资决定及促进工资增长方面具有重要作用。在控制住选择性偏差后，各种类型的在职培训都带来了收入的提高，与企业内培训相比，企业外的脱产培训（off-the-job training）对收入增长的作用最大。

续表

研究者	数据及培训度量	研究结论
巴特尔（Bartel，1995）	某大型制造企业1986～1990年间的员工培训数据	在引入工具变量、采用2SLS估计，控制住选择性偏差后，发现培训对于提高收入、改善工作表现仍然有显著作用。
克鲁格尔（Krueger，1998）	两案例企业员工培训数据	企业在职培训对制造业企业员工的收入增长有较小的积极影响，但对服务业企业员工的收入增长影响不明显。
派伦特（Parent，1999）	NLSY（1979～1991年）	员工参加当前企业在职培训对收入增长有积极影响；当前雇主对员工在此前雇主那里获得的技能给予同等的回报；在估计培训收益时，用OLS估计出的培训收益率比用广义最小二乘法（GLS）和工具变量法（IV）估计的收益率略高，但没有显著差异。
洛文斯顿（Loewenstein et al.，1999）	NLSY（1993）EOPP（1982）	企业中雇主提供的大部分是一般培训，并且雇主将从一般培训中获益，也将为一般培训支付一定的成本。相对于在目前企业所接受的培训，员工在此前企业所接受的培训特别是一般培训的收益更高。
巴隆（Barron et al.，1999）	EOPP（1982）SBA（1992）	在职培训降低起薪，但降低的幅度较小；在职培训对劳动生产率提高的影响要比对工资增长的影响大很多，表明雇主承担了培训的大部分成本同时也享受了培训的主要收益。
多米尼克·古克斯（Dominique Goux，2000）	法国1993年入户调查数据，利用企业"身份编码"将员工信息与企业信息对应，获得"员工—企业"对应数据	当运用其他相关研究同类的培训数据及模型时，估计出的法国企业培训收益率为5%，与其他国家比较接近；当运用"员工—企业"对应数据以控制企业培训行为差异对培训收益的影响，同时控制了培训后员工的工作流动对培训收益的影响之后，估计出的法国企业培训收益率几乎降至零。

注：由于早期缺乏在职培训研究数据，明瑟（1962）最初是从比较不同员工工资水平的角度来估计在职培训收益的。明瑟通过比较两组受教育程度不同的劳动力的收入差异，并对差异求现值，得到收益率 r（范围在 8% ~ 12%，与高等教育收益率近似），这一估计结果后来被多个研究所证实。但这一收益率并不是纯粹意义上的在职培训收益率，它包括两个内容：正规教育收益及在职培训收益，因此 r 是对于正规教育与在职培训收益率的某种平均。

在职培训投资收益研究方法中的一个核心问题就是如何正确估计培训的收益率，因为在实证研究中，由于数据或变量的原因往往导致无法获得对培训收益率的精确估计，经常出现的问题主要有选择性偏差（Sample Selection Bias）和互为因果关系（Mutual-causation Problem）问题：（1）选择性偏差主要来源于样本选择的非随机性，例如，样本中参与培训的人群并没有经过随机抽样，参与和不参与培训的两组人在能力等方面存在差异，而这种差异不易被发现，在研究中也就不易被控制住，社会科学研究中大多采用非实验数据，因此选择性偏差的问题较为普遍存在。为解决这一问题，研究者们使用了多种方法，包括赫克曼（Heckman，1979）两阶段估计（2SLS）、工具变量法（Instrumental Variable，IV）、固定效应模型（The Fixed Effects Estimator）、DID 模型（The Difference-in-Differences Estimator）、匹配模型（The Matching Estimator）等。派伦特（Parent，1999）在考虑选择性偏差问题的情况下，运用多种方法估计培训收益率并对结果进行比较后发现，用普通最小二乘法（OLS）估计出的培训收益率比用广义最小二乘法（GLS）和工具变量法（IV）估计的培训收益率略高，但并没有显著差异，说明在考虑选择性偏差问题后，培训收益率有所降低，但幅度不大。（2）互为因果关系问题是指变量之间存在双向的互为因果关系，例如，培训参与和收入之间就可能存在互为因果关系，参与培训可能带来更高的收入，更高的收入可能提高参与培训的机会。在横截面数据情况下，为克服互为因果关系问题，常用的方法是设立联立方程模型，运用两阶段估计以获得培训收益率的一致性估计。有研究表明，当控制住变量之间的互为因果关系问题之后，原先估计的正的培训收益率将会大幅下降甚至为零（Bartel，2000）。可以说，是否关注以及如何解决选择性偏差和互为因果关系问题，决定了培训收益率能否得到正确的估计，这也是评价一篇培训收益实证研究的方法是否科学的重要标准。

（二）劳动力市场分割实证研究回顾

1. 关于劳动力市场的划分及讨论。

关于劳动力市场存在分割一般能得到广泛认同，但如何划分劳动力市场却没有一个统一的标准。国外劳动力市场分割的研究主要围绕职业分割（Occupation Segments）、行业分割（Industry Segments），尤以职业分割为主，常根据职业等级将劳动力市场划分为主要劳动力市场和次要劳动力市场。

（1）职业分割。职业声望（Occupational Prestige）和职业社会经济地位指数（Social Economic Index，SEI）是衡量职业等级的两个较有影响力的指标。美国社会学家特莱曼（Terleman）在对 60 个国家和地区的职业声望量表进行比较后发现，人们对职业声望的评价不会受到文化差异的影响，各国对职业声望高低的评价非常接近，而影响职业声望的两大重要因素在各国普遍表现为职业的平均受教育程度和收入。邓肯（Duncan）职业社会经济地位指数的构建充分体现了这一思想，在前人职业声望量表的基础上，将每一种职业的职业声望得分作为因变量，将每一职业中受教育程度在高中以上的人口比例和年收入在 3 500 美元以上的人口比例作为自变量，建立回归方程并进行回归，其回归结果为：$SEI = -6.0 + 0.59\,edu + 0.55\,income$（Duncan，1967）。近年来我国有学者运用邓肯职业社会经济地位指数的思路，构建中国的职业社会经济地位指数[①]。

在劳动力市场分割的实证研究中，诸多研究运用邓肯职业社会经济地位指数的思想，根据某一职业的平均收入水平或所需的平均受教育程度，对各职业进行职业等级排序，然后据此将不同的职业划归到主要及次要劳动力市场。例如，法拉陶（Flatau，1993）对澳大利亚劳动力市场的划分依据如下职业特征：工资、福利、一般及特殊培训机会、工作稳定性。罗森伯格（Rosenberg，1980）对美国劳动力市场的划分依据如下职业特征：教育、培训、工作内容、工资等四个维度。波士顿（Boston，1990）对美国劳动力市场职业分割的界定是依据员工对"你在应聘目前工作时，是否需要特定的技能？"这一问题回答结果（"是"或"否"），每个职业都有一个平均的百分比（即该职业人群中回答"是"的百分比），根据百分比的指标运用 Ward 聚类法（Clustering Method）将诸职业划归为主要、次要劳动力市场。

另外，还有学者运用聚类分析（Clustering Analysis）的方法来界定劳动力市场职业分割。运用聚类分析方法划分劳动力市场的具体操作：假定行业数为 M，职业数为 N，则工作种类数为 M×N，作为划分标准的工作特征指标包括月收入水平、在职培训的参与、工作稳定性、工作满意度，根据这些指标对 M×N 个工作进行打分，然后根据分值进行聚类分析，从而将这 M×N 个工作种类聚类成主要及次要劳动力市场。运用聚类分析方法划分劳动力市场的优势：此前诸多研究根据某一指标如工资收入，将某一职业先验地划归为主要、次要劳动力市场，这种划分方法带有较大的随意性，不够客观和精确。而聚类分析方法在事先不人为确定主要、次要劳动力市场情况下，根据一些工作特征指标，对各职业进行打分，然后根据职业得分运用聚类分析技术，将劳动力市场划分为主要及次要劳动

[①] 许欣欣（2004）根据邓肯职业社会经济地位指数的思路，利用1999年全国69个城市的调查数据，通过建立职业声望、职业平均受教育程度和职业平均收入的方程模型进行回归，构建中国的职业社会经济地位指数，其回归结果为：$SEI = 5.622 + 15.816\,edu + 0.763\,income$。其中，edu 表示某职业的平均受教育程度，income 表示某职业的平均收入，回归方程模型的解释力为76.5%。

力市场（Mariantli，1998）。

（2）劳动力市场划分中存在的问题。关于主次劳动力市场划分的方法和标准问题一直是劳动力市场分割实证研究中具有争议的问题。首先，仅仅根据收入、职业特征等来划分主次劳动力市场，容易导致选择性偏差，因为个人选择行业职业会受一些不可测的因素的影响，而实证研究中这些不可测的因素很难被较好地控制住（Dickens et al.，1985）。其次，根据行业、职业、收入等某一项标准来划分主次劳动力市场是不精确的，也不能充分把握劳动力市场分割的实质（Boston，1990）。先验地根据某一职业（行业）的收入水平来划分主次市场，往往很自然地导致次要劳动力市场中人力资本投资收益偏低；另外，次要劳动力市场中的技术、管理人员本身不该被视作次要劳动力市场的员工。再次，许多研究将主要劳动力市场划分为上下两层，而主要劳动力市场的下层与次要劳动力市场之间界限的模糊，会影响到对劳动力市场分割理论假设验证结果的不同。美国的研究多数表明次要劳动力市场上教育投资收益不明显甚至根本没有，但发展中国家的研究却更多地得出次要劳动力市场上教育投资具有比较明显的正收益，导致这种差别的一个可能原因就是各国对主次劳动力市场，特别是主要劳动力市场的下层与次要劳动力市场的划分不同（Carnoy，1980）。

2. 劳动力市场分割实证研究结果。

劳动力市场分割理论在其发展的初期较多地采用了历史分析和制度分析的方法，实证研究的缺乏是其备受争议的焦点。20 世纪 80 年代以来，美国等西方发达国家涌现了大量关于劳动力市场分割的实证研究，随后相关的实证研究在一些发展中国家也陆续出现，这些实证研究的不断涌现、研究方法的逐步规范为劳动力市场分割理论的进一步发展带来了新的契机。这些实证研究涉及的范围比较广泛，主要包括：对二元劳动力市场的划分、运用国别数据验证劳动力市场分割的存在，以及检验在不同层次劳动力市场中，教育等人力资本积累对收入增长和职业发展的影响等。

诸多的实证研究结果表明：（1）许多国家都存在劳动力市场分割。相对于美国等发达国家，发展中国家的劳动力市场分割更为严重，表现为主次劳动力市场间收入差距更为严重，主次劳动力市场间的流动更困难。（2）无论是发达国家还是发展中国家，在主要劳动力市场，教育等人力资本投资对个人收入增长和职业发展具有明显的积极作用。（3）发达国家的研究表明，在次要劳动力市场，教育等人力资本投资对个人收入增长和职业发展作用不明显，甚至根本没有作用（Doeringer et al.，1971；Bosanquet et al.，1973；Psacharopoulos et al.，1981；Dickens et al.，1985；Neuman et al.，1986）。但是，许多发展中国家的实证研究发现，虽然次要劳动力市场中人力资本投资收益比主要劳动力市场低，但次要劳动力市场的人力资本投资收益仍然是正的而且是显著的①。（4）次要劳动力市场的员工很难向上流动到主要劳动力市场，教育等人力资本投资对于员工实现这种跨市场的流动几乎没有作用。

表 20 – 3 列示的是部分有代表性的实证研究。

表20 – 3　　　　　　　　　劳动力市场分割相关实证研究

研究者	数据	劳动力市场的划分	研究结论
波士顿 （Boston，1990）	CPS （1983 年） （美国）	劳动力市场职业分割：根据员工对"你在应聘目前工作时，是否需要特定的技能？"这一问题回答结果（"是"或"否"），每个职业都有一个平均的百分比（即该职业人群中回答"是"的百分比），根据百分比的指标运用 Ward 聚类法（Clustering Method）将诸职业划归为主要、次要劳动力市场①。	实证结果基本支持劳动力市场分割理论假设，但分割理论在不同人群（分性别/种族）中的解释力不同；无论对于哪组人群，主次劳动力市场上的员工收入都有显著的不可解释的差异。工作时数、教育、培训、年龄是解释主次市场员工收入差异的最显著因素。在次要劳动力市场上，对员工收入影响最大的是工作时数②。相对于白人、受教育程度高的员工，黑人、受教育程度低的员工向主要劳动力市场流动困难得多。
迪肯斯 （Dickens，1985）	— （美国）	运用转换回归模型（Switching Regression Model）来划分主、次劳动力市场，其优点是避免先验地或主观随意地划分主、次劳动力市场。	实证结果基本支持劳动力市场分割理论假设，确实存在两个明显不同的劳动力市场，主要劳动力市场中"年龄—收入"曲线相对更陡峭，而次要劳动力市场中的"年龄—收入"曲线却更为平坦，确实存在着非经济因素阻碍次要劳动力市场员工向主要劳动力市场流动。

①　发达国家与发展中国家实证研究结果的差异可能源于对劳动力市场划分的不同，发展中国家关于次要劳动力市场的界定更为宽泛，其中包含了一定量的相当于发达国家主要下劳动力市场（Primary Surbordinate Market）的部分（Carnoy，1980）。

续表

研究者	数据	劳动力市场的划分	研究结论
奥斯特曼 （Osterman， 1975）	— （美国）	根据员工工作的自由度和稳定性（Autonomy and Sta-bility）划分劳动力市场。低收入、工作稳定性差的工作被划归到次要劳动力市场；而收入高、工作稳定性强的工作被划归到主要劳动力市场，其中自由度强、参与性强的工作被划归到主要上劳动力市场（Primary Independent Mar-ket），自由度低、参与性弱的工作被划归到主要下劳动力市场（Primary Surbor-dinate Market）。	实证结果基本支持劳动力市场分割理论假设，在次要劳动力市场，对员工收入作用最大的是工作时数，不是教育、工作经验或其他（进一步印证了分割理论关于次要劳动力市场需要的是没有什么技能的劳动力（Raw Labor）的观点）。主要上劳动力市场的教育收益率大于主要下劳动力市场的教育收益率，人力资本理论在主要上劳动力市场中的解释力更强。
纽曼 （Neuman，1986）	以色列劳动力流动调查 （1974 年）	根据职业声望排序来划分劳动力市场。	实证结果基本支持劳动力市场分割理论假设。

注：劳动力市场分割理论认为，次要劳动力市场需要的仅是一些不具备技能的劳动力（Raw Labor），因而工作时数成了影响因素之一。

三、相关文献评论

1. 到目前为止，国外关于劳动力市场分割的实证研究中，大多探讨不同劳动力市场中，教育、工作经验与工资收入的关系，很少有研究涉及不同劳动力市场中，企业在职培训与员工收入增长和职业发展的关系。

2. 已有的关于在职培训投资收益的研究大多以人力资本理论为框架，很少从劳动力市场分割理论视角来分析。但中国当前转型经济环境下的劳动力市场环境和人力资本理论的假定存在较大差别，劳动力市场存在着多重分割，因此在中国，从劳动力市场分割理论的视角，研究不同层次劳动力市场中在职培训的投资收益十分必要。

3. 已有的关于在职培训投资收益的实证研究较少考虑定性、制度的因素。

425

在估计培训收益时，如果不考虑培训在各地、各企业之间的差异，而仅仅用培训的发生（参与）率来简单刻画，如果不考虑培训的完成情况（实际参与培训的时间），如果不了解受训人员是通过什么机制被选中的，都会造成对培训收益的错误估计。因此，对培训收益的正确估计应该建立在对培训的精确度量和培训过程深入了解的基础上。

4. 一直以来，在职培训投资收益研究的主流是培训的直接收入效应（培训对员工在原工作岗位上收入增长的影响），而实际上很多员工在接受完培训后，发生了企业内或企业间的职业流动，这种流动带来的往往是工资收入的提高，因此可以认为培训对职业发展的影响是培训的间接收入效应，在信息愈加通畅、劳动力市场流动性增强的情况下，应该给予培训的间接收入效应以更多的关注，这样才有利于更全面地理解培训的投资收益。

5. 对在职培训私人投资收益的理解不能仅从短期，也应该以长期的眼光来看。短期内的收益主要指在职培训对提高劳动生产率、工资收入、就业行为等方面的影响；而长期收益则包括在职培训对提高个体职业生涯的劳动参与率、工作年限、个人与工作的匹配程度等方面的影响。当然研究在职培训的长期收益首先应该具备的条件就是时序资料，特别是面板数据的获得。

6. 研究培训收益必须考虑到培训的成本，但培训成本的计量却比培训收益的度量更加困难，国外培训经济学领域的研究也主要集中在收益研究，培训成本的实证研究要少许多，而我国在职培训成本的研究几乎还是空白状态。企业培训成本数据缺失导致很难进行真正的培训成本收益的分析，因此，进一步完善在职培训投资收益的研究必须加强对培训成本的度量和成本分担的研究。

7. 作为人力资本投资的两种最重要的形式，教育和培训因为其具体的组织方式和制度环境的不同，很难直接比较两者的收益，甚至不考虑消费性收益和社会收益，仅仅是教育与培训的私人投资收益也无法直接作比较。但教育投资收益的实现是在具体的生产中实现的，而生产过程则伴随着各种各样的培训，所以员工最终的收入增加、职业发展，是教育和培训"合力"作用的结果，从这个角度来说，不仅需要研究教育和培训之间的互补、替代关系，还应该建立一种更为整合、全面的视角来考虑人力资本投资收益，构建一个包括教育和培训在内的人力资本综合指数，探讨教育和培训在数量与结构上的不同组合搭配，从而获得最大化的收益，这是未来人力资本积累、人力资源开发研究的一个方向。

第二节　研究设计

一、数据来源与样本特征

本章数据来自 2004 年 6～12 月对全国 9 个省（市）、不同行业企业员工进行的一项关于企业内在职培训的问卷调查。此次调查采用分层抽样，有效企业样本为 154 家，有效员工样本为 8 176 人，其中女性占 54%，男性占 46%。通过对员工样本的基本描述统计可以发现（见表 20-4），进入样本的员工主要是城镇户籍的青壮年劳动力，平均受教育程度约 12 年，处于高中毕业水平，在目前企业的平均工作年限在 4 年以下，月平均收入在 1 000～1 200 元，主要从事企业中一线生产或服务工作。从企业特征来看，样本企业主要属于国有及民营企业，行业性质以制造业和社会服务业为主。

表 20-4　　主要变量的描述统计结果

主要变量	均值
性别（%）	
女	54
男	46
年龄（岁）	35
户籍（%）	
农村	35
城镇	65
工龄（年）	9
本单位工龄（年）	3.5
教育年限（年）	12
教育程度（%）	
小学及以下	2
初中	24
普通高中	21
中职（中专技校职高）	25
大专	20
本科及以上	8

续表

主要变量	均值
周工作小时数（小时）	48
此前培训参与率（%）	39
在职培训参与率（%）	45
编制（%）	
正式工	77
非正式工	23
岗位性质（%）	
行政管理工作	13
专业技术工作	15
技术辅助工作	16
服务工作	18
一线生产工人	37
一线农民	1
工作转换次数	2.1
月收入（元）	1 033
企业规模（人数）	120
企业资产总额（万元）	6 000
企业存续时间（年）	10
企业所在地区（%）	
东部	69
中部	11
西部	20
企业内培训机构（%）	
有	67
没有	33
所有制性质（%）	
国有及控股企业	30
民营企业	36
中外合资企业	4
外商独资企业	5

续表

主要变量	均值
集体企业	10
个人独资企业	8
港澳台合资合作经济	2
其他	5
行业性质（%）	
制造业	41
电水煤供应业	10
建筑业	6
交通运输仓储业	2
批发零售贸易业	4
金融保险业	3
房地产业	4
社会服务业	10
其他	20
样本量	8 176

注：（1）受教育年限 = 小学文化程度所占比例 × 6 + 初中文化程度所占比例 × 9 + 高中、职高、中专、技校文化程度所占比例之和 × 12 + 大专文化程度所占比例 × 15 + 本科文化程度及以上所占比例 × 16。（2）正式员工：与本单位签订有正式劳动合同，并且合同期限在 1 年以上的人数占员工总数的比例。（3）此前培训参与率 = 进入本单位前接受过培训的人数占员工总数的比例。（4）在职培训参与率 = 过去两年来，参加过由目前单位组织培训的人数占员工总数的比例。（5）企业所在地区：广东、天津、浙江、山东定义为东部地区，湖南、湖北、河南定义为中部地区，重庆、甘肃定义为西部地区。（6）工作转换次数 = 到目前为止换工作的次数。

二、研究方法

本章采用描述统计与计量回归分析相结合的研究方法，对于培训收益率估计中选择性偏差与互为因果关系问题的解决，主要采用联立方程模型，用两阶段估计（2SLS）代替普通最小二乘估计（OLS）。2SLS 在计量方面的基本思想是，首先让培训变量对方程组中全部外生变量进行回归（第一阶段），得到培训变量的估计值；然后用培训变量的估计值代替原先收入方程中的培训变量，再对变换后的收入方程进行 OLS 估计（第二阶段），这样得到的估计量才是一致性的。

429

三、研究假设

根据劳动力市场分割理论关于人力资本投资的相关假设，以及培训经济学中关于在职培训投资收益的相关研究结果，提出以下几点研究假设：

1. 中国劳动力市场存在明显的职业分割特征，中国劳动力市场可以划分为主要及次要劳动力市场。

2. 在主要劳动力市场上，企业在职培训对员工收入增长具有显著的正作用；在次要劳动力市场上，企业在职培训对员工收入增长没有显著的正作用。

3. 企业在职培训的私人投资收益在主要及次要劳动力市场上有显著差异，在其他条件相同的情况下，主要劳动力市场在职培训的私人投资收益显著地高于次要劳动力市场。

第三节　实证分析结果

一、劳动力市场职业分割的界定

诸多研究表明，当前中国劳动力市场存在着不同形式和程度的分割（赖德胜，1996；许经勇，2000；李建民，2002；徐林清，2004）。国内外对劳动力市场分割研究最多的是职业分割，本章遵循这一主流，从"职业社会经济地位指数（SEI）"的角度界定中国劳动力市场职业分割。具体而言，将每一种职业的受教育程度在高中（含中职）及以上的人口比例和月平均收入代入方程：$SEI = -6.0 + 0.59edu + 0.55income$，计算出每种职业的 SEI，再根据每种职业的 SEI 进行职业等级排序，然后据此将不同职业划归到主要及次要劳动力市场（见表 20－5）。

表 20－5　　　　　　各职业社会经济地位指数（SEI）

职业	高中以上程度比例（%）	月平均收入（元）	职业社会经济地位指数（SEI）	劳动力市场属性
行政管理工作	92.8	1 345	734	主要劳动力市场
专业技术工作	95.0	1 334	728	
技术辅助工作	89.4	1 119	610	

续 表

职业	高中以上 程度比例（%）	月平均收入 （元）	职业社会经济 地位指数（SEI）	劳动力市场 属性
服务工作	73.3	980	533	次要
一线生产工人	58.4	807	438	劳动力市场
一线农民	31.1	548	296	

注：SEI 在 600 以上的职业划归到主要劳动力市场，SEI 在 600 以下的职业划归到次要劳动力市场。

从不同劳动力市场员工的"年龄—收入"曲线图（见图 20 - 1）可以看出，在几乎整个职业生涯的各个年龄阶段，主要劳动力市场员工的收入水平明显高于次要劳动力市场员工。虽然主次劳动力市场员工间收入水平的差异可能来源于多方面因素的影响，但不同劳动力市场员工的"年龄—收入"曲线图从描述统计意义上简单而直观地说明，中国可能存在较为明显的劳动力市场职业分割。

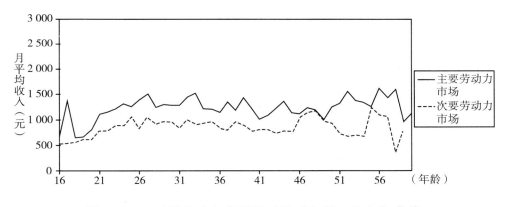

图 20 - 1　不同劳动力市场员工的"年龄—收入"曲线

二、企业在职培训对员工收入增长的影响

（一）描述统计分析

从不同培训经历员工的"年龄—收入"曲线图（见图 20 - 2）可以看出，在几乎整个职业生涯的各个年龄阶段，参加在职培训的员工其收入水平明显高于未参加在职培训的员工。虽然造成这种收入差距的原因十分复杂，但从这一描述统计分析可以初步说明，企业在职培训对员工收入增长可能具有积极的作用。不过，关于在职培训对员工收入增长的作用程度和范围，还有赖于对培训投资收益

率的进一步计量分析。

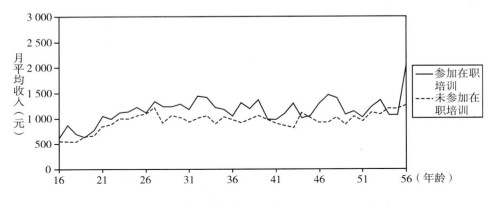

图 20 - 2　不同培训经历员工的"年龄—收入"曲线

（二）计量回归分析

从不同培训经历员工的"年龄—收入"曲线图（见图 20 - 2），可以得到一个直观的印象，即从总体上来说，在职培训对员工收入增长具有积极的作用，但如果考虑在劳动力市场分割的情况下，不同劳动力市场中在职培训对员工收入增长的作用程度和范围时，还有赖于构建相应的收入方程，对主次劳动力市场中在职培训的收入效应进行实证的计量分析。

在计量回归分析中，针对数据中可能存在的选择性偏差以及变量之间的互为因果关系问题，本章在使用单一的对数线性模型和 OLS 估计培训收益率的同时，还构建了联立方程模型并运用 2SLS 对培训收益率进行估计，并且对比和探讨两种不同模型及估计方法下培训收益率的差异，以获得对培训收益率比较稳定和一致性的估计结果。为此，在分析主要及次要劳动力市场上在职培训对员工收入增长的影响时，需要建立相应的收入方程：

Ⅰ OLS 回归：

$$\ln(salary)\, ols = \beta_0 + \sum \beta_1 iX_i + \beta_2 OJT + u$$

其中，$salary$ 为月收入；X_i 为个人、企业、工作特征的一组控制变量；OJT 为在职培训（等于 1 表示参加在职培训，等于 0 表示未参加在职培训）；u 为随机扰动项。

Ⅱ 2SLS 回归：

第一步：
$$OJT\, Logit = \alpha_0 + \alpha_i \times \sum X_i + u$$

其中，*OJT* 为在职培训（等于 1 表示参加在职培训，等于 0 表示未参加在职培训）；X_i 为一系列影响培训的变量：此前培训经历、企业内培训机构、企业技术水平、培训经费占工资总额比例等；*u* 为随机扰动项。

第二步：　　　$\ln(salary)\, ols = \beta_0 + \beta_1 \times POJT + \beta_i \times \sum Z_i + \varepsilon$

其中，*salary* 为月收入；*POJT* 为在职培训的估计值（通过第一阶段回归所得）；Z_i 为一系列影响收入的变量：教育、工龄、编制、行业性质、所有制性质等；ε 为随机扰动项。

表 20 - 6 实证分析结果表明，无论是主要还是次要劳动力市场上，无论是用 OLS 或 2SLS 估计方法，回归结果都表明在职培训对员工收入增长具有显著的促进作用，从培训收益率的变动范围来看，培训收益率的最高值是在主要劳动力市场中运用 OLS 估计得到的 13.9%，而最低值是在次要劳动力市场中运用 2SLS 估计得到的 0.8%，这说明在其他条件不变的情况下，参加在职培训的员工其平均收入比没有参加在职培训的员工收入高 0.8% ~ 13.9%。有研究表明，用 OLS 估计出的培训收益率比用 2SLS、GLS（广义最小二乘法）以及 IV（工具变量法）估计出的培训收益率高（Parent，1999；Bartel，2000），这一研究结果在本章中也得到基本体现，比较培训收益率的 OLS 及 2SLS 估计结果，发现 OLS 估计的培训收益率都大于 2SLS 估计的培训收益率，这可以被认为是由于运用 2SLS 估计部分地克服了选择性偏差及互为因果关系问题。

表 20 - 6　　　　回归结果——在职培训对员工收入增长的作用

自变量	主要劳动力市场		次要劳动力市场	
	回归系数 B（OLS）	回归系数 B（2SLS）	回归系数 B（OLS）	回归系数 B（2SLS）
在职培训				
未参与在职培训				
参与在职培训	0.139***	0.104***	0.012**	0.008*
户籍				
农村				
城镇	—	—	0.095***	0.062*
工龄	—	4.287***	0.335***	0.351***
工龄的平方	—	—	- 0.194**	- 0.289***
本单位工龄	—	—	—	—

续表

自变量	主要劳动力市场		次要劳动力市场	
	回归系数 B（OLS）	回归系数 B（2SLS）	回归系数 B（OLS）	回归系数 B（2SLS）
本单位工龄的平方	—	—		
教育				
小学及以下				
初中	—	—	—	—
普通高中	—	—	—	—
中职	—	—	—	—
大专	0.201 ***	0.140 ***	0.103 ***	0.108 **
本科及以上	0.293 ***	0.275 ***	0.110 ***	—
编制				
非正式工				
正式工	—	0.184 ***	0.071 ***	0.119 ***
所有制性质				
国有及控股企业				
民营企业	0.181 ***	0.095 **	0.166 ***	0.260 ***
中外合资企业	0.087 ***	0.059 *	0.108 ***	0.153 ***
外商独资企业	0.124 ***	0.068 *	0.163 ***	0.245 ***
集体企业	—	- 0.113 **	—	- 0.098 ***
个人独资企业	0.157 ***	0.223 ***	0.063 **	0.168 ***
港澳台合资合作经济	0.053 *	—	0.085 ***	0.104 ***
股份制企业	—	—	—	—
行业性质				
制造业				
电水煤供应业	0.076 **	—	0.154 ***	0.271 ***
建筑业	0.066 **	—	—	—
交通运输仓储业	—	—	—	—
批发零售贸易业	0.101 ***	—	0.115 ***	0.163 ***
金融保险业	0.161 ***	—	0.069 ***	—

自变量	主要劳动力市场		次要劳动力市场	
	回归系数 B（OLS）	回归系数 B（2SLS）	回归系数 B（OLS）	回归系数 B（2SLS）
房地产业	0.081 **	—	—	– 0.075 ***
社会服务业	—	0.073 **	0.125 ***	0.077 **
常数项（Constant）	6.726 ***	6.523 ***	6.269 ***	6.383 ***
调整的 R^2	0.250	0.298	0.345	0.364
样本量	3 105		4 289	

注：（1）因变量：月收入的自然对数。（2）OLS，2SLS 回归：* < 0.05，** < 0.01，*** < 0.001。（3）"—"表示该自变量未通过 $\alpha = 0.1$ 显著性检验。

三、不同劳动力市场中企业在职培训私人投资收益的比较

通过上述实证分析发现，无论是在主要还是次要劳动力市场上，企业在职培训对员工收入增长都具有显著的正作用，那么主次劳动力市场上企业在职培训的私人投资收益是否有差异？差异是否显著？主要劳动力市场中在职培训的私人投资收益是否显著地高于次要劳动力市场？为此需要建立纳入劳动力市场属性与在职培训交互项的收入方程：

$$\ln(salary)\ ols/2sls = \beta_0 + \sum \beta_1 iX_i + \beta_2\,Market + \beta_3\,OJT + \beta_4\,Market \times OJT + u$$

其中，$salary$ 为月收入；X_i 为个人（含人力资本）特征、企业特征、工作特征的一组控制变量；$Market$ 为主次劳动力市场的虚拟变量（等于 1 表示主要劳动力市场，等于 0 表示次要劳动力市场）；OJT 为在职培训（等于 1 表示参加在职培训，等于 0 表示未参加在职培训）；$Market \times OJT$ 为代表主次劳动力市场的虚拟变量与在职培训的交互项；u 为随机扰动项。

表 20 – 7 的实证分析结果表明，劳动力市场属性与在职培训交互项的系数为正且通过显著性检验，说明从总体来看，无论是使用 OLS 还是 2SLS 估计，相对于次要劳动力市场，主要劳动力市场中在职培训对员工收入增长的作用更强，即企业在职培训的收入效应在主要及次要劳动力市场上有显著差异，在其他条件相同的情况下，主要劳动力市场在职培训的收入效应显著地高于次要劳动力市场。

表 20 - 7   在职培训对员工收入增长的作用：不同劳动力市场的比较

自变量	回归系数 B （OLS）	回归系数 B （2SLS）
在职培训		
未参与在职培训		
参与在职培训	0.152 **	0.155 **
劳动力市场属性		
次要劳动力市场		
主要劳动力市场	0.245 ***	0.287 ***
劳动力市场与在职培训交互项		
次要劳动力市场 * 未参加过在职培训		
主要劳动力市场 * 未参加过在职培训		
次要劳动力市场 * 参加过在职培训	0.227 ***	0.159 ***
主要劳动力市场 * 参加过在职培训		
性别		
女		
男	0.129 ***	0.131 ***
年龄	—	- 0.033 *
户籍		
农村		
城镇	0.103 ***	0.036 *
工龄	—	0.113 **
工龄的平方	—	—
本单位工龄	—	—
本单位工龄的平方	—	—
教育		
小学及以下		
初中	0.126 ***	0.193 ***
普通高中	0.183 ***	0.189 ***
中职	—	0.107 ***
大专	—	—
本科及以上	0.078 ***	0.097 ***

续　表

自变量	回归系数 B（OLS）	回归系数 B（2SLS）
周工作小时数	− 0. 227 ***	− 0. 277 ***
编制		
非正式工		
正式工	0. 122 ***	0. 101 ***
所有制性质		
国有及控股企业		
民营企业	0. 175 ***	0. 208 ***
中外合资企业	0. 086 ***	0. 109 ***
外商独资企业	0. 145 ***	0. 189 ***
集体企业	—	− 0. 089 ***
个人独资企业	0. 088 ***	0. 154 ***
港澳台合资合作经济	0. 058 ***	0. 064 ***
其他	—	
行业性质		
制造业		
电水煤供应业	0. 124 ***	0. 168 ***
建筑业	0. 060 ***	—
交通运输仓储业	—	
批发零售贸易业	0. 115 ***	0. 120 ***
金融保险业	0. 113 ***	
房地产业	0. 071 ***	− 0. 055 **
社会服务业	0. 087 ***	0. 070 **
常数项（Constant）	6. 369 ***	6. 300 ***
调整的 R^2	0. 364	0. 427
样本量	8 176	

注：（1）因变量：月收入的自然对数。（2）OLS，2SLS 回归：* < 0. 05，** < 0. 01，*** < 0. 001。（3）"—"表示该自变量未通过 $\alpha = 0.1$ 显著性检验。

第四节　结论与建议

一、主要结论

本章在回顾与评述企业在职培训投资收益相关理论与实证研究的基础上，从劳动力市场分割理论的视角，运用 2004 年企业员工培训调查数据，对企业在职培训的私人投资收益进行实证研究，主要得出以下几个方面的结论：

第一，中国劳动力市场存在明显的职业分割特征，中国劳动力市场可以划分为主要及次要劳动力市场。

第二，无论是在主要还是次要劳动力市场上，企业在职培训的私人投资收益都为正，即在职培训对员工的收入增长具有积极的促进作用，说明对员工个人而言，在职培训确实是一项极具经济价值的人力资本投资，这一研究发现支持了人力资本理论的基本观点，符合培训经济学研究的基本结论，同时也说明在当前中国，人力资本理论不仅在主要劳动力市场具有较强的解释力，在次要劳动力市场上同样具有一定的解释力。

第三，在不同的劳动力市场上，企业在职培训的私人投资收益存在差异，在其他条件相同的情况下，主要劳动力市场在职培训的投资收益明显高于次要劳动力市场。这一发现说明劳动力市场分割理论在中国的劳动力市场同样具有较强的解释力，也可以说本章为劳动力市场分割理论的验证提供了一份从培训的角度、来自中国的实证依据。

关于上述几方面的研究发现，需要进一步讨论的是，哪些因素影响或造成了主次劳动力市场中员工培训收益的差异？下面将从制度因素和计量方法两个方面来具体分析：

1. 制度环境的不同将影响培训作用的发挥以及培训收益的实现，这里的制度环境包括企业中的培训体制、激励机制、社会保障体制等一系列制度安排。在不同的劳动力市场中，培训生产力效应发挥的制度条件不同、培训投资收益的实现机制不同，由此促成了主次市场中培训投资收益差异的形成。

（1）从企业内的培训体制来看，主要劳动力市场中往往是规模较大、岗位技术要求较高的企业，使得其有能力也有必要对员工进行培训，因而企业中拥有相对完善的培训体制，对员工进行培训等人力资本投资可以提升企业的劳动生产率和竞争力。而次要劳动力市场中往往是规模较小、岗位技术要求不高的企业，这样的企业没有足够的能力也没有必要对员工进行培训，企业内没有建立比较完善的培训体系。因此，相对于次要劳动力市场，主要劳动力市场中企业具备更坚实的经济实力、更旺盛的培训需求、更完善的培训体制，培训对于劳动生产率的提升作用也更为明显，所以在职培训的投资收益也就相应更高。

（2）从企业内的激励机制来看，在主要劳动力市场的企业中，特别是一些大企业中，往往存在内部劳动力市场，员工工作稳定性较强，特别是有一套完备的"培训—晋升"的激励机制，员工参加在职培训即意味着未来收入水平的提高和职业地位的发展。进一步考察"培训—晋升"激励机制存在条件下的培训收益实现机制，人力资本理论和筛选假说给出了不同的解释：人力资本理论认为"培训—晋升"的激励机制隐含的前提是，培训确实提高了员工的劳动生产率，而筛选假说却认为当培训被纳入到企业人力资源管理体系中时，培训的主要作用就是作为一种筛选信号以帮助企业挑选出更有能力和前途的员工（员工培训成本越低被认为个人能力越强），然后再给予其更高的工资收入和职业发展机会，至于培训是否提高了员工的劳动生产率并不重要。虽然人力资本理论和筛选假说对于培训收益实现机制的解释不同，但可以确定的是，在主要劳动力市场，企业中"培训—晋升"激励机制的存在为员工培训收益的实现提供了非常稳固的保障。相比较而言，次要劳动力市场中员工的工作稳定性较差，没有内部劳动力市场以及"培训—晋升"的激励机制，因此在职培训投资收益的实现失去强有力的保障，即便员工有机会参加培训，即便培训提高了员工的劳动生产率也不一定能带来实际的收益。因此，"培训—晋升"激励机制的存在，使得主要劳动力市场中培训收益的实现拥有更强的制度保障，在职培训的投资收益也就自然高于次要劳动力市场。

（3）从企业内的社会保障体制来看，主要劳动力市场中员工大多在正规部门就业，企业中一般具备比较完善的社会保障体制，员工的工资收入和相关福利是有稳定保障的，可以说这是除上述激励机制之外，培训收益实现的另一坚实保障。而次要劳动力市场中员工大多在非正规部门就业，员工的工资决定方式并不完全根据个人的劳动生产率，当企业雇佣方处于强势地位时，员工的收入和相关的福利就无法获得稳定的保障，近年来城市劳动力市场中频频发生的农民工工资拖欠等现象即说明了这点。因此，社会保障体制的存在，使得主要劳动力市场中培训收益的实现拥有了另一强有力的制度保障，在职培训的投资收益也就自然高于次要劳动力市场。

因此，制度因素的存在，一方面，使得不同劳动力市场中培训对员工劳动生产率提升的程度不同，从而造成培训收益的差异；另一方面，即便培训提高了劳动生产率，但在市场不完全竞争、存在分割的情况下，当主要及次要劳动力市场存在制度性（如激励机制、社会保障体制）差异时，不同的劳动力市场中，劳动生产率的提高也并不一定都能转化成相应的实际收益，或者说这种转化的程度在不同的劳动力市场中是不同的，由此造成培训收益的差异。

2. 培训收益在主次劳动力市场间的差异除了归因于制度因素外，实证分析中计量方法上存在的问题也可能使得我们夸大了这种差异，实际的差异也许并不像实证分析结果体现的那么明显。这里计量方法问题主要包括指标度量问题和样本选择性偏差问题：

（1）指标度量问题。

① 本章在实证分析中主要采用培训参与率这一指标，但培训参与率只是培训度量中一个比较粗的初步指标，不同行业企业在经济实力和技术特征上的差异，导致对培训的需求存在较大差异。这种差异不仅体现在量上，事实上培训的质量、内容和过程在不同的行业企业中也是不同的，特别是培训的落实、完成及巩固情况是简单的培训参与指标所无法涉及的。如果不同劳动力市场中企业培训的这些异质性无法在实证分析中被较好地控制住，那么培训的收益就不能被客观地估计，主次劳动力市场间培训收益的差异可能会被夸大。

② 本章在实证分析中主要采用收入增长来界定培训收益，在市场完全竞争的条件下，员工的工资收入反映了个人的劳动生产率，但是在市场不完全竞争，特别是存在制度性分割的情况下，劳动生产率的提高并不一定能带来相应的收益，因而用来度量培训收益的指标，如收入增长就不一定是劳动生产率改进的良好替代。实际上用来刻画培训生产力效应的直接指标就是劳动生产率的变化，但劳动生产率的测度比较困难，人们常用收入作为劳动生产率的替代变量，不过这一替代过程成立的前提是劳动力市场的完全竞争。根据上述关于主次劳动力市场间存在诸多制度性差异的分析，我们可以推断，即使在主次劳动力市场中培训对员工劳动生产率提升的程度近似，但是，由于主要劳动力市场中的企业在培训体系、激励机制、社会保障体制等制度安排方面都优于次要劳动力市场中的企业，并且我们运用了收入增长来替代劳动生产率以表征培训的生产力效应，在这种情况下，主次劳动力市场间培训收益的实际差异就可能会被扩大，因此，得出主要劳动力市场中培训收益显著高于次要劳动力市场的研究结果也就不足为奇了。

（2）样本选择性偏差问题。除了指标度量问题外，样本中选择性偏差的存在也有可能使我们夸大了培训收益在主次劳动力市场间的差异。当我们在考虑不同行业企业间培训存在异质性时，同样不能忽视的是，在不同劳动力市场中，参加培训的主体——受训员工之间也存在着异质性。在本章的实证分析中，虽然对员工的一些人力资本供给特征进行了控制，但不同劳动力市场中，员工之间某些方面的异质性具有隐性特点，不容易被完全控制住，比如员工在培训中所体现出的学习意识、学习能力的差异，这些差异会在一定程度上影响培训对劳动生产率的作用程度，进而影响培训收益的实现。一般而言，相对于次要劳动力市场，主要劳动力市场中员工的人力资本积累水平更高、能力更强[①]，如果没有较好地控制住主次劳动力市场中员工的差异，将可能造成对主要劳动力市场培训收益的高估、对次要劳动力市场培训收益的低估，从而扩大了培训收益在主次劳动力市场间的差异。

二、政策建议

根据以上研究结论和本章的目的，提出以下几点政策建议：

首先，与正规的学校教育体系相比，我国目前的职业培训体系处于弱势甚至是边缘的地位，结构也比较松散，培训在人力资源开发体系中的重要作用尚未全面或真正体现。而实际上，在当前中国，仅从缓解就业压力的角度来说，培训与继续教育的作用就不可小觑，青年毕业生从学校到工作的转换需要再学习，农村转移劳动力从农村到城镇生活、从农业到非农行业工作也需要再学习，下岗失业工人同样需要接受再就业能力的培训。关于培训的重要作用，本研究从定量分析的角度同样给予了肯定的回答，既然多方面的分析都认为在职培训是一项极具经济价值的人力资本投资，那么国家人力资源开发体系中就应重视和加大对培训投入的力度，同时应完善培训的立法和管理，着眼于构建包含教育、培训在内，政府、企业、非营利组织共同参与的统一的人力资源开发体系。

其次，本章的研究发现，在次要劳动力市场上，员工参加在职培训具有正的收益，但和主要劳动力市场员工相比，投资收益偏低。这一研究发现落实到政策建议上来说，就需要同时兼顾以下两方面：一方面，政府应加大对弱势人群如农民工的教育培训投资力度，因为这种投资在目前的中国不仅符合公平原则而且也是有效的，是一项积极的劳动力市场政策。尤其是在当前劳动力市场分割特别是一些制度性的分割短期内不能改变的情况下，对弱势人群进行人力资本投资是积极有效的，有助于缓和劳动力市场分割。另一方面，虽然在职培训对于个人提高自身素质和社会经济地位有积极作用，但劳动力市场的分割，特别是制度分割却影响到在职培训投资收益的实现，在职培训最多也只是缓和了劳动力市场分割，并没有打破分割。因此，在增加人力资本投资的同时，政府也应作相应的制度变

---

① 按照沃切尔（Watcher, 1974）的观点，主次劳动力市场之间的一个重要区别就是员工的人力资本特征不同，沃切尔认为相对于主要劳动力市场，次要劳动力市场中员工的能力更为低下，因而次要劳动力市场中人力资本投资收益更低，这从竞争的角度就可以解释，与劳动力市场分割无关，这也是沃切尔等新古典经济学家对劳动力市场分割理论进行质疑和批评的一个重要方面。

革，例如通过改善工作机会的分布，增加对弱势人群的收入补贴和就业机会，改善社会保障体系，促进统一的劳动力市场的建立等其他积极的劳动力市场政策来实现公平和收入再分配。只有同时兼顾这两方面才能缩小人们的人力资本和收入差距，进一步促进社会公平。

三、研究局限与展望

（一）研究局限

在职培训研究的局限性主要体现在概念界定的模糊和指标的难以测度。与其他人力资本投资形式相比，在职培训的界定和度量要困难得多。虽然 20 世纪 70 年代以来，西方国家企业培训数据逐渐丰富，许多大规模调查涉及跨行业、企业的培训，但不同行业、企业培训的巨大差异导致对在职培训的度量存在诸多问题，集中表现为：（1）由于培训的界定存在困难，员工很难准确回忆出所受培训的类别、时间、强度。（2）不同行业、企业、岗位的培训统计口径不同，意义所指也不一样，因此很难做横向比较。（3）样本抽取的非随机性，可能带来选择性偏差问题，造成对目标变量作用的错误估计。

本章采用的调查数据同样存在上述问题；另外，国外有代表性的企业员工培训数据大多属于面板数据，对员工的收入、就业、培训等主要变量进行多个时点的观测和跟踪调查；而且对于培训的度量不仅在员工层面进行多口径的度量，同时对在职培训的一些主要度量指标，从雇主和员工两个方面去收集数据，以便更客观地分析在职培训的投资收益。本章所使用的数据是基于一个时点的截面数据，缺乏时间序列资料，在一定程度上限制了实证分析的深入展开。

（二）未来研究展望

在过去的 30 多年中，对于在职培训这一重要的人力资本投资途径的经济价值分析，在西方发达国家获得了广泛的重视并进行了诸多深入的实证研究。在中国，关于在职培训的经济学分析目前还处于一个起步阶段，同时也说明中国企业在职培训的投资收益分析还有较大的提升和发展空间。参考发达国家培训经济学发展的路径，中国在这一研究领域的发展还需要从以下三个方面着手：丰富研究数据、拓宽研究范围、完善研究方法。

首先，研究数据的丰富是对在职培训经济价值分析的前提条件，我们不仅需要大规模的关于培训的企业调查或入户调查数据，还需要针对单个企业、某个培训项目或某一特定人群的培训数据，微观与宏观数据兼备才有可能使培训投资收益的分析既深入又不失代表性。另外，除截面数据之外，也要十分注意收集包含时间序列资料的面板数据，国外比较成熟且有代表性的研究大多采用面板数据。同时，为了评估培训项目所需要的实验数据也是需要我们不断积累的。此外，根据 OECD 国家的经验，我们还需要建立包含教育、培训等在内的统一的人力资源开发指标体系。

其次，培训经济学的研究不该仅限于私营部门，实际上国外研究中关于公共部门培训的评估研究已经占据了半壁江山，公共部门培训项目大多针对某一类特定的弱势人群，作为政府的积极的劳动力市场政策同样需要接受效率的考量，在目前中国越来越重视对劳动者特别是弱势人群进行人力资源开发的情况下，评估政府培训投资的效率十分必要，并且需要比照私营和公共部门的培训效率，以便各部门培训形式和途径的进一步优化。另外，不同的人群有着不同的培训需求，在私营和公共部门之外，非营利组织可以在一定程度上更好地满足人们越来越多样化的培训需求。所以从拓宽研究范围的角度来看，需要对不同部门的培训进行研究和比较。

再次，对培训收益的精确估计是培训经济学研究的核心问题，在估计培训收益时，如果不考虑培训在各地、各企业之间的差异，而仅仅用培训的发生（参与）率来简单刻画，如果不考虑培训的完成情况（实际参与培训的时间），如果不了解受训人员是通过什么机制被选中的，都会造成对培训收益的错误估计。因此，从研究方法来看，除了进一步完善相关的计量方法之外，应考虑对培训实施过程进行定性的、制度性的分析，对培训收益的正确估计应该建立在对培训的精确度量和培训过程深入了解的基础上。

第二十一章

性别工资差异研究

一、研究背景

（一）性别工资差异显著扩大

始于 1978 年的改革开放使中国经济发生了历史性巨变。在 1978～2006 年间，中国国内生产总值年均增长率高达 9.6%，经济规模扩大了 12 倍。按官方汇率计算，2006 年中国已经成为全世界第四大经济体；按购买力平价计算，中国已经跃居全世界第二位，仅次于美国。中国改革开放以来取得的经济成就备受全球瞩目，尤其是与其他同期转型中国家和发展中国家相比，堪称奇迹。中国从中央计划经济体制逐步走向了社会主义市场经济体制，同时也从一个以公平为先导的社会，转向了以效率为先导的社会，很多社会问题随之产生，工资差异（即收入不平等）就是其中之一。近年来，中国的收入差距呈扩大趋势，这一现象已引起各方的关注。许多研究者（John Knight and Lina Song，1991；赵人伟、李实，1997；Khan，Griffin and Riskin，1999；蔡昉、杨涛，2000；Xin Meng，2002；陈宗胜，2002；姚先国、赖普清，2004）都曾考察过中国的收入分布和不平等问题。大部分的研究结果表明，目前收入分配在性别、行业、地区以及城乡之间的差距在不断拉大，甚至有两极分化的趋势。

实际上，工资差异（Differentials）是世界各国劳动力市场上普遍存在的现象。很多研究都发现不同劳动者群体之间的工资差异或不均衡（Inequality）是长期存在的，且常常随着新技术的不断出现和应用呈现扩大的趋势（Piketty，2003；Prasad，2002；Juhn et al.，1993；Acemoglu，1999）。根据已有的大量研

444

究，工资差异是与劳动力的个人特征及其所从事的工作特征联系在一起的，相关的个人特征包括人力资本存量、性别等。

研究工资差异的角度很多，其中性别是劳动力市场和收入不平等研究的重要视角。很多学者的研究发现即使在控制了教育水平、工作经验等诸多因素的影响之后，女性和男性之间仍存在着明显的工资差异（Bowlus，1997），且这种差异在绝大多数工业化国家都长期存在。有关中国的很多研究也印证了这一结论，在中国经济转型过程中性别工资差异显著扩大（Gustafsson and Li，2000；李实，2002；汝信等，2002）。由全国妇联和国家统计局联合组织实施的第二期中国妇女社会地位抽样调查结果显示，1990～2000 年城镇在职女性的经济收入有了较大幅度的增长，但与男性收入的差距却明显拉大，城镇女性职工相当于男性职工的工资比例由 77.5% 下降到 70.1%。从收入分布看，低收入人群中女性的比例比男性高 19.3%，中等以上收入人群中女性的比例比男性低 6.6%（第二期中国妇女地位调查课题组，2001）。中国社科院经济研究所的居民收入调查结果显示，城市女性相当于男性的工资比例由 1995 年的 84.4% 下降到 1998 年的 82.5%（李实，2002）。此外，有研究发现，20 世纪 80～90 年代中国的性别工资差异显著扩大了，且对女性的歧视有扩大的趋势（张丹丹，2004），但中国的性别工资结构仍比其他很多国家更为平等（Liu et al.，2004）。

（二）男女就业部门的分布差异显著

研究发现，中国行业职工平均工资的最高值与最低值之比由 1990 年的 0.1359 上升到 2002 年的 0.2535；基尼系数由 1990 年的 0.0719 上升到 2002 年的 0.1379[①]（岳昌君、吴淑姣，2005）。与此同时，性别的行业分布是不均匀的，女性人口在一些行业集中分布的现象十分明显。2000 年全国城镇女性从业人员的比重为 38%，而在卫生体育和社会福利业，女性的比例占到了 58%，在商业、餐饮业、社会服务业、文化教育等行业也远远超过了平均数，而在采掘、建筑、交通等行业，又远远低于平均数，其中建筑业女性的比重仅仅为 18%。这主要是因为男女的行业分工不同，在一些重体力的行业中，男性比例较高；在一些非体力性行业中，女性所占比例较高。这是符合男女特点的，差异的存在具有一定的合理性。由于诸如采掘、建筑、交通等行业危险性高、需要重体力劳动，因而工资构成中补偿性工资较高，由此引发的男女性别工资差异是合理的。

国外研究者进一步发现劳动力市场制度，包括工资决定机制的集中程度、总体工资结构的均等化程度等，是决定性别工资差异大小的重要原因之一（Blau

---

① 根据《中国统计年鉴（2003）》中的数据进行行业差异比较的统计结果。

and Kahn，1996；Kidd and Shannon，1996），比如美国具有比其他工业化国家更大的性别工资差异，并且这种差异从国有部门、集体部门到私人部门呈不断扩大的趋势（Liu et al.，2000）。在中国，研究者发现从就业部门的所有制结构划分，国有单位女性在各行业分布的不均衡程度较低，而私有经济成分中女性在各行业分布的不平衡程度较高（徐林清，2004）。

（三）教育较高的收益及影响

依照人力资本理论，教育被看作是人力资本的一种投资（Schultz，1961；Becker，1964），这一投资的收益包括未来更高的劳动力市场收入、工作稳定性和更好的工作机会。在世界范围内，这一收益是相当吸引人的，多接受一年学校教育的明瑟收益率达 7% ~ 12%（George Psacharopoulos and Harry Anthony Patrinos，2002）。由于人力资本理论的广泛应用，人们普遍相信教育可以带来较高的回报（Becker，1964；Mincer，1974），加之中国生育高峰的到达使得高等教育需求空前膨胀。

很多研究者发现女性的教育收益率普遍高于男性（李实、李文彬，1994；陈晓宇、陈良焜，1999；孙志军，2002）。女性教育收益率高于男性教育收益率符合各国的一般的趋势（赖德胜，1997）。但是女性较高的收益率并不意味着受过高等教育的女性职员获得比男性同样高的收入（李实、李文彬，1994）。事实上，女性教育收益率高于男性并不是因为女性收入绝对值高于男性，而是由于低教育水平的女性收入绝对值低于男性。由于低教育程度者多从事体力劳动，男性与女性收入差别大，而高教育程度者多从事脑力劳动，收入的性别差距也相应缩小（陈晓宇、陈良焜，1999）。

二、研究的问题

基于上述研究背景，本章旨在探讨以下三个研究问题：

第一，现阶段中国在不同教育程度、不同行业、不同地区间的性别工资差异情况如何？哪些因素影响男女性别工资差异的大小？

第二，中国劳动力市场上是否存在性别歧视，性别歧视对性别工资差异的影响有多大？中国劳动力市场上哪些特征群体容易受到性别歧视的影响？

第三，20 世纪 90 年代以来，性别工资差异的变化趋势？20 世纪 90 年代以来，性别歧视的变化情况，以及性别歧视对于工资性别差异的影响情况如何？

第一节　文献综述

一、理论研究

很多学者都就男女性别工资差异的影响因素进行过深入的研究。一些学者认为，女性和男性之间未被观察到的与生产率有关的特征的差异，以及对生产率相同的女性的工资歧视是造成女性平均工资低于男性的重要原因（Blau and Kahn，1992）。另一些学者则认为女性和男性在就业前不同的教育选择（Machin and Puhani，2003）、在职业和职位上的高度分割（Nam，1996；Ruijter et al.，2003）、在劳动力市场不同的行为模式（Bowlus，1997；John and Steven，2004）是造成性别工资差异的原因。也有学者从劳动力市场制度，包括工资决定机制的集中程度、总体工资结构的均等化程度等也是决定性别工资差异大小的重要原因（Blau and Kahn，1996；Kidd and Shannon，1996）。总体上，在理论界关于男女性别工资差异的分析主要依据以下三方面的理论解释：

（一）新古典经济学派

新古典经济学从人力资本的角度探讨男女之间的工资差异，认为女性之所以获得较少的工资，与其较低的教育水平、较少的工作经验等有关（Schultz，1961；Becher，1964）。

（二）劳动力市场分割理论

劳动力市场分割理论提供了一个分析性别歧视的新的框架，认为收入高低不仅取决于个人人力资本的积累状况，还取决于性别本身和工作性质，工资是性别、人力资本和工作性质的函数（R. Buchele）。他们认为，劳动力市场并不是一个统一的市场，而是按工作内容和职业境遇（工作稳定性、升迁的可能性、工资支付方式等）的不同被区隔为不同的市场（M. H. 斯特罗布，1955），如所谓的初级市场和次级市场等。不同市场上的工资决定方式、工资水平和工作条件都不相同。女性劳动者较多滞留在次级市场上，这是她们收入低的主要原因（徐林清，2004）。

（三）歧视理论

劳动力市场上存在歧视的时候大体有三种情况：一种情况是"同工不同酬"，即有同样的生产率的男性和女性劳动力此时无法获得同样的回报（Oaxaca，1973）；另一种是"职业及职位歧视"（Ehrenberg and Smith，1999），是指雇主有时会故意将与男性雇员具有相同教育水平和生产潜力的女性雇员安排到低工资报酬的职位上或担负较低责任水平的工作上，而把高工资报酬的工作留给男性雇员；还有一种不明显的性别歧视是劳动力市场歧视的"反馈影响"（Feedback Effect）（Phelps，Aigner and Cain；Ridgeway and Cecilial，1997）或前市场歧视（Pre-market Discrimination），当女性劳动力的人力资本回报偏低或受到培训、晋升等的不公平待遇时，这种劳动力市场上的歧视直接降低了女性劳动力及潜在女性劳动力的预期，使其减少对人力资本的投资或降低工作的积极性，从而降低了女性劳动力的劳动生产率和收入（Becker，1964）。

二、研究模型

在依据上述理论的基础上，实证研究的模型设计大多采用以下四种模型分析和论证：

（一）明瑟回归模型

最早由明瑟（1974）提出的人力资本模型简化为：

$$\ln(w) = X\beta + u \tag{1}$$

其中，W 代表小时工资率；X 代表个人特征向量；u 为随机扰动项。在明瑟的回归模型中，选用虚拟变量（Dummy Variable）反映性别差异。这种方法有利于证明性别间是否存在工资差异，但是无法证明各种因素对于差异的解释程度。

（二）奥克萨克及科顿性别工资差异分解模型

奥克萨克（Oaxaca，1973）的方法是衡量性别工资歧视经典的分解方法之一。其基本的思路是在明瑟回归模型的基础上，将男女收入进一步分解为可以由个人特征解释的部分和无法用个人特征解释的部分，并将无法解释的部分认为是歧视，从而衡量"歧视"的大小。其模型表达式如下：

$$\ln \overline{W}_m - \ln \overline{W}_f = \overline{X}_m' \hat{\beta}_m - \overline{X}_f' \hat{\beta} = \overline{X}_m' \hat{\beta}_m - \overline{X}_f' \hat{\beta}_m + \overline{X}_f' \hat{\beta}_m - \overline{X}_f' \hat{\beta}_f$$

$$= \left(\overline{X}'_m - \overline{X}'_f \right) \hat{\beta}_m + \overline{X}'_f \left({}^{HTS}\hat{\beta}^{S\dagger}{}_m - \hat{\beta}_f \right)$$

其中，$\ln \overline{W}_m$ 和 $\ln \overline{W}_f$ 分别是男女性收入几何平均的对数；$\overline{X}'_m$ 和 $\overline{X}'_f$ 分别是男女性个人特征的平均值向量；$\hat{\beta}_m$ 和 $\hat{\beta}_f$ 分别是男女性系数的估计值式。奥克萨克收入分解模型中把男女性平均收入差异分解为两部分：等号右边第一项为可解释，即由男女之间特征差异或者由两者之间解释变量均值差异引起的。等号右边第二项为不可分解释的，即表示男女性在个人特征条件相同的情况下，女性受到工资待遇上的不公平（这在男女各自收入方程中表现为系数的差异）。由于在无歧视的劳动力市场下，具有相同个人特征的男女应具有相同的收入，因此用"性别收入歧视"来表示由不可解释部分所引起的男女收入不平等。在计算过程中，用实际观察到的工资差异减去那部分由与工作相关的个人特征导致的工资差异，剩下的就是歧视影响了，可以用歧视系数[1]来反映。

科顿（Cotton，1988）认为单单考虑劳动力市场存在歧视是不全面的，主张应该同时考虑到在不存在歧视的劳动力市场的条件下，男性工资的下降和女性工资的上升的情况发生的可能。于是他提出一种新的方法，就是先将无歧视条件下的均衡收入水平先计算出来，然后再衡量被歧视群体相对于无歧视时的均衡收入被压低的程度，具体模型表达式如下：

$$\ln \overline{W}_m - \ln \overline{W}_f = \left(\overline{X}'_m - \overline{X}'_f \right) \hat{\beta}^* + \overline{X}'_m \left(\hat{\beta}_m - \hat{\beta}^* \right) + \overline{X}'_f \left(\hat{\beta}^* - \hat{\beta}_f \right)$$

其中，$\hat{\beta}^*$ 代表不存在歧视时男性和女性的工资方程系数，其计算方法是将现有的男性和女性工资回归方程系数利用男性和女性的比例分别加权。等号右边第一部分为个人特征差异导致的工资差异。第二部分是男性劳动生产率被高估的部分，即作为男性的"收益"（Benefit）。第三部分是女性劳动生产率被低估的部分，也是更为纯粹的对女性的歧视。

阿普尔顿（袁霓，2005）在奥克萨克和科顿的基础上加入了考虑工作单位所有制性质变量，即男女工作在不同所有制部门的比例是不同的，且这种不同可能对性别收入分解有很大的影响，新的分解方法如下：

$$\ln \overline{W}_m - \ln \overline{W}_f = \sum_j p_{if} \left(\hat{\beta}_{jm} X_{jm} - \hat{\beta}_{if} X_{if} \right) + \sum_j \hat{\beta}_{jm} X_{jm} \left(p_{jm} - p_{jf} \right)$$

其中，$\hat{\beta}_{jm}$ 和 $\hat{\beta}_{if}$ 分别对应于男女在第 j 个所有制部分收入方程的系数，这里 W 代表小时工资率，X 代表个人特征向量，u 为随机扰动项。在明瑟的回归模型中，选用虚拟变量（Dummy Variable）反映性别差异。这种方法有利于证明性别

---

[1] 奥克萨克用"歧视系数"（Discrimination Coefficient）来衡量歧视，"歧视系数"的定义为：真实世界里性别工资的比和不存在歧视的情况下的性别工资比的差占无歧视的情况下的性别工资比的比例。

449

间是否存在工资差异，但是无法证明各种因素对于差异的解释程度。

方程的系数 p_{jm} 和 p_{if} 是男女性在第 j 个所有制部门的比例。考虑到"权数"问题，仿照科顿收入分解方法假设第 i 个人在第 j 个所有制部门工作的概率 p_{if} 由多项式逻辑模型决定，其形式为：

$$p_{if} = \exp\gamma_j z_i / \sum_j \exp\gamma_j z_i \quad i = 1, 2, \cdots, N; \quad j = 1, 2, \cdots, K$$

其中，γ_j 是对应于第 j 个所有制部门的系数。由此，男女收入差异可写为：

$$\ln \overline{W_m} - \ln \overline{W_f} = \sum_j \hat{p}_j (\overline{X}_{jm} - \overline{X}_{if}) \hat{\beta}_j + \sum_j \hat{p}_j \overline{X}_{mj} (\hat{\beta}_{jm} - \hat{\beta}_j)$$
$$+ \sum_j \hat{p}_j \overline{X}_{if} (\hat{\beta}_j - \hat{\beta}_{if}) + \sum_j \hat{\beta}_{jm} \overline{X}_{jm} (\hat{p}_{jm} - \hat{p}_j)$$
$$+ \sum_j \hat{\beta}_{if} \overline{X}_{if} (\hat{p}_j - \hat{p}_{if}) + \sum_j \hat{\beta}_{jm} \overline{X}_{jm} (p_{jm} - \hat{p}_{jm})$$
$$+ \sum_j \hat{\beta}_{if} \overline{X}_{if} (\hat{p}_{if} - p_{if})$$

其中，p_j 为当假设男女性面对同样的所有制部门分配时，职工在第 j 个所有制部门的比例；p_{jm} 和 p_{if} 分别为当假设男女面对同样的所有制部门分配时，男女在第 j 个所有制部门的比例。前三项类似于科顿（Cotton）分解中的所有制内部收入差异，第四、五项为所有制部门之间由于男女个人特征不同所带来的收入差异。第六、七项为所有制部门之间不可解释的男女性收入差异。

明瑟回归模型应用范围广泛，大部分采用添加虚拟变量的方式，研究性别工资差异。在奥克萨克基础上进行修正的科顿性别工资差异分解模型，与前者计算歧视系数大小相差不多。阿普尔顿模型是在奥克萨克和科顿的基础上，添加了制度变量。综上所述，本研究将采用明瑟回归模型和奥克萨克的歧视系数模型。

三、实证研究的现状

（一）国外实证研究

人力资本投资（Mincer，1974）和歧视经济学理论（Becker，1971）被反复应用于验证性别间和种族间的工资差异。国外大量的实证研究致力于对性别或者种族工资差异的分解上，大致分为两个方面："技能"和"待遇"，换言之大部分的实证研究将男女性别工资差异分解为两个部分：一部分由个人特征引起的；另一部分由歧视引起。最常使用的人口学的统计方法是北川（Kitagawa，1955）建立的模型，此后社会学的研究由邓肯（Duncan，1968），阿尔索瑟（Althauser）和魏格勒（Wigler，1972）进一步推广，经济学领域主要是奥克萨克（Oaxaca，1973）和布蓝德（Blinder，1973）创建模型，并沿用至今。

在过去的三十年中，男女性别工资差异在世界各国被广泛地关注。应用 1967 年经济机会调查（Survey of Economics Opportunity）数据，德沃金·奥克萨克（Ronald Oaxaca，1973）发现劳动力市场上对于性别的歧视可以解释性别工资 80% 的差异。玛丽·科科兰（Mary Corcoran）和格雷格 J. 邓肯（Greg J Duncan）利用动态面板数据（Panel Study of Income Dynamics）发现，性别歧视的存在解释了 56% 的性别工资的差异，其中有 44% 是由于劳动生产率相关的个人特征引起的。所罗门 W. 波拉切克（Solomon W. Polachek）采用收入回归模型的方法来研究性别工资差异的影响因素。结果发现，超过 90% 的男女工资差异是由男女人力资本差异引起的。克劳迪亚·戈尔丁（Claudia Goldin）沿用波拉切克（Polachek）的方法，选取 1980 年美国人口普查的数据（U. S. Census Data）进行研究，发现大约 80% 的男女性别工资差异是由性别人力资本的差异引起的。康斯坦汀 G. 奥格罗琳（Constantin G. Oglolin，1999）运用俄国政府入户调查面板数据（Russia Longitudinal Monitoring Survey，RLMS），采用科顿歧视系数统计方法，发现在俄国性别工资相对差异的比率为 71.7%，引发性别工资差异的主要影响因素是劳动力市场上的性别歧视等等。

（二）国内实证研究

1. 性别工资差异统计分析方法。主要采用男女性别工资比例、工资相对差异的统计描述方法验证中国经济转型过程中的性别工资的差异（Gustafsson and Li，2000；李实，2002；汝信等，2002）。由全国妇联和国家统计局联合组织实施的第二期中国妇女社会地位抽样调查结果显示，在 1990～2000 年间城镇在职女性的经济收入有了较大幅度的增长，但与男性收入的差距却明显拉大，城镇女性职工相当于男性的工资比例由 77.5% 下降到 70.1%。从收入分布看，低收入的女性比男性高 19.3%，中等以上收入的女性比男性低 6.6%（第二期中国妇女地位调查课题组，2001）。中国社科院经济研究所的居民收入调查结果显示，城市女性相当于男性的工资比例由 1998 年的 84.4% 下降到 1995 年的 82.5%（李实，2002）。

2. 对于性别工资差异的解释。部分研究认为，随着市场化程度的提高，人力资本回报率提高，性别之间在受教育程度和工作技能上的差异得以在工资上显现出来。研究显示，随着改革的进行和市场化水平的提高，中国的教育收益率在逐步提高（赖德胜，1999；李实等，1999）。在人力资本回报率提高的同时，如果女性人力资本总体上的确低于男性的话，则会出现女性工资系统地低于男性的现象。根据第五次全国人口普查 0.95 ‰ 抽样数据，从全国平均水平看，女性平均受教育年限为 6.95 年，男性为 8.05 年，两者相差 1.1 年。城镇女性的平均受教育年限为 8.47 年，男性为 9.4 年，两者相差 0.93 年，差异低于全国平均水平。一项研究证实，从 1988～1995 年，在性别收入差异能够被解释的部分中，教育水平作用提高的幅度最大（Gustafsson and Li，2000）。

也有研究者认为，随着企业用工自主权扩大，企业对女性在劳动供给上有较低的评价，或者干脆具有歧视女性的倾向。如果人力资本和其他个人特征不能解释工资差异的全部，则存在劳动力市场歧视。已有文献提示我们，性别工资差异并不完全是人力资本的性别差异造成的。在企业追求利润最大化和自主权扩大的情况下，如果劳动力市场还没有成熟到能够给予人力资本恰当回报的程度，性别可能会成为预先假设工人表现的信号，这与教育回报的"羊皮纸效应"非常类似（王美艳，2005）。在改革过程中，国有部门的行为与非国有部门仍然不同，后者趋向于在更加具有竞争性的劳动力市场中运作。有研究发现，从国有、集体到私有部门，工资差距中歧视能够解释的份额逐次降低（Liu et al.，2000；戴园晨、黎汉明，1995）。另一项对农村工资差距的研究，按照找到工作的途径，把劳动力划分为两组：由政府部门分配工作的为非市场组，通过考试或个人努力找到工作的为市场组。研究发现，非市场组的性别工资差距，完全是由歧视造成的；而市场组的性别工资差距，歧视只解释了其中的 2/3（Meng，1998）。

近几年，国内部分学者采用歧视系数模型，运用大样本调查数据，研究发现性别工资差异的影响因素中性别歧视具有很大的解释度。比如，李军峰（2002）在对个人收入产生的原因进行定性分析的基础上，利用第二期中国妇女社会地位抽样调查的数据，对我国男女两性的收入差距做了回归分析和通径分析，结果表明，除了人力资本等因素外，性别对个人收入存在显著影响，性别不仅通过教育、在单位中所处的位置、所在的职业对收入产生影响，而且对收入有直接影响，由通径系数的分解得出在我国歧视对收入的直接影响占据了性别对收入总影响的 21%。

中国社会科学院人口与劳动经济研究所（蔡昉、都阳、王美艳等人，2002）使用来源于 2000 年中国社会科学院人口与劳动经济研究所、北京大学社会学系、澳大利亚国立大学和美国贝茨学院合作进行的企业及其职工调查的数据，用回归分析方法对我国的性别歧视进行了计量分析，所得结论是性别歧视可以解释 32% 的我国男女两性的收入差异。

毛海强、姚莉萍（2006）利用 2004 年武汉市服务行业具有代表性的、包含有 11 个下属单位的某高校后勤集团（公司）调查数据，运用回归分析方法对调查样本中两性职工工资收入进行的计量分析发现，对于男女性别的歧视可以解释 37% 的男女性别收入差异。

张丹丹（2005）利用 1989 年、1991 年、1993 年和 1997 年的中国营养健康调查数据，采用奥克萨克歧视分解方程，发现从 1989～1997 年，随着中国经济转型和市场化水平等的提高，职业女性和男性劳动力的工资差异拉大对女性的工资歧视有扩大的趋势。1989 年 75%[①]的性别工资差异被个人特征的差异来解释，到 1993 年只有 20% 的性别工资差异可以用特征的差异来解释，1997 年有 30% 的性别工资差异是个人特征解释的。

第二节　研究设计

一、概念的界定

本章基于人力资本理论、歧视经济学理论以及劳动力市场分割理论定义性别工资差异，通常是指劳动力市场上的"显示性的性别工资差异"，分为两个层次：一是由个人特征引起的工资差异，即间接与生产率有关的特征的差异；二是由于"同工不同酬"的性别歧视导致的差异，即有同样的生产率的男性和女性劳动力此时无法获得同样的回报。简而言之，性别工资差异包含两个层次：一是个人"特征"差异；二是"待遇"差异，即歧视。

本章定义的性别歧视，是广义歧视，包含除间接劳动生产率引发的工资差异以外，所有的"待遇"差异引发的性别工资差异。

本章的研究主要从计量的方法出发，区分上述两种差异对性别工资差异产生影响的程度。

二、研究假设

本章的主要假设为：

1. 劳动力市场上存在显著的性别工资差异，且不断扩大。
2. 劳动力市场上存在显著的性别歧视。
3. 劳动力市场上性别歧视不断增大。
4. 劳动力市场上性别歧视对于性别工资差异的解释程度不断提高。

---

① 即性别歧视可以解释我国男女性别收入差异的 25%。

三、研究模型

（一）性别工资差异分解模型

本章选用奥克萨克的性别工资差异模型，利用 2004 年中国城镇入户调查数据，对于男女性别工资差异进行分解研究：

$$\ln \overline{W}_m - \ln \overline{W}_f = \overline{X}'_m \hat{\beta}_m - \overline{X}'_f \hat{\beta}_f = \overline{X}'_m \hat{\beta}_m - \overline{X}'_f \hat{\beta}_m + \overline{X}'_f \hat{\beta}_m - \overline{X}'_f \hat{\beta}_f$$
$$= (\overline{X}'_m - \overline{X}'_f) \hat{\beta}_m + \overline{X}'_f (\hat{\beta}_m - \hat{\beta}_f) \tag{2}$$

其中，$\ln \overline{W}_m$ 和 $\ln \overline{W}_f$ 分别是男女性收入几何平均的对数；$\overline{X}_m$ 表示男性个人特征的平均值向量；$\overline{X}_f$ 表示女性个人特征的平均值向量；$\hat{\beta}_m$ 和 $\hat{\beta}_f$ 分别是男女性系数的估计值向量。X 包括的特征变量有：受教育年限、工作经验、年龄、工作所在地区、职业、行业、单位所有制类型，等等。

（二）明瑟人力资本模型

本章对明瑟收入回归模型进行了微调，加入了虚拟变量和交互项，具体方程如下：

$$\ln w_i = \beta_0 + \beta_1 S_i + \beta_2 Exp + \beta_3 Exp^2 + \beta_4 D_i + \varepsilon_i \tag{3}$$

这里，D_i 表示虚拟变量（包括性别虚拟变量，地区虚拟变量，职业虚拟变量，就业单位类型虚拟变量）；S_i 代表教育年限；Exp 表示工作经验的年限。

以性别虚拟变量为例：当 $D_i = 0$ 代表女性，$D_i = 1$ 代表男性。β_0 为截距项，β_1 为教育回报率，当 $D_i = 1$（男性劳动力），男性劳动者的收入回报率与女性相差 β_4。

第三节　统计描述与变量处理

一、样本描述

本章的数据来源于北京大学教育经济研究所《中国城镇居民教育与就业情况调查》（1991，2000，2004）。调查内容主要涉及城镇居民家庭及个人基本情况、受教育和就业情况、家庭教育支出以及家庭主要成员工作经历和收入情况等。调查涉及了省、自治区内 226 个市（县），其中城市 146 个，县城 80 个，共计 25 000 个样本户中的家庭成员及其不同户的子女和户主及配偶的父母（约 68 310 个样本）的基本情况、（户主及配偶/子女）家庭成员的受教育信息、在校生受教育状况和教育支出信息、户主及配偶的工作经历信息等。经过筛选样本，基本情况如表 21 - 1 所示。

表 21 - 1 　　　　　　　　　　　**样本简单统计描述**

变量	特征	1991 年	2000 年	2004 年
样本容量	频数	11 310	11 843	32 575
其中:性别（女）		5 438(48.1%)	5 393(45.5%)	14 616(44.9%)
年龄	均值（年）	37.1	39.4	41.6
收入	均值（元）	2 662.04	10 104.58	14 601.97
教育年限	均值（年）	10.9	12.0	12.3
工作经历	均值（年）	18.5	20.4	20.7
地区				
东部	%（占全部人数）	32.7	34.8	43.5
中部	%（占全部人数）	36.0	35.7	32.6
西部	%（占全部人数）	31.3	29.5	23.9

二、变量处理

（一）收入变量

对收入取值范围进行划定，本章选取 1991 年和 2000 年数据中年总收入作为收入变量，选取 2004 年数据中工薪收入作为收入变量，并按照总收入大于 0 的标准，并奇异值，最终确定年总收入的取值范围。

（二）受教育程度变量

在数据中，关于受教育程度分为两个变量：其一，受教育程度分类变量。该变量按照国家教育体制的规定下的被调查人接受教育的最高学历分类。国家授权成人学历的广播电视大学、职业大学、高等院校举办的函授大学、夜大学和其他形式的大学，以及通过自学或成人学历教育，通过国家统一考试取得学历、学位的可分

455

别归入相应的文化程度。最终划分为小学、初中、高中（包括普通高中和中专学历）、大学（包括大学专科、本科和研究生学历）4 个等级；在第六部分的回归分析中，也按照这 4 个等级划分为 4 个子样本，虚拟变量的设定以小学为参照组。

其二，表示受教育年限的定比变量。由于中国小学学制分为 5 年制和 6 年制两类，中学在 20 世纪 90 年代初期也有不同的学制，分别为 3 年制和 4 年制。因而在受教育年限变量的赋值方面，本文做出了如下处理：1991～2004 年小学统一赋值 5.5 年，初中统一赋值 9 年，高中统一赋值 12 年。由于 1991 年大学这一变量包含大学专科和大学本科的变量，因此 1991 年大学赋值为 15.5 年；2000 年大学专科赋值为 15 年，大学及以上赋值为 16 年；2004 年大学专科赋值为 15 年，大学本科赋值为 16 年，研究生及以上赋值为 19 年。

（三）工作经验变量

本章所用的"工作经验"采用"调查年份——第一次参加工作的年份 + 1"得到具体的工作经验与其年龄进行比较取得数据，并且按照 16～70 岁来确定工作经验的取值范围。

（四）就业单位类型

数据中就业单位类型按照所有制分为三类：国有所有制单位、集体所有制单位、其他所有制单位。虚拟变量的设定以集体所有制单位为参照组。

（五）其他个人特征变量

本章所选用的个人特征变量包括工作地区、所处行业以及职业类型。

按照三类地区的划分标准，全国省级区域单位划分为东、中、西三类地区，将三年样本根据统一划分为：第一类东部地区，包括北京和东部沿海的广东、辽宁、浙江 3 个省份（简记为东部）；中部地区，包括黑龙江、安徽、湖北、山西 4 省（简记为中部）；西部地区，包括四川、贵州、陕西、甘肃 4 个省份（简记为西部）。文中所设虚拟变量以西部为参照组。为进一步验证 12 个省份筛选的合理性，后文也将 1991 年和 2000 年 31 个省份的数据合算并进行回归，结果大体上与 12 个省份的结果相近。

根据行业的竞争程度，将行业划分合并为 5 类，分别为：（1）"竞争性行业"（包括制造业、建筑业、批发零售贸易餐饮业、社会服务业等 4 个行业）；（2）"垄断性行业"（包括电力煤气及水的生产和供应业、交通运输仓储和邮电通信业、金融保险业、房地产业等 4 个行业）；（3）"事业性行业"（包括卫生体育和社会福利业、教育文化艺术及广播电影电视业、科学研究和综合技术服务业等3个行业）；（4）"机关团体"（国家机关、政党机关和社会团体）；（5）"其他行业"。文中所设虚拟变量以竞争性行业为参照组。

职业类型划分为8种，分别为：各类专业技术人员；国家机关、党群组织和企事业负责人；办事人员和有关人员；商业工作人员；服务性工作人员；农林牧渔劳动者；生产工人、运输工人和有关人员；不便分类的其他劳动者。文中所采用的虚拟变量，是以"商业工作人员、服务性工作人员、农林牧渔劳动者、生产运输工人和有关人员和不便分类的其他劳动者"为参照组，并将"国家机关、党群组织和企事业负责人、办事人员及有关人员"合并为一个变量，简记为"国家机关等"。

表 21 – 2   **本章涉及的研究变量一览**

变量名称	变量类型	其他说明
性别	虚拟变量，2个类别	"女性"为基准变量
年龄	连续变量	取值在16~70岁之间
受教育程度	连续变量	赋值文盲2年，小学5.5年，初中9年，高中12年，大学专科15年，大学本科16年（1991年15.5），研究生及以上19年
工作经验	连续变量	取值1991年1~47年，2000年1~50年，2004年1~53年
年总收入	连续变量	对收入取以e为底的ln值
省份地区	虚拟变量，3个类别	"西部"为基准变量
就业单位类型	虚拟变量，3个类别	"集体所有制企业"为基准变量
职位	虚拟变量，3个类别	"商业工作人员、服务性工作人员、农林牧渔劳动者、生产运输工人和有关人员及不便分类的其他劳动者"为基准变量
行业	虚拟变量，5个类别	"竞争性行业"为基准变量

第四节 性别工资差异的实证研究

一、性别工资差异的现状

根据国家统计局"2004年中国城市入户调查数据"，通过简单的统计，男性

457

和女性的年平均工资的绝对差异达到 4 112.04 元，年平均收入相对差异①——女性工资是男性工资的 75%。性别工资差异的大小在不同的"受教育程度"群体中、在不同的"地区"、不同的"行业"和不同的"就业单位"中有所不同。

从不同受教育程度的群体划分来看，总体上随着男性和女性受教育程度的不断提高，性别工资的相对差异在不断地缩小。受教育程度为小学、初中、高中、中专、大学专科、大学本科、研究生的男性女性工资的相对差异的计算值分别为 0.36，0.33，0.28，0.19，0.18，0.13，0.19。

从地区划分来看，男女性别工资差异由小到大呈现"西部 < 中部 < 东部"的态势，东部男女性别工资的相对差异的计算值为 0.28，中部为 0.24，西部为 0.20。

从行业划分来看，性别工资差异在不同的行业间有所不同，按照性别工资相对差异的大小从高到低排列依次为：竞争性行业（女性年平均收入相当于男性年平均收入的 71%），机关团体（女性年平均收入相当于男性年平均收入的 73%），垄断性行业（女性年平均收入相当于男性年平均收入的 78%），其他行业（女性年平均收入相当于男性年平均收入的 81%），事业性行业（女性年平均收入相当于男性年平均收入的 84%）。

从就业单位所有制类型来看，国家所有制单位男女性别差异相对最小，女性年平均工资相当于男性年平均工资的 81%；集体所有制单位中女性年平均工资相当于男性年平均工资的 77%；其他所有制单位相对最大，女性年平均工资相当于男性年平均工资的 67%。

综上所述，中国劳动力市场上工资存在很大的性别差异，这一差异在受教育程度为小学学历的劳动者群体中、在东部地区、在竞争性行业中、在非公有制单位的劳动者群体中表现得更为显著。

20 世纪 90 年代以来，中国劳动力市场上男性与女性的工资差异呈现扩大化的趋势。男性与女性的年总收入的绝对差异从 1991 年的 459.92 元，上升到 2004 年的 1 777.62 元。1991 年女性的年总收入相当于男性年总收入的 84%，至 2004 年女性的年总收入相当于男性年总收入的 77%。男性与女性的工资差异随着时间的增长呈现不断扩大的趋势（见图 21 - 1）。

为进一步研究性别工资差异在不同人群中的变化趋势，本章按照受教育程度、地区、行业和单位所有制类型进行了群体划分。统计结果发现，20 世纪 90 年代以来，劳动力市场上男性与女性的工资差异呈扩大化的趋势。在学历为小学文化程度的劳动者群体中、在东部地区的劳动者群体中、在竞争性行业的劳动者群体中、在其他所有制企业劳动者群体中，性别工资相对差异最为显著。

---

① 相对差异 =（男性平均工资 - 女性平均工资）/男性平均工资。

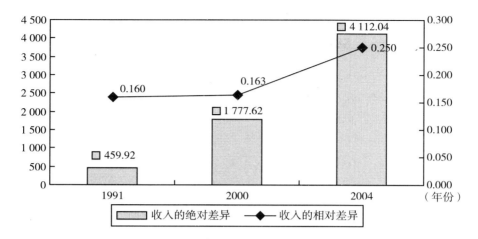

图 21 - 1 1991 年、2000 年、2004 年性别工资绝对差异与相对差异的统计

二、性别工资差异变化的回归分析

为进一步验证性别工资差异发展变化及其影响因素的情况，本章采用明瑟收入模型，并加入性别虚拟变量，方程如下：

$$\ln w_t = \beta_0 + \beta_1 Male_i + \beta_2 Schooling_i + \beta_3 Experience_i + \beta_4 Experience_i^2 + \beta_5 Ownership_i$$
$$+ \beta_6 Occupation_i + \beta_7 Industry_i + \beta_8 province_i + u_i \qquad (4)$$

这里，$Male_i$ 是表示性别虚拟变量，$Schooling_i$ 代表教育年限反映教育对工资的回报，$Experience$ 代表工作经验者，$Experience^2$ 代表工作经验的平方项，控制变量包括所有制、职业、行业和地区变量。

表 21 - 3   1991 年、2000 年、2004 年明瑟收入模型回归结果

变量名	1991 年回归结果	2000 年回归结果	2004 年回归结果
常数项	6.68 *** (0.023)	7.03 *** (0.041)	7.54 *** (0.027)
性别	0.09 *** (0.008)	0.15 *** (0.012)	0.24 *** (0.007)
受教育年限	0.01 *** (0.002)	0.05 *** (0.003)	0.06 *** (0.002)
工作经验	0.06 *** (0.001)	0.05 *** (0.002)	0.03 *** (0.001)

459

续表

变量名	1991 年回归结果	2000 年回归结果	2004 年回归结果
工作经验的平方	0.00 *** (0.000)	0.00 *** (0.000)	0.00 *** (0.000)
国有及控股企业	0.15 *** (0.010)	0.29 *** (0.019)	0.25 *** (0.015)
其他所有制企业	0.31 *** (0.0056)	0.46 *** (0.025)	-0.07 *** (0.015)
各类专业技术人员	0.10 *** (0.012)	0.21 *** (0.019)	0.34 *** (0.011)
国家机关①等	0.07 *** (0.010)	0.18 *** (0.016)	0.26 *** (0.009)
垄断性行业	0.00 (0.009)	0.26 *** (0.018)	0.21 *** (0.010)
事业性行业	0.00 (0.014)	0.24 *** (0.019)	0.17 *** (0.012)
机关团体	0.01 * (0.032)	0.15 *** (0.021)	0.06 *** (0.012)
其他行业	0.07 *** (0.018)	0.08 * (0.031)	0.13 *** (0.015)
东部	0.29 *** (0.009)	0.46 *** (0.015)	0.43 *** (0.009)
中部	0.02 * (0.009)	0.00 (0.014)	0.01 (0.010)

注：（1）"*"，"**"，"***"分别表示显著性水平为0.10，0.05，0.01。
（2）括号内为标准误。

从 1991~2004 年的回归结果来看，控制了地区、职业和单位所有制等变量，性别系数均大于 0，且 T 检验显示在 5% 的水平上显著。这说明在控制了其他变量的情况下，男性和女性劳动力存在显著的工资差异。性别系数表示，同样劳动生产率和就业特征的劳动力，作为男性劳动者其年总收入会增加（或减少）的百分比。1991 年性别回归系数为 9%，2000 年性别回归系数增加到 15%，2004 年增大到 24%。上述结果表明在 1991~2000 年间女性与男性的工资差异有显著扩大的趋势。有关中国的很多研究也印证了这一结论，在中国经济转型过程中性别工资差异显著扩大（Gustafsson and Li，2000；李实，2002；汝信等，2002）。

① 国家机关等是本章简称的"国家机关党群组织、企事业单位负责人及行政办事人员"。

教育投入、资源配置与人力资本收益

三、性别工资差异的影响因素分析

下面采用奥克萨克性别工资差异分解模型，利用 2004 年中国城镇入户调查数据，对于男女性别工资差异进行分解研究（见表 21 - 4、表 21 - 5）。

表 21 - 4　　　　　　　　2004 年明瑟收入方程回归结果

变量	男性样本回归系数		女性样本回归系数			
	均值	β_m	均值	β_f	ΔZ（均值）	$\Delta \beta$
常数项		7.7290 *** (0.038)		7.5390 *** (0.040)		
受教育年限	12.3533	0.0591 *** (0.002)	12.2406	0.0700 *** (0.003)	0.1127	- 0.0110
工作经验	22.2299	0.0332 *** (0.002)	18.8801	0.0250 *** (0.002)	3.3498	0.0083
工作经验的平方	598.4554	- 0.0006 *** (0.000)	446.5142	- 0.0005 *** (0.000)	151.9412	- 0.0001
国有及控股企业	0.6973	0.2500 *** (0.022)	0.5751	0.2440 *** (0.020)	0.1222	0.0060
其他所有制企业	0.2523	- 0.0416 * (0.023)	0.3377	- 0.0960 *** (0.020)	- 0.0854	0.0544
各类专业技术人员	0.4339	0.4750 *** (0.012)	0.4371	0.3660 *** (0.014)	- 0.0032	0.1090
国家机关等	0.3291	0.0559 *** (0.013)	0.3216	- 0.0411 *** (0.014)	0.0075	0.0970
垄断性行业	0.1964	0.2970 *** (0.015)	0.2031	0.3880 *** (0.017)	- 0.0067	- 0.0910
事业性行业	0.3598	0.2510 *** (0.0013)	0.3231	0.2700 *** (0.014)	0.0367	- 0.0190
机关团体	0.1840	0.2020 *** (0.013)	0.1273	0.2080 *** (0.017)	0.0567	- 0.0060
其他行业	0.1309	0.1530 *** (0.016)	0.1778	0.1770 *** (0.017)	- 0.0469	- 0.0240
东部	0.1405	0.0851 *** (0.016)	0.1265	0.0341 * (0.018)	0.0140	0.0510
中部	0.0828	0.1070 *** (0.018)	0.0506	0.1640 *** (0.025)	0.0322	- 0.0570

注：（1）"＊"，"＊＊"，"＊＊＊"分别表示显著性水平为 0.10，0.05，0.01。

（2）括号内为标准误。

表 21 – 5   2004 年奥克萨克歧视系数计算结果

| 变量 | 2004 年 | | | |
| | 男性 | | 女性 | |
	回归系数	解释度	回归系数	解释度
工资差异①	0.3139	100.0%	0.3139	100.0%
受教育年限	0.0067	2.1%	0.0079	2.5%
工作经验②	0.0225	7.2%	0.0121	3.9%
所有制③	0.0341	10.9%	0.0380	12.1%
职业④	-0.0011	-0.4%	-0.0015	-0.5%
行业	0.0089	2.8%	0.0093	2.9%
地区⑤	0.0072	2.3%	0.0073	2.3%
$\ln(D+1)$⑥	0.2356	75.1%	0.2408	76.7%
D		0.2657		0.2722

注：（1）"男性的回归系数"表示以男性的投资回报率为基准，核算得到的由于男性劳动者和女性劳动者个人特征的差异导致的性别工资差异。（2）男性的"$\ln(D+1)$"是根据以女性工资结构为基准投资回报率中性别歧视引起的差异的计算结果。两项相结合引发的性别工资差异。（3）"女性回归系数"则表示，以女性的投资回报率为基准，核算得到的由于男性劳动者与女性劳动者个人特征差异导致的性别工资差异。（4）女性的 $\ln(D+1)$ 是根据以男性工资结构为基准，投资回报率中性别歧视引起的差异的计算结果。（5）"解释度"分别表示个人特征引起的差异和性别歧视引起的差异对于性别工资总体差异的解释程度的百分比。

① 总的工资差异，$\ln(G+1) = \overline{\ln W_m} - \overline{\ln W_f}$。

② 工作经验与工作经验平方项系数加总。

③ 集体所有制和其他所有制形式的系数加总。

④ 不便分类的其他劳动者，国家机关党群组织、企事业单位负责人，行政办事人员，商业工作人员，服务性工作人员，农林牧渔劳动者和不便分类的其他劳动者的系数加总。

⑤ 东部地区和中部地区系数加总。

⑥ $\ln(D+1) = \ln(G+1) - \Delta Z'\beta_m$，$D$ 为歧视系数。

根据"男性回归系数"得到的结果①，2004 年有 24.9% 的性别工资差异由个人特征的差异解释，性别工资中 75.1% 的差异则主要是由于存在性别歧视导致的。

2004 年的歧视系数等于 0.2657，说明中国劳动力市场上存在对于女性的歧

---

① 根据"女性回归系数"得到的结果也基本相似，在此不做赘述。

视，即对女性的不公平"待遇"。

性别工资差异中有 2.1% 的差异是由于男性劳动者和女性劳动者受教育程度的不同而产生的。性别工资差异中有 7.2% 的差异是由于男性劳动者和女性劳动者工作经验的不同而产生的。此外，劳动者所有制单位分布的性别差异、职业分布的性别差异、行业分布的性别差异、地区分布的性别差异都对性别工资的差异产生影响。其中，职业分布的性别差异影响十分微弱，仅解释了性别工资差异的 0.4%，因而在下文的具体细化研究中，对于职业性别分布的影响忽略不计。

小结：中国劳动力市场上存在着对于女性劳动者的歧视。2004 年，劳动者性别工资差异有 75% 以上是由性别歧视所致。

第五节 20 世纪 90 年代以来性别歧视的变化情况及分析

20 世纪 90 年代以来，中国劳动力市场上性别工资差异呈现逐年扩大的趋势。性别歧视的发展变化趋势如何？其变化趋势又对性别工资差异产生怎样的影响？下面将就这一问题展开研究和讨论（见表 21 - 6，表 21 - 7，表 21 - 8）。

表 21 - 6   1991 年明瑟收入方程回归结果

变量	女性子样本回归系数		男性子样本回归系数		ΔZ（均值）	$\Delta\beta$
	均值	β_m	均值	β_f		
常数项		6.8200 *** (0.033)		6.5930 *** (0.035)		
受教育年限	11.2385	0.0101 *** (0.002)	10.5673	0.0161 *** (0.003)	0.6712	-0.0060
工作经验	20.2435	0.0570 *** (0.002)	16.6780	0.0622 *** (0.002)	3.5655	-0.0053
工作经验的平方	511.2337	-0.0009 *** (0.000)	348.8277	-0.0011 *** (0.000)	162.4060	0.0002
国有及控股企业	0.8604	0.1010 *** (0.015)	0.7194	0.1770 *** (0.013)	0.1410	-0.0760

续表

变量	女性子样本回归系数		男性子样本回归系数		ΔZ（均值）	Δβ
	均值	β_m	均值	β_f		
其他所有制企业	0.0024	0.4430 *** (0.105)	0.0070	0.2810 *** (0.068)	−0.0046	0.1620
各类专业技术人员	0.3244	0.2900 *** (0.013)	0.3297	0.2930 *** (0.014)	−0.0053	−0.0030
国家机关等	0.3626	−0.0069 (0.012)	0.3564	−0.0291 ** (0.014)	0.0062	0.0223
垄断性行业	0.1936	0.0843 *** (0.017)	0.2122	0.1210 *** (0.018)	−0.0186	−0.0367
事业性行业	0.3588	0.0457 *** (0.013)	0.2186	0.0976 *** (0.016)	0.1402	−0.0519
机关团体	0.3551	0.0026 (0.012)	0.3553	0.0086 (0.013)	−0.0002	−0.0061
其他行业	0.1126	−0.0020 (0.019)	0.1274	−0.0065 (0.020)	−0.0148	0.0045
东部	0.0172	−0.0145 (0.040)	0.0118	−0.0922 * (0.052)	0.0054	0.0778
中部	0.0567	0.0911 *** (0.023)	0.0355	0.0340 (0.031)	0.0212	0.0571

注：（1）"*"，"**"，"***"分别表示显著性水平为0.10，0.05，0.01。

（2）括号内为标准误。

表 21-7   2000 年明瑟收入方程回归结果

变量	男性子样本回归系数		女性子样本回归系数		ΔZ（均值）	Δβ
	均值	β_m	均值	β_f		
常数项		7.3040 *** (0.054)		6.8640 *** (0.005)		
受教育年限	12.1034	0.0424 *** (0.003)	11.8701	0.0635 *** (0.004)	0.2333	−0.0211

变量	男性子样本回归系数		女性子样本回归系数		ΔZ（均值）	$\Delta\beta$
	均值	β_m	均值	β_f		
工作经验	21.7907	0.0485*** (0.003)	18.6735	0.0466*** (0.004)	3.1172	0.0019
工作经验的平方	576.5284	−0.0007*** (0.000)	433.1901	−0.0007*** (0.000)	143.3383	0.0000
国有及控股企业	0.8153	0.2500*** (0.028)	0.7384	0.3100*** (0.028)	0.0769	−0.0600
其他所有制企业	0.1040	0.4750*** (0.034)	0.1196	0.4320*** (0.037)	−0.0156	0.0430
各类专业技术人员	0.3467	0.4560*** (0.019)	0.3505	0.4440*** (0.023)	−0.0038	0.0120
国家机关等	0.3636	0.0204 (0.018)	0.3482	−0.0356 (0.023)	0.0154	0.0560
垄断性行业	0.1981	0.1660*** (0.024)	0.2212	0.2680*** (0.030)	−0.0231	−0.1020
事业性行业	0.3526	0.1370*** (0.020)	0.2983	0.2420*** (0.026)	0.0543	−0.1050
机关团体	0.1619	0.2500*** (0.021)	0.1166	0.2610*** (0.030)	0.0453	−0.0110
其他行业	0.1371	0.2510*** (0.024)	0.1745	0.2100*** (0.030)	−0.0374	0.0410
东部	0.1395	0.1820*** (0.025)	0.1038	0.1090*** (0.035)	0.0357	0.0730
中部	0.0395	0.1370*** (0.038)	0.0363	−0.0195 (0.050)	0.0032	0.1565

注：（1）"*"，"**"，"***"分别表示显著性水平为0.10，0.05，0.01。

（2）括号内为标准误。

表 21 – 8　　　　1991 年、2000 年、2004 年奥克萨克歧视系数计算结果

变量	1991 年				2000 年				2004 年			
	男性		女性		男性		女性		男性		女性	
	回归系数①	解释度②	回归系数③	解释度	回归系数	解释度	回归系数	解释度	回归系数	解释度	回归系数	解释度
工资差异④	0.1805	100.0%	0.1805	100.0%	0.2375	100.0%	0.2375	100.0%	0.3139	100.0%	0.3139	100.0%
受教育年限	0.0068	3.7%	0.0108	6.0%	0.0099	4.2%	0.0148	6.2%	0.0067	2.1%	0.0079	2.5%
工作经验⑤	0.0619	34.3%	0.0422	23.4%	0.0511	21.5%	0.0520	21.9%	0.0225	7.2%	0.0121	3.9%
所有制⑥	0.0122	6.8%	0.0237	13.1%	0.0118	5.0%	0.0171	7.2%	0.0341	10.9%	0.0380	12.1%
职业⑦	− 0.0016	− 0.9%	− 0.0017	− 1.0%	− 0.0014	− 0.6%	− 0.0022	− 0.9%	− 0.0011	− 0.4%	− 0.0015	− 0.5%
行业	0.0019	1.0%	0.0003	0.2%	0.0089	3.7%	0.0078	3.3%	0.0089	2.8%	0.0093	2.9%
地区⑧	0.0048	2.7%	0.0114	6.3%	0.0036	1.5%	0.0069	2.9%	0.0072	2.3%	0.0073	2.3%
ln（$D+1$）⑨	0.0945	52.4%	0.0938	52.0%	0.1536	64.7%	0.1411	59.4%	0.2356	75.1%	0.2408	76.7%
D		0.0991		0.0984		0.1661		0.1515		0.2657		0.2722

注：（1）"男性的回归系数"表示以男性的投资回报率为基准，核算得到的由于男性劳动者和女性劳动者个人特征的差异导致的性别工资差异。（2）男性的"ln（$D+1$）"是根据以女性工资结构为基准投资回报率中性别歧视引起的差异的计算结果。两项相结合引发的性别工资差异。（3）"女性回归系数"则表示，以女性的投资回报率为基准，核算得到的由于男性劳动者与女性劳动者个人特征差异导致的性别工资差异。（4）女性的"ln（$D+1$）"是根据以男性工资结构为基准，投资回报率中性别歧视引起的差异的计算结果。（5）"解释度"分别表示个人特征引起的差异和性别歧视引起的差异对于性别工资总体差异的解释程度的百分比。

① $\Delta Z' \beta_m$。

② 100% −（所有解释度的绝对值的总和）。

③ $\Delta Z' \beta_f$。

④ 总的工资差异，$\ln（G+1）= \overline{\ln W_m} - \overline{\ln W_f}$。

⑤ 工作经验与工作经验平方项系数加总。

⑥ 集体所有制和其他所有制形式的系数加总。

⑦ 不便分类的其他劳动者，国家机关党群组织、企事业单位负责人，行政办事人员，商业工作人员，服务性工作人员；农林牧渔劳动者和不便分类的其他劳动者的系数加总。

⑧ 东部地区和中部地区系数加总。

⑨ $\ln（D+1）= \ln（G+1）- \Delta Z' \beta_m$，$D$ 为歧视系数。

　　根据明瑟收入方程回归的系数，采用奥克萨克（1973）歧视模型计算歧视系数，从结果上来看，1991 年、2000 年、2004 年歧视系数结果为正且不断增大，说明中国劳动力市场上存在对于女性的歧视，并且对女性的歧视随着时间的发展而不断增大。表 21 – 8 的结果显示性别歧视部分占总差异的解释度也不断扩大，这说明中国劳动力市场上对于女性的歧视呈现日益严重的趋势，且由于性别歧视导致的男女性别工资差异的部分在不断扩大。

根据"男性回归系数"得到的结果①，1991年52.4%的性别工资差异由个人特征的差异解释，47.6%的性别工资差异由性别歧视引起；2000年35.3%的性别工资差异由个人特征的差异解释，而性别工资差异中由性别歧视引起的部分上升到了64.7%；2004年，仅有24.9%的性别工资差异由个人特征的差异解释，性别工资中75.1%的差异是由于存在性别歧视导致的。说明从1991年开始，更大比例的性别工资差异是由于劳动力市场上存在着性别歧视所导致的。与此同时，不同劳动者个人特征对于性别工资差异的解释程度也有所变化。根据"男性回归系数"得到的结果：

1. 教育的解释程度从1991年的3.7%上升为2000年的4.2%，到2004年这一解释度下降为2.1%，这说明城镇居民中男性与女性的教育特征的差异呈现不断缩小的趋势。

图21－2的统计描述的结果也印证了这一结论。1991年男性平均受教育年限为11.2年，2000年男性平均受教育年限提高到12.1年，2004年男性平均受教育年限提升到12.4年。1991年女性平均受教育年限为10.6，比男性略低近0.6年；2000年女性受教育年限提高到11.9年，与男性的差距缩小为0.2年；至2004年女性平均受教育年限上升为12.2年，与男性的差距仍为0.2年。上述结果表明，男性劳动者与女性劳动者之间的受教育水平的特征变量的差异不断缩小，并呈现女性的教育个人特征的发展与男性均等的态势（见图21－2）。

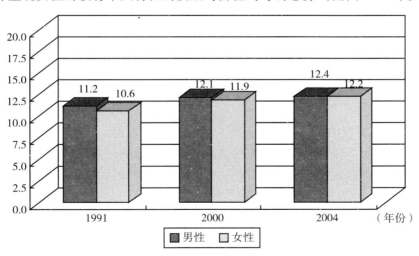

图21－2　1991年、2000年、2004年男性与女性受教育程度的变化

———————————

① 根据"女性回归系数"得到的结果也基本相似，在此不做赘述。

2. 工作经验的解释程度呈现大幅缩小的趋势，结合图 21 - 3 显示的统计结果，1991～2004 年间男性与女性的工作经验的差异几乎保持不变，1991～2004 年，男性与女性平均工作经验均呈上升趋势。1991 年男性平均工作经验为 20.2 年，2000 年男性平均工作经验上升为 21.8 年，至 2004 年男性平均工作经验上升为 22.2 年。女性劳动者 1991 年平均工作经验为 16.7 年，比男性低 3.5 年；2000 年女性平均工作经验为 18.7 年，与男性的差距略微缩小，该年平均相差 3.1 年；2004 年女性平均工作年限为 18.9 年，与男性的差距扩大到 3.4 年。从总体上来看，男性、女性平均工作经验保持相对稳定的发展态势，女性平均工作经验与男性相比略低 3～4 年。上述结果表明，男女工作经验特征变量的差距从 1991 年至今始终存在，且这一差距保持相对稳定的态势（见图 21 - 3）。

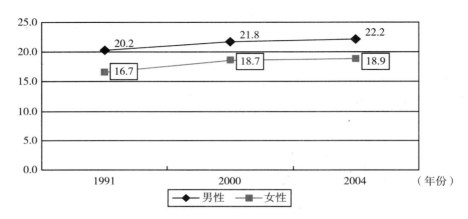

图 21 - 3　1991 年、2000 年、2004 年男性与女性工作经验的变化

那么这里工作经验解释程度的大幅度下降说明男性的工作经验对于收入的回报率在不断地下降（这一结论正好与表 21 - 7 中劳动者整体的工作经验的回归系数相印证）。

3. 所有制分布的差异呈现先下降后大幅上升的趋势，说明总体上男性与女性劳动者在所有制单位的分布情况的差异呈现扩大趋势，与此同时所有制单位的选择对于收入的回报率呈现扩大趋势（见表 21 - 7）。

4. 职业分布的性别差异解释程度不断扩大，说明男性与女性之间的工资差异有显著扩大的趋势，这可能是职业分割现象所致。行业分布的性别差异解释程度呈现先扩大后略有缩小的趋势，这可能是由于劳动力市场上存在着行业分割的现象，在 2004 年行业分割略有改善。

5. 地区分布的性别差异解释程度先降低后上升，从总体发展趋势来看浮动不大，几乎保持相对稳定。

根据"女性回归系数"得到的结果与根据"男性回归系数"得到的结果基本上保持一致，在此不做赘述。

第六节　结论与思考

一、结论及政策建议

（一）基本结论

本章根据人力资本理论、劳动力市场分割理论以及歧视经济学理论，采用国家统计局 1991 年、2000 年、2004 年"中国城市入户调查" 3 年的数据，采用奥克萨克模型和明瑟收入方程对于数据进行回归，得到如下实证研究结论：

第一，中国劳动力市场上工资存在很大的性别差异，这一差异在东部地区、竞争性部门、非公有制单位表现更显著。

第二，自 1991～2004 年间，劳动力市场上男性与女性的工资差异呈扩大化的趋势。

第三，中国劳动力市场上存在性别歧视，性别工资差异主要是由于劳动力市场上存在着性别歧视所导致的。

第四，不同特征群体间的性别歧视有所不同：学历偏低、在非公有制单位或竞争性行业工作的群体更容易受到性别歧视的影响，从而扩大性别工资差异的大小。

第五，自 1991～2004 年间，性别歧视呈现逐年扩大的趋势，且对于性别工资差异的解释度呈现逐年提高的趋势。

（二）政策建议

自 20 世纪 90 年代以来，中国的收入分布和不平等程度日益加重，收入分配在性别、行业、地区以及城乡之间的差距在不断拉大，甚至有两极分化的趋势，缩小性别工资差异显得尤为重要。

第一，从个人内在特征来看，女性之所以获得较少的工资，与其较低的教育水平、较少的工作经验等有关。现阶段中国应该大力加强义务教育的经费支持，以期提高入学率、降低辍学率。研究结果表明，在较高层次的受教育水平下，女性与男性年平均工资差异很小，而在较低教育层次上，女性往往与男性存在较大差异。因而应大力提高女童的入学率，着力提高女性的受教育水平。

　　第二，从外部制度及环境来看，由于劳动力市场并不是一个统一的市场，而是按工作内容和职业境遇（工作稳定性、升迁的可能性、工资支付方式等）的不同被区隔为不同的市场，如所谓的初级市场和次级市场等。不同市场上的工资决定方式、工资水平和工作条件都不相同。20世纪90年代后期出现的国有企业改革，将大部分有工作经验的劳动力推向了市场，这其中由于对女性的年龄要求比男性要小，在下岗大军队伍中女性比例超出男性所占比例。目前中国大量吸引外资，市场化程度不断提高，在这样的情况下大量的私营企业、合资企业不断涌现，国有经济所占的市场份额不断缩减。传统国有经济部门内工资差异较小，主要是留存了计划经济体制下严格的工资级别且工资额度相对固定，工资弹性小；而其他所有制部门大部分采用按劳统酬的方式，且对市场经济的波动反应灵敏，工资弹性较大，因而存在由于就业单位类型、所处行业、职位等的不同引发的性别工资差异。政府应进一步破除市场壁垒，消除行业、职位分割的现象，建立更为公平和有效率的劳动力市场竞争的环境。

　　第三，性别歧视的存在与不断扩大，说明劳动力市场上对于女性的不平等行为没有受到良好的约束和控制，这与中国现阶段劳动力市场各项制度不健全，劳动者自身维权意识淡薄有关。劳动力市场上的性别歧视的治理势在必行：其一，政府应该在顺应市场运作机制的同时，健全与劳动者权益的各项法律法规，在有效监管劳动力市场对于女性不公平行为的基础上，对于侵犯女性劳动者权益的行为能够依法严惩；其二，广泛采用电视、报纸、网络等媒体，通过各种形式的宣传提高广大人民群众，尤其是女性劳动者，对自身权益的认识，在全社会营造良好的氛围；其三，大力发展经济，为女性创造更多、更平等的社会参与机会。

二、进一步研究的建议

　　在本章研究的基础上，笔者认为如下几方面可以在未来的研究中进一步探讨或者加以完善：

　　在控制变量的选择上，如果把所有能够影响工资的因素都理解为个人特征的话，明瑟回归方程的解释程度会增加，歧视的结果自然会非常小，问题在于影响工资差别的很多因素，在本章的数据中就存在缺乏或者不容易测量的情况：比如月工薪收入、个人努力程度等，所以，结果可能会出现"歧视"被高估的情况。此外，在未来的研究中，应该考虑自选择偏差产生的影响。

　　就研究视角而言，从本章的实证结果来看，中国劳动力市场上是存在着明显的职业分割倾向的，应该从职业分割模型入手，进一步细化研究性别的职业分割系数。

　　性别歧视理论，存在着最初雇主对于劳动者的选择偏好，当然也存在着劳动者预期歧视存在后的风险规避行为，因此可以进一步研究在劳动者最初行业选择的性别差异，以及差异分解是否由于歧视引起，在这一点上大学毕业生是比较好的研究对象。

第二十二章

教育对不同群体收入的影响

近年来，我国居民的收入差距不断加大。联合国开发计划署 2005 年公布的数据显示，中国 2002 年的基尼系数已经达到 0.45 （UNDP，2005）。根据许多国家和地区的经验，人均 GDP 由 1 000 美元向 3 000 美元过渡的时期，是社会矛盾的多发期，而中国目前恰好处在这个阶段。在我国建设和谐社会、努力实现共同富裕的进程中，贫富差距已经成为经济和社会发展过程中不可回避的一个焦点问题，引起了国内外广泛的关注。

对于收入差距，现有的研究提出了许多的解释因素，如非国有部门的快速发展、行业和所有制差距、城乡二元制经济和劳动力市场分割、地理特征、资源禀赋、社会等级关系和市场经济相互作用形成的分配关系等（陈玉宇等，2004；蔡昉，2003；郭熙保，2002；林光彬，2004；李实，2003）。李实和赵人伟（1999）将上述因素概括为三类：制度体制变革的因素，经济发展和经济结构变化的因素，以及政府政策的因素。董先安（2004）在总结以往研究的基础上，将上述因素归纳为人力资本、物质资本、中央政府针对沿海的优惠政策和地理因素。

人力资本理论把教育视为一种人力资本投资，最初的人力资本理论大都认为，教育作为最重要的人力资本积累，是促使收入分配趋于平等的重要原因（Schultz，1960；Mincer，1974；Becker，1975）。后来一些学者从劳动力市场机制进行研究，通过分析劳动力市场中劳动力教育构成状况、劳动力供求状况的变化以及教育规模扩展的影响等来研究教育对收入不平等的作用机制，他们认为教育扩展有助于缩小收入差距，而缩小的程度取决于劳动力需求曲线随着教育扩展

472

的演变状况（Ahluwalia，1976；Knight et al.，1983）。特别是，教育机会和人力资本对收入差距有显著的影响，李实、陈玉宇和白雪梅等学者的实证研究表明人力资本上的差异是造成收入差距的主要原因（李实等，1999；陈玉宇，2004；白雪梅，2004）。

但是，即使是外在条件（如受教育程度、工作年限、行业、职业、就业地点等）完全相同的群体，人们的收入水平仍然会因为内在因素的不同而存在着差异。本章将外在条件相同的从业者根据人们获得收入能力的高低进一步细分为"弱收入能力群体"、"一般收入能力群体"以及"强收入能力群体"。本章将研究教育对不同群体收入的影响，以期在兼顾公平的同时考察教育投资的效率问题。

第一节　数据说明

本章在统计和计量回归分析过程中所使用的数据来自国家统计局城市社会经济调查队（简称为"城调队"）每年度进行的"中国城镇住户调查"。包括1991年、1995年、2000年和2004年等4个年份，有效样本容量分别为25 905个、25 802个、24 998个和33 856个。前3个年份的数据包含全国30个省区市；2004年的数据包含12个省市，其中东、中、西部各4个，分别为：北京、辽宁、浙江、广东、山西、黑龙江、安徽、湖北、四川、贵州、陕西和甘肃。

本章除了在比较不同年份的收入差距时使用跨年度数据外，其余部分只用到2004年的数据。2004年的数据包括8种受教育程度，分别是研究生、本科、大专、中专、高中、初中、小学以及其他。在计算受教育年限时上述类别的受教育程度分别按18.5年、15.5年、14.5年、11.5年、11.5年、8.5年、5.5年和0年计算。8类受教育程度在样本中所占的比重分别为0.6%、9.2%、23.5%、14.1%、27.0%、23.3%、2.2%和0.2%。

由于本章实证研究的主要目的是分析收入与教育之间的关系，因此在对2004年的原始数据进行处理时，本章选择的有效样本观测值限制在：年龄段为16～70岁、年工薪收入大于0、有效样本中既包括各种从业人员也包括有劳动能力的待业人员。

第二节　中国城镇居民收入差距的基尼系数

一、我国城镇居民收入差距的基尼系数

基尼系数是 20 世纪初意大利经济学家基尼根据洛伦茨曲线设计的判断收入分配平等程度的指标。收入分配越是趋向平等，基尼系数就越小，反之，收入分配越是趋向不平等，基尼系数就越大。联合国有关组织规定：若低于 0.2 表示收入绝对平均；0.2～0.3 表示比较平均；0.3～0.4 表示相对合理；0.4～0.5 表示收入差距较大；0.6 以上表示收入差距悬殊。

2004 年我国城镇居民收入差距的基尼系数为 0.394（见表 22-1），与 0.4 的警戒线十分接近，表明我国城镇居民的收入差距已经比较大。基尼系数计算中使用的指标采用的是年工薪收入，如果考虑到非货币收入的影响，以及将城镇居民调查难以涵盖的极端富裕人群包含进来的话，则我国城镇居民收入差距的基尼系数极有可能超过 0.4 的警戒线水平。

从变化趋势上看，我国城镇居民收入差距呈现扩大的趋势十分明显（见表 22-1）。1991 年城镇居民收入差距的基尼系数仅为 0.236，处于"比较平均"的区间；而 1995 年、2000 年和 2004 年的基尼系数都处于"相对合理"的区间。如果按照从 1991～2004 年基尼系数的几何平均变化率计算的话，2005 年的基尼系数预期为 4.10，将进入"收入差距较大"的区间。

表 22-1　　　　　　　　我国城镇居民收入差距的变化趋势

年份	1991	1995	2000	2004
基尼系数	0.236	0.326	0.351	0.394

资料来源：作者基于国家统计局城市社会经济调查队"中国城镇住户调查"数据的计算结果。

二、按收入高低分组的基尼系数

为了进一步分析收入差距的来源，考察是低收入群体差距大还是高收入群体差异大，本章将样本按收入高低平均分为 4 组，分别记为低收入组、中低收入组、中高收入组和高收入组。然后，计算各组收入差距的基尼系数。因为是排序

后再分的组，因此各组的基尼系数的绝对值没有意义。但是，通过比较各组基尼系数之间的相对大小，可以发现究竟是哪一群体的收入差异最大，对总体收入差异的贡献最多。表 22 - 2 的数据显示，在 4 个收入组别中，低收入组的基尼系数最大，分别是高收入组、中低收入组和中高收入组的 1.06 倍、2.70 倍和 3.31 倍。因此，城镇居民收入差距扩大的主要因素可以归结为低收入群体的差异，要减小收入不平等程度最有效的途径是提高低收入群体的收入水平。

将样本观测值按收入水平由低到高排序后，第一四分位数为 6 740 元，即样本中有 25% 的人收入低于此水平；第二四分位数（中位数）为 11 521 元，即样本中有 50% 的人收入低于此水平；第三四分位数为 17 700 元，即样本中有 75% 的人收入低于此水平。

收入水平与受教育程度和工作年限都是正相关的，即收入越多的群体其平均受教育年限也越多、平均工作年限也越长。低收入组的平均受教育年限仅为 10.5 年，比中低收入组、中高收入组和高收入组分别低 0.9 年、1.7 年和 2.4 年。低收入组的平均工作年限为 18.0 年，比中低收入组、中高收入组和高收入组分别低 1.8 年、3.2 年和 4.3 年。可见，以受教育程度和工作经历为主要内容的人力资本因素在我国城镇居民收入分配中发挥着重要作用。

表 22 - 2　　　　　　按收入高低分组的城镇居民收入差距（2004 年）

组别	低收入	中低收入	中高收入	高收入
基尼系数	0.235	0.087	0.071	0.222
受教育年限（年）	10.5	11.4	12.2	12.9
工作年限（年）	18.0	19.8	21.2	22.3

资料来源：作者基于国家统计局城市社会经济调查队"中国城镇住户调查"数据的计算结果。

三、不同受教育程度群体收入差距的基尼系数

影响收入不平等的因素有很多，其中受教育程度是一个关键因素。表 22 - 3 考察的是受教育程度相同的群体收入差距的基尼系数。总体来看，受教育程度越高的群体，组内收入差距越小。小学文化程度组的基尼系数为 0.415，处于"收入差距较大"的区间；初中文化程度组、高中文化程度组、中专文化程度组、大专文化程度组和本科文化程度组的基尼系数都在 0.3 ~ 0.4 之间，属于"相对合理"的区间；而研究生文化程度组的基尼系数只有 0.291，属于"比较平均"的区间。因此，提高城镇居民总体的受教育水平，特别是保障每个居民都能得到

初中以上的基本教育程度机会，将有利于减小收入不平等程度。

另一方面，不同受教育程度群体的组间收入差距很大，表明教育对促进个人的收入水平作用显著。2004 年，小学文化程度群体的平均年收入仅为 8 744 元，是初中文化程度群体平均收入的 85.1%，是高中文化程度群体平均收入的71.6%，是中专文化程度群体平均收入的 63.6%，是大专文化程度群体平均收入的 50.6%，是本科文化程度群体平均收入的 38.0%，是研究生文化程度群体平均收入的 23.1%。

表 22－3　　按受教育程度分组的城镇居民收入差距（2004 年）

受教育程度	小学	初中	高中	中专	大专	本科	研究生
基尼系数	0.415	0.388	0.384	0.372	0.346	0.341	0.291
平均年收入（元）	8 744	10 269	12 204	13 745	17 290	22 995	37 880

资料来源：作者基于国家统计局城市社会经济调查队"中国城镇住户调查"数据的计算结果。

第三节　不同群体的教育收益率比较

一、计量回归方法

明瑟以人力资本理论为基础，在解释收入差异时，认为在一个完全竞争的劳动力市场上，人力资本是决定个人收入的关键因素（Mincer，1974）。这是因为人力资本决定劳动者的劳动生产率，人力资本较高的劳动者其劳动生产率一般来说也较高，因此应该获得较高的劳动报酬。而人力资本的两种主要形式是从学校教育中获得的知识以及在工作中通过"干中学"、知识外溢或在职培训中获得的能力。因为很难精确地衡量一个人的知识水平到底有多大，但是人们普遍认为它和受教育程度有关，因此受教育年限是一个很好的代理变量。同样道理，一个人的工作能力也是难以测量的，在劳动者开始参加工作后，劳动技能随着实践的增加而提高，但是随着个人年龄的增大，体能逐渐下降，接受新知识的能力也下降，同时，随着世界知识和技术进步的突飞猛进，劳动者原有的知识和技术也会因老化而被淘汰，因此，劳动者工作到一定年龄时，劳动技能或劳动生产率随着个人年龄的增加反而会下降。于是，明瑟的个人收入函数中仅仅包含了受教育年限和工作年限两个解释变量，采用的计量回归方程的表达式如下：

$$\ln W_i = \beta_0 + \beta_1 SCH_i + \beta_2 EXP_i + \beta_3 EXP_i^2 + u_i \tag{1}$$

其中，W_i 为从业人员的工资收入；SCH_i 为受教育年限；EXP_i 为工作年限；EXP_i^2 为工作年限的平方项（反映个人收入与工作年限之间的非线性关系）；u_i 为随机扰动项；β_1 表示教育收益率，含义是劳动者多受一年教育时个人收入的变化率，预期的回归系数符号是正的。

对于上述计量回归方程，传统上采用的是普通最小二乘法（OLS），其回归结果的含义是在给定自变量的条件下对因变量条件期望值的估计。这种回归方法隐含的假设是，在不同分布点上自变量对因变量的效果都是相同的，即，对于受教育程度和工作年限相同的群体而言教育收益率也相同。因此，回归系数被假定在整个收入的条件分布中是不变的，这样就限制了对收入分布中一些重要特征的考察（Buchinsky，1994）。

而分位数回归则是一种更一般化的估计方法，其目的是观察分布中不同分位点上自变量的不同作用。就收入分布而言，考察的是整个收入分布中不同收入点上教育收益率的差异。因此，对于明瑟收入方程，采用分位数回归的方法为：

$$\ln W_i = \beta_{\theta 0} + \beta_{\theta 1} SCH_i + \beta_{\theta 2} EXP_i + \beta_{\theta 3} EXP_i^2 + u_{\theta i} \tag{2}$$

简记为：

$$\ln W_i = X_i \beta_\theta + u_{\theta i} \tag{3}$$

其中，X_i 是自变量；β_θ 是参数；$u_{\theta i}$ 为随机扰动项，$0 < \theta < 1$。对第 θ 个分位点回归所得到的各项系数值被定义为对下面最小值问题的求解：

$$\min_{\beta \in R^k} \left\{ \sum_{i:\ln W_i \geq X_i \beta} \theta \left| \ln W_i - X_i \beta_\theta \right| + \sum_{i:\ln W_i < X_i \beta} (1 - \theta) \left| \ln W_i - X_i \beta_\theta \right| \right\}$$

对分位数回归估计系数的解释与 OLS 回归估计系数的解释是相似的。对受教育年限的回归系数而言，OLS 回归中其意义为：由条件分布中各平均收入点回归形成的收入函数中教育年限的偏回归系数；与此相类似，分位数回归中受教育年限回归系数可以解释为：条件分布中由同一分位点回归得出的收入函数中教育年限的偏回归系数。

从经济学的角度来看，针对受教育年限变量来说，分位数回归系数的含义是不同收入能力的群体的教育收益率。例如，当 $\theta = 10\%$ 时，回归系数表示对于收入能力排在 10% 位置（由低到高排序）群体的教育收益率的一种估计。[1]

---

① 分位数回归是对样本观测值采用不同的加权办法，而不是将样本按收入水平高低划分为各个子样本再进行回归。因此，当 $\theta = 10\%$ 时，分位数回归中包含了全部样本数据，只不过赋予 10% 收入回归线之下的观测点以 0.9 的权重，而赋予回归线之上的样本点的权重仅为 0.1。

二、计量回归结果

普通最小二乘法的回归结果显示（表 22-4 最后一列），2004 年的个人教育收益率为 12.3%。马晓强和丁小浩（2005）的研究结果显示，1991 年我国城镇居民的个人教育收益率为 2.94%，1995 年为 4.7%，2000 年为 8.46%。可见，我国城镇居民的个人教育收益率呈现出持续增长的趋势。

分位数回归的结果显示（见表 22-4），教育收益率的不同分位数回归系数总体而言随着分位点的提高呈现下降的趋势。10% 分位数回归的系数最大，达到 16.0%；20% 分位数回归系数、30% 分位数回归系数、40% 分位数回归系数和 50% 分位数回归系数依次排在第 2～5 位，回归系数分别为 13.7%、12.7%、11.8% 和 10.8%；中位数（50% 分位数）以下的 4 个分位数回归系数都比中位数（50% 分位数）之上的 4 个分位数回归系数大，这表明在其他影响因素相同的条件下，"弱收入能力群体"的教育收益率高于"强收入能力群体"的教育收益率。本章的结果与马晓强和丁小浩（2005）使用 1991 年、1995 年和 2000 年数据的分位数回归结果一致，而有别于布契斯盖和佩雷拉的研究结果，他们使用别国数据对教育收益率进行分位数回归，结果显示"强收入能力群体"有相对更高的教育收益率（Buchinsky, 1994）。使用我国城镇数据进行的分位数回归结果与前面进行的统计描述结果是完全一致的：由表 22-3 的统计数据可知，一方面我国城镇居民不同教育层次之间的收入差距很大（例如，本科学历人员的年平均收入是高中学历人员的 1.9 倍），提高一级学历层次收入可以获得很显著的增加；另一方面，学历层次越高的群体其收入差异的基尼系数越小，因此，在同样受教育程度的基础上增加相等的受教育年数，"弱收入能力群体"可以增加相对更多的收入，即有较高的教育收益率。

表 22-4　　　　　　　　个人教育收益率的计量回归结果

解释变量	分位数回归									OLS回归
	10%	20%	30%	40%	50%	60%	70%	80%	90%	
SCH	0.160	0.137	0.127	0.118	0.108	0.101	0.096	0.097	0.105	0.123
EXP	0.072	0.055	0.045	0.039	0.035	0.030	0.025	0.025	0.024	0.031
EXP^2	-0.0013	-0.0009	-0.0007	-0.0006	-0.0005	-0.0003	-0.0002	-0.0002	-0.0002	-0.0003

注：（1）因变量为年收入的自然对数值。（2）SCH、EXP 和 EXP^2 分别表示受教育年限、工作年限和工作年限的平方项。（3）在 10 个回归结果中，所有回归系数的统计显著性水平均达到 1%；各种分位数回归和 OLS 回归的拟合优度都处于 0.1～0.2 之间。（4）回归方程包含截距项（常数项），本表省略了其估计结果。

资料来源：国家统计局城市社会经济调查队"中国城镇住户调查"。

第四节 结论及政策含义

本章基于国家统计局"城调队"2005年进行的中国城镇住户调查数据,采用基尼系数统计指标和分位数计量回归方法,对我国城镇不同群体的收入水平、收入差异、教育差异以及收入与教育之间的关系进行了实证研究。研究的主要发现可以概括如下:

首先,20世纪90年代以来,我国城镇居民的收入差距呈现显著的扩大趋势,2004年城镇居民收入差距的基尼系数已经达到0.394,接近国际上普遍认可的0.4警戒线水平。

其次,城镇居民收入差距扩大的主要因素可以归结为低收入群体的收入不平等,无论是平均受教育水平还是平均工作年限,低收入群体都显著落后于其他群体。

第三,按照受教育程度分组,受教育程度越高的群体的收入差异的基尼系数越小,表明提高城镇居民总体的受教育水平将有利于减小收入不平等程度。

第四,我国城镇居民的个人教育收益率已经超过10%,普通最小二乘法的回归系数为12.3%,中位数回归系数为10.8%。

第五,从分位数回归的结果看,"弱收入能力群体"的教育收益率显著高于"强收入能力群体"的教育收益率。

本章的实证研究结论有着积极的政策含义:以受教育年限和工作年限衡量的人力资本既是个人收入水平的重要解释变量,同时也对我国城镇居民收入不平等状况产生着显著的影响。教育机会均等有利于促进收入平等,而教育不平等会拉大收入差距。特别是,对于"低收入能力群体"而言,教育的个人收益率相对更大,对这一群体进行教育投资的效率相对更高。因此,对于掌握公共教育资源的政府而言,保障"弱势群体"的受教育权利和机会,为他们提供必要的教育资源,这不仅仅是出于社会公平的考虑,同时也确实可以提高教育投资的效率,实现公平与效率的统一。

第二十三章

城镇居民教育与收入的代际流动

教育与收入公平是教育经济学研究的一个重要议题。根据收入分配所针对的主体，收入公平可细分为代内收入公平和代际收入公平。其中，代内收入公平是指同一代社会成员之间的贫富差距较小，而代际收入公平则是指子代收入的多寡并非由父代收入这一先赋性因素所决定，而是更多地取决于子代本身的后致性因素，如其能力、教育程度和健康程度等。当前国内外有关教育与收入公平关系的实证研究更多地关注教育对促进代内收入公平的作用，相形之下，研究者对于教育促进收入代际公平功能的探讨并不多见。

收入代际流动程度是衡量代际收入公平的一个重要指标。具体来说，一个社会的收入代际流动程度愈小，表明父代收入这一先赋性因素对子代收入的影响就愈大，收入代际之间也就愈不公平；反之，一个社会的收入代际流动程度越大，说明父代收入这一先赋性因素对子代收入的影响就越不明显，而子女本身的教育等后致性因素对子代收入的影响可能更为突出，收入代际之间也就越公平。因此，探讨父代收入等先赋性因素和子代教育等后致性因素对子女收入的影响，有助于我们深刻理解教育与代际收入公平之间的关系。

近年来，伴随着中国逐步实现由计划经济体制向市场经济体制的转型，中国原有单一的公有制形式正逐渐过渡为"以公有制为主体，多种经济形式并存"的经济体制，原有"大锅饭"的绝对平均主义分配模式也正日益被按劳分配方式所取代。与之相应，中国城镇居民原有的利益格局也正在发生深刻的变化，不同群体之间的贫富差距也在逐步扩大（许欣欣，2004）。收入差距的扩大使得拥有较多经济资本的家庭可以通过各种途径，比如为子女提供更多更好的就业机会，或者为子女提供更为直接的财政支持等，使其子女在经济收入上依然保持较为明显的优势地位，从而使得代际收入不公平在两代人之间可能得以不断延续。在此情形下，教育是否依然是弱势群体向上跃升的一个重要工具？是否依然具有促进收入代际流动，保证收入代际公平的职能？这些问题值得人们关注。

在传统的计划经济体制下，中国并不存在现代意义上的劳动力市场，劳动者的工作年限是决定其工资收入的主要因素，而教育水平和能力在其中的作用相对甚微。此外，在计划经济体制下，劳动者的流动性相对较弱，劳动者在初次就业时所确定的职业往往成为其一生所从事的职业，难以改变。这些均使得教育所具有的提高劳动者收入的功能无法得以充分发挥。改革开放后，随着整个社会的日益开放，劳动力市场的竞争性和流动性日渐增强，凝聚在劳动者身上的人力资本的价值可以通过在劳动力市场中的竞争和流动得以充分体现。教育作为最重要的人力资本，其提高劳动者收入的功能也得以较大程度的实现。与此同时，伴随着科学技术的进步和社会的发展，近些年来一些新兴的社会地位较高的职业及一些行业不断地涌现，这些新兴职业和行业的收益相对较高，同时它们对从业人员的教育程度也有一定的要求。这可能使得接受过较高程度教育的劳动者子女，尤其是那些接受过较高程度教育的低收入家庭子女有更多的机会进入这些新兴行业和职业，以提高他们的收入，从而有利于发挥教育事业促进收入代际流动的功能。

有鉴于此，本章旨在验证以下四个研究假设：

1. 中国城镇居民收入代际之间存在着较为明显的传递效应。

2. 与父亲收入这一先赋性因素相比，子女教育这一后致性因素对其收入的影响更大。

3. 中国城镇居民子女，尤其是低收入家庭的子女，其受教育年限的增加有助于其进入最高收入组群。

4. 随着市场化水平的提升，中国城镇居民子女受教育年限的增加对其进入最高收入组群的作用日益增强。

第一节　已有收入代际流动研究

代际流动包括代际之间的城乡流动、职业流动、行业流动和代际之间的收入流动等。20 世纪 90 年代以前，国外有关代际流动的研究主要是集中探讨职业的代际流动问题。20 世纪 90 年代以后，相关研究已将研究重心从职业代际流动转移到收入代际流动。其原因在于许多学者认为收入作为社会成员所拥有的重要经济资源，并不能被劳动者所从事的职业完全反映。理由有三：其一，同一职业的劳动者，收入未必相同；其二，职业一般反映的是劳动者长期的收入，它不能完全等同于劳动者的短期收入；其三，即使父子的职业相同，但由于社会经济等因素的影响，两代人的收入可能不尽相同。因此，一个社会的职业代际流动与其收入的代际流动状况可能存在着一定的差异，有时甚至会迥然相反。

索伦（Solon）于 1992 年所撰写的《美国收入代际流动》一文是收入代际流动研究的经典之作。自这篇论文发表之后，许多经济学家和社会学家对收入代际流动问题进行更为详尽的研究。这些实证研究结果的代际收入弹性系数[①]归纳如表 23－1 所示。

表 23－1　　　　　　　　　各国收入的代际弹性系数

研究者	样本国家	模　型	B 估计值
索伦（Solon，1992）	美国	OLS（父亲一年收入）	0.386***
		OLS（父亲五年收入均值）	0.413***
		IV（父亲受教育年限）	0.526***
伊丽莎白（Elizabeth，1992）	美国	OLS（一年收入）	0.228***
布约克伦德和杰安提（Bjorklund and Jantti，1997）	瑞典	OLS（一年收入）	0.282***
狄登和米金（Dearden and Mchin，1997）	英国（父子）	OLS（每星期收入）	0.428***
		IV（父亲社会地位）	0.439***
	英国（父女）	OLS（每星期收入）	0.455***
		IV（父亲社会地位）	0.481***
考奇和利拉德（Couch and Lillard，1998）	美国	OLS（父亲一年、儿子四年平均收入，不扣除收入为 0 的样本）	0.298***

---

① 收入代际弹性系数主要衡量父代收入对子代收入的影响程度，代际弹性系数越大说明父代收入对子代收入的影响程度也就越大。收入代际弹性系数的计算方法在研究方法部分将有详细解释。

续表

研究者	样本国家	模　型	B 估计值
乔拉克和海茨（Corak and Heisz，1999）	加拿大（根据父亲五年内年均收入数分组）	OLS（父亲一年、儿子四年平均收入，扣除收入为 0 的样本）	0.037***
		OLS（父亲一年、儿子一年平均收入，不扣除收入为 0 的样本）	0.511***
		OLS（父亲一年、儿子一年平均收入，扣除收入为 0 的样本）	0.037***
		OLS（年均收入 >1 美元）	0.228***
		OLS（年均收入 >100 美元）	0.227***
		OLS（年均收入 >1 000 美元）	0.237***
		OLS（年均收入 >3 000 美元）	0.242***
奥亨宝（Aughinbaugh，2000）	美国（与索伦研究结果比较）	OLS（一年收入）	0.397***
		OLS（五年收入均值）	0.466***
查德维克和索伦（Chadwick and Solon，2002）	美国	OLS（父女）	0.429***
		OLS（父子）	0.535***
达斯和舍格伦（Das and Sjogren，2002）	美国	OLS（一年收入，亲生儿子）	0.288***
		OLS（一年收入，养子）	−0.244
利文和玛祖姆德（Levine and Mazumder，2002）	美国	OLS（一年收入，1980 年）	0.217***
		OLS（一年收入，1993 年）	0.414***
安德斯和查德维克（Anders and Chadwick，2003）	瑞典	OLS（一年收入，亲生父亲）	0.24***
		OLS（一年收入，非生父）	0.08***

注：*** 表示显著性水平为 0.05。

483

一、国别研究

索伦（Solon）利用美国 PSID（Panel Study of Income Dynamics）调查中有关代际收入的数据，通过建立父母收入与子代收入的回归模型分析在控制年龄等因素后，父代收入对子代收入的影响。Solon 的研究共建立三个计量模型：其一，仅用 1967 年父亲和儿子的收入数据作为衡量父代和子代收入的指标，分析父代收入对子代收入的影响；其二，用 1967～1971 年五年父亲和儿子各自的收入均值作为衡量父代和子代收入的指标，分析收入的代际流动现象；其三，通过引入父亲受教育年限的工具变量，分析父代与子代收入的关系。研究结果发现收入代际弹性指数第一个模型为 0.386，第二个模型为 0.413，第三个模型为 0.526，收入代际之间的继承性较强，而流动性较弱（Solon，1992）。

伊丽莎白（Elizabeth）对美国收入代际流动状况的研究结果与其他有关美国收入代际流动状况的研究结果存在较大的差异。他通过对美国国家追踪调查数据（NLS）中相关变量的分析，发现美国收入代际流动性较强。在控制了父代的受教育程度和种族等因素后，父代收入对子代收入的影响相对较小，只有 0.228；父母收入的对数只能解释子女收入对数变化的 9%～11%（Elizabeth，1992）。

考奇（Couch）和利拉德（Lillard）认为许多收入代际流动的研究在选取样本时，将收入为 0 的样本剔除在外的做法不甚合理。有鉴于此，他们同样利用美国 PSID（Panel Study of Income Dynamics）调查的数据，将收入为 0 的样本加入回归模型中。另外，他们选取父亲一年的收入，并分别选取儿子一年和四年的平均收入作为衡量代际收入的主要变量。而索伦（Solon）与之相反，他分别选取父亲一年和四年的平均收入，并选取儿子一年的收入作为衡量代际收入的主要变量。其研究结果表明：在考虑收入为 0 的样本后，美国收入代际流动性明显增强，父代收入对子代收入的影响相对较小。另外，父亲收入对儿子短期收入的影响，比对儿子长期收入的影响更大（Couch and Lillard，1998）。而索伦的研究结果发现父亲长期收入对儿子收入的影响，比父亲短期收入对儿子收入的影响更大。

乔拉克（Corak）和海茨（Heisz）认为不同收入组群父亲的收入对子女收入的影响可能存在较大的差异。他通过分析加拿大有关个人收入与纳税状况的相关数据，将父亲五年内的年均收入以 1 美元、100 美元、1 000 美元和 3 000 美元为分界点，将样本量分成 4 个组进行对比。其研究结果表明总体上加拿大的收入代际效应不是很强，四个组群的收入代际弹性指数都是略高于 0.2，分别为 0.228、0.207、0.237 和 0.242，这说明父亲的年收入越高，其对子女收入的影响就越大

（Corak and Heisz，1999）。

奥亨宝（Aughinbaugh）采用与索伦相同的研究方法，同样利用 PSID（Panel Study of Income Dynamics）调查的相关数据，同样选取 1951～1959 年这五年出生的人群，父亲的收入同样选取 1967～1971 年的收入，其唯一与索伦（Solon）不同之处在于他选取儿子在 1989 年的收入，而索伦（Solon）选取的是 1984 年的收入。其比较结果发现美国收入的代际影响明显增强，如果只用 1967 年的收入来衡量父亲收入，其收入代际弹性指数由 1984 年的 0.386 增长到 0.397；如果选用 1967～1971 年收入的平均数来衡量父亲收入，其收入代际弹性指数由 1984 年的 0.413 增长到 0.466（Aughinbaugh，2000）。

二、国际比较

布约克伦德（Bjorklund）和杰安提（Jantti）利用瑞典生活水平调查的相关数据，选择与索伦（Solon）同样的计量模型，分析瑞典收入的代际流动状况，并将其与美国收入代际流动状况进行比较。其结果指出瑞典父代收入对子代收入的影响相对较小，其收入代际弹性指数为 0.282，明显小于美国的 0.386（Bjorklund and Jantti，1997）。

索伦（Solon）通过对比各国已有的收入代际流动的研究结论，发现大部分有关美国和英国收入代际流动状况研究所计算出的代际弹性指数均在 0.4 以上，而大部分有关瑞典和加拿大收入代际流动状况研究所计算的收入的代际弹性指数均在 0.3 以下。由此，他得出美国和英国收入的代际流动性比加拿大和瑞典等国稍弱，其收入分配更不公平的结论（Solon，2002）。

三、性别比较

现有关于男女性别收入代际流动的对比研究并不多见，狄登（Dearden）和麦金（Mchin）对英国的研究，以及查德维克（Chadwick）和索伦（Solon）对美国的研究是其中比较具有代表性的研究，他们的实证研究结果大相径庭。

狄登（Dearden）和麦金（Mchin）等人利用一项有关英国发展研究的调查数据，通过选取父亲 1974 年的收入和子女 1991 年的收入建立计量模型，对比父亲收入对子女收入的影响差异。研究表明美国存在较强的收入代际效应，父代对子代的影响因子女性别的不同略微有些差异，父亲收入对儿子收入的影响略小于对女儿收入的影响，二者 OLS 的回归系数分别为 0.428 和 0.455；引入工具变量（父亲职业地位）后，二者分别变成 0.439 和 0.481（Dearden and Mchin，

1997）。

查德维克（Chadwick）和索伦（Solon）利用美国 PSID（Panel Study of Income Dynamics）调查中的数据，通过截取 1968 年出生，1992 年有收入的父亲和女儿、父亲和儿子的配对样本。通过对比父亲收入对子女收入的影响差异，他发现父亲收入对儿子收入的影响大于对女儿收入的影响，二者的收入代际弹性系数分别为 0.535 和 0.429（Chadwick and Solon，2002）。

四、历史比较

利文（Levine）和玛祖姆德（Mazumder）利用美国国家跟踪调查数据（NLS）和社会调查数据（GSS），通过建立收入代际流动的计量模型，对比 1980 年和 1993 年的代际流动状况。其研究结果发现 1980 年收入代际弹性指数为 0.217，1993 年上升至 0.414，收入代际之间的继承性有所加强，而流动性有所减弱（Levine and Mazumder，2002）。

南姆（Nam）与前面学者不同，他通过建立二元 Logistic 回归模型探讨美国收入的代际流动问题。他利用美国 PSID（Panel Study of Income Dynamics）的调查数据，根据收入将人群分成高收入组和低收入组；根据年龄将样本人群分成 1969 年出生人群组和 1979 年出生人群组。以子代收入是否为高收入组或低收入组为因变量，以父代收入的组群、年龄、人种、子女年龄组群，以及父代收入组群和子女年龄组群的交互变量等为自变量，建立二元 Logistic 回归模型，对比两个年龄组收入代际流动的变化趋势。研究结果发现近十年来，美国社会的收入不公平现象依旧非常严重，高收入人群的子女依然是高收入的可能性越来越大；而低收入家庭的子女成为高收入组群的可能性随着时间的推移没有改观，其摆脱父母影响，进入高收入组群的可能性依然很小（Nam，2004）。

五、亲生与非亲生父子的比较

步入 21 世纪以后，许多研究者开始研究亲生与非亲生父子收入代际流动状况的差异。达斯（Das）和舍格伦（Sjogren），以及安德斯（Anders）和查德维克（Chadwick）的研究是其中的代表之作。

达斯（Das）和舍格伦（Sjogren）对包括 114 个亲生儿子家庭和 109 个收养儿子家庭的样本数据进行分析的结果发现父亲收入对亲生儿子收入具有显著影响，其收入的代际弹性系数为 0.288；而对养子收入无显著影响（Das and Sjogren，2002）。

达斯（Das）和舍格伦（Sjogren）主要研究父亲与亲生儿子和养子收入代际流动状况的不同，安德斯（Anders）和查德维克（Chadwick）则主要研究儿子与亲生父亲和非亲生父亲收入代际流动状况的差异。他们通过对瑞典从 1965 年到 1980 年间的人口调查数据，根据儿子与父亲是否为亲生父亲、是否与父亲同住，以及共同在一起的频率等三个标准，将样本分成六个组群进行对比。其研究结果发现亲生父亲收入对儿子收入的影响要明显高于非亲生父亲的影响，前者为 0.24，后者为 0.08，前者高出后者 13 个百分点。另外，他的研究还发现儿子与亲生父亲住在一起的时间越长，父亲收入对儿子收入的影响也就越大（Anders and Chadwick，2003）。

六、简单评述

综合以上国外有关收入代际流动的研究，我们可以发现这些研究大都在探讨父代收入对子代收入的影响，而分析教育与收入代际流动关系，探讨教育促进收入代际流动功能的研究则相对较少。另外，这些研究主要集中在对发达国家，如美国、英国、加拿大和瑞典等国的情况进行分析，而对发展中国家收入代际流动状况的研究则较少涉及。这些发达国家收入代际流动的实证研究结果表明父代收入对子代收入具有较大的影响，并且父代的年收入越高，其对子女收入的影响也就越大。此外，不同国家收入代际流动状况的对比结果发现美国和英国收入的代际传递性强于加拿大和瑞典。也就是说，与瑞典和加拿大相比，美国和英国的收入分配不公平在代际之间传递的现象更为明显。

对比表 23-1 不同年代研究人员对美国不同时段的收入代际流动状况的研究，并综合南姆（Nam）、利文（Levine）和玛祖姆德（Mazumder）的研究，我们可以发现随着年代的推移，美国的收入代际弹性系数呈逐渐上升之趋势。也就是说，美国父代收入对子代收入的影响正日益加强，收入代际之间的流动性正日益减弱，收入分配不公平在代际之间的传递现象日益严重。美国收入代际流动的变化趋势在英国身上也同样发生。英美两国收入代际流动并未随着工业化进程而有所增强，相反却日趋减弱。对于这种变化趋势的原因，研究者们并未给予合理的解释，他们只是通过实证研究对这一趋势进行呈现。

与国外收入代际流动研究工作的开展形势相比，我国学术界现有关于代际流动问题的研究主要集中在对职业代际流动的研究，相形之下，对收入代际流动的研究则并不多见。其主要原因可能在于在 20 世纪 90 年代初期以前，甚至在 20 世纪改革开放之后的十几年内，由于市场经济体制还未完全确立，中国居民的收入差距相对较小，因此收入的代际流动问题并没有引起国内学者的关注。而到 20 世纪 90 年代后，随着市场经济体制的逐步确立，中国居民贫富差距日益扩大。联合国开发计划署 2005 公布的统计数字显示中国 2002 年的基尼系数为 0.45（国际公认的基尼系数警戒线是 0.4），占总人口 20% 的最贫困人口占收入和消费的份额只有 4.7%，而占人口 20% 的最富裕人口占收入和消费的份额高达 50%，收入分配不平等问题将会成为制约中国经济发展和社会稳定的一大问题（UNDP，2005）。在此情况下，现阶段中国居民的收入不平等在代际之间是否具有明显传递的趋势也日益引起人们的关注。有鉴于此，本章的实证研究部分将在分析中国现阶段的收入代际流动特点的基础上，重点探讨教育促进收入代际流动的功能，以及这一功能随中国市场化水平的提高所呈现的变化趋势。

第二节　数据说明

本章所采用的主要为北京大学教育经济研究所《中国城镇居民教育与就业情况调查（2004）》的数据。本次调查样本包括全国 12 个省份（直辖市），分别为北京、浙江、广东、辽宁、湖北、安徽、山西、黑龙江、贵州、四川、陕西和甘肃。

本次调查共有 7 522 对代际数据。在调查样本中，劳动者个体 2004 年的平均收入为 15 196.02 元，其中父亲的平均收入为 13 235.62 元，子女的平均收入高于父亲的平均收入，为 15 858.38 元。劳动者个体的平均受教育年限为 11.04 年，其中父亲的平均受教育年限为 8.94 年，子女的平均受教育年限明显高于父亲的平均受教育年限，为 11.9 年。

由于本章在后面的实证分析部分将会探讨中国城镇居民教育促进代际流动的功能随市场化水平的提高所呈现出的变化规律，所以本章将按照中国市场经济体制的完善程度，把子女找寻工作的年代分为 1978 年前找寻工作（计划经济时代）、1979 ~ 1991 年间（计划经济与市场经济并存）和 1992 年后（市场经济体制时代），并根据这一标准将调查样本分为三个子样本。其中，子女找寻工作的年代在 1978 年前的代际对应样本共有 2 382 对，子女找寻工作的年代在 1979 ~ 1991 年间的代际对应样本共有 2 422 对，子女找寻工作的年代在 1992 年后的代际对应样本共有 2 718 对。

第三节　研究方法

一、衡量收入代际流动程度的指标

本章将在采用收入的代际继承性指数、代际流动性指数、代际流入指数和流出指数等指标的基础上，特别引入收入的代际弹性系数来分析中国城镇居民收入的代际流动特点。

（一）代际流动性指数和继承性指数

继承性指数测量的是收入组群的代际继承性水平，流动性指数测量的是收入组群的代际流动性水平。收入组群的代际继承性指数越大，收入组群的继承在代际之间就越稳定，代际之间的流动性就越小，收入组群的代际效应就越明显；反之，流动性指数越大，收入组群的继承在代际之间就越不稳定，其代际之间的流动性越强，收入组群的代际效应就越不明显。

假设有 n 个收入组群类型，我们可以建立一个反映收入组群的代际流动性和继承性情况的矩阵 $A = (a_{ij})n \times n$。其中，a_{ij} 表示父亲收入组群类型为 i，子女收入组群类型为 j 的频数。如果父亲所隶属的收入组群类型与子女所隶属的收入组群类型彼此独立，则频数分布的观察值 $\dfrac{a_{ij}}{\sum\limits_{i=1}^{n}\sum\limits_{j=1}^{n}a_{ij}}$ 与独立假设下的理论期望值

$\dfrac{\sum\limits_{i=1}^{n}a_{ij}\sum\limits_{j=1}^{n}a_{ij}}{\sum\limits_{i=1}^{n}\sum\limits_{j=1}^{n}a_{ij}\sum\limits_{i=1}^{n}\sum\limits_{j=1}^{n}a_{ij}}$ 之比应该接近于 1，否则该比值远离 1。我们用观察值与期望值之比定义收入组群的代际流动性指数（$i \neq j$）和继承性指数（$i = j$）：

$$B_{ij} = \left(\frac{a_{ij}}{\sum\limits_{i=1}^{n}\sum\limits_{j=1}^{n}a_{ij}} \middle/ \frac{\sum\limits_{i=1}^{n}a_{ij}\sum\limits_{j=1}^{n}a_{ij}}{\sum\limits_{i=1}^{n}\sum\limits_{j=1}^{n}a_{ij}\sum\limits_{i=1}^{n}\sum\limits_{j=1}^{n}a_{ij}} \right) = a_{ij}\frac{\sum\limits_{i=1}^{n}\sum\limits_{j=1}^{n}a_{ij}}{\sum\limits_{i=1}^{n}a_{ij}\sum\limits_{j=1}^{n}a_{ij}}$$

如果 $B_{ij} > 1$，即父亲收入组群为 i，子女收入组群类型为 j 的实际观察频数大于理论期望频数，说明父亲收入组群为 i 的子女进入 j 收入组群的可能性较大，

且 B_{ij} 取值越大，可能性越大。反之，$B_{ij} < 1$，即父亲收入组群为 i，子女收入组群类型为 j 的实际观察频数小于理论期望频数，说明父亲收入组群为 i 的子女进入 j 收入组群的可能性较小，且 B_{ij} 取值越小，可能性越小。

（二）代际流入指数与流出指数

为进一步衡量收入组群的代际流动性，我们还将计算每种收入组群的代际流入指数和流出指数。收入组群流入指数的计算方法为 $c_j = \dfrac{\sum\limits_{i \neq j} b_{ij}}{n-1}$，它主要衡量父亲不隶属第 j 种收入组群，而子女隶属第 j 种收入组群的可能性。也就是说，它反映了这一收入组群对父亲并非该收入组群的子女的开放性水平。某一收入组群的代际流入指数越小，说明此收入组群的代际流动性就越小，父亲是其他收入组群的子女进入此收入组群所受到的限制就越多，收入组群的代际流动就越弱，代际效应也就越明显；反之，收入组群的代际流动就越强，代际效应就越不明显。

收入组群流出指数的计算公式为 $d_i = \dfrac{\sum\limits_{j \neq i} b_{ij}}{n-1}$，它主要衡量父亲隶属第 i 种收入组群，而子女脱离第 i 种收入组群，进入其他收入组群的可能性。某一收入组群的流出指数越大，说明此收入组群的代际流动性就越强，父亲是此收入组群的子女进入其他收入组群的可能性就越大，收入组群的代际效应就越明显；反之，收入组群的代际效应就越不明显。

（三）收入代际弹性系数

收入代际弹性系数主要用于衡量父代收入对子代收入的影响程度。收入代际弹性系数值越大，说明父亲收入对子女收入的影响程度就越大，整个社会收入的代际流动程度就越小；相反，收入代际弹性系数值越小，说明父亲收入对子女收入的影响程度就越小，整个社会收入的代际流动程度就越大。本章主要选用美国经济学家索伦（Solon）在其研究收入代际流动的经典文献《美国收入代际流动》中提出的收入代际流动模型，计算中国城镇居民的收入代际弹性指数（Solon，1992）。收入代际流动模型如下：

$$y_{sit} = \beta_0 + \rho y_{fit} + \beta_{s1} \exp_{sit} + \beta_{s2} \exp_{sit}^2 + \beta_{f1} \exp_{fit} + \beta_{f2} \exp_{fit}^2 + \varepsilon$$

其中，y_{sit} 表示子女收入的对数；y_{fit} 表示父亲收入的对数；$\exp_{sit}$ 表示子女的工作年限；$\exp_{sit}^2$ 表示子女工作年限的平方；$\exp_{fit}$ 表示父亲的工作年限；$\exp_{fit}^2$ 表示父亲工作年限的平方；ρ 则为收入代际弹性系数。

二、通径分析

在影响子女收入的因素当中，先赋性因素（如父亲收入）还是后致性因素（如子女教育状况）的影响更大？为解决这一问题，本章将引入通径分析技术，探讨教育与收入代际流动的关系。

通径分析是一种探索系统因果关系的统计方法，其着眼点主要在变量之间作用系数的分解上（郭志刚，2003）。这种统计方法通过引入中介变量，将一个变量对另一个变量的总作用分解成两个变量之间的直接作用和通过中介变量所起的间接作用，并可以通过标准化的回归系数进行直接作用和间接作用大小的比较。通径模型如下所示：

$$z_2 = p_{21}z_1$$
$$z_3 = p_{31}z_1 + p_{32}z_2$$

其中，z_1 表示父亲的收入；z_2 表示子女教育；z_3 表示子女的收入。p_{21}、p_{31} 和 p_{32} 为通径模型中的通径系数，即各变量的标准化回归系数。其中，p_{21} 代表父亲收入对子女教育的影响程度；p_{31} 代表父亲收入对子女收入的影响程度；p_{32} 代表子女教育对子女收入的影响程度。

当我们将 $z_2 = p_{21}z_1$ 代入方程 $z_3 = p_{31}z_1 + p_{32}z_2$ 中，可得：

$$z_3 = p_{31}z_1 + p_{32}p_{21}z_1$$

在这个方程中，父亲职业对子女收入的影响被分解为两个部分，一部分为父亲职业对子女收入的直接影响，即 p_{31}；另一部分为父亲收入通过影响子女教育继而影响子女收入的间接影响，即 $p_{32}p_{21}$。

鉴于以上通径模型，子女收入的通径如图 23-1 所示。

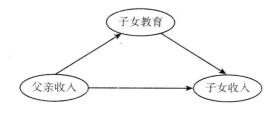

图 23-1　通径模型

第四节　中国城镇居民收入代际流动的特点

　　为分析中国城镇居民收入代际流动的特点，笔者分别根据父亲和子女收入的高低，将父亲和子女的收入进行四等分，由高至低分为四个组群。其中，前25%为高收入组群，25% ~ 50%为中等偏上收入组群，50% ~ 75%为中等偏下收入组群，75%以下为低收入组群。2004年中国城镇居民四个收入组群的代际流动状况如表23 - 2所示。另外，作者还将2004年父代和子代收入的对数、工作年限和工作年限的平方项带入前面的收入代际弹性系数计量模型中，回归结果如表23 - 3所示。综合表23 - 2和表23 - 3的统计结果，可以发现中国城镇居民收入代际流动状况具有如下三个特点：

　　特点之一：中国城镇居民代际收入之间存在较为明显的代际传递现象。 表23 - 2显示城镇居民四个收入组群的代际继承性指数均明显大于1[①]，且其均值为1.35；四个收入组群的代际流动性指数均值小于1，为0.89；四个收入组群的流入指数/流出指数均小于1，且平均值都为0.89。这意味着中国城镇居民收入代际之间虽然存在一定的流动性，但收入的传递现象更为明显。

表23 - 2　　　　　　　**收入组群的代际继承性和流动性指数**

		子女收入组群				
		最高收入组群	中等偏上收入组群	中等偏下收入组群	最低收入组群	流出指数
父母收入组群	最高收入组群	1.55*	1.04	0.68	0.67	0.8
	中等偏上收入组群	1.04	1.15*	1.02	0.76	0.94
	中等偏下收入组群	0.88	0.95	1.16*	1.05	0.96
	最低收入组群	0.54	0.86	1.14	1.52*	0.85
	流入指数	0.82	0.95	0.95	0.83	

　　[①]　代际继承性/流动性指数等于1，表示不同收入组群的代际流动机会完全不受家庭经济地位的影响。代际继承性指数越大于1，表示子女滞留在与父亲相同收入组群的可能性就越大；代际流动性指数越大于1，表示子女流向与父亲不同收入组群的可能性就越大；某一收入组群的代际流入指数大于1越多，表示整个社会的子代流入这一收入组群的可能性就越大；某一收入组群的代际流出指数越大于1，表示父亲隶属这一收入组群，其子代流入其他收入组群的可能性就越大。

2004 年中国城镇居民收入代际弹性系数的回归结果同样也表明城镇居民父亲的收入对子女的收入具有较大的影响。表 23 - 3 显示总体的收入代际弹性系数为 0.32，意味着父亲的年收入每提高 1%，子女的年收入将增加 0.32 个百分点。父亲工作年限和子女工作年限项的回归系数均大于 0，且显著性水平小于·0.01，说明父亲和子女工作年限的增加有助于提高子女的收入。

表 23 - 3　　　　　　　2004 年中国城镇居民收入代际弹性指数

	收入代际弹性指数
总体	0.320
最高收入组群	0.231
中等偏上收入组群	0.020
中等偏下收入组群	0.024
最低收入组群	0.378

注：因变量为子女收入对数，显著性水平均为 0.01。

特点之二：两端收入组群的代际流动较为封闭，中间两个收入组群的代际流动较为活跃。在四个收入组群当中，最高收入组群和最低收入组群的代际继承性指数分别为 1.55 和 1.52，大于中等偏上和中等偏下收入组群的 1.15 和 1.16。与此同时，在四个组群的代际流入指数中，中等偏上和中等偏下收入组群的代际流入指数均为 0.95，明显高于最高收入组群的 0.82 和最低收入组群的 0.83；而在四个组群的代际流出指数中，中等偏上和中等偏下收入组群的代际流出指数分别为 0.94 和 0.96，高于最高收入组群的 0.8 和最低收入组群的 0.85。这些统计指标说明：在中国城镇居民当中，父亲如果是最富或最穷收入人群，其子女继续滞留在相应两端收入组群的可能性较大；而父亲如果是中等偏上或中等偏下收入人群，其子女流动到其他收入组群的可能性相对较大。

不同收入组群的父亲收入对子女收入的代际弹性系数同样也证实了中国城镇居民两端收入组群的代际流动较为封闭，中间两个收入组群的代际流动较为活跃的特点。在父亲分属最高收入、中等偏上收入、中等偏下收入和最低收入这四个收入组群的收入代际弹性系数中，父亲为最低收入组群的收入代际弹性指数最高，达 0.378；最高收入组群其次，其收入代际弹性指数为 0.231；相形之下，父母为中等偏上和中等偏下收入组群的收入代际弹性指数较小，仅为 0.02 和 0.024。这意味着父亲收入对子女收入的影响在两端收入组群，即最高收入组群和最低收入组群表现得尤为明显；而对于中间收入组群，如中等偏上和中等偏下收入组群，父亲收入对子女收入也具有显著的正向影响，但相对较小。换句话说，对于最高收入组群的子女而言，父亲的高收入能够为其收入的提高提供更多的保护和促进作用；对于最低收入组群的子女而言，父亲的低收入有碍于其收入的提高；而对于中间收入组群的子女而言，父亲收入的多少对其收入的影响相对较小。

特点之三：收入代际流动范围存在较为明显的分割。 在四大收入组群中，最高收入组群的子女除了囿于与父亲相同的收入组群之外，其唯一具有明显流动倾向的是流向中等偏上收入组群，其流向中等偏下和最低收入组群这两个低收入人群的可能性非常小。中等偏上收入组群的流动性较强，其向上可流向最高收入组群，向下可流向中等偏下收入组群，并且流向前者的可能性略微大于流向后者的可能性。相形之下，中等偏下和低收入组群的子女更多地被困于低收入人群中。其中，中等偏下收入组群的子女唯一流动的可能性是向下流动到最低收入组群，而最低收入组群的子女除了滞留在与父亲相同的最低收入组群之外，其唯一能够流向的也仅是中等偏下的收入组群，其流向最高和中等偏上收入组群的可能性非常小。

以上的分析结果表明中国城镇居民收入在代际之间存在较为明显的传递效应，多数子女依然滞留在与父亲相同的收入组群。与此同时，中国城镇居民收入在代际之间也具有一定的流动性，但其流动范围存在较为明显的分割特征，最高收入和中等偏上这两个高收入人群之间的代际流动性都比较强；最低收入和中等偏下这两个低收入人群的代际流动性也比较强；而高收入和低收入人群之间的代际流动性则比较弱。另外，中国城镇居民收入的代际流动还呈现一个非常有意思的特点：两端收入组群的代际流动匮乏，中间收入组群的代际流动频繁，即最高收入和最低收入这两端组群的代际流动较少，而中等偏上和中等偏下这两个中间收入组群的代际流动性较大。

第五节　中国城镇居民教育促进收入代际流动的功能

一、子女收入的影响因素

本节主要探讨父亲收入这一先赋性因素和子女教育这一后致性因素对子女收入的影响，所以收入通径分析模型主要考虑父亲收入、子女教育和子女收入这三个变量。其中，父亲收入主要由父亲 2004 年收入来测度，子女教育主要由子女受教育程度来衡量，子女收入主要由子女 2004 年收入来测量。通径系数的计算结果如表 23 - 4 所示，通径如图 23 - 2 所示。

表 23 - 4	收入的通径系数	
	自变量	
因变量	父亲收入	子女教育
子女教育	0.129	
子女收入	0.159	0.189

收入通径分析的结果表明父亲收入这一先赋性因素和子女教育这一后致性因素对子女收入均具有显著影响。前者的通径系数为 0.159，后者的通径系数为 0.189，说明与父亲收入这一先赋性因素相比，子女教育这一后致性因素对子女收入的影响更大。

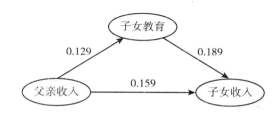

图 23 - 2　收入通径图

父亲收入对子女收入的影响可以分解为父亲收入对子女收入的直接影响和父亲收入通过影响子女教育继而影响子女收入的间接影响。其中，父亲收入对子女收入的总影响为父亲收入对子女收入的简单回归系数，为 0.183；父亲收入对子女收入的直接影响为 0.159，占总影响的比例为 86.9%；父亲收入通过影响子女教育继而对子女收入产生的间接影响为 0.129 乘以 0.189，乘积为 0.024，间接影响占总影响的比例为 13.1%。换言之，父代收入对子代收入的影响更多地表现为直接影响，其通过影响子女教育继而影响子女收入的间接影响相对较弱。也就是说，教育在其中具有一定的复制原有经济地位的功能，但这种复制功能相对较弱。

二、教育对子女进入最高收入组群的作用

在上节中，我们将父代和子女的收入分别进行四等分，分成最高收入组群、中等偏上收入组群、中等偏下收入组群和最低收入组群。为分析子女教育对其进入最高收入组群的作用，我们建立一个二元 Logistic 回归模型：

$$\log it(P) = \beta_0 + \beta_1 X_1 + \beta_2 X_2 + \beta_3 \sum_{i=1}^{n} X_i + \mu$$

模型的因变量为"子女收入是否为最高收入组群"的二分类变量，如果子女收入为最高收入组群，二分类变量的值为1；如果子女收入并非为最高收入组群，二分类变量值为0。自变量有子女的受教育年限、父亲的受教育年限，以及三个有关父亲收入组群的虚拟变量（最高收入组群、中等偏上收入组群和中等偏下收入组群，最低收入组群为收入组群虚拟变量的参考变量）。

表23-5的回归结果表明，子女的受教育程度的提高有助于其进入最高收入组群。子女受教育程度的B值为0.171，B的反对数值为1.186，说明子女的受教育年限增加一年，其进入高收入组群的加权机会比例将增加18.6%，这意味着在控制了父亲受教育程度和父亲收入等家庭背景因素后，子女受教育年限的增加有助于提高其进入最高收入组群的可能性。

表23-5的回归结果还表明，不同收入组群劳动者的子女进入最高收入组群的可能性存在较大的差异。父亲是最高收入组群的Exp(B)为3.639，说明最高收入组群劳动者子女进入最高收入组群的可能性是最低收入组群劳动者子女的3.6倍；父亲是中等偏上收入组群的Exp(B)为2.188，说明中等偏上收入组群劳动者子女进入最高收入组群的可能性是最低收入组群劳动者子女的2.2倍；父亲是中等偏下收入组群的Exp(B)为1.795，说明中等偏下收入组群劳动者子女进入最高收入组群的可能性是最低收入组群劳动者子女的1.8倍。换言之，最高收入组群劳动者的子女继续雄踞最高收入组群的可能性明显高于其他三类收入组群的劳动者子女。中等偏上和中等偏下收入组群劳动者的子女进入高收入组群的可能性在四个收入组群中位居中间层次，低于最高收入组群劳动者的子女，但却高于最低收入组群劳动者的子女。相形之下，最低收入组群作为整个社会收入分配的最弱势群体，其子女要想摆脱父代收入的影响，进入最高收入组群的难度相对较大。

表23-5　影响子女进入最高收入组群因素二元Logistic模型的回归结果

	B值	显著性水平	Exp（B）
子女受教育程度	0.171	0.000	1.186
父亲在最高收入组群	1.292	0.000	3.639
父亲在中等偏上收入组群	0.783	0.000	2.188
父亲在中等偏下收入组群	0.585	0.000	1.795
最高收入组群×子女教育	-0.054	0.000	0.947
中等偏上收入组群×子女教育	-0.018	0.001	0.982
中等偏下收入组群×子女教育	-0.014	0.001	0.986
1979~1991年间×子女教育	0.031	0.000	1.032
1992年后×子女教育	0.050	0.000	1.051
截距项	-3.989	0.000	0.019

注：因变量为子女收入是否为最高收入组群。

　　父亲所属收入组群的虚拟变量与子女教育年限的三个交互项的回归结果表明，不同收入家庭的子女所接受的教育对其进入最高收入组群的作用存在一定的差异。父亲为最高收入组群的虚拟变量和子女教育年限的交互项的回归系数为 -0.054，B 的反对数值为 0.947；父亲为中等偏上收入组群的虚拟变量和子女教育年限的交互项的回归系数为 -0.018，B 的反对数值为 0.982；父亲为中等偏下收入组群的虚拟变量和子女教育年限的交互项的回归系数为 -0.014，B 的反对数值为 0.986。说明最低收入组群劳动者的子女接受教育对其进入最高收入组群的作用是最高收入组群劳动者子女教育作用的 Exp（0.054），即 1.06 倍；是中等偏上收入组群劳动者子女教育作用的 Exp（0.018），即 1.02 倍；是中等偏下收入组群劳动者子女教育作用的 Exp（0.014），即 1.01 倍。也就是说，在四类收入组群的劳动者子女当中，教育最有利于促进最低收入家庭劳动者的子女向上流动到最高收入组群。

　　为了进一步比较教育对于不同收入组群劳动者的子女进入最高收入组群的作用，本节将对父亲收入为最高收入组群、中等偏上收入组群、中等偏下收入组群和最低收入组群这四类样本分别进行二元 Logistic 回归。模型的因变量为子女是否在最高收入组群，自变量为子女的受教育年限。回归结果显示最低收入组群劳动者子女的受教育年限的 Exp（B）值最高，为 1.226；中等偏上和中等偏下这两个中间收入组群劳动者子女受教育年限的 Exp（B）值居中，分别为 1.150 和 1.162；最高收入组群劳动者子女受教育年限的 Exp（B）值最小，为 1.127。四类样本的回归结果与父亲收入组群和子女受教育年限交互项的回归结果完全一致。这意味着：与其他三类收入组群劳动者的子女相比，最低收入家庭劳动者子女受教育程度的提高更有利于其进入最高收入组群。

　　收入通径分析的结果表明子女受教育程度这一后致性因素对子女收入的影响，比父亲收入这一先赋性的影响更大。二元 Logistic 计量回归模型的结果同样也表明子女受教育年限的增加，有助于其进入最高收入组群。此外，不同收入组群劳动者子女教育对其进入最高收入组群的作用对比结果发现在四类收入组群的子女中，最低收入组群子女受教育年限的提高对其实现经济地位的跃升最为有利。换言之，教育有利于促进低收入家庭的子女向上流动成为高收入人群，从而有助于促进收入的代际流动。也就是说，在中国城镇，教育虽然在一定程度上在复制原有的经济地位体系，但从总体上看，教育有助于促进弱势经济地位家庭的子女实现经济地位的跃升，与教育复制原有经济地位体系的功能相比，教育促进收入代际流动的功能更强。

第六节 中国城镇居民教育促进收入代际流动功能的变化趋势

为分析教育促进收入代际流动的功能随中国城镇市场化水平的提升所呈现的变化趋势，笔者将构建 1979～1991 年间这一时间虚拟变量与子女受教育年限，以及 1992 年后这一时间虚拟变量与子女受教育年限的交互项（时间虚拟变量以 1978 年前为参考变量）。这两个交互项的回归结果（见表 23-5）显示，前一交互项的 B 值为 0.031，B 的反对数值为 1.032；后一交互项的 B 值为 0.050，B 的反对数值为 1.051。说明 1979～1991 年间子女教育对其进入最高收入组群的作用是 1978 年前的 1.032 倍，到 1992 年后则扩大为 1.051 倍。

为更详细对比三个时段教育促进收入代际流动的功能所存在的差异，本节根据子女第一次找寻工作的时间，将调查数据分成 1978 年前、1979～1991 年间和 1992 年后三个部分分别进行二元 Logistic 回归。回归结果（见表 23-6）同样证实了研究假设四，即随着市场化水平的提升，子女受教育的增加对其进入最高收入组群的作用日益增强。其中，1978 年前子女受教育程度的 Exp（B）值为 1.232，说明子女受教育年限每增加一年，其进入最高收入阶层的加权机会比例将增加 23.2%；1979～1991 年间子女受教育程度的 Exp（B）值略微上升至 1.242；1992 年后子女受教育程度的 Exp（B）值继续上升至 1.269。说明子女受教育年限每增加一年，在 1979～1991 年间，其进入最高收入阶层的加权机会比例将增加 24.2%；在 1992 年后，其进入最高收入阶层的加权机会比例将增加 26.9%。

表 23-6　　　三个历史时段教育对子女进入最高收入阶层作用的对比

	1978 年前 Exp（B）	1979～1991 年间 Exp（B）	1992 年后 Exp（B）
子女受教育程度	1.232 ***	1.242 ***	1.269 ***
父亲为最高收入组群	2.865 ***	2.987 ***	5.090 ***
父亲为中等偏上收入组群	1.999 ***	1.926 ***	2.642 ***
父亲为中等偏下收入组群	1.971 ***	1.555 *	1.875 ***
父亲为最低收入组群 × 子女教育	1.049 **	1.035	1.069 ***
截距项	0.013 ***	0.017 ***	0.006 ***

注：*** 表示显著性水平为 0.01；* 表示显著性水平为 0.1。

为探讨三个时段当中，最低收入组群子女接受教育对其进入最高收入组群的作用的变化趋势，作者在三个时间段样本中均构建了父亲为最低收入组群这一虚拟变量和子女受教育程度的交互变量。回归结果（见表 23-6）显示：在三个时间段样本中，1978 年前交互变量的系数为 0.048；1979~1991 年间交互变量的系数为 0.034，，无法通过显著性水平检验；1992 年后交互变量的系数为 0.067。这说明 1978 年前，最低收入组群劳动者子女接受教育对其进入最高收入组群的作用是其他收入组群的 Exp（0.048），即 1.049 倍；1979~1991 年间二者无显著性差异；到 1992 年后前者对后者的优势略微上升至 Exp（0.067），即 1.069 倍。这意味着教育促进弱势经济地位家庭的子女向上流动到最高收入组群的功能，随着中国城镇市场化水平的提高而日趋明显。

以上分析结果表明，教育作为一种重要的代际流动机制，其促进收入代际流动，尤其是促进低收入家庭的子女实现经济地位跃升的功能，随着市场化水平的提升呈现日益增强之趋势。对于造成这一趋势的原因，作者试图进行如下猜测和解释：

1. 市场化水平的提高有助于提高教育收益。

教育作为一种人力资本，其通过提高劳动生产率继而提高劳动者收入的前提条件是劳动力市场必须是完全竞争和充分流动的。在传统的计划经济体制下，中国并不存在严格意义上的劳动力市场，劳动者初次就业所确定的职业往往会伴其一生，终生难以改变；另外，在计划经济体制下，影响劳动者收入的决定性因素主要是其工作年限，而非其教育水平。在这种普遍缺乏竞争和流动的情况下，个人教育与收入之间的关系就难以得到充分实现（陈晓宇，1999）。改革开放后，随着市场化水平的提升，劳动力市场的竞争性和流动性有所增强；劳动者的收入更多由个人能力，而非工作年限所决定，在此情况下，凝聚在劳动者身上的人力资本的价值就可以得以相对充分地体现。这使得在改革开放后，尤其是在 1992年开始参加工作的子代自身教育水平的作用得以充分发挥，有助于提高其收入，从而有利于促进收入的代际流动。

2. 高收入的新兴职业和行业对从业人员的受教育程度有一定要求。

改革开放后，随着市场水平的提升和科学技术的不断进步，一些社会地位较高的新兴职业及一些收益较高的新兴行业层出不穷，这些新兴职业和行业知识含量较高，所以它们对从业人员受教育程度的要求也相对较高。这使得接受过较高程度教育的劳动者子女，尤其是接受过较高程度教育的低收入家庭子女有更多的机会进入这些高收入的新兴职业和行业，从而顺利从较低收入组群中流出，并向上流动到经济地位较高的收入组群。

3. 随着市场化水平的提升，后致性因素在个人经济地位实现过程中的作用不断增强。

伴随着中国市场化水平的提升，整个社会开放性愈来愈强，个人的后致性因素在其社会地位和经济地位获得过程中扮演越来越重要的作用。此外，因计划生育政策而空余出的和因农民工进城而创造出的高收入职业和高收益行业岗位，以及因"接班和顶替"现象取消后而空余出的高收益行业岗位，更青睐于接受过一定程度教育的城镇居民劳动者的子女。这为接受过较高程度教育的低收入家庭子女提供更多进入这些高收入的职业和行业岗位工作的机会，从而有助于其实现经济地位的代际跃升。

第七节　结论及启示

本章利用北京大学教育经济研究所《中国城镇居民教育与就业情况调查(2004)》的数据，首先通过收入代际继承性和流动性指数、收入代际弹性系数等指标分析中国城镇居民收入代际流动的特点；而后运用通径分析技术和二元Logistic回归模型探讨教育促进收入代际流动的功能；最后分析教育的这一功能随中国市场化的提高所呈现出的变化趋势，并对相关实证研究结果进行原因解释。研究结论归纳如下：

1. 中国城镇居民收入代际之间存在较为明显的传递效应，多数子女依然滞留在与父亲相同的收入组群，并且中国城镇居民收入代际流动还呈现两端收入组群的代际流动较为封闭，中间两个收入组群的代际流动较为活跃的特点。

2. 与父亲收入这一先赋性因素相比，子女教育这一后致性因素对其收入的影响更大。此外，中国城镇居民子女，尤其是低收入家庭的子女，其受教育年限的增加有助于其进入最高收入组群。这意味着，在中国教育具有较强的复制原有生产关系的功能，社会经济地位较高的优势群体可以通过对子女的教育投资来实现其经济地位的传承；与此同时，投资子女教育也是社会弱势群体子女实现经济地位跃升的最有效途径。换言之，在中国城镇，教育作为一种重要的代际流动机制，有助于促进弱势经济地位家庭的子女实现经济地位的跃升，具有较强的促进代际流动的功能。

3. 随着市场化水平的提升，教育促进收入的代际流动，削弱收入分配不公平在代际之间传递的程度，改善整个社会收入公平状况的功能日益增强。其原因可能在于：市场化水平的提高有助于提高教育收益；高收入的新兴职业和行业对从业人员的受教育程度有一定要求；随着市场化水平的提升，后致性因素在个人经济地位实现过程中的作用不断增强。

当前中国正处于从传统的计划经济体制向市场经济体制的转型时期。在这一转型时期当中，伴随经济的高速增长，社会成员之间的收入差距日益扩大，社会阶层的分化亦日趋严重。这些因素不利于我国经济的长远发展和社会的长期稳定，有碍我国和谐社会的构建。本文的实证研究结果表明教育作为一种重要的代际流动机制，有助于促进收入的代际流动，有利于避免收入不平等在代际之间的传递，有益于促进社会公平。换言之，在中国，教育能够增加劳动者子女，尤其是出身于社会经济地位较低家庭子女的人力资本，以弥补其在先赋性因素方面的竞争劣势，使其具有相对公平的就业平台，从而为其提供进入高收入阶层的机会。这将有助于促进社会各收入阶层的流动，有利于社会关系的重构，使得整个社会系统具有足够的平衡性和动力保持良性运转，进而有益于促进社会经济快速、有序、健康地发展和维持国家的长治久安。有鉴于此，我们呼吁政府在发掘教育经济价值的同时，也应该重视教育所具有的促进代际收入公平的社会功能。

主要参考文献

［1］A. M. 阿利亚加达，L. P. 王：《非正规培训的经济学》，Martin Carnoy 编著，闵维方等译：《教育经济学国际百科全书》，高等教育出版社 2000 年第 2 版。

［2］阿特巴赫：《比较高等教育：知识、大学与发展》，人民教育出版社 2001 年版。

［3］白雪梅：《教育与收入不平等：中国的经验研究》，《管理世界》2004 年第 6 期。

［4］包金玲、李静波：《我国高中阶段教育发展状况调查研究》，《教育发展研究》2004 年第 11 期。

［5］北京大学"中国教育和人力资源研究"课题组：《2004 年中国城镇居民教育与就业情况的调查报告》，2005 年 10 月。

［6］彼得·德鲁克著，张星岩译：《后资本主义社会》，上海译文出版社 1998 年版。

［7］财政部预算司编：《中国政府间财政关系》，中国财政经济出版社 2003 年版。

［8］蔡昉：《城乡收入差距与制度变革的临界点》，《中国社会科学》2003 年第 5 期。

［9］蔡昉、都阳、王美艳：《劳动力流动的政治经济学》，上海人民出版社 2003 年版。

［10］蔡昉主编：《中国人口与劳动问题报告——城乡就业问题与对策》，社会科学文献出版社 2002 年版。

［11］蔡昉主编：《中国人口与劳动问题报告——人口转变与教育发展》，社会科学文献出版社 2004 年版。

［12］Carnoy, M.：《教育经济学的历史与现状》，Carnoy, M. 编著，闵维方等译：《教育经济学国际百科全书（第二版）》，高等教育出版社 2000 年版。

［13］陈广汉、曾奕、李军：《劳动力市场分割理论的发展与辨析》，《经济理论与经济管理》2006年第2期。

［14］陈良焜等：《教育经费在国民生产总值中所占比例的国际比较》，厉以宁主编：《教育经济学研究》，上海人民出版社1988年版。

［15］陈良焜等：《教育投资比例的国际比较》，秦宛顺主编：《教育投资决策研究》，北京大学出版社1992年版。

［16］陈晓宇：《论中国高等教育成本补偿》，北京大学教育学院博士论文，1999年。

［17］陈晓宇、陈良焜：《中国城镇私人教育收益率研究报告》，1999年。

［18］陈晓宇、陈良焜、夏晨：《20世纪90年代中国城镇教育收益率的变化与启示》，《北京大学教育评论》2003年第2期。

［19］陈晓宇、闵维方：《成本补偿对高等教育机会均等的影响》，《教育与经济》1999年第3期。

［20］陈晓宇、闵维方：《论中国高等教育的预期收益与劳动力市场化》，《教育研究》1999年第1期。

［21］陈晓宇、闵维方：《中国高等教育个人收益率研究》，《高等教育研究》1998年第6期。

［22］陈晓宇、冉成中、陈良焜：《近年中国城镇私人教育收益率的变化》，闵维方、杨周复、李文利主编：《为教育提供充足的资源》，人民教育出版社2003年版。

［23］陈玉宇、王志刚、魏众：《中国城镇居民20世纪90年代收入不平等及其变化》，《经济科学》2004年第6期。

［24］陈玉宇、邢春冰：《农村工业化以及人力资本在农村劳动力市场中的角色》，《经济研究》2004年第8期。

［25］D.斯特恩：《市场失效：公司举办的教育和培训》，Martin Carnoy编著，闵维方等译：《教育经济学国际百科全书》，高等教育出版社2000年第2版。

［26］戴井冈、贺绍禹、邱国华：《我国普通高等学校布局结构的现状分析》，《教育发展研究》2000年第3期。

［27］戴维·波普诺著，李强译：《社会学》，中国人民大学出版社1999年版。

［28］丹尼斯·吉尔伯特、约瑟夫·A·卡尔：《美国阶级结构》，中国社会科学出版社1992年版。

［29］第二期中国妇女社会地位调查课题组：《第二期中国妇女社会地位抽

样调查主要数据报告》，《中国妇女概况》2002 年 1 月。

[30] 丁小浩：《对中国高等院校不同家庭收入学生群体的调查报告》，《清华大学教育研究》2000 年第 2 期。

[31] 丁小浩：《中国高等教育入学机会均等化：1990 年代的变化及分析》，《北京大学教育经济研究所简报》2003 年第 11 期。

[32] 丁小浩：《中日高等教育成本补偿相关问题的比较研究》，《教育与经济》2002 年第 2 期。

[33] 丁小浩、薛海平：《我国城镇居民家庭义务教育支出差异性研究》，《教育与经济》2005 年第 4 期。

[34] 董先安：《浅释中国地区收入差距：1952～2002》，《经济研究》2004 年第 9 期。

[35] 都阳、朴之水：《迁移与减贫——来自农户调查的经验证据》，《中国人口科学》2003 年第 4 期。

[36] 杜育红：《教育发展不平衡研究》，北京师范大学出版社 2000 年版。

[37] 杜育红、王善迈：《教育发展的不平衡》，曾满超主编：《教育政策的经济分析》，人民教育出版社 2000 年版。

[38] 段成荣：《省际人口迁移迁入地选择的影响因素分析》，《人口研究》2001 年第 1 期。

[39] 段成荣：《影响我国省际人口迁移的个人特征分析——兼论"时间"因素在人口迁移研究中的重要性》，《人口研究》2000 年第 4 期。

[40] 范莉莉：《中国高等教育收费制度改革五十年》，《当代教育论坛》2005 年第 1 期。

[41] 范文耀、马陆亭主编：《国际视角下的高等教育质量评估与财政拨款》，教育科学出版社 2004 年版。

[42] 方长春：《家庭背景与教育分流——教育分流过程中的非学业性因素分析》，《社会》2005 年第 424 期。

[43] 费伯：《收入的性别差异》，M. 卡诺依编，闵维方等译：《教育经济学国际百科全书》，高等教育出版社 2000 年版。

[44] 关华：《效率优先与均衡发展的博弈——2005 中国择校问题透视》，《校长阅刊》2005 年第 7～8 期。

[45] 官凤华、魏新：《高等教育拨款模式研究》，《教育研究》1995 年第 2 期。

[46] 郭春发：《教育选择权与教育公平》，《青海师专学报（教育科学）》2006 年第 1 期。

［47］郭丛斌、丁小浩：《职业代际效应的劳动力市场分割与教育的作用》，《经济科学》2004 年第 3 期。

［48］郭海：《20 世纪 90 年代中国高等教育经费的来源构成变化趋势》，《北大教育经济研究》（电子季刊）2004 年第 3 期。

［49］郭熙保：《从发展经济学观点看待库兹涅茨假说——兼论中国收入不平等扩大的原因》，《管理世界》2002 年第 3 期。

［50］郭志刚：《社会统计分析方法——SPSS 软件应用》，中国人民大学出版社 1999 年版。

［51］郭志刚：《社会统计分析方法——SPSS 软件应用》，中国人民大学出版社 2003 年第 3 版。

［52］国际劳工局：《世界就业报告（2004－2005）：就业、生产率和减少贫困》，中国劳动社会保障出版社 2006 年版。

［53］国家统计局：《中国劳动统计年鉴（2006）》，中国统计出版社 2006 年版。

［54］国家统计局：《中国统计年鉴（2006）》，中国统计出版社 2006 年版。

［55］国家统计局：《中国统计年鉴（2005）》，中国统计出版社 2005 年版。

［56］国家统计局：《中国统计年鉴》（2000～2005），中国统计出版社各年版。

［57］亨利·莱文：《西欧的教育机会均等和社会不平等》，亨利·莱文：《高科技、效益、筹资与改革——教育决策与管理中的重大问题》，人民日报出版社 1995 年版。

［58］洪林、胡维定：《评估指标与教育投资：地方共办高校的发展》，《江苏高教》2006 年第 4 期。

［59］侯亚非、马小红：《北京市迁移流动人口区域分布及结构特征》，《北京行政学院学报》2005 年第 2 期。

［60］侯祎、李永鑫：《研究生职业价值观的定量比较研究》，《社会心理科学》2005 年第 5～6 期。

［61］胡蓓：《脑力劳动者工作满意度实证研究》，《科学研究》2003 年第 7 期。

［62］江泽民：《全面建设小康社会，开创中国特色社会主义事业新局面——在中国共产党第十六次全国代表大会上的报告》，《江泽民文选》第三卷，人民出版社 2006 年版。

［63］蒋鸣和：《市场经济与教育财政改革》，《教育研究》1995 年第 2 期。

［64］蒋鸣和：《中国县级教育财政的模式》，中国大连教育财政政策研讨会

505

提交论文，1992 年 8 月 17 日至 22 日。

[65] 教育部：《教育部关于基础教育课程改革实验区初中毕业考试与普通高中招生制度改革的指导意见》，http：//www. moe. edu. cn。

[66] 教育部：《我国资助高校贫困家庭学生政策体系介绍》（教育部 2006年第 16 次新闻）。

[67] 教育部财务司：《中国教育经费统计年鉴》（2000～2005），中国统计出版社各年版。

[68] 杰夫·惠迪等：《教育中的放权与择校：学校、政府和市场》，教育科学出版社 2003 年版。

[69] 杰夫·惠迪、萨莉·鲍尔、大卫·哈尔平，马忠虎译：《教育中的放权与择校：学校、政府和市场》，教育科学出版 2003 年版。

[70] 杰克·J·菲力普斯，蒋龙琴、江涛译：《寻找隐性收益——培训投资回报评估方法》，人民邮电出版社 2004 年版。

[71] 康小明：《在职培训与人力资本积累模式考察——我国近十年来在职培训与人力资本积累研究述评》，《北大教育经济研究》2004 年第 4 期。

[72] 克尔，王承绪译：《高等教育不能回避历史——21 世纪的问题》，浙江教育出版社 2001 年版。

[73] 赖德胜：《教育、劳动力市场与收入分配》，《经济研究》1998 年第5 期。

[74] 赖德胜：《论劳动力市场的制度性分割》，《经济科学》1996 年第6 期。

[75] 赖德胜：《中国教育收益率估算：文献综述》，《经济研究》1997 年第9 期。

[76] 劳凯声：《重构公共教育体制：别国的经验和我国的实践》，《北京师范大学学报（社科版）》2003 年第 4 期。

[77] 雷万鹏：《高中生教育补习支出：影响因素及政策启示》，《教育与经济》2005 年第 1 期。

[78] 雷万鹏：《中国农村家庭教育支出的实证研究：1985～1999》，《教育理论与实践》2003 年第 7 期。

[79] 李春玲：《社会政治变迁与教育机会不平等——家庭背景及制度因素对教育获得的影响（1940～2001）》，《中国社会科学》2003 年第 3 期。

[80] 李锋亮：《教育的筛选功能：中国劳动力市场的视角》，北京大学教育学院博士学位论文，2005 年。

[81] 李锋亮、侯龙龙、文东茅：《父母亲的教育背景对子女在高校中学习

与社会活动的影响》，2005 年中国教育经济学年会会议论文。

[82] 李红伟：《中国城镇居民家庭教育消费实证研究》，《教育与经济》2000 年第 4 期。

[83] 李建民：《中国劳动力市场多重分割及其对劳动力供求的影响》，《中国人口科学》2002 年第 2 期。

[84] 李玲：《社会经济结构转型期迁移与非迁移人口的工作选择与转换——广州劳动市场初步研究》，《人口研究》2000 年第 2 期。

[85] 李培林等：《中国社会分层》，社会科学文献出版社 2004 年版。

[86] 李强：《当代中国社会分层与流动》，中国经济出版社 1993 年版。

[87] 李实：《中国个人收入分配研究回顾与展望》，《经济学季刊》2003 年第 1 期。

[88] 李实：《中国居民收入分配实证分析》，社会科学文献出版社 2000 年版。

[89] 李实、丁赛：《中国城镇教育收益率的长期变动趋势》，《中国社会科学》2003 年第 6 期。

[90] 李实、李文彬：《中国教育投资的个人收益率的估计》，《中国居民收入分配研究》，中国社会科学出版社 1994 年版。

[91] 李实、赵人伟：《中国居民收入分配再研究》，《经济研究》1999 年第 4 期。

[92] 李守福：《教育选择与选择教育——兼论公立高中是否该收"择校费"》，《比较教育研究》2003 年第 12 期。

[93] 李文利：《高等教育个人需求的成本弹性》，闵维方主编：《高等教育运行机制研究》，人民教育出版社 2002 年版。

[94] 李文利：《高等教育助学贷款：实证研究与政策分析》，闵维方主编：《探索教育变革：经济学和管理政策的视角》，教育科学出版社 2005 年版。

[95] 李文利：《中国高等教育经费来源多元化分析》，《北大教育经济研究》（电子季刊）2004 年第 3 期。

[96] 李文利、闵维方：《高校在校生私人教育支出及付费意愿研究》，《高等教育研究》2002 年第 5 期。

[97] 李湘萍：《在职培训经典研究文献评述》，《北大教育经济研究》2004 年第 4 期。

[98] 李湘萍、郝克明：《中国劳动力市场户籍分割与企业人力资本投资的作用》，《经济经纬》2006 年第 1 期。

[99] 李志君、刘欣：《教育与社会分层：文献回顾及其启示》，《信息与开

发》2000 年第 1 期。

[100] 李忠、乔云桥：《浦东新区中、小、幼学生择校现状和对策》，《上海教育科研》2002 年第 1 期。

[101] 厉以宁主编，闵维方副主编：《教育的社会经济效益》，贵州人民出版社 1995 年版。

[102] 林光彬：《等级制度、市场经济与城乡收入差距扩大》，《管理世界》2004 年第 4 期。

[103] 林南、边燕杰：《中国城市中的就业和地位获得过程》，边燕杰主编：《市场转型与社会分层——美国社会学者分析中国》，生活·读书·新知三联书店 2002 年版。

[104] 林毅夫：《高丽大学百年校庆演讲稿》，2005 年。

[105] 林毅夫、蔡昉、李周等著：《中国的奇迹——发展战略与经济改革》，上海人民出版社 1999 年版。

[106] 刘纯阳：《人力资本投资对贫困地区农民增收作用的实证分析——对湖南西部贫困县的实证分析》，《教育与经济》2005 年第 1 期。

[107] 刘建波、王桂信、魏星：《基于嵌套 logit 模型的中国省际人口二次迁移影响因素分析》，《人口研究》2004 年第 4 期。

[108] 刘金塘、王红丽、蔡虹：《中国人口终身迁移状况分析》，《人口研究》2004 年第 3 期。

[109] 刘精明：《教育不平等与教育扩张、现代化之关系初探》，《浙江学刊》2000 年第 4 期。

[110] 刘泽云、袁连生：《我国公共教育投资比例研究》，《高等教育研究》2006 年第 2 期。

[111] 陆根书、钟宇平：《高等教育成本回收的理论与实证分析》，北京师范大学出版社 2002 年版。

[112] 陆学艺：《当代中国社会流动》，社会科学文献出版社 2004 年版。

[113] 陆晔：《社会控制与自主性——新闻从业者工作满意度与角色冲突分析》，《现代传播》2004 年第 6 期。

[114] Martin Carnoy 等著，闵维方等译：《教育经济学国际百科全书》，高等教育出版社 2000 年版。

[115] Mincer, J.，张凤林译：《人力资本研究》，中国经济出版社 2001 年版。

[116] M. J. 鲍曼：《在职培训》，Martin Carnoy 编著，闵维方等译：《教育经济学国际百科全书》，高等教育出版社 2000 年第 2 版。

[117] M. 伍德霍尔:《人力资本概念》,Martin Carnoy 编著,闵维方等译:《教育经济学国际百科全书》,高等教育出版社 2000 年第 2 版。

[118] 马丁·卡诺依,闵维方等译:《教育经济学国际百科全书》,高等教育出版社 2000 年版。

[119] 马丁·卡诺依编著,闵维方等译:《教育经济学国际百科全书》,高等教育出版社 2000 年版。

[120] 马晓强、丁小浩:《我国城镇居民个人教育投资风险的实证研究》,《教育研究》2005 年第 4 期。

[121] 迈尔:《高等教育制度变迁中的制度创立者、机遇和预见》,《北京大学教育评论》2006 年第 1 期。

[122] 闵维方主编:《探索教育变革:经济学和管理政策的视角》,教育科学出版社 2005 年版。

[123] Philip Q. Yang,Nihan Kayaardi,李莉红译:《选择非公立学校的决定因素分析》,《民办教育研究》2005 年第 4 期。

[124] P. 齐普隆:《教育与收入》,Martin Carnoy 编著,闵维方等译:《教育经济学国际百科全书》,高等教育出版社 2000 年版。

[125] 聂盛:《我国经济转型期间的劳动力市场分割:从所有制分割到行业分割》,《当代经济科学》2004 年第 6 期。

[126] 钱民辉:《教育社会学——现代性的思考与建构》,北京大学出版社 2004 年版。

[127] R. H. 萨博特,P. L. 王:《内部迁移与教育》,Martin Carnoy 编著,闵维方等译:《教育经济学国际百科全书》,高等教育出版社 2000 年版。

[128] 人口和社会科技司课题组:《我国劳动力迁移流动的情况与特征》,中国国家统计局人口和社会科技统计司编:《中国人口统计年鉴(2004)》,中国统计出版社 2004 年版。

[129] 汝信、陆学艺、李培林:《社会蓝皮书 2002 年——中国社会形势分析与预测》,中国社科文献出版社 2002 年版。

[130] 沙吉才、曹景椿:《改革开放中的人口问题研究》,北京大学出版社 1994 年版。

[131] 上海教育信息调查队:《关于上海市中小学生课业负担调查报告》,上海教育信息调查队 1 号公告,2005 年。

[132] 石人炳:《人口变动对教育的影响》,中国经济出版社 2005 年版。

[133] 孙海峰:《义务教育"择校"问题研究评述》,《现代中小学教育》2005 年第 1 期。

[134] 孙志军:《中国农村家庭教育决策的实证研究——以甘肃为基础的研究》,北京师范大学博士论文,2002 年。

[135] 天野郁夫,陈武元译:《高等教育的日本模式》,教育科学出版社 2006 年版。

[136] 托尔斯顿·胡森 (Torsten Husén):《平等——学校和社会政策的目标》,张人杰:《国外教育社会学基本文选》,华东师范大学出版社 1989 年版。

[137] UNDP:《中国人类发展报告 2005》,中国发展研究基金会,2005 年 12 月。

[138] 王德文、吴要武、蔡昉:《迁移、失业与城市劳动力市场分割——为什么农村迁移者的失业率很低?》,《世界经济文汇》2004 年第 1 期。

[139] 王奋宇、李路路等:《中国城市劳动力流动》,北京出版社 2001 年版。

[140] 王格玮:《中国人口迁移的因素分析——一个基于 nested logit 多元选择模型的框架》,北京大学硕士学位论文,2004 年。

[141] 王桂新、黄颖钰:《中国省际人口迁移与东部地带的经济发展:1995~2000 年》,《人口研究》2005 年第 1 期。

[142] 王美艳:《转轨时期的工资差异:其实的计量分析》,《数量经济技术经济研究》2003 年第 5 期。

[143] 王蓉:《义务教育投入之公平性研究》,《经济学季刊》2003 年第 2 期。

[144] 王蓉等:《努力建设中国公共教育财政体制》,"中国教育与人力资源问题报告课题组"编:《从人口大国迈向人力资源强国》,高等教育出版社 2003 年版。

[145] 王善迈:《中国义务教育财政制度改革构想》,《中国教育报》,2002 年 3 月 12 日第 2 版。

[146] 王善迈、袁连生、刘泽云:《我国公共教育财政体制改革的进展、问题及对策》,《北京师范大学学报》(社会科学版) 2003 年第 6 期。

[147] 王善迈主编:《教育经济学简明教程》,高等教育出版社 2000 年版。

[148] 王伟:《西方企业一般培训理论综述》,《外国经济与管理》,2004 年,http://www,chinahrd,net/zhi_sk/jt_page,asp? articleid =26824。

[149] 王香丽:《高等教育大众化与女性接受高等教育》,《现代教育科学》2004 年第 1 期。

[150] 文东茅:《家庭背景对我国高等教育机会及毕业生就业的影响》,《北大教育经济研究 (电子期刊)》2005 年第 2 期。

［151］文东茅：《我国城市义务教育阶段的择校及其对弱势群体的影响》，《北京大学教育评论》2006 年第 2 期。

［152］文东茅：《义务教育师资配置均衡化的政策选择》，《教育理论与实践》2001 年第 11 期。

［153］吴红宇：《基于人力资本投资的劳动力迁移模型》，《南方人口》2004 年第 4 期。

［154］吴淑娇：《人力资本的外部性与行业收入差异》，北京大学硕士论文库，2005 年。

［155］谢维和、李雪莲：《高等教育公平性的调查与研究报告》，曾满超主编：《教育政策的经济分析》，人民教育出版社 2000 年版。

［156］徐林清：《女性就业的行业——工资倾向与性别歧视》，《妇女研究丛论》2004 年第 3 期。

［157］徐林清：《中国劳动力市场分割问题研究》，暨南大学出版社 2004 年版。

［158］许经勇、曾芬钰：《竞争性的劳动力市场和劳动力市场分割》，《东北财经大学学报》2000 年第 5 期。

［159］许欣欣：《从职业评价与择业趋向看中国社会结构变迁——附录：中国的社会经济地位指数》，李培林等著：《中国社会分层》，社会科学文献出版社 2004 年版。

［160］阎凤桥、闵维方：《对于我国高等教育资源配置中存在的"木桶现象"的探讨》，《教育与经济》1999 年第 2 期。

［161］杨东平：《我国高等教育的公平问题研究》，http：//www.eastmoney.com/200502210832001 49570.html。

［162］杨东平：《中国教育公平的理想和现实》，北京大学出版社 2006 年版。

［163］姚忆江：《中国准知识人口迁移的特点》，《教育与经济》2000 年专辑。

［164］叶玉华：《教育均衡化的国际比较与政策研究》，《教育研究》2003 年第 11 期。

［165］游钧主编：《2005 年：中国就业报告》，中国劳动社会保障出版社 2005 年版。

［166］余小波：《当前我国社会分层与高等教育机会探析——对某所高校 2000 级学生的实证研究》，《现代大学教育》2002 年第 2 期。

［167］袁连生：《我国义务教育财政不公平探讨》，《教育与经济》2001 年

第 4 期。

[168] 袁霓：《教育回报率与收入性别差异实证分析》，《统计与决策》2005 年第 8 期。

[169] 袁声莉、马士华：《员工满意度实证研究》，《技术经济与管理研究》 2002 年第 3 期。

[170] 袁振国：《教育均衡发展：构建和谐社会的基础》，《教育发展研究》 2005 年第 4 期。

[171] 约翰·奈特、李实：《中国居民教育水平的决定因素》，赵人伟：《中国居民收入分配研究》，中国社会科学出版社 1994 年版。

[172] 约翰·丘伯、泰力·默，蒋衡等译：《政治、市场和学校》，教育科学出版社 2003 年版。

[173] 约翰斯通：《高等教育财政：问题与出路》，人民教育出版社 2004 年版。

[174] 岳昌君：《大学生就业选择的行业因素分析》，《北大教育评论》2004 年第 3 期。

[175] 岳昌君：《教育对个人收入差异的影响》，《北大教育经济研究》2004 年第 3 期。

[176] 岳昌君：《教育投资比例的国际比较》，"中国教育与人力资源问题报告课题组"编：《从人口大国迈向人力资源强国》，高等教育出版社 2003 年版。

[177] 岳昌君：《中国高等教育与劳动力市场研究综述》，《北大教育经济研究（电子期刊）》2004 年第 4 期。

[178] 岳昌君、吴淑娇：《人力资本的外部性与行业收入差异》，《北京大学教育评论》2005 年第 4 期。

[179] 云南省政府办公厅、云南省统计局编：《2004 年云南领导干部经济工作手册》，云南民族出版社 2004 年版。

[180] 曾满超、丁延庆：《中国义务教育财政面临的挑战与教育转移支付》，《北京大学教育评论》2003 年第 1 期。

[181] 曾天山：《义务教育阶段"择校生"现象剖析》，广西教育出版社 1999 年版。

[182] 张丹丹：《市场化与性别工资差异研究》，《中国人口科学》2004 年第 1 期。

[183] 张善余：《省际人口迁移》，查瑞传等主编：《中国第四次人口普查资料分析》，高等教育出版社 1996 年版。

[184] 张望军、彭剑峰：《中国企业知识型员工激励机制实证分析》，《科研

管理》2001 年第 6 期。

[185] 张文新:《近十年来美国人口迁移研究》,《人口研究》2002 年第 4 期。

[186] 张小蒂、钱雪亚:《不同类型从业者收入差异分析》,《数量经济技术经济研究》2000 年第 6 期。

[187] 张展新:《城市本地和农村外来劳动力的失业风险——来自上海等五城市的发现》,《中国人口科学》2006 年第 1 期。

[188] 张展新:《劳动力市场的产业分割与劳动人口流动》,《中国人口科学》2004 年第 2 期。

[189] 赵耀辉:《中国农村劳动力流动及教育在其中的作用——以四川省为基础的研究》,《经济研究》1997 年第 2 期。

[190] 赵玉山:《就近入学的障碍对策》,《内蒙古教育》1999 年第 6 期。

[191] 赵忠:《中国的城乡移民》,《经济学》2004 年第 3 期。

[192]《中国统计年鉴 (2002)》,中国统计出版社 2002 年版。

[193] 中华人民共和国国家统计局编:《2004 中国发展报告》,中国统计出版社 2004 年版。

[194] 钟宇平、雷万鹏:《公平视野下中国基础教育财政政策》,《教育与经济》2002 年第 1 期。

[195] 钟宇平、陆根书:《收费条件下学生选择高校影响因素分析》,《高等教育研究》1999 年第 2 期。

[196] 周大平:《北京"初、高中分离"为何迟缓》,《瞭望新闻周刊》1998 年第 14 期。

[197] 周远清:《高等教育体制的重大改革与创新》,《中国高等教育》2001 年第 1 期。

[198] 朱宇:《国外对非永久性迁移的研究及其对我国流动人口问题的启示》,《人口研究》2004 年第 3 期。

[199] Acemoglu Daron, AngristJoshua, "How Large Are Human Capital Externalities? Evidence from Compulsory Schooling Laws", *NBER Macroeconomics Annual*, 2000 (15): pp. 9 – 58.

[200] Adrian E. Raftery and Michael Hout, "Maximally Maintained Inequality: Expansion, Reform, and Opportunity in Irish Education, 1921 – 75", *Sociology of Education*, 1993, 66: pp. 41 – 62.

[201] Ahluwalia, M. S., "Income Distribution and Development: Some Stylized Facts", *American Economic Review*, 1976 (66): pp. 128 – 135.

513

［202］ Akerlof, G. A., "Labor Contracts as Partial Gift Exchange", *Quarterly Journal of Economics*, 1982, 97, pp. 543 – 569.

［203］ Akerlof, G. A. and Yellen, J. L. (eds.), *Efficiency Wage Models of the Labor Market*, New York: Cambridge University Press, 1986.

［204］ Alan Krueger and Cecilia Rouse., "The Effect of Workplace Education on Earnings, Turnover, and Job Performance", *Journal of Labor Economics*, Vol. 16, No. 1, pp. 61 – 94, 1998.

［205］ Alison L. Booth, Gylfi Zoega, "Is Wage Compression a Necessary Condition for Firm-financed General Training?", Oxford Economic Papers (56), Jan. 2004, pp. 88 – 97.

［206］ Alison L. Booth, "Job-Related Formal Training: Who Receives it and What is it Worth?", *Oxford Bulletin of Economics & Statistics*, 1991, Aug, 91, Vol. 53, Issue 3, pp. 281 – 294.

［207］ Allen, J., van der Velden. R, "Educational Mismatches Versus Skill Mismatches: Effectson Wages, Job Satisfaction and On-the-job Search", Oxford Economic Papers 53, 2001, pp. 434 – 452.

［208］ Allen, J., van der Velden. R, "Who can be Trusted and When is it Relevant? The Role of Trust in Employment Relations of Higher Education Graduates", Paper for the Economics of Education Conference, REFLEX Working Paper 3, 2006.

［209］ Almeida-Santos, Filipe and Karen Mumford, Employee Training and Wage Compression in Britain, *The Manchester School*, Vol. 73, No. 3, June 2005.

［210］ Anderson, L., Tolson, J., Filed, M., Thacke, J., "Job Autonomy as a Moderator of the Pelz Effect", *Journal of Social Psychology*, 1992, 130, pp. 707 – 708.

［211］ Andrea Bassanini, Giorgio Brunello, "Is Training More Frequent When Wage Compression is Higher? Evidence from the European Community Household Panel", IZA Discussion Paper No. 839, 2003. 8.

［212］ A. Odden and L. Picus, *School finance*, New York, NY: McGraw Hill, 2000.

［213］ A. Park, S. Rozelle, C. Wong, and C. Ren, "Distributional Consequences of Reforming Local Public Finance in China," *China Quarterly*, No. 147, pp. 751 – 778.

［214］ Arabsheibani G. Rees H., "On the Weak Versus the Strong Version of the Screening Hypothesis", *Economics of Education Review*, 1998, 17 (2): pp. 189 – 192.

［215］ Aughinbaugh Alison, "Reapplication and Extension Intergenerational Mobility in the United States", *Labor Economics*, 2000, Volume 7, Issue 6, pp. 785 – 796.

[216] Avshalom Caspi, Bradley, R. , Entner Wright and Terrie E. Moffitt, "Early Failure in the Labor Market: Childhood and Adolescent Predictors of Unemployment in the Transition to Adulthood", *American Sociological Review*, 1998, Vol. 63, No. 3, pp. 424 – 451.

[217] Baker, G. P. , R. Gibbons and K. J. , "Murphy Subjective Performance Measures in Optimal Incentive Contracts", *Quarterly Journal of Economics*, 1994, 109, 4, pp. 1125 – 1156.

[218] Baker, G. P. , "The Use of Performance Measures in Incentive Contracting", *American Economic Review*, 2000, 90, 2, pp. 415 – 420.

[219] Barbara Schneider, Kathryn S. Schiller; James S. Coleman, "Public School Choice: Some Evidence from the National Education Longitudinal Study of 1988", *Educational Evaluation and Policy Analysis*, 1996, 18 (1): pp. 19 – 29.

[220] Barnum, H. N. , Sabot R. H. , "Education, Employment Probabilities and Rural-urban Migration in Tanzania", *Oxford Bulletin of Economics and Statistics*, 1977, 39: pp. 109 – 126.

[221] Barron, M. and Berger, C. and Black, A. , "Do Workers Pay for On-the-job Training?", *The Journal of Human Resources*, Vol. 34, No. 2, 1999, pp. 235 – 252.

[222] Barron, J. M. , Black, D. A. , Loewenstein, M. A. , "Job Matching and On-the-job Training", *Journal of Labor Economics*, Vol. 7, No. 1. (Jan., 1989), pp. 1 – 19.

[223] Bartel, Ann P. and Sicherman, Nachum, "Technological Change and the Skill Acquisition of Young Worker", *Journal of Labor Economics*, Vol. 16, No. 4, 1998, pp. 718 – 755.

[224] Bartel, Ann P. , "Measuring the Employer's Return on Investments in Training: Evidence from the Literature", *Industrial Relations*, Vol. 39, No. 3, 2000, pp. 502 – 524.

[225] Bartel, Ann P. , "Training, Wage Growth and Job Performance: Evidence from a Company Database. ", *Journal of Labor Economics*, Vol. 13, No. 3, 1995, pp. 401 – 425.

[226] Battu. H. , Belfield, C. R. and Sloane, P. J. , "Overeducation among Graduates: A Cohort View", *Education Economics*, 1999, 7, 1, pp. 21 – 37.

[227] Becker, G. S. , Human Capital: *A Theoretical and Empirical Analysis With Special Reference to Education*, New York: National Bureau of Economic

Research, 1964.

[228] Becker, G. S. , *Human Capital*, University of Chicago Press, 1964.

[229] Becker, G. S. , *Human Capital*: *A Theoretical and Empirical Analysis*, *with Special Reference to Education*, Chicago: University of Chicago Press, 1983: pp. 102 – 109.

[230] Becker, G. S. , *Human Capital*, New York: National Bureau of Economic Research, 1975.

[231] Becker, G. S. , *The Economic Approach to Human Behavior*, Chicago: The University of Chicago Press.

[232] Belfield, C. R. and Harris, R. D. F. , "How Well do Theories of Job Matching Explain Variations in Job Satisfaction across Education Levels? Evidence for UK Graduates", *Applied Economics*, 2002, 34: pp. 535 – 548.

[233] Bengt-Åke Lundvall, "Higher Education, Innovation and Economic Development", Paper Presented at the World Bank's Regional Bank Conference on Development Economics, Beijing, January 16 – 17, 2007.

[234] Bhuian, S. , Al-Shammari, E. , Jefri, O. , "Organizational Commitment, Job Satisfaction and Job Characteristics: An Empirical Study of Expatriates in Saudi Arabia", *International Journal of Commerce & Management*, 1996, 6, pp. 57 – 80.

[235] Birdseys, M. , Hill, J. , "Individual, Organizational/Work and Environmental Influence on Expatriate Turnover Tendencies: An Empirical Study, Journal of International Business", *Fourth Quarter*, 1995, pp. 787 – 813.

[236] Bjorklund Anders and Jantti Markus, "Intergenerational Income Mobility in Sweden Compared to the United States", *the American Economic Review*, 1997, Volume 87, No. 5, pp. 1009 – 1018.

[237] Blau, Francine D. , Kahn Lawrence, M. , "The Gender Earnings Gap: Learning from International Comparisions", *American Economic Review*, 1992, 82 (2): pp. 533 – 538.

[238] Blau Francine D. , Kahn Lawrence M. , "Wage Structure and Gender Earnings Differentials: An International Comparison", *Economica*, (Supplement: Economic Policy and Income Distribution), 1996, 63 (250): S29 – S62.

[239] Borjas, G. , "Job Satisfaction, Wages and Union", *Human Resources XIV*, 1979, pp. 21 – 40.

[240] Bowlus, Audra, J. A. , "Search Interpretation of Male-female Wage Differentials", *Journal of Labor Economics*, 1997, 15 (4): pp. 625 – 657.

［241］Brown, Phillip and Lauder, *High, Education, Globalization, and Economic Development. in Education: Culture, Economy, and Society*, Edited By Halsey A. H. et al. Oxford. New York, Oxford University Press, 1997.

［242］Brown, S., Sessions, J. G., "Education and Employment Status: a Test of the Strong Screening Hypothesis in Italy", *Economics of Education Review*, 1999, 18 (4): pp. 397 – 404.

［243］Buchinsky, M., "Changes in the US Wage Structure, 1963 – 1987: Application of Quantile Regression", *Econometrica*, 1994 (62): pp. 405 – 458.

［244］Cain. Glen C., "The Chanllenge of Segmented Labor Market Theories to Orthodox Thoery: A Survey", *Journal of Economic Lliterature*, Vol. 14, No. 4, 1976, pp. 1215 – 1257.

［245］Carlos Peraita, "Testing the Acemoglu-Pischke Model in Spain", *Economics Letters*, 2001, Vol. 72, Iss. 1, pp. 107 – 115.

［246］Carneiro, P. and Heckman, J. J., "The Evidence on Credit Constraints in Post-Secondary Schooling", *The Economic Journal*, 2002, 112 (Oct.), pp. 705 – 734.

［247］Carnoy Martin, "Segmented Labor Markets: A Review of the Theoretical and Empirical Literature and Its Implications for Educational Planning", in Carnoy, M., Levin, H., King, K. Education, *Work, and Employment*. Vol. 2, UNESCO/ HEP. Paris, 1980.

［248］Caroline M. Hoxby, "Does Competition among Public Schools Benefit Students and Taxpayers?", *The American Economic Review*, 2000, 90 (5): pp. 1209 – 1238.

［249］Caroline M. Hoxby, "Introduction to the Economic Analysis of School Choice", www. harvard. edu.

［250］Chadwick Laura and Solon Gary, "Intergenerational Income Mobility among Daughters", *the American Economic Review*, 2002, Volume 92, No. 1, pp. 335 – 344.

［251］Chang-Tai Hsieh, Miguel Urquiola, "When Schools Compete, How do They Compete? An Assessment of Chile's Nationwide School Voucher Program", Working Paper 10008, http://www. nber. org/papers/w10008, National Bureau of Economic Research.

［252］Chun Chang, Yijiang Wang, "Human Capital Investment under Asymmetric Information: The Pigovian Conjecture Revisited", *Journal of Labor Economics*, Vol. 14, No. 3. (Jul. , 1996), pp. 505 – 519.

［253］Clancy, Patrick, "Higher Education in the Republic of Ireland: Participation and Performance," *Higher Education Quarterly*, 1997, Volume 51, Issue 1.

［254］Clark, A., Geogellis, Y., Sanfey, P., *Job Satisfaction, Wage Changes and Quits: Evidence from Germany*, Mimeo, University of Orleans, 1997.

［255］Clark, A., "Signalling and Screening in a Transition Economy: Three Empirical Models Applied to Russia", CERT Discussion Papers 0003, Centre for Economic Reform and Transformation, Heriot Watt University, 2000.

［256］Clark, A. E., Oswald, A., "Satisfaction and Comparison Income", *Journal of Public Economics*, 1996, 61, pp. 359 – 381.

［257］Clark Burton, *The Higher Education System: Academic Organization in Cross-National Perspective*, Berkeley: University of California Press, 1983.

［258］Claudia Goldin, Robert A. Margo, "The Great Compression: The Wage Structure in the United States at Mid-Century. ", *The Quarterly Journal of Economics*, Vol. 107, No. 1 (Feb., 1992), pp. 1 – 34.

［259］Clive R. Belfield, "Modeling School Choice: a Comparison of Public, Private-independent, Private-religious and Home-schooled Students ", Occasional Paper No. 49, National Center for the Study of Privatization in Education, 2002.

［260］Cohn, E., Kiker, B. F., Mendes De Oliveira M, "Further Evidence on the Screening Hypothesis", *Economics Letters*, 1987, 25: pp. 289 – 294.

［261］Colless, M. PM, "Slams School for Youth job Problems", *The Australian*, 15 January 1980, P. 2.

［262］Conger Rand D. and Glen H. Elder. Jr., *Families in Troubled Times: Adapting to Change in Rural America*, Chicago, IL: Aldine, 1994.

［263］Corak Miles and Heisz, Andrew, "The Intergenerational Earnings and Income Mobility of Canadian Men Evidence from Longitudinal Income Tax Data", *the Journal of Human Resources*, 1999, Volume 34, No. 3, pp. 504 – 533.

［264］Corcoran Mary, "The Employment and Wage Consequences of Teenage Women's Non-Employment", pp. 391 – 49 in *The Youth Labor Market Problem: Its Nature, Causes and Consequences*, Edited by R. B. Freeman and D. A. Wise. Chicago, IL: University of Chicago Press, 1982.

［265］Corcoran Mary and Martha S. Hill, "Persistence in Unemployment among Adult Men", pp. 39 – 71 in *Five Thousand American Families*, Vol. 7, Edited by G. J. Duncan and J. N. Morgan, Ann Arbor, MI: University of Michigan Institute for Social Research, 1980.

［266］Cotton Jeremiah, "On the Decomposition of Wage Differentials", *Review of Economics and Statistics*, 1988, 70 (2): pp. 236 – 243.

［267］Couch A. Kenneth and Lillard, R. Dean, "Sample Selection Rules and the Intergenerational Correlation of Earnings", *Labor Economics*, 1998, Volume 5, Issue3, pp. 313 – 329.

［268］C. Wong (ed.), *Financing Local Government in the People's Republic of China*, Oxford: Oxford University Press, 1997.

［269］Daneil Parent, "Wages and Mobility: The Impact of Employer-provied Training", *Journal of Labor Economics*, Vol. 17, No. 2, 1999, pp. 298 – 317.

［270］Daron Acemoglu, Jorn-Steffen Pischke, Beyond Becker: "Training in Imperfect Labor Markets", *The Economic Journal*, Vol. 109, No. 453, Features (Feb. , 1999), F112 – F142.

［271］Daron Acemoglu, Jorn-Steffen Pischke, "The Structure of Wages and Investment in General Training", *Journal of Political Economy*, 1999a, 107 (3): pp. 539 – 572.

［272］Daron Acemoglu, Jorn-Steffen Pischke, "Why do Firms Train? Theory and Evidence", *Quarterly Journal of Economics*, 1998, 113 (1): pp. 79 – 119.

［273］Daron Acemoglu, Robert Shimer, "Efficient Unemployment Insurance", *The Journal of Political Economy*, Vol. 107, No. 5(Oct. , 1999), pp. 893 – 928.

［274］David Salisbury and James Tooley (Edited), *What America Can Learn From School Choice in Other Countries*, Washington, D. C. : CATO Institute, 2005: pp. 1 – 8.

［275］Dearden Lorraine and Mchin. Stephen and Reed. Howard, "Intergenerational Mobility in Britain", *the Economic Journal*, 1997, Volume 107, No. 440, pp. 47 – 66.

［276］DeCarlo, T. E. , Agarwal, S. , "Influence of Managerial Behaviors and Job Autonomy on Job Satisfaction of Industrial Salespersons a Cross-Cultural Study", *Industrial Marketing Management*, 1999, 28, pp. 51 – 62.

［277］Dennis Epplem, Richard E. Romano, "Competition between Private and Public Schools, Vouchers, and Peer-group Effects", *The American Economic Review*, 1998, 88 (1): pp. 33 – 62.

［278］Dickens, William, T. and Lang, Kevin, "A Test of Dual Market Theory", *The American Economic Review*, Vol. 75, No. 4, 1985, pp. 792 – 805.

［279］Doeringer, P. and Piore, M. , "Internal Labor Markets and Manpower

Analysis", Published by D C Health and Company, 1971.

[280] Dominique Goux and Eric Maurin, "Returns to Firm-provided Training, Evidence from French Worker-firm Matched Data", *Labour Economics*, Vol. 7, 2000, pp. 1 – 19.

[281] Duncan, G. J. and S. Hoffman, "On-the-job Training and Earnings Differnces by Race and Sex", *Review of Economics and Statistics*, Vol. 61, No. 4, 1979, pp. 594 – 603.

[282] *Educational Evaluation and Policy Analysis*, Vol. 5, No. 2, pp. 231 – 247.

[283] Ehrenberg Ronald G., Smith, Robert S., *Modern Labor Economics*: *Theory and Public Policy*, Addison. Welsley Longman, 7th edition, 2000.

[284] Eicher, J. C. and Chevallier, T., "Rethinking the Finance of Post Compulsory Education", *International Journal of Educational Research*, Volume 19, Issue 5, pp. 445 – 519.

[285] Elizabeth, H. Peters, "Patterns of Intergenerational Mobility in Income and Earnings", *the Review of Economics and Statistics*, 1992, Volume 74, No. 3, pp. 456 – 466.

[286] Ellen B. Goldring, Rina Shapira, "Choice, Empowerment, and Involvement: What Satisfies Parents?", *Educational Evaluation and Policy Analysis*, Winter, 1993, 15 (4): pp. 396 – 409.

[287] Ellwood, D. T., "Teenage Unemployment: Permanent Scars or Temporary Blemishes?", In *Freeman and Wise*, op. cit, Chapter 10, 1982.

[288] Ewing, B. T. and Payne, J. E., "The Trade-Off Between Supervision and Wages: Evidence of Efficiency Wages from the NLS Y", *Southern Economic Journal*, 1999, 66, 2, pp. 424 – 432.

[289] Farrington David F. Bernard Gallagher, Lynda Morley, Raymond J. St. Ledger, and Donald J. West, "Unemployment, School Leaving, and Crime", *British Journal of Criminology*, 1986, 26: pp. 335 – 356.

[290] Finn, C. P., "Autonomy: an Important Component for Nurses' Job Satisfaction", *International Journal of Nursing Studies*, 2001. 38, pp. 349 – 357.

[291] Flatau, R. and Lewis, P. E. T., "Segmented Labor Markets in Australia", *Applied Economics*, Vol. 25, 1993, pp. 285 – 294.

[292] Fraser, M., *Extract from Address to the National Convention of the Young Liberal Movement*, Bundoora, Vic: La Trobe University, 1980.

[293] Frazis, H. and Loewenstein, M., "Reexamining The Returns to Train-

ing: Functional Form, Magnitude, and Interpretation", Working Paper 325, *Bureau of Labor Statistics*.

[294] Freeman, R. N. , "Job Satisfaction as an Economic Variable", *American Economic Review*, 1978, 68, 2, pp. 135 – 141.

[295] Gambetta, D. (ed.), *Trust: Making and Breaking Cooperative Relations*, Oxford: Basil Blackwell, 1988.

[296] Gareth Williams, "*The Economic Approach*" *in Perspectives on Higher Education: Eight Disciplinary and Comparative Views*, ed. Butron R. Clark, University of California Press, 1984.

[297] Gareth Williams, The "*Marketzation*" *of Higher Education: Reforms and Potential Reforms in Higher Education Finance*, in Dill D. and Sporn B. (eds.), *Emerging Patterns of Social Demand and University Reform*, IAU Press, 1995.

[298] Gary S. Becker, *Human Capital*, *A Theoretical and Empirical Analysis*, *with Special Reference to Education*, Third Edition, The University of Chicago Press, Chapter X: Human Capital and the Rise and Fall of Families, 1993.

[299] Gary S. Becker, Human Capital, 2nd ed, New York: National Bureau of Economics Research, 1975.

[300] Gary S. Becker and Nigel Tomes, "Child Endowments and the Quantity and Quality of Children", *The Journal of Political Economy*, Vol. 84, No. 4, Part 2: Essays in Labor Economics in Honor of H. Gregg Lewis, Aug. , 1976, pp. S143 – S162.

[301] Gary S. Becker and Nigel Tomes, "Human Capital and the Rise and Fall of Families", *Journal of Labor Economics*, Vol. 4, No. 3, Part 2: The Family and the Distribution of Economic Rewards, 1986 (Jul), pp. S1 – S39.

[302] Giorgio Brunello, "Is Training More Frequent when Wage Compression is Higher? Evidence from 11 European Countries", http: //www. feem. it/web/activ/_activ. html, 2002. 10.

[303] G. Postiglione, *China's National Minority Education*, Falmer Press, New York, 1999.

[304] Grand, Carlle; Tahlin, Michael. , "Job Mobility and Earning Growth", Presented at the 14th World Congress of Sociology, Canada, 1998.

[305] Green, "Sex Discrimination in Job-Related Training", *British Journal of Industrial Relations*, Jun1991, Vol. 29, Issue 2, pp. 295 – 304.

[306] Green, F. , *The Determinants of Training of Male and Female Employees in Britain*, Oxford Bulletin of Economics & Statistics, Feb93, Vol. 55, Issue 1,

pp. 103 – 122.

[307] Greenhalgh, C. and Stewart, M. , "The Effects and Deteminants of Training", *Oxford Bulletin of Economics and Statistics*, Vol. 49, 1987.

[308] Greenhalgh, C. , Mavrotas, G. . , "Job Training, New Technology and Labor Turnover", *British Journal of Industrial Relations*, Mar. 1996, Vol. 34, Issue 1, pp. 131 – 150.

[309] Greenhalgh, C. , Mavrotas, G. , "The Role of Career Aspirations and Financial Constraints in Individual Access to Vocational Training", Oxford Economic Papers, Oct. 1994, Vol. 46, Iss. 4, pp. 579 – 604.

[310] Greenhalgh, C. , Mavrotas, G. , "Workforce Training in the Thatcher era: Market Forces and Market Failures", *International Journal of Manpower*, 1993. Vol. 14, Iss. 2, 3, pp. 17 – 32.

[311] Greenhalgh, C. , Stewart, M. , "The Effects and Determinants of Training", *Oxford Bulletin of Economics & Statistics*, May1987, Vol. 49, Issue 2, pp. 171 – 190.

[312] Gregory Elacqua, Escuela de Gobierno, Universidad Adolfo Ibanez, "School Choice in Chile: an Analysis of Parental Preferences and Search Behavior", Working Paper, National Center for the Study of Privatization in Education, 2005.

[313] Gustafsson Bjorn and Shi Li, "Economic Transformation and the Gender Earnings Gap in Urban China", *Journal of Population Economics*, 2000 (13): pp. 305 – 329.

[314] Halsey, A. H. , *Towards Meritocracy? The Case of Britain. in Power and Ideology in Education*, Edited By Jerome Karabel and A. H. Halsey. (eds.), New York: Oxford University Press, 1977.

[315] Hamermesh, D. , "Economic Aspects of Job Satisfaction", in *Essays in Labor Market Analysis*, edited by Ashenfelter O and Oates W, Toronto: John Wiley&Son, 1977.

[316] Hamermesh, D. , "The Changing Distribution of Job Satisfaction", *Human Resources*, 2001, 36 (1), pp. 1 – 30.

[317] Harold Alderman, Peter F. Orazem, Elizabeth M. Paterno, "School Quality, School Cost, and the Public/Private School Choices of Low-income Households in Pakistan", *The Journal of Human Resources*, 2001, 36 (2): pp. 304 – 326.

[318] Harris John R, Todaro. Michael P. Migration, "Unemployment and Development: A Two-Sector Analysis", *American Economic Review*, 1970, 60 (1): pp.

126 – 142.

［319］Hausman，J. and McFadden，D.，*Specification Tests for the Multinomial Logit Model*，*Econornetrica*，1984，52（5），pp. 1219 – 1240.

［320］Henry M. Levin，"Youth Unemployment and Its Educational Consequences"，1983.

［321］Henry M. Levin and Patrick J. McEwan，2000，*Cost-effectiveness Analysis*，*Methods and Applications*，Sage Publications，2000.

［322］Hoare，J.，"Fraser Gives the Schools a Serve"，*Financial Review*，26 August 1980，P. 7.

［323］Hoppock，*Job Satisfaction*，（N. T.：Harper and Brother），1935，pp. 131 – 136.

［324］James，Richard，"Non-Traditional Students in Australian Higher Education：Persistent Inequities and the New Ideology of 'Student Choice'"，*Tertiary Education and Management*，2000：Volume 6，Issue 2.

［325］James Estelle，"The Public-Private Provision of Responsibility for Education：An International Comparison"，*Economics of Education Review*，6（1）：pp. 1 – 14.

［326］James Estelle，"Why Do Different Countries Choose a Different Public-Private Mix of Educational Services"，*The Journal of Human Resource*，Vol. 28，No. 3，Summer，1993，pp. 571 – 592.

［327］James J. Heckman，"Sample Selection Bias As A Specification Error"，*Econometrica*，Vol. 47，1979，pp. 153 – 162.

［328］Jere R. Behrman，Robert，A.，Pollak and Paul Taubman，"Family Resources，Family Size，and Access to Financing for College Education"，*The Journal of Political Economy*，Vol. 97，No. 2，（Apr.，1989），pp. 398 – 419.

［329］J. Kwong，"The Reemergence of Private Schools in Socialist China"，*Comparative Education Review*，Vol. 41，No. 3（1997），pp. 244 – 259.

［330］J. Lin，*Social Transformation and Private Education in China*，Westport，CT：Praeger Press，2002.

［331］John M. Barron，Mark C. Berger，Dan A. Black，"How Well Do We Measure Training?"，*Journal of Labor Economics*，Vol. 15，No. 3，Part 1，Jul.，1997，pp. 507 – 528.

［332］Johnson，G. J. and Johnson. W. R."Perceived Overqualification and Dimensions of Job Satisfaction：a Longitudinal Analysis"，*Journal of Psychology*，2002，134，5，pp. 537 – 555.

523

[333] John W. Graham, Steven A. Smith, "Gender Differences in Employment and Earnings in Science and Engineering in the US", *Economics of Education Review*, 2005 (24): pp. 341 – 354.

[334] Jones, Brian J. (et.), Sociology: *Micro, Macro, and Mega Structures. Harcourt Brace College Publishers*, 1995: Chapter17.

[335] Joseph G. Altonji, James R. Spletzer, "Worker Characteristics, Job Characteristics, and the Receipt of On-the-Job Training", *Industrial and Labor Relations Review*, Vol. 45, No. 1, Oct., 1991, pp. 58 – 79.

[336] Joseph Stiglitz, "Gender and Development: The Role of the State", Http: // www. worldbank. org, 1998.

[337] Jovanovic, B., "Firm-specific Capital and Turnover", *The Journal of Political Economy*, 1979, 87 (6): pp. 1246 – 1260.

[338] Juhn Chinhui; Murphy. Kevin M.; Pierce Brooks, "Wage Inequality and the Rise in Returns to Skill", *Journal of Political Economy*, 1993, 101 (3): pp. 410 – 442.

[339] Kane, T. J., "Rising Public College Tuition and College Entry: How Well do Public Subsidies Promote Access to College?", *National Bureau of Economic Research*, Working Paper No. 5164, 1995.

[340] Katz Eliakim and Ziderman Adrian, "Investment in General Training: the Role of Information and Labour Mobility", *Economic Journal*, 1990, Vol. 100, pp. 1147 – 1158.

[341] Kidd Michael P., Shannon. Michael, "The Gender Wage Gap: A Comparison of Australia and Canada", *Industrial and Labor Relations Review*, 1996, 49 (4): pp. 729 – 747.

[342] Knight, J. B. and Sabot, R. H., "Education Expansion and the Kuznets Effect", *American Economic Review*, 1983 (73): pp. 1132 – 1136.

[343] Lambropoulos, "Further Evidence on the Weak and Strong Versions of Screening Hypothesis in Greece", *Economics of Education Review*, 1992, 11 (1): pp. 61 – 65.

[344] Landerweerd, J., Bousmans, N., "The Effect of Work Dimensions and Need for Autonomy on Nurses' Work Satisfaction and Health", *Journal of Occupational and Organizational Psychology*, 1994, 67, pp. 207 – 217.

[345] Lee, K. H., "Screening, Ability, and the Productivity of Education in Malaysia", *Economics Letters*, 1980, 5: pp. 189 – 193.

［346］Lee，W. O.，"Equity and Access to Education in Asia: Leveling the Playing Field"．*International Journal of Educational Research*，1998: Volume 29，Issue 7.

［347］Lee，Y. L.，Miller P. W.，"Screening and Human Capital in the Australian Labour Market of the 1990s"，*Australian Economic Papers*，2004，43（2）: pp. 117 – 135.

［348］Lemel，H.，"Urban Skill Acquisition Strategies: the Case of Two Turkish Villages"，*Human Organization*，1989，48（3）: pp. 252 – 261.

［349］Leuven，E.，"The Economics of Training: A Survey of the Literature"，Mimeo，retrieved on http: //www. fee. uva. nl/scholar/mdw/leuven/reviewart. pdf. ，2002.

［350］Levine David，I. and Mazumde. Bhashka，*Choosing the Right Parents: Changes in the Intergenerational Transmission of Inequality Between* 1980 *and the Early* 1990*s*，Federal Reserve Bank of Chicago，2002，August，2002 – 08.

［351］Levy，Daniel C.，"Private-Public Interfaces in Higher Education Development: Two Sectors in Sync?"，Regional Bank Conference on Development Economics，the World Bank，January 16 – 17，2007，Beijing，China.

［352］Levy，M. E.，Wadycki，W. J.，"Education and the Decision to Migrate: An Econometric Analysis of Migration in Venezuela"，*Econometrica*，1974，42（2）: pp. 377 – 388.

［353］Levy-Garboua，L.，Montmarquette. C.，Simonnet. V.，Job Satisfaction and Quits: Theory and Evidence from the German Socioeconomic Panel，Cirano，Canada，2001.

［354］Liang，Zai，White，Michael J，"Market Transition，Government Policies，and Interprovincial Migration in China: 1983 ~ 1988"，*Economic Development and Cultural Change*，1997，45（2）: pp. 321 – 339.

［355］Lillard，L. A. and Tan，H. W.，"Private SectorTraining: Who Gets it and What are Its Effects?"，，*Research in labor Economics*，Vol. 13，1992，pp. 1 – 62.

［356］Linch Lisa M.，"The Youth Labor Market in the Eighties: Determinants of Reemployment Probabilities for Young Men and Women"，*Review of Economics and Statistics*，1989，71: pp. 37 – 45.

［357］Lisa M. Lynch，"Private-Sector Training and Earnings of Young Workers"，*The American Economic Review*，Vol. 82，No. 1，1992，pp. 299 – 312.

［358］Liu Pak-Wai，Meng Xin，Zhang Jusen，"Sectoral Gender Wage Differentials and Discrimination in the Transitional Chinese Economy"，*Journal of Population*

Economics, 2000, 13: pp. 331 – 352.

[359] Loewenstein Mark A. and Spletzer James R, "Dividing the Costs and Returns to General Training", *Journal of Labor Economics*, 1998, Vol. 16, pp. 142 – 171.

[360] Lucas, Samuel R. , "Selective Attrition in a Newly Hostile Regime: The Case of 1980 Sophomores", *Social Forces*, 1996, Volume 75, Issue 2.

[361] Lucas, Robert E. , Jr. and Prescott, Edward C, "Equilibrium Search and Unemployment", *Journal of Economic Theory*, 1974, 7 (2): pp. 188 – 209.

[362] Luis E. Vila, Adela García-Aracil, José-Ginés Moral, "The Distribution of Job Satisfaction among Young European Graduates: Does the Choice of Study Field Matter? "

[363] Machin Stephen, Puhani Patrick A. "Subject of Degree and the Gender Wage Differential Evidence from the UK and Germany", *Economics Letters*, 2003, 79: pp. 393 – 400.

[364] Mariantli Ramia Leontaridi, "Segmented Labor Markets: Theory and Evidence", *Research in Labor Economics*, Vol. 12, 1998, pp. 63 – 1018.

[365] McNabbb, R. , "Labor Market Theories and Education", In G. Psacharopoulos (ed.), *Economics of Education: Research and Studies*, 1987, pp. 157 – 163.

[366] Michael Beckmann, "Wage Compression and Firm-sponsored Training in Germany: Empirical Evidence for the Acemoglu-Pischke Model from a Zero-inflated Count Data Model, " mimeo, 2004.

[367] Michael Peters, "Ex Ante Price Offers in Matching Games Non-Steady States", *Econometrica*, Vol. 59, No. 5, Sep. , 1991 pp. 1425 – 1454.

[368] Michael Reich and David M. Gordon and Richard C. Edwards, "A Theory of Labor Market Segmentation", *The American Economic Review*, Vol. 63, No. 2, 1973, pp. 359 – 365.

[369] Michael Shields, "Changes in the Determinants of Employer-funded Training for Full-Time Employees in Britain 1984 – 1994", *Oxford Bulletin of Economics and Statistics*, 60, 2 (1998).

[370] Mincer, J. , "On the Job Training: Costs, Returns, and some Implications", *Journal of Political Economy*, Vol. 70, 1962, pp. 50 – 79.

[371] Mincer, J. , "On the Job Training: Costs, Returns, and Wage Profiles", *Studies in Human Capital* Vol. 1, Edited by Mincer, J. , Published by Edward Elgar Publishing Limited, 1993.

[372] Mincer, J. , "Wage Changes in Job Changes", *Research in Labor Eco-*

nomics, 1986, 8A: pp. 171 – 197.

[373] Mincer, J. Schooling, Experience and Earnings, New York: National Bureau of Economic Research, 1974.

[374] Mincer, J., "Human Capital and Earnings", In: Atkinson A B (eds.) *Wealth, Income and Inquiry.* 1980, 22 (1): pp. 121 – 127.

[375] Mincer, J., Schooling *Experience, and Earnings*, National Bureau of Economic Research, 1974.

[376] Mincer, J., Schooling, *Experience and Earnings*, New York: Columbia University Press, 1974.

[377] M. Lockheed and A. Verspoor, "Improving Primary Education in Developing Countries: A Review of Policy options", Washington, D. C.: The World Bank, 1990.

[378] Moen, Espen, "Competitive Search Equilibrium", *Journal of Political Economy*, Vol. 102, 1997, pp. 385 – 411.

[379] M. S. M. van Smoorenburg, R. K. W. van der Velden, "The Training of School-leavers Complementary or Substitution?" *Economics of Education Review*, Vol. 19, pp. 207 – 217, 2000.

[380] M. Tsang, "Costs of Education in China: Issues of Resource Mobilization, Equality, Equity, and Efficiency", *Education Economics*, Vol. 2, No. 3 (1994b), pp. 287 – 312.

[381] M. Tsang, "Financial Reform of Basic Education in China," *Economics of Education Review*, Vol. 15, No. 4 (1996), pp. 423 – 444.

[382] M. Tsang, "Financing Compulsory Education in China: Establishing and Strengthening a Substantial and Regularized System of Intergovernmental Grants", *Harvard China Review*, 2002, pp. 15 – 20.

[383] M. Tsang, "Intergovernmental Grants and the Financing of Compulsory Education in China", Paper Presented at the Seminar on Educational Reform in China, Held at Harvard Graduate School of Education, Cambridge, Massachusetts, July 13 – 14, 2001.

[384] M. Tsang, "*School Choice in the People's Republic of China*", in D. Plank, and G. Sykes (eds.) *Choosing Choice*, New York: Teachers College Press, 2004.

[385] M. Tsang and H. Levin, "The Impact of Intergovernmental Grants on Educational Spending", *Review of Educational Research*, Vol. 53, No. 3, (1983), pp. 329 – 367.

［386］Munasinghe, L. and Sigman K., "A Hobo Syndrome? Mobility, Wages, and Job Turnover", *Labor Economics*, 2004, 11: pp. 191 – 218.

［387］Mun C. Tsang, "School Choice in the People's Republic of China", Working Paper, National Center for the Study of Privatization in Education, 2001.

［388］Mundlak Yair, "Intersectoral Factor Mobility and Agricultural Growth: International Food Policy Resource Institute", Research Report, 1979, 转引自: 赵耀辉:《中国农村劳动力流动及教育在其中的作用——以四川省为基础的研究》,《经济研究》1997 年第 2 期, 第 37 ~ 42 页。

［389］Nam Young-Sook, "Schooling and Changes in Earnings Differentials by Gender in South Korea, 1976 – 1991", *Economics of Education Review*, 2003, 22 (2): pp. 143 – 156.

［390］Nam Yunju, " Is America Becoming more Equal for Children Changes in the Intergenerational Transmission of Low-and High-income Status", *Social Science Research*, 2004, Volume 33, Issue 2, pp. 187 – 205.

［391］National Center for Education Statistics (NCES), "1. 1 Million Home-schooled Students in the United States in 2003", Issue Brief 2004 – 115.

［392］Nelson, P., "Information and Consumer Behavior", *The Journal of Political Economy*, 1970, 78 (2): pp. 311 – 329.

［393］Neumark, D., Postlewaite, A., "Relative Income Concerns and the Rise in Married", 1995.

［394］Nguyen, A. N., Taylor, J., Bradley, S., "Job Autonomy and Job Satisfaction: New Evidence", Lancaster University Management School Working Paper, http://www. lums. co. uk/publications, 2003.

［395］Oaxaca, R., "Male-Female Wage Differentials in Urban Labor Markets", *International Economic Review*, 1973 (14): pp. 693 – 709.

［396］OECD, *Education at a Glance: OECD Indicators* – 2004.

［397］OECD, *On the Edge: Securing a Sustainable Future for Higher Education*, IMHE-HEFCE Conference, 8 – 9 January 2004, Paris: OECD.

［398］Orley C. Ashenfelter and Robert J. LaLonde, *The Economics of Training*, published by Edward Elgar Publishing Limited, 1996.

［399］Orrje, Helena, "The Incidence of On-the-Job Training, An Empirical Study Using Swedish Data", *Swedish Institute for Social Research*, Stockholm University.

［400］Osterman, Paul, "An Empirical Study of Labor Market Segmentation", *Industrial and Labor Relations Review*, Vol. 28, No. 4, 1975, pp. 508 – 523.

［401］Parcel，Toby L. 1987. "Theories of the Labor Market and the Employment of Youth"，pp. 29 – 55 in *Research in the Sociology of Education and Socialization*，vol. 7，edited by R. G. Corwin Greenwich，CT: JAI Press.

［402］Parish，W. L. ，"Destratification in China"，In: Watson J L (eds.) *Class and Social Stratification in Post-Revolution China*，Cambridge: Cambridge University Press，1984.

［403］Paul Taubman，"Role of Parental Income in Education Attainment"，*The American Economic Review*，Vol. 79，No. 2，Papers and Proceedings of the Hundred and First Annual Meeting of the American Economic Association，（May，1989），pp. 57 – 61.

［404］Pereira Pedro Telhado and Pedro Silva Martins，"Is There a Return-Risk Link in Education?"，http: //repeec. iza. org/repec/discussionpaper/dp321. pdf，2002.

［405］Peter A. Diamond，"Wage Determination and Efficiency in Search Equilibrium"，*The Review of Economic Studies*，Vol. 49，No. 2，Apr. ，1982，pp. 217 – 227.

［406］Piketty Thomas，"Income Inequality in France，1901 – 1998"，*The Journal of Political Economy*，2003，111 （5）: pp. 1004 – 1042.

［407］Prasad Eswar S. ，"Wage Inequality in the United Kingdom，1975 – 99"，IMF Staff Papers，2002，49 （3）: pp. 339 – 363.

［408］Psacharopoulos，G. ，Ptrinos，H. ，"Returns to Investment in Education: A Further Update"，World Bank Policy Research Working Paper，No. 2881，The World Bank，Washington，D. C. ，2002.

［409］Psacharopoulos，G. ，"On the Weak Versus the Strong Version of the Screening Hypothesis"，*Economics Letters*，1979，4: pp. 181 – 185.

［410］Psacharopoulos. George and Patrinos，Harry Anthony. "Returns to Investment in Education: a Further Update"，World Bank Policy Research Working Paper，No. 2881，World Bank，September，2002.

［411］Rees，A. and Gray，W. ，"Family Effects in Youth Unemployment"，In *Freeman and Wise*，op. cit. 1982，Chapter 13.

［412］Richard Kahlenberg，*Public School Choice VS Private School Vouchers*，New York: The Century Foundation Press，2003: pp. 171 – 175.

［413］Ridagewaya Cecilial，"Interaction and the Conserbation of Gender Inequilty : Considering Empriment"，*American Sociological Review*，Vol. 62.

［414］Riley，J. G. ，"Testing the Educational Screening Hypothesis. Journal of Political Economy"，1979，87 （5）: S227 – S252.

［415］ Rosenberg, Samuel, "Male Occupational Standing and the Dual Labor Market", *Industrial Relations*, Vol. 19, 1980, pp. 34 – 49.

［416］ Rosenfeld, Rachel, A., "Job Mobility and Career Processes", *Annual Review of Sociology*, 1992, 18: pp. 39 – 61.

［417］ Schienman, S., "Socio-economic Status, Job Conditions, and Well-being: Self-concept Explanations for Gender-contingent Effects", *The Sociological Quarterly*, 2002, 43, pp. 627 – 646.

［418］ Schltz, T. W., "Investment in Human Capital", American Economic Review, 1961 (51): pp. 1 – 17.

［419］ Schultz, T. W., "Capital Formation by Education", *Journal of Political Economy*, 1960 (68): pp. 571 – 465.

［420］ Schwartz, Interpreting the Effect of Distance on Migration, *Journal of Political Economy*, 1973, 81 (5): pp. 1153 – 1169.

［421］ Seeberg, Vilma., *Stratification Trends in Technical-Professional Higher Education. in Higher Education in Post-Mao China*, Edited By Michael Agelasto and Bob Adamson, Hong Kong University Press, 1998.

［422］ Sherwin Rosen, "The Theory of Equalizing Difference A". edited by Ashenfelter and Layard, *Handbook of Labor Economics*, 1986: pp. 641 – 692.

［423］ Shin, Taek – Jin, "Impact of Structural Changes on the Job Mobility Rates in the United States", Paper Prepared for Presentation at the ISA RC28 Meeting, New York, August, 2003.

［424］ Shoshana Neuman and Adrian Ziderman, "Testing the Dual Labor Market Hypothesis: Evidence from the Israel Labor Mobility Suevey", *Journal of Human Resources*, Vol. 21, 1986, pp. 230 – 237.

［425］ Sitkin, S. B. and Roth, N., "Explaining the Limited Effectiveness of Legalistic 'Remedies' for Trust/Distrust", *Organisation Science*, (1993), 4, 3, pp. 367 – 392.

［426］ Sloane, P. J and Williams, H., *Job Satisfaction, Comparison Income and Gender*, University of Aberdeen, mimeo, 1995.

［427］ Solon, G., "Cross-Country Differences in Intergenerational Earnings Mobility", *the Journal of Economic Perspectives*, 2002, Volume 16, No. 3, pp. 59 – 66.

［428］ Solon, G., "Intergenerational Income Mobility in the United States", *The American Economic Review*, 1992, No. 3, pp. 393 – 408.

［429］ Sousa-Poza, A., Sousa-Poza. A., "Well-being at Work: a Cross-national Analysis of the Levels and Determinants of Job Satisfaction", *Journal of Socio-economics*, 2000, 29, pp. 517 – 538.

[430] S. R. Lucas, "Effectively Maintained Inequality: Education Transitions, Track Mobility, and Social Background Effects", *American Journal of Sociology*, 2001, 106 (6): pp. 1642 – 1690.

[431] S. Wang and A. Hu, *The Political Economy of Uneven Development: The Case of China*, Armonk, NY: M. E. Sharpe, 1998.

[432] Thomas D. Boston, "Segmented Labor Markets: New Evidence from a Study of Four Race-Gender Groups", *Industrial and Labor Relations Review*, Vol. 44, 1990, pp. 99 – 115.

[433] Thomas Ericson, "Personnel Training: a Theoretical and Empirical Review", IFAU-Institute For Labour Market Policy Evaluation, Working Paper, 2005: 1.

[434] Thomas Ericson, "The Effects of Wage Compression on Training: Swedish Empirical Evidence", Working Paper, 2004. 11, ISSN 1651 – 1166.

[435] Timothy R. Gawley, "Train in Vein? Estimating the Influence of Training Participation on the Labor Market Outcomes of Canadians During the 1990s", University of Waterloo, 2003.

[436] Todaro, Michael P. , A Model of Labor Migration and Urban Unemployment in Less Developed Countries, *American Economic Review*, 1969, 59 (1): pp. 138 – 148.

[437] Trow, Martin, "Problems in the Transition from Elite to Mass Higher Education", in OECD, *Policies for Higher Education*, 1973, pp. 51 – 104.

[438] Tucker III I B, "Evidence on the Weak and the Strong Version of the Screening Hypothesis in the United States", *Economics Letters*, 1986, 21: pp. 391 – 394.

[439] UNESCO, 2006, World Education Indicators, http: //www. unesco. org.

[440] Valerie E. Lee, Robert G. Groinger, Julia B. Smith, "Parental Choice of Schools and Social Stratification in Education: the Paradox of Detroit", *Educational Evaluation and Policy Analysis*, 1994, 16 (4): pp. 434 – 457.

[441] Van Praag, B. M. S. , Frijter, P. , Ferrer-Carbonell. A. , "The Anatomy of Subjective Wellbeing", *Journal of Economic Behavior and Organization*, forthcoming, 2003, 51, pp. 29 – 49.

[442] Verhofstadt, E. , Omey, E. , "The Impact of Education on Job Satisfaction in the First Job", Working paper, 2003.

［443］ Vernon C. Pohlmann，"Relationship between Ability，Socioeconomic Status and Choice of Secondary School"，*Journal of Educational Sociology*，1956，29（9）：pp. 392 – 397.

［444］ Vroom，V. H，*Work and Motivation*，1964，N. Y.：John Wiley &sons. ，pp. 47 – 51.

［445］ Wachter，M. ，"Primary and Secondary Labor Markets：Acritique of the Dual Approach"，Brookings Papers on Economic Activity3，1974，pp. 637 – 680.

［446］ Wang，R. ，1996，"Education and Job Mobility"，unpublished paper.

［447］ Weaver，C. ，"Relationship among Pay，Race，Sex，Occupational Prestige，Supervison，Work Autonomy and Job Satisfaction in a National Sample"，*Personnel Psychology*，1977，30，pp. 437 – 445.

［448］ Weeks，Robert，John，*Population：an Introduction to Concepts and Issues*（8th ed. ），Australia：Wadsworth/ Thomson Learning，2002：pp. 247 – 289.

［449］ Winkler，D. R. ，"Higher Education in Latin America：Issues of Efficiency and Equity"，World Bank Discussion Papers，the World Bank，Washington，D. C. 1990.

［450］ Wolff，Edward N. ，2000，"Human Capital Investment and Economic Growth：Exploring the Cross-country Evidence"，*Structural Change and Economic Dynamics*，Issue 11：433 – 472.

［451］ Woodhall，M. ，"Student Loans"，in Martin Carnoy ed. ，*International Encyclopedia of Economics of Education（Second edition）*，UK：Cambridge University Press，1995，pp. 420 – 425.

［452］ World Bank，2006，World Development Indicators Database，http：// www. worldbank. org.

［453］ World Bank，"Inter-Agency Commission，Meeting Basic Learning Needs：A New Vision for the 1990s. "，Washington，DC：The World Bank，1990.

［454］ World Bank，"Priorities and Strategies for Education：A World Bank review"，Washington，DC：The World Bank，1995.

［455］ World Bank，"Strategic Goals for Chinese Education in the 21st Century"，Washington，DC：Report No. 18969 – CHA，the World Bank，1999.

［456］ Zhou Xueguang，Tuma Nancy Brandon and Moen Phyllis，"Institutional Change and Job-shift Patterns in Urban China，1949 to 1994"，*American Sociological Review*，1997：Volume 62，Issue 3.

［457］ Ziderman，"A Evidence on Screening：P-tests for Israel"，*Economics of*

Education Review, 1992, 11: pp. 67 – 69.

　　[458] Ziderman and D. Albrecht, *Financing Universities in Developing Countries*, The Falmer Press, 1995.

　　[459] 矢野真和:《大学における資金調達の多元化とガバナンス》,《国立大学の財政・財務に関する総合的研究》報告書, 2003 年。

已出版书目

书　名	首席专家
《马克思主义基础理论若干重大问题研究》	陈先达
《网络思想政治教育研究》	张再兴
《高校思想政治理论课程建设研究》	顾海良
《马克思主义文艺理论中国化研究》	朱立元
《弘扬与培育民族精神研究》	杨叔子
《当代科学哲学的发展趋势》	郭贵春
《当代中国人精神生活研究》	童世骏
《面向知识表示与推理的自然语言逻辑》	鞠实儿
《中国大众媒介的传播效果与公信力研究》	喻国明
《楚地出土戰國簡册〔十四種〕》	陳　偉
《中国特大都市圈与世界制造业中心研究》	李廉水
《WTO主要成员贸易政策体系与对策研究》	张汉林
《全球经济调整中的中国经济增长与宏观调控体系研究》	黄　达
《中国产业竞争力研究》	赵彦云
《东北老工业基地资源型城市发展接续产业问题研究》	宋冬林
《中国民营经济制度创新与发展》	李维安
《东北老工业基地改造与振兴研究》	程　伟
《中国加入区域经济一体化研究》	黄卫平
《金融体制改革和货币问题研究》	王广谦
《中国市场经济发展研究》	刘　伟
《我国民法典体系问题研究》	王利明
《中国农村与农民问题前沿研究》	徐　勇
《城市化进程中的重大社会问题及其对策研究》	李　强
《中国公民人文素质研究》	石亚军
《生活质量的指标构建与现状评价》	周长城
《人文社会科学研究成果评价体系研究》	刘大椿
《教育投入、资源配置与人力资本收益》	闵维方
《创新人才与教育创新研究》	林崇德
《中国农村教育发展指标研究》	袁桂林
《高校招生考试制度改革研究》	刘海峰
《基础教育改革与中国教育学理沦重建研究》	叶　澜
《处境不利儿童的心理发展现状与教育对策研究》	申继亮
《中国和平发展的国际环境分析》	叶自成

即将出版书目

书　名	首席专家
《中国司法制度基础理论问题研究》	陈光中
《完善社会主义市场经济体制的理论研究》	刘　伟
《和谐社会构建背景下的社会保障制度研究》	邓大松
《社会主义道德体系及运行机制研究》	罗国杰
《中国青少年心理健康素质调查研究》	沈德立
《学无止境——构建学习型社会研究》	顾明远
《产权理论比较与中国产权制度改革》	黄少安
《中国水资源问题研究丛书》	伍新木
《中国法制现代化的理论与实践》	徐显明
《中国和平发展的重大国际法律问题研究》	曾令良
《知识产权制度的变革与发展研究》	吴汉东
《全国建设小康社会进程中的我国就业战略研究》	曾湘泉
《现当代中西艺术教育比较研究》	曾繁仁
《数字传播技术与媒体产业发展研究报告》	黄升民
《非传统安全与新时期中俄关系》	冯绍雷
《中国政治文明与宪政建设》	谢庆奎